编委单位

中国汽车工程学会摩托车分会
中国汽车工业协会摩托车分会
重庆建设工业有限责任公司
浙江钱江摩托股份有限公司
金城集团有限公司
洛阳北方易初摩托车有限公司
广州五羊摩托有限公司
广州市大阳摩托车有限公司
广东大冶摩托车技术有限公司
春风控股集团有限公司
泰兴市菱迪机械有限公司
浙江万丰摩轮有限公司
天津内燃机研究所/天津摩托车技术中心
国家摩托车质量监督检验中心
南昌摩托车质量监督检验所
武汉理工大学

《摩托车技术》杂志社

《2007中国摩托车工业年鉴》

www.cycleinfo.com.cn

电话：022-84771229　传真：022-84771230　E-mail:mtc@catarc.ac.cn

JIANSHE
建设摩托
运动V6 舒适V6 --专为国人打造的舒适型运动车
建设V6，搭建世界先进技术水平的建设“骑式芯”，与雅马哈高性能TTR125L越野车采用相同的发动机动力技术。
军工材料制造的高拉力“菱形”车架，强度及抗冲击能力大幅提升，行车更有保障；
全新设计的导流罩及尾灯和尾灯罩，更显豪华大气，运动感十足；
配备液压双回路前减震与加长型后减震，真正超低震动，乘骑舒适。
V6
JS125 - 6A
建设骑式芯
重庆建设摩托车股份有限公司
邮编：400050 销售电话：(023)68434994

公司率先在行业中通过了德国TÜV公司的ISO 9001质量体系认证；2001年首批被认定为“中国名牌”产品；2002年“钱江”商标被认定为“中国驰名商标”；2000年第一家被中国消费者协会评定为“3·15标志商品”；2005年获得“中国制造－行业内最具成长力自主品牌”荣誉，“中国机械500强”排名第47位。2006年再次荣获”中国摩托车市场用户满意第一品牌”荣誉.

2005年10月投资组建钱江欧洲有限责任公司（EuropeQ.J.srl.,），控股意大利百年摩托车制造企业Benelli(贝纳利)公司。这是钱江全面提升竞争力，积极参与全球竞争，国际化战略迈出的关键一步。

139140　传真：0576－86212392　Http://www.qjmotor.com

钱江摩托
源自欧洲,引"领"潮流
钱江"领"系列踏板典雅上市
品质保证
意大利BENELLI技术授权
领慧
QJ100T-IIA
领秀
QJ100T-II
QJIANG

钱江007电喷
带电脑的摩托
WITH FAI
POWER
钱江摩托
QIANJIANG MOTOR
中国名牌
中国驰名商标
通过国际质量体系认证
中国强制认证
浙江钱江摩托股份有限公司
地址：浙江省温岭市经济技术开发区 邮编：317500 电话：0576-86139140 传真：0576-86212392 http://www.qjmotor.com

金城
航空本色
动力天成

金城摩托
JINCHENG MOTOR
JC125-17 金风雷Ⅱ
JC125-17 银风雷Ⅱ
JC250-6 金城太子
JC150T-A EUPOLO
三核动力 芯强天下
JINCHENG
JC125-17B 金风威

SUZUKI
金城铃木
SJ110-E 天灵
SJ110-E 天灵
GX125
GX125
SUZUKI
Talent
天灵
SJ110-E

DAYANG MOTORCYCLE

品牌+技术创新+外观专利+省油

品牌：

北易公司是国内同行业率先通过国内外三家认证机构ISO9001质量体系认证的企业。“大阳”品牌被认定为中国驰名商标；以品牌价值22.12亿元获中国500最具价值品牌；产品全面达到欧II标准，通过了“3C”认证、全项生产准入、欧洲E-mark认证、尼泊尔政府环保认证等。北易公司检测中心通过了实验室国家认可，具有国家级实验室检测能力，所出具的检测报告具有国际权威性；大阳摩托顺利通过国家出口免验，是全国各行业第30家，也是中国汽车、摩托车行业率先拥有通过国家出口免验产品的企业。

技术创新：

DY125T-18是一款拥有完全知识产权和外观专利的全新产品；DY125T-4A是一款豪华大气、线条流畅的全新产品。两款个性突异、动感十足的踏板车，将带给你全新的视觉冲击和驾乘感受。

创新　与众不同

新增机油泄压阀装置，当机油压力过大时泄压阀起作用，防止机油泵或油封等受压零部件损坏。

应用活塞背冷技术，有效降低活塞温度，降低热负荷，提高工作可靠性。

新设计冷却风扇，增大了流量20%，保证发动机的冷却。

大陽
DAYANG
中外合资

改进　精益求精

铸铁式缸体，散热性能好，有效降低发动机的热负荷。
大流量油泵，增大泵油量30%，强化润滑，保证冷却，延长了发动机的寿命。
机油二次精滤器，有效保证机油的品质，保证发动机的润滑良好。
曲轴采用油道强制供油，在任何时速下均能够保证曲轴的良好润滑。
整体凸轮轴支架，提高支架的刚度，延长凸轮轴轴承的寿命，降低异响，有效保证凸轮轴的正常运转。
分体式凸轮轴可以防止正时从动链轮松脱。
改进的左盖通风盖和过滤机构，增大进气量，提高进气质量。皮带室的温度较普通GY6发动机皮带室的温度降低15度，对皮带冷却效果好，延长皮带的使用寿命1.5倍。
二次空气导入系统，符合欧II排放标准，二次空气空滤器，清洁空气、降低噪音，优质、环保更耐用。

外观专利：

DY125T-18、DY125T-4A配挂自主研发的高压精细润滑发动机，全新设计冷却润滑系统，有效降低机油温度及发动机热负荷，耐久可靠．拥有五项实用新型专利及一项外观专利：
实用新型专利：摩托车用发动机机油压力报警器、摩托车发动机机油泄压装置、摩托车用发动机油底壳、带有油道的摩托车发动机右曲轴箱体盖、摩托车用发动机整体凸轮轴轴承座。
外观专利：摩托车左曲轴箱盖。
DY125T-18拥有10项外观专利：整车外观专利、前大灯专利、后尾灯专利、前面板专利、手把前罩专利、后货箱专利、坐垫专利、后扶手专利、左右车体盖专利、彩条专利。

省油：

素有弯梁“鼻祖”的北易公司，一直以来专注于弯梁摩托车的开发与研究，致力于中国弯梁摩托车事业的发展。随着1992年中国第一辆四冲程弯梁车的诞生，北易公司依靠先进的生产设备、雄厚的技术实力与不断进取的开拓精神，目前已经拥有了300万大阳弯梁车用户。
DY125-52是一款拥有外观专利保护的全新运动型弯梁车，其线条流畅简洁、外观时尚、操作简便，兼顾弯梁车与运动型跑车二者的优点，动力强劲、环保又省油。
引进日本本田生产线及本田发动机技术生产制造，先进的六离合自动离合技术，使发动机启动方便、运转平稳，换档柔和、冲击小，动力强劲、省油环保。
兼容乙醇汽油和普通汽油的发动机及燃油系统。
小链条和启动链条采用优质合金钢，经渗碳氮化渗铬等工艺处理，强度高、耐磨耐用，使用寿命更长。
空滤器增加防结水装置，保证供给化油器的空气干净、足量，保证发动机的强劲有力。。
二次空气导入系统，符合欧II排放标准，二次空气空滤器，清洁空气、降低噪音，优质、环保更耐用。
采用日本京滨技术和设备生产的柱塞式化油器，燃烧充分，保证发动机运行平稳，加速性强，过渡性圆滑，环保省油。

轻巧灵动
时尚跑跑
领跑世界，有你更精彩...
popo
大阳.跑跑
DY48QT-2
DAYANG
洛阳北方易初摩托车有限公司
LUOYANG NORTHERN EK CHOR MOTORCYCLE CO., LTD.
地址：河南省洛阳市徐家营
邮编：471031
电话：0379-64937200 65118955 65118958
传真：0379-65118998 65118999
网址：www.dayangmotorcycle.com
E-mail:dayangxs@public2.lyptt.ha.cn

大陽
DAYANG
中外合资

中国驰名商标
“大阳摩托”被认定为中国驰名商标
中国500最具价值品牌
品牌价值22.12亿元
国家实验室认可
通过中国实验室国家认可委员会（CNAL）认可，具有国家级实验室检测能力
国家出口免验
全国各行业第30家，中国汽车、摩托车率先拥有通过国家出口免验产品的企业

领军行业的大阳弯梁车技术与踏板车技术的完璧结合
整体式缸头静音踏板车发动机

独立知识产权，整车十三项专利，棱线分明，轻盈流畅，色彩更绚丽。
整体式缸头，活塞背冷技术，提高冷却散热效果，降低热负荷。
常啮合式电起动机构，起动轻松、静音，改进脚踏起动机构和起动方向，驾驭更自由。
全新设计润滑系统及大流量机油泵，润滑冷却更彻底，省油更环保。
左右曲轴箱体及轴承加强设计，提高发动机耐久性、可靠性，降低震动，动力强劲。
提高整车离地间隙，更适合不同路况的骑行。
大、中、小三个置物箱，展显人性化设计，方便更实用。

国际巨星：巩俐

DAYANG

五羊摩托
WUYANG

本公司数年来创造的质量业绩如下：

- 1999年获得出口产品质量许可证书。
- 2000年荣获《2000年全国市场同类产品五大畅销品牌》称号。
- 2001年，日本本田技研工业株式会社许可我公司作为合资企业以外唯一可配置HONDA商标发动机的国有企业。
- 2002年获得《全国产品质量售后服务双达标先进企业》称号。
- 2002年获得ISO9001：2000版质量管理体系认证证书。
- 2003年4月获得所有产品的3C认证证书。
- 2003年6月通过国家发改委生产准入设计开发能力考核。
- 2003年10月通过国家发改委生产准入一致性保证能力工厂考核。
- 2003年WY125-16C、WY125-17A、WY125T-10等3种车型通过了欧洲摩托车法规认证。
- 2004年3月获得中国质量监督管理协会与中国质量标准研究中心联合颁发的《中国市场摩托车行业十大知名品牌》。
- 2006年9月被广州市海珠区国家税务局和广州市海珠区地方税务局评为2004－2005年度纳税信用A级纳税人。

WY125-12是广州五羊摩托有限公司与天津内燃机研究所合作开发的继WY125-9之后的又一主作，这也是国内首款排放达到欧Ⅲ标准的电喷摩托车。WY125-12具有本田大型CB车系的特色，整车突出力度感，超大的油箱后部拉起，与简洁圆润的座垫产生落差，既保证了骑乘者和整车重心低、稳定性好的骑乘感受，同时又具有街跑车味道。车身棱线上翘，体现出跑车般的冲劲与速度感，侧盖采用铝合金与塑料件复合，造型设计新颖突出。

时尚魅影
科技先锋

WY125-12

Beijing 2008
北京2008年奥运会
摩托车供应商
员工公寓
国际巨星:张柏芝
绿色环保
欧II标准
DAYUN
企业产品达到欧II号排放

Haojiang
豪江摩托车
豪江
享受生活
[redacted]
HAOJIANG
MOTORCYCLE

CFMOTO

用技术创新引领企业发展

——春风控股集团杭州摩托车制造有限公司

春风控股集团杭州摩托车制造有限公司(原春风控股集团有限公司)始创于1989年，是一家以摩托车水冷发动机及其整车开发研制为主的科技实业型民营股份制企业。经过十多年的艰苦创业，现已发展成为中国唯一的专业水冷摩托车、发动机生产厂家。在水冷领域与世界同步，处于国内水冷先驱地位；“春风”已成为中国水冷行业第一品牌，正努力向世界一流品牌迈进。

公司占地面积353亩（其中杭州占地308亩，乐清占地45亩）现有员工800余人，其中工程技术人员220人，教授、高级工程师40人；各类设备600台(套)，其中进口数控加工中心60台，三座标测量仪、圆度仪、径向跳动仪等专业检测精密度设备80台(套)。先进的技术设备和强大的科研实力，确保了产品的高科技含量，2001年分别被浙江省科技厅和温州市人民政府评为“高新技术企业”。水冷系列发动机项目在2001年被浙江省政府批准为“高新技术产业化项目”，2003年被国家科技部批准为“国家火炬计划项目”。2004年，春风牌水冷摩托车及发动机被浙江省名牌产品认定委员会认定为“浙江省名牌产品”和“浙江省知名商标”。2006年，公司的水冷系列发动机项目荣获温州市机械工业首届技术创新成果特等奖，公司自主研发生产的SRV系列的V3、V5摩托车在浙江省首届工业设计大赛中获得金奖、全国摩托车行业媒体评选的“最受消费者欢迎车型、年度车型创新奖”、中国工业设计协会的“中国创新设计红星奖”、中国知识产权局外观专利金奖、铜奖等多项行业大奖，被评为浙江省、温州市、乐清市三级专利示范企业。

公司多次被银行系统评为AAA级资信企业，多次荣获科技进步奖，先后获得浙江省“三优企业”以及温州市、乐清市优秀企业等荣誉。

春风控股集团杭州摩托车制造有限公司始终坚持“科技兴业、质量为本”的经营宗旨，走差异化发展道路。公司拥有一支高素质的科研技术队伍，广聚了国内外摩托车行业的精英，设有省级技术中心、发动机研究所、整车研究所、计算机工程所、检测中心等科研机构。产品开发采用国际先进的三维设计、运动与强度分析、油泥造型和快速成型技术，使用三坐标测量仪从事数据采集工作，并拥有先进的数据分析和检测设备，开发的新产品在技术上一直领先于国内市场。在产品上已经形成构思一代、开发一代、经营一代的良性运作模式和科技发展之路。现已研制出从50CC到500CC不同排量和结构的十一款发动机和以此装备的十几款全水冷精品踏板摩托车、ATV。

2006年，春风又推出了全新的CF500系列ATV车。这是又一款公司独立自主从发动机到全车独立研发的产品，经过2年多时间的不断测试和改进，一经面世就以其水冷大排量、无级变速、四轮独立悬挂四轮驱动等先进技术引起了国内外众多经销商及消费者的极大关注。同年4月份，公司在杭州举行了盛大的ATV新品发布会，此次发布会吸引了国内外200多家经销商及众多配套生产厂商前来参加。短短半年批量生产后，2007年1月至4月，春风在400cc以上ATV销售额排名已跃至全国第一。

产品推陈出新的同时，春风也通过了重重考验。企业质量体系通过了德国TUV认证，产品通过国家3C认证，欧规E-MARK认证和美国DOT认证，产品远销中国、意大利、美国、加拿大、日本、韩国、希腊、澳大利亚、比利时、新西兰、西班牙、法国、南美等三十多个国家和地区。在技术和品质满足顾客期望的同时，春风主动将保护地球环境、交通安全等相关课题纳入企业的开发生产中，令舒适、安全、环保的春风车始终保持与世界同步，藉以开创更新的未来。

公司的母公司春风控股集团拥有春风动力制造股份有限公司、杭州摩托车制造有限公司、乐清虹桥动力铸造有限公司、乐清春风摩托配件有限公司、乐清春风摩托车销售有限公司、重庆春风实业有限公司、成都春风摩托车销售有限公司、乐清车业有限公司等8家全资子公司和控股子公司，为企业的摩托车、发动机主业形成了一条完整的产业链，保证了产品研发、质量控制、批量生产的顺利发展。“十一五”期末，力争实现年产值20亿元，年产水冷发动机50万台、水冷整车30万辆的发展目标。春风人将继续以“绿色品质、创造未来”为追求，遵循“和、信、新”的企业理念，大力发扬“专业、专心、专注”的拼搏精神，走“内联外引、强强联合”的发展之路，期盼与国内外春风合作伙伴一如既往，携手发展，共创美好明天！

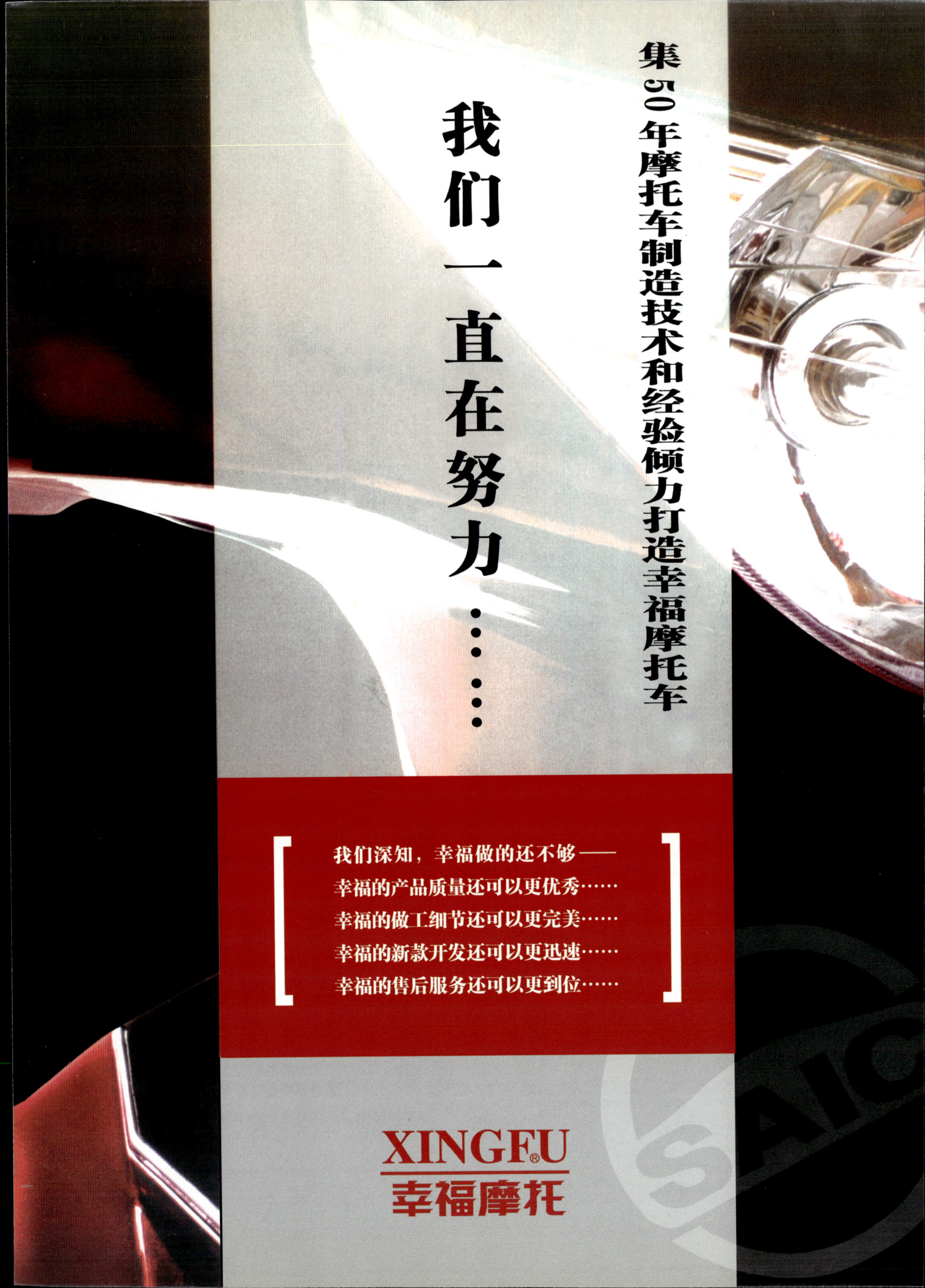
集50年摩托车制造技术和经验倾力打造幸福摩托车
我们一直在努力……
我们深知，幸福做的还不够——
幸福的产品质量还可以更优秀……
幸福的做工细节还可以更完美……
幸福的新款开发还可以更迅速……
幸福的售后服务还可以更到位……
XINGFU®
幸福摩托
SAIC

广东·江门市迪豪摩托车有限公司是民隆集团旗下的全资子公司，是一家集摩托车整车、发动机、通用机械的研发、生产、销售和服务于一体的综合性大中型企业，是国家公告内企业之一，已形成了“豪天（HAOTIAN）”、“火鸟（HUONIAO）”两大品牌共六十多个品种的摩托车整车及其发动机产品。

公司位于美丽的国家级优秀园林旅游城市——江门市，占地面积26万余平方米，建筑面积近13万平方米，总投资数亿元人民币，拥有两个工业园区。公司拥有一大批中高级职称技术人员和管理人员，并聘请有多名大陆、台湾摩托车行业专家。公司先后投入数千万元，引进国内外先进的生产、检测设备，组建了专门的研发机构及技术检测中心，目前已具备自主知识产权产品的研发能力，获外观设计专利多项，其中HT/HN125-4F（天钻）车型获广东省优良工业设计银奖，公司还获得“江门市工程技术研究开发中心”等殊荣。通过不断引进新技术和管理经验，迪豪公司得到了快速、健康的发展。目前已形成年产摩托车40万辆以上、发动机50万台以上的生产能力。

公司始终如一地致力于低油耗、低排放、高效率的环保型中高档发动机和摩托车系列产品的研发、生产和销售，先后顺利通过ISO9001：2000国际质量管理体系认证、国家3C强制性产品认证、生产准入审查，部分产品获得欧盟E-Mark认证，于2002年7月至2004年7月期间聘请到著名的影视明星范冰冰和任达华分别担任“豪天”、“火鸟”摩托车的形象代言人，使得两大品牌知名度、市场美誉度更广泛的得以提升。所有“豪天”系列摩托车及其发动机产品均以其优良的品质、新颖的外观和优质的服务深受用户喜爱，产品畅销全国并远销欧洲、中东、非洲、南美洲及东南亚等国家与地区。

秉承“诚挚为根，品质为本”的经营理念和“严谨铸就品质，诚信开拓市场；全面持续改进，创建一流企业”的质量方针，迪豪公司将以科学严谨的工作态度、不懈的进取精神和雄厚的技术经济实力立足同行，以满怀创业的激情燃点新的希望。

江门·迪豪
走自主创新之路

▲民隆第二工业园

民隆第一工业园

随着摩托车行业竞争日益激烈，我国摩托车行业中具有实力的企业纷纷推出具有自主知识产权的新款车型，迪豪也不例外。

迪豪人认为走自主创新之路是企业长远发展所必须的，只有具有核心技术的企业才能具有生命力，才能在激烈的行业竞争中占领一席之地。迪豪人深刻认识到“科技是第一生产力”的道理，秉承“诚挚为根，品质为本”的经营理念和“严谨铸就品质，诚信开拓市场”的企业宗旨，不断开拓创新，使江门迪豪产品不断创新。

作为重点攻关的“自主创新之路”的重点项目——具有自主知识产权的车型的开发与设计，江门迪豪将其作为企业新的发展增长点和满足消费者需求的企业自身的变革。这一点与广东省政府提出的“走自主创新之路”的发展战略，不谋而合。

对制造业而言，“创新”是实现可持续发展的必由之路，而提高工业设计能力是这条发展路最具利润价值和市场竞争能力的最佳发展路线。广东制造业的蓬勃发展，为工业设计创造了良好的市场环境。在很多领域，作为能够支持经济发展的关键技术已经存在，必须不断将这些新技术有效地整合起来并变成商品，让技术优势迅速地转化为产品优势，大多数企业已经懂得如何借助工业设计的力量，达到企业发展的目的。迪豪的天钻125-4F两轮摩托车获得广东省优良工业设计银奖，便是其发展技术创新的直接成果。

这些足以说明迪豪公司在技术创新方面的投入与孜孜以求的精神，迪豪人已经将技术创新作为未来竞争的核心竞争力，这也承载了迪豪产品的升级和品牌形象塑造的重任。可以预见，以科技创新作为重要切入点的迪豪人，在未来的竞争中已经占据了市场先机。

江门市迪豪摩托车有限公司
地址：中国广东省江门市宏达工业区建达北路7号
电话：(0750) 3210170 (10线)　传真：(0750) 3230960
E-mail: dihao@dihaomotor.com　http://www.dihaomotor.com

■工厂实景远眺图

天津内燃机研究所
Tianjin Internal Combustion Engine Research Institute

天津摩托车技术中心
Tianjin Motorcycle Technical Center

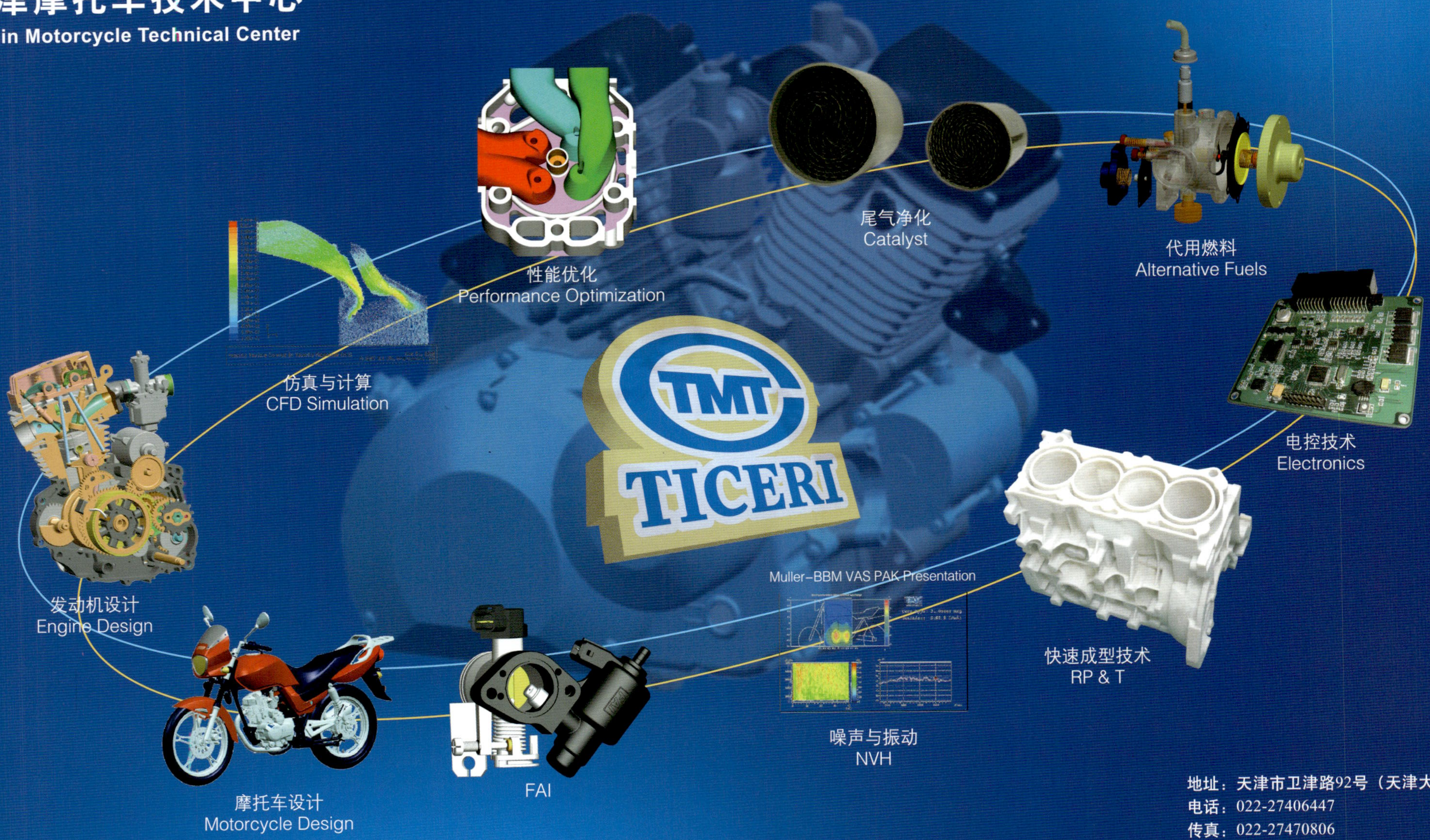

地址： 天津市卫津路92号（天津大学内）
电话： 022-27406447
传真： 022-27470806
邮编： 300072
http://www.chinamotorcycle.com
E-mail:ticeri@tju.edu.cn

国家摩托车质量监督检验中心（天津）

National Motorcycle Quality Supervisory & Testing Center (Tianjin)

国家摩托车质量监督检验中心（天津）是具有独立法人资格的第三方检验机构，是经国家认证认可监督管理委员会授权，中国实验室国家认可委员会认可，国家发展和改革委员会、国家质量监督检验检疫总局、国家环境保护总局等部委指定的国家实验室。

中心现有员工近80人，中级技术职称以上人员占员工总数的70%。其中有5人为国家实验室认可委员会注册评审员，18人为国家注册质量体系审核员，20人为国家注册产品认证工厂检查员。

中心实验室面积占地3000余平方米。分别建有包括整车性能、工况法排放、发动机性能、无线电骚扰特性、灯具及零部件等试验室。2001年建成摩托车试验场，按照国际车辆道路试验场标准设计，可对摩托车进行安全、动力性及可靠性等项目的全面试验。

中心先后与日本、欧洲、美国等检测和认证机构建立了广泛的合作关系。同时作为正式成员参加国际标准化组织ISO/TC22/SC22&SC23有关标准制定工作。

NMTC(TJ) is a third-party testing institute with the character of independent corporation, It is also a national laboratory authorized by China National Accreditation Board for Laboratories, National Development and Reform Committee, National Accreditation and Supervisory Committee, State Environmental Protection Administration etc.

Now NMTC (TJ) has more than 80 staffs, of which 70% are engineering technicians. 5 registered auditors of China National Accreditation Board for Laboratories, 18 registered auditors on quality system, 20 factory condition inspectors of China Compulsory Certification.

NMTC (TJ) covers an area of 30,000 square meters, including vehicle performance, exhaust emissions, Electro Magnetic Compatibility (EMC), lamps, photometric characteristics for motorcycles and motorcycle components etc. testing rooms. In 2001, a proving ground with standard testing tracks for motorcycle performance (including a standard noise test site) was built according to international standards. It can be used to conduct the tests of safety items, environmental protection items, performance and reliability for motorcycles.

NMTC (TJ) positively participates in activities like technical exchanges and cooperation with foreign colleagues and has established extensive cooperation with academic institutions in Japan, Europe and USA etc: participates in the establishment of ISO/TC22/SC22&SC23 relevant standards as a formal member of international standardization organizations.

中心主要业务领域：

1.承担国家下达的本检验所检验范围内的进、出口商品质量检验任务及监督检验任务；
2.承担国内外企业委托进行的产品质量检验工作；
3.承担产品的CCC认证、自愿认证及质量体系认证等工作；
4.承担和参与摩托车产品所用的国家标准、行业标准及技术法规的制订和修改及各类标准的验证工作；
5.承担产品的EPA、DOT、E-MARK等出口认证及试验工作；
6 收集国内外检测技术的发展动态，研究开发新的检测技术、方法和专用检验设备；
7.开展产品质量检验方面的国际合作、认证、评审和技术交流。

Operational fields:

1. Imports & exports testing and sample testing entrusted by the government;
2. Product testing entrusted by enterprises;
3. CCC accreditation and volunteer accreditation of product quality, and accreditation of quality systems;
4. Establishment, amendment and corroboration of national standards, industrial standards and technical regulations or motorcycles;
5. Certification of EPA, DOT, E-MARK and Testing for exports;
6. Investigation in the latest progress of testing technology, R&D of new testing technology and equipment;
7. Global exchanges and cooperation about motorcycle testing, accreditation and evaluation.

底盘试验室
Emission Chassis Dynamometer

油品评定试验室
Oil Lab

电磁兼容试验室
EMC Chamber

噪声试验室
NVH Lab

试车场
Testing Tracks

电喷试验室
EMS Engine Testing

催化剂评价测试试验室
Catalyst Lab

天津内燃机研究所 第一研究室

催化净化 | 欧美环保认证 | 振动噪声控制

服务内容

催化器活性评价设备

失效分析

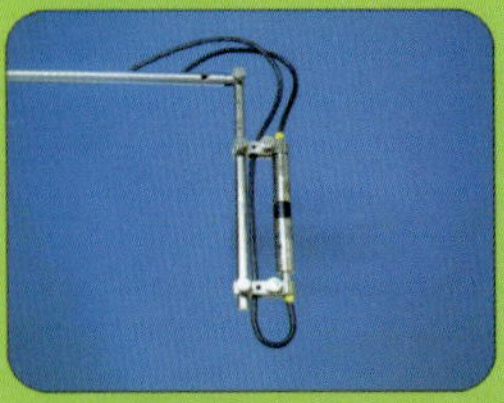

声强传感器

摩托车声源定位

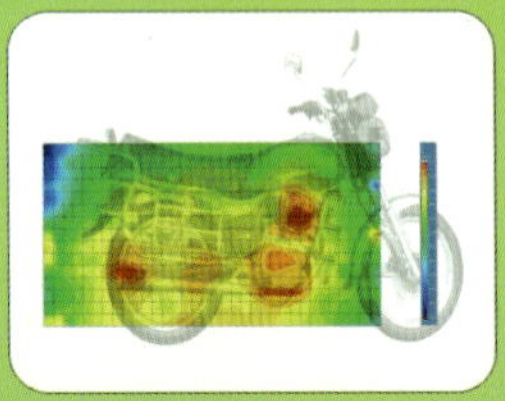

摩托车声源定位云图

催化净化

性能评价——用于催化器批产和入厂质量检验

- 起草我国第一个摩托车催化器性能评价试验标准；
- 参与科技部唯一的摩托车催化器“十五863”项目，负责评价技术子课题；
- 获得催化器评价装置国家发明专利；
- 对外提供催化器活性评价设备。

失活分析——用于排放耐久失活后的责任判定并提出改进方向

- 在国内率先开展摩托车催化器失活分析；
- 科技部“九五”和“十五863”项目均利用了该技术；
- 为判定催化器异常失活提供技术支持；
- 根据失活机理提出改进方向。

匹配应用——合理匹配，系统优化是科学使用催化器的关键

- 催化器匹配方法获得国家发明专利；
- 机内净化与机外净化合理分担；
- 兼顾排放、噪声和其他综合性能。

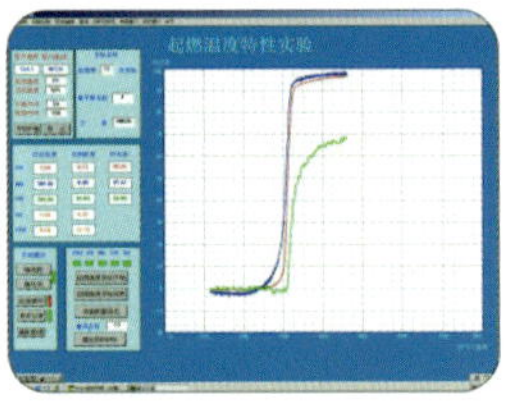

起燃温度实验

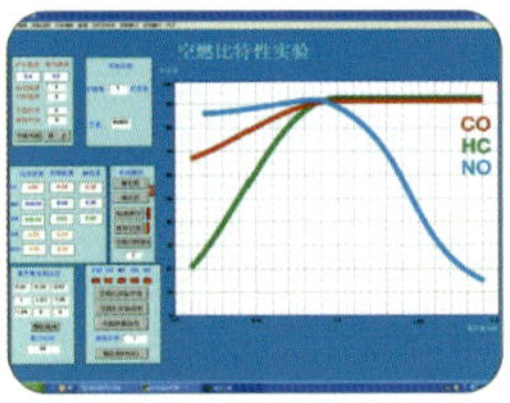

空燃比特性实验

振动噪声控制

摩托车降噪技术服务

- 提供符合中国及其他国家、地区噪声法规的测试服务；
- 帮助企业控制产品噪声水平，达到相应标准要求；
- 结合人对声音的主观感受，改善摩托车的声音品质，提高摩托车的听觉感受；
- 帮助企业对其产品进行噪声特性试验分析，找到影响其噪声水平的主要因素。

摩托车减振技术服务

- 提供振动测试和评价服务；
- 协助企业建立主观振动感受的客观评价体系；
- 协助企业降低产品的振动水平；
- 结合人体主观感受，有效控制整车振动，改善驾驶舒适性。

小型通用汽油机噪声测试、分析及改进

- 可按照我国及欧盟国家、地区关于小型通用汽油机或机组的噪声标准，进行测试；
- 可对小型通用汽油机及机组的噪声特性进行试验分析，如噪声频谱分析与声源定位，找到影响其噪声水平的主要因素；
- 协助企业降低产品的噪声水平，达到我国及欧盟国家、地区的噪声标准。

通机声源定位

通机声源定位云图

www.cleanengines.com

第一研究室 TICERI

第一研究室为您提供专业的技术服务

排放认证服务

EPA及CARB（美国环保署及加州空气资源局）

- 美国EPA和CARB认证策略咨询；
- 提供符合美国EPA和CARB要求的测试服务；
- 协助企业向美国EPA和CARB申报；
- 向美国EPA和CARB定期报告；
- 完成生产线检查（PLT）；
- 协助企业建立质量控制体系；
- 协助企业降低产品的排放水平；
- 美国EPA和CARB测试、法规和认证综合咨询。

欧洲

- 提供欧洲认证策略咨询；
- 提供符合欧洲要求的测试服务；
- 协助企业向欧洲认证机构提交申请；
- 欧洲测试、法规和认证综合咨询。

知识产权与市场细分化研究

- 美国、欧洲和其他国家知识产权状况调查；
- 知识产权竞争策略咨询与改型设计服务；
- 美国、欧洲和其他地区产品市场细分化调查。

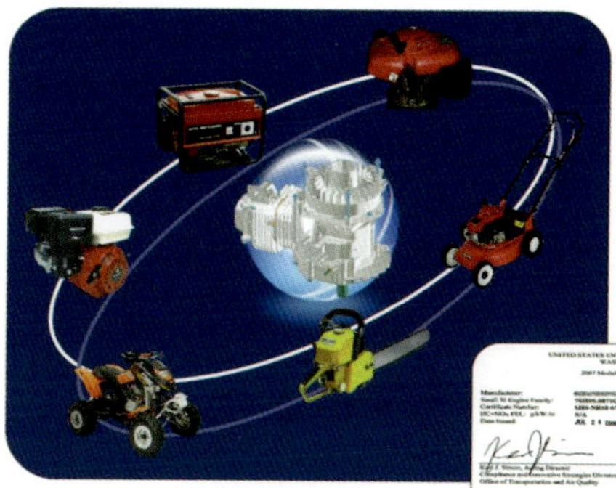

服务对象

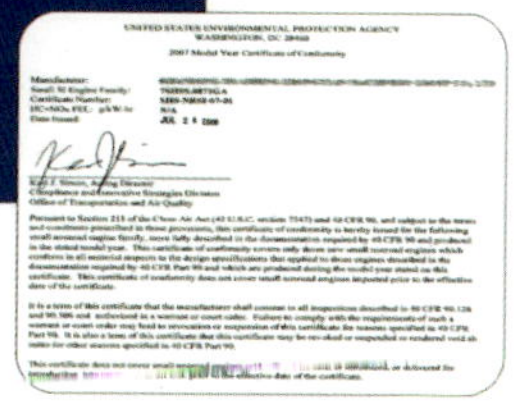

EPA成功案例

我们的团队

依靠先进科技
加强现代管理
服务技术市场
培养优秀人才
满足客户需要

天津内燃机研究所 第一研究室 地址：天津市南开区卫津路92号(300072) Http://www.cleanengines.com
电话：022-27403535 传真：022-27403192 E-mail：tomlin@cleanengines.com 联系人：林漫群

第一研究室 TICERI

中日合资 西安新威尔特机有限公司

SINO-Japan Joint Venture XI'AN SHIN WELL-TOKKI CO., Ltd

西安新威尔特机有限公司是西安威尔测控技术有限责任公司与日本新日本特机株式会社合资成立的一家专业从事摩托车检验仪器设备研制的高新技术企业。公司以具有丰富检测经验的国家摩托车质量监督检验中心为技术后盾，借鉴和吸收国际先进的检测技术，结合国内、国际标准和法规要求开发了各种摩托车、发动机及零部件检测设备，如ACD型交流底盘测功机、MST系列整车检测线、摩托车耐久性试验台、多工位发动机磨合试验台、摩托车综合测力仪、摩托车路试仪器、强检/准入相关设备等20余项产品，广泛用于国内各大摩托车企业、科研和检测机构，并已出口到十多个国家，受到用户的广泛赞誉。

MST系列四轮车整车检测设备

主要功能特点

本公司制造的MST系列四轮车整车下线检测设备，具有整体框架结构、阻力模拟加载、自动升降抽排烟、计算机显示测试数据及工位，连接灯光仪、排放仪、记录存储试验数据，主要电器件为进口或合资品牌，可靠性高等优点。

测试项目

1）侧滑测试。
2）里程表校核测试。
3）动力性测试（起步加速、超越加速、最高车速）。
4）前后轮制动力测试。
5）怠速排放测试。

技术参数

适用于50~750mL四轮车。

轴距范围	1000~2500mm
滚轮内外边距范围	400（内）~2000mm（外）
轮径范围	300~800mm
空车质量	＜600kg
吸收功率	＜35kW
速度范围	0~120km/h
准确度	优于1%
分辨率	0.1km/h
时间范围	0~99.99s
准确度	优于1%]
分辨率	0.01s
距离范围	0~999.9m]
准确度	优于1%
分辨率	0.1m
侧滑范围	10m/km
准确度	优于±2%F.S
分辨率	0.1m/km
制动力	0~2000N
准确度	优于±2%F.S
分辨率	1N

ACD系列交流底盘测功机

主要功能特点

1、可在实验室里模拟车辆在道路行驶过程，对车辆进行动性、经济性、环保性测试。2、可将测试车辆测试过程中的能量反馈电网，节约能源。3、可在不受室外环境变化影响，长时间、连续性进行车辆的耐久性试验，减少开发时间，提高效率。4、可规范试验模式，使试验不受场地，人员、环境影响变化，统一评价试验，保证评价的客观、科学性。

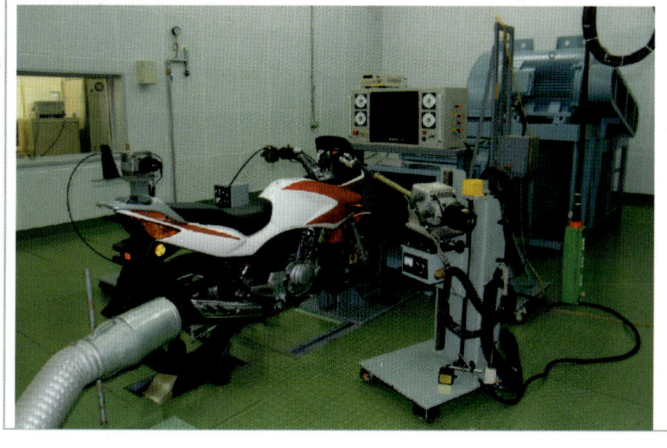

测试项目

1、动力性测试（起步加速、超越加速、最高车速、爬坡）。
2、经济性（燃油消耗）。
3、工况排放试验。
4、工况油耗试验。

技术参数

最大功率	30kW（750~900r/min）
最大扭矩	382Nm（15~750r/min）
最高车速	900r/min（180km/h）
最大爬坡	30°（＜140kg）
转鼓尺寸	¢530~¢1061mm
机械惯量	120kg~430kg
最大承载	500kg
冷却风速	≤120km/h
油耗测量	0.5~60L/h
转速测量	0~15000r/min
缸温测量	0~400℃
油温测量	0~200℃
排气温度	0~1000℃
水温测量	0~200℃

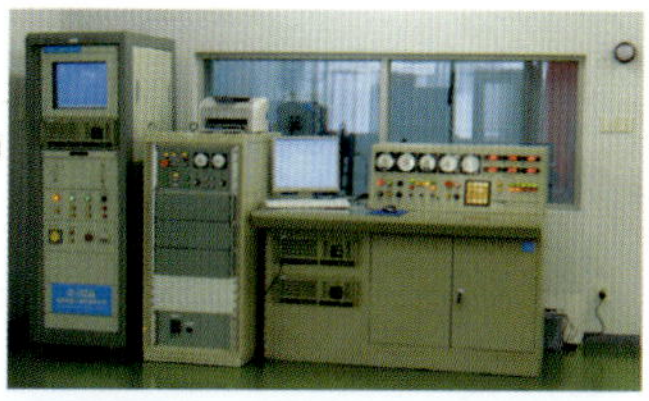

地址：陕西省西安市灞桥区米秦路6号（710032）
电话：029-86795288-8903 传真：029-86795292
E-mail：xianwell@vip.163.com
Http：//www.xianwell.com

南昌摩托车质量监督检验所

南昌摩托车质量监督检验所始建于1980年，前身是“航空工业部摩托车检测研究中心站”。1988年由原中国汽车工业联合会批文成立，是国家授权面向全国摩托车行业的具有独立法人地位的检验机构，具有第三方公正性。

实验室通过了国家计量认证、CNAS实验室国家认可及CCIBLAC商检实验室国家认可、是国家认监委强制性认证（摩托车、发动机）指定检测机构、国家发改委授权的摩托车质检机构、国家环保总局授权的新生产机动车排放污染检测单位、全国工业产品许可证办认可的内燃机产品、电动自行车产品许可证检测单位，是中国质量认证中心（CQC）、中国方圆认证委员会（CQM）、中国汽车产品认证中心（CCAP）的签约实验室，与德国莱茵技术监督顾问股份有限公司（TUV）等签约，承担E-maik认证产品检测工作。

南昌摩托车质量监督检验所

底盘测功机(工况法)

电动自行车试验台

所　长：胡国友
地　址：南昌市新溪桥　　联系人：余筱玲　　电　话：0791-8469387
E-mail:ncmjs@vip.163.com　　邮　编：330024　　传　真：0791-8430119

工况法排气分析系统

本所现有员工43人，科技人员占88%。有日本进口的CH-DY37 kW摩托车底盘测功机，噪声测量装置，HL-3033SM大灯试验台，5.5kW和15kW发动机直流测功机，30kW和55kW电涡流测功机，VZM300便携式汽车制动性能测试仪、奥地利进口的CEB-200工况法废气分析系统，AVL400型五组份气体分析仪及无线电干扰检测设备、前照灯、后视镜、车轮等零部件检测仪器设备共180项，价值2 000万元，试验室面积3 000 m^2；室内恒温、恒湿、吸音，隔墙操作，是国内高水平的试验室，傍有2 500 m长、70 m宽的机场跑道及标准噪声测试专用路面等，检测手段完善，能满足强制性产品认证、环保、安全节能项及摩托车主要性能的检测和摩托车及零部件商品检测。

认可检测业务范围为：摩托车和轻便摩托车、助力车/电动车、发动机、前照灯、车速表、灯具、光信号装置、后视镜、燃油箱、锁止防盗装置、轻合金车轮、轮辋、蓄电池、减震器、车用用喇叭、磁电机、点火线圈、点火开关、调压器、起动电机、起动继电器、回复反射器、排气消声器、制动器、制动操纵杆、制动踏板、辐条等零部件检测。十余年面向社会服务，承担了国内上千家企业、单位委托、定型和仲裁检验、先后承担摩托车排放、噪声、制动、油耗国家标准及轻合金车轮国际标准修订验证工作，围绕环保工程进行降噪、排放、消声器等研制工作，并开展标准、质量、技术、培训等技术咨询服务，面向社会提供优质服务。

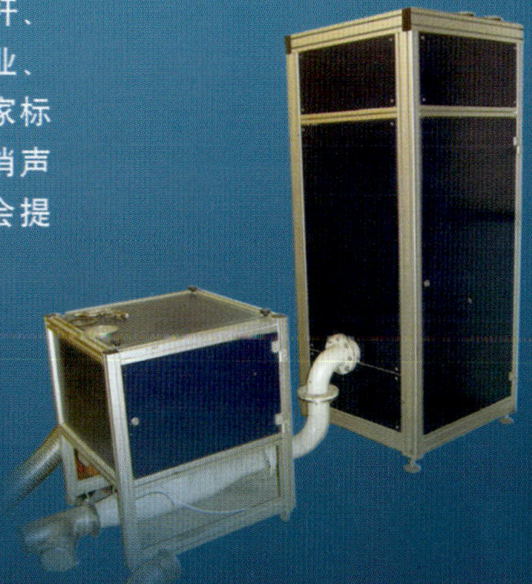
工况法采集系统

车轮径向加载耐久台

车轮冲击试验台

发动机测功机

动力测试设备领域的领导者

科达测器–在动力测试设备领域耳熟能详的品牌，其技术、专业、品质的品牌特征，专业、专注、
渴望和尊重，和谐、向上的企业文化和氛围，无一不在昭示着这样一个前景：科达测器，在已经精心
大的激情，更高的投入，更具前瞻性的战略眼光，继续塑造一个充满激情和活力，搭建在高技术平台

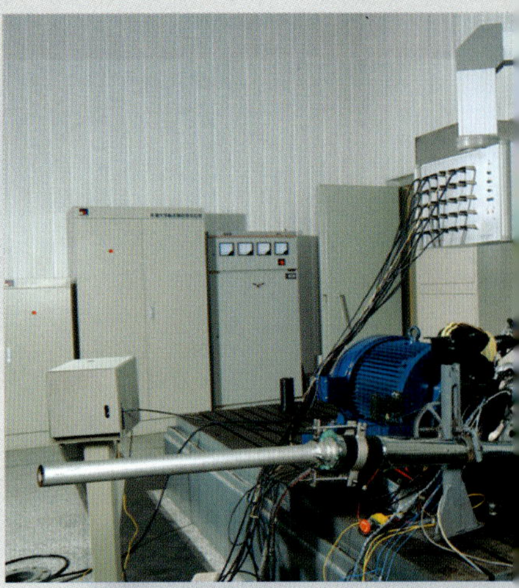

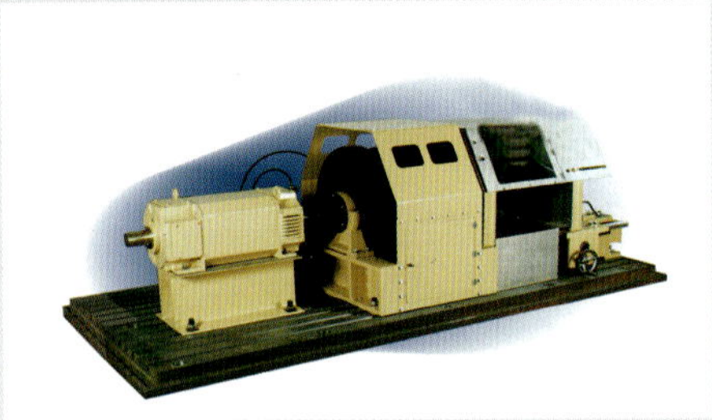

一直以来，**KEDA**致力于动力测试技术的提升和测试设备的研
积聚自己的技术和经验，在中高端测试设备市场取得领先优势
具有广泛影响力的品牌。

KEDA已经提供的测试产品有：

发动机台架试验设备——交流/直流电力测功机系统，电涡流测
整车检测设备——汽车/摩托车性能排放底盘测功机，耐久性试
关键零部件检测设备——摩托车离合器/制动器/CVT/电器系
道路试验设备——车载路试仪，制动性能测试系统（欧标），路
通用汽油机EPA认证相关设备——排放集成系统，排放数据采集

KEDA的产品已经被广泛应用于摩托车和通用汽油机行业的权
心（天津）、天津内燃机研究所各研发检测试验室、五羊–本田
方易初、嘉陵本田、钱江、桂林利凯特、长春长铃……。科达
科达还与国际级企业AVL公司合作，共同开发适应于国内产业
内摩托车和通用汽油机产业实现新的跨越。

KEDA，任重而道远！

天津内燃机研究所
天津摩托车技术中心

CPOWER 世纪动力

天津世纪动力科技发展有限公司

地　址：天津市华苑新技术产业园区鑫茂科技园C1座3层CD单元　邮　编：300384
电　话：+86（22）83713992　83715531　邮　箱：sales@cpower.cn
传　真：+86（22）83713992　83711517

轻型汽车
排气污染物测量装置

已开发生产的轻型汽车排气污染物测量装置将于2006年底投放市场，能够满足轻型汽车产品型式核准试验，中国 III 和 IV 阶段、欧洲 III 和 IV 阶段及 EPA 排放检测的要求。

公司在产品开发中采用了“联合开发 + 国际主流设计 + 国际采购 + 充分发挥自我优势”的工作思路，采取与美国 CAI 和 ETC 公司合作开发的模式，致力开发具有国际先进水平，又能发挥中国制造优势的汽车排放检测产品，尽快填补国内此类产品空白，满足汽车产业生产和研发提高的需求。

◂ CVS 单元电控部分

▸ 仪器分析单元外形图

▾ CVS 柜及气袋外观

▾ CVS 单元外形图

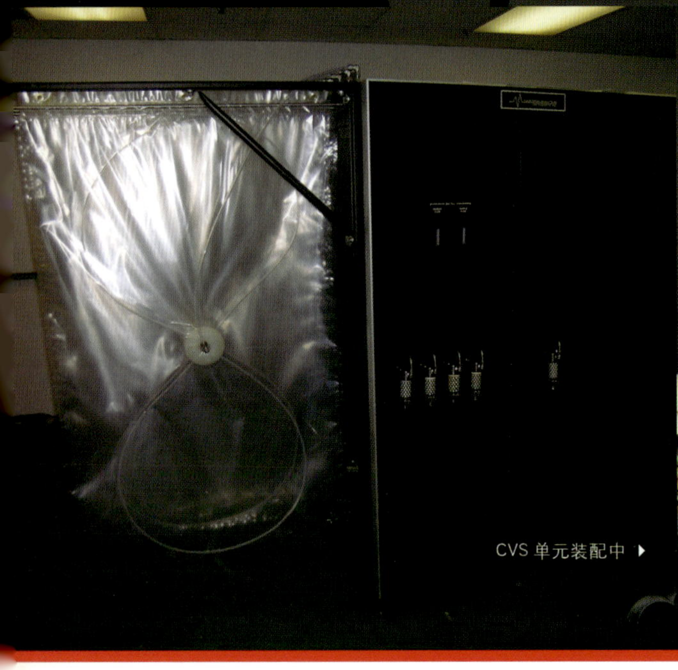

CVS 单元装配中 ▸

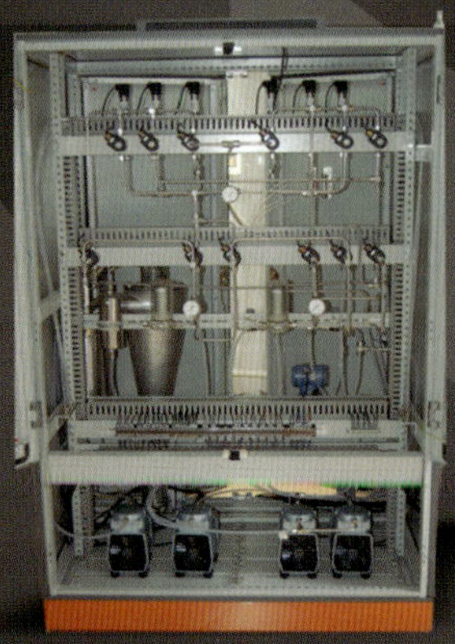

▸ CVS 柜内部结构

动　力　改　变　世　界

天津世纪动力科技发展有限公司（简称 CPOWER），是一家致力于研发生产汽车、摩托车、内燃机尾气排气检测设备以及三维扫描系统的高新技术生产企业。其开发生产的 TCP-600T 轻型汽车排气污染物测量装置以及 CP-I、TCP-II 型摩托车排气污染物测试设备能够按照汽车摩托车排气污染物中国第 II 和第 III 阶段、欧 II 和欧 III 等工况法测量规定测量排放值，满足汽车摩托车产品型式认证和生产一致性检查试验以及产品出口的测量要求，是汽车摩托车生产企业、检测科研机构和研究开发部门必备的测试和分析设备。三维扫描系统是制造企业产品创新、实施逆向工程中不可缺少的工具。

同时，公司与美国 REALTIME 公司合作开发汽车性能与耐久试验底盘测功机。

摩托车排气污染物测量装置

该系统由定容排气稀释连续取样（CVS）单离心通风机、分析仪器单元、中央计算机单元以及相关辅助设备组成。气体成分分器采用专业领域内著名的美国 CAI 公司和 Emerson 公司的 Rosemount 的产品，该系统体性能与国外同类产品相当。TCP-II 采用 mount 数字式分析仪器，CVS 采样结构布局紧凑合理，测量精度进一步提高。仪器单采用 NDIR 测量 CO 和 CO_2，采用 FID 测量采用 CLD 测量 NO_x。

统主要特点

足摩托车排放（工况法）中国第 II 和第 III 段、欧 II 和欧 III 及 EPA 等的测量要求。

气成分的测量仪器以及重要气动元件全部美国进口。

主开发的摩托车 CVS（定容排气稀释连续样系统），填补国内空白。

主开发的系统控制软件，界面友好，操作便。

格低于国外同类产品，具有较高的性价比。

后服务及时方便，费用低廉，适合中国和展中国家的国情。

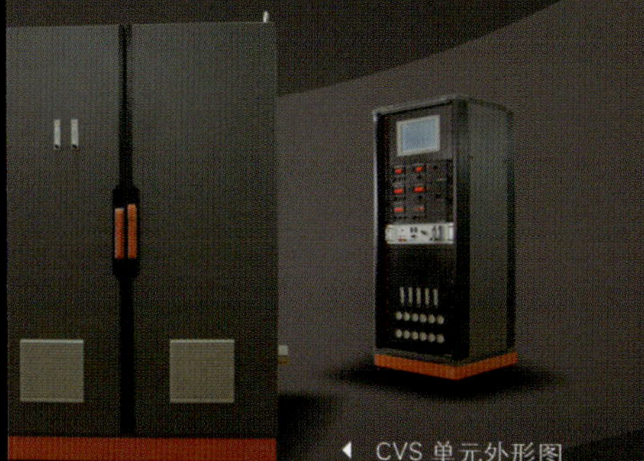

CVS 单元外形图

三维扫描系统

CPOS1.0 三维光学扫描仪

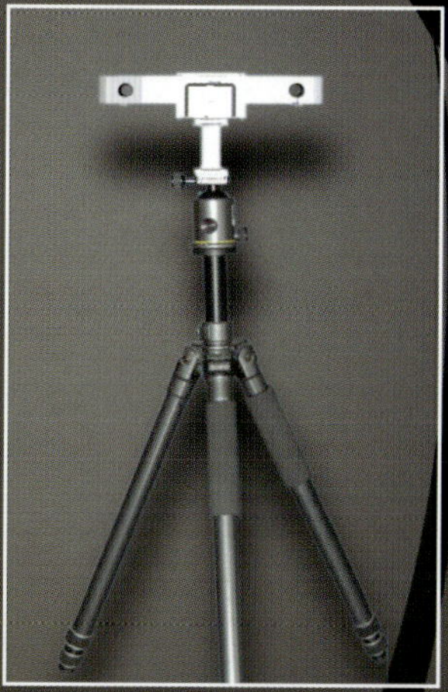

- 先进的双目视觉技术。
- 高密度点云，高测量精度，0.1mm/1m × 1m。
- 大范围测量视场，单次测量可达 1m × 1m × 0.5m。
- 可以用于逆向加工，三维造型，模具成型，整车设计等工作操作简单，体积小，重量轻，携带方便。
- 本产品对外界光源要求较低，可以适应车间、野外、夜间、日光灯照明多种环境。
- CPOS1.0 可以与三维处理软件 GEOMAGIC，CATIA，UG，Imageware 结合使用，可以输出 .asc，.vex，.dat 文件，与目前三维处理软件能够很好的结合。

CPClub1.0 大型全局相机系统

- 可以用于三维光学成像，能够完成 10m × 10m 的范围大型物体检测。
- 直接建立全局坐标，整车扫描恢复迅速。
- 与 CPOS 结合可以得到整车稠密的三维点云。
- 用于摩托车、汽车、飞船、飞机的外形设计。
- CPCLUB1.0 通过数码相机对标记点和比例尺的拍照，建立一套完整的三维坐标系统，与 CPOS 结合可以得到完整的整车点云测量结果。

CPHSOS1.0 高速摄像机系统

采用高速摄像机系统，采集速率 500 帧／秒。可用于发动机振动测量、部件变形测试以及碰撞过程、发动机台架实验等过程中结构变形分析。CPHSOS 可以对运动过程中大型工件的变形进行检测。辅助设计人员进行发动机的模态分析、应力分析等。

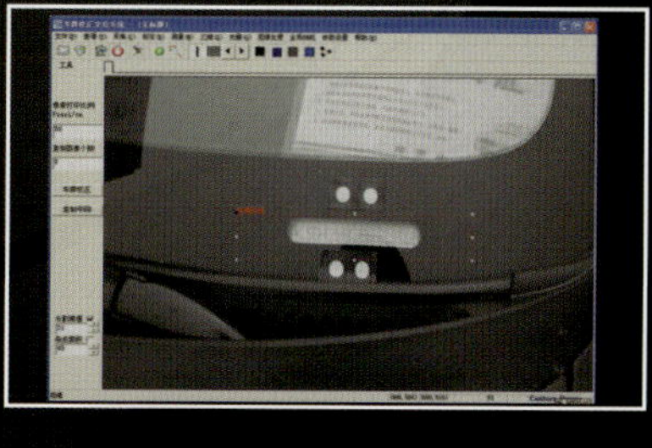

CPOCR1.0 图像识别系统

自动识别车牌号，车架号。可以在任意角度拍摄，操作方便。可以实现车牌号三维立体识别。

可配合高速摄影系统完成高速公路车牌号识别。

CPOWER

http://www.cpower.cn

Tianbo
天波科技 成就未来
中国内燃机摩托车成套检测设备研发制造公司
MC系列摩托车底盘测功机
MCZ100型自动驾驶仪

夢想 提供原動力
Lingdi 菱迪動力
取信
LJ368QE 发动机
LJ368QE Engine
LJ462QNE1 发动机
LJ462QNE1 Engine
菱迪系列发动机既可燃油、
更可燃气，方便、省钱、环保。
Lingdi Series Engines use both fuels and gases, with the features of convenience, cost saving, and environmentally friendly.
ply motive power
邮编 Post Code：225400
电话 Tel：86-523-7607161、2061577
传真 Fax：86-523-7608355
http://www.lingdico.com
E-mail：lingdi@lingdi666.com

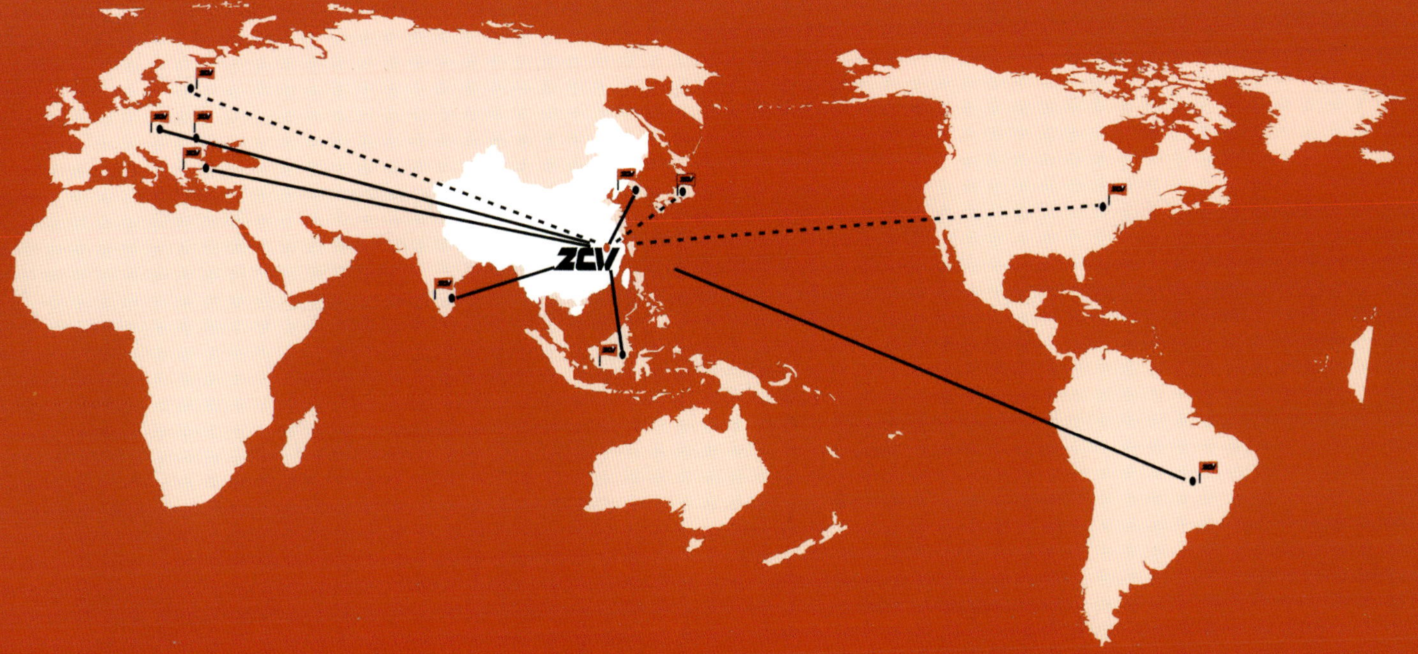

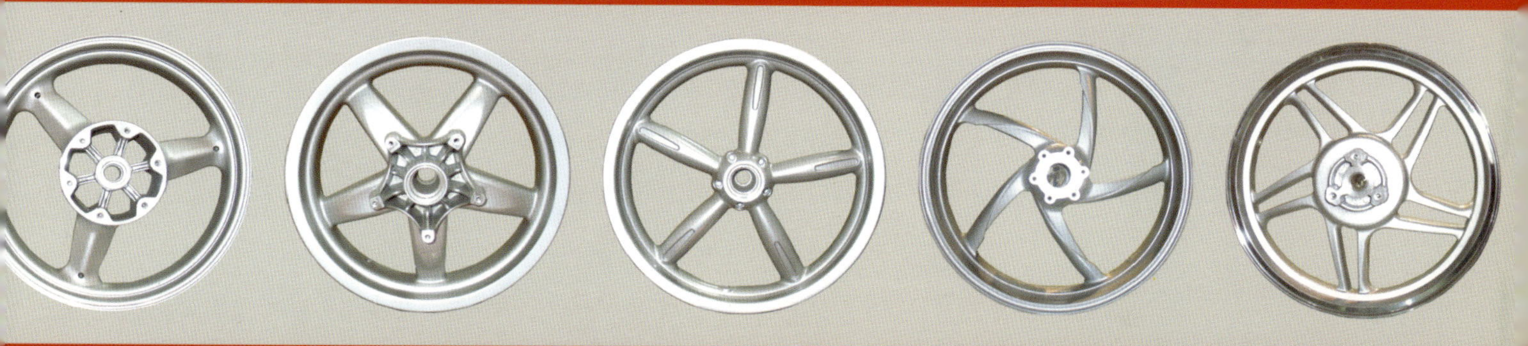

JUNYOU® 君友 明星集團 BRIGHT STAR GROUP

公司概述

公司占地面积12万平方米，建筑面积7.8万平方米，现有资产总额3.2亿元人民币，在册员工1 100名，主要从事摩托车减震器加工，年生产能力1 600万支，可实现销售额8亿元人民币。

企业精神

团结拼搏 务实奉献 敢于挑战 争创一流

管理理念

以人为本 尽善尽美

经营理念

保证客户满意创造终身客户

质量理念

追求零缺陷

道德理念

在社会做个好公民 在公司做个好员工

在家庭做个好成员

剂（桂林）有限公司隆重开业

亍开业庆典。

内组合，因为利凯特将帮助巴斯夫
时摩托车和其它两轮交通工具的排
刂凯特使我们更有能力为这些客户

寺，巴斯夫催化剂（桂林）有限公司

洛阳北方易初摩托车有限公司
Piaggio
浙江钱江摩托股份有限公司
五羊-本田摩托（广州）有限公司
新大洲本田摩托车有限公司
宗申·比亚乔佛山摩托车企业有限公司
宗申产业集团有限公司

（特别鸣谢的单位排序不分先后）

巴斯夫催化剂（桂林）有限公司
地址：广西桂林市骖鸾路国家高新技术开发区一号小区　**邮编：**541004
电话：86－773－5819222　**传真：**86－773－5815961
广东办事处：电话／传真：86－750－3215001
重庆办事处：电话／传真：86－23－68784348

三元催化剂
电喷系统
二次空气阀
消声器
为了孩子永远看到蔚蓝的天空
我们一直在努力……
Technology brings a better environment for life!
SENTEC
http://www.sentecee.com

DEKNI
湛江德利化油器有限公司
本田配套品质 京滨合资企业 湛江德利化油器
DEKNI standard of JAPAN
诚信德利
永恒
型号:CPD26J
用于铃木王摩托车
环保节能
2006年产销量600多万台
德利化油器连续五年市场占有率第一
地 址:广东省湛江市赤坎区海田路27号
邮 编:524043
销售专线:0759-3320714、3150933
传 真:0759-3150935、3314374
网 址:www.dekni.com
电子信箱:denisale@dekni.com

广东佛山维丰内燃机配件有限公司
联系人：欧灿兴、罗先阳
地　址：广州市白云区白云大道东平北路23
邮　编：510440
电　话：020-87476496
传　真：020-87476418
E-mail：chinawpr@chinawpr.com
欧Ⅲ环保消声器
欧Ⅲ环保，我的标准！
环保空滤器
滤清进气，澎湃动力！
镀铬活塞环
维丰镀铬节能，还世界一片蓝天！
广东维丰集团
维丰环保产品

ENGINE MANAGEMENT SYSTEM
LITEON®
光宝关系企业
电喷系统专家
高动力性能 | 低油耗 | 低污染排放
新
环保概念
节流阀体总成(含节气门阀体角度传感器)
怠速控制阀
加热式氧传感器
缸盖温度传感器
空档开关
曲轴位置传感器
三效催化器
24齿飞轮
点火开关
发动机控制器
输入
输出
诊断工具
KW2000, CAN, RS232
点火线圈
喷嘴
油压调节阀
油泵
故障指示灯
CHECK
汽车/沙滩车/摩托车
双缸控制器
单缸控制器
四缸控制器
敦扬科技　台湾总公司
厂址:811高雄市楠梓加工出口区中央路37号
销售热线: 886-3-518-1899 #2800
网址: www.liteonauto.com
·敦扬科技　上海分公司
厂址:上海市桂平路418号兴园科技广场901室　联络电话: 86-21-6485-2786
·敦扬科技　无锡分公司
厂址:中国无锡国家高新技术产业开发区新洲路93号地块A1/A2厂房
·敦扬科技　广州分公司

2007中国摩托车工业年鉴

《摩托车技术》杂志社　编

吉林科学技术出版社

图书在版编目(CIP)数据

2007中国摩托车工业年鉴/张进华主编. —长春:吉林科学技术出版社,2007.7

ISBN 978-7-5384-1888-0

Ⅰ. 2… Ⅱ. 张… Ⅲ. 摩托车—工业经济—中国—2007—年鉴 Ⅳ. F426.471-54

中国版本图书馆CIP数据核字(2007)第097870号

2007中国摩托车工业年鉴

张进华 主编

责任编辑:郝沛龙 封面设计:赵文娟

*

吉林科学技术出版社出版、发行

长春市东文印刷厂印刷

*

880×1230毫米 大16开本 19印张 400千字

2007年7月第1版 2007年7月第1次印刷

定价:100.00元

ISBN 978-7-5384-1888-0

社址:长春市人民大街4646号 邮编:130021

编辑部电话:0431-85635176

《摩托车技术》杂志社　编

主　　编：张进华
副 主 编：李陆山　顾　方
责任编辑：郝沛龙
编　　辑：陈晓玉　顾　方　郝　娟　曹　宇
张　艳　张　哲　赵文娟　李春艳
审　　阅：张正智
电　　话：(022)84771229、84771232
传　　真：(022)84771230
电子信箱：mtc@catarc.ac.cn
网　　址：www.cycleinfo.com.cn

编辑出版说明

为全面客观地反映我国摩托车工业发展的历程和现状，中国汽车技术研究中心《摩托车技术》杂志社自1999年开始，每年以《摩托车技术》杂志增刊的形式编辑出版一册汇集年度摩托车行业政策和动态、标准法规、科研技术、行业统计数据、市场概况和产品介绍等各方面综合信息的工具书——《中国摩托车工业年鉴》。该书的出版，得到了行业主管部门领导、众多企业负责人及广大读者的普遍赞誉，认为《中国摩托车工业年鉴》真实记录了近年来我国摩托车行业发展历程，展示了摩托车行业的发展成就，反映了摩托车行业现状，是一册极具权威性和实用性的工具书。

《中国摩托车工业年鉴》的出版一直受到业内人士和读者的关注和好评，为了满足行业广大读者需要，更好地为中国摩托车行业服务，同时提高《中国摩托车工业年鉴》的影响力，《摩托车技术》杂志社决定《2007中国摩托车工业年鉴》继续由吉林科学技术出版社以正式书号出版。《2007中国摩托车工业年鉴》对以往的栏目设置和内容进行了调整和补充，除保留了读者和行业关心的栏目以外，还增加了许多新的内容，并以更加灵活和清晰的形式展现给广大读者，如每章节前增添了扉页，附录中"世界知名摩托车厂商2006年款主要车型"栏目收录了13家世界知名企业的车型，使之更具代表性和实用性。

《2007中国摩托车工业年鉴》以2006年我国摩托车行业的发展过程为重点，主要栏目有：行业大事、行业发展、进出口、企业动态、市场概况、产品荟萃、知识产权、技术发展、获奖情况、标准法规、测试技术与设备等。

《2007中国摩托车工业年鉴》是在政府主管部门、行业学会和协会的具体指导下编辑出版的，并成立了编委会，由中国汽车技术研究中心《摩托车技术》杂志社负责本书的具体编撰工作。《摩托车技术》杂志是中国汽车技术研究中心主办的国家级科技期刊，是摩托车行业惟一国内外公开发行的技术期刊，多次荣获全国优秀科技期刊奖等荣誉，在摩托车行业颇具影响，也是行业内惟一入选国家新闻出版总署"中国期刊方阵"的期刊。本书在征集资料和编辑过程中，得到了政府部门和行业相关管理部门、行业学会和协会、各大摩托车企业、科研院所及其它相关部门的大力支持，特别是得到了各编委单位和编委的鼎力支持与协助，在此表示衷心的感谢！

由于编辑时间紧，掌握资料受限，难免出现一些疏漏，敬请广大读者批评指正。

《摩托车技术》杂志社

2007年6月

目　录

行业大事

一、2006年摩托车行业大事记……(2)

二、2006年涉及摩托车行业的政策、法规……(6)

1　国家政策、法规……(6)

2　地方政策、法规……(51)

三、2006年摩托车行业主要活动……(54)

1　2006年有关摩托车的各种会议和赛事……(54)

2　2006年摩托车行业协会主要活动……(55)

行业发展

一、2006年中国摩托车行业发展综述……顾　方(58)

1　行业发展概况……(58)

2　行业运行特点……(60)

3　存在的主要问题……(61)

4　2007年摩托车市场需求预测……(62)

二、摩托车工业主要经济指标……(63)

表1　2006年摩托车工业经济效益指标……(63)

表2　2006年摩托车生产企业主要经济指标……(64)

三、2006年摩托车生产与销售……(68)

表1　2006年摩托车生产、销售及库存分排量统计……(68)

表2　2006年部分企业摩托车分排量产量……(69)

表3　2006年部分企业摩托车分排量销量……(73)

表4　2006年摩托车发动机产量分排量统计……(77)

表5　2006年摩托车发动机销量分排量统计……(77)

表6　2006年排名前15家企业二轮车生产集中度……(78)

表7　2006年排名前15家企业二轮车市场占有率……(78)

图1　2006年排名前15家企业二轮车生产集中度……(79)

图2　2006年排名前15家企业二轮车市场占有率……(79)

图3　2006年摩托车生产分排量构成……(79)

图4　2006年摩托车销售分排量构成……(79)

图5　2006年摩托车发动机生产分排量构成……(80)

图6　2006年摩托车发动机销售分排量构成……(80)

图7　1985—2006年摩托车产量曲线图……(80)

图8　1985—2006年摩托车销量曲线图……(80)

进出口

一、摩托车进出口量……(82)

表1　1997—2006年摩托车出口量、金额及主要出口地……(82)
表2　2006年摩托车分排量进出口量及金额……(82)
表3　2006年分国别(地区)、排量摩托车出口量及金额……(83)
表4　2006年分国别(地区)、排量摩托车进口量及金额……(87)
表5　2006年分洲别、排量摩托车出口量及金额……(88)
表6　2006年分洲别、排量摩托车进口量及金额……(88)
表7　2006年分国别(地区)装有辅助动力的脚踏车、边车出口量及金额……(89)
表8　2006年分国别(地区)电动摩托车及电动助力车出口量及金额……(90)

二、部分企业摩托车出口量……(92)

表1　2006年部分摩托车生产企业摩托车出口量及金额……(92)

三、摩托车进口关税……(94)

表1　摩托车整车及关键部件进口关税税率逐年减让表……(94)

四、2006年摩托车产品出口分析……王法林(95)

1　2006年摩托车整车出口情况……(95)
2　摩托车发动机、电动车、全地形车(ATV)出口概况……(96)
3　值得关注的问题……(97)

企业动态

一、2006年部分摩托车企业(集团)发展概况……(99)

(一)、中国兵器装备集团公司……王国强(99)
(二)、中国嘉陵工业股份有限公司(集团)……汪桂花(100)
(三)、重庆建设摩托车股份有限公司……尹厚清(102)
(四)、力帆实业(集团)有限公司……彭　蓓(103)
(五)、浙江钱江摩托股份有限公司……辜　义(104)
(六)、洛阳北方易初摩托车有限公司……王学锋　李飞舟(106)
(七)、济南轻骑摩托车股份有限公司……石斗山(107)
(八)、金城集团……周以平(108)
(九)、新大洲本田摩托有限公司……任泉涌(109)

二、2006年摩托车行业合资合作情况……(111)

三、2006年目录内企业更名、变址、商标变更等情况……(113)

市场概况

一、2006年部分企业市场经营概况……(117)

1　国内市场营销举措……(117)
2　海外市场拓展情况……(118)

二、2006年摩配市场建设……(121)

三、2006 年城市禁限摩情况……………………………………………………………………………(122)

产品荟萃

一、2006 年摩托车新产品集锦………………………………………………………………………(125)

知识产权

一、2006 年国家知识产权局公开的与摩托车直接相关的专利………………………………………(144)
表1　2006年公开的与摩托车直接相关的发明专利…………………………………………………(145)
表2　2006年公开的与摩托车直接相关的实用新型专利……………………………………………(150)
表3　2006年公开的与摩托车直接相关的外观专利…………………………………………………(172)
二、有关知识产权的最新规定……………………………………………………………………………(173)
三、2006 年摩托车行业主要知识产权事件回顾……………………………………………………(176)

技术发展

一、摩托车技术信息集锦…………………………………………………………………………………(178)
1　国内技术集锦……………………………………………………………………………………………(178)
2　国外技术集锦……………………………………………………………………………………………(180)
二、摩托车零部件行业发展状况…………………………………………………………………………(185)
(一)、2006年摩托车发动机行业概况及展望……………………………………………夏淑敏（185）
(二)、2006年摩托车车轮行业概况及展望………………………………………………尤炳良（187）
(三)、2006年摩托车制动器行业概况及展望……………………………………………陈三昧（191）
(四)、2006年摩托车减震器行业概况及展望……………………………………………刘爱红（192）
(五)、2006年摩托车电器行业概况及展望…………………………陶俊卫　刘惠来　任立环（195）
(六)、2006年摩托车灯具行业概况及展望………………………………………………李　钢（196）
(七)、2006年摩托车催化器行业概况及展望……………………………………林漫群　邓水平（198）
(八)、2006年摩托车工业设计概况及展望……………………………何　颖　姜　岩　李　强　等（201）

获奖情况

一、2006 年度摩托车行业主要获奖企业和个人……………………………………………………(207)
二、获奖人物简介…………………………………………………………………………………………(210)

标准法规

一、2006 年摩托车行业标准化工作概况…………………………史重九　赵丽那　黄　岚（213）
二、现行摩托车标准………………………………………………………………………………………(226)
1　摩托车和轻便摩托车标准体系总框图…………………………………………………………………(226)
2　我国现行摩托车和轻便摩托车标准目录………………………………………………………………(227)

三、国外摩托车标准、法规…………（231）
1 国际标准化组织（ISO）摩托车标准（表1）…………（231）
2 美国汽车工程师学会（SAE）摩托车标准（表2）…………（233）
3 欧洲经济委员会（ECE）摩托车法规（表3）…………（233）
4 欧洲经济共同体（EC）摩托车指令（表4）…………（235）
5 日本工业标准（JIS）中的摩托车标准（表5）…………（235）
6 日本汽车标准（JASO）中的摩托车标准（表6）…………（236）

测试技术与设备

一、摩托车测试技术和测试设备发展综述…………郑 伟（238）
二、国内部分摩托车测试设备生产企业简介…………（240）

附录

一、2007年第1季度摩托车行业主要指标…………（245）
表1 2007年第1季度摩托车生产、销售汇总表…………（245）
表2 2007年第1季度部分企业摩托车生产、销售情况…………（245）
二、世界部分国家（地区）摩托车行业主要指标…………（246）
表1 2003—2005年世界部分国家（地区）摩托车产量…………（246）
表2 2003—2005年世界部分国家（地区）摩托车销量…………（246）
表3 2003—2005年世界部分国家（地区）摩托车保有量…………（247）
三、国内外摩托车企业及相关网站名录…………（248）
1 国外摩托车整车企业及综合网站…………（248）
2 国内摩托车整车企业网站…………（250）
3 国内摩托车行业相关网站…………（253）
四、世界知名摩托车厂商2007年款主要车型…………（255）
1 HONDA 日本本田公司…………（256）
2 Kawasaki 日本川崎公司…………（258）
3 SUZUKI 日本铃木公司…………（262）
4 YAMAHA 日本雅马哈公司…………（265）
5 德国宝马公司…………（267）
6 美国哈雷·戴维森公司…………（269）
7 美国胜利公司…………（272）
8 Buell 美国布尔公司…………（273）
9 美国BossHoss公司…………（274）
10 TRIUMPH 英国凯旋公司…………（275）
11 意大利贝内利公司…………（277）
12 BAJAJ 印度百佳吉公司…………（278）
13 SYM 中国台湾三阳公司…………（279）

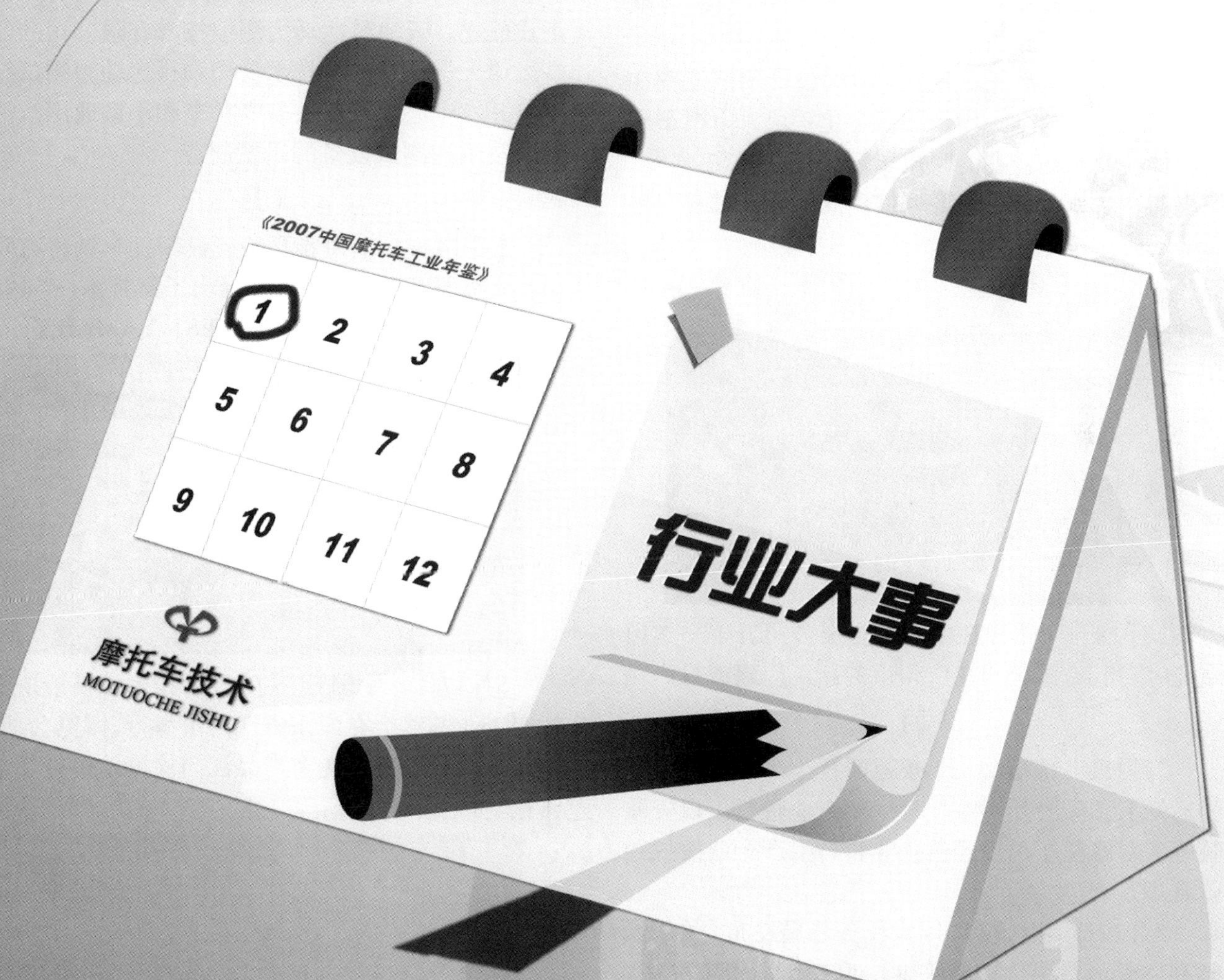
《2007中国摩托车工业年鉴》
1 2 3 4
5 6 7 8
9 10 11 12
摩托车技术
MOTUOCHE JISHU
行业大事

行业大事

一、2006年摩托车行业大事记

2月

2月15日　商务部、发展改革委、海关总署、质检总局、国家认监委联合下发了《关于规范摩托车产品出口秩序的补充通知》。

2月17日　国家环境保护总局科技标准司主持召开了摩托车和轻便摩托车国家第3阶段排放标准审议会。

2月24日　摩托车数字化协同设计示范工程在重庆市启动。这是一种借助数字化手段，由整车和零部件企业协同作业的摩托车新品开发模式，嘉陵、建设与10余家重庆当地零部件企业成为首批参与该工程的企业。

2月28日　本田在中国的合资公司五羊—本田摩托(广州)有限公司在广州市的新工厂建成投产。

3月

3月1日　根据《关于规范摩托车产品出口秩序的通知》,国家开始对摩托车生产企业暂行出口资质管理，对摩托车出口经营企业暂行生产企业授权经营管理。

3月20日　财政部、国家税务总局发布《关于调整和完善消费税政策的通知》，摩托车消费税由10%调整为按排量分档,排量在250 mL(含)以下的,税率为3%;排量在250 mL以上的,税率为10%。

4月

4月23日　由佛山市维丰内燃机配件有限公司和华南理工大学共同研发的摩托车消声装置欧Ⅲ标准排气净化技术顺利通过广东省科技厅组织的科技成果鉴定会。

4月28日　由天津内燃机研究所、天津摩托车技术中心投资组建的天津科达动力测控技术有限公司正式成立。天津科达动力测控技术有限公司的前身是天津大学科达测控技术公司和科达动力测试技术研究开发中心，专业从事摩托车和小型通用汽油机测试技术和测试设备的研发制造。

5月

5月14日　上海雅马哈建设摩托车销售有限公司在上海举行新闻发布会，推出了集技术、产品、销售、服务为一体的品牌理念“YES！YAMAHA”。

5月17日　中国（江门）经济技术贸易洽谈暨摩托车工业博览会在广东省江门市举行。博览会期间，广东省质量监督摩托车产品江门检测站举行了落成典礼。

5月28日　德国宝马集团在中国授权的首家宝马摩托车旗舰店——路得机车4S店在北京正式营业。

6月

6月8—11日　第5届中国国际摩托车博览会在重庆国际会议展览中心举行。摩博会期间，中国国际摩托车博览会技术论坛同步召开。

6月13日　春风控股集团有限公司自主研发的"1P58MJ 摩托车发动机"、"欧之杰（CF125T-19/CF150T)两轮水冷踏板车"和"CF250T-3两轮水冷摩托车及发动机"通过浙江省相关部门组织的新产品鉴定会。

6月18日　兰州国际摩托车汇展中心建成。该中心总投资5 390万元，建筑面积4.6万m^2，共有3个交易厅，可容纳120家摩托车商户、158家电动车商户、200家摩托车和电动车配件商户，是西北5省区唯一一家专业化、多元化、个性化的大型摩托车、电动车零配件汇展中心。

6月26日　广东广天机电工业研究院正式建成运行。

6月29—30日　电动摩托车标准制定工作组首次工作会议在天津市中国汽车技术研究中心召开。

7月

7月5日　投资3亿多元的国内最大的汽摩齿轮专业基地——重庆秋田齿轮有限责任公司生产基地正式投产。

7月5日　浙江省中小企业服务中心发布消息，浙江玉环县成为中国汽车工业协会认可的第1个汽摩零部件产业基地，拥有汽车、摩托车零部件生产企业1 800多家，从业人员8万多名，年销售额达100亿元。

7月31日　五羊—本田发布国内首款达到欧Ⅲ标准的摩托车SCR110"佳御"。该车搭载了可对燃油喷射进行精确智能调控的程序控制燃料喷射系统(PGM-FI)，配合低摩擦技术，极大地提高了燃油经济性和排放清洁性。

8月

8月2日　建设摩托举行"骑式芯"系列新品上市动员大会。

8月10日　重庆摩配巨头——两江机械制造有限公司以6 250万元拍下重庆宗庆摩托车公司整体资产。这标志着我国最大的民营摩托车企业关闭清算案宣告终结。此次拍卖的资产，包括宗庆在重庆南岸茶园新区的全部厂房、摩托车生产线等。

8月16日　新大洲本田摩托有限公司海南分公司获得"2005年度诚信纳税非公有制企业"荣誉称号。

8月19日　中国国际专利技术与产品交易会上，重庆市的2项摩托车专利获得金奖。它们分别是重庆利峰工业公司发明的可通过改变材料、内部结构和制造工艺，降低摩托车能耗的摩托车自动离合器；重庆隆之星科技有限公司发明的，利用安装在摩托车上的微型计算机，自动测试路面状况，达到摩托车自动换挡的智能换挡系统。

8月26—27日　中国摩托车经济发展国际论坛在广东江门市举行，国家有关部委领导、国内外专家学者、摩托车整车及零部件企业的代表近200人参加。

9月

9月2—3日　由中国汽车技术研究中心汽车标准化研究所主办的"其它类型车辆产品生产企业车辆识别代号管理现场审查工作座谈会"在浙江省永康市召开，来自全国各地的相关企业代表100余人参加。

9月8日　济南轻骑2006新品上市暨GS风暴行动发布会在济南隆重召开，骑式车福帅、弯梁车锋将、以及运动休闲系列的藏獒、牧羊犬和山猫等新品一并投放市场，显示了企业强大的市场竞争力。

9月19日　兵装集团北方片区“6S”管理检查组到建设检查指导生产现场、办公现场“6S”管理工作。

9月23日　山东省滕州市摩托车协会成立。

9月28日　江苏省常州豪爵摩托车有限公司在常州新北区空港产业园奠基。该项目是目前大长江集团在国内投资最大、技术最先进的摩托车整车项目。

10月

10月9日　江苏省首个摩托车及电动车出口基地在锡山区正式揭牌。该基地的建立有利于现有摩托车生产企业在进出口银行贷款、机电产品技改贴息、机电产品研发补贴、高新技术产品贴息、出国推销摊位补贴和基地建设专项资金等方面，最大限度地获得国家和当地政府的扶持。

10月12日　由国家环保总局机动车排污监控中心主办，国家摩托车质量监督检验中心（天津）承办的“摩托车美国、欧洲排放法规研讨会”在北京新大都饭店举行。

10月12日　河北省摩托车行业协会正式宣告成立。

10月16日　“鑫源”和“HONDA”被国家工商行政管理总局认定为中国驰名商标。

10月16日　国家环保总局通报了2006年度摩托车环保生产一致性检测结果。检验结果表明，10家生产企业的10辆样车，只有3家企业的样车抽查和现场排放关键部件环保生产一致性检查全部合格。

10月17日　国家环保总局科技标准司在北京召开国家机动车环保技术法规专家委员会成立大会及首次工作会议。

10月20日　中国嘉陵工业股份有限公司宣布，其与巴西的TRAXX公司、自然人周瑜合资在巴西成立亚马逊TRAXX摩托车有限公司。合资公司注册资本拟为370万美元，全部为现金出资。

10月28日　济南轻骑与法国标致正式签订合同，共同组建合资公司——济南轻骑标致摩托车有限公司。合资公司注册资本1.372亿元人民币，总投资额2.55亿元人民币，双方各占50%的股份。

10月28—29日　由中国汽车技术研究中心《摩托车技术》杂志社和中国环保产业协会机动车污染防治技术委员会共同主办的’2006中国摩托车排放控制技术研讨会在浙江省杭州市召开。

11月

11月12—14日　第3届国际摩托车配件展览会在广州举行。

11月21—25日　第9届中日摩托车标准认证交流会在日本大阪市新梅田研修中心召开。

11月30日　中国摩托车商会成立大会在北京广西大厦召开，重庆力帆集团董事长尹明善当选商会首任会长。

12 月

12月1日　重庆建设雅马哈摩托车有限公司举行第100万辆摩托车下线庆典仪式暨新闻发布会。

12月3—4日　中国汽车工业协会摩托车分会车轮委员会2006年年会在江苏无锡举行。

12月24日　宗申首家文化用品店在沙坪坝开业，这是国内摩托车企业首家文化用品店。

12月29日　大长江集团产值超100亿元暨第3期工程落成庆典在江门市蓬江区棠下镇举行，这标志着中国产能最大的摩托车企业在江门市率先崛起。

二、2006年涉及摩托车行业的政策、法规

1 国家政策、法规

(1)、关于规范摩托车产品出口秩序的补充通知

发布单位：商务部、发展改革委、海关总署、质检总局、国家认监委

发布文号：商机电发[2006]44号

发布日期：2006年2月15日

生效日期：2006年2月15日

原文：

各省、自治区、直辖市、计划单列市及新疆生产建设兵团商务主管部门、发展改革委、经贸委(经委)，海关总署广东分署，天津、上海特派办，各直属海关，各直属出入境检验检疫局，有关企业：

2005年12月28日，商务部、发展改革委、海关总署、质检总局、国家认监委发布了《关于规范摩托车产品出口秩序的通知》(商机电发[2005]699号，以下简称《通知》)。现就《通知》执行中出现的非公路用两轮摩托车出口管理、《通知》发布前已签出口合同的履行、资质条件的界定、数据统计口径、摩托车发动机和车架的出口管理等问题补充通知如下：

一、关于非公路用两轮摩托车的出口管理问题

(一)本通知所述非公路用两轮摩托车指汽油机排量≥50 mL、不在公路和城市道路上行驶、用于休闲娱乐和竞技运动的两轮摩托车，主要包括：两轮越野摩托车、两轮越野赛车、两轮公路赛车、两轮场地赛车、两轮拉力赛车及其变型车辆。

(二)非公路用两轮摩托车生产企业出口非公路用两轮摩托车，必须具备以下资质条件：

1、通过国家承认的ISO 9000等企业质量管理体系认证或国家推行的相关自愿性产品认证；

2、上一年非公路用两轮摩托车出口额不少于50万美元；

3、合法经营，不存在侵犯他人知识产权行为；

4、取得进口国非公路用两轮摩托车准入相关认证或满足其相关技术法规要求。

与此同时，有关部门将组织制定出口非公路用两轮摩托车生产企业的资质条件和出口产品质量标准。待新规定发布后，非公路用两轮摩托车出口执行新规定。

(三)《具有出口资质的摩托车和全地形车整车生产企业及其授权出口经营企业目录》(以下简称《出口企业目录》)内企业，必须在其出口的非公路用两轮摩托车产品说明书中以相关语言明示"非公路用"，并在车身醒目位置加施"非公路用"的永久性标志(包括中文或进口国文字及其缩写)，明示消费者。

(四)符合《通知》第一条规定的具有出口资质条件的摩托车整车生产企业自动具有非公路用两轮摩托车出口资质。

(五)除以上规定外，非公路用两轮摩托车出口管理参照《通知》中摩托车出口管理相关规定。

二、关于《通知》发布之前签订的出口合同履行问题不具备出口资质的企业于2006年1月15日前已签订的出口合同，必须于3月20日前在所在省、自治区、直辖市、计划单列市及新疆生产建设兵团商务主管部门(机电办)备案，商务部授权的许可证发放部门和检验检疫机构凭备案发放出口许可证和接受报检。

三、关于《通知》中资质条件的界定问题

(一)通过发展改革委摩托车生产准入的集团公司下属子公司可以以集团公司申报，也可以由子公司申报。

(二)全地形车(ATV)生产企业的出口市场如果没有全地形车准入的认证要求，则只需提交通过国家承认的ISO9000等企业质量管理体系认证的证明，申报《出口企业目录》。

四、关于数据统计口径问题

(一)出口额包括自营出口额和供货出口额，自营出口额以海关统计数据为准，供货出口额以外贸出口注明供货生产企业的报关单据为准。供货出口

额由生产企业所在省、自治区、直辖市、计划单列市及新疆生产建设兵团(机电办)核实并出具证明。

(二)2005年摩托车整车国内市场销售数量以上传国家发展改革委合格证的数量或完税证明数量为准,由生产企业所在省、自治区、直辖市发展改革委或经贸委(经委)核实并出具证明。

五、关于摩托车发动机和车架的出口管理问题

摩托车发动机和车架不实行出口资质目录管理,出口经营企业必须获得具有资质条件的摩托车整车生产企业授权方能出口摩托车发动机和车架,授权家数不限。授权证明包括整车企业认为所出口发动机或车架质量可靠、同意出口、出口国家或地区、企业印章、法人代表签字等内容(格式见附件)。

各省、自治区、直辖市、计划单列市及新疆生产建设兵团商务主管部门(机电办)应根据本通知精神,加快组织有关企业申报。

中华人民共和国商务部

中华人民共和国国家发展和改革委员会

中华人民共和国海关总署

中华人民共和国国家质量监督检验检疫总局

中国国家认证认可监督管理委员会

二〇〇六年二月十五日

(2)、关于调整和完善消费税政策的通知

发布单位:财政部、国家税务总局

发布文号:财税[2006]33号

发布日期:2006年3月20日

生效日期:2006年4月1日

原文:

各省、自治区、直辖市、计划单列市财政厅(局)、国家税务局,新疆生产建设兵团财务局:

为适应社会经济形势的客观发展需要,进一步完善消费税制,经国务院批准,对消费税税目、税率及相关政策进行调整。现将有关内容通知如下:

一、关于新增税目

……

二、关于纳税人

……

三、关于取消税目

……

四、关于调整税目税率

(一)调整小汽车税目税率

……

(二)调整摩托车税率

将摩托车税率改为按排量分档设置:

1、气缸容量在250 mL(含)以下的,税率为3%;

2、气缸容量在250 mL以上的,税率为10%。

……

五、关于组成套装销售的计税依据

……

十二、关于执行时间

本通知自2006年4月1日起执行。以下文件或规定同时废止:

(一)《关于印发〈消费税征收范围注释〉的通知》(国税发[1993]153号)第四条、第十一条;

(二)《关于〈消费税征收范围注释〉的补充通知》(国税发[1994]026号);

(三)《关于CH1010微型厢式货车等有关征收消费税问题的批复》(国税函发[1994]303号);

(四)《国家税务总局关于消费税若干征税问题的通知》(国税发[1997]84号)第四条;

(五)《国家税务总局关于对部分油品征收消费税问题的批复》(国税函[2004]1078号)第一条、第二条;

(六)《国家税务总局关于“皮卡”改装的“旅行车”征收消费税问题的批复》(国税函[2005]217号);

(七)《国家税务总局关于美宝莲全天候粉底液等产品征收消费税问题的批复》(国税函[2005]1231号)。

附件:消费税新增和调整税目征收范围注释(略)

二〇〇六年三月二十日

(3)、2006年度具有出口资质的摩托车、全地形车、非公路用两轮摩托车生产企业及其授权出口经营企业目录

发布单位:商务部、发展改革委、海关总署、质检总局、国家认监委

发布文号：商务部、发展改革委、海关总署、质检总局、国家认监委2006年第14号公告

发布日期：2006年2月28日

生效日期：2006年2月28日

原文：

根据《关于规范摩托车产品出口秩序的通知》(商机电发[2005]699号)、《关于规范摩托车产品出口秩序的补充通知》(商机电发[2006]44号)，现公布2006年度《具有出口资质的摩托车整车生产企业及其授权出口经营企业目录》、《具有出口资质的全地形车生产企业及其授权出口经营企业目录》和《具有出口资质的非公路用两轮摩托车生产企业及其授权出口经营企业目录》。

特此公告

中华人民共和国商务部

中华人民共和国国家发展和改革委员会

中华人民共和国海关总署

中华人民共和国国家质量监督检验检疫总局

中国国家认证认可监督管理委员会

二〇〇六年二月二十八日

附件1

2006年度具有出口资质的摩托车整车生产企业及其授权出口经营企业目录(可出口公路用摩托车、非公路用两轮摩托车和全地形车)

地区	生产企业名称及企业海关编码	授权出口产品	授权出口经营企业名称	授权出口经营企业海关编码
天津市	新大洲本田摩托有限公司 1203932990	摩托车、全地形车	新大洲本田摩托有限公司上海分公司	3120930437
			新大洲本田摩托有限公司海南分公司	4601131173
	天津钟阳迅达摩托有限公司 1211936286	摩托车、全地形车	昆山市钟曜物资贸易公司	3223960067
			杭州立方贸易有限公司	3301961483
			廊坊开发区华诚国际贸易有限公司	1310960217
			天津华洋动力机械有限公司	1207468438
河北省	河北新世纪川田机车科技有限公司 1309960402			
	任丘市力帆摩托车有限公司	摩托车、全地形车	河北省任丘市对外经济贸易公司	1309912008
吉林省	长春长铃集团有限公司 2201910049	摩托车、全地形车	长春长铃贸易有限公司	2201210023
			辽宁耀申经济技术发展有限公司	2101960058
			上海瀚淇国际贸易有限公司	3122260491
			江门豪运发展有限公司	4407910062
			江门市蓬江区辉铭贸易有限公司	4407960043
上海市	上海申科摩托车有限公司 3118960764	摩托车、全地形车	台州永源经贸有限公司	3311961403
			上海永源申科国际贸易有限公司	3118960462
			安徽省技术进出口股份有限公司	3401910003
			烟台市恒联进出口有限公司	3706967676
			海南铭发进出口贸易有限公司	4601150586
	上海嘉陵车业有限公司 3120955022	摩托车、全地形车	嘉陵集团对外贸易发展有限公司	5006910075
	新大洲本田摩托有限公司上海分公司 3120930437	摩托车、全地形车	新大洲本田摩托有限公司	1203932990
			新大洲本田摩托有限公司海南分公司	4601131173
	上海幸福摩托车有限公司 31019A0017	摩托车、全地形车	上海汽车进出口有限公司	3103915005
			北京汽车摩托车进出口公司	1105910019
			中国东风汽车工业进出口有限公司	3122210733
			东方国际集团上海市对外贸易公司	3101915032
			上海新星进出口有限公司	3122210331
	上海美田摩托车有限公司 3118960040	摩托车	上海杰力国际贸易有限公司	3122260302
			上海美本机电有限公司	3109965233
			上海桑能国际贸易有限公司	3111965494
			杭州汇同对外贸易有限公司	3301960408
			安徽轻工国际贸易有限公司	3401950065
		全地形车	上海桑能国际贸易有限公司	3111965494
			上海对外经济贸易实业有限公司	3101915040
			中轻文教体育用品进出口公司	1101919088
			中国中福实业有限公司	3103915009
			无锡金霸王摩托车制造有限责任公司	3202966619

续表

地区	生产企业名称及企业海关编码	授权出口产品	授权出口经营企业名称	授权出口经营企业海关编码
上海市	上海杰士达摩托车有限公司 3119965196	摩托车、全地形车	台州市宏源国际经贸有限公司	3311961059
			宁波前程进出口有限公司	3302268015
			烟台市恒联进出口有限公司	3706967676
			台州永源经贸有限公司	3311961403
			上海杰力国际贸易有限公司	3122260302
	上海本菱摩托车制造有限公司 3117960053	摩托车、全地形车	上海杰力国际贸易有限公司	3122260302
			浙江日雅摩托车有限公司	3311963392
江苏省	金城集团有限公司 3201913000	摩托车、全地形车	金城集团进出口有限公司	3201910160
			中国航空技术进出口广州公司	4401913200
			江苏中汽进出口公司	3210919002
	南京金城摩托车有限公司 3201912992	摩托车、全地形车	金城集团进出口有限公司	3201910160
	江苏国威摩托车有限公司 3202966618	摩托车	浙江三友进出口有限公司	3311962492
			隆鑫集团进出口有限公司	5007960135
			重庆北方建设进出口贸易有限责任公司	5007910291
			苏州恒丰进出口有限公司	3205951084
		全地形车	浙江三友进出口有限公司	3311962492
			隆鑫集团进出口有限公司	5007960135
			重庆北方建设进出口贸易有限责任公司	5007910291
			威海嘉良进出口有限公司	3710962194
	江苏新世纪机车科技有限公司 3202966602	摩托车、全地形车	江苏恒嘉裕国际经贸有限公司	3202966607
			中国东风汽车工业进出口有限公司	3122210733
	常州光阳摩托车有限公司 3204930587			
	江苏赤兔马有限公司	摩托车、全地形车	江苏红豆进出口有限责任公司	3202955986
	江苏宝雕机动车有限公司 3202966859	摩托车、全地形车	泰安远东国际贸易有限公司	3709952773
			泰兴市太星对外贸易有限公司	3212960517
			浙江顺达进出口贸易有限公司	3301910305
			无锡纳艾思国贸有限公司	3202967165
			武义太平进出口有限公司	3307961213
	无锡金霸王摩托车制造有限责任公司 3202966619	摩托车、全地形车	无锡本丰机车科技有限公司	3202967203
			毅禧（厦门）商务服务有限公司	3502162321
			江苏红豆进出口有限责任公司	3202955986
			北京中新海业经贸有限公司	1118910026
			江西康贝尔机电有限公司	3601961594
	江苏金捷摩托制造有限公司 3202966235	摩托车、全地形车	大连汇恒国际贸易有限公司	2102913105
			温岭市进出口有限公司	3311960935
			重庆联益茶叶土产进出口有限公司	5005910319
			上海联瀚国际贸易有限公司	3116960415
	无锡富通摩托车有限公司 3202930291	摩托车、全地形车	沈阳中俄经贸合作中心	2101911404
			辽宁对外经济贸易公司	2101918023
			山西万斯特实业贸易有限公司	1401910158
			江苏红豆进出口有限责任公司	3202955986
	江苏健龙新田摩托车制造有限公司 3202966283	摩托车、全地形车	安徽服装进出口股份有限公司	3401910015
			北京怡光伟业贸易有限公司	1116960040
			浙江中成进出口有限公司	3301910284
			浙江省永康为尔进出口公司	3307950069
			浙江农资集团有限公司	3301950052
	江苏新陵摩托车制造有限公司 3202937134	摩托车	泰兴市太星对外贸易有限公司	3212960517
			金城集团进出口有限公司	3201910160
		全地形车	浙江农贸集团有限公司	3301950052
	江苏大红成莱宝驰机车制造有限公司 3202969798	摩托车	南京纺织品进出口股份有限公司	3201910012
			浙江农资集团有限公司	3301950052
			浙江四方进出口有限公司	3307910027
			浙江省永康市对外经济贸易有限公司	3307910006
		全地形车	南京纺织品进出口股份有限公司	3201910012
			浙江农资集团有限公司	3301950052

续表

地区	生产企业名称及企业海关编码	授权出口产品	授权出口经营企业名称	授权出口经营企业海关编码
江苏省	无锡市金洪摩托车有限责任公司 3202961654	摩托车、全地形车	泰兴市太星对外贸易有限公司	3212960517
			永康市迪飞乐五金有限公司	3307960394
			上海拓和进出口有限公司	3122260711
			宁波华茂进出口有限公司	3302953029
			宁波通润五矿机械进出口有限公司	3302910075
	江苏创新摩托车制造有限公司 3202966729	摩托车、全地形车	江苏汇鸿国际集团食品进出口公司	3201919162
			武义太平进出口有限公司	3307961213
			浙江天涯进出口有限公司	3307961077
			浙江四方进出口有限公司	3307910027
			江苏红豆进出口有限责任公司	3202955986
	江苏林芝山阳集团有限公司 3202966521	摩托车、全地形车	济南飞宝精机有限公司	3701961420
			上海大靖国际贸易有限公司	3122261394
			四川美恒商贸有限公司	5101362060
			上海拓和进出口有限公司	3122260711
	江苏新豪科技机车有限公司 3202360980	摩托车、全地形车	重庆德源进出口有限公司	5005960068
			江苏红豆进出口有限责任公司	3202955986
			温岭市进出口有限公司	3311960935
	江苏众星摩托有限公司 3202966339			
	江苏爱俊达摩托车有限公司 3202330912	摩托车、全地形车	上海园之通实业有限公司	3108965116
			江苏苏豪国际集团股份有限公司	3201919024
			成都柯迈克机械设备进出口有限公司	5101361704
			江苏舜天国际集团机械进出口股份有限公司	3201919018
			安徽省服装进出口股份有限公司	3401910015
	江苏雄风机车有限公司 3202967026	摩托车、全地形车	浙江奇野车业有限公司	3307940071
			安徽轻工国际贸易有限公司	3401950065
			常熟市奥润特动力机械有限公司	3214960554
	江苏新世纪远豪机车科技有限公司	摩托车、全地形车	无锡市博川进出口贸易有限公司	3202961802
	江苏新世纪远豪机车科技有限公司	摩托车、全地形车	无锡市博川进出口贸易有限公司	3202961802
	江苏行星机动车有限责任公司	摩托车、全地形车	永康市弘大机电设备有限公司	3307960214
	无锡鸿雁摩托车有限公司 3202956184	摩托车、全地形车	温州京威国际贸易有限公司	3303961152
			中国东风汽车工业进出口有限公司	3122210733
	常州市东方龙摩托车有限公司 3204963749	摩托车、全地形车	浙江东菱股份有限公司	3304910064
			浙江省永康市对外经济贸易公司	3307910006
	江苏达飞尔摩托车有限公司 3204360043			
	常州山崎摩托车有限公司 3204360020	摩托车、全地形车	中国航空技术进出口北京公司	1105910050
			中国航空技术进出口广州公司	4401913200
			江苏海外集团机械有限公司	3201919273
	常州美田兰翔摩托车有限公司 3204965239			
	江苏三鑫摩托车有限公司 3204963073	摩托车、全地形车	温岭市进出口有限公司	3311960935
			隆鑫集团进出口有限公司	5007960135
			浙江农资集团有限公司	3301950052
	常熟市轻型摩托车厂 3214950083	摩托车、全地形车	无锡国联进出口有限公司	3202910017
	高邮金城摩托车有限责任公司 3210910623	摩托车、全地形车	高邮市华腾进出口有限公司	3210910542
			浙江能资集团有限公司	3301950052
			浙江四方进出口公司	3307910027
	泰兴市三迪摩托车有限公司 3212950530	摩托车	重庆力帆实业(集团)进出口有限公司	5006960006
			济南飞宝精机有限公司	3701961420
			金城集团进出口有限公司	3201910160
			杭州立方贸易有限公司	3301961438
			泰兴市太星对外贸易有限公司	3212960517
		全地形车	金城集团进出口有限公司	3201910160
			扬州海纳机械有限公司	3210960919
			南京已昇摩托有限公司	3201961082

续表

地区	生产企业名称及企业海关编码	授权出口产品	授权出口经营企业名称	授权出口经营企业海关编码
江苏省	江苏林海动力机械集团公司 3212910413	摩托车	上海八达纺织印染服装有限公司	3122210068
		全地形车	江苏联海动力机械有限公司	3212931921
			上海八达纺织印染服装有限公司	3122210068
			江苏中汽进出口公司	3210919002
			泰州市万源对外贸易有限公司	3212960592
	江苏春兰摩托车有限公司 3212931060			
浙江省	钱江集团有限公司 3311911259	摩托车、全地形车	温岭市钱江进出口有限公司	3311911027
			浙江农资集团有限公司	3301950052
			永康市对外经济贸易有限公司	3307910006
			北京怡光伟业贸易有限公司	1116960040
			温岭正峰动力有限公司	3311912148
	浙江钱江摩托股份有限公司 3311932667	摩托车、全地形车	温岭市钱江进出口有限公司	3311911027
			浙江农资集团金鸿进出口有限公司	3300007915
	台州市川铃摩托车制造有限公司 3323961196	摩托车、全地形车	广西东方发祥出口有限公司	4501910202
			台州永源经贸有限公司	3311961403
			海南铭发进出口贸易有限公司	4601150586
			台州中诚机电有限公司	3311932497
			台州路桥中国日用品商城外贸有限公司	3311912409
	浙江台州市王野动力有限公司 3323961329	摩托车、全地形车	广州市北极星进出口贸易有限公司	4401964744
			江门市利荣进出口贸易有限公司	4407960162
			济南飞宝精机有限公司	3701961420
			江门市豪运发展公司	4407910062
			广西东方发祥进出口有限公司	4501910202
	浙江凌云摩托车有限公司 3323962352	摩托车、全地形车	温州大西洋进出口有限公司	3303960403
			重庆长江进出口有限公司	5005910234
			重庆联益茶叶土产进出口有限公司	5005910319
			台州市宏源国际贸易有限公司	3311961059
	本州车业集团有限公司 3323961314	摩托车、全地形车	上海银擎国际贸易有限公司	3122264277
			温岭市进出口有限公司	3311960935
			台州市宏源国际经贸有限公司	3311961059
			永康市弘大机电设备有限公司	3307960214
			重庆比格科技发展有限公司	5005960483
	台州市中能摩托车有限公司	摩托车、全地形车	台州中能进出口有限公司	3311963101
			台州市宏源国际经贸有限公司	3311961059
			温岭市进出口有限公司	3311960935
			台州市路桥中国日用品商城对外贸易有限公司	3311912409
			台州中邦进出口有限公司	3311963319
	浙江凌田摩托车有限公司 3311962063	摩托车、全地形车	中国长城工业上海公司	3100708560
			杭州汇同对外贸易有限公司	3301960408
			温岭进出口有限公司	3311960935
			台州市中基外贸有限公司	3311961226
			台州市宏源国际经贸有限公司	3311961059
	浙江嘉爵摩托车制造有限公司 3311962547	摩托车、全地形车	台州市宏源国际经贸有限公司	3311961059
			温岭市进出口有限公司	3311960935
			台州中邦进出口有限公司	3311963319
	台州市凯通摩托车制造有限公司 3311962413	摩托车、全地形车	台州市王金经贸有限公司	3311962821
			台州市凯通进出口有限公司	3311963061
			宁波市华茂进出口有限公司	3302953029
			中国航空技术进出口广州公司	4401913200
			台州市宏源国际经贸有限公司	3311961059
	吉利集团浙江摩托车有限公司 3311962489	摩托车、全地形车	杭州市萧山进出口贸易有限公司	3316910014
			上海联瀚国际贸易有限公司	3116960415
			上海东源国际贸易有限公司	3122210078
			上海中维企业发展有限公司	3101950003
			台州市宏源国际经贸有限公司	3311961059

续表

地区	生产企业名称及企业海关编码	授权出口产品	授权出口经营企业名称	授权出口经营企业海关编码
浙江省	浙江黄岩三叶集团有限公司 3323961273	摩托车、全地形车	金城集团进出口有限公司	3201910160
			宁波飞土进出口有限公司	3302968201
			上海拓和进出口有限公司	3122260711
			重庆达浦进出口贸易有限公司	5007960510
			宁波创鸿摩托车配件有限公司	3302933287
	台州市椒江之威摩托车制造有限公司 3311963366	摩托车、全地形车	台州市天堂鸟进出口贸易有限公司	3311963560
	浙江三友集团摩托车有限公司 3311952490	摩托车、全地形车	浙江三友进出口有限公司	3311962492
			浙江金东方贸易有限公司	3301950139
			台州市宏源国际经贸有限公司	3311961059
			重庆银钢科技集团进出口有限公司	5006960042
			宁波华茂进出口有限公司	3302953029
	浙江珠峰华鹰摩托车有限公司 3323962833	摩托车、全地形车	台州市宏源国际经贸有限公司	3311961059
			重庆华力克贸易有限公司	5003960385
	临海市中豪摩托车有限公司	摩托车、全地形车	台州市宏源国际经贸有限公司	3311961059
	浙江华田工业有限公司 3311963318	摩托车、全地形车	中国长城工业上海公司	3100708560
			杭州汇同对外贸易有限公司	3301960408
			温州新世纪国际贸易有限公司	3303950123
			宁波飞土出口有限公司	3302968201
			台州市宏源国际贸易有限公司	3311961059
	春风控股集团有限公司 3303960089	摩托车、全地形车	台州市川铃摩托车制造有限公司	3323961196
			江门中裕摩托车有限公司	4407910058
	立峰集团有限公司 3303950130			
	浙江星月车业有限公司 3307930361	摩托车、全地形车	永康市星月进出口有限公司	3307960238
			浙江农资集团有限公司	3301950052
			浙江四方进出口有限公司	3307910027
			北京燕北华牧科技有限公司	1108310186
			宁波联合集团进出口股份有限公司	3302210017
	浙江雷克机械工业有限公司 3310950027	摩托车、全地形车	济南飞宝精机有限公司	3701961420
			济南友邦国际贸易有限公司	3701962103
			金城集团进出口有限公司	3201910160
	浙江中南集团摩托车有限公司 3301960173	摩托车、全地形车	浙江中南建设集团有限公司	3301960148
			浙江中南集团进出口有限公司	3301961291
			长春长铃集团有限公司	2201910049
	重庆隆鑫工业(集团)有限公司浙江分公司 3310820006	摩托车、全地形车	隆鑫集团进出口有限公司	5007960135
			重庆劲隆科技集团进出口公司	5007960258
			上海哈利伯顿国际贸易有限公司	3109965213
			浙江阿波罗运动休闲用品有限公司	3307960332
			武义太平进出口有限公司	3307961213
	慈溪宗申摩托车有限公司	摩托车、全地形车	慈溪康达进出口有限公司	3320960426
			宁波华茂进出口有限公司	3302953029
			安徽省机械发展进出口有限公司	3401910154
			重庆宗申集团进出口有限公司	5007360492
	慈溪金轮机车制造有限公司 3320950352			
	宁波市龙嘉摩托车有限公司 3320960027	摩托车、全地形车	浙江农资集团有限公司	3301950052
			重庆灿策机械有限公司	5505960491
	宁波东方凌云车辆制造有限公司 3302913010	摩托车、全地形车	浙江新世纪国际物流有限公司	3302967007
			广东省肇庆土产进出口公司	4412910029
			重庆联益茶叶土产进出口有限公司	5005910319
	轻骑集团宁波力弘摩托车有限公司 3320960186			
福建省	福建省晋江市三力机车有限公司 3505963007	摩托车、全地形车	济南邦和工贸有限公司	3701911034
			无锡市汇纳车业有限公司	3202962056
	厦门厦杏摩托有限公司 3502935009	摩托车、全地形车	厦门摩特星商贸有限公司	3502162593
江西省	江西洪都航空工业集团有限公司 3601911307	摩托车、全地形车	深圳市鸿深进出口有限公司	4403163258
			江西华夏外贸公司	3601911429
			洪都丰隆摩托有限公司	3601931425
			海南铭发进出口贸易有限公司	4601150586

续表

地区	生产企业名称及企业海关编码	授权出口产品	授权出口经营企业名称	授权出口经营企业海关编码
江西省	南昌长江机械工业公司	摩托车、全地形车	江西省华夏外贸公司	3601911429
			江西省物产进出口有限公司	3601911563
			浙江惠灵对外贸易有限责任公司	3301910224
			中技天津进出口公司	1201910014
山东省	济南轻骑摩托车股份有限公司 3701911247	摩托车、全地形车	济南飞宝精机有限公司	3701961420
			济南轻骑发动机有限公司	3701911392
			江门轻骑华南摩托车有限公司	4407960239
	济南轻骑铃木摩托车有限公司 3701932301			
	轻骑集团摩托车有限公司 3701910507	摩托车、全地形车	宁波木兰工贸有限公司	3320960489
			山东凯莱(国际)贸易有限公司	3701961491
			台州市路桥中基摩托车有限公司	3311962591
			青岛大金马摩托车有限公司	3702269616
	山东重骑摩托车(集团)厂 3701911433	摩托车、全地形车	济南重骑联盟工贸有限公司	3701951836
			泰安远东国际贸易有限公司	3709952773
			济南中化进出口有限公司	3701911594
			浙江顺达进出口贸易有限公司	3301910305
			湖南麦克机电进出口有限公司	4301960303
	山东先锋摩托车有限公司 3711961045	摩托车、全地形车	济南飞宝精机有限公司	3701961420
			深圳市深房保税贸易有限公司	4403110976
			济南新里程商贸有限公司	3701961416
			温岭市进出口有限公司	3311960935
			临海市奥莱摩配有限公司	3311961595
	山东蓝盾摩托车有限责任公司	摩托车、全地形车	山东泰安泰工国际贸易有限公司	3709962839
			泰安远东国际贸易有限公司	3709952773
			青岛五征进出口有限公司	3702960701
	烟台开发区虎跃摩托车有限公司 3706268992	摩托车、全地形车	上海迈通国际贸易有限公司	3122260368
	山东华日摩托车股份有限公司	摩托车、全地形车		
	山东福田重工股份有限公司 3707913502	摩托车、全地形车	山东福田重工进出口有限公司	3707964015
	青岛大金马摩托车有限公司 3702269616	摩托车、全地形车	济南世纪金马车业有限公司	3701961655
	山东隆鑫劲隆三轮摩托车有限公司	摩托车、全地形车	隆鑫集团进出口有限公司	5007960135
			重庆劲隆科技集团进出口公司	5007960258
			湖州埭溪振华工贸有限公司	3305960181
			浙江比飞进出口有限公司	3307961181
			浙江四方进出口有限公司	3307910027
	荣成市力帆海山车业有限公司 3727950906	摩托车	湛江市湛威摩托车有限公司	4408961005
			重庆繁盛机电技术进出口有限公司	5003910422
			南京已昇摩托车有限公司	3201961082
			广东省肇庆食品进出口公司	4412910035
		全地形车	金华市中佳进出口有限公司	3307960750
			飞鹰集团有限公司	3307961070
			永康市五金城进出口有限公司	3307950079
			缙云华洋动力机械有限公司	3310960277
			浙江农资集团有限公司	3301950052
河南省	洛阳北方易初摩托车有限公司 4103930026	摩托车、全地形车	台州市天堂鸟进出口贸易有限公司	3311963560
	洛阳北方企业集团有限公司 4103910042	摩托车、全地形车	洛阳洛嘉海兰德车业有限公司	4103930335
	洛阳洛嘉海兰德车业有限公司 4103930335	摩托车、全地形车	洛阳洛嘉海兰德车业有限公司	4103930335
			洛阳北方企业集团有限公司	4103910042
	河南北方永盛摩托车有限责任公司 4103960192	摩托车、全地形车	洛阳北方企业集团有限公司	4103910042
	平顶山隆鑫三轮摩托车有限公司	摩托车、全地形车	隆鑫集团进出口有限公司	5007960135
			中国北方车辆有限公司	1104919018
			重庆蔚然科技发展有限公司	5007931330
			重庆市巴南对外贸易进出口有限责任公司	5005910407
			惠州鸿晟贸易有限公司	4413962106

续表

地区	生产企业名称及企业海关编码	授权出口产品	授权出口经营企业名称	授权出口经营企业海关编码
河南省	洛阳珠峰华鹰三轮摩托车有限公司	摩托车、全地形车	浙江泰阳进出口有限公司	3307960911
			重庆外滩机电进出口有限责任公司	5008960305
			安徽省服装进出口股份有限公司	3401910015
			安徽轻工国际贸易有限公司	3401950065
			常州大华进出口(集团)有限公司	3204910110
	洛阳力帆大河三轮摩托车有限公司	摩托车	重庆三德摩托车零部件有限公司	5007360510
			厦门巨杰进出口贸易有限公司	3502968065
		全地形车	重庆渝安集团机电进出口有限公司	5006960466
			武义鑫顺车业有限公司	3307961172
			浙江富新工贸有限公司	3307960639
			浙江奇野车业有限公司	3307940071
			浙江深茂器械有限公司	3307960327
湖南省	湖南劲隆光阳摩托车有限公司 4301931450			
	南方摩托股份有限公司	摩托车、全地形车	株洲南方航空机械进出口有限公司	4302910037
	株洲建设雅马哈摩托车有限公司 4302931420	摩托车、全地形车	雅马哈发动机商贸(上海)有限公司	3111945043
			株洲南方航空机械进出口有限公司	4302910037
	益阳金城摩托车有限公司 4309931798	摩托车、全地形车	温岭市进出口有限公司	3311960935
			重庆富港进出口贸易有限公司	5007960511
			重庆渝安集团机电进出口有限公司	5006960466
广东省	广州天马集团天马摩托车有限公司 4401967029	摩托车、全地形车	广州贝速特摩托车进出口有限公司	4401967025
			从化市华盈外贸企业有限公司	4401917009
	广州市大阳摩托车有限公司 4401918007	摩托车、全地形车	洛阳北方易初摩托车有限公司	4103930026
	广州市番禺华南摩托企业集团有限公司 4423960031	摩托车、全地形车	广州五羊摩托商贸有限公司	4401964504
			江门市美昌汽车贸易有限公司	4407960021
			广州市五羊自行车企业集团进出口有限公司	4401913099
			广东省丝丽国际集团恒通贸易有限公司	4401913602
	五羊—本田摩托(广州)有限公司 4401933222	摩托车、全地形车		
	广州五羊摩托车有限公司	摩托车、全地形车	广州市五羊自行车企业集团进出口有限公司	4401913099
			广州五羊摩托商贸有限公司	4401964504
	广州天恒机车工业有限公司 4423910026	摩托车、全地形车	广东省丝丽国际集团恒通贸易有限公司	4401913602
			广州市泰丰源实业有限公司	4401210028
			上海乾锦昊进出口有限公司	3122263487
			中成国际贸易公司	1101919071
			四川实联工贸有限公司	5110963062
	康超集团广州摩托车制造有限公司 4423960212	摩托车、全地形车	康超集团武义进出口有限公司	3307961215
			浙江康升实业有限公司	3307960672
	广州市川井车业有限公司 4401911022	摩托车、全地形车	广东省机械进出口股份有限公司	4401913039
			浙江康乐集团进出口有限公司	3303910043
			广州市兴贸贸易有限公司	4401260003
			广州市北极星进出口贸易有限公司	4401964744
			广州长进贸易有限公司	4401963136
	广州林叶机电科技有限公司 4401967041	摩托车、全地形车	广东省肇庆土产进出口公司	4412910029
			广州百胜行物流服务有限公司	4401963507
			广东广新工艺品进出口有限公司	4401913814
			深圳市升骏工贸有限公司	4403061989
			从化市华盈外贸企业有限公司	4401917009
	广州番禺豪剑摩托车工业有限公司 4423930606	摩托车、全地形车	广州市豪剑对外贸易有限公司	4423960188
			广州德珹进出口贸易有限公司	4423960283
			中国电子进出口总公司	1108919050
	增城市奔马实业有限公司 4401961042			
	增城市海利摩托车有限公司 4401961019			
	广州三雅摩托车有限公司 4401967004	摩托车、全地形车	广州泽隆进出口贸易有限公司	4401967008
			广州市兴贸贸易有限公司	4401260003
			广州启意贸易有限公司	4401967005
			从化市华盈外贸企业有限公司	4401917009

续表

地区	生产企业名称及企业海关编码	授权出口产品	授权出口经营企业名称	授权出口经营企业海关编码
广东省	广州劲锋摩托车制造有限公司	摩托车、全地形车	广东省丝绸进出口(集团)公司	4401913602
			广州市五羊自行车企业集团进出口有限公司	4401913099
	南方摩托股份有限公司广州分公司	摩托车、全地形车	广东省丝绸进出口(集团)公司	4401913602
			广州市五羊自行车企业集团进出口有限公司	4401913099
			从化市华盈外贸企业有限公司	4401917009
	重庆银钢科技(集团)有限公司广州从化分公司	摩托车、全地形车	重庆银钢科技集团进出口公司	5006960396
			从化市华盈外贸企业有限公司	4401917009
			广州穗荔进出口有限公司	正在办理
	广州庆福摩托车有限公司	摩托车、全地形车	广东省肇庆土产进出口公司	4412910029
			江门市豪运发展公司	4407910062
			江门市骏骅经贸有限公司	4407960274
			从化市华盈外贸企业有限公司	4401917009
	增城市东阳摩托车实业有限公司 4401961062	摩托车、全地形车	广东广新工艺品进出口有限公司	4401913814
			广东省丝丽国际集团恒通贸易有限公司	4401913602
	广州峰光摩托车有限公司 4401961095	摩托车、全地形车	广东省机械进出口股份公司	4401913039
			广东广新工艺品进出口有限公司	4401913814
			四川实联工贸有限公司	5110963062
			四川怡安投资集团能发科技有限公司	5114962860
			花园工贸集团杭州进出口有限公司	3301960047
	江门市大长江集团有限公司 4407930333			
	江门中裕摩托集团有限公司 4407930358	摩托车、全地形车	浙江永康对外经济贸易公司	3307910006
			广东广新工艺品进出口有限公司	4401913814
			广东省土产进出口(集团)公司	4401913155
			广东省肇庆土产进出口公司	4412910029
	江门气派摩托车有限公司 4407962045	摩托车	江门气派进出口有限公司	
			重庆新感觉外贸有限公司	5005960007
			湛江市广联通贸易有限公司	4408961031
			上海东浩国际商务有限公司	3122210613
			泰兴市太星对外贸易有限公司	3212960517
		全地形车	江门气派进出口有限公司	
			重庆新感觉外贸有限公司	5005960007
			武义波速尔运动器械有限公司	3307961158
			永康市凌鹰电器有限公司	3307961217
			浙江省永康市顶级进出口有限公司	3307960818
	江门市宝德摩托车有限公司 4407960052	摩托车、全地形车	常州大华进出口(集团)有限公司	3204910110
			安徽省服装进出口股份有限公司	3401910015
	江门镇怡摩托车有限公司 4407966022	摩托车、全地形车	江门市豪运发展公司	4407910062
			江门市利荣进出口贸易有限公司	4407960162
			江门市江海区外经企业有限公司	4407910046
	广东大冶摩托车技术有限公司 4407930364			
	江门市迪豪摩托车有限公司 4407900141	摩托车、全地形车	江门市迪隆进出口贸易有限公司	4407960099
	鹤山国机南联摩托车工业有限公司 4407966007	摩托车、全地形车	江门市中艺进出口有限公司	4407001568
			江门市豪运发展公司	4407910062
			济南中化进出口有限公司	3701911594
			济南飞宝精机有限公司	3701961420
			杭州海威集团有限公司	3301961667
	江门市华日集团有限公司 4407960056	摩托车、全地形车	江门市嘉盟贸易有限公司	4407960210
			海南铭发进出口贸易有限公司	4601150586
			江门市豪运发展公司	4407910062
			江门市万基进出口有限公司	4407960132
			湛江市湛威摩托车有限公司	4408961005
	长春长铃集团有限公司江门分公司	摩托车、全地形车	江门豪运发展公司	4407910062
			江门蓬江区辉铭贸易有限公司	4407960043
			江门骏骅经贸有限公司	4407960274
			湛江湛威摩托车有限公司	4408961005
			江门富事达进出口有限公司	4407960257

续表

地区	生产企业名称及企业海关编码	授权出口产品	授权出口经营企业名称	授权出口经营企业海关编码
广东省	浙江台州市王野动力有限公司江门分公司 3323961329	摩托车、全地形车	广西东方发祥进出口有限公司	4501910202
			江门市豪运发展公司	4407910062
			深圳市中电照明有限公司	4403110298
			江门市江海区外经企业有限公司	4407910046
			广州市北极星进出口贸易有限公司	4401964744
	江门轻骑华南摩托车有限公司 4407960239			
	广东银河摩托车实业有限公司 4422960039	摩托车、全地形车	重庆国际贸易中心	5005910169
			济南泛亚对外贸易有限公司	3710962049
			深圳市斯贝特进出口贸易有限公司	4403111804
			深圳市升骏工贸有限公司	4403061989
	宗申.比亚乔佛山摩托车企业有限公司 4406930451			
	广东大福摩托车有限公司 4428960076	摩托车、全地形车	广西东方发祥进出口有限公司	4501910202
			深圳市中电照明有限公司	4403110298
	佛山市佛斯弟摩托车企业集团有限公司 4406910087	摩托车、全地形车	北方光电科技股份有限公司	4401210024
			广州诺莱特照明电器发展有限公司	4401360003
			中国航空技术进出口有限公司	4401913200
			台州中能进出口有限公司	3311963101
			台州市宏源国际经贸有限公司	3311961059
	佛山市南海区轻骑摩托车有限公司 4428960348	摩托车、全地形车	广东省肇庆土产进出口公司	4412910029
	广东嘉陵摩托车有限公司 4406967039	摩托车、全地形车	嘉陵集团对外贸易发展有限公司	5006910075
			重庆环松工业集团对外贸易有限公司	5007960463
	佛山市南海区大沥陆豪摩托车有限公司 4412896399	摩托车、全地形车	中国航空技术进出口广州公司	4401913200
			广东肇庆土产进出口公司	4412910029
			深圳市深房保税贸易有限公司	4403110926
			广东机械进出口股份有限公司	4401913039
	东莞市东阳摩托车有限公司 4419950024	摩托车、全地形车	广东省东莞市东联进出口有限公司	4419960012
			四川实联工贸有限公司	5110963062
	东莞市东毅摩托车有限公司 4419960005	摩托车、全地形车		
	惠州玛骐摩托车有限公司 4413932628	摩托车、全地形车	惠州鸿晟贸易有限公司	4413962106
			云南文山国际技术合作有限公司	5308960116
			北方工业湛江发展有限公司	4408911095
	广东富兴摩托车实业有限公司 4414963002			
	广东省清远市清新联统实业有限公司 4418963002	摩托车、全地形车	广东省肇庆土产进出口公司	4412910029
			广东省丝丽国际集团恒通贸易有限公司	4401913602
			清远市三盛贸易有限公司	4418960048
			清远市越洋贸易有限公司	4418960051
			内江迪瑞贸易有限公司	5110963186
	广东金豪摩托车有限公司 4412930287	摩托车、全地形车	广东省肇庆土产进出口公司	4412910029
			中国五金矿产进出口珠海公司	4404110185
			珠海键丰进出口有限公司	4404161498
	中山国驰摩托车实业有限公司 4420962271	摩托车、全地形车		
	湛江光速摩托车有限公司	摩托车、全地形车	湛江广联通贸易有限公司	4408961031
			湛江市湛威摩托车有限公司	4408961005
			广东省机械进出口股份有限公司	4401913039
			湛江华创贸易有限公司	4408261008
	深圳益通机动车工业有限公司 4403937458			
	重庆隆鑫工业(集团)有限公司广东分公司 4401900002	摩托车、全地形车	重庆劲隆科技集团进出口有限公司	5007960258
			隆鑫集团进出口有限公司	5007960135
			永康市聚源进出口有限公司	3307960259
			温州京威国际贸易有限公司	3303961152
			无锡市汇纳车业有限公司	3202962056
广西	广西南宁欣诚盛摩托车有限责任公司 4501960543	摩托车、全地形车	广西南益国际贸易有限公司	4501960501
			广西东方发祥进出口有限公司	4501910202
海南省	新大洲本田摩托车有限公司海南分公司 4601131173			

续表

地区	生产企业名称及企业海关编码	授权出口产品	授权出口经营企业名称	授权出口经营企业海关编码
重庆市	重庆劲扬摩托车工业有限公司 5007960470	摩托车	重庆日出三环机电进出口有限公司	5009950113
			重庆安第斯机电贸易有限公司	5012960456
			重庆华力克贸易有限公司	5003960385
			重庆顺银对外贸易有限公司	5005960106
			重庆亚威摩托车有限公司	5007360499
		全地形车	重庆日出三环机电进出口有限公司	5009950113
			重庆安第斯机电贸易有限公司	5012960456
			重庆澎湃动力机械有限公司	5005960480
	中国嘉陵工业股份有限公司(集团)5006910256	摩托车	嘉陵集团对外贸易发展有限公司	5006910075
			上海嘉陵车业有限公司	3100701651
			重庆阔通进出口贸易有限公司	5006960497
			安徽省技术进出口股份有限公司	3401910003
			湖州埭溪振华工贸有限公司	3305960181
		全地形车	嘉陵集团对外贸易发展有限公司	5006910075
			上海嘉陵车业有限公司	3100701651
			重庆阔通进出口贸易有限公司	5006960497
	重庆望江摩托车制造有限公司 5005910404	摩托车	重庆共创进出口有限公司	5006950104
			重庆共创工业有限公司	5006950073
			重庆望江铃木发动机有限公司	5005930609
			重庆圣科特经贸发展有限公司	5005910298
			云南机构设备进出口有限公司	5301911575
		全地形车	重庆共创进出口有限公司	5006950104
			重庆共创工业有限公司	5006950073
	重庆恒胜集团有限公司 5007960040	摩托车、全地形车	重庆恒胜鑫泰贸易有限公司	5007950105
			重庆市新鸿威贸易有限公司	5007960475
			重庆德源进出口有限公司	5005960068
			广西东方发祥进出口有限公司	4501910202
	重庆大江摩托车有限公司 5027910387	摩托车	重庆大江摩托车发动机制造有限公司	5027960155
			重庆长江进出口公司	5005910234
			重庆马瑞特摩托车进出口有限公司	5008960435
			重庆国际贸易中心	5005910169
			重庆利杰隆对外贸易有限公司	5005960393
		全地形车	重庆长江进出口公司	5005910234
			重庆马瑞特摩托车进出口有限公司	5008960435
			重庆国际贸易中心	5005910169
			重庆利杰隆对外贸易有限公司	5005960393
			重庆联益茶叶土产进出口有限公司	5005910319
	重庆双狮摩托车制造有限公司 5008910386	摩托车	重庆智靖进出口贸易有限公司	5013960438
			重庆联益茶叶土产进出口有限公司	5005910319
			重庆捷立胜科技发展有限公司	5005960508
			重庆新明福工贸有限公司	5006960506
			重庆市中基进出口有限公司	5005910296
		全地形车	重庆智靖进出口贸易有限公司	5013960438
			重庆新明福工贸有限公司	5006960506
			重庆捷立胜科技发展有限公司	5005960508
			重庆毕安逊商贸有限公司	5007360466
			重庆市中基进出口有限公司	5005910296
	重庆建设雅马哈摩托车有限公司 5007930333	摩托车、全地形车	雅马哈发动机商贸(上海)有限公司	3111945043
	重庆建设摩托车股份有限公司	摩托车	重庆北方建设进出口贸易有限责任公司	5007910291
			雅马哈发动机商贸(上海)有限公司	3111945043
			上海建设摩托车有限责任公司	
			重庆建安机车有限责任公司	
			重庆市中基进出口有限公司	5007910296

续表

地区	生产企业名称及企业海关编码	授权出口产品	授权出口经营企业名称	授权出口经营企业海关编码
重庆市	重庆建设摩托车股份有限公司	全地形车	重庆北方建设进出口贸易有限责任公司	5007910291
			上海建设摩托车有限责任公司	
			重庆建安机车有限责任公司	
			重庆市中基进出口有限公司	5007910296
			重庆马瑞特摩托车进出口有限公司	5008960435
	重庆鑫源摩托车制造有限公司 5007960162	摩托车	重庆国际贸易中心	5005910169
			重庆市巴南对外贸易进出口有限责任公司	5005910407
			成都鑫之星有限公司	5101961959
			重庆长江进出口公司	5005910234
			浙江农资集团有限公司	3301950052
		全地形车	重庆国际贸易中心	5005910169
			重庆长江进出口公司	5005910234
			浙江农资集团有限公司	3301950052
			重庆比格科技发展有限公司	5005960483
			重庆德源进出口有限公司	5005960068
	重庆环松工业(集团)有限公司	摩托车、全地形车	重庆环松工业集团对外贸易有限公司	5007960463
			宁波飞土进出口有限公司	3302968201
			浙江永康为尔进出口公司	3307950069
			重庆繁盛机电技术进出口有限公司	5003910422
			重庆工具五金工业公司进出口公司	5003910051
	重庆广益摩托车有限公司 5008950088	摩托车、全地形车	重庆市外经贸易发展有限公司	5003960240
			重庆冠东贸易有限公司	5008960392
			重庆外滩机电进出口有限责任公司	5008960305
			四川怡安投资集团能发科技有限公司	5114962860
	重庆马速达机车有限公司 5006960399	摩托车、全地形车	重庆长江进出口公司(摩托车)	5005910234
			河南省通用机械进出口有限公司	4101910178
			重庆澎湃动力机械有限公司	5005960480
			济南泛亚对外贸易有限公司	3701962049
	重庆光宇摩托车制造有限公司 5013960218	摩托车、全地形车	上海曼高涅进出口有限公司	3122210367
			浙江雄泰进出口有限公司	3307961155
			重庆外滩机电进出口有限责任公司	5008960305
			湛江市广联通贸易有限公司	4408961031
			重庆联益茶叶土产进出口有限公司	5005910319
	重庆银翔摩托车(集团)有限公司 5012960233	摩托车、全地形车	重庆骏龙摩托车销售有限公司	5012960180
			重庆远迪进出口贸易有限公司	5012960749
			重庆灿策机械有限公司	5005960491
			泰兴市太星对外贸易有限公司	3212960517
			重庆和浦实业发展有限公司	5005960056
	重庆宗申机车工业制造有限公司	摩托车、全地形车	重庆宗申集团进出口有限公司	5007360492
			重庆宗申发动机制造有限公司	5013960335
			南京已昇摩托有限公司	3201961082
			泰兴市太星对外贸易有限公司	3212960517
			重庆中基进出口有限公司	5005910296
	重庆力之星机车制造有限责任公司	摩托车、全地形车	重庆宗申集团进出口有限公司	5007360492
			成都鑫之星贸易有限公司	5101961959
			重庆市德源进出口有限公司	5005960068
			重庆国际贸易中心	5005910169
			重庆市巴南对外贸易进出口有限责任公司	5005910407
	重庆宗申三轮摩托车制造有限责任公司	摩托车、全地形车	重庆宗申集团进出口有限公司	5007360492
			重庆宗申发动机制造有限公司	5013960335
			深圳市深浪企业有限公司	4403110250
			深圳市中汽进出口有限公司	4403119001
			重庆市骏龙摩托车销售有限公司	5012960180

续表

地区	生产企业名称及企业海关编码	授权出口产品	授权出口经营企业名称	授权出口经营企业海关编码
重庆市	宗申集团重庆力之星三轮摩托车制造有限公司 5012960766	摩托车	重庆宗申集团进出口有限公司	5007360492
			重庆长江进出口公司	5005910234
			重庆联益茶叶土产进出口有限公司	5005910319
			浙江雄泰进出口有限公司	3307961155
			永康市王力金制造有限公司	3307960412
		全地形车	重庆宗申集团进出口有限公司	5007360492
			重庆宗申发动机制造有限公司	5013960335
			成都鑫之星贸易有限公司	5101961959
			重庆市德源进出口有限公司	5005960068
			重庆国际贸易中心	5005910169
	重庆长铃中德摩托车有限公司 5013960500	摩托车、全地形车	重庆宏达动力科技有限公司	
	重庆银钢科技(集团)有限公司 5006960042	摩托车、全地形车	重庆银钢科技(集团)进出口有限公司	5006960396
			浙江三友集团摩托车有限公司	3311952490
			广州穗荔进出口有限公司	
			重庆长江进出口公司	5005910234
			重庆利杰隆对外贸易有限公司	5005960393
	重庆市双庆机电有限公司 5007931350	摩托车	重庆联益茶叶土产进出口有限公司	5005910319
			重庆市医药保健品进出口有限公司	5005910005
			重庆德源进出口有限公司	5005960068
			重庆劲隆科技集团进出口有限公司	5007960258
			重庆华安逊商贸有限公司	5007360466
	重庆市双庆机电有限公司 5007931350	全地形车	重庆联益茶叶土产进出口有限公司	5005910319
			重庆市医药保健品进出口有限公司	5005910005
			重庆劲隆科技集团进出口有限公司	5007960258
			永康市五金城进出口有限公司	3307950079
			重庆华安逊商贸有限公司	5007360466
	重庆航天巴山摩托车制造有限公司 5013960494	摩托车、全地形车	永康市五金城进出口有限公司	3307950079
			康超集团武义进出口有限公司	3307961215
			重庆威意可进出口贸易有限公司	5004960448
			重庆德源进出口有限公司	5005960068
			重庆联益茶叶土产进出口有限公司	5005910319
	重庆力帆实业(集团)有限公司	摩托车	重庆力帆实业(集团)进出口有限公司	5006960006
			重庆新感觉外贸有限公司	5006960007
			重庆五矿机械进出口有限公司	5005910395
			安徽省技术进出口股份有限公司	3401910003
			上海对外经济贸易实业有限公司	3101915040
		全地形车	重庆力帆实业(集团)进出口有限公司	5006960006
			重庆新感觉外贸有限公司	5006960007
			浙江连邦工程塑料有限公司	3307960096
			武义太平进出口有限公司	3307961213
			浙江永江实业有限公司	3307960103
	重庆隆鑫工业(集团)有限公司	摩托车	隆鑫集团进出口有限公司	5007960135
			重庆劲隆科技集团进出口有限公司	5007960258
			重庆国际贸易中心	5005910169
			安徽省技术进出口股份有限公司	3401910003
			浙江步阳进出口有限公司	3307961225
		全地形车	隆鑫集团进出口有限公司	5007960135
			重庆劲隆科技集团进出口公司	5007960258
			重庆渝安集团机电进出口有限公司	5006960466
			浙江飞神进出口有限公司	3307961224
			浙江富新工贸车业有限公司	3307960639
	重庆隆鑫摩托车有限公司	摩托车、全地形车	隆鑫集团进出口有限公司	5007960135
			中国东风汽车工业进出口有限公司	3122210733
			浙江顺达进出口贸易有限公司	3301910305
			重庆华力克贸易有限公司	5003960385
			重庆联益茶叶土产进出口有限公司	5005910319

续表

地区	生产企业名称及企业海关编码	授权出口产品	授权出口经营企业名称	授权出口经营企业海关编码
重庆市	重庆市劲隆摩托车制造有限公司	摩托车、全地形车	重庆劲隆科技集团进出口公司	5007960258
			永康市王力五金制造有限公司	3307960412
			浙江永江实业有限公司	3307960103
			泰安远东国际贸易有限公司	3709952773
			缙云县天汇进出口有限公司	3310960205
	重庆新感觉摩托车有限公司 5006960228	摩托车、全地形车	重庆渝安创新科技(集团)有限公司	5006960231
			重庆渝安集团机电进出口有限公司	5006960466
			济南友邦国际贸易有限公司	3701962103
			河北省纺织品进出口股份有限公司	1301910118
			重庆新感觉外贸有限公司	5005960007
	重庆精通工业集团有限公司 5004950090	摩托车、全地形车	重庆诺信对外贸易发展有限公司	5005960158
西藏自治区	西藏珠峰(福州)摩托车有限公司 5401910090			
	西藏喜马摩托车有限公司 5403910006	摩托车、全地形车	西藏喜马汽车工业有限公司	5401910023
			重庆华力克贸易有限公司	5003960385
			四川怡安投资集体能发科技有限公司	5114962860
			成都鑫之星贸易有限公司	5101961959
			西藏喜马摩托车有限公司显达山南进出口分公司	
	山南金鹰摩托车有限公司	摩托车、全地形车	广东肇庆土产进出口公司	4412910029
			重庆朋龙摩托车配件配套有限公司	
			广东省机械进出口股份有限公司	4401913039

附件2

2006 年度具有出口资质的全地形车生产企业及其授权出口经营企业目录

地区	生产企业名称及企业海关编码	授权出口经营企业名称	授权出口经营企业海关编码
上海市	上海达众摩托车有限公司 3116930365		
	上海申强塑料五金有限公司 3120930301	上海龙融进出口贸易有限公司	3122260818
	上海乐思乐实业有限公司	上海轻工国际发展有限公司	3122210152
		上海东浩工艺品股份有限公司	3122210874
		上海工艺品珠宝首饰进出口有限公司	3122210395
		上海对外经济贸易实业浦东有限公司	3122210109
	上海富康机械制造有限公司	上海嘉定对外贸易有限公司	3114915001
		上海长盛国际贸易有限公司	3108965039
		上海永发进出口有限公司	3100702266
		东方国际集团上海市 对外贸易有限公司	3101915032
	上海昂淳国际贸易有限公司 3109965083	上海溢德车业有限公司	3120965322
		上海永久进出口有限公司	3109915033
		上海桑能国际贸易有限公司	3111965494
		上海长盛国际贸易有限公司	3108965039
		上海杰力国际贸易有限公司	3122260302
		上海玛亚克国际贸易有限公司	3122260315
	上海福泉车业有限公司	上海银擎国际贸易有限公司	3122264277
		上海富安进出口有限公司	3122210970
		上海天光商务咨询有限公司	3118960411
	上海瑞骑摩托车有限公司	上海市纺织原料公司	3107915005
		江苏东恒国际集团有限公司	3201919286
	上海金峰摩托车有限公司 3118960090	上海市纺织原料公司	3107915005
		江苏汇鸿国际集团食品进出口有限公司	3201919162
		江苏东恒国际集团有限公司	3201919286
		重庆联益茶叶土产进出口有限公司	5005910319
	上海星月动力机械有限公司 3116960275	永康市星月进出口有限公司	3307960238
		上海联瀚国际贸易有限公司	3116960415
		上海兰生文体进出口有限公司	3122211028
		福建达隆汽车用品有限公司	3501966851
		浙江盛力进出口有限公司	3301950086

续表

地区	生产企业名称及企业海关编码	授权出口经营企业名称	授权出口经营企业海关编码
上海市	上海统坚运动器材有限公司	上海轻工国际发展有限公司	3122210152
		上海东浩工艺品股份有限公司	3122210874
		上海工艺品珠宝首饰进出口有限公司	3122210395
		上海对外经济贸易实业浦东有限公司	3122210109
江苏省	常州市劲达机械实业有限公司	江苏中汽进出口公司	3210919002
		安徽省技术进出口股份有限公司	3401910003
		常州对外贸易有限公司	3204910518
		湖北省机械设备进出口公司	4201912501
		扬州海纳机械有限公司	3210960919
	常州市杰纳机电开发有限公司 3204935041	湖北省机械设备进出口公司	4201912501
	苏州工业园区永和摩托车制造有限公司 3205260013	苏州恒瑞进出口有限公司	3205951083
		上海轻工国际发展有限公司	3122210152
		海南铭发进出口贸易有限公司	4601150586
	丹阳市圆通运动车业有限公司	江苏圆通汽车零部件有限责任公司	3218967422
		浙江省永康市对外经济贸易公司	3307910006
		安徽省服装进出口股份有限公司	3401910015
		江苏舜天国际集团创业有限公司	3201969015
	丹阳天力车业制造有限公司 3218947635		
	江苏联海动力机械有限公司 3212931921	上海八达纺织印染服装有限公司	3122210068
		江苏中汽进出口公司	3210919002
		泰州市万源对外贸易有限公司	3212960592
	无锡泰迈克动力科技有限公司 3202967286	泰兴市太星对外贸易有限公司	3212960517
浙江省	浙江斯丹尼汽配制造有限公司 3303940057	上海银擎国际贸易有限公司	3122264277
	浙江卡自马休闲车制造有限公司 3311943151	上海银擎国际贸易有限公司	3122264277
	温岭市凯尔运动器材有限公司	上海轻工国际发展有限公司	3122210152
		上海东浩工艺品股份有限公司	3122210874
		上海工艺品珠宝首饰进出口有限公司	3122210395
		上海对外经济贸易实业浦东有限公司	3122210109
	台州市良机动力制造有限公司 3311963709	宁波摩士机械进出口有限公司	3302951016
		新世纪控股集团有限公司	3311910607
	台州万邦工贸有限公司 3311962846		
	飞鹰集团有限公司 3307961070	永康市飞鹰进出口贸易有限公司	3307960305
		广西物资集团总公司	4501910093
		广州市北极星进出口贸易有限公司	4401964744
		浙江捷众进出口有限公司	3307960255
	铁牛集团有限公司 3307960677	浙江泰阳进出口有限公司	3307960911
		浙江省永康市对外经济贸易公司	3307910006
		浙江省永康为尔进出口公司	3307950069
		永康市五金进出口有限公司	3307950079
		永康市铁牛工贸有限公司	3307961223
	天行集团有限公司 3307960462	永康市五金城进出口有限公司	3307950079
		浙江四方进出口有限公司	3307910027
		安徽省技术进出口股份有限公司	3401910003
		永康市五金城进出口有限公司	3307950079
	浙江富新工贸有限公司 3307960639	浙江四方进出口有限公司	3307910027
		浙江农资集团有限公司	3301950052
		北京燕北华牧科技有限公司	1108310186
	武义浩博电器有限公司 3307960423	浙江省永康市对外经济贸易公司	3307910006
		浙江农资集团有限公司	3301950052
		永康市五金城进出口有限公司	3307950079
		浙江四方进出口有限公司	3307910027
		义乌市海威进出口有限公司	3318960182
	浙江凯来工贸有限公司 3307960237	浙江四方进出口有限公司	3307910027
		永康为尔进出口有限公司	3307950069
		浙江省永康外贸进出口有限公司	3307910006

续表

地区	生产企业名称及企业海关编码	授权出口经营企业名称	授权出口经营企业海关编码
浙江省	金华市日普电动车有限公司 3307960270	金华市日普电动车有限公司	3307960270
	浙江四星机械实业有限公司 3307960133	浙江四方进出口有限公司	3307910027
		永康市弘大机电设备有限公司	3307960214
	永康市达亿工贸有限公司 3307960624	安徽华安进出口公司	3401960060
		江苏舜天进出口公司	3201919158
		浙江省永康市对外经济贸易公司	3307910006
	浙江康迪车业有限公司 3307960833	永康市顶极进出口有限公司	3307960818
		安徽省技术进出口股份有限公司	3401910003
		浙江旭日进出口有限公司	3301950258
		江苏弘业股份有限公司	3201919015
		浙江省永康对外贸易公司	3307910006
	浙江百事特工贸有限公司 3307960554	浙江四方进出口有限公司	3307910027
		浙江飞月进出口有限公司	3307960661
	浙江万金实业有限公司 3307961041	浙江聚源进出口有限公司	3307960259
		浙江省永康为尔进出口有限公司	3307950069
	浙江凯丰集团有限公司 3307960069	浙江省永康市对外经济贸易公司	3307910006
		永康市五金城进出口有限公司	3307950079
	永康市迪飞乐五金有限公司 3307960394	浙江飞月进出口有限公司	3307960661
	永康市鼎立工具制造有限公司 3307960099	浙江省永康市对外经济贸易公司	3307910006
	永康市朗汇机电有限公司 3307960437	浙江四方进出口有限公司	3307910027
	浙江金立工贸有限公司 3307960861	浙江省永康市对外经济贸易公司	3307910006
		宁波宁兴国贸实业有限公司	3302968078
		宁波高元进出口有限公司	3302966027
		北方国际集团天津同鑫进出口有限公司	1203911259
		河南通用机械有限公司	4101910178
	永康市精航工贸有限公司 3307960861	永康市五金城进出口有限公司	3307950079
		浙江省永康为尔进出口公司	3307950069
		浙江四方进出口有限公司	3307910027
		浙江省永康市对外经济贸易公司	3307910006
	永康市万宇工贸有限公司 3307960371	宁波宁兴国贸实业有限公司	3302968078
		宁波市家电日用品进出口有限公司	3302910047
		宁波茂宁进出口有限公司	3302965088
		杭州工美进出口有限公司	3301910196
		上海贸基进出口有限公司	3122210621
	浙江飞越车业有限公司 3307960919	浙江省永康为尔进出口公司	3307950069
		江苏弘业股份有限公司	3201919015
		永康市飞越车业有限公司	3307960744
	浙江弩牌电器有限公司 3307960620	浙江佳美进出口有限公司	3307960587
		永康市聚源进出口有限公司	3307960259
	永康市速可达金属有限公司 3307960438	浙江省永康对外经济贸易公司	3307910006
		浙江省永康为尔进出口公司	3307950069
		永康市五金城进出口有限公司	3307950079
	浙江峰琳工贸有限公司 3307960403	苏州恒祥进出口有限公司	3205910260
		福建省旅游贸易公司	3501912741
	永康市众星车业有限公司 3307960600	浙江省永康为尔进出口公司	3307950069
		浙江四方进出口有限公司	3307910027
		永康市五金城进出口有限公司	3307950079
	永康市今鹏五金制造有限公司 3307960916	浙江省永康市对外经济贸易公司	3307910006
		浙江四方进出口有限公司	3307910027
	永康市海鸿健身器材有限公司 3307960570	浙江四方进出口有限公司	3307910027
		浙江省永康市对外经济贸易公司	3307910006
		永康市聚源进出口有限公司	3307960259
	浙江东胜车业有限公司 3307960913	浙江飞月进出口有限公司	3307960661
		永康五金城进出口有限公司	3307950079
		武义县武阳对外商品有限公司	3307960268
		浙江四方进出口有限公司	3307910027
		浙江省永康为尔进出口有限公司	3307950069

续表

地区	生产企业名称及企业海关编码	授权出口经营企业名称	授权出口经营企业海关编码
浙江省	浙江自力工贸有限公司 3307960418	浙江省永康为尔进出口公司	3307950069
		永康五金城进出口有限公司	3307950079
		宁波远东进出口公司	3302210007
	永康市驰宇工贸有限责任公司 3307960951	浙江省永康市对外经济贸易公司	3307910006
		瑞安市环源贸易有限公司	3315960234
		浙江集益贸易有限公司	3307960571
		横店集团浙江英洛华国际贸易公司	3319950054
	金华市莱德电动技术有限公司 3307960937		
	永康市洪灵车业有限公司 3307961039	浙江常山富盛贸易有限公司	3308960066
		浙江博海进出口有限公司	3318960161
		深圳市新创业实业发展有限公司	4403167410
		浙江恒丰集团有限公司	3318910006
	永康市路源工贸有限公司 3307961003	永康市五金城进出口有限公司	3307950079
		北京市燕北华牧科技有限公司	1108310186
		安徽新艺纺织品进出口有限公司	3400001000
		浙江省永康市对外经济贸易公司	3307910006
	永康市凌鹰电器有限公司 3307961217	浙江金华中佳进出口公司	3307960750
		浙江金华捷众进出口公司	3307960255
		浙江农资集团旭日进出口公司	3301950052
		江苏弘业股份有限公司	3201919015
		浙江金华中佳进出口公司	3307960750
	永康市海力实业有限公司 3307961216	浙江省永康市对外经济贸易公司	3307910006
		永康市商海进出口有限公司	3307960987
	永康市威仕达五金制品厂 3307970016	浙江省永康为尔进出口公司	3307950069
		浙江省永康对外经济贸易公司	3307910006
		永康市五金城进出口有限公司	3307950059
	浙江博士龙工贸有限公司 3307961072	安徽省技术出口有限公司	3401910003
		浙江省永康市对经济贸易公司	3307910006
		浙江旭日股份有限公司	3301950258
	永康市绿野车业有限公司 3307960625	浙江省永康市对外经济贸易公司	3307910006
		浙江飞月进出口有限公司	3307960661
		永康市五金城进出口有限公司	3307950079
	永康市浩宇工贸有限公司 3307960733	永康市五金城进出口有限公司	3307950079
		浙江省永康市对外经济贸易公司	3307910006
		浙江飞月进出口有限公司	3307960661
	永康市思搏车业有限公司 3307006516	永康市五金城进出口有限公司	3307950079
	永康市奥林博工贸有限公司 3307961214	浙江省永康为尔进出口公司	3307950069
		浙江省永康市对外经济贸易公司	3307910006
		浙江四方进出口有限公司	3307910027
		永康市五金城进出口有限公司	3307950079
		浙江省永康百舸进出口贸易有限公司	3307960929
	永康市精汇车业有限公司 3307961221	浙江四方进出口有限公司	3307910027
		永康市五金城进出口有限公司	3307950079
		宁波宁电进出口有限公司	3302917001
		浙江省永康为尔进出口公司	3307950069
		浙江捷众进出口有限公司	3307960255
	浙江省永康市小贝哥工贸有限公司 3307961222	浙江永康为尔进出口公司	3307950069
		永康市五金城进出口有限公司	3307950079
		浙江飞月进出口有限公司	3307960661
	浙江挺能胜机械有限公司 3307960862	浙江省永康市对外经济贸易公司	3307910006
		浙江飞月进出口有限公司	3307960661
		浙江省黄岩进出口公司	3323910029
		金华市威迈贸易有限公司	3307960565
		浙江佳美进出口有限公司	3307960587

续表

<table>
<tr><th>地区</th><th>生产企业名称及企业海关编码</th><th>授权出口经营企业名称</th><th>授权出口经营企业海关编码</th></tr>
<tr><td rowspan="62">浙江省</td><td rowspan="5">武义众和机械制造有限公司 3307961174</td><td>浙江新世纪国际贸易有限公司</td><td>3302005969</td></tr>
<tr><td>上海金盛国际贸易有限公司</td><td>3122210309</td></tr>
<tr><td>浙江永康市对外经济贸易有限公司</td><td>3302002061</td></tr>
<tr><td>杭州杰地贸易有限公司</td><td>3301961695</td></tr>
<tr><td>浙江飞月进出口有限公司</td><td>3302006535</td></tr>
<tr><td>浙江金大车业有限公司 3307960414</td><td></td><td></td></tr>
<tr><td rowspan="4">浙江野鹰电动车业有限公司 3310960081</td><td>宁波宁兴国贸实业有限公司</td><td>3322968078</td></tr>
<tr><td>杭州顶盛进出口有限公司</td><td>3301961554</td></tr>
<tr><td>浙江南方控股集团有限公司</td><td>3301960961</td></tr>
<tr><td>浙江华硕国际贸易有限责任公司</td><td>3301910065</td></tr>
<tr><td rowspan="2">湖州埭溪振华工贸有限公司 3305960181</td><td>隆鑫集团有限公司</td><td>5000000264</td></tr>
<tr><td>金城集团有限公司</td><td>3201910160</td></tr>
<tr><td>浙江顺风动力机械制造有限公司 3307960947</td><td></td><td></td></tr>
<tr><td rowspan="3">永康市博宇汽车电机厂 3307960742</td><td>浙江四方进出口有限公司</td><td>3307910027</td></tr>
<tr><td>浙江省永康市对外经济贸易公司</td><td>3307910006</td></tr>
<tr><td>聚源进出口有限公司</td><td>3307960259</td></tr>
<tr><td rowspan="5">永康市奥特曼机械有限公司</td><td>浙江省永康市对外经济贸易公司</td><td>3307910006</td></tr>
<tr><td>浙江四方进出口公司</td><td>3307910027</td></tr>
<tr><td>浙江省永康为尔进出口公司</td><td>3307950069</td></tr>
<tr><td>浙江捷众进出口公司</td><td>3307960255</td></tr>
<tr><td>永康市五金城进出口有限公司</td><td>3307950079</td></tr>
<tr><td rowspan="5">永康市林达机械制造有限公司</td><td>浙江省永康对外经济贸易公司</td><td>3307910006</td></tr>
<tr><td>永康五金城进出口有限公司</td><td>3307950079</td></tr>
<tr><td>温州新世纪国际贸易有限公司</td><td>3303950123</td></tr>
<tr><td>浙江捷众进出口有限公司</td><td>3307960255</td></tr>
<tr><td>江苏弘业股份有限公司</td><td>3201919015</td></tr>
<tr><td>武义恒晨机械工具有限公司 3307961238</td><td>浙江省永康市对外经济贸易公司</td><td>3307910006</td></tr>
<tr><td rowspan="5">浙江中源机械制造有限公司 3307960507</td><td>浙江省永康市对外经济贸易公司</td><td>3307910006</td></tr>
<tr><td>宁波渠成进出口有限公司</td><td>3302968167</td></tr>
<tr><td>宁波市慈溪进出口股份有限公司</td><td>3320910001</td></tr>
<tr><td>永康市五金城进出口有限公司</td><td>3307950079</td></tr>
<tr><td>河南省通用机械进出口公司</td><td>4101910178</td></tr>
<tr><td rowspan="5">武义华力运动休闲用品有限公司 3307960620</td><td>浙江万事达进出口贸易有限公司</td><td>3307960459</td></tr>
<tr><td>浙江飞月进出口有限公司</td><td>3307960661</td></tr>
<tr><td>浙江省永康市百舸进出口有限公司</td><td>3307960929</td></tr>
<tr><td>永康市五金城进出口有限公司</td><td>3307950079</td></tr>
<tr><td>浙江永康市为尔进出口有限公司</td><td>3307950069</td></tr>
<tr><td rowspan="4">浙江星阳车业有限公司 3307940092</td><td>浙江省永康为尔进出口公司</td><td>3307950069</td></tr>
<tr><td>浙江省永康市对外经济贸易公司</td><td>3307910006</td></tr>
<tr><td>浙江四方进出口有限公司</td><td>3307910027</td></tr>
<tr><td>永康市五金城进出口有限公司</td><td>3307950079</td></tr>
<tr><td rowspan="2">永康市天创实业有限公司 3307960805</td><td>浙江省永康市对外经济贸易公司</td><td>3307910006</td></tr>
<tr><td>永康市五金城进出口有限公司</td><td>3307950079</td></tr>
<tr><td rowspan="4">永康市翔翔工具制造厂 3307960635</td><td>浙江省永康市对外经济贸易公司</td><td>3307910006</td></tr>
<tr><td>浙江佳美进出口有限公司</td><td>3307960587</td></tr>
<tr><td>浙江农资集团金鸿进出口有限公司</td><td>3301950230</td></tr>
<tr><td>浙江省永康为尔进出口公司</td><td>3307950069</td></tr>
<tr><td>温岭正峰动力有限公司 3311912148</td><td>温岭市钱江进出口有限公司</td><td>3311911027</td></tr>
<tr><td rowspan="4">温岭兴华电动车有限公司 3311933526</td><td>杭州伯林进出口有限公司</td><td>3301961524</td></tr>
<tr><td>温岭市对外贸易有限公司</td><td>3311910183</td></tr>
<tr><td>海南浙经对外贸易公司</td><td>4601113026</td></tr>
<tr><td>江苏苏豪国际集团股份有限公司</td><td>3201919024</td></tr>
<tr><td>温岭正江机车有限公司 3311963118</td><td>温岭市钱江进出口有限公司</td><td>3311911027</td></tr>
<tr><td rowspan="5">浙江步阳集团有限公司 3307960249</td><td>浙江农资集团有限公司</td><td>3301950052</td></tr>
<tr><td>浙江省永康市对外经济贸易公司</td><td>3307910006</td></tr>
<tr><td>重庆国际贸易中心</td><td>5005910169</td></tr>
<tr><td>广州市北极星进出口贸易有限公司</td><td>4401964744</td></tr>
<tr><td>浙江步阳进出口有限公司</td><td>3307961225</td></tr>
</table>

续表

地区	生产企业名称及企业海关编码	授权出口经营企业名称	授权出口经营企业海关编码
浙江省	星月集团有限公司 3307960197	永康星月进出口有限公司	3307960238
		浙江农资集团有限公司	3301950052
		浙江四方进出口有限公司	3307910027
		北京燕北华牧科技有限公司	1108310186
		浙江中程进出口有限公司	3301910284
	浙江飞神车业有限公司 3307960638	浙江省永康市对外经济贸易公司	3307910006
		浙江旭日进出口有限公司	3301950458
		江苏汇鸿国际集团食品进出口有限公司	3201919162
		宁波联合集团进出口有限公司	3302210017
		浙江飞神进出口有限公司	3307961224
	群升集团有限公司 3307960377	永康市创世贸易有限公司	3307960454
		厦门市电力投资发展有限公司	3502110401
	浙江省永康市华宝电器有限公司 3307960199	浙江汇信进出口股份有限公司	3304910041
		上海乾锦昊进出口有限公司	3122263487
		宁波中包进出口有限公司	3302910097
		中国宁波国际合作有限责任公司	3302910033
		温州奥雅国际贸易有限公司	3303961024
	浙江圣奇运动器械制造有限公司 3307960161	浙江农资集团有限公司	3301950052
		山东新运国际物流有限公司	3702961803
		浙江省粮油食品进出口股份有限公司	3301910115
		浙江盛力进出口有限公司	3301950086
		江苏弘业股份有限公司	3201919015
	浙江阿波罗运动休闲用品有限公司 3307960332	浙江省永康市对外经济贸易公司	3307910006
		永康市五金城进出口有限公司	3307950079
		安徽省技术进出口股份有限公司	3401910003
	永康市王力五金制造有限公司 3307960412	浙江四方进出口有限公司	3307910027
		金华市金信经贸有限公司	3307918018
		北京燕北华牧科技有限公司	1108310186
		浙江省永康市对外经济贸易公司	3307910006
	浙江连邦工程塑料有限公司 3307990096	永康市弘大机电设备有限公司	3307960214
	雄泰集团有限公司 3307960529	浙江雄泰进出口有限公司	3307961155
		浙江四方进出口有限公司	3307910027
		浙江省永康为尔进出口公司	3307950069
		重庆长江进出口公司	5005910234
		浙江省永康市对外经济贸易公司	330791006
	永康市金马工贸有限公司 3307960611	浙江泰阳进出口有限公司	3307960911
		宁波联合集团进出口股份有限公司	3302210017
		浙江顺达进出口贸易有限公司	3301910305
		江苏弘业礼品有限公司	3201919015
		浙江省永康福瑞达进出口公司	3307961042
	浙江永江实业有限公司 3307960103	永康市五金城进出口有限公司	3007950079
		浙江省永康为尔进出口公司	3307950069
		上海金盛国际贸易有限公司	3122210309
		江苏弘业股份有限公司	3201919015
		浙江永江进出口有限公司	3307961250
	浙江联美实业有限公司 3307960691	浙江省永康市对外经济贸易公司	3307910006
		浙江四方进出口有限公司	3307910027
		永康市五金城进出口有限公司	3307950079
	浙江太平工贸有限公司 3307960549	武义太平进出口有限公司	3307961213
		浙江农资集团有限公司	3301950052
		浙江盛力进出口有限公司	3301950086
		浙江省永康市为尔进出口有限公司	3307950069
		浙江省永康市对外经济贸易公司	3307910006
	浙江康升实业有限公司 3307960672	康超集团武义进出口有限公司	3307961215

续表

地区	生产企业名称及企业海关编码	授权出口经营企业名称	授权出口经营企业海关编码
浙江省	浙江深茂器械有限公司 3307960327	宁波豪雅进出口有限公司	3302962046
		上海美本机电有限公司	3109965233
		中国宁波国际合作有限责任公司	3302210009
		江苏弘业股份有限公司	3201919015
		福建兆基宏城进出口有限公司	3501967411
	浙江奇野车业有限公司 3307940071	江苏东恒国际集团有限公司	3201919286
		永康市聚源进出口有限公司	3307960259
		永康市五金城进出口有限公司	3307950079
	永康市易力车业有限公司 3307960593	浙江四方进出口有限公司	3307910027
		浙江省永康市对外经济贸易公司	3307910006
		浙江省永康为尔进出口公司	3307950069
		上海兰生文体进出口有限公司	3122211028
		浙江农资集团有限公司	3301950052
	武义五圣电动车有限公司 3307960832	中国长城工业上海公司	3122210574
		安徽省华友进出口有限公司	3401960068
		武义盛荣贸易有限公司	3307960434
		无锡海澜国际贸易有限公司	3202961961
		浙江五圣工贸有限公司	3307961210
	浙江双健健身器材有限公司 3307960411	上海骐骥运动车业有限公司	3122262974
		浙江省永康为尔进出口公司	3307950069
		浙江省永康对外经济贸易公司	3307910006
		浙江飞月进出口有限公司	3307960661
		永康市五金城进出口有限公司	3307950079
	浙江雾川实业有限公司 3307960086	明那科贸易公司	4403165898
		义乌市恒风进出口有限公司	3318910012
		重庆联益茶叶土产进口有限公司	5005910319
		宁波飞土进出口有限公司	3302968201
		江苏阳光进出口有限公司	3216951082
	永康麦特尔金属制品有限公司 3307930128	宁波亿泰进出口有限公司	3302210012
		宁波宁兴国贸实业有限公司	3302968078
		浙江比飞进出口有限公司	3307961181
		浙江省永康对外经济贸易公司	3307910006
		永康市五金城进出口有限公司	3307950079
	兰溪市森德通用机电有限公司 3314960041	台州黄岩新荣洲车业有限公司	3323963711
		上海银擎国际贸易有限公司	3122264277
	浙江梦得力电器有限公司 3307930280	永康市顶极进出口有限公司	3307960818
		安徽省技术进出口股份有限公司	3401910003
		浙江农资集团有限公司	3301950052
		江苏东恒国际集团有限公司	3201919286
		浙江省永康对外经济贸易公司	3307910006
	永康市金凌车业有限公司 3307960976	永康市五金城进出口有限公司	3307950079
		浙江四方进出口有限公司	3307910027
		浙江省永康市对外经济贸易公司	3307910006
		北京怡光伟业贸易有限公司	1116960040
		浙江农资集团有限公司	3301950052
	浙江格林工具有限公司 3307940056	永康市商海进出口有限公司	3307960987
		浙江特产集团有限公司	3301950097
		浙江新世纪国际贸易有限公司	3319960113
		浙江永康市对外经济贸易公司	3307910006
		永康市五金城进出口有限公司	3307950079
	浙江天涯置业有限公司 3307960392	浙江天涯进出口有限公司	3307961077
		武义太平进出口有限公司	3307961213
		浙江四方进出口有限公司	3307910027
		江苏弘业股份有限公司	3201919015
		重庆马瑞特摩托车进出口有限公司	5008960435

续表

地区	生产企业名称及企业海关编码	授权出口经营企业名称	授权出口经营企业海关编码
浙江省	永康市新飞亚电器有限公司 3307960910	浙江省永康市对外经济贸易公司	3307910006
		浙江省永康为尔进出口公司	3307950069
		永康市商海进出口有限公司	3307960987
		永康市华瑞进出口公司	3307961133
		浙江飞月进出口公司	3307960661
	浙江武义嘉恒电子科技有限公司 3307940077	浙江省永康为尔进出口公司	3307950069
		中国航空技术进出口广州公司	4401913200
		宁波亿泰进出口有限公司	3302210012
	浙江欧力雅电动车有限公司 3307960655	浙江飞月进出口有限公司	3307960661
		浙江农资集团有限公司	3301950052
		永康五金城进出口有限公司	3307950079
		浙江旭日进出口有限公司	3301950258
	浙江捷天工贸有限公司 3307961059	苏州恒瑞进出口有限公司	3205951083
		浙江飞月进出口有限公司	3307960661
		浙江四方进出口有限公司	3307910027
	永康金阳光器械有限公司 3307940104	浙江飞月进出口有限公司	3307960661
		浙江省永康市对外经济贸易公司	3307910006
		浙江省永康为尔进出口公司	3307950069
		永康市商海进出口有限公司	3307960987
		永康远光进出口有限公司	3307961241
	永康市神鹰工贸有限公司 3307961203	永康市五金城进出口有限公司	3307950079
		浙江飞月进出口有限公司	3307960661
		浙江省永康市对外经济贸易公司	330791006
		南京纺织品进出口股份有限公司镇江分公司	3201910012
		武义太平进出口有项公司	3307961213
	武义鑫顺车业有限公司 3307961172	金华金鹏进出口有限公司	3307961100
		台州市宏源国际经贸有限公司	3311961059
		浙江省永康为尔进出口公司	3307950069
	武义乔微电动车业有限公司 3307961228	浙江省永康市对外经济贸易公司	3307910006
		浙江省永康市五金城进出口有限公司	3307950079
		康超集团武义进出口有限公司	3307961215
		浙江四方进出口有限公司	3307910027
	浙江武义飞宇工贸有限公司 3307961171	永康市五金城进出口有限公司	3307950079
		苏州恒祥进出口有限公司	3205910260
	武义波速尔运动器械有限公司 3307961158	永康市五金城进出口有限公司	3307950079
		安徽技术进出口有限公司	3401910003
	浙江武义利亚车业有限公司 3307960998	浙江省永康市对外经济贸易公司	3307910006
		浙江农资集团有限公司	3301950052
		浙江旭日进出口有限公司	3301950258
		宁波联合集团进出口股份有限公司	3302210017
	缙云县翔远实业有限公司 3310960072	永康市五金城进出口有限公司	3307950079
		缙云县天汇进出口有限公司	3310960205
	缙云华洋动力机械有限公司 3310960277	天津华洋动力机械有限公司	1207468438
		天津天保世纪贸易发展有限公司	1207211285
		永康市聚源进出口有限公司	3307960259
		浙江龙发进出口有限公司	3318960413
	浙江涛涛实业有限公司 3310960212	缙云县天汇进出口有限公司	3310960205
		永康市五金城进出口有限公司	3307950079
	浙江田宇工具有限公司 3310960284	浙江永康为尔进出口公司	3307950069
		浙江捷众进出口有限公司	3307960255
		金华中佳进出口有限公司	3307960750
		横店集团浙江英洛华国际贸易有限公司	3319950054
		上海玛亚克国际贸易有限公司	3122260315
	南龙集团有限公司 3307960360	永康市南龙贸易有限公司	3307960218
		浙江省永康市对外经济贸易公司	3307910006
		永康市五金城进出口有限公司	3307950079
		安徽省技术进出口股份有限公司	3401910003

续表

地区	生产企业名称及企业海关编码	授权出口经营企业名称	授权出口经营企业海关编码
浙江省	武义军力车业有限公司 3307960508	浙江四方进出口有限公司	3307910027
		永康市聚源进出口有限公司	
		江苏国泰国际集团南京有限公司	
	武义博伟车业有限公司 3307961230	金华市东宇经贸有限公司	3307960725
		永康市对外经济贸易公司	3307910006
		浙江省永康为尔进出口公司	3307950069
		永康市五金城进出口有限公司	3307950079
		宁波富豪进出口贸易有限公司	3302969034
	武义华商厨具有限公司 3307961240	浙江飞月进出口有限公司	3307060661
	浙江驰升工贸有限公司 3307960734	永康市五金城进出口有限公司	3307950079
		上海美本机电有限公司	3109965233
		浙江四方进出口有限公司	3307910027
		安徽省技术进出口股份有限公司	3401910003
		宁波海天进出口有限公司	3302210009
	武义星昶车业有限公司 3307961229	浙江省永康为尔进出口公司	3307950069
		永康市五金城进出口有限公司	3307950079
		浙江四方进出口有限公司	3307910027
		浙江飞月进出口有限公司	3307960661
		永康市对外经济贸易公司	3307910006
	武义县绿保车业有限公司 3307960603	上海汇信进出口有限公司	312201909
		宁波华茂进出口有限公司	3302953029
		宁波飞土进出口有限公司	3800600647
	永康市老爷车车业有限公司 3307960478	永康市百盛贸易有限公司	3307962054
		浙江四方进出口有限公司	3307910027
		江苏阳光进出口有限公司	3216951082
		宁波亿泰进出口有限公司	3302210012
		宁波海田国际贸易有限公司	3302950034
	宁波宏润电器有限公司 3302961109	中国航空技术进出口广州公司	HZ4401913200
	宁波赛艇车业科技有限公司 3321960131		
	宁波市鄞州通力运动车制造厂	浙江新世纪国际物流有限公司	3302967007
		浙江省永康市对外经济贸易公司	3307910006
		无锡市博川进出口贸易有限公司	3202961802
		浙江斯达莱进出口贸易有限公司	3307961063
		浙江省永康为尔进出口公司	3307950069
	宁波康达车业有限公司 3320950120	慈溪康达进出口有限公司	3320960426
		宁波华茂进出口有限公司	3302953029
		安徽省机械发展进出口有限公司	3401910154
		重庆宗申集团进出口有限公司	5007360492
江西省	江西省康贝尔机电有限公司 3601961594	中国航空技术进出口广州公司	4401913200
		湖北省机械设备进出口公司	4201912501
		温岭市进出口公司	3311960935
		重庆比格科技发展有限公司	5005960483
山东省	济南世纪金马车业有限公司 3701961655	济南世纪金马车业有限公司	3701961655
	山东良子动力有限公司 3703351934	山东奥德斯进出口有限公司	3703362622
		泰安远东国际贸易有限公司	3709952773
	邹平银成机械制造有限公司	浙江四方进出口有限公司	3307910027
		上海东源国际贸易有限公司	3122210078
		上海联翰国际贸易有限公司	3116960415
		上海边家坪贸易发展有限公司	3107965242
		重庆马瑞特摩托车进出口有限公司	5008960435
	兖州市飞龙动力机械有限公司 3708960050	泰安远东国际贸易公司	3709952773
	济南隆昌运动车制造有限公司 3701961248	广东省农业机械进出口公司	4401913308
		温岭市进出口有限公司	3311960935
		浙江农资集团有限公司	3301950052
		安徽省服装进出口股份有限公司	3401910015

续表

地区	生产企业名称及企业海关编码	授权出口经营企业名称	授权出口经营企业海关编码
广东省	江门市华南特型车工业有限公司 4407960276	广州五羊摩托商贸有限公司	4401964504
		江门市豪运发展公司	4407910062
		台州市宏源国际经贸有限公司	3311961059
		江门市兴纺贸易有限公司	4407960047
		广西东方发祥进出口有限公司	4501910202
	江门市长华凯特威摩托车有限公司	江门市豪运发展公司	4407910062
		江门市骏华经贸有限公司	4407960274
		江门万基进出口有限公司	4407960132
		江门市江海区外经企业有限公司	4407960132
	江门市中港宝田摩托车实业有限公司 4407930340	江门市嘉盟贸易有限公司	4407960210
		海南嘉盟贸易有限公司	4601160616
		海南铭发贸易有限公司	4601150586
		北方工业湛江发展有限公司	4408911095
		广东省外贸开发公司	4401913050
深圳市	深圳信隆实业股份有限公司 4403930027		
四川省	四川宜宾市昌明机械有限公司 5114963090	四川怡安投资集团能发科技有限公司	5114962860
		四川兴明泰机械有限公司	5110963069
		四川实联工贸有限公司	5110963062
重庆市	重庆昌明机车制造有限公司 5008960081	重庆外滩机电进出口有限责任公司	5008960305
		永州市冷水滩对外贸易公司	4312911051
		重庆五矿机械进出口有限公司	5005910395
		上海桑能国际贸易有限公司	3111965494
		温岭市进出口有限公司	3311960935
	重庆骏鑫特殊车辆有限公司 5007960461	重庆劲隆科技集团进出口有限公司	5007960258
		重庆联益叶茶土产进出口有限公司	5005910319
		重庆市双庆机电有限公司	5007931350
		永康市五金城进出口有限公司	3307950079
	重庆威可机械制造有限公司 5004960432	重庆长江进出口公司	5005910234
		重庆德源进出口有限公司	5005960068
		重庆联益茶叶土产进出口有限公司	5005910319
		重庆希索贸易发展有限公司	5005960362
		重庆竟升贸易有限公司	5005960018
	重庆万虎机电有限责任公司 5012960772	重庆宗申集团进出口有限公司	5007360492
		重庆万虎进出口有限公司	5008260514
		重庆北方建设进出口贸易有限责任公司	5007910291
		重庆长江进出口公司	5005910234
		浙江省永康市对外经济贸易公司	3307910006
	重庆超越特种车辆制造有限公司 5005960488	重庆地方对外经济贸易有限责任公司	5005950097
		四川怡安投资集团能发科技有限公司	5114962860
		安徽省华友进出口有限公司	3401960068
		重庆旺健机电有限公司	5007360514
		安徽省对外经济贸易发展有限公司	3401910048
	重庆福毅机械有限公司	四川怡安投资集团能发科技有限公司	5114962860
		浙江四方进口有限公司	3307910027
		上海桑能国际贸易有限公司	3111965494
		重庆市外经贸易发展贸易有限公司	5003960240
	重庆市豪威摩托车制造有限公司 5004960446	重庆航天巴山摩托车制造有限公司	5013960494
		浙江农贸集团有限公司	3301950052
		康超集团武义进出口有限公司	3307961215
		重庆威意可进出口贸易有限公司	5004960448
		中国航空技术进出口广州公司	4401913200
	重庆隆鼎动力机械有限公司 5007931304	隆鑫集团进出口有限公司	5007960135
		重庆劲隆科技集团进出口有限公司	5007960258
		重庆国际贸易中心	5005910169
		厦门市电力投资发展总公司	3502110401
		重庆马瑞特摩托车进出口有限公司	5008960435

续表

地区	生产企业名称及企业海关编码	授权出口经营企业名称	授权出口经营企业海关编码
重庆市	重庆锦宏摩托车有限公司 5007960496	重庆联益茶叶土产进出口有限公司	5005910319
		重庆市医药保健品进出口有限公司	5005910005
		上海哈里伯顿国际贸易有限公司	3109965213
		重庆国际贸易中心	5005910169
	重庆福米机电技术有限责任公司 5007960496	重庆三德摩托车零部件有限公司	5007360510
	重庆市联飞机车有限公司	重庆联益茶叶土产进出口有限公司	5005910319
		无锡海澜国际贸易有限公司	3202961961
		永康市金马工贸有限公司	3307960611
		浙江永康为尔进出口公司	3307950069
		浙江省永康市对外经济贸易公司	3307910006
	重庆恒宇机动车设备有限公司 013960491	重庆国际贸易中心	5005910169
		重庆红黑进出口贸易有限公司	5013960477
		重庆市中基进出口贸易有限公司	5005910296
		重庆市医药保健品进出口有限公司	5005910005
		浙江永康外贸进出口有限公司	3307910006

附件3

2006年度具有出口资质的非公路用两轮摩托车生产企业及其授权出口经营企业目录

地区	生产企业名称及企业海关编码	授权出口经营企业名称	授权出口经营企业海关编码
浙江省	温岭正峰动力有限公司 3311912148	温岭市钱江进出口有限公司	3311911027
	温岭兴华电动车有限公司 3311933526	杭州伯林进出口有限公司	3301961524
		温岭市对外贸易有限公司	3311910183
	温岭正峰动力有限公司 3311912148	海南浙经对外贸易公司	4601113026
		江苏苏豪国际集团股份有限公司	3201919024
	温岭正江机车有限公司 3311963118	温岭市钱江进出口有限公司	3311911027
		浙江农资集团有限公司	3301950052
		永康市对外经济贸易有限公司	3307910006
		北京怡光伟业贸易有限公司	1116960040
	浙江步阳集团有限公司 3307960249	浙江农资集团有限公司	3301950052
		浙江省永康市对外经济贸易公司	3307910006
		重庆国际贸易中心	5005910169
		永康为尔进出口有限公司	3307950069
		浙江步阳进出口有限公司	3307961225
	星月集团有限公司 3307960197	永康星月进出口有限公司	3307960238
		浙江省永康市对外经济贸易公司	3307910006
		福州市达隆汽车用品有限公司	3501966851
		北京燕北富国国际贸易有限公司	1108910434
		浙江中成进出口有限公司	3301910284
	浙江飞神车业有限公司 3307960638	浙江省永康市对外经济贸易公司	3307910006
		浙江农资集团有限公司	3301950052
		宁波中蔺对外贸易有限公司	3302960909
		湖南明华机电实业有限公司	4301960167
		浙江飞神进出口有限公司	3307961224
	群升集团有限公司 3307960377	永康市创世贸易有限公司	3307960454
		厦门市电力投资发展有限公司	3502110401
	浙江省永康市华宝电器有限公司 3307960199	浙江汇信进出口股份有限公司	3304910041
		上海乾锦昊进出口有限公司	3122263487
		宁波中包进出口有限公司	3302910097
		中国宁波国际合作有限责任公司	3302910033
		温州奥雅国际贸易有限公司	3303961024
	浙江圣奇运动器械制造有限公司 3307960161	浙江农资集团有限公司	3301950052
		山东新运国际物流有限公司	3702961803
		浙江省粮油食品进出口股份有限公司	3301910115
		浙江盛力进出口有限公司	3301950086
		江苏弘业股份有限公司	3201919015

续表

地区	生产企业名称及企业海关编码	授权出口经营企业名称	授权出口经营企业海关编码
浙江省	浙江阿波罗运动休闲用品有限公司 3307960332	浙江省永康市对外经济贸易公司	3307910006
		永康市五金城进出口有限公司	3307950079
		安徽省技术进出口股份有限公司	3401910003
	永康市王力五金制造有限公司 3307960412	浙江四方进出口有限公司	3307910027
		金华市金信经贸有限公司	3307918018
		北京燕北华牧科技有限公司	1108310186
		浙江省永康市对外经济贸易公司	3307910006
	浙江连邦工程塑料有限公司 3307990096	永康市弘大机电设备有限公司	3307960214
	雄泰集团有限公司 3307960529	浙江雄泰进出口有限公司	3307961155
		浙江省永康为尔进出口公司	3307950069
		重庆国际贸易中心	5005910169
		浙江旭日进出口有限公司	3301950258
		江苏弘业股份有限公司	3201919015
	永康市金马工贸有限公司 3307960611	浙江泰阳进出口有限公司	3307960911
		宁波联合集团进出口股份有限公司	3302210017
		浙江顺达进出口贸易有限公司	3301910305
		江苏弘业礼品有限公司	3201919015
		永康市福瑞达进出口有限公司	3307961042
	浙江永江实业有限公司 3307960103	永康市五金城进出口有限公司	3007950079
		浙江省永康为尔进出口公司	3307950069
		上海金盛国际贸易有限公司	3122210309
		江苏弘业股份有限公司	3201919015
		浙江永江进出口有限公司	3307961250
	浙江联美实业有限公司 3307960691	浙江省永康市对外经济贸易公司	3307910006
		浙江四方进出口有限公司	3307910027
		永康市五金城进出口有限公司	3307950079
	浙江太平工贸有限公司 3307960549	武义太平进出口有限公司	3307961213
		浙江农资集团有限公司	3301950052
		浙江盛力进出口有限公司	3301950086
		浙江省永康市为尔进出口有限公司	3307950069
		浙江省永康市对外经济贸易公司	3307910006
	浙江康升实业有限公司 3307960672	康超集团武义进出口有限公司	3307961215
		浙江农资集团有限公司	3301950052
		浙江旭日进出口有限公司	3301950258
		宁波飞土进出口有限公司	3301968201
		浙江省永康市对外经济贸易公司	3307910006
	浙江深茂器械有限公司 3307960327	宁波豪雅进出口有限公司	3302962046
		上海美本机电有限公司	3109965233
		中国宁波国际合作有限责任公司	3302210009
		江苏弘业股份有限公司	3201919015
		福建兆基宏城进出口有限公司	3501967411
	浙江奇野车业有限公司 3307940071	江苏东恒国际集团有限公司	3201919286
		永康市聚源进出口有限公司	3307960259
		永康市五金城进出口有限公司	3307950079
	永康市易力车业有限公司 3307960593	浙江四方进出口有限公司	3307910027
		浙江省永康市对外经济贸易公司	3307910006
		浙江省永康为尔进出口公司	3307950069
		上海兰生文体进出口有限公司	3122211028
		浙江农资集团有限公司	3301950052
	武义五圣电动车有限公司 3307960832	浙江省永康为尔进出口公司	3307950069
	浙江双健健身器材有限公司 3307960411	上海骐骥运动车业有限公司	3122262974
		浙江省永康为尔进出口公司	3307950069
		浙江省永康对外经济贸易公司	3307910006
		浙江飞月进出口有限公司	3307960661
		永康市五金城进出口有限公司	3307950079

续表

地区	生产企业名称及企业海关编码	授权出口经营企业名称	授权出口经营企业海关编码
浙江省	浙江雾川实业有限公司 3307960086	明那科贸易公司	4403165898
		义乌市恒风进出口有限公司	3318910012
		重庆联益茶叶土产进口有限公司	5005910319
		宁波飞土进出口有限公司	3302968201
		江苏阳光进出口有限公司	3216951082
	永康麦特尔金属制品有限公司 3307930128	宁波亿泰进出口有限公司	3302210012
		宁波宁兴国贸实业有限公司	3302968078
		浙江比飞进出口有限公司	3307961181
		中成宁波进出口有限公司	3302910102
		永康市五金城进出口有限公司	3307950079
	兰溪市森德通用机电有限公司 3314960041	台州黄岩新荣洲车业有限公司	3323963711
		上海银擎国际贸易有限公司	3122264277
	浙江梦得力电器有限公司 3307930280	永康市顶极进出口有限公司	3307960818
		安徽省技术进出口股份有限公司	3401910003
		浙江农资集团有限公司	3301950052
		江苏东恒国际集团有限公司	3201919286
		浙江省永康对外经济贸易公司	3307910006
	永康市金凌车业有限公司 3307960976	永康市五金城进出口有限公司	3307950079
		浙江四方进出口有限公司	3307910027
		浙江省永康市对外经济贸易公司	3307910006
		北京怡光伟业贸易有限公司	1116960040
		浙江农资集团有限公司	3301950052
	浙江格林工具有限公司 3307940056	永康市商海进出口有限公司	3307960987
		浙江特产集团有限公司	3301950097
		浙江新世纪国际贸易有限公司	3319960113
		浙江永康市对外经济贸易公司	3307910006
		永康市五金城进出口有限公司	3307950079
	浙江天涯置业有限公司 3307960392	浙江天涯进出口有限公司	3307961077
		湖北省机械设备进出口有限公司	4201912501
		浙江四方进出口有限公司	3307910027
		江苏弘业股份有限公司	3201919015
		安徽省技术进出口股份有限公司	3401910003
	永康市新飞亚电器有限公司 3307960910	浙江省永康市对外经济贸易公司	3307910006
		浙江省永康为尔进出口公司	3307950069
		永康市商海进出口有限公司	3307960987
		永康市华瑞进出口公司	3307961133
		浙江飞月进出口公司	3307960661
	浙江武义嘉恒电子科技有限公司 3307940077	浙江省永康为尔进出口公司	3307950069
		中国航空技术进出口广州公司	4401913200
		宁波亿泰进出口有限公司	3302210012
	浙江欧力雅电动车有限公司 3307960655	浙江飞月进出口有限公司	3307960661
		浙江农资集团有限公司	3301950052
		永康五金城进出口有限公司	3307950079
		浙江旭日进出口有限公司	3301950258
	浙江捷天工贸有限公司 3307961059	苏州恒瑞进出口有限公司	3205951083
		浙江飞月进出口有限公司	3307960661
		浙江四方进出口有限公司	3307910027
	永康金阳光器械有限公司 3307940104	浙江飞月进出口有限公司	3307960661
		浙江省永康市对外经济贸易公司	3307910006
		浙江省永康为尔进出口公司	3307950069
		永康市商海进出口有限公司	3307960987
		永康远光进出口有限公司	3307961241
	永康市神鹰工贸有限公司 3307961203	永康市五金城进出口有限公司	3307950079
		浙江飞月进出口有限公司	3307960661
		浙江省永康市对外经济贸易公司	330791006
		南京纺织品进出口股份有限公司镇江分公司	3201910012
		武义太平进出口有项公司	3307961213

续表

地区	生产企业名称及企业海关编码	授权出口经营企业名称	授权出口经营企业海关编码
浙江省	武义鑫顺车业有限公司 3307961172	金华金鹏进出口有限公司	3307961100
		台州市宏源国际经贸有限公司	3311961059
		浙江省永康为尔进出口公司	3307950069
	武义乔微电动车业有限公司 3307961228	浙江省永康市对外经济贸易公司	3307910006
		浙江省永康市五金城进出口有限公司	3307950079
		康超集团武义进出口有限公司	3307961215
		浙江四方进出口有限公司	3307910027
	浙江武义飞宇工贸有限公司 3307961171	永康市五金城进出口有限公司	3307950079
		苏州恒祥进出口有限公司	3205910260
	武义波速尔运动器械有限公司 3307961158	永康市五金城进出口有限公司	3307950079
		安徽技术进出口有限公司	3401910003
	浙江武义利亚车业有限公司 3307960998	浙江省永康市对外经济贸易公司	3307910006
		浙江农资集团有限公司	3301950052
		浙江旭日进出口有限公司	3301950258
		宁波联合集团进出口股份有限公司	3302210017
	缙云县翔远实业有限公司 3310960072	永康市五金城进出口有限公司	3307950079
		缙云县天汇进出口有限公司	3110960205
	缙云华洋动力机械有限公司 3310960277	天津华洋动力机械有限公司	1207468438
		天津天保世纪贸易发展有限公司	1207211285
		永康市聚源进出口有限公司	3307960259
		浙江龙发进出口有限公司	3318960413
	浙江涛涛实业有限公司 3310960212	缙云县天汇进出口有限公司	3110960205
		永康市五金城进出口有限公司	3307950079
	浙江田宇工具有限公司 3310960284	浙江永康为尔进出口公司	3307950069
		浙江捷众进出口有限公司	3307960255
		金华中佳进出口有限公司	3307960750
		横店集团浙江英洛华国际贸易有限公司	3319950054
		上海玛亚克国际贸易有限公司	3122260315
	南龙集团有限公司 3307960360	永康市南龙贸易有限公司	3307960218
		浙江省永康市对外经济贸易公司	3307910006
		永康市五金城进出口有限公司	3307950079
		安徽省技术进出口股份有限公司	3401910003
	武义军力车业有限公司 3307960508	浙江四方进出口有限公司	3307910027
		永康市聚源进出口有限公司	
		江苏国泰国际集团南京有限公司	
	武义博伟车业有限公司 3307961230	金华市东宇经贸有限公司	3307960725
		永康市对外经济贸易公司	3307910006
		浙江省永康为尔进出口公司	3307950069
		永康市五金城进出口有限公司	3307950079
		宁波富豪进出口贸易有限公司	3302969034
	武义华商厨具有限公司 3307961240	浙江飞月进出口有限公司	3307060661
	浙江驰升工贸有限公司 3307960734	永康市五金城进出口有限公司	3307950079
		上海美本机电有限公司	3109965233
		浙江四方进出口有限公司	3307910027
		安徽省技术进出口股份有限公司	3401910003
		宁波海天进出口有限公司	3302210009
	武义恒晨机械工具有限公司 3307961238	浙江省永康市对外经济贸易公司	3307910006
	永康市老爷车车业有限公司 3307960478	浙江四方进出口有限公司	3307910027
		江苏阳光进出口有限公司	3216951082
		宁波亿泰进出口有限公司	3302210012
		江苏东恒国际集团有限公司	3201919286
		永康市百盛贸易有限公司	3307962054

(4)、关于摩托车生产企业委托加工有关事项的通知

发布单位:国家发展和改革委员会办公厅
发布文号:发改办产业[2006]876号
发布日期:2006年4月26日
生效日期:2006年4月26日

原文:

各省、自治区、直辖市发展改革委、经贸委(经委),有关中央企业:

根据《摩托车生产准入管理办法》有关规定,摩托车生产企业之间可以进行委托加工,现就有关委托加工的具体事项通知如下:

一、企业资格及相关要求

委托加工是指由委托方提供零部件和原材料,被委托方(以下称受托方)只进行加工并收取加工费和代垫部分辅助材料的加工生产方式。

(一)委托方和受托方企业双方(以下简称委托双方)必须是通过摩托车生产准入的企业(集团)或下属独立法人子公司。

(二)委托加工产品必须获得批准并列入《车辆生产企业及产品公告》(以下简称《公告》),委托加工产品列在《公告》的委托方名下。

(三)委托加工产品使用委托方产品合格证,并由委托方负责印制、统计、上传;合格证中企业名称为委托方、生产地址为受托方的生产地址,并在备注中注明"委托加工产品"。

(四)拟委托加工的产品由委托方按新产品在网上申报《公告》(受检车辆样品由受托方生产,但需由委托方送检,检测报告注明的受检企业名称是委托方,样品生产地址是受托方生产地址),申报填写新产品技术参数时,在"委托加工"字段中填写"是"。

(五)企业委托加工申请获得批准后,在正式实施委托加工前应当修改《车辆识别代号VIN(以下简称VIN)编制规则》,使其体现出受托方的生产地址。委托加工产品的VIN按委托方的编制规则编制并打刻。修改后的编制规则应该到VIN归口工作机构重新备案并需获得批准。

(六)委托加工产品的生产一致性保证工作由委托方负责。

(七)委托加工产品由委托方负责销售(并开具发票)和售后服务,委托加工产品在出厂时应在说明书和包装箱上明示受托方的生产地址。

(八)委托加工产品在申报《公告》时,其检验项目不可与其他产品视同。

(九)受托方必须严格按照委托方提供的图纸及加工要求生产,不得随意更改。

(十)委托方只能委托《公告》上有相同类别产品的企业生产同类产品;且在同一地区(指省、自治区、直辖市)只能委托1家企业进行委托加工生产。

二、申报及《公告》程序

(一)由委托双方向国家发展改革委提出委托加工书面申请(子公司应通过集团公司提出申请),正式向国家发展改革委提出申请前,委托双方企业需就该事项在所在地省级行业主管部门(指省、自治区、直辖市发展改革委或经贸委、经委车辆生产企业及产品主管部门,下同)备案。

(二)申请材料主要包括:

1、委托双方关于需要进行委托加工事项的请示,说明其理由和必要性;

2、委托双方所在地省级行业主管部门备案意见;

3、委托双方签署的委托加工协议及拟委托加工产品的清单;

4、拟委托加工产品VIN编制规则、合格证使用及管理方案。

(三)国家发展改革委根据企业申请材料进行审批。被批准可以进行委托加工的企业,其委托加工产品按有关程序申报《公告》。

三、委托双方企业必须严格执行上述规定,不得违规操作。

凡不按规定办理者,国家发展改革委将按《摩托车生产准入管理办法》有关规定,从《公告》中撤销委托加工产品及原生产地相同型号产品公告,且两年内不得重新申请委托加工事项。各地行业主管部门应加强对本地区委托加工情况的监督检查,引导行业规范发展。

本通知自发布之日起执行。

国家发展和改革委员会办公厅
二〇〇六年四月二十六日

(5)、摩托车生产企业新车注册登记免予安全技术检验实施办法

发布单位:国家发展和改革委员会
发布文号:国家发展和改革委员会2006年第30号
发布日期:2006年5月9日
生效日期:2006年7月1日

原文:

为鼓励摩托车生产企业持续、稳定地生产、销售符合国家安全、环保、节能、防盗等技术标准要求的摩托车产品,简化车辆注册登记手续,减轻用户负担,依据《中华人民共和国道路交通安全法》有关规定,国家发展改革委制定了《摩托车生产企业新车注册登记免予安全技术检验实施办法》(以下简称《免检办法》),现予以公布,请遵照执行。

本《免检办法》于2006年7月1日起施行。

中华人民共和国国家发展和改革委员会
二□□六年五月九日

摩托车生产企业新车注册登记免予安全技术检验实施办法

第一章 目的及范围

第一条 为鼓励摩托车生产企业持续、稳定地生产、销售符合国家安全、环保、节能、防盗等技术标准要求的摩托车产品,简化车辆注册登记手续,减轻用户负担,依据《中华人民共和国道路交通安全法》有关规定,特制定本实施办法。

第二条 已通过摩托车生产准入的企业可以申请新车注册登记免予安全技术检验(以下简称"新车注册免检")。经考核,申请企业及其下属控股的独立法人子公司(以下简称"子公司")、非独立法人分公司(以下简称"分公司")以及受委托加工企业(以下简称"受托企业")产品生产一致性保证能力满足本办法规定的条件;列入《车辆生产企业及产品公告》(以下简称《公告》)内的所有摩托车产品在批量生产时能够持续、稳定地达到国家安全、环保、节能、防盗等技术标准要求,且与《公告》批准状态一致,该企业所生产的摩托车产品可认定为新车注册免检产品。

第三条 国家发展和改革委员会(以下简称"国家发展改革委")负责摩托车新车注册免检企业和产品管理工作,并核准新车注册免检的企业和产品。

第二章 免检条件

第四条 获得摩托车新车注册免检应当具备下列条件:

(一)产品符合国家有关法律法规和技术标准要求,满足《机动车整车出厂合格证明》(以下简称合格证)、车辆识别代号VIN(以下简称VIN)等行业管理规定,无侵犯他人知识产权行为。

(二)企业(包括下属子公司、分公司以及受托企业)遵纪守法,认真执行产业发展政策,具备并能保持摩托车产品生产一致性保证能力。

具体要求参照《摩托车生产准入管理办法实施细则》(国家经济贸易委员会公告2002年第110号)附件一中第四项第8-29考核条款。其中有关成品车终检检测线的检测能力应满足以下要求:

1、能保证全部产品完成新车注册登记所有安全技术检验项目(指《机动车安全检验项目和方法》(GA 468—2004)中规定的线内和线外检验项目)及怠速排气污染物排放的检验。其中,线内安全技术检验项目包括制动力(对正三轮摩托车还应包括后轴制动力过程差最大值)、前照灯发光强度及照射位置、前后轮偏移量、车速表误差和喇叭声级。

2、在检测线终端应建立计算机处理控制系统,能自动显示、打印和存储检测线内检测的数据和结果;每辆摩托车产品下线检验记录格式及内容要求详见附件一,检测数据应满足三年以上存档(纸面或电子)的要求。

(三)申请新车注册免检的所有产品在批量生产时能持续、稳定地满足现行国家强制性标准要求;生产地址、型式及主要结构、技术参数以及上传合格证内容与《公告》公布的状态相一致;涉及安全、环保、节能、防盗性能的关键零部件及总成的型号、主要技术规格及供应商与《摩托车产品规格参数表》内容一致。

第三章 申请、审查及批准程序

第五条 摩托车生产企业本着自愿的原则向国家发展改革委提出申请。

申请企业应是通过摩托车生产准入的集团公司(以下简称母公司)或独立生产企业(指在《公告》中具有独立序号的企业,以下简称独立企业),申请须包括自身及其下属的所有子公司、分公司及受托企

业（专业生产三轮摩托车企业暂除外）；申请新车注册免检的车型应覆盖本企业在《公告》内的全部车型（三轮摩托车暂除外），包括下属子公司、分公司以及委托加工生产的全部车型。

新增独立企业在获得摩托车生产准入一年以后方可申请新车注册免检；已获新车注册免检资格企业新增的下属子公司或分公司，在获得准入的一年内不能提出新车注册免检申请，需在一年之后两年之内由母公司提出新车注册免检申请并通过免检条件审查，如不能通过，暂停母公司新车注册免检资格。

第六条　企业申请新车注册登记免检时应当提交以下资料：

（一）《摩托车生产企业新车注册登记免检申请书》（格式见附件二）；

（二）申请免检车型的《摩托车产品规格参数表》和《产品生产一致性保证计划书》。

上述《摩托车产品规格参数表》和《产品生产一致性保证计划书》应与企业申报产品《公告》和申请生产准入时提交的内容相一致，若有变化，需说明原因及理由，并提供相关验证资料。

第七条　国家发展改革委委托中介机构对企业提交的申请资料进行审查，审查内容包括资料的完整性、符合性以及《产品生产一致性保证计划书》的合理性。

《产品生产一致性保证计划书》中有关检验内容及检验频次的基本要求详见附件三。

第八条　对资料审查合格的企业，由中介机构组织审查组进行现场审查。

第九条　审查组由车辆行业的技术专家组成，实行组长负责制。现场审查人数和时间依据申请企业的规模和车型数量确定，一般为每一生产场点8～10（人/日）。

第十条　现场审查内容主要包括：

（一）企业遵纪守法情况审查。现场审查了解企业开发生产产品的技术来源、合格证使用管理、VIN备案及使用、子公司（分公司）设立等情况；

（二）企业产品生产一致性保证能力审查。按照摩托车生产准入条件及考核要求中的第8-29条款要求逐条审查企业在技术管理、采购、生产、检验等过程中是否具备保证产品生产一致性的能力，以及《产品生产一致性保证计划书》是否有效执行；

（三）通过在生产现场和销售市场抽取摩托车样品检查产品一致性。

1、生产现场抽样及检验：企业《公告》内60%以上的车型应具备抽样条件，每种车型的抽样基数应不小于20辆。现场审查时，每种车型从企业自检合格的成车中随机抽取1辆进行以下项目的检验和核定：

（1）样车制动、前照灯发光强度及照射位置、前后轮偏移量、车速表误差、喇叭声级以及怠速排放检验项目是否满足《机动车运行安全技术条件》（GB 7258—2004）及相关标准要求。现场检验利用企业的检测设备进行；

（2）样车的生产地址、型式及主要结构、参数是否与《公告》批准状态相一致；

（3）关键零部件的型号、主要技术参数以及供应商是否与《摩托车产品规格参数表》内容相一致。

当某种型号的样车某项检验结果出现不合格时，允许加倍抽样进行一次相同项目检验，当加倍抽样的两辆样车均合格时，可判定该项目合格。

2、在销售市场（经销商处）抽取样车，委托指定的检验机构进行全部强制性检验项目检验，同时核定样车生产地址、型式及主要结构、参数以及上传合格证内容等是否与《公告》公布的状态相一致。市场抽样时须覆盖企业每种商标以及主要结构型式（如车体结构、发动机等）的摩托车，抽取的样车由企业在规定的时间内送达指定的检验机构进行检验。

市场抽样不受样本容量限制。样车抽样数量按相关标准要求进行，并按标准中规定的一致性指标判定。对于标准中没有规定一致性抽样和判定方法的检验项目，当样车检验结果出现不合格时，允许加倍抽样进行一次相同项目检验，若加倍抽样的样车均合格，可判定该项目合格。

第十一条　审查组在审查工作结束后，向中介机构提交免检现场审查报告。审查结论在出现下列情况之一时为不通过：

1、企业在遵纪守法、执行产业政策及行业管理规定方面出现违法、违规或不符合情况；

2、产品生产一致性保证能力审查出现否决条款不符合，或一般条款的不符合率超过20%；

3、任一车型现场抽样检验结果为不合格，或状态核定出现不符合情况；

4、任一车型市场抽样送检结果为不合格，或状态核定出现不符合情况。

第十二条　中介机构对审查组提交的报告进行

审查，并向国家发展改革委提交新车注册免检考核报告。 中介机构应当自受理企业申请之日起3个月内完成现场审查工作并向国家发展改革委报告结果。

第十三条　国家发展改革委对中介机构提交的免检报告进行审核，对通过新车注册免检审查的企业及产品，在国家发展改革委网站上公示，无异议的以《公告》形式予以公布；未通过审查的企业，应及时通知，并退还有关申请资料。

第十四条　未通过新车注册免检条件现场审查的企业，6个月后方可重新提出新车注册免检申请。

第四章　免检产品发生变更的管理

第十五条　已经获得新车注册免检的产品（以下简称免检产品）的生产条件发生重大变化（如生产场地转移等）时，需及时报告国家发展改革委。必要时，国家发展改革委将根据情况安排对现场条件进行补充审查。

第十六条　免检产品因企业生产、检验等条件发生变化需修订《产品生产一致性保证计划书》时，企业应向国家发展改革委重新备案，同时说明原因及理由。

当免检产品发生涉及到《摩托车产品规格参数表》相关内容变化时，应向国家发展改革委重新报送《摩托车产品规格参数表》，并书面说明变更情况及理由，包括提供必要的试验验证报告。有关《摩托车产品规格参数表》内容变化及需进行的相关验证试验要求详见附件四。

必要时，国家发展改革委可安排针对变更部分进行现场条件审查和产品抽样检验。

第十七条　对于产品获得免检之后，企业申报的摩托车新产品，若企业生产条件没有发生变化，且能够满足车型增加所带来的扩大生产能力和检验能力的要求，所增加的新车型可视为免检车型，但该车型将作为今后监督检查重点抽查的产品。

第五章　监督检查

第十八条　摩托车新车注册免检的有效期为4年。企业需在有效期期满前3个月重新提出申请并接受审查。

第十九条　在新车注册免检有效期内，企业应每年向国家发展改革委报送一份企业自查报告，按照免检审查要求的内容对企业的产品生产一致性保证能力和产品生产一致性情况进行说明。逾期不提交自查报告的，该企业将被视为自动终止产品免检资格。

第二十条　国家发展改革委将定期和不定期组织对新车注册免检企业及产品进行监督检查。定期监督检查原则上每年进行一次，三年覆盖新车注册免检全部审查内容。对于通过国家实验室认可的企业，可利用企业被认可的实验能力完成有关强检项目的检验。

若企业出现用户投诉集中、国家质量监督抽查不合格、发生重大质量事故以及被举报等情况时，国家发展改革委可随时组织监督检查。

在新车注册免检资格存续期间，企业可免于由国家发展改革委组织的生产准入监督检查。

第六章　撤销

第二十一条　新车注册免检企业及产品出现下列情况之一的，由国家发展改革委撤销其免检资格：

（一）擅自扩大合格证及VIN的使用范围、异地生产摩托车；

（二）申请材料弄虚作假；

（三）监督检查发现企业一致性保证能力出现不符合，且不能在一个月内完成整改；

（四）监督抽查发现产品一致性不符合要求，如产品安全、环保性能不能满足标准要求，或与《公告》批准状态不一致等；

（五）新增加的子公司或分公司未在规定时间内通过免检审查。

第二十二条　被撤销新车注册免检资格的企业及产品，原则上一年后方可重新提出新车注册免检申请；自公布撤销之日起，已经生产的摩托车产品自动失去新车注册免检资格。

第七章　附则

第二十三条　受国家发展改革委委托从事新车注册免检资料审查、现场考核、产品检测等工作的中介机构，如有违反有关规定弄虚作假的，由国家发展改革委视情节轻重分别处以责令改正、通报批评、暂停相关委托业务直至撤销对其委托。

第二十四条　从事新车注册免检审批工作的国家工作人员，徇私舞弊、玩忽职守、滥用职权的，由国家发展改革委依法给予行政处分；构成犯罪的，由有关机关依法追究刑事责任。

第二十五条　自本办法实施之日1年后起，三轮摩托车生产企业及产品纳入新车注册免检管理范畴，已获免检资格的企业，其三轮摩托车产品（包括下属子公司、分公司以及委托加工的车型）应在本办法实施后两年内通过免检审查，否则取消其新车注册免检资格。

第二十六条　申请新车注册免检的企业应当按规定承担有关申请资料审查、现场审查、产品检测等费用。

第二十七条　获得新车注册免检的摩托车产品，应当在出厂之日起2年内办理注册登记；超过2年的，应重新进行安全技术检验。

第二十八条　本办法自发布之日起施行。本办法由国家发展改革委负责解释。

附件：

一、《摩托车成车检验记录表》；

二、《摩托车生产企业新车注册登记免检申请书》；

三、《产品一致性保证计划书》检验项目及检验频次要求；

四、《摩托车产品规格参数表》及内容变更备案要求说明。

(6)、关于机动车辆生产企业和经销企业增值税纳税评估有关问题的通知

发布单位：国家税务总局

发布日期：2006年6月6日

原文：

各省、自治区、直辖市和计划单列市国家税务局，扬州税务进修学院：

《国家税务总局关于加强机动车辆税收管理有关问题的通知》（国税发［2005］79号，以下简称《通知》）下发后，各地对机动车辆生产、经销企业的税收管理取得了初步成效。但是部分地区在利用车购税信息开展机动车辆增值税纳税评估方面还不够深入，仅停留在简单的数据比对层面。为进一步提高机动车辆税收管理水平，现就机动车辆生产和经销企业增值税纳税评估有关问题补充通知如下：

隐瞒销售数量是目前机动车辆生产和经销企业偷逃增值税的主要手段，因此，增值税纳税评估的重点应是评估销售数量。

评估销售数量的基本方法，是将车购税登记信息作为第三方信息，来验证企业申报销售数量的真实性。即：利用车辆识别代号(即VIN码)的编码规则，从车购税登记信息中查找生产企业相应类别车辆的车辆识别代号中的最大序列号，视此号之前的车辆为已销售的车辆，以此推算出相应类别车辆的最大销售数量。当其大于或者等于企业申报的销售数量时，表明企业存在少申报销售数量的可能。少申报的销售数量乘相应的车购税最低计税价格，即可计算出其可能隐瞒的销售收入和增值税销项税额。

生产地主管税务机关采取上述评估方法并经核实，确认车辆生产企业存在隐瞒销售数量的问题后，即可将这些隐瞒的机动车辆按销售对象（即经销企业）列出清单，转经销企业所在地税务机关，作为对经销企业纳税评估的依据之一。

鉴于《通知》中涉及的相关软件正在开发之中，在软件下发之前，对机动车辆的增值税纳税评估，由生产地主管税务机关按照上述方法，从下发的《车辆购置税车辆代码清单》中清分最大VIN码，推算最大销售数量，核实最大销售数量大于申报销售数量的差异，并将涉及经销企业的疑点，转经销企业所在地主管税务机关，由经销企业的主管税务机关对经销企业进行增值税纳税评估。

下一步总局将对机动车辆增值税纳税评估模式进行调整，其中推算最大销售数量、计算最大销售数量与申报数量的差异等工作将改由总局直接计算，并下发清单由主管税务机关进行核实；总局按《机动车销售统一发票》所列经销企业的纳税人识别号，从车购税信息中清分经销企业的车辆销售数量，并与经销企业的申报数量进行比对，下发清单由主管税务机关进行核实。评估模式改变后，总局对工作流程和相应的申报资料做出调整：

一、修改纳税申报资料

（一）机动车辆生产企业在办理增值税纳税申报时，应向主管税务机关报送：

1、按月报送《机动车辆生产企业销售明细表》及其电子信息。

2、每年第一个增值税纳税申报期，报送上一年度《机动车辆生产企业销售情况统计表》及其电子信息。

3、按月报送《机动车辆销售统一发票清单》及其电子信息。

（二）机动车辆经销企业在办理增值税纳税申报时，应向主管税务机关报送：

1、按月报送《机动车辆经销企业销售明细表》及其电子信息。

2、按月报送《机动车辆销售统一发票清单》及其电子信息。

（三）《通知》中的《机动车辆生产企业销售明细表》停止报送。

二、纳税申报资料的处理

（一）《机动车辆生产企业销售明细表》和《机动车辆经销企业销售明细表》由主管税务机关留存备查。

（二）《机动车辆销售统一发票清单》和《机动车辆生产企业销售情况统计表》的电子信息在纳税申报期结束后20日内由主管税务机关逐级上传至总局。

三、车购税信息

主管税务机关按月将《车辆购置税纳税申报表》信息和对应的《机动车销售统一发票》信息上传至总局。

四、总局对上传的数据进行分类处理

（一）按照制造厂代码对车辆识别代码进行归类；按厂牌型号清分出每户生产企业每一厂牌型号的车辆识别代号，排序后找出该型号的最大序列号，作为该型号车辆的最大销售数量；将推算出的最大销售数量与生产企业报送的《机动车辆生产企业销售情况统计表》对应厂牌型号的销售数量进行比较，找出推算销售数量大于申报销售数量的企业，生成《机动车辆生产企业比对异常清单》。

（二）按经销企业纳税人识别号对车辆识别代号进行归类；将清分的车辆识别代号与经销企业报送的《机动车辆销售统一发票清单》中的车辆识别代号进行逐一比对，找出存在差异的企业，生成《机动车辆经销企业比对异常清单》。

（三）将《机动车辆生产企业比对异常清单》和《机动车辆经销企业比对异常清单》逐级下传至比对异常企业所在地主管税务机关。

五、主管税务机关核实异常情况

主管税务机关应在60日内，核实《机动车辆生产企业比对异常清单》、《机动车辆经销企业比对异常清单》中列明的企业异常信息，结合采集的《机动车辆生产企业销售明细表》及《机动车辆经销企业销售明细表》数据和其他申报资料，调查销售数量产生差异的原因，对存在的问题按照现行纳税评估办法的有关规定进行处理，并填制《机动车辆生产企业评估结果情况表》和《机动车辆经销企业评估结果情况表》，逐级上报总局。

六、总局根据机动车辆生产企业的评估结果，将《机动车辆生产企业评估结果情况表》中涉嫌取得生产企业隐瞒销售机动车的经销企业信息，逐级下传至经销企业所在地主管税务机关，以此为线索开展评估并反馈结果。

各地按照以上方法对车辆生产、经销企业进行评估时，还应结合其他评估方法一并运用，应随时总结工作经验，对评估过程中存在的问题及时上报总局。新流程的正式执行时间总局另行通知。

国家税务总局

二〇〇六年六月六日

（7）、关于规范机动车交通事故责任强制保险单证和标志管理的通知

发布单位：中国保险监督管理委员会

发布文号：保监发[2006]60号

发布日期：2006年6月16日

生效日期：2006年7月1日

原文：

各保监局，各中资财产保险公司：

为保障机动车交通事故责任强制保险制度的顺利实施，规范机动车交通事故责任强制保险（以下简称交强险）单证和标志的管理，根据《机动车交通事故责任强制保险条例》及有关法律、行政法规，现就有关事项通知如下：

一、交强险单证是指投保人与保险公司签订的，证明强制保险合同关系存在的法定证明文件;交强险标志是指根据法律、行政法规的有关规定，保险公司向投保人核发的，证明其已经投保强制保险的标识。

二、保险公司经营交强险，应使用中国保险监督管理委员会（以下简称保监会）监制的交强险单证和交强险标志。

三、交强险单证分为机动车交通事故责任强制保险单（简称交强险保险单）、机动车交通事故责任

强制保险摩托车定额保险单和机动车交通事故责任强制保险农用型拖拉机定额保险单（简称交强险定额保险单）、机动车交通事故责任强制保险批单（简称交强险批单）。

除摩托车和农用拖拉机可以使用交强险定额保险单外，其他投保车辆必须使用交强险保险单。

四、交强险保险单和交强险定额保险单由正本和副本组成。正本由投保人或被保险人留存；副本应包括业务留存联、财务留存联和公安交管部门留存联。业务留存联和财务留存联由保险公司留存，公安交管部门留存联由保险公司加盖印章后交投保人或被保险人，由其在公安交管部门进行注册登记、检验等时交公安交管部门留存。

交强险批单由正本和副本组成。正本由投保人或被保险人留存；副本应包括业务留存联和财务留存联。

交强险保险单证第一联应为业务留存联。

五、交强险标志分为内置型交强险标志和便携型交强险标志两种。

具有前挡风玻璃的投保车辆应使用内置型保险标志；不具有前挡风玻璃的投保车辆应使用便携型保险标志。

六、交强险单证和交强险标志的印制要求是：

（一）交强险单证和交强险标志式样全国统一。保险公司应将公司名称等信息印制在式样中指定位置。

（二）各保险公司应选择行业资质良好、管理规范、技术先进的印刷企业印刷交强险单证和交强险标志。

（三）交强险单证和交强险标志印刷，须按照保监会规定的印刷技术要求印刷，外观应与式样一致。

保险单上不得印制其他商业性保险的内容。

（四）交强险单证和交强险标志的印刷流水号及使用编号办法，由各保险公司统一编制。

（五）保险公司选定的印刷企业名称及有关情况、交强险单证和交强险标志的印刷样本、印刷流水号以及使用编号办法应向保监会备案。

七、交强险单证和交强险标志使用应符合下列要求：

（一）保险公司签发交强险单证或交强险标志时，有关内容不得涂改，涂改后的交强险单证或交强险标志无效。

（二）保险公司应提示被保险人妥善保管交强险单证，按规定张贴或携带交强险标志。

（三）保险公司应提示投保人或被保险人在公安交管部门注册登记或检验机动车等时，将“公安交管部门留存联”交公安交管部门留存。

（四）已生效的交强险单证或交强险标志发生损毁或者遗失时，交强险单证或交强险标志所有人应向保险公司申请补办。保险公司在收到补办申请及报失认定证明后的5个工作日内，完成对被保险人申请的审核，并补发相应的交强险单证或交强险标志。

八、保险监管部门、保险公司应加强对交强险单证和交强险标志的管理。

（一）保监会应及时向社会公布交强险单证和交强险标志的内容和格式。

保险公司应在营业场所张贴本公司的交强险单证和交强险标志的内容和格式。

（二）保险公司应指定专人负责交强险单证和交强险标志的管理，建立、健全严格的管理制度。管理制度应当包括交强险单证和交强险标志的印制、发送、存放、登记、申领、使用、收回、核销、盘点以及归档等内容。

（三）保险公司签发、批改、补发交强险单证或交强险标志的，应遵守公司内控管理制度要求，并纳入计算机系统管理。

交强险保险单和交强险批单必须通过计算机系统出单；交强险定额保险单可手工出单，但必须在7个工作日内补录到计算机系统内，计算机系统的各项资料应与手工签发的交强险定额保险单内容保持一致。

（四）保险公司补发交强险单证或交强险标志时，重新打印的交强险单证或交强险标志应与原交强险单证或交强险标志的内容一致。

作废的交强险单证或交强险标志的印刷流水号码应能通过计算机系统查询。

（五）空白交强险单证或交强险标志遗失，应将遗失的单证或标志的印刷流水号及数量向当地保监局报告。

（六）交强险单证和交强险标志的销毁原则上以各保监局辖区为单位统一进行。保险公司应建立交强险单证和交强险标志的销毁登记制度，保险公司分支机构销毁前应征得其总公司同意，并向当地保监局报告，各保监局可到销毁现场检查。

九、保险公司应严格执行本通知的各项规定，对违反本通知要求的，保监会将依据有关法律、行政法规进行处罚。

十、本通知自2006年7月1日起执行。

(8)、关于销售摩托车增值税小规模纳税人开具机动车销售统一发票有关问题的通知

发布单位：国家税务总局

发布文号：国税函[2006]681号

发布日期：2006年7月13日

原文：

各省、自治区、直辖市和计划单列市国家税务局：

根据《国家税务总局关于使用新版机动车销售统一发票有关问题的通知》(国税函[2006]479号)的规定，凡从事机动车零售业务的纳税人(包括销售摩托车)收取款项时，都必须开具新式电脑版机动车销售统一发票。但是，目前仍有部分销售摩托车的增值税小规模纳税人未配备电脑及打印设备，无法开具新版机动车销售统一发票。

一、凡不具备电脑开票条件的增值税小规模纳税人销售摩托车，其所需发票由主管税务机关代开。

二、税务机关在为销售摩托车的增值税小规模纳税人代开机动车销售统一发票时，应在发票联加盖税务机关代开发票专用章。

三、税务机关代开机动车销售统一发票的软件由总局统一开发，并下发各地使用。

国家税务总局

二〇〇六年七月十三日

(9)、关于完善车辆生产企业及产品公告管理有关事项的通知

发布单位：中华人民共和国国家发展和改革委员会

发布日期：2006年7月28日

生效日期：2006年10月15日

原文：

各省、自治区、直辖市发展改革委、经贸委(经委)，新疆生产建设兵团发展改革委、经贸委，有关中央企业：

为加强车辆生产企业及产品管理工作，进一步完善车辆生产企业及产品申报管理，提高《车辆生产企业及产品公告》(以下简称《公告》)审查工作的规范性和科学性，经研究，我委对《公告》管理流程进行适当调整，加强生产一致性管理。现将有关事项通知如下：

一、关于《公告》管理流程的调整

(一) 申报

已获得道路机动车辆生产资格的企业，可以通过国家发展改革委指定的网络系统申报车辆新产品、产品扩展、产品变更、产品勘误和产品撤销。

车辆新产品是指新设计的全新产品或改进型产品；产品扩展是指车辆产品在不改变其基本特征和产品型号的状况下，增加或减少某些配置(或参数)；产品变更是指车辆产品在不改变其基本特征和产品型号的状况下，替换某些配置(或参数)；产品勘误是指车辆产品在申报环节中，由于疏忽造成参数填报错误或漏报需要进行更正；产品撤销是指企业不再生产主动撤销的产品、不符合国家实施新标准、规定强制撤销的产品。

申报新产品、产品扩展、产品变更时应当报送《车辆产品主要技术参数和主要配置备案表》(以下简称《备案表》)和《车辆产品强制性检验项目检验方案表》(以下简称《检验方案表》)。

申报产品勘误，应当说明勘误理由并同时上报书面申请和相应的证明材料。对于《公告》技术参数只允许勘误一次。

在申报产品扩展、产品变更或产品勘误时，同一型号的车辆产品在审查周期(指从申报到《公告》公布周期)内只允许选择其中之一申报。

(二) 资料受理

国家发展改革委指定的中介机构(以下简称中介机构)应在5个工作日内，对企业上报的资料进行审查，企业申报资料完整的，应予以受理，并通知企业；资料不完整的，不予受理，并通知企业。

(三) 试验方案确定及车辆识别代号审查

中介机构受理企业的申报资料后，应在10个工

作日内审查确定产品试验方案并进行车辆识别代号（以下简称VIN）审查，出具VIN审查报告。必要时，应与企业充分沟通后再予确定试验方案（沟通及补充材料的时间不计算在本期限内）。

企业和检验机构可通过网络下载审查后确定的试验方案、VIN审查报告及有关资料。

（四）产品检验

检验机构按照《备案表》进行样品主要配置（或参数）的核定，并按照中介机构确定的《检验方案表》进行强制性检验项目检验，同时按照车辆有关定型试验规程，确定定型试验方案并进行试验。检验和试验报告通过网络及时反馈给中介机构。

（五）技术审查

中介机构负责组织专家进行产品技术审查，应在收到全部申报资料后尽快完成审查工作，并将该月审查结果于下月初报送国家发展改革委。

（六）批准

国家发展改革委对中介机构的审查结果进行审核，并在政府网站（www.ndrc.gov.cn）上公示。先行对载货类汽车及专用汽车产品进行公示，再逐步扩大到其他类车型。对于符合要求的产品予以批准，登录《公告》。

企业对上述管理程序中各环节的结果有异议时，可提出申诉。对于审核和公示中发现的问题，国家发展改革委可组织或指派中介机构对有关情况进行核查，包括必要时对企业及检验机构进行现场核查。

（七）产品有效期限

产品有效期限是指车辆产品从《公告》公布之日起至《公告》公布撤销之日止。在此有效期内，车辆产品为国家批准的产品，企业应当完成产品出厂检验、签发产品合格证、销售等手续。

车辆新产品、产品扩展和产品变更经批准后，企业应当按照《公告》公布车型及相关国家标准进行检验，经出厂检验合格并发放产品合格证的产品，方可进行销售（即产品出厂检验及签发合格证日期应当在《公告》公布日期之后）。允许企业在新产品、产品扩展和产品变更批准前进行试生产（即试制产品日期可先于《公告》公布之前）。

产品变更经批准后，给予一定的过渡期销售库存及在产的原参数产品（指按照原《公告》内产品参数生产的产品），过渡期一般为6个月，经国家发展改革委同意，可延长或缩短过渡期。超过产品过渡期后，按照原《公告》内产品参数生产的产品不得再进行生产、销售。经批准产品变更的同一型号产品，在过渡期内不得再次申报产品变更。

产品撤销的，在《公告》规定的期限内有效。

二、关于产品备案资料的要求

《备案表》分为汽车及挂车、摩托车、三轮汽车和低速货车三个产品类别，填报内容主要包括：《公告》公布的有关参数、整车产品技术参数、发动机及主要配置状态、变速装置等总成、制动、转向和降噪系统、灯具、车身附件、新型动力车辆产品、产品照片及主要结构的资料等要求。

《备案表》内的有关资料或技术参数发生变化时，应及时申报。属于《公告》技术参数（见附件一）发生变化的，应当在获得批准后方可组织批量生产；其他配置（或参数）发生变化的，可在3个月内更新备案，并提供相应的证明资料。

在《备案表》中有关发动机及主要配置状态参数（指标注“□”的项目）可以由汽车发动机生产企业申报，经审查合格后列入发动机产品数据库。进入发动机产品数据库的发动机被车辆生产企业采用时，车辆生产企业可以简化《备案表》的填写，即只需申报发动机ID号，标注“□”项目可以免填。

三、关于车辆产品技术审查规则

车辆产品的强制性检验项目应依据相关国家标准、规定以及《车辆产品同一型式判定技术条件》（以下简称《同一型式判定条件》）进行确定。

中介机构根据企业上报的《备案表》和《检验方案表》，按照《同一型式判定条件》确定检验方案。

对于申请同一车辆型号下的新产品、产品扩展和产品变更，应当依据《车辆产品同一型号判定技术条件》（以下简称《同一型号判定条件》）进行判定。当申报的发动机产品采用同一发动机型号时，应当符合《同一型号判定条件》中有关汽车发动机同一型号判定原则的规定。

四、关于车辆识别代号（VIN）审查

企业应当按照国家标准和有关规定及本企业编制备案的VIN编制规则正确标示和使用VIN。

中介机构应当按照《车辆识别代号（VIN）审查规则》对企业申报产品的VIN进行审查，并出具审查报告。VIN审查结果上传至网络，供检测机构和企业查询，书面审查报告送申报企业。

五、关于执行时间

（一）自2006年10月15日起，开始审查车辆产品的VIN，其中三轮汽车和低速货车的VIN自2007年1月1日起开始审查。

（二）自2006年10月15日起，申报M1类汽车和摩托车新产品的，应当通过网络向中介机构提交产品的《备案表》和《检验方案表》；申报其他类别车辆新产品的，由企业向中介机构提交产品的《备案表》，该产品的《检验方案表》由检验机构按上述规定确定后进行试验，并送中介机构备案。

（三）自2007年7月1日起，企业申报所有类别车辆新产品、产品扩展和产品变更时，都应向中介机构提交产品的《备案表》和《检验方案表》。

（四）自2008年1月1日起，未填报《备案表》的产品不再保留在《公告》内。

六、关于加强生产一致性监督管理

为加强生产一致性管理，我委将通过采取对新产品进行公示、对企业现场和销售市场产品抽查等方式进行车辆产品生产一致性监督检查。对发现企业生产、销售的车辆产品与《公告》公布的产品配置（参数）不一致或产品其他配置（参数）发生变化，未在规定的时限内更新备案的，达不到强制性标准限值要求的，弄虚作假的，将撤销产品《公告》，并追究企业及有关检验机构及审查专家的责任。情节严重者，暂停或撤销企业车辆产品生产资格及有关检验机构的资格。

生产企业用于检测的样车，应当在所有试验项目检验完成之后，在一段时间内保证样车的可追溯性，专用作业类车辆的样车应不少于2个月，其他类型车辆的样车应不少于3个月。

七、关于做好有关宣传贯彻工作的要求

各省级主管部门和中央企业要及时将本通知精神传达到辖区内有关企业和所属企业，并做好宣传贯彻的有关工作。对实施中出现的情况和问题，及时报我委。

中介机构要不断完善规章制度，既做好政府委托的各项工作，又要在为企业服务的过程中不断积累经验，提高工作水平。《公告》审查工作方式要尽快从目前定期集中审查的状况向全日制工作方式转变，要有针对性地组织好对企业的培训工作。

各企业要进一步健全和完善企业管理，选拔德才兼备的人才充实产品申报管理工作，不断适应新的管理，提高企业管理水平和竞争力。各企业要提前做好《公告》管理流程调整后的申报准备工作，避免因产品申报工作脱节给企业生产、销售造成影响。

中华人民共和国国家发展和改革委员会

二〇〇六年七月二十八日

（10）、关于加强机动车交通事故责任强制保险中介业务管理的通知

发布单位：中国保险监督管理委员会

发布日期：2006年8月2日

原文：

各保监局，各保险中介机构，中国保险行业协会，深圳市保险中介行业协会，北京保险中介行业协会：

《机动车交通事故责任强制保险条例》（以下简称《条例》）已于2006年7月1日开始施行。为加强机动车交通事故责任强制保险（以下简称交强险）中介业务服务行为的管理，现就有关事项通知如下：

一、充分认识做好交强险中介业务的重要意义

《条例》的实施不仅关系到广大保险消费者的切身利益，更关系到保险行业的健康发展和社会的和谐稳定。交强险制度有利于充分发挥保险的保障功能，是保险业发展的重要历史机遇。包括保险专业中介机构和保险兼业代理机构在内的保险中介机构是联系保险公司和广大投保人的桥梁和纽带，在交强险销售、承保、理赔等环节中发挥重要作用。各单位要充分认识做好交强险中介服务的重要意义，以高度的责任意识和大局意识，切实做好交强险中介业务管理，充分发挥保险中介在促进保险业发展、服务社会主义和谐社会建设中的重要作用。

二、保险中介机构要加强与保险公司合作，依法合规经营，确保交强险中介市场平稳运行

（一）保险中介机构不得与不具备交强险经营资格的保险公司开展交强险中介业务往来。

（二）保险中介机构应当在保险公司授权范围内开展交强险中介业务。按照保险公司的交强险实务流程要求，完善与保险公司之间的信息系统连接，规范中介业务各环节的管理，优化业务手续和流程，建立健全交强险中介业务管理制度和客户服务制度。

（三）保险中介机构应按照有关法律法规和保险公司要求，管理交强险单证和交强险标志，建立、健全

管理制度。

（四）保险中介机构销售交强险应执行全国统一费率方案，严禁擅自提高或降低保险费。在交强险费率浮动办法实施前，严禁浮动交强险保险费。

（五）保险中介机构应将交强险中介业务与其他保险中介业务分开管理、单独核算，并建立交强险中介业务台账制度，按保单号逐笔登记交强险中介业务。

（六）保险中介机构应按照与保险公司协议或投保人要求，及时全额向保险公司解付或结转保费；严格执行《关于加强机动车交通事故责任强制保险管理的通知》（保监发[2006]71号）规定的交强险手续费标准；按照有关规定在取得手续费时据实开具“保险中介服务统一发票”，并进行会计处理。

三、保险中介机构应诚信规范经营，为投保人提供便捷优质的交强险中介服务

（一）保险中介机构在为投保人提供交强险中介服务过程中，应当严格遵守法律法规和中国保监会的有关规定，杜绝欺诈、误导现象的发生。

（二）与具备交强险经营资格的保险公司有交强险业务关系的保险中介机构不得拒绝为投保人办理交强险投保服务。保险中介机构不得强制投保人购买指定保险公司的交强险，不得诱导、误导投保人在责任限额内重复投保，不得在销售交强险时强制投保人购买其他保险产品以及提出附加其他条件的要求。在投保人自愿的前提下，保险中介机构应为投保人提供优质、便捷、高效的其他商业机动车辆保险服务。

（三）保险中介机构应当向投保人明确说明交强险条款特别是有关责任免除事项的条款，并提醒投保人履行如实告知义务。

四、各保监局要指导和督促当地保险公司和保险中介机构做好交强险中介业务

（一）维护交强险中介市场诚信、规范、优质服务的市场秩序。

（二）着力检查交强险中介业务有关法律法规的执行和落实情况，加大对交强险中介业务违规行为的处罚力度。

（三）发现重大问题，应及时向保监会报告。

五、行业协会要在保险监管部门指导下做好交强险行业自律工作

（一）推动各保险公司和保险中介机构诚信规范经营，提高服务水平，树立良好行业形象。

（二）对交强险中介市场中发现的问题，要及时向保险监管部门报告。

二〇〇六年八月二日

(11)、关于申报发动机产品参数的通知

发布单位：中国保险监督管理委员会

发布日期：2006年10月10日

原文：

各有关企业：

依据发改产业（2006）1532号文《国家发展改革委关于完善车辆生产企业及产品公告管理有关事项的通知》（以下简称《通知》，为简化车辆产品申报，规范发动机产品参数，我中心现请有关车辆发动机生产企业通过网络申报发动机产品信息，具体要求如下：

一、建立发动机数据库的用途

根据《通知》的要求，国产车辆生产企业都要申报产品备案资料，其中在《备案表》中有关发动机及主要配置状态参数可由发动机生产企业申报，经审查合格后列入发动机数据库。进入发动机产品数据库的发动机被车辆生产企业采用时，车辆生产企业填写《备案表》时只需申报发动机ID号，其它的发动机有关参数从数据库中自动提取，保证了发动机产品的技术参数的一致性。

二、申报范围及相关要求

1、国内发动机生产企业可按照填报要求申报在国内生产、销售的车辆（汽车、摩托车、三轮汽车、低速货车）用发动机产品信息。

2、对于国外生产、国内销售的车辆用发动机，国外发动机生产企业可委托惟一的国内某企业代理申报国内销售的发动机数据，国内代理公司须出示相应国外发动机生产企业的授权函给中机车辆技术中心以办理相应的申报手续。

3、暂不允许未进入第130批《公告》的国内车辆用发动机生产企业申报（如确有需要，报请国家发展与改革委员会批示）。

4、请各有关发动机企业按照填报说明，认真如

实填写《产品参数表》，申报到我中心发动机数据库中。

5、对用于总质量大于 3 500 kg 重型汽车的发动机，在申报参数时须填写相应产品排放检验报告编号，同时将排放检验报告原件（或加盖检测机构公章的复印件）一份邮寄到指定的邮寄地址。

三、申报流程

1、申报方式：各发动机生产企业使用我中心提供的免费的发动机离线申报软件上报本企业及发动机产品信息。

2、企业使用客户端软件通过网络传输数据需要远程登录的用户名和密码，具体的申请远程登录的用户名和密码的申请流程：

（1）到中机车辆技术服务中心网站（www.cvtsc.com.cn）或中国汽车工业信息网（www.autoinfo.gov.cn）进行企业注册登记和下载软件或直接点击 http://www.cvtsc.com.cn/web/engine/login.jsp进入发动机企业注册登记页面。

（2）进入企业注册登记界面后，直接点击申请注册，如实填写申请表，设定用户名和密码，填写完毕后保存并打印一份。此申请表将作为企业基本情况的审核依据，请各有关企业认真填写。

（3）将打印的申请表盖章后，传真一份到中机车辆技术服务中心（传真号码：010-63702982），同时将原件寄至中机车辆技术服务中心。

（4）收到传真件后，经中机车辆技术中心审核企业资质后激活用户名和密码，企业登录发动机申报页面 http://www.cvtsc.com.cn/web/engine/login.jsp 查询用户名和密码是否激活。

（5）激活后，企业可以进入发动机申报页面 http://www.cvtsc.com.cn/web/engine/login.jsp，下载发动机信息管理系统软件和使用说明。

（6）软件下载后，安装到本地计算机上，按照使用说明的提示，即可使用本软件填写发动机参数，远程登录发动机数据库上传发动机产品信息。

3、发动机产品上传后经过中机车辆技术服务中心审核后可以进入发动机数据库，企业可以查询产品入库情况。

4、发动机企业信息和产品信息一旦入库就不允许修改和撤销，如要修改和撤销须提交书面加盖公章的正式申请，经过中机车辆技术服务中心审核后，由发动机数据库管理人员进行修改和撤销。

5、中机车辆技术服务中心统一分配给已上传的发动机产品唯一的发动机产品ID。发动机生产企业和车辆制造企业可以登陆中机车辆技术服务中心网站（www.cvtsc.com.cn）或中国汽车工业信息网（www.autoinfo.gov.cn）的发动机申报页面查询发动机ID。

四、联系电话：

姚　勇 010-63702958

尚云飞 010-63702966-8058

软件答疑：邢　涛 010-63702966-8088

五、邮寄地址：

公司名称：中机车辆技术中心

地址：北京市丰台区南四环西路188号2区7号楼5层

邮编：100070

收件人：姚　勇

电话：010-63702958，传真：63702993

中机车辆技术服务中心

二〇〇六年十月十日

（12）、关于进一步加强机动车交通事故责任强制保险及商业机动车保险管理工作的通知

发布单位：中机车辆技术服务中心

发布日期：2006年10月13日

原文：

各保监局，各产险公司，各保险中介机构，中国保险行业协会：

《机动车交通事故责任强制保险条例》（以下简称《条例》）施行以来，机动车交通事故责任强制保险（以下简称“交强险”）发展平稳，车险市场秩序明显好转。但是个别地区、个别公司还存在不严格执行交强险费率、虚列营业费用、变相提高交强险手续费、交强险应收保费率不断上升等问题。为进一步加大对交强险及商业车险的监管力度，维护正常的市场秩序，抑制价格竞争，实现产险业效益明显提高的目标，现就有关事项通知如下：

一、严格执行交强险统一的保险条款和基础费率。严禁保险公司滥用不同车型的交强险费率档次，

变相降低或提高费率。严禁以虚列营业费用、虚挂应收保费等手段变相提高手续费支付标准或降低保险费。

二、加强交强险应收保费管理。保险公司必须一次性收清投保人缴纳的全部交强险保费后，方可出具保单。保险公司要采取有效措施，加强对应收保费的催收，及时与保险中介机构结算交强险保费。保险中介机构应当在5个工作日内，将交强险保费全额解付或结转保险公司。

三、严格规范提前续保工作。2006年7月1日起，《条例》正式实施，各财产保险公司制定的原商业三责险条款和费率全部废止。各保险公司已签发的保险起期在2006年7月1日以后的原商业三责险保单不能替代交强险。各保险公司要制定解决方案，向相关投保人做好宣传解释工作，并且明确告知每个投保人“该类商业三责险不能替代交强险，以及未按《条例》规定投保交强险的后果”。投保人要求对原商业三责险退保的，保险公司应妥善处理，避免造成不良社会影响。

为确保按照《条例》规定，施行保险费率与道路交通安全违法行为及道路交通事故挂钩的浮动机制，交强险保单签发日不得早于保险起期日前3个月。

四、加强交强险单证管理。保险公司必须通过核心业务系统签发交强险保险单和交强险批单；手工签发的交强险定额保险单必须在7个工作日内补录到核心业务系统内，补录信息必须保证完整、准确、真实，应与手工签发的交强险定额保险单内容保持一致。各保险公司要建立和完善单证管理信息系统，单证管理信息系统要与核心业务系统相衔接，确保交强险保单号、保单印刷流水号、标志印刷流水号和车牌号、发动机号等要素相对应，确保交强险单证入库、领用、核销等各个环节管理清晰、规范。

五、积极协调，妥善处理好过渡期商业车险赔偿纠纷。各保监局要积极稳妥地协调相关部门，妥善处理好交强险过渡期交通事故损害赔偿纠纷。最高人民法院已在批复浙江省高院明传电报([2006]民一他字第1号)中明确将2006年7月1日以前投保的第三者责任险的性质认定商业保险。各保监局要据此，积极向当地政府汇报，在当地政府的支持下，做好与当地司法部门的沟通协调工作，确保交强险制度平稳施行。

六、加大对交强险及商业车险违规行为的查处力度。各保监局、各保险公司要突出重点，加大对交强险和商业车险违规行为的查处力度。特别要把车险综合成本率高、车均保费低或信访投诉多的公司和地区作为重点查实、查透，严肃处理。

交强险要重点查处费率、手续费和理赔3个环节的问题，具体包括：

（一）不执行交强险基础保险费率和统一条款的；

（二）不据实列支或超规定标准支付交强险手续费的；

（三）在交强险理赔中拖赔、惜赔，造成不良社会影响的。商业车险要重点查处手续费、退费、理赔和应收保费4个环节的问题，具体包括：

（一）不据实列支车险手续费的；

（二）违规批单退费的；

（三）理赔环节“跑、冒、滴、漏”的；

（四）虚列应收保费的。

对于检查中发现的重点违规问题，各保监局要依法从严处理并在行业内通报。对于违规机构要依法采取“责令停止接受新业务”、“限制业务范围”、“吊销经营保险业务许可证” 等行政处罚。对于违规责任人要依法采取 “责令撤换” 等行政处罚，情节严重的要依法追究上级公司有关责任人。各保险公司要对有关分支机构和人员严肃处理，构成犯罪的，要及时移交司法部门处理。

各保监局和各保险公司总公司对于发现的问题要进行深入剖析，查找深层原因，务必在11月25日前将违规问题分析及查处情况上报中国保监会。

二〇〇六年十月十三日

(13)、关于2006年度摩托车环保生产一致性检查结果的通报

发布单位：国家环境保护总局

发布文号：环函[2006]399号

发布日期：2006年10月16日

生效日期：2006年10月16日

原文：

广州市大阳摩托车有限公司，广州天马集团天马摩

托车有限公司，江苏新世纪机车科技有限公司，江苏众星摩托集团有限公司，广州三雅摩托车有限公司，常州福莱特摩托车有限公司，江门市大长江集团有限公司，新大洲本田摩托有限公司，江苏宝雕机动车有限公司，重庆航天巴山摩托车制造有限公司：

为加强摩托车环保生产一致性的监督管理，2006年8月，依据《关于开展摩托车环保生产一致性监督管理的公告》（国家环保总局2005年公告第19号）的有关规定，我局组织开展了2006年度摩托车环保生产一致性抽查，共检查了十个生产企业的十个代表性产品。除三家企业全面合格外，其余受检企业环保一致性保证情况普遍存在问题。现将有关情况通报如下：

一、广州市大阳摩托车有限公司、广州天马集团天马摩托车有限公司和江苏新世纪机车科技有限公司三家摩托车生产企业车辆抽样检查和现场排放关键部件环保生产一致性检查均合格。

二、江苏宝雕机动车有限公司和重庆航天巴山摩托车制造有限公司车辆抽样排放检测和现场排放关键部件环保生产一致性均不合格。按照《摩托车排气污染物排放限值及测量方法（工况法）》（GB 14622—2002），江苏宝雕机动车有限公司型号BD125T-3A摩托车和重庆航天巴山摩托车制造有限公司型号BS110-3摩托车CO检测超标，并且没有安装污染控制装置，属于环保生产一致性严重不符。

三、新大洲本田摩托有限公司、江苏众星摩托集团有限公司、广州三雅摩托车有限公司、常州福莱特摩托车有限公司和江门市大长江集团有限公司的抽检车辆整车检测合格，但排放关键部件环保生产一致性检查不合格。

针对以上情况，我局责令江苏宝雕机动车有限公司、重庆航天巴山摩托车制造有限公司、新大洲本田摩托有限公司、江苏众星摩托集团有限公司、广州三雅摩托车有限公司、常州福莱特摩托车有限公司和江门市大长江集团有限公司等七家自本通知发布之日起立即进行整改，10个工作日内以书面形式提交相关说明材料，30个工作日内完成整改并提交整改报告。整改期间我局将暂停受理上述企业型式核准公告的申报。

在整改限期结束后，我局将根据违规情节和整改情况，依据相关法规进行处理。

联系人：国家环保总局污控司　汪　键

电　话：（010）66556251

传　真：（010）66556248

二〇〇六年十月十六日

（14）、关于加强对2008年度机动车交通事故责任强制保险标志管理工作有关事项的通知

发布单位：中国保险监督管理委员会

发布文号：保监产险[2006]1212号

发布日期：2006年11月10日

原文：

各保监局，各中资产险公司，中国保险行业协会：

为保障机动车交通事故责任强制保险（以下简称“交强险”）制度的顺利实施，现就加强2008年度交强险标志管理工作的有关事项通知如下：

一、各经营交强险业务的保险公司应根据《关于规范机动车交通事故责任强制保险单证和标志管理的通知》（保监发[2006]60号，以下简称保监发60号文件）的规定，在签发2008年度到期的交强险保单时，向投保人核发2008年度交强险标志（包括内置型交强险标志和便携型交强险标志）。

二、2008年度交强险标志印刷的尺寸标准、防伪标准、纸张标准、油墨及印刷质量标准等各项技术要求保持不变，仍按照保监发60号文件规定执行。

三、2008年度交强险标志除正面文字“年份”变更为“2008”字样外，标志颜色和其他字样保持不变。其中：内置型交强险标志的正面底色比照《彩通配方指南》第285C号印刷，背面彩虹印刷两侧蓝色部分比照《彩通配方指南》第283C号印刷，中间粉红色部分比照《彩通配方指南》第204C号印刷；便携型交强险标志的底纹色应比照《彩通配方指南》第284C号印刷。

四、各保险公司要加强对交强险单证和标志的管理，督促印刷企业在印刷交强险标志和单证时严格按照标准印刷，确保颜色、尺寸等各项技术要求没有偏差。

五、各保监局要加强与当地公安交管部门的协调，及时将有关文件转送给当地公安交管部门。

二〇〇六年十一月十日

(15)、关于确定车辆购置税计税依据的通知

发布单位:国家税务总局

发布日期:2006年11月30日

原文:

各省、自治区、直辖市和计划单列市国家税务局:

《国家税务总局关于使用新版机动车销售统一发票有关问题的通知》(国税函[2006]479号,以下简称通知)下发后,总局对新版《机动车销售统一发票》票样进行了修改,一些地区要求总局明确不含增值税税款的车辆价格的计算方法。现将有关问题通知如下:

一、根据《中华人民共和国增值税暂行条例》及其实施细则的有关规定,纳税人销售货物不含增值税的销售额的计算公式为:

销售额=含税销售额÷(1+增值税税率或征收率)

主管税务机关在计征车辆购置税确定计税依据时,计算车辆不含增值税价格的计算方法与增值税相同,即:

不含税价=(全部价款+价外费用)÷(1+增值税税率或征收率)

二、《车辆购置税征收管理办法》(国家税务总局令第15号)附件1《车辆购置税纳税申报表》填表说明第12条第(1)款修订为“境内购置车辆,按机动车销售统一发票(不含税价栏)填写”;第(3)款修订为“自产、受赠、获奖或者以其他方式取得并自用的车辆,按机动车销售统一发票(不含税价栏)填写”。

本规定自2006年12月1日起执行。

国家税务总局

二〇〇六年十一月三十日

(16)、关于做好2007年度具有出口资质的摩托车和全地形车整车生产企业及其授权出口经营企业申报工作的通知

发布单位:国家机电产品进出口办公室

发布日期:2006年12月11日

原文:

各省、自治区、直辖市、计划单列市及新疆生产建设兵团机电办:

根据《关于规范摩托车产品出口秩序的通知》(商机电发[2005]699号)和《关于规范摩托车产品出口秩序的补充通知》(商机电发[2006]44号)的规定,为做好2007年度摩托车和全地形车整车生产企业及其授权经营企业的出口资质认定工作,现就组织企业申报工作有关问题通知如下:

一、各地机电办根据属地原则,组织本地区摩托车及全地形车生产企业申报,申请材料包括:

(一)相关资质条件书面证明材料;

(二)《具有出口资质的摩托车和全地形车整车生产企业及其授权出口经营企业目录》申请表(生产企业)(见附件1,须提交书面和电子文本);

(三)《具有出口资质的摩托车和全地形车整车生产企业及其授权出口经营企业目录》申请汇总表(地方机电办)(见附件2,须提交书面和电子文本)。

二、请各地机电办于12月30日前将申请材料报送至国家机电办(出口处)。

联系人:潘 滢、付英晟

电话:010-65198784、65197403

传真:010-65197563

电子信箱:panying@mofcom.gov.cn

特此通知

附件:1.《2007年度具有出口资质的摩托车和全地形车整车生产企业及其授权出口经营企业目录》申请表(生产企业)

2.《2007年度具有出口资质的摩托车和全地形车整车生产企业及其授权出口经营企业目录》申请汇总表(地方机电办)

国家机电产品进出口办公室

二〇〇六年十二月十一日

(17)、关于在燃油税正式实施前切实加强和规范公路养路费征收管理工作的通知

发布单位:国务院办公厅　　**发布文号:**国办发[2006]103号

发布日期:2006年12月22日

原文:

各省、自治区、直辖市人民政府,国务院各部委、各直属机构:

公路养路费是公路建设和养护的主要资金来源。为深化和完善财税体制改革,从源头上遏制乱收费,鼓励节约能源,以及建立稳定的公路发展资金渠道,国家在1999年进行了交通与车辆税费改革。1999年10月修订的《中华人民共和国公路法》规定,国家采用依法征税的办法筹集公路养护资金,具体实施办法和步骤由国务院规定。随后,《国务院批转财政部、国家计委等部门〈交通和车辆税费改革实施方案〉的通知》(国发[2000]34号)明确指出,先行出台车辆购置税,考虑到国际市场原油价格较高,为稳定国内油品市场,燃油税的出台时间将根据国际市场原油价格变动情况,由国务院另行通知。同时要求,在燃油税正式实施前,要继续做好公路养路费等规费的征收管理工作,确保足额征缴。

几年来,有关部门一直密切关注国际国内市场油价变动情况,不断修改完善燃油税实施方案,进一步落实改革配套措施,积极为实施燃油税改革创造条件。交通部门认真贯彻《中华人民共和国公路法》和国务院的要求,在燃油税实施前,积极做好公路养路费的征收管理工作,财政、发展改革、公安等部门以及地方各级人民政府大力支持协助,广大车主密切配合,养路费征收管理工作取得了显著成绩。但也要看到,目前在养路费征收管理工作中还存在一些问题,主要是:少数车主对征收养路费的法律法规和政策存有模糊认识,逃缴、漏缴养路费;为争抢费源,部分地区随意降低征收标准,吸引外地车辆改挂本地牌照;征收环境亟待改善,暴力抗费事件时有发生等,造成国家规费大量流失,不利于公路建设和养护的顺利进行。目前,国际油价仍在波动,实施燃油税改革的时机还需进一步观察。因此,在燃油税正式实施前,各地区、各有关部门要按规定继续做好养路费的征收管理工作,保障公路建设和养护的资金需求。经国务院同意,现就在燃油税正式实施前进一步加强和规范公路养路费征收管理工作通知如下:

一、提高思想认识,继续做好养路费征收管理工作

(一)高度重视做好养路费征收管理工作。近几年来,我国公路事业迅速发展,公路总量和客货运量不断增加,养护任务日益繁重,建设、养护所需资金快速增长。在燃油税出台前,加强和规范养路费征收管理工作,是保障公路建设顺利进行、提高公路养护质量的迫切需要。同时,建立良好的养路费征收秩序,可以为完善燃油税实施方案,顺利出台燃油税创造有利条件。各地区、各有关部门要提高认识,加强组织领导,依法做好养路费的征收管理工作,确保养路费及时、足额、有序征收。要加强养路费资金使用的管理和监督,确保专款专用。加快公路养护运行机制改革,降低人员经费支出,提高养路费使用效益。

(二)养路费征收管理要坚持地方政府统一领导、交通部门具体负责、各有关部门密切配合的工作机制。地方各级人民政府要及时采取有效措施解决存在的矛盾和问题,积极为养路费征收管理创造良好的条件。公安、财政、税务、工商、物价、农机、宣传等有关部门要支持和协助交通部门做好养路费征收稽查工作。

(三)增强车主的自觉缴费意识。要加大宣传工作力度,通过多种形式广泛宣传征收养路费的意义,使广大车主充分认识养路费的性质、用途和作用,充分了解养路费征收管理的有关法律法规和政策,澄清模糊认识,增强自觉缴费意识。

二、完善征收管理政策,建立规范有序的征收秩序

(一)规范养路费征收标准。目前,机动车流动性越来越强,活动范围越来越广,保持地区间养路费征收水平的基本均衡有利于规范养路费征收秩序。各地区必须严格按照国家规定的核定办法、程序及权限制订和调整养路费征收标准,即根据运输企业平均营运收入额的12%~15%进行测算,具体征收标准由省、自治区、直辖市交通部门提出,经同级价格、财政部门审核后报省级人民政府批准并向社会公布后执行,同时报发展改革委、财政部、交通部备案。各地要牢固树立全局观念,严禁随意降低或提高养路费征收标准。对故意降低养路费征收标准吸引外地车辆挂靠,破坏正常征收秩序的,要坚决予以制止和纠正,并严肃追究相关单位和人员的责任。对少数已经擅自降低征收标准的地区,要于2007年3月底前予以纠正。

(二)明确征收对象和减免政策。机动车(含入

境的境外机动车)均要按规定缴纳养路费,其所有人是缴费义务人。未按规定缴纳养路费的车辆，不得上路行驶。交通部门所属的养路费征稽机构要严格按照规定征收养路费。对符合条件的车辆继续实施养路费减征或免征政策。对原享受减征、免征优惠，现因改革改制、实行承包经营等原因已成为以赢利为主要目的的车辆，不得减征或免征养路费。对经交通部核准的从事道路运输经营的推荐车型以及国家鼓励使用的运输车辆和三轮汽车，可适当减免养路费。各地要及时调整和完善养路费减免的具体政策,并按程序和权限报批,交通部等有关部门要加强指导和检查。

（三）实行属地征收。养路费由车辆的车籍所在地征稽机构负责征收。外国及港、澳、台地区车辆入境行驶的,其养路费由入关地征稽机构负责征收,其中有双边协议的按双边协议执行。主要在外省、自治区、直辖市施工作业或运营、留驻(以下简称调驻)并超过三个自然月的车辆,应在调驻地缴纳养路费。调驻地征稽机构要将车辆缴费情况及时通报车籍所在地征稽机构，避免重复缴费。征稽机构不得到本辖区以外的地区征收养路费。

（四）统一缴费时间。机动车自进行车籍登记之日起按规定缴纳养路费。养路费按月缴纳，也可以预缴。缴费义务人应在每月10日前缴纳当月养路费。对未按期缴纳的,除全额追缴外,还要依法收取滞纳金和罚款,滞纳金按原缴纳标准减半收取,即每逾期一日,加收应缴养路费额的千分之五。

（五）加强票据管理。养路费缴（免）费凭证是缴费行车凭证,必须随车携带。养路费缴（免）费凭证遗失或损毁的,在登报声明作废后,可向缴费地征稽机构申请办理遗失或损毁证明。对印制和使用假冒养路费票证以及采用套牌等手段逃缴养路费的，交通部门要会同财政、公安等部门进行查处。

（六）逐步完善养路费征收计量方式。要对养路费征收计量方式有关问题深入研究,提出科学、合理、公平的计量方式及核定原则,进一步完善有关制度,推进养路费征收的规范化和科学化。

三、加大征收管理力度,确保及时足额征收

（一）开展整治车辆外挂专项行动。针对当前车辆外挂日益严重的状况,交通、公安、工商、税务等有关部门要联合开展外挂车辆专项整治活动，纠正车辆外挂行为,确保车辆的车籍地、车主的户籍地和养路费缴纳地“三地”一致。各地区、各有关部门要结合当地实际,做好相关服务工作,为外挂车辆转回提供便利条件。交通部门要牵头开展车辆外挂情况调查工作，督促外挂车辆转回实际车主的户籍地登记。工商部门要加强对道路运输企业和个体业户的登记监管,取缔无证经营,对违反工商行政管理法规介绍、拉拢、吸纳车辆外挂的组织和个人要依法查处。

（二）严厉打击各种拖欠、逃缴养路费行为。任何单位和个人不得拒绝履行缴费义务,不得妨碍、阻挠交通部门依法进行的养路费征收稽查工作。对拖欠、漏缴、逃缴的养路费,交通部门要依法追缴,对恶意拖欠,数额较大,情节严重,影响恶劣的,依法移送司法机关处理。

（三）强化源头征稽。征稽机构要建立健全车辆缴费档案,通过媒体公告、信函、电话等方式,提醒或督促车主缴费。对已报废或损毁灭失的机动车，车主要及时申请注销或核销;对因被盗抢、被行政或司法扣押、发生交通事故等原因而停驶的机动车,车主要及时向征稽机构申报，从征稽机构核准的次月起停缴养路费。

四、改进征收方式,提高服务水平

（一）积极采用先进的征稽手段。要加快推广省(区、市)内联网征费和银行代征业务,方便车主就近快速缴费。要尽快开展养路费征收稽查全国联网系统的开发与应用,为加强养路费征收监管、开展跨地区行驶车辆的养路费电子稽查、方便车主查询缴费情况提供支持。征稽人员在实施稽查时，应严格按照规定进行，并尽量采用电子稽查等不停车稽查方式。

（二）营造良好的征收环境。要提高养路费征收管理工作的公开性和透明度，争取全社会的理解支持。养路费征稽机构应公开征收依据、征收标准和业务流程,公开咨询和投诉电话、通信地址及电子邮箱,自觉接受社会监督。同时,要增加缴费服务网点,积极采取上门征收、邮寄养路费票证、电子支付等便民利民措施,不断提高征收工作的服务水平。

国务院办公厅

二〇〇六年十二月二十二日

2 地方政策、法规

(1)、沈阳市城市道路车辆管理办法草案

发布单位：沈阳市人民政府法制办公室

发布日期：2006年3月31日

原文：

为了加强民主立法，提高立法质量，市政府决定，将《沈阳市城市道路车辆管理办法（草案）》向社会公布，广泛征求各方面的意见。欢迎各单位和广大市民提出修改意见与建议，征求意见的截止日期为2006年4月10日。如有修改意见，请于2006年4月10日前将意见送（寄）沈阳市人民政府法制办公室。

沈阳市人民政府法制办公室通讯地址：沈阳市市府大路260号

邮政编码：110013

电子邮件：syzffz@163.com

沈阳市人民政府法制办公室

二〇〇六年三月三十一日

附件：

沈阳市城市道路车辆管理办法（草案）

第一条　为了加强城市道路车辆的管理，规范道路车辆通行秩序，提高通行效率，预防和减少道路交通事故，依据有关法律、法规规定，结合本市实际，制定本办法。

第二条　在本市城建界内从事与道路交通活动有关的单位和个人，应当遵守本办法。

第三条　公安机关交通管理部门负责本办法的实施。

第四条　交通警察实施道路交通安全管理，应做到公正、严格、文明、高效。

第五条　下列车辆不得在城市道路通行

（一）正三轮人力车；

（二）两轮、独轮手推车；

（三）畜力车；

（四）与国家规定标准不相符的残疾人机动轮椅车；

（五）链轨式机械车辆；

（六）三轮及三轮以上电瓶车；

（七）燃油助力车。

第六条　根据道路和交通流量的具体情况，对下列车辆采取限制时间、路线或区域通行：

（一）摩托车；

（二）三轮汽车；

（三）货运车辆。

第七条　接送中、小学校和幼儿园学生的专用车辆应当设置统一“校车”标识。接送学生的车辆的行驶时间和行驶路线应当报公安机关交通管理部门备案。

接送学生的车辆在接送学生时可以借用公交车和出租车专用道通行，并可以在公交车站、出租车乘降站停靠上、下乘员。

第八条　中型，大型客车乘员载人在10人以上时可以借用公交车道行驶，但单行路公交车道除外。

第九条　出租车未载客时应当在最右侧车道行驶，但在划有公交车专用道的道路上，未载客出租车应当在与公交车道相临左侧车道行驶。

其他机动车辆右转弯时，除在距前方右转弯处50米时可以借用公交车和出租车专用道转弯外，不得占用公交车和出租车专用车道。

第十条　机动车号牌应当按照规定悬挂并保持清晰完整，不得故意遮挡、污损。

第十一条　车辆停放应遵守下列规定：

（一）公交站点、出租车乘降站除以上车辆上下乘员外禁止停车。

（二）机动车在停车泊位里停放车头应朝道路方向或按箭头指示停放。

（三）在准许临时停车的城市道路上机动车应按行驶方向停放。

（四）在城市道路主干道两侧，应当设置非机动车停放架，非机动车应入架停放；在没有设置非机动车停放架的道路上，非机动车应按序停放，且不得影响其它车辆和行人通行。

第十二条　公安机关交通管理部门应当定期将交通技术监控设施记录的违反道路通行的机动车辆，向社会公布，供机动车驾驶人或者车主查询。

第十三条　对违反本办法第五条第（一）项、第

(二)项、第(三)项和第(四)项规定的,由公安机关交通管理部门处50元罚款;违反第(五)项、第(六)项和第(七)项的,处100元罚款。

第十四条　对违反本办法第十条的,由公安交通管理机关处200元罚款。

第十五条　违反本办法有下列情形第(一)项、第(二)项、第(三)项和第(四)项之一的,由公安机关交通管理部门处100元罚款;违反第(五)项和第(六)项的,处200元罚款。

(一)驾驶摩托车、三轮汽车、低速汽车和货运车辆违反限制通行规定的;

(二)不按规定在相应车道行驶或者违反规定使用专用车道的;

(三)变更车道时影响正常行驶的机动车的;

(四)不按规定停放车辆的;

(五)不在规定地点停放机动车并妨碍其他车辆、行人通行的;

(六)在明令禁止停车地点停车的。

第十六条　机动车驾驶人违反道路通行规定,被交通技术监控设施记录3次以上拒不接受处罚的,由公安机关交通管理部门扣留机动车辆,直至交通违法行为处理完毕为止。

第十七　条机动车驾驶人或者车主擅自安装可拆卸号牌架、自动翻牌器等非法装置或擅自对车牌做技术处理等妨碍交通技术监控的,扣留车辆,收缴非法装置,直至恢复原状为止,由公安机关交通管理部门处200元罚款。

第十八条　公安机关交通管理部门及其交通警察的行政执法活动,应当接受行政监察机关依法实施的监督,自觉接受社会和群众监督。

公安机关交通管理部门应当建立执法质量考核评议、执法责任和执法过错追究制度,防止和纠正道路交通安全执法中的错误或者不当行为。

第十九条　本办法第六条所称摩托车不包括按规定喷涂统一标识的行政机关摩托车。

第二十条　本办法自年月日起施行。1998年沈阳市人民政府第21号令《沈阳市摩托车道路交通管理办法》同时废止。

(2)、关于进一步整治摩托车交通违法行为的通告

发布单位:长沙市公安局交通警察支队

发布日期:2006年5月28日

生效日期:2006年6月1日

原文:

目前长沙市摩托车交通违法行为突出,因摩托车交通违法行为酿成死、伤人的交通事故时有发生,同时利用摩托车作为作案工具,实施街头抢夺、抢劫案件居高不下,严重危害人民群众的生命财产安全。为维护我市良好的交通秩序和治安秩序,预防和减少交通事故及街头两抢案件的发生,根据《中华人民共和国道路交通安全法》(以下简称《道路交通安全法》)、《中华人民共和国治安处罚法》(以下简称《治安处罚法》)等法律法规的规定,通告如下:

一、严禁未取得摩托车驾驶证的人员驾驶摩托车。违者,扣留车辆并依据《道路交通安全法》第九十九条之规定处1000元罚款并处行政拘留15日。

二、严禁摩托车无牌上路。违者,扣留车辆并依据《道路交通安全法》第九十条之规定处200元罚款,对驾驶人记3分。

三、严禁在非摩托车运动专门场所飙车。因飙车行为影响公共安全的,依据《治安管理处罚法》第二十三条之规定处行政拘留10日并处500元罚款;构成犯罪的,依法追究刑事责任。

四、严禁摩托车超速行驶。凡行驶速度超过规定时速50%以下的,依据《道路交通安全法》第九十条之规定处200元罚款,对驾驶人记3分;机动车行驶超过规定时速50%以上的,依据《交通安全法》第九十九条之规定处200元以上2 000元以下罚款,并处吊销机动车驾驶证。

五、严禁摩托车违规载人,违反禁令标志、禁止标线,不戴安全头盔行驶。违者,依据《道路交通安全法》第九十条之规定处200元罚款,并对驾驶人予以记分。

六、严禁驾驶摩托车冲关、闯关。违者,依据《治安处罚法》第五十条之规定处行政拘留10日并处罚款500元处罚。构成犯罪的,依法追究刑事责任。

七、本通告自二〇〇六年六月一日起执行。

长沙市公安局交通警察支队

二〇〇六年五月二十八日

(3)、《成都市摩托车管理规定》施行公告

发布单位:成都市人民代表大会常务委员会

发布日期:2006年12月14日

生效日期:2007年1月1日

原文:

《成都市摩托车管理规定》已由成都市第十四届人民代表大会常务委员会第二十五次会议于2006年6月8日通过，四川省第十届人民代表大会常务委员会第二十四次会议于2006年11月30日批准，自2007年1月1日起施行。特此公告。

成都市人民代表大会常务委员会

二〇〇六年十二月十四日

第一条　为了加强对摩托车的管理，维护交通秩序,保障交通安全与畅通,减少交通污染,依照《中华人民共和国治安管理处罚法》、《中华人民共和国道路交通安全法》、《四川省〈中华人民共和国道路交通安全法〉实施办法》等法律、法规的规定,结合成都市实际,制定本规定。

第二条　本规定所称摩托车是指轻便摩托车、两轮摩托车、边三轮摩托车和正三轮摩托车。

第三条　凡在本市锦江、青羊、金牛、武侯、成华五城区区划范围内驾驶摩托车的,必须遵守本规定。

第四条　本规定由市公安交通管理机关负责实施。建设、交通、工商等部门应按照各自的职责，协同公安交通管理机关实施本规定。

第五条　本市五城区内实行对边三轮摩托车、两轮摩托车、轻便摩托车运行总量从严控制、限量办理入户手续;不办理正三轮摩托车入户手续。

第六条　未经公安交通管理机关核发行驶证和号牌的摩托车，禁止在道路上行驶。驾驶摩托车必须持有准许驾驶该类型机动车驾驶证。

第七条　禁止利用摩托车从事营业性运输。

第八条　无入城标志的摩托车，禁止进入本市二环路以内(不含二环路)的道路行驶。

第九条　摩托车装载、行驶、停放应当遵守《中华人民共和国道路交通安全法》等有关法律、法规的规定。

第十条　违反本规定第八条、第九条规定的,由公安交通管理机关依法处罚。

第十一条　违反本规定第七条规定的，由公安交通管理机关注销其行驶证和号牌。

第十二条　阻碍执法人员依法执行公务的，由公安机关依照《中华人民共和国治安管理处罚法》的规定予以处罚;构成犯罪的,依法追究刑事责任。

第十三条　公安交通管理机关的执法人员应当严格履行职责,秉公执法;对滥用职权、徇私舞弊、玩忽职守的，由其所在单位或上级主管机关给予行政处分;构成犯罪的,依法追究刑事责任。

第十四条　本规定自2007年1月1日起施行。1997年5月30日成都市第十二届人民代表大会常务委员会第二十五次会议通过,1997年8月19日四川省第八届人民代表大会常务委员会第二十八次会议批准的《成都市摩托车管理办法》同时废止。

三、2006 年摩托车行业主要活动

1 2006 年有关摩托车的各种会议和赛事

2006年，有关摩托车的展览会、研讨会、交易会和赛事频仍，据不完全统计，规模较大且影响面较广的有38个，具体内容见表1。与上一年相比，有关技术、政策和法规的研讨会数量与上年基本持平，反映了我国摩托车行业对技术、政策和法规的关注有增无减；摩托车赛事数量略有增加，体现出我国的摩托车运动日益普及的趋势。

表 1　2006 年主要摩托车展览会、研讨会、交易会和赛事一览

序号	名称	时间	举办地点	主办单位
1	中日摩托车 EFI 标准技术研讨会	2006.2.15—18	西安	国家摩托车质量监督检验中心
2	摩托车和轻便摩托车国家第 3 阶段排放标准审议会	2006.2.17	上海浦东联合汽车电子有限公司	国家环境保护总局科技标准司
3	2006 第 3 届中国国际摩托车出口交易订货会	2006.3.3—5	上海东方明珠	上海超威展览服务有限公司
4	摩托车燃油排放标准研讨会	2006.3.16	西安	国家环境保护总局科技标准司
5	2006 广州国际运动、休闲娱乐、游览专用车辆展	2006.4.1—3	广州市中国出口商品交易会馆	中国国际贸易促进委员会广东省分会、中国国际商会广东商会
6	2006 中国(上海)国际运动、休闲娱乐及旅游观光专用车辆展览会	2006.4.1—3	上海市虹桥路 2 268 号	国家体育总局、水上运动管理中心、汽车摩托车运动管理中心、中国旅游车船协会
7	2006 珠江三角超级赛车节	2006.4.9—10	珠海国际赛车场	珠海国际赛车场
8	2006 年"嘉陵杯"全国越野摩托锦标赛	2006.4.14—16、4.30—5.2、5.19—21、6.16—18、8.25—27、9.30—10.2	北京、河北、江苏、陕西、广东、重庆	中国摩托运动协会
9	第 7 届 VPshow 车配会全球摩托车及零配件进出口交易会	2006.4.17—19	广州国际会展中心	中汽对外经济技术合作公司、太平洋经济合作委员会、花城国际展览有限公司
10	第 7 届中国国际内燃机及零部件展览会	2006.4.20—23	北京农展馆	中国内燃机工业协会
11	第 4 届中国重庆全球采购会，汽车摩托车行业专题采购展览会	2006.4.20—23	重庆国际会议展览中心	国家商务部、重庆市人民政府
12	2006 年中国新疆汽车摩托车越野挑战赛	2006.4.29—5.8	新疆维吾尔自治区	新疆维吾尔自治区体育局、新疆八一钢铁集团
13	2006 年环塔克拉玛干沙漠汽车摩托车越野拉力赛	2006.5.1—10	塔克拉玛干大沙漠	新疆体育局、新疆旅游局、北京中坤投资集团
14	2006 年全国公路摩托车锦标赛	2006.5.4—6、6.8—10、7.6—8、9.7—9、10.5—7、11.2—4	西安、深圳、上海、长沙、北京	中国摩托车运动协会
15	2006 年中国(江门)经济技术贸易洽谈暨摩托车工业博览会	2006.5.17—19	江门五邑华侨广场会展中心	中国机械工业联合会、广东省经济贸易委员会、江门市人民政府
16	第 2 届中国(烟台)国际汽车摩托车展销会	2006.5.25—28	莱州国际会展中心	中国汽车工业协会、山东省汽车行业协会和烟台市人民政府
17	第 5 届中国国际摩托车博览会	2006.6.8—11	重庆国际会议展览中心	中国国际贸易促进委员会、中国机电产品进出口商会、重庆市人民政府
18	2006 中国国际摩托车博览会技术论坛	2006.6.8—11	重庆国际会议展览中心	中国国际贸易促进委员会、中国机电产品进出口商会、重庆市人民政府
19	电动摩托车标准制定工作组首次工作会议	2006.6.29—30	天津中国汽车技术研究中心	电动摩托车标准制定工作组
20	"游魅力青海　赏环湖风采"摩托车、汽车趣味休闲运动大赛	2006.7.9—12	青海湖沙岛景区	青海省体育局、青海省旅游局、青海省交通厅
21	2006 浙江全地形车与非道路摩托车市场与认证技术研讨会	2006.7.22—23	浙江省永康市政府会议中心	浙江方圆检测集团
22	2006 年中国(新疆华凌)国际汽车、摩托车、工程机械及配件用品进出口交易会	2006.8.9—12	乌鲁木齐华凌国际汽车用品(配件)进出口中心	中华全国工商联汽车摩托车配件用品业商会、乌鲁木齐市人民政府、新疆华凌工贸(集团)有限公司
23	2006 中国摩托车经济发展国际论坛	2006.8.26—27	广东省江门市	中央电视台(CCTV-7)、广东省江门市人民政府、中国汽车工业协会摩托车分会、中国汽车工程学会摩托车分会

续表

序号	名称	时间	举办地点	主办单位
24	其它类型车辆产品生产企业车辆识别代号管理现场审查工作座谈会	2006.9.2—3	浙江省永康市	中国汽车技术研究中心汽车标准化研究所
25	摩托车 ISO 国际标准研讨会和摩托车认证法规及相关技术研讨会	2006.9.7—9	天津市天宇大酒店	日本汽车工程师协会
26	摩托车标准、认证及相关技术研讨会	2006.9.8—9	天津市	中国国家认证认可监督委员会
27	首届中国警察摩托车拉力赛	2006.9.9—24	宜昌、武汉、郑州、石家庄	中国前卫体育协会
28	第 7 届中国银川国际汽车摩托车旅游节	2006.9.16—22	宁夏银川市	银川市政府、中国汽车运动协会、中国摩托车运动协会
29	中国沈阳国际自行车摩托车及电动自行车展览会	2006.9.29—10.3	沈阳(国际)会展中心	中国贸易促进委员会辽宁省分会、新加坡环球联系展览集团有限公司
30	摩托车美国、欧洲排放法规研讨会	2006.10.12	北京	国家环保总局机动车排污监控中心
31	第 8 届(广州)全球摩托车及零配件进出口交易会	2006.10.16—18	广州奥林匹克体育中心	太平洋经济合作委员会、花城国际展览有限公司
32	国家机动车环保技术法规专家委员会成立大会及首次工作会议	2006.10.17	北京	国家环保总局科技标准司
33	2006 第 53 届澳门格兰披治大赛	2006.11.18—19	澳门格兰披治赛场	澳门格兰披治大赛车委员会
34	中国汽车工业协会摩托车分会车轮委员会 2006 年年会	2006.12.3—4	江苏省无锡市	中国汽车工业协会摩托车分会车轮委员会
35	中美机动车污染控制国际研讨会	2006.12.7—8	北京	国家环保总局、美国联邦环保署
36	2006 年新感觉摩托杯亚洲公路摩托车锦标赛	2006.12.8—10	珠海国际赛车场	中国摩托运动协会主办
37	2006 中国(潍坊)摩托车电动车及零配件展览会	2006.12.16—18	山东潍坊富华国际展览中心	山东省潍坊市人民政府、中国汽车流通协会
38	第 4 届中国摩托车出口交易订货会	2006.12.18—20	上海光大会展中心	中国二轮车行业协会、上海摩托车行业协会、香港国际展览策划有限公司

2 2006 年摩托车行业协会主要活动

2.1 中国汽车工业协会摩托车分会召开三届二次会员大会

2006年4月8日，中国汽车工业协会摩托车分会三届二次会员大会在重庆召开。会议讨论并通过了摩托车行业“十一五”规划，靖波理事长作了工作报告，报告总结了2005年工作并提出2006年的工作安排。会议邀请到国家发改委产业政策司于永波处长作了关于摩托车行业当前形势和2006年主要工作的讲话；国家商务部机电司张骥副司长作了关于我国摩托车出口形势和成立中国摩托车商会的报告。

2.2 全国汽车标准化技术委员会摩托车分技术委员会召开三届六次工作会议暨标准审查会

2006年5月9—10日，全国汽车标准化技术委员会摩托车分技术委员会(以下简称“摩标委”)三届六次工作会议暨标准审查会在成都召开，行业主管部门领导、摩标委委员、标准起草单位代表共40余人参加了会议。摩标委秘书处作了2005年度工作总结，并提出“十一五”摩托车标准化工作的设想。会议重点审查了正在进行制修订的9项标准,其中国家标准2项,行业标准7项。

2.3 电动摩托车标准制定工作组召开首次工作会议

2006年6月29—30日,为促进电动摩托车的规范发展，全国汽车标准化技术委员会电动车辆分委会及摩托车分委会共同负责组织成立的标准制定工作组在天津召开电动摩托车标准制定工作首次会议，讨论首批研究制定的标准项目以及标准的框架。最终确定《电动摩托车和电动轻便摩托车安全要求》和《电动摩托车整车性能试验方法》等6项为首批需要研究制定的标准。

2.4 中国机电产品进出口商会召开 2006 年摩托车分会理事会

2006年8月2日，中国机电产品进出口商会在山东省青岛市召开2006年摩托车分会理事会。此次会议旨在总结2006年上半年工作，研究实行新的摩托车出口资质管理办法后取得的成效、形势和企业遇到的问题。会议就摩托车产品出口政策的效果及在执行过程中企业遇到的实际问题进行了深入交流，普遍认为该资质管理办法对进一步规范摩托车产品出口秩序、优化出口经营队伍有一定作用,但今后还应逐步提高出口门槛，真正优化企业结构和产品结构,提升我国摩托车的品质和形象。

2.5 山东省滕州市成立摩托车协会

2006年9月23日，山东省滕州市成立摩托车协会。滕州市人大常委会副主任赵成敏、副市长刘希运、市政协副主席刘玉荣出席成立仪式。据悉，滕州市现有摩托车近50万辆，已经具备了开展摩托车运动的基础。摩协的成立，为滕州市摩托车运动爱好者搭建了优质的服务平台，创造了良好的发展空间。

2.6 河北省摩托车行业协会成立

2006年10月12日，河北省摩托车行业协会正式宣告成立。据悉，河北省摩托车行业协会会员以摩托车企业家为主体，现有单位会员47家，个人会员24位。主管部门为河北省省工经联。协会主要职能是行使部分行业管理职能；协助企业处理国际贸易争端，维护会员的合法权益，为企业进行公信证明；代表企业进行反倾销、反垄断、反补贴调查等。

2.7 国家机动车环保技术法规专家委员会成立

2006年10月17日，国家机动车环保技术法规专家委员会成立大会及首次工作会议召开，委员会由来自18个单位的28名专家组成，中国工程院院士、国家环境咨询委员会委员郝吉明教授担任主任委员。

国家机动车环保技术法规专家委员会的成立有利于加强国家机动车环保技术法规制定工作，适应我国参与国际机动车技术法规工作的需要。委员会有2个方面的工作任务。一是直接为国家环保总局制修订机动车环保标准法规提供技术支持，主要向科技标准司提出制修订机动车环保标准的建议，完善机动车环保标准体系；协助科技标准司参加相关标准制修订工作的全过程技术审查；结合我国实际，对各项机动车环保标准的实施及管理制度提出建议。二是为我国参与“联合国世界车辆法规协调论坛（WP29）”相关环保工作提供技术支持，主要任务是跟踪WP29相关环保法规的进程；分析全球统一机动车环保法规在中国实施的可行性、适应性及可能产生的影响，并牵头组织国内的相关科研机构和企业进行全球统一法规的试验验证工作；参加WP29相关会议，派遣专家参加有关环保的专家小组工作和会议等。

国家机动车环保技术法规专家委员会成员名单

序号	职务	姓名	单位	序号	职务	姓名	单位
1	主任委员	郝吉明	清华大学环境科学与工程研究院	15	委员	吴孟鸿	上海内燃机研究所环境工程室
2	副主任委员	方茂东	中国汽车技术研究中心汽车试验研究所	16	委员	鲍晓峰	中国环境科学研究院移动源污染控制研究室
3	副主任委员	绪　辉	济南汽车检测中心	17	委员	葛蕴珊	北京理工大学汽车排放质量监督检验中心
4	副主任委员	段保民	国家摩托车质量监督检验中心	18	委员	谢亚平	上海内燃机研究所标准办公室
5	副主任委员	徐　惠	中国石油化工股份有限公司科技开发部	19	委员	李孝宽	北京市劳动保护科学研究所噪声与振动控制研究室
6	副主任委员/秘书长	袁　盈	中国环境科学研究院环境标准研究所	20	委员	王　青	国家摩托车质量监督检验中心（天津）
7	委员	刘　欣	国家摩托车质量监督检验中心（天津）	21	委员	倪　红	国家环保总局机动车排污监控中心新车环保申报办公室
8	委员	汤跃进	重庆汽车研究所（国家重型汽车质量监督检验中心）	22	委员	刘　宪	北京汽车研究所有限公司汽车排放技术部
9	委员	傅立新	清华大学环境科学与工程系大气所	23	委员	张咸胜	机械工业农用运输车发展研究中心
10	委员	黄志强	南昌摩托车质量监督检验所	24	委员	苏兴安	国家摩托车质量监督检验中心
11	委员	唐光萍	机械工业农用运输车发展研究中心	25	委员	金　海	济南汽车检测中心
12	委员	尤林华	中国汽车技术研究中心排放节能研究室	26	委员	陈旭东	南京汽车研究所
13	委员	肖亚平	北京汽车研究所有限公司汽车排放技术部	27	委员	贾　雨	联合汽车电子有限公司技术中心
14	委员	刘英杰	一汽集团技术中心振动噪声研究室	28	委员	王永富	重庆汽车研究所

2.8 中国摩托车商会成立大会在京召开

2006年11月30日，中国摩托车商会成立大会在北京召开。该商会由商务部主管，是我国进出口贸易领域首家由企业自己发起、民主选举的全国性商会，现有26家理事单位，87家会员企业代表。重庆力帆集团董事长尹明善当选为商会首任会长，金城集团有限公司原副总经理陈炳南当选为商会专职秘书长。商会主要提供服务、行业自律和反映诉求3方面的工作，体现了企业家当家作主、民主选举的原则。

2.9 中国汽车工业协会摩托车分会车轮委员会召开2006年年会

2006年12月3—4日，中国汽车工业协会摩托车分会车轮委员会2006年年会在江苏无锡举行。摩托车分会及当地政府的领导、车轮委员会会员单位、网员单位及相关单位代表共61人参加了本次会议。会议听取并审议了2006年度车轮委员会工作报告和2007年工作要点。

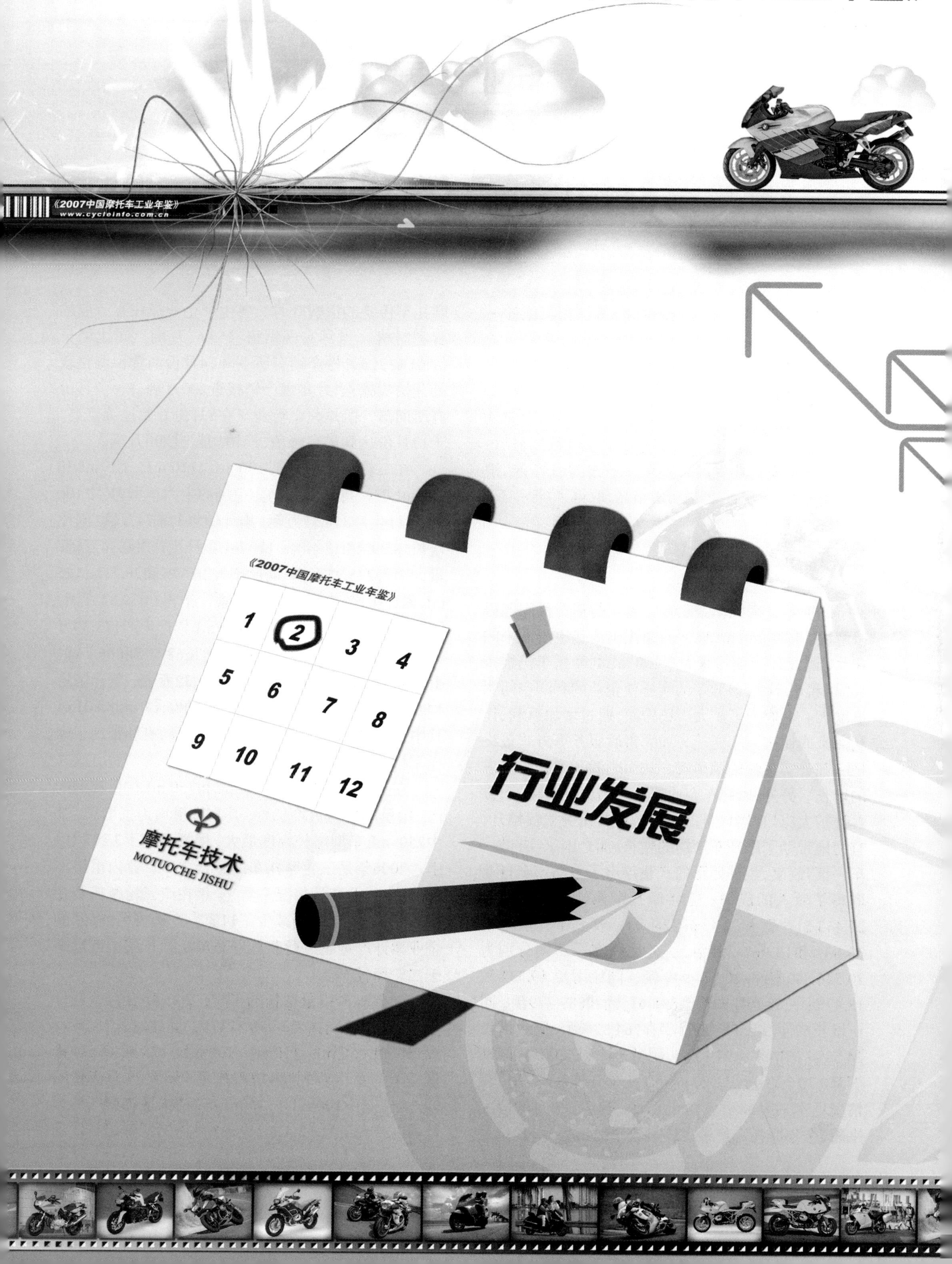

《2007中国摩托车工业年鉴》
www.cycleinfo.com.cn
《2007中国摩托车工业年鉴》
1 2 3 4
5 6 7 8
9 10 11 12
摩托车技术
MOTUOCHE JISHU
行业发展

行业发展

一、2006年中国摩托车行业发展综述

顾　方（中国汽车技术研究中心）

2006年，摩托车工业经过近2年来国家实施的一系列宏观调控后，行业发展不断趋于规范，产品质量得到进一步提升，特别是2006年国家实施了新的摩托车消费税和规范摩托车产品出口政策，使摩托车企业之间的竞争更加公平，摩托车出口不断走向良性发展。从中国汽车工业协会提供的统计数据显示，2006年摩托车行业发展形势喜人，全年摩托车产、销量均超过2 120万辆，再创历史新高，取得了“十一五”开门红。

1　行业发展概况

1.1　整车产销大幅度增长

2006年，摩托车企业呼吁多年的消费税问题得以解决，排量250 mL以下的摩托车消费税由原来的10%下调到3%，而排量大于250 mL的摩托车仍维持10%的税率不变，该政策的实施使企业的利润空间明显增大。企业为了扩大市场份额，通过增加返利、让利商家或通过买车送礼、加大售后服务等方式最终把一部分实惠让给消费者，从而刺激了摩托车需求的增长。另外，摩托车企业努力开拓国外市场，千方百计扩大出口，出口量占当年产量的比例大幅攀升，有力地带动了摩托车产销的增长。加之国家实行“一车一证”制度，也使隐形的产量浮出了水面。全行业取得了骄人的成绩：全年摩托车累计产销分别为21 443 517 辆和 21 266 728 辆，较上年同期增长20.83%和19.96%，其中，二轮摩托车车产销分别为20 544 842 辆和 20 376 949 辆，同比增长 19.33%和18.47%；三轮摩托车产销898 675辆和889 779辆，同比增长69.46%和68.53%；库存764 334辆，同比增长24.59%；产销率为99.18% ，销低于产，比2005年同期下降0.70个百分点。2006年摩托车分排量产、销、存情况见本书第68页表1所示。从全年12个月的情况来看，全年摩托车产销大体呈较平稳走势。1月份是摩托车传统的消费旺月，各生产企业抓住春节前的有利时机，当月实现销售 163.6 万辆，同比增长22.61%；2、3月份产销有所下降，4月份消费税调整政策开始实施，当月实现产销接近200万辆，5、6、7月份有所回落，但是整个行业又在8月份开始连续攀高，于12月份达到最高峰值，产销均超过200万辆。

在二轮摩托车中， 100 mL、110 mL、125 mL和150 mL四种排量车型仍为市场的主力车型，其中100 mL累计生产318.57万辆，累计销售318.74万辆，同比增长18.39%和17.64%；110 mL累计生产280.34万辆，累计销售275.97万辆，同比增长28.67%和26.71%；125 mL累计生产1 052.10万辆，累计销售1 039.84万辆，同比增长13.83%和12.61%；150 mL累计生产175.30万辆，累计销售173.35万辆，同比增长68.50%和66.74%。上述4种排量车型累计生产1 826.32万辆，累计销售1 807.89万辆，占摩托车产销总量的85.17%和85.01%。其中110 mL、150 mL车型的快速增长，有利带动了摩托车行业整体产销量的提升。

在三轮摩托车中，除50 mL和750 mL排量车型的产、销量同比为负增长外，其它排量均为正增长，其中250 mL车型增长幅度最大，增幅达到了3 203%以上。2006年是三轮摩托车的整合之年，业内重组不断，从全行业统计情况来看，全年在产三轮摩托车企业28家，较上年同期减少了11家。产销排名前5家的企业累计产量超过行业总量的70%，生产集中度远高于二轮摩托车。

受整车产销量增长的影响，2006年全行业累计生产摩托车发动机22 038 824台，同比增长15.26%；以150 mL、50 mL、110 mL、100 mL、125 mL等5种排量机型为主，5 种排量机型产量合计约占总产量的94.24%，其中100 mL、125 mL等2种排量机型产量合计占总产量比达62.43%，为最畅销机型。摩托车发动

机生产，绝大部分已被有实力的摩托车整车企业包揽，全方位的摩托车集团正在形成，为提高摩托车整车质量提供了可靠保证，同时也成为企业获取利润的一个重要来源。

1.2 生产集中度进一步提高

2006年，全行业在产企业为126家，产销排名前15家企业摩托车产量达到了行业总产量的近75%，其中除新大洲本田产量同比下降外，其它均为正增长，其中大长江、隆鑫、力帆、宗申、增城海利和广州大阳6家企业产量增幅超过全行业平均水平；新大洲本田、金城2家企业销量同比下降，其它均为正增长，其中隆鑫、力帆、宗申、广州大阳和增城海利5家企业销量增幅超过全行业平均水平。前15家企业产销量合计均比去年同期有较大增长，生产集中度和市场占有率也均高于去年同期水平，企业竞争实力继续加强，摩托车骨干企业仍成为带动全行业产销增长的积极因素。2006年摩托车产量排名前15家企业的生产集中度如表1所示。2006年摩托车销量排名前15家企业的市场占有率如表2所示。

表 1 2006 年摩托车产量排名前 15 位企业的生产集中度

序号	企业名称	产量，辆			占总产量比，%
		2006 年	2005 年	同比增长，%	
1	大长江	2 325 876	1 894 800	22.75	10.85
2	隆鑫	1 511 684	930 595	62.44	7.05
3	建设	1 373 109	1 256 514	9.28	6.40
4	嘉陵	1 371 865	1 318 525	4.05	6.40
5	力帆	1 332 038	971 752	37.08	6.21
6	钱江	1 236 977	1 064 823	16.17	5.77
7	宗申	1 198 003	760 082	57.61	5.59
8	洛阳北方（含北易）	1 140 486	1 006 562	13.31	5.32
9	轻骑	912 385	877 813	3.94	4.25
10	金城	846 156	844 827	0.16	3.95
11	新大洲本田	800 515	925 997	－ 13.55	3.73
12	广摩集团（含五羊—本田）	720 371	706 775	1.92	3.36
13	增城海利	427 317	159 380	168.11	1.99
14	广州天马	420 565	414 255	1.52	1.96
15	广州大阳	416 315	141 551	194.11	1.94
以上合计		16 033 662	12 017 737	33.42	74.77
其它		5 409 855	5 728 949	－ 5.57	25.23
全行业总计		21 443 517	17 746 686	20.83	100.00

1.3 经济运行质量良好

中国汽车工业协会统计，2006年摩托车生产企业各项主要经济指标均保持较快增长态势，摩托车工业经济效益总水平比上年同期明显提高。全年完成工业总产值8 567 594万元，同比增长18.30%，增幅比上年同期增加9.12个百分点；完成工业增加值1 550 284万元，同比增长17.76%，增幅增加7.71个百分点；实现销售收入8 396 331万元，同比增长17.38%，增幅增加7.34个百分点；累计实现利润247 528万元，同比增长49.81%，增幅增加27.92个百分点；上缴税金54.84亿元，同比下降6.47%，降低的主要原因是受到消费税下调的影响。2006年摩托车行业主要经济运行指标增长幅度如图1所示。另外，在统计中的105家生产企业中，亏损企业占22家，比上年同期减少12家。2006年，摩托车行业工业经济效益综合指标为166.20%，同比提高25.30个百分点，工业经济运行质量稳步提高。

表 2 2006 年摩托车销量排名前 15 位企业的市场占有率

序号	企业名称	销量，辆			占总销量比，%
		2006 年	2005 年	同比增长，%	
1	大长江	2 303 621	1 903 586	21.01	10.83
2	隆鑫	1 506 625	920 291	63.71	7.08
3	嘉陵	1 375 719	1 303 766	5.52	6.47
4	建设	1 371 939	1 270 543	7.98	6.45
5	力帆	1 331 369	950 988	40.00	6.26
6	钱江	1 235 264	1 086 107	13.73	5.81
7	宗申	1 198 357	757 228	58.26	5.63
8	洛阳北方（含北易）	1 149 633	1 023 279	12.35	5.41
9	轻骑	918 198	883 014	3.98	4.32
10	金城	827 838	903 513	－ 8.38	3.89
11	新大洲本田	756 926	926 076	－ 18.27	3.56
12	广摩集团（含五羊—本田）	712 773	675 635	5.50	3.35
13	增城海利	423 757	151 845	179.07	1.99
14	广州天马	419 884	416 851	0.73	1.97
15	广州大阳	412 755	137 850	199.42	1.94
以上合计		15 944 658	12 040 029	32.43	74.97
其它		5 322 070	5 687 461	－ 6.42	25.03
全行业总计		21 266 728	17 727 490	19.96	100.00

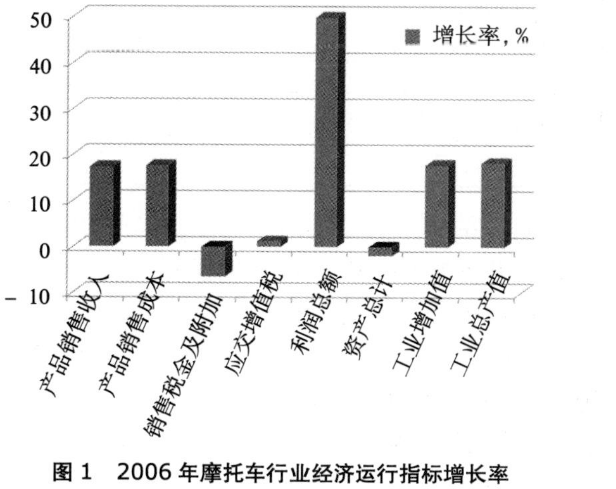

图 1 2006 年摩托车行业经济运行指标增长率

1.4 进出口大幅度增长

由于中国摩托车产量大，价格低，而且质量基本能够满足日常需要，并且国内许多大中城市都对摩托车采取禁限制政策，故摩托车的进口数量相对于出口量来说微乎其微。据海关统计，2006年进口摩托车3 124辆，比2005年的1 883辆增长65.91%，进口金额468.23万美元，比去年同期521.99万美元下降10.23%。进口车型主要集中在≤50 mL、100 ~ 125 mL、125 ~ 150 mL、> 800 mL这4种排量上，其中≤50 mL排量同比增幅最大。造成这一现象的主要原因是特定车型的大量进口。2006年摩托车整车进口情况如表3所示。

表 3　2006 年摩托车整车分排量进口量及金额

单位:辆;美元;%

产品类型	进口数量	同比增长	进口金额	同比增长	平均单价	同比增长	占总进口量比例	占总进口金额比例
排量≤50 mL	1 918	3 150.85	405 219	462.62	211.27	- 82.69	61.40	8.65
50 mL < 排量≤100 mL	17	- 86.82	17 172	- 86.34	1 010.12	3.69	0.54	0.37
100 mL < 排量≤125 mL	306	- 44.86	508 881	- 40.93	1 663.01	7.13	9.80	10.87
125 mL < 排量≤150 mL	549	- 24.17	1 281 555	- 17.52	2 334.34	8.78	17.57	27.37
150 mL < 排量≤200 mL	5	- 28.57	8 057	- 28.47	1 611.40	0.14	0.16	0.17
200 mL < 排量≤250 mL	92	- 34.75	296 451	- 28.74	3 222.29	9.21	2.94	6.33
250 mL < 排量≤400 mL	3	0.00	12 884	170.84	4 294.67	170.84	0.10	0.28
400 mL < 排量≤500 mL	27		138 574				0.86	2.96
500 mL < 排量≤800 mL	70	- 50.00	470 745	- 20.01	6 724.93	59.97	2.24	10.05
排量 > 800 mL	137	24.55	1 542 766	2.23	11 261.07	- 17.92	4.39	32.95
合计	3 124	65.91	4 682 304	- 10.30	1 498.82	- 45.93	100.00	100.00

2006年,共出口摩托车857.72万辆，出口数量占全国总产量的39.99%,比2005年增长18.69%,出口金额达30.44亿美元,同比增长35.37%,创摩托车出口历史的最好水平。出口车型以≤50 mL、50 ~ 100 mL、100 ~ 125 mL、125 ~ 150 mL这4种排量为主,4种排量车合计占总出口量的97.18%,出口仍集中在中小排量车型上。125 ~ 150 mL、150 ~ 200 mL、200 ~ 250 mL、250 ~ 400 mL 这4种排量较上年同期有大幅度的增长，分别同比增长160.33%、61.35%、82.88%和150%，中大排量车型出口量的增加，标志着中国摩托车制造业的进步。2006年摩托车整车出口情况如表4所示。

表 4　2006 年摩托车整车分排量出口量及金额

单位:辆;美元;%

产品类型	出口数量	同比增长	出口金额	同比增长	平均单价	同比增长	占总出口量比例	占总出口金额比例
排量≤50 mL	1 895 114	- 27.71	477 529 240	- 7.13	251.98	28.47	22.09	15.69
50 mL < 排量≤100 mL	1 848 677	26.35	571 400 436	26.68	309.09	0.27	21.55	18.77
100 mL < 排量≤125 mL	3 575 196	37.17	1 354 869 038	35.65	378.96	- 1.11	41.68	44.51
125 mL < 排量≤150 mL	1 016 345	160.33	482 988 103	144.01	475.22	- 6.27	11.85	15.87
150 mL < 排量≤200 mL	176 144	61.35	91 653 690	75.79	520.33	8.95	2.05	3.01
200 mL < 排量≤250 mL	62 837	82.88	6 109 1192	91.31	972.22	4.61	0.73	2.01
250 mL < 排量≤400 mL	2 570	88.69	3 669 355	88.35	1 427.76	- 0.18	0.03	0.12
400 mL < 排量≤500 mL	0		0				0.00	0.00
500 mL < 排量≤800 mL	263	3.54	504 471	11.92	1 918.14	8.09	0.00	0.02
排量 > 800 mL	5	150.00	61 839	1 821.06	12 367.80	668.42	0.00	0.00
合计	8 577 151	18.69	3 043 767 364	35.37	354.87	14.06	100.00	100.00

摩托车整车出口平均单价从去年同期的311.13美元上升到354.87美元,同比增长14.06%。摩托车发动机出口也大幅增长，全年摩托车发动机出口数量为202.24万辆，同比增加3.12%，出口金额为22 995.8万美元，同比增加1.03%，出口平均单价113.70美元，比去年同期的116.05美元下降2.03%。全年摩托车整车出口量和出口金额大幅增长，主要得益于国家相关部委对摩托车出口秩序的规范，有效的抑制了短视行为和竞相压价等恶性竞争，因此摩托车整车出口平均单价出现了回升，但发动机出口平均单价持续下降也让人不无遗憾。

2　行业运行特点

2006年，摩托车行业的发展主要呈现以下几方面特点：

2.1　新品推出速度加快,大力加强品牌建设

激烈的市场竞争让越来越多的企业认识到，技术和创新才是推动企业发展的原动力。2006年，企业推出了一系列新产品，无论从产品推出的速度还是质量来看都是几年来罕见的。隆鑫集静音、环保、高效、长寿、省油、舒适为一体的新产品——“霸道”上市后销量直逼3万辆；嘉陵集团先后推出了第2代三轮消防车和“独狼”125 mL摩托车，嘉陵JH600以

2.98万元的价格开始正式启动全球同步预订；济南轻骑推出GS王风暴系列摩托车……。

2.2 海外巨头加大市场开拓力度

2006年5月，上海雅马哈建设摩托车销售有限公司在上海推出了集技术、产品、销售、服务为一体的品牌理念"YES! YAMAHA"，亚洲人气巨星蔡依林、王力宏担当形象代言人；11月，雅马哈在三亚举行的2007年经销商大会上宣布迅鹰、悦鹰、07款天剑等12款新车将在2007年闪亮登场，销售网络将扩大到4 000家店，雅马哈本部也将扩大对中国市场的投资力度，今后3年将在中国投资7亿元。意大利比亚乔集团表示，在宗申·比亚乔佛山摩托车有限公司现有11款车型的基础上，再转移6～7款产品到中国进行相关开发和生产。此外，法国标致摩托车公司与济南轻骑携手共同组建济南轻骑标致摩托车有限公司，双方投资比例均为50%，其中标致负责欧洲市场的销售，济南轻骑负责除欧洲以外的市场。德国宝马、美国哈雷也以各种方式登陆中国，加强了与国内企业的合作。

2.3 国内企业抢滩海外市场，中国摩托车商会成立

由于受到国内城市禁限摩的影响，摩托车企业逐渐将目光投入回报丰厚的海外市场。2006年，为了更好的与主要进口国相关中介组织和政府交流，中国贸易领域第一家由企业自主发起、民主选举的中国摩托车商会成立。同时国内摩托车企业也积极在海外投资建厂以及寻找合作伙伴：重庆宗申发动机制造有限公司在越南设立的全资子公司——宗申越南发动机制造有限公司发动机制造厂正式投产后，发动机年生产能力为30万台；"钱江欧洲"成功组建完毕，在取得了企业登记证书之后，钱江摩托又对其增加投资594万欧元，使得钱江在欧洲业务上的投资总额增至1 300万欧元；嘉陵集团在巴西组建摩托车合资公司……。

2.4 行业整合重组，重点企业优势继续增大

从"3C"到市场准入，从"国Ⅱ排放标准"到"一车一证"和消费税的下调，国家宏观调控政策在有条不紊的进行，企业发展和竞争的环境得以逐步规范和改善。众多消费者从以前的注重产品"价格"转变为"比质量"和"比售后服务"，市场成熟度逐步提高。原材料等上游供应成本的攀升和行业技术门槛的提高使得整车利润下降，那些缺乏规模效应、自主创新"拳头"产品和品牌优势的中小企业举步维艰，参与竞争的企业进一步减少，摩托车行业已进入了整合时期。2006年12月，中国兵器装备集团公司正式签约重组济南轻骑摩托车股份有限公司，此次资源整合将兵装集团打造成中国乃至世界级的摩托车企业航母。此外，生产规模设计为年产100万辆以上五羊—本田新工厂已正式全面投产；投资3亿元的广州大运摩托新厂区的奠基仪式在广州花都区举行，新厂区占地14万m²，届时将具备年产150万辆整车的生产能力；常州豪爵摩托车有限公司在常州市新北区空港工业园奠基，该公司将形成300万辆摩托车和300万台发动机的生产能力，江门生产基地和常州生产基地也将使得大长江集团形成600万辆的生产能力。这充分表明了优势企业在继续加大其生产规模和竞争优势。

3 存在的主要问题

3.1 环保生产一致性检查结果堪忧

从国家环保总局通报的2006年度摩托车环保生产一致性检查结果看，只有广州大阳、广州天马和江苏新世纪3家摩托车生产企业车辆抽样检查和现场排放关键部件环保生产一致性检查合格，其它7家不合格，并被责令整改。整改期间，环保总局暂停受理这7家企业型式核准公告的申报，并在整改期限结束后，根据违规情节和整改情况，依照相关法规进行处理。国家环保总局的此次抽查给广大摩托车企业敲响了警钟，以往应付检查的投机行为将无处遁形。

3.2 出口贸易壁垒增多

2006年，摩托车出口数量和金额都取得了大幅度增长，但是其中不乏一些不和谐的声音，虽然国家商务部等5部委联合发布了的《关于规范摩托车产品出口秩序的通知》在很大程度上规范了出口市场秩序，但是少数企业的产品质量不过关、徒有其表，对中国摩托车产品整体形象造成了不良影响。2006年10月，国产微型摩托车遭遇欧盟消费预警，称该产品不符合欧盟机械产品指令，存在所谓造成人体划伤、灼伤的安全隐患。同时，不少国家为保护民族产业也对我国摩托车产品设置了很多阻碍。例如，土耳其作为中国重要的摩托车整车出口市场，为防止进口摩托车和电动自行车产品严重损害本国内产业，凡进口涉案摩托车及电动自行车产品，均需向海关交款200～300美元/辆。面对国际市场的这些新形势，摩托车企业必须积极应对，提高应变能力，但是

最核心的还是要不断提升产品质量和技术含量。

3.3 产品同质化严重，缺乏核心竞争力

自主开发能力创新不足，当前生产的中小排量摩托车虽然和国外产品缩小了差距，但由于企业用于创新投入不足，基础研究落后，在摩托车开发研制方面尚未有实质性技术突破。大企业不强小企业不专的现象仍很突出：同一档次基本性能相同的摩托车产品生产企业相当多，同质化现象严重，真正具有核心竞争力，具有可持续发展能力的企业不多。

4 2007年摩托车市场需求预测

2007年扩大内需将成为国家宏观经济调控的重点，国家将促进城乡居民收入进一步增加，严格执行最低收入制度，完善个人所得税制度，全力建立和谐社会。受国家大环境的影响，摩托车行业面临着前所未有的发展机遇，但是诸如城市禁限摩等顽疾的冲击、电动自行车的迅猛发展、国家第3阶段标准的迫近等因素也成为了企业必须关注的问题。按照近年来的数据分析，业内人士估计2007年全国摩托车的产、销量预计在2 000万～2 100万辆，比2006年下降5%左右，摩托车行业将步入调整阶段。

二、摩托车工业主要经济指标

表 1　2006 年摩托车工业经济效益指标

指标名称	2006 年	2005 年	增长率,%
企业单位,个 其中:亏损企业数,个	105 22	102 27	2.94 - 18.52
主营业务收入,万元	8 162 923	7 062 094	15.59
主营业务成本,万元	6 963 340	5 920 317	17.62
主营业务税金及附加,万元	180 741	302 528	- 40.26
其他业务收入,万元	262 907	187 038	40.56
主营业务利润,万元	1 017 502	839 004	21.27
其他业务利润,万元	37 950	26 147	45.14
营业费用,万元	343 942	317 487	8.33
管理费用,万元	336 823	332 913	1.17
财务费用,万元 其中:利息支出,万元	46 040 37 942	41 583 43 545	10.72 - 12.87
利润总额,万元	247 528	165 229	49.81
资产总计,万元	6 101 703	6 225 141	- 1.98
流动资产平均余额,万元	3 660 170	3 670 500	- 0.28
应收帐款净额,万元	756 281	759 261	- 0.39
存货,万元 其中:产成品,万元	722 310 345 195	689 874 276 575	4.70 24.81
固定资产净值平均余额,万元	1 397 894	1 456 541	- 4.03
负债总计,万元	4 291 627	4 279 498	0.28
短期借款,万元	758 524	787 055	- 3.63
应付帐款,万元	1 277 448	1 100 406	16.09
应交增值税,万元	120 106	118 583	1.28
销项税,万元	1 171 474	1 074 739	9.00
工业总产值(现行价),万元	8 567 594	7 242 310	18.30
工业销售产值(现行价),万元	8 396 331	7 153 376	17.38
工业增加值,万元	1 550 284	1 316 502	17.76
全部从业人员平均人数,人	118 184	122 501	- 3.52
全部从业人员工资总额,万元	221 672	214 793	3.20
全员劳动生产率,元/人	131 175.26	107 468.67	22.06
成本费用利润率,%	3.22	2.50	—
流动资产周转率,次	2.23	1.92	—
产品销售率,%	98.00	98.77	—
销售利润率,%	3.03	2.34	—
总资产贡献率,%	9.61	10.12	—
资产负债率,%	70.33	68.75	—
资本保值增值率,%	93.03	—	—
工业经济效益综合指数,%	166.20	—	—

注　本表数据来源于中国汽车工业协会;如无特别说明,本书数据均来源于中国汽车工业协会。

表2　2006年摩托车生产企业主要经济指标

序号	企业名称	工业总产值(现行价)			工业销售产值(现行价)			工业增加值			主营业务收入			利润总额			利税总额		
		2006年 万元	2005年 万元	增长率 %	2006年 万元	2005年 万元	增长率 %	2006年 万元	2005年 万元	增长率 %	2006年 万元	2005年 万元	增长率 %	2006年 万元	2005年 万元	增长率 %	2006年 万元	2005年 万元	增长率 %
	合计	8 567 594	7 242 310	18.30	8 396 331	7 153 376	17.38	1 550 284	1 316 502	17.76	8 162 923	7 062 094	15.59	247 528	165 229	49.81	548 375	586 340	－6.47
1	江门市大长江集团有限公司	892 991	707 218	26.27	884 888	710 080	24.62	204 628	155 110	31.92	859 679	710 080	21.07	81 930	43 099	90.10	131 126	115 834	13.20
2	力帆实业(集团)有限公司	738 135	598 475	23.34	729 760	588 833	23.93	137 365	92 165	49.04	723 714	583 335	24.06	17 621	16 878	4.40	30 941	33 124	－6.59
3	重庆隆鑫工业(集团)有限公司	701 862	526 567	33.29	697 156	521 354	33.72	140 372	74 640	88.07	697 156	521 354	33.72	24 929	19 879	25.40	35 772	34 862	2.61
4	宗申产业集团有限公司	591 343	432 787	36.64	589 362	430 536	36.89	112 365	70 110	60.27	588 113	429 817	36.83	33 900	20 893	62.26	46 745	36 109	29.46
5	重庆建设摩托车股份有限公司	496 876	—		494 270	—		99 687	—		399 700	—		4 338	—		18 738	—	
6	钱江集团有限公司	449 522	405 433	10.87	441 626	395 892	11.55	115 638	130 766	－11.57	388 466	377 309	2.96	12 475	14 025	－11.05	45 614	57 542	－20.73
7	中国嘉陵工业股份有限公司(集团)	448 881	390 673	14.90	442 287	391 257	13.04	75 157	72 476	3.70	387 426	369 217	4.93	203	999	－79.68	7 288	10 481	－30.46
8	中国轻骑集团有限公司	404 237	350 210	15.43	372 423	319 850	16.44	90 609	89 611	1.11	328 399	284 252	15.53	6 625	3 158	109.78	22 989	26 681	－13.84
9	广州摩托集团公司	392 387	456 273	－14.00	387 212	435 380	－11.06	77 305	103 867	－25.57	380 171	430 473	－11.69	5 221	6 940	－24.77	27 707	43 170	－35.82
10	新大洲本田摩托有限公司	334 405	373 539	－10.48	316 811	376 945	－15.95	42 575	57 448	－25.89	320 894	382 037	－16.00	621	50	1 142.00	8 214	29 751	－72.39
11	金城集团有限公司	328 722	319 172	2.99	316 711	338 093	－6.32	69 337	54 672	26.82	364 926	361 104	1.06	10 606	5 337	98.73	20 662	16 058	28.67
12	*五羊—本田摩托(广州)有限公司	316 712	309 279	2.40	313 451	290 955	7.73	63 763	80 613	－20.90	304 903	284 645	7.12	1 553	524	196.37	20 601	29 608	－30.42
13	洛阳北方企业集团有限公司	284 384	253 382	12.24	284 273	236 861	20.02	35 562	40 103	－11.32	269 418	234 677	14.80	7 888	4 313	82.89	20 912	25 497	－17.98
14	江苏林海动力机械集团有限公司	256 578	165 993	54.57	256 090	161 864	58.21	51 214	29 878	71.41	255 819	181 868	40.66	12 216	10 196	19.81	24 680	20 260	21.82
15	*洛阳北方易初摩托车有限公司	195 165	198 966	－1.91	183 391	182 784	0.33	23 832	32 912	－27.59	182 482	180 714	0.98	8 767	5 667	54.70	19 004	25 250	－24.74
16	*重庆劲隆摩托车制造有限公司	179 885	150 336	19.66	178 104	136 669	30.32	35 977	22 550	59.54	178 104	136 669	30.32	5 882	4 626	27.15	10 168	8 936	13.79
17	广州市大阳摩托车有限公司	136 245	48 755	179.45	135 141	47 480	184.63	7 454	6 543	13.92	135 141	47 480	184.63	4 581	1 712	167.58	8 555	5 488	55.89
18	广州天马集团天马摩托车有限公司	131 731	133 861	－1.59	132 229	134 431	－1.64	11 901	12 099	－1.64	131 630	134 488	－2.13	1 936	1 843	5.05	5 880	6 892	－14.68
19	增城市海利摩托车有限公司	115 901	42 142	175.02	115 241	41 130	180.19	6 506	3 296	97.39	115 535	44 873	157.47	456	－73		4 651	2 491	86.71
20	重庆银翔摩托车(集团)有限公司	110 119	47 570	131.49	103 005	49 389	108.56	16 778	6 873	144.11	103 005	49 747	107.06	351	190	84.74	1 099	2 451	－55.16
21	山东福田重工股份有限公司	103 845	72 215	43.80	102 375	70 216	45.80	12 841	6 581	95.12	102 430	71 875	42.51	2 415	3 486	－30.72	7 696	4 715	63.22
22	广州市番禺华南摩托企业集团有限公司	95 506	90 067	6.04	79 878	90 728	－11.96	6 665	8 976	－25.75	79 878	90 728	－11.96	768	651	17.97	5 645	4 943	14.20
23	广州番禺豪剑摩托车工业有限公司	87 688	41 602	110.78	78 915	41 231	91.40	20 615	3 165	551.34	78 915	41 231	91.40	1 614	782	106.39	4 081	1 643	148.39
24	众星集团有限公司	79 323	101 784	－22.07	74 929	98 732	－24.11	11 973	20 104	－40.44	56 931	95 560	－40.42	1 208	3 691	－67.27	2 628	6 751	－61.07
25	重庆鑫源摩托车制造有限公司	63 218	42 508	48.72	61 104	41 876	45.92	12 141	7 138	70.09	61 104	41 878	45.91	829	531	56.12	1 545	1 482	4.25
26	增城市奔马实业有限公司	63 000	38 586	63.27	65 150	32 959	97.67	339	10 988	－96.91	53 917	23 397	130.44	111	－483		2 367	2 324	1.85
27	长春长铃集团有限公司	62 000	58 033	6.84	60 419	58 978	2.44	12 471	12 364	0.87	56 176	58 207	－3.49	－300	212		289	784	－63.14

续表 2

序号	企业名称	工业总产值(现行价)			工业销售产值(现行价)			工业增加值			主营业务收入			利润总额			利税总额		
		2006年 万元	2005年 万元	增长率 %	2006年 万元	2005年 万元	增长率 %	2006年 万元	2005年 万元	增长率 %	2006年 万元	2005年 万元	增长率 %	2006年 万元	2005年 万元	增长率 %	2006年 万元	2005年 万元	增长率 %
28	重庆航天巴山摩托车制造有限公司	60 920	39 307	54.99	60 900	38 548	57.98	12 184	5 896	106.65	60 900	40 891	48.93	700	442	58.37	2 587	1 237	109.14
29	浙江台州市王野动力有限公司	51 907	46 017	12.80	51 907	45 612	13.80	7 628	5 438	40.27	50 012	46 702	7.09	2 092	1 354	54.51	2 918	1 879	55.30
30	常州光阳摩托车有限公司	45 534	36 835	23.62	45 325	35 727	26.86	5 517	4 874	13.19	49 101	39 380	24.69	613	108	467.59	860	907	− 5.18
31	重庆银钢科技(集团)有限公司	44 719	36 203	23.52	45 175	34 928	29.34	11 060	4 783	131.24	105 330	38 950	170.42	165	− 54		2 462	2 046	20.33
32	南方摩托股份有限公司	37 352	41 474	− 9.94	37 142	42 044	− 11.66	4 608	3 693	24.78	34 595	39 399	− 12.19	1 450	− 2 840		1 983	− 2 416	
33	*重庆新感觉摩托车有限公司	35 608	22 742	56.57	38 734	21 655	78.87	4 045	4 413	− 8.34	38 734	21 655	78.87	893	91	881.32	3 107	1 826	70.15
34	本州车业集团有限公司	33 576	14 389	133.34	30 753	14 202	116.54	8 061	4 934	63.38	30 753	14 212	116.39	933	580	60.86	1 311	1 228	6.76
35	春风控股集团有限公司	32 588	28 098	15.98	31 284	26 758	16.91	5 771	5 132	12.45	32 600	26 758	21.83	1 939	964	101.14	2 932	2 399	22.22
36	广东大冶摩托车技术有限公司	32 251	21 757	48.23	31 823	21 898	45.32	2 253	1 211	86.04	34 659	27 172	27.55	− 24	− 312	− 92.31	1 050	1 490	− 29.53
37	鹤山国机南联摩托车工业有限公司	29 146	13 426	117.09	29 522	13 211	123.47	3 502	1 820	92.42	32 399	17 539	84.73	102	90	13.33	938	1 415	− 33.71
38	厦门厦杏摩托有限公司	26 327	23 054	14.20	26 772	23 900	12.02	4 899	1 694	189.20	27 656	23 753	16.43	− 898	− 1 845	− 51.33	208	47	342.55
39	广州天恒机车工业有限公司	26 125	12 892	102.65	24 081	12 889	86.83	2 931	4 903	− 40.22	26 116	8 803	196.67	2	46	− 95.65	1 675	1 177	42.31
40	江苏健龙新田摩托车制造有限公司	25 770	31 582	− 18.40	25 243	35 669	− 29.23	2 473	3 152	− 21.54	24 900	33 043	− 24.64	309	462	− 33.12	386	2 065	− 81.31
41	福建省晋江市三力机车有限公司	24 510	19 779	23.92	31 832	19 141	66.30	365	0		23 985	24 855	− 3.50	1 789	1 100	62.64	4 657	2 715	71.53
42	广州林叶机电科技有限公司	23 973	7 818	206.64	26 907	7 369	265.14	2 934	449	553.45	15 230	7 593	100.58	34	59	− 42.37	1 371	930	47.42
43	泰兴市三迪摩托车有限公司	22 974	22 968	0.03	22 952	22 766	0.82	6 116	6 250	− 2.14	22 802	22 757	0.20	586	549	6.74	3 327	3 565	− 6.68
44	重庆望江摩托车制造有限公司	22 068	23 826	− 7.38	21 971	20 421	7.59	1 649	677	143.57	21 971	20 421	7.59	270	265	1.89	914	932	− 1.93
45	江苏赤兔马有限公司	22 037	22 660	− 2.75	20 208	22 516	− 10.25	2 568	2 916	− 11.93	20 208	22 516	− 10.25	395	487	− 18.89	1 422	1 682	− 15.46
46	台州市凯通摩托车制造有限公司	21 000	6 400	228.13	20 958	6 452	224.83	3 577	1 069	234.61	21 237	6 452	229.15	340	130	161.54	618	127	386.61
47	立峰集团有限公司	20 870	16 390	27.33	17 710	14 419	22.82	3 149	3 221	− 2.24	15 986	13 705	16.64	462	368	25.54	1 010	1 758	− 42.55
48	上海杰士达摩托车有限公司	20 120	14 424	39.49	15 219	12 789	19.00	3 033	2 433	24.66	14 179	12 789	10.87	68	50	36.00	172	− 381	
49	浙江嘉爵摩托车制造有限公司	20 081	10 610	89.26	20 617	10 566	95.13	2 837	2 916	− 2.71	20 617	10 610	94.32	295	279	5.73	648	1 154	− 43.85
50	江门市迪豪摩托车有限公司	19 766	29 165	− 32.23	19 561	20 509	− 4.62	2 141	9 037	− 76.31	19 239	19 746	− 2.57	− 513	179		593	1 633	− 63.69
51	广东银河摩托车实业有限公司	19 649	23 853	− 17.62	19 316	22 324	− 13.47	1 572	2 237	− 29.73	24 379	20 828	17.05	160	76	110.53	412	870	− 52.64
52	江苏新豪科技机车有限公司	18 175	11 835	53.57	15 126	11 272	34.19	1 613	1 271	26.91	12 928	9 634	34.19	116	59	96.61	971	939	3.41
53	重庆市双庆机电有限公司	18 174	5 325	241.30	13 868	5 325	160.43	4 907	1 331	268.67	13 868	4 605	201.15	210	− 157		741	36	1 958.33
54	慈溪金轮机车制造有限公司	17 982	37 688	− 52.29	17 896	37 754	− 52.60	7 036	8 954	− 21.42	17 844	36 513	− 51.13	566	1 847	− 69.36	− 370	5 311	
55	广州三雅摩托车有限公司	17 126	6 638	158.00	17 852	6 303	183.23	1 615	1 374	17.54	16 661	6 303	164.33	2	103	− 98.06	1 331	1 036	28.47

续表 2

序号	企业名称	工业总产值(现行价) 2006年 万元	工业总产值 2005年 万元	工业总产值 增长率 %	工业销售产值(现行价) 2006年 万元	工业销售产值 2005年 万元	工业销售产值 增长率 %	工业增加值 2006年 万元	工业增加值 2005年 万元	工业增加值 增长率 %	主营业务收入 2006年 万元	主营业务收入 2005年 万元	主营业务收入 增长率 %	利润总额 2006年 万元	利润总额 2005年 万元	利润总额 增长率 %	利税总额 2006年 万元	利税总额 2005年 万元	利税总额 增长率 %
56	山东重骑摩托车(集团)厂	17 114	19 655	- 12.93	17 181	18 207	- 5.64	2 720	3 422	- 20.51	12 879	13 804	- 6.70	483	495	- 2.42	1 678	2 089	- 19.67
57	江苏宝雕机动车有限公司	16 176	20 849	- 22.41	13 749	17 722	- 22.42	3 470	1 800	92.78	14 705	18 954	- 22.42	2 609	758	244.20	3 238	2 559	26.53
58	沈阳天利摩托车制造有限公司	16 114	0		9 447	0		5 640	0		9 661	0		242	0		564	0	
59	重庆光宇摩托车制造有限公司	15 622	6 857	127.83	15 370	6 920	122.11	1 717	769	123.28	14 967	6 974	114.61	621	89	597.75	843	369	128.46
60	江苏新陵摩托车制造有限公司	15 580	22 360	- 30.32	14 802	21 845	- 32.24	805	1 176	- 31.55	13 330	20 740	- 35.73	325	925	- 64.86	772	3 118	- 75.24
61	浙江凌云摩托车有限公司	15 488	3 957	291.41	15 255	3 957	285.52	829	1 180	- 29.75	16 069	8 732	84.02	613	483	26.92	1 331	734	81.34
62	江苏雄风摩托车制造有限公司	15 274	15 100	1.15	15 267	15 100	1.11	2 977	2 945	1.09	15 268	15 099	1.12	229	226	1.33	1 857	2 499	- 25.69
63	常州市东方龙摩托车有限公司	15 163	3 075	393.11	14 655	3 030	383.66	3 184	778	309.25	14 655	3 013	386.39	227	82	176.83	714	319	123.82
64	江门中裕摩托车集团有限公司	14 864	22 240	- 33.17	14 359	20 898	- 31.29	3 132	4 003	- 21.76	15 486	24 301	- 36.27	- 639	1 039		- 357	1 168	
65	广东省清远市清新联统实业有限公司	14 444	25 877	- 44.18	13 860	24 798	- 44.11	2 810	1 006	179.32	13 935	26 684	- 47.78	95	- 286		54	- 197	
66	康超集团广州摩托车制造有限公司	13 220	4 454	196.81	11 316	9 253	22.30	875	567	54.32	11 951	3 640	228.32	- 329	- 96	242.71	429	300	43.00
67	山东华日集团总公司	13 147	14 889	- 11.70	13 948	17 394	- 19.81	1 183	1 543	- 23.33	14 732	17 858	- 17.50	- 156	- 284	- 45.07	358	848	- 57.78
68	浙江雷克机械工业有限公司	13 078	8 885	47.19	11 508	8 073	42.55	1 527	2 064	- 26.02	11 080	8 237	34.51	235	45	422.22	524	835	- 37.25
69	广州峰光摩托车实业有限公司	12 621	2 735	361.46	12 621	2 735	361.46	1 510	482	213.28	12 621	2 735	361.46	11	6	83.33	703	462	52.16
70	无锡金霸王摩托车制造有限责任公司	12 437	14 999	- 17.08	12 437	14 999	- 17.08	1 051	2 338	- 55.05	12 437	14 999	- 17.08	58	60	- 3.33	1 552	1 835	- 15.42
71	江苏林芝山阳集团有限公司	11 884	14 681	- 19.05	12 086	14 961	- 19.22	1 995	2 776	- 28.13	12 030	14 906	- 19.29	269	750	- 64.13	1 306	2 026	- 35.54
72	西藏新珠峰摩托车有限公司	11 755	—		12 968	—		1 213	—		12 968	—		- 325	—		- 255	—	
73	广东富兴摩托车实业工业有限公司	11 193	18 904	- 40.79	11 193	18 048	- 37.98	509	1 083	- 53.00	11 193	18 048	- 37.98	19	- 1		1 322	2 615	- 49.45
74	增城市东阳摩托车实业有限公司	10 982	8 006	37.17	11 848	9 910	19.56	1 080	808	33.66	11 848	9 910	19.56	0	4		730	994	- 26.56
75	惠州玛骐摩托车有限公司	10 979	9 355	17.36	10 920	10 252	6.52	3 125	4 617	- 32.32	8 380	6 905	21.36	- 1 168	- 211	453.55	- 669	277	
76	浙江幸福摩托机械有限公司	10 886	8 841	23.13	10 904	8 834	23.43	2 929	2 210	32.53	10 904	8 834	23.43	1 084	752	44.15	2 132	1 900	12.21
77	烟台开发区虎跃摩托车有限公司	10 297	13 783	- 25.29	10 578	13 775	- 23.21	1 003	1 582	- 36.60	10 257	13 890	- 26.16	227	206	10.19	907	1 428	- 36.48
78	浙江凌田摩托车有限公司	10 153	2 162	369.61	10 053	2 155	366.50	1 524	321	374.77	10 053	2 441	311.84	17	9	88.89	292	276	5.80
79	上海幸福摩托车总厂	8 730	9 480	- 7.91	8 454	9 376	- 9.83	67	489	- 86.30	8 782	9 637	- 8.87	- 1 961	- 3 746	- 47.65	- 1 665	- 3 081	- 45.96
80	浙江三友集团摩托车有限公司	8 687	6 560	32.42	8 687	6 560	32.42	1 144	1 274	- 10.20	8 687	6 560	32.42	440	221	99.10	1 169	1 274	- 8.24
81	江苏创新摩托车制造有限公司	8 079	11 664	- 30.74	8 127	11 597	- 29.92	1 423	2 376	- 40.11	8 127	11 597	- 29.92	499	481	3.74	958	1 705	- 43.81
82	汕头市东威摩托车集团有限公司	7 973	7 035	13.33	6 771	6 047	11.97	507	519	- 2.31	7 983	7 020	13.72	5	- 54		353	363	- 2.75
83	佛山市南海区大沥陆豪摩托车有限公司	7 820	8 280	- 5.56	7 820	8 280	- 5.56	23	420	- 94.52	7 820	8 280	- 5.56	18	28	- 35.71	569	619	- 8.08

续表 2

序号	企业名称	工业总产值(现行价)			工业销售产值(现行价)			工业增加值			主营业务收入			利润总额			利税总额		
		2006 年 万元	2005 年 万元	增长率 %	2006 年 万元	2005 年 万元	增长率 %	2006 年 万元	2005 年 万元	增长率 %	2006 年 万元	2005 年 万元	增长率 %	2006 年 万元	2005 年 万元	增长率 %	2006 年 万元	2005 年 万元	增长率 %
84	宁波摩托车厂	7 274	7 492	- 2.91	7 525	7 212	4.34	962	957	0.52	8 858	8 727	1.50	858	863	- 0.58	1 001	997	0.40
85	宁波东方凌云车辆制造有限公司	6 120	8 993	- 31.95	6 119	8 993	- 31.96	0	0		6 107	8 993	- 32.09	2	3	- 33.33	209	713	- 70.69
86	深圳益通机动车工业有限公司	6 056	9 564	- 36.68	5 238	6 880	- 23.87	633	1 791	- 64.66	5 238	6 880	- 23.87	8	73	- 89.04	326	416	- 21.63
87	浙江黄岩三叶集团有限公司	5 935	5 629	5.44	5 805	5 569	4.24	978	1 090	- 10.28	5 401	4 067	32.80	82	21	290.48	147	91	61.54
88	吉利集团浙江摩托车有限公司	5 892	4 082	44.34	5 154	3 996	28.98	1 768	1 225	44.33	5 154	3 915	31.65	- 547	- 68	704.41	- 365	367	
89	江苏金捷摩托制造有限公司	5 779	3 675	57.25	5 779	3 675	57.25	291	214	35.98	5 779	3 675	57.25	- 29	- 67	- 56.72	17	54	- 68.52
90	江苏大红成莱宝驰机车制造有限公司	5 629	8 978	- 37.30	5 951	8 551	- 30.41	1 126	1 624	- 30.67	5 729	8 551	- 33.00	- 22	160		64	826	- 92.25
91	浙江华田摩托车有限公司	5 288	2 775	90.56	6 257	2 685	133.04	332	221	50.23	6 257	2 696	132.08	103	- 323		363	47	672.34
92	无锡市金洪摩托车有限责任公司	4 654	6 175	- 24.63	4 654	6 170	- 24.57	9	33	- 72.73	5 575	6 299	- 11.49	12	17	- 29.41	81	116	- 30.17
93	上海美田摩托车有限公司	4 621	4 602	0.41	4 619	4 509	2.44	343	472	- 27.33	4 617	4 791	- 3.63	45	64	- 29.69	470	664	- 29.22
94	无锡富通摩托车有限公司	3 950	20 427	- 80.66	5 453	26 782	- 79.64	1 019	2 696	- 62.20	4 661	22 891	- 79.64	6	- 35		412	1 969	- 79.08
95	增城市英豪摩托车实业有限公司	3 842	955	302.30	4 111	793	418.41	481	465	3.44	4 111	1 255	227.57	- 291	- 89	226.97	132	126	4.76
96	东莞市东阳摩托车有限公司	3 645	5 284	- 31.02	3 645	5 284	- 31.02	547	792	- 30.93	3 645	5 284	- 31.02	295	104	183.65	594	956	- 37.87
97	镇江跃进机械厂有限公司	3 284	1 472	123.10	3 304	1 477	123.70	424	347	22.19	3 283	1 486	120.93	- 199	- 148	34.46	- 99	- 108	- 8.33
98	珠海珠江车业有限公司	3 108	2 295	35.42	3 774	2 383	58.37	49	350	- 86.00	6 046	2 299	162.98	121	- 76		394	124	217.74
99	台州市椒江之威摩托车制造有限公司	3 094	3 269	- 5.35	3 094	3 269	- 5.35	346	575	- 39.83	4 321	4 167	3.70	84	81	3.70	733	551	33.03
100	广州市白云区智泰摩托车有限公司	2 579	5 880	- 56.14	2 575	5 872	- 56.15	645	1 374	- 53.06	2 540	5 878	- 56.79	63	92	- 31.52	385	958	- 59.81
101	常熟市轻型摩托车厂	2 025	4 541	- 55.41	2 022	4 325	- 53.25	92	1 025	- 91.02	1 957	4 325	- 54.75	311	- 32	871.88	- 271	658	
102	中山国驰摩托车实业有限公司	2 020	1 691	19.46	1 629	1 763	- 7.60	1 490	1 310	13.74	1 632	1 700	- 4.00	- 77	- 5	1 440.00	11	189	- 94.18
103	佛山市佛斯弟摩托车制造有限公司	1 892	—		1 892	—		0	—		1 892	—		- 290	—		- 168	—	
104	重庆精通工业集团有限公司	1 649	8 768	- 81.19	1 541	8 341	- 81.52	280	1 491	- 81.22	1 773	8 435	- 78.98	- 130	- 99	31.31	- 12	332	
105	浙江日雅摩托车有限公司	1 549	2 967	- 47.79	1 450	2 739	- 47.06	363	685	- 47.01	1 450	2 739	- 47.06	54	69	- 21.74	101	456	- 77.85
106	泰州春兰摩托车厂	1 479	3 857	- 61.65	2 325	4 789	- 51.45	- 112	453	- 124.72	2 386	4 729	- 49.55	- 502	- 1 036	- 51.54	- 491	- 870	- 43.56
107	常州福莱特摩托车有限公司	1 090	655	66.41	1 089	653	66.77	131	78	67.95	1 090	654	66.67	5	4	25.00	105	55	90.91
108	江门市华日集团有限公司	979	7 430	- 86.82	1 141	7 931	- 85.61	163	501	- 67.47	979	6 525	- 85.00	- 70	- 216	- 67.59	- 4	32	- 57.78
109	东莞市东毅摩托车有限公司	782	1 238	- 36.83	826	1 454	- 43.19	457	402	13.68	938	1 633	- 42.56	- 197	- 565	- 65.13	- 120	- 324	- 62.96
110	建设工业(集团)有限责任公司	—	503 674		—	513 149		—	93 146		—	464 785		—	1 757		—	24 499	

注 加“*”的为子公司，本书所有表格均同。

三、2006年摩托车生产与销售

表1 2006年摩托车生产、销售及库存分排量统计

车型	排量 mL	冲程	产量 2006年 辆		产量 2005年 辆	产量 增长率 %	销量 2006年 辆		销量 2005年 辆	销量 增长率 %	库存量 2006年 辆		库存量 2005年 辆	库存量 增长率 %	产销率 %
总计			21 443 517		17 746 686	20.83	21 266 728		17 727 490	19.96	764 334		613 459	24.59	99.17
二轮车	合计	(二)	1 143 192	20 544 842	1 241 106	- 7.89	1 139 128	20 376 949	1 290 575	- 11.73	31 900	738 254	30 286	5.33	99.64
		(四)	19 401 650		15 975 251	21.45	19 237 821		15 908 951	20.92	706 354		566 227	24.75	99.15
	50	(二)	302 536	1 375 310	362 630	- 16.57	307 343	1 380 181	367 104	- 16.28	10 631	35 644	14 886	- 28.58	101.58
		(四)	1 072 774		885 364	21.17	1 072 838		884 372	21.31	25 013		29 079	- 13.98	100.00
	60	(二)	0	954	358	- 100.00	10	1 005	923	- 98.92	292	313	302	- 3.31	
		(四)	954		200	377.00	995		322	209.01	21		62	- 66.13	104.29
	70	(二)	0	213 552	132	- 100.00	0	229 267	132	- 100.00	131	7 133	131	0	
		(四)	213 552		305 639	- 30.13	229 267		286 824	- 20.07	7 002		24 175	- 71.04	107.35
	80	(二)	60 862	72 452	29 245	108.11	57 499	68 979	29 919	92.18	7 297	7 519	3 934	85.49	94.47
		(四)	11 590		11 922	- 2.78	11 480		11 796	- 2.68	222		249	- 10.84	99.05
	90	(二)	27 053	317 151	14 649	84.67	27 052	319 631	14 897	81.59	941	8 229	940	0.11	99.99
		(四)	290 098		265 371	9.32	292 579		266 204	9.91	7 288		11 484	- 36.54	100.85
	100	(二)	750 873	3 185 716	628 256	19.52	744 117	3 187 380	670 203	11.03	11 714	82 652	4 960	136.17	99.10
		(四)	2 434 843		2 062 542	18.05	2 443 263		2 039 204	19.81	70 938		82 777	- 14.30	100.34
	110	(二)	0	2 803 449	174 158	- 100.00	1 239	2 759 698	172 986	- 99.28	0	97 036	4 239	- 100.00	
		(四)	2 803 449		2 004 676	39.85	2 758 459		2 004 935	37.58	97 036		54 679	77.46	98.39
	125	(二)	1 850	10 521 030	31 635	- 94.15	1 850	10 398 439	34 350	- 94.61	894	426 768	894	0	100.00
		(四)	10 519 180		9 211 033	14.20	10 396 589		9 200 011	13.01	425 874		309 724	37.50	98.83
	150	(二)	0	1 753 002	43	- 100.00	0	1 733 495	43	- 100.00	0	58 660	0		
		(四)	1 753 002		1 040 304	68.51	1 733 495		1 039 600	66.75	58 660		42 134	39.22	98.88
	250	(二)	18	298 908	0		18	295 640	18		0	14 140	0		100.00
		(四)	298 890		187 668	59.27	295 622		175 242	68.69	14 140		11 744	20.40	98.90
	750	(二)	0	3 318	0		0	3 234	0		0	160	0		
		(四)	3 318		532	523.68	3 234		441	633.33	160		120	33.33	97.46
三轮车	合计	(二)	22 566	898 675	32 571	- 30.72	24 290	889 779	32 827	- 26.01	2 210	26 080	4 753	- 53.50	107.63
		(四)	876 109		497 758	76.01	865 489		495 137	74.80	23 870		12 193	95.77	98.78
	50	(二)	0	10 036	4 399	- 100.00	726	10 731	4 663	- 84.43	677	1 624	2 222	- 69.53	
		(四)	10 036		13 150	- 23.68	10 005		13 171	- 24.04	947		97	876.29	99.69
	50 ~ 250	(二)	22 566	860 783	28 127	- 19.77	23 564	851 301	28 073	- 16.06	1 518	22 491	2 516	- 39.67	104.42
		(四)	838 217		466 978	79.50	827 737		464 539	78.18	20 973		10 255	104.51	98.74
	250	(二)	0	12 354	45	- 100.00	0	12 354	91	- 100.00	15	57	15	0	
		(四)	12 354		329	3 655.02	12 354		307	3 924.10	42		42	0	100.00
	750	(二)	0	15 502	0		0	15 393	0		0	1 908	0		
		(四)	15 502		17 301	- 10.40	15 393		17 120	- 10.09	1 908		1 799	6.06	99.29

表 2　2006 年部分企业摩托车分排量产量

辆

序号	企业名称	2005 年	2006 年	50 mL		60 mL		70 mL		80 mL		90 mL		100 mL		110 mL		125 mL		150 mL		≥250 mL		50 mL(三)		50 ~ 250 mL (三)		250 mL (三)		750 mL (三)
				(二)	(四)	(二)	(四)	(二)	(四)	(二)	(四)	(二)	(四)	(二)	(四)	(二)	(四)	(二)	(四)	(二)	(四)	(二)	(四)	(二)	(四)	(二)	(四)	(二)	(四)	(四)
	合计	17 746 686	21 443 517	302 536	1 072 774	0	954	0	213 552	60 862	11 590	27 053	290 098	750 873	2 434 843	0	2 803 449	1 850	10 519 180	0	1 753 002	18	302 208	0	10 036	22 566	838 217	0	12 354	15 502
1	江门市大长江集团有限公司	1 894 800	2 325 876	0	0	0	0	0	0	0	0	0	0	211 033	53 016	0	252 980	0	1 729 549	0	77 953	0	1 345	0	0	0	0	0	0	0
2	重庆隆鑫工业(集团)有限公司	930 595	1 511 684	0	59 196	0	207	0	31 470	319	6 863	0	36 802	0	125 914	0	343 059	0	600 341	0	189 649	0	65 888	0	2 801	0	39 733	0	9 427	15
3	重庆建设摩托车股份有限公司	—	1 373 109	6 060	73 747	0	0	0	944	60 101	0	0	664	0	160 259	0	365 868	0	598 612	0	72 388	0	29 107	0	0	0	4 227	0	1 132	0
4	中国嘉陵工业股份有限公司(集团)	1 318 525	1 371 865	0	117 308	0	0	0	122 541	0	0	0	96 330	0	121 583	0	198 994	0	575 517	0	134 298	0	2 028	0	0	0	3 266	0	0	0
5	力帆实业(集团)有限公司	971 752	1 332 038	27 537	0	0	0	0	17 521	0	402	0	7 838	0	206 864	0	277 266	0	556 004	0	194 466	0	44 140	0	0	0	0	0	0	0
6	钱江集团有限公司	1 064 823	1 236 977	196 706	2 590	0	7	0	0	0	0	0	3 783	26 752	122 335	0	134 091	0	659 744	0	80 253	0	10 716	0	0	0	0	0	0	0
7	宗申产业集团有限公司	760 082	1 198 003	0	46 072	0	0	0	56	0	0	0	24 438	0	167 918	0	99 842	0	402 398	0	77 956	0	57 300	0	0	0	322 023	0	0	0
8	洛阳北方企业集团有限公司	1 006 562	1 140 486	0	53 269	0	0	0	2 232	0	0	0	70 059	0	128 321	0	268 642	0	429 606	0	57 191	0	991	0	0	0	130 175	0	0	0
9	中国轻骑集团有限公司	877 813	912 385	36 960	77 928	0	0	0	0	442	0	26 932	0	4 653	68 264	0	156 515	0	435 251	0	34 177	0	22 323	0	0	4 382	44 558	0	0	0
10	金城集团有限公司	844 827	846 156	2 238	45 484	0	0	0	4 126	0	0	0	8 244	491 881	29 985	0	72 840	0	161 013	0	28 635	0	1 710	0	0	0	0	0	0	0
11	新大洲本田摩托有限公司	925 997	800 515	20	141 288	0	0	0	0	0	0	0	0	0	196 398	0	0	0	451 252	0	11 557	0	0	0	0	0	0	0	0	0
12	*洛阳北方易初摩托车有限公司	665 195	758 930	0	48 641	0	0	0	1 132	0	0	0	68 946	0	123 284	0	197 228	0	200 026	0	44 332	0	541	0	0	0	74 800	0	0	0
13	广州摩托集团公司	706 775	720 371	0	156	0	0	0	0	0	0	0	0	0	179 561	0	12 867	0	522 297	0	5 277	0	213	0	0	0	0	0	0	0
14	*五羊—本田摩托(广州)有限公司	638 038	665 668	0	0	0	0	0	0	0	0	0	0	0	177 446	0	9 047	0	479 175	0	0	0	0	0	0	0	0	0	0	0
15	*重庆劲隆摩托车制造有限公司	421 038	627 527	0	19 152	0	386	0	12 825	0	1 208	0	7 300	0	81 086	0	135 809	0	289 989	0	59 513	0	20 259	0	0	0	0	0	0	0
16	增城市海利摩托车有限公司	159 380	427 317	0	7 002	0	0	0	0	0	114	0	3	0	50 274	0	33 096	0	267 741	0	68 542	0	545	0	0	0	0	0	0	0
17	广州天马集团天马摩托车有限公司	414 255	420 565	0	5 448	0	0	0	0	0	0	0	0	0	173 760	0	30 259	0	200 102	0	10 996	0	0	0	0	0	0	0	0	0
18	广州市大阳摩托车有限公司	141 551	416 315	0	1 521	0	0	0	0	0	0	0	0	0	31 848	0	32 711	0	292 752	0	57 352	0	131	0	0	0	0	0	0	0
19	增城市奔马实业有限公司	153 161	315 632	0	650	0	0	0	6	0	0	0	0	0	2 038	0	39 126	0	211 344	0	62 468	0	0	0	0	0	0	0	0	0
20	广州番禺豪剑摩托车工业有限公司	138 066	290 230	0	13 346	0	0	0	0	0	0	0	0	0	27 589	0	42 197	0	160 246	0	44 974	0	1 878	0	0	0	0	0	0	0
21	重庆银翔摩托车(集团)有限公司	100 827	244 526	0	5 286	0	0	0	820	0	0	0	944	0	60 867	0	93 857	0	46 836	0	21 577	0	1 503	0	0	0	12 836	0	0	0
22	广州市番禺华南摩托企业集团有限公司	195 305	235 903	0	0	0	0	0	0	0	0	0	0	0	78 271	0	29 107	0	128 525	0	0	0	0	0	0	0	0	0	0	0
23	重庆鑫源摩托车制造有限公司	132 086	208 611	0	9 290	0	0	0	22 699	0	1 200	0	32 735	0	14 572	0	38 636	0	51 870	0	34 587	0	742	0	0	0	2 280	0	0	0
24	重庆银钢科技(集团)有限公司	113 142	167 119	0	8 650	0	0	0	1 346	0	1 540	0	2 681	0	26 424	0	20 169	0	82 330	0	22 367	0	1 612	0	0	0	0	0	0	0
25	山东福田重工股份有限公司	152 648	151 245	0	0	0	0	0	0	0	0	0	0	0	0	0	0	0	0	0	0	0	0	0	0	0	143 089	0	0	8 156
26	长春长铃集团有限公司	151 489	144 219	709	6 545	0	0	0	0	0	0	0	272	6 716	7 283	0	19 217	0	76 256	0	14 384	0	1 506	0	0	10 386	945	0	0	0
27	*重庆新感觉摩托车有限公司	87 670	138 035	433	0	0	0	0	0	0	17	0	460	0	20 755	0	38 939	0	39 890	0	36 107	0	1 379	0	0	0	55	0	0	0
28	广东大冶摩托车技术有限公司	111 631	135 464	0	0	0	0	0	0	0	0	0	0	0	35 893	0	0	0	67 735	0	31 836	0	0	0	0	0	0	0	0	0
29	南方摩托股份有限公司	139 150	123 128	0	5	0	0	0	0	0	0	0	0	0	47 399	0	9 480	1 850	60 964	0	3 430	0	0	0	0	0	0	0	0	0
30	广州天恒机车工业有限公司	34 360	120 971	0	964	0	0	0	0	0	0	0	1	0	7 094	0	8 283	0	90 911	0	13 711	0	7	0	0	0	0	0	0	0
31	广州林叶机电科技有限公司	42 001	119 868	0	0	0	0	0	0	0	0	0	0	0	27 610	0	0	0	62 115	0	30 143	0	0	0	0	0	0	0	0	0

续表 2

序号	企业名称	2005 年	2006 年	50 mL		60 mL		70 mL		80 mL		90 mL		100 mL		110 mL		125 mL		150 mL		≥250 mL		50 mL(三)		50 ~ 250 mL (三)		250 mL (三)		750 mL (三)
				(二)	(四)	(二)	(四)	(二)	(四)	(二)	(四)	(二)	(四)	(二)	(四)	(二)	(四)	(二)	(四)	(二)	(四)	(二)	(四)	(二)	(四)	(二)	(四)	(二)	(四)	(四)
32	常州光阳摩托车有限公司	90 604	118 033	0	42 154	0	0	0	0	0	0	0	0	0	732	0	42 087	0	32 997	0	63	0	0	0	0	0	0	0	0	0
33	浙江台州市王野动力有限公司	55 616	113 071	0	30 296	0	0	0	0	0	0	0	0	0	1 543	0	2 130	0	33 886	0	45 031	0	185	0	0	0	0	0	0	0
34	鹤山国机南联摩托车工业有限公司	60 885	94 703	0	0	0	0	0	0	0	0	0	0	0	5 114	0	10 085	0	73 408	0	6 096	0	0	0	0	0	0	0	0	0
35	本州车业集团有限公司	39 871	86 019	0	45 904	0	0	0	0	0	0	0	0	0	685	0	1 548	0	24 802	0	13 045	0	35	0	0	0	0	0	0	0
36	重庆航天巴山摩托车制造有限公司	40 759	83 490	0	4 409	0	0	0	5 543	0	132	0	2 415	0	1 319	0	25 243	0	19 835	0	15 959	0	1 109	0	0	0	7 526	0	0	0
37	江门市迪豪摩托车有限公司	82 811	82 895	0	1 225	0	0	0	0	0	0	0	0	0	12 736	0	0	0	62 050	0	6 851	0	33	0	0	0	0	0	0	0
38	重庆市双庆机电有限公司	14 139	80 842	0	10 741	0	0	0	19	0	166	0	149	0	1 723	0	25 777	0	14 236	0	11 826	0	779	0	0	0	15 412	0	14	0
39	江苏赤兔马有限公司	79 131	78 898	0	7 196	0	0	0	370	0	110	0	120	0	10 346	0	33	0	32 218	0	10 397	0	477	0	0	4	17 627	0	0	0
40	福建省晋江市三力机车有限公司	70 575	77 519	0	4 055	0	0	0	0	0	0	0	0	0	1 430	0	5 800	0	65 169	0	950	0	115	0	0	0	0	0	0	0
41	重庆望江摩托车制造有限公司	75 935	73 493	0	1 112	0	0	0	0	0	158	0	5	0	5 333	0	19 539	0	26 500	0	12 247	0	2 102	0	0	0	6 240	0	257	0
42	厦门厦杏摩托有限公司	60 485	72 780	0	0	0	0	0	0	0	0	0	0	0	8 071	0	9 376	0	52 872	0	2 239	0	222	0	0	0	0	0	0	0
43	广东银河摩托车实业有限公司	61 314	71 479	0	1 681	0	0	0	0	0	330	0	20	4 948	849	0	1 956	0	57 461	0	4 234	0	0	0	0	0	0	0	0	0
44	众星集团有限公司	118 560	70 789	0	7 223	0	0	0	0	0	0	0	0	0	7 149	0	16 992	0	25 237	0	14 188	0	0	0	0	0	0	0	0	0
45	广州三雅摩托车有限公司	21 829	69 135	0	22	0	0	0	0	0	0	0	0	0	7 220	0	0	0	57 216	0	4 671	0	6	0	0	0	0	0	0	0
46	浙江嘉爵摩托车制造有限公司	35 794	63 680	0	18 707	0	0	0	0	0	0	0	0	0	427	0	580	0	17 634	0	26 264	0	68	0	0	0	0	0	0	0
47	江苏林海动力机械集团公司	59 537	63 146	0	21 364	0	0	0	352	0	575	0	0	0	16 520	0	0	0	1 357	0	1 934	0	21 044	0	0	0	0	0	0	0
48	江门中裕摩托车集团有限公司	163 945	59 561	0	6 510	0	740	0	0	0	0	0	5	0	3 806	0	5 749	0	42 039	0	682	0	30	0	0	0	0	0	0	0
49	增城市东阳摩托车实业有限公司	35 080	58 516	0	0	0	0	0	0	0	0	0	0	0	1 524	0	1 415	0	49 448	0	6 129	0	0	0	0	0	0	0	0	0
50	广东富兴摩托车实业有限公司	68 926	58 325	0	0	0	0	0	0	0	0	0	0	0	6 180	0	283	0	49 364	0	2 498	0	0	0	0	0	0	0	0	0
51	常州市东方龙摩托车有限公司	8 592	57 950	0	4 902	0	0	0	0	0	0	0	0	0	46 716	0	0	0	6 332	0	0	0	0	0	0	0	0	0	0	0
52	上海杰士达摩托车有限公司	45 327	56 834	0	0	0	0	0	0	0	0	0	0	0	0	0	0	0	56 552	0	282	0	0	0	0	0	0	0	0	0
53	山东重骑摩托车(集团)厂	58 655	54 969	0	0	0	0	0	0	0	0	0	0	0	16 905	0	0	0	16 803	0	4 130	0	3 408	0	6 536	0	7 187	0	0	0
54	台州市凯通摩托车制造有限公司	20 032	53 444	0	12 824	0	0	0	0	0	0	0	0	0	35	0	0	0	18 907	0	21 041	0	637	0	0	0	0	0	0	0
55	江苏雄风机车有限公司	51 373	53 436	0	11 184	0	0	0	0	0	0	0	0	0	369	0	2 048	0	20 890	0	3 357	0	0	0	0	0	15 588	0	0	0
56	慈溪金轮机车制造有限公司	77 280	52 784	0	18 373	0	0	0	0	0	0	0	0	0	2 222	0	0	0	19 804	0	3 383	0	1 914	0	0	0	7 088	0	0	0
57	江苏林芝山阳集团有限公司	52 927	50 956	3 082	6 260	0	0	0	0	0	0	0	0	4 130	7 121	0	3 680	0	23 435	0	3 248	0	0	0	0	0	0	0	0	0
58	江苏新豪科技机车有限公司	53 511	50 824	0	6 423	0	0	0	0	0	0	0	0	0	3 225	0	0	0	34 395	0	6 781	0	0	0	0	0	0	0	0	0
59	康超集团广州摩托车制造有限公司	12 643	49 799	0	876	0	0	0	22	0	0	0	0	0	7 067	0	2 201	0	32 431	0	6 768	0	434	0	0	0	0	0	0	0
60	江苏宝雕机动车有限公司	63 179	49 017	0	12 029	0	0	0	0	0	0	0	0	0	9 642	0	0	0	17 912	0	7 749	0	1 685	0	0	0	0	0	0	0
61	江苏健龙新田摩托车制造有限公司	75 490	48 023	4 230	15 720	0	0	0	0	0	0	0	0	0	1 874	0	2 949	0	11 250	0	12 000	0	0	0	0	0	0	0	0	0
62	重庆光宇摩托车制造有限公司	18 351	44 858	0	11 204	0	0	0	3 485	0	0	0	480	0	742	0	11 447	0	8 395	0	6 602	0	1 833	0	0	0	670	0	0	0
63	江苏新陵摩托车制造有限公司	64 283	44 290	0	17 520	0	0	0	0	0	0	0	0	0	620	0	0	0	19 370	0	4 220	0	2 560	0	0	0	0	0	0	0

续表 2

序号	企业名称	2005 年	2006 年	50 mL		60 mL		70 mL		80 mL		90 mL		100 mL		110 mL		125 mL		150 mL		≥250 mL		50 mL(三)		50 ~ 250 mL (三)		250 mL (三)		750 mL (三)
				(二)	(四)	(二)	(四)	(二)	(四)	(二)	(四)	(二)	(四)	(二)	(四)	(二)	(四)	(二)	(四)	(二)	(四)	(二)	(四)	(二)	(四)	(二)	(四)	(二)	(四)	(四)
64	浙江雷克机械工业有限公司	33 660	44 135	0	12 870	0	0	0	0	0	0	0	0	0	836	0	0	0	21 950	0	8 479	0	0	0	0	0	0	0	0	0
65	无锡金霸王摩托车制造有限责任公司	45 100	41 746	10 236	0	0	0	0	0	0	0	0	0	0	9 255	0	0	0	12 410	0	9 810	0	35	0	0	0	0	0	0	0
66	广州峰光摩托车有限公司	21 295	38 904	0	305	0	0	0	0	0	0	0	0	0	3 204	0	2 105	0	30 824	0	2 466	0	0	0	0	0	0	0	0	0
67	山东华日摩托车股份有限公司	49 730	36 917	0	0	0	0	0	0	0	0	0	0	0	1 485	0	0	0	3 046	0	180	0	0	0	0	0	32 206	0	0	0
68	江苏创新摩托车制造有限公司	43 288	36 216	0	15 510	0	0	0	0	0	0	0	0	0	2 425	0	0	0	14 987	0	3 294	0	0	0	0	0	0	0	0	0
69	浙江凌田摩托车有限公司	11 389	35 690	0	6 518	0	0	0	0	0	0	0	0	0	174	0	64	0	17 418	0	11 486	0	30	0	0	0	0	0	0	0
70	汕头市东威摩托车有限公司	21 203	34 720	0	0	0	0	0	0	0	0	0	0	0	2 684	0	0	0	32 036	0	0	0	0	0	0	0	0	0	0	0
71	浙江幸福摩托机械有限公司	27 078	34 593	0	2 124	0	0	0	0	0	0	0	0	0	4 529	0	0	0	26 447	0	488	0	1 005	0	0	0	0	0	0	0
72	佛山市南海区大沥陆豪摩托车有限公司	36 000	34 000	0	0	0	0	0	0	0	0	0	0	0	0	0	0	0	34 000	0	0	0	0	0	0	0	0	0	0	0
73	广东省清远市清新联统实业有限公司	42 986	33 670	0	22 087	0	0	0	0	0	0	0	112	0	6 953	0	0	0	4 518	0	0	0	0	0	0	0	0	0	0	0
74	西藏新珠峰摩托车有限公司	—	33 514	0	0	0	0	0	0	0	0	0	0	0	4 999	0	9 227	0	10 014	0	9 274	0	0	0	0	0	0	0	0	0
75	惠州玛骐摩托车有限公司	28 862	32 158	0	34	0	0	0	0	0	0	0	0	0	6 587	0	0	0	25 537	0	0	0	0	0	0	0	0	0	0	0
76	珠海珠江车业有限公司	12 467	29 545	0	0	0	0	0	0	0	0	0	0	0	3 493	0	0	0	26 052	0	0	0	0	0	0	0	0	0	0	0
77	浙江凌云摩托车有限公司	11 778	29 359	0	0	0	0	0	0	0	0	0	0	0	16 542	0	12 817	0	0	0	0	0	0	0	0	0	0	0	0	0
78	浙江三友集团摩托车有限公司	25 170	28 663	0	1 268	0	0	0	0	0	0	0	0	0	143	0	0	0	22 258	0	4 994	0	0	0	0	0	0	0	0	0
79	浙江华田工业有限公司	11 842	28 626	0	105	0	0	0	0	0	0	0	0	0	0	0	0	0	24 370	0	4 151	0	0	0	0	0	0	0	0	0
80	泰兴市三迪摩托车有限公司	31 357	28 441	0	0	0	0	0	0	0	0	0	0	0	0	0	0	0	10 480	0	0	0	0	0	0	0	10 630	0	0	7 331
81	江苏金捷摩托制造有限公司	25 302	28 349	4 754	0	0	0	0	0	0	0	0	0	0	2 577	0	729	0	14 066	0	6 223	0	0	0	0	0	0	0	0	0
82	增城市英豪摩托车实业有限公司	5 369	27 514	0	0	0	0	0	0	0	0	0	0	0	251	0	1 911	0	19 801	0	5 551	0	0	0	0	0	0	0	0	0
83	春风控股集团有限公司	29 022	27 147	0	1	0	0	0	0	0	0	0	0	0	0	0	0	0	5 436	0	11 997	0	9 713	0	0	0	0	0	0	0
84	沈阳天利摩托车制造有限公司	0	26 837	0	0	0	0	0	0	0	0	0	0	0	6 863	0	0	0	19 974	0	0	0	0	0	0	0	0	0	0	0
85	宁波摩托车厂	41 635	23 434	160	0	0	0	0	0	0	0	121	0	0	11 493	0	0	0	11 378	0	0	0	282	0	0	0	0	0	0	0
86	上海美田摩托车有限公司	20 243	22 286	483	5 541	0	0	0	0	0	0	0	0	0	143	0	0	0	11 571	0	2 744	0	0	0	207	0	1 597	0	0	0
87	深圳益通机动车工业有限公司	12 915	21 568	0	0	0	0	0	0	0	0	0	0	0	0	0	0	0	21 568	0	0	0	0	0	0	0	0	0	0	0
88	烟台开发区虎跃摩托车有限公司	27 589	20 146	0	0	0	0	0	0	0	0	0	0	0	0	0	0	0	12 352	0	0	0	0	0	0	7 794	0	0	0	0
89	吉利集团浙江摩托车有限公司	11 950	19 595	9 361	0	0	0	0	0	0	0	0	0	760	0	0	0	0	5 213	0	4 212	0	49	0	0	0	0	0	0	0
90	无锡市金洪摩托车有限责任公司	20 958	19 239	0	0	0	0	0	0	0	0	0	0	0	994	0	0	0	16 566	0	1 661	18	0	0	0	0	0	0	0	0
91	浙江黄岩三叶集团有限公司	17 931	18 356	0	0	0	0	0	0	0	0	0	0	0	0	0	0	0	18 356	0	0	0	0	0	0	0	0	0	0	0
92	江苏大红成莱宝驰机车制造有限公司	43 233	17 799	0	202	0	0	0	0	0	0	0	0	0	0	0	2 083	0	11 615	0	3 653	0	246	0	0	0	0	0	0	0
93	台州市椒江之威摩托车制造有限公司	15 064	17 498	0	0	0	0	0	0	0	0	0	0	0	0	0	0	0	13 902	0	3 596	0	0	0	0	0	0	0	0	0
94	立峰集团有限公司	12 978	15 828	0	940	0	0	0	0	0	0	0	0	0	521	0	0	0	1 970	0	5 238	0	7 159	0	0	0	0	0	0	0
95	宁波东方凌云车辆制造有限公司	31 075	15 643	0	1 152	0	0	0	0	0	0	0	0	0	126	0	0	0	10 992	0	1 776	0	73	0	0	0	0	0	1 524	0

续表 2

序号	企业名称	2005 年	2006 年	50 mL		60 mL		70 mL		80 mL		90 mL		100 mL		110 mL		125 mL		150 mL		≥250 mL		50 mL(三)		50 ~ 250 mL (三)		250 mL (三)		750 mL (三)
				(二)	(四)	(二)	(四)	(二)	(四)	(二)	(四)	(二)	(四)	(二)	(四)	(二)	(四)	(二)	(四)	(二)	(四)	(二)	(四)	(二)	(四)	(二)	(四)	(二)	(四)	(四)
96	上海幸福摩托车总厂	11 901	13 268	0	32	0	0	0	0	0	0	0	0	0	0	0	484	0	12 696	0	56	0	0	0	0	0	0	0	0	0
97	镇江跃进机械厂有限公司	14 151	12 281	0	0	0	0	0	0	0	0	0	0	0	0	0	0	0	534	0	0	0	0	0	16	0	11 731	0	0	0
98	东莞市东阳摩托车有限公司	14 800	10 552	0	0	0	0	0	0	0	0	0	0	0	3 645	0	0	0	6 907	0	0	0	0	0	0	0	0	0	0	0
99	无锡富通摩托车有限公司	49 792	9 628	0	3 353	0	0	0	0	0	0	0	0	0	582	0	199	0	3 893	0	1 143	0	458	0	0	0	0	0	0	0
100	中山国驰摩托车实业有限公司	6 221	9 091	0	0	0	0	0	0	0	0	0	0	0	488	0	845	0	6 864	0	894	0	0	0	0	0	0	0	0	0
101	佛山市佛斯弟摩托车制造有限公司	—	7 537	0	0	0	0	0	0	0	0	0	0	0	0	0	0	0	7 537	0	0	0	0	0	0	0	0	0	0	0
102	常熟市轻型摩托车厂	13 569	7 097	0	2 341	0	0	0	0	0	0	0	0	0	701	0	0	0	2 718	0	1 337	0	0	0	0	0	0	0	0	0
103	江门市华日集团有限公司	23 424	6 679	0	168	0	0	0	0	0	0	0	0	0	184	0	68	0	5 834	0	425	0	0	0	0	0	0	0	0	0
104	重庆精通工业集团有限公司	33 513	6 418	0	550	0	0	0	0	0	0	0	1 998	0	700	0	590	0	1 430	0	550	0	0	0	0	0	600	0	0	0
105	广州市白云区智泰摩托车有限公司	13 939	5 970	0	0	0	0	0	0	0	0	0	0	0	204	0	221	0	3 784	0	980	0	781	0	0	0	0	0	0	0
106	泰州春兰摩托车厂	15 872	5 697	0	617	0	0	0	0	0	0	0	0	0	812	0	1 772	0	2 480	0	0	0	16	0	0	0	0	0	0	0
107	浙江日雅摩托车有限公司	8 991	5 164	0	6	0	0	0	0	0	0	0	0	0	0	0	1	0	4 316	0	365	0	0	0	476	0	0	0	0	0
108	常州福莱特摩托车有限公司	11 163	4 651	0	1 391	0	0	0	0	0	0	0	0	0	292	0	273	0	1 496	0	216	0	0	0	0	0	983	0	0	0
109	东莞市东毅摩托车有限公司	5 208	3 212	0	0	0	0	0	0	0	0	0	0	0	373	0	40	0	2 068	0	731	0	0	0	0	0	0	0	0	0
110	天津钟阳迅达摩托有限公司	2 160	0	0	0	0	0	0	0	0	0	0	0	0	0	0	0	0	0	0	0	0	0	0	0	0	0	0	0	0
111	任丘白洋淀摩托车有限责任公司	2 460	0	0	0	0	0	0	0	0	0	0	0	0	0	0	0	0	0	0	0	0	0	0	0	0	0	0	0	0
112	无锡雅西摩托车厂	1 860	0	0	0	0	0	0	0	0	0	0	0	0	0	0	0	0	0	0	0	0	0	0	0	0	0	0	0	0
113	宁波新鑫龙腾摩托车有限公司	18 817	0	0	0	0	0	0	0	0	0	0	0	0	0	0	0	0	0	0	0	0	0	0	0	0	0	0	0	0
114	江西洪都航空工业集团有限责任公司	1 173	0	0	0	0	0	0	0	0	0	0	0	0	0	0	0	0	0	0	0	0	0	0	0	0	0	0	0	0
115	江西赣江机械厂	516	0	0	0	0	0	0	0	0	0	0	0	0	0	0	0	0	0	0	0	0	0	0	0	0	0	0	0	0
116	济南南海大福摩托车有限公司	12 700	0	0	0	0	0	0	0	0	0	0	0	0	0	0	0	0	0	0	0	0	0	0	0	0	0	0	0	0
117	洛阳普天黄河摩托车厂	1 251	0	0	0	0	0	0	0	0	0	0	0	0	0	0	0	0	0	0	0	0	0	0	0	0	0	0	0	0
118	潜江嘉通摩托车制造有限责任公司	1 033	0	0	0	0	0	0	0	0	0	0	0	0	0	0	0	0	0	0	0	0	0	0	0	0	0	0	0	0
119	山南金鹰摩托车有限公司	22 678	0	0	0	0	0	0	0	0	0	0	0	0	0	0	0	0	0	0	0	0	0	0	0	0	0	0	0	0
120	国营长江动力机械厂	14	0	0	0	0	0	0	0	0	0	0	0	0	0	0	0	0	0	0	0	0	0	0	0	0	0	0	0	0
121	佛山市佛斯弟摩托车企业集团有限公司	23 361	0	0	0	0	0	0	0	0	0	0	0	0	0	0	0	0	0	0	0	0	0	0	0	0	0	0	0	0
122	江门市云豹摩托车有限公司	6 290	0	0	0	0	0	0	0	0	0	0	0	0	0	0	0	0	0	0	0	0	0	0	0	0	0	0	0	0
123	江门气派摩托车有限公司	77 809	0	0	0	0	0	0	0	0	0	0	0	0	0	0	0	0	0	0	0	0	0	0	0	0	0	0	0	0
124	广西玉林锋钿摩托车有限公司	230	0	0	0	0	0	0	0	0	0	0	0	0	0	0	0	0	0	0	0	0	0	0	0	0	0	0	0	0
125	建设工业(集团)有限责任公司	1 256 514	0	0	0	0	0	0	0	0	0	0	0	0	0	0	0	0	0	0	0	0	0	0	0	0	0	0	0	0
126	西藏珠峰工业股份有限公司	7 765	0	0	0	0	0	0	0	0	0	0	0	0	0	0	0	0	0	0	0	0	0	0	0	0	0	0	0	0

注 江苏新豪科技机车有限公司数据为 2006 年 1—11 月份累计。

表 3　2006 年部分企业摩托车分排量销量

辆

序号	企业名称	2005 年	2006 年	50 mL (二)	50 mL (四)	60 mL (二)	60 mL (四)	70 mL (二)	70 mL (四)	80 mL (二)	80 mL (四)	90 mL (二)	90 mL (四)	100 mL (二)	100 mL (四)	110 mL (二)	110 mL (四)	125 mL (二)	125 mL (四)	150 mL (二)	150 mL (四)	≥250 mL (二)	≥250 mL (四)	50 mL(三) (二)	50 mL(三) (四)	50 ~ 250 mL (三) (二)	50 ~ 250 mL (三) (四)	250 mL (三) (二)	250 mL (三) (四)	750 mL (三) (四)
	合计	17 727 490	21 266 728	307 343	1 072 838	10	995	0	229 267	57 499	11 480	27 052	292 579	744 117	2 443 263	1 239	2 758 459	1 850	10 396 589	0	1 733 495	18	298 856	726	10 005	23 564	827 737	0	12 354	15 393
1	江门市大长江集团有限公司	1 903 586	2 303 621	0	0	0	0	0	0	0	0	0	0	203 502	50 272	0	254 315	0	1 716 594	0	77 593	0	1 345	0	0	0	0	0	0	0
2	重庆隆鑫工业(集团)有限公司	920 291	1 506 625	0	58 974	0	207	0	31 596	319	6 883	0	37 361	0	126 245	1 239	340 366	0	597 565	0	188 920	0	64 974	0	2 801	0	39 733	0	9 427	15
3	中国嘉陵工业股份有限公司(集团)	1 303 766	1 375 719	0	117 069	0	0	0	136 691	0	0	0	95 697	0	119 209	0	193 740	0	574 695	0	133 843	0	1 997	0	0	0	2 778	0	0	0
4	重庆建设摩托车股份有限公司	—	1 371 939	7 199	73 816	10	0	0	718	56 738	0	0	1 283	0	166 318	0	359 770	0	600 698	0	71 363	0	28 834	0	0	0	4 060	0	1 132	0
5	力帆实业(集团)有限公司	950 988	1 331 369	27 713	0	0	0	0	17 277	0	408	0	8 041	0	210 546	0	269 366	0	558 017	0	197 746	0	42 255	0	0	0	0	0	0	0
6	钱江集团有限公司	1 086 107	1 235 264	196 203	2 556	0	48	0	0	0	0	0	3 757	26 858	122 830	0	134 024	0	657 348	0	80 776	0	10 864	0	0	0	0	0	0	0
7	宗申产业集团有限公司	757 228	1 198 357	0	46 033	0	0	0	56	0	0	0	24 445	0	167 842	0	99 599	0	403 312	0	77 687	0	56 899	0	0	0	322 484	0	0	0
8	洛阳北方企业集团有限公司	1 023 279	1 149 633	0	53 351	0	0	0	2 289	0	0	0	72 584	0	128 194	0	269 433	0	436 151	0	57 517	0	990	0	0	0	129 124	0	0	0
9	中国轻骑集团有限公司	883 014	918 198	38 023	78 692	0	0	0	0	442	0	26 932	0	4 655	70 724	0	152 738	0	438 809	0	34 843	0	22 486	119	0	4 511	45 224	0	0	0
10	金城集团有限公司	903 513	827 838	2 845	45 619	0	0	0	8 041	0	0	0	6 229	492 456	29 569	0	60 206	0	152 802	0	27 860	0	2 211	0	0	0	0	0	0	0
11	*洛阳北方易初摩托车有限公司	681 246	767 555	0	47 570	0	0	0	1 123	0	0	0	71 239	0	123 236	0	199 193	0	205 859	0	44 765	0	541	0	0	0	74 029	0	0	0
12	新大洲本田摩托有限公司	926 076	756 926	980	147 517	0	0	0	0	0	0	0	0	0	189 581	0	0	0	409 112	0	9 734	0	2	0	0	0	0	0	0	0
13	广州摩托集团公司	675 635	712 773	0	150	0	0	0	0	0	0	0	0	0	185 939	0	10 276	0	510 911	0	5 273	0	224	0	0	0	0	0	0	0
14	*五羊—本田摩托(广州)有限公司	604 228	658 239	0	0	0	0	0	0	0	0	0	0	0	183 712	0	6 456	0	468 071	0	0	0	0	0	0	0	0	0	0	0
15	*重庆劲隆摩托车制造有限公司	412 517	624 927	0	18 496	0	386	0	12 939	0	1 208	0	7 089	0	81 514	0	135 375	0	288 556	0	59 102	0	20 262	0	0	0	0	0	0	0
16	增城市海利摩托车有限公司	151 845	423 757	0	7 014	0	0	0	0	0	114	0	3	0	49 461	0	32 714	0	265 829	0	68 084	0	538	0	0	0	0	0	0	0
17	广州天马集团天马摩托车有限公司	416 851	419 884	0	5 418	0	0	0	0	0	0	0	0	0	173 609	0	30 158	0	199 673	0	11 026	0	0	0	0	0	0	0	0	0
18	广州市大阳摩托车有限公司	137 850	412 755	0	1 485	0	0	0	0	0	0	0	0	0	31 171	0	31 785	0	291 708	0	56 475	0	131	0	0	0	0	0	0	0
19	增城市奔马实业有限公司	102 462	267 809	0	148	0	0	0	0	0	0	0	0	0	1 478	0	37 285	0	182 013	0	46 885	0	0	0	0	0	0	0	0	0
20	广州番禺豪剑摩托车工业有限公司	136 818	261 097	0	12 152	0	0	0	0	0	0	0	0	0	27 677	0	40 288	0	133 332	0	45 415	0	2 233	0	0	0	0	0	0	0
21	重庆银翔摩托车(集团)有限公司	99 362	243 746	0	5 127	0	0	0	820	0	0	0	1 004	0	61 217	0	93 947	0	46 396	0	21 375	0	1 481	0	0	0	12 379	0	0	0
22	广州市番禺华南摩托企业集团有限公司	194 993	228 662	0	0	0	0	0	0	0	0	0	0	0	76 906	0	28 890	0	122 866	0	0	0	0	0	0	0	0	0	0	0
23	重庆鑫源摩托车制造有限公司	131 022	202 589	0	8 540	0	0	0	20 639	0	1 200	0	33 069	0	14 572	0	37 588	0	50 322	0	33 637	0	742	0	0	0	2 280	0	0	0
24	重庆银钢科技(集团)有限公司	108 851	168 998	0	8 272	0	0	0	1 346	0	1 540	0	2 681	0	27 965	0	20 329	0	83 049	0	22 208	0	1 608	0	0	0	0	0	0	0
25	山东福田重工股份有限公司	150 518	150 041	0	0	0	0	0	0	0	0	0	0	0	0	0	0	0	0	0	0	0	0	0	0	0	141 943	0	0	8 098
26	长春长铃集团有限公司	155 836	145 489	709	6 545	0	0	0	0	0	0	0	272	6 731	7 492	0	19 321	0	77 346	0	14 411	0	1 508	0	0	10 274	880	0	0	0
27	*重庆新感觉摩托车有限公司	83 376	139 383	453	0	0	0	0	0	0	52	0	473	0	20 699	0	39 958	0	39 944	0	36 482	0	1 267	0	0	0	55	0	0	0
28	广东大冶摩托车技术有限公司	111 631	132 305	0	0	0	0	0	0	0	0	0	0	0	34 949	0	0	0	66 148	0	31 208	0	0	0	0	0	0	0	0	0
29	南方摩托股份有限公司	143 440	123 128	0	5	0	0	0	0	0	0	0	0	0	47 399	0	9 480	1 850	60 964	0	3 430	0	0	0	0	0	0	0	0	0
30	广州林叶机电科技有限公司	38 887	122 305	0	0	0	0	0	0	0	0	0	0	0	27 857	0	0	0	63 182	0	31 266	0	0	0	0	0	0	0	0	0

续表 3

序号	企业名称	2005 年	2006 年	50 mL		60 mL		70 mL		80 mL		90 mL		100 mL		110 mL		125 mL		150 mL		≥250 mL		50 mL(三)		50 ~ 250 mL (三)		250 mL (三)		750 mL (三)
				(二)	(四)	(二)	(四)	(二)	(四)	(二)	(四)	(二)	(四)	(二)	(四)	(二)	(四)	(二)	(四)	(二)	(四)	(二)	(四)	(二)	(四)	(二)	(四)	(二)	(四)	(四)
31	广州天恒机车工业有限公司	34 346	119 733	0	960	0	0	0	0	0	0	0	1	0	7 114	0	8 237	0	89 706	0	13 708	0	7	0	0	0	0	0	0	0
32	常州光阳摩托车有限公司	88 069	118 214	26	42 291	0	0	0	0	0	0	0	0	0	710	0	42 498	0	32 631	0	58	0	0	0	0	0	0	0	0	0
33	浙江台州市王野动力有限公司	56 283	112 663	0	30 604	0	0	0	0	0	0	0	0	0	1 361	0	2 130	0	33 647	0	44 736	0	185	0	0	0	0	0	0	0
34	鹤山国机南联摩托车工业有限公司	60 449	95 764	0	0	0	0	0	0	0	0	0	0	0	5 299	0	10 180	0	74 294	0	5 991	0	0	0	0	0	0	0	0	0
35	本州车业集团有限公司	38 871	86 306	0	45 752	0	0	0	0	0	0	0	0	0	462	0	1 519	0	25 332	0	13 213	0	28	0	0	0	0	0	0	0
36	江门市迪豪摩托车有限公司	80 624	86 300	0	1 393	0	0	0	0	0	0	0	0	0	12 802	0	0	0	64 614	0	7 459	0	32	0	0	0	0	0	0	0
37	众星集团有限公司	117 570	85 566	0	7 369	0	0	0	0	0	0	0	0	0	8 773	0	19 617	0	34 307	0	15 500	0	0	0	0	0	0	0	0	0
38	重庆航天巴山摩托车制造有限公司	37 967	84 560	0	4 379	0	0	0	5 488	0	132	0	2 426	0	1 393	0	25 874	0	20 202	0	16 082	0	1 099	0	0	0	7 485	0	0	0
39	江苏赤兔马有限公司	78 653	79 012	0	7 171	0	0	0	370	0	110	0	120	0	10 296	0	33	0	32 372	0	10 431	0	478	0	0	4	17 627	0	0	0
40	福建省晋江市三力机车有限公司	76 965	74 254	0	4 055	0	0	0	0	0	0	0	0	0	1 424	0	5 917	0	62 096	0	554	0	208	0	0	0	0	0	0	0
41	厦门厦杏摩托有限公司	62 702	73 763	0	0	0	0	0	0	0	0	0	0	0	8 094	0	9 184	0	54 026	0	2 238	0	221	0	0	0	0	0	0	0
42	重庆望江摩托车制造有限公司	73 804	72 300	0	1 059	0	0	0	0	0	158	0	5	0	5 216	0	19 032	0	26 139	0	12 175	0	2 019	0	0	0	6 240	0	257	0
43	广东银河摩托车实业有限公司	61 380	71 397	0	1 681	0	0	0	0	0	330	0	20	5 019	898	0	2 020	0	57 012	0	4 417	0	0	0	0	0	0	0	0	0
44	广州三雅摩托车有限公司	21 550	68 166	0	22	0	0	0	0	0	0	0	0	0	7 236	0	0	0	56 278	0	4 624	0	6	0	0	0	0	0	0	0
45	江苏林海动力机械集团公司	60 846	65 499	146	21 165	0	0	0	410	0	575	0	0	0	17 488	0	0	0	1 414	0	2 976	0	20 718	607	0	0	0	0	0	0
46	增城市东阳摩托车实业有限公司	30 134	64 018	0	0	0	0	0	0	0	0	0	0	0	1 586	0	1 554	0	54 293	0	6 585	0	0	0	0	0	0	0	0	0
47	江门中裕摩托车集团有限公司	160 912	62 617	0	6 372	0	740	0	0	0	0	0	5	0	5 192	0	6 359	0	43 193	0	720	0	36	0	0	0	0	0	0	0
48	浙江嘉爵摩托车制造有限公司	35 881	62 273	0	17 821	0	0	0	0	0	0	0	0	0	427	0	580	0	17 397	0	25 980	0	68	0	0	0	0	0	0	0
49	重庆市双庆机电有限公司	14 139	60 547	0	6 975	0	0	0	19	0	30	0	50	0	1 390	0	22 739	0	10 703	0	9 203	0	779	0	0	0	8 645	0	14	0
50	上海杰士达摩托车有限公司	42 425	59 190	0	0	0	0	0	0	0	0	0	0	0	0	0	0	0	58 908	0	282	0	0	0	0	0	0	0	0	0
51	广东富兴摩托车实业有限公司	68 942	58 272	0	0	0	0	0	0	0	0	0	0	0	6 182	0	280	0	49 335	0	2 475	0	0	0	0	0	0	0	0	0
52	常州市东方龙摩托车有限公司	8 623	57 981	0	4 797	0	0	0	0	0	0	0	0	0	46 719	0	0	0	6 439	0	26	0	0	0	0	0	0	0	0	0
53	山东重骑摩托车(集团)厂	58 812	55 191	0	0	0	0	0	0	0	0	0	0	0	17 081	0	0	0	16 775	0	4 118	0	3 393	0	6 526	0	7 298	0	0	0
54	慈溪金轮机车制造有限公司	79 380	55 017	0	19 355	0	0	0	0	0	0	0	0	0	2 468	0	0	0	20 785	0	3 413	0	1 922	0	0	0	7 074	0	0	0
55	台州市凯通摩托车制造有限公司	20 066	53 629	0	12 769	0	0	0	0	0	0	0	0	0	35	0	0	0	19 192	0	20 996	0	637	0	0	0	0	0	0	0
56	江苏雄风机车有限公司	51 182	53 571	0	11 144	0	0	0	0	0	0	0	0	0	378	0	2 063	0	21 083	0	3 376	0	0	0	0	0	15 527	0	0	0
57	江苏新豪科技机车有限公司	54 019	51 118	0	6 447	0	0	0	0	0	0	0	0	4 130	3 250	0	0	0	34 361	0	7 060	0	0	0	0	0	0	0	0	0
58	江苏林芝山阳集团有限公司	52 927	50 956	3 082	6 260	0	0	0	0	0	0	0	0	0	7 121	0	3 680	0	23 435	0	3 248	0	0	0	0	0	0	0	0	0
59	康超集团广州摩托车制造有限公司	11 156	50 672	0	815	0	0	0	22	0	0	0	0	0	7 134	0	2 175	0	33 346	0	6 746	0	434	0	0	0	0	0	0	0
60	江苏宝雕机动车有限公司	63 179	49 017	0	12 029	0	0	0	0	0	0	0	0	0	9 642	0	0	0	17 912	0	7 749	0	1 685	0	0	0	0	0	0	0
61	江苏健龙新田摩托车制造有限公司	76 705	47 031	4 215	15 591	0	0	0	0	0	0	0	0	0	1 898	0	3 048	0	11 002	0	11 277	0	0	0	0	0	0	0	0	0
62	重庆光宇摩托车制造有限公司	18 732	44 598	0	11 204	0	0	0	3 485	0	0	0	480	0	742	0	11 346	0	8 240	0	6 598	0	1 833	0	0	0	670	0	0	0

续表 3

序号	企业名称	2005 年	2006 年	50 mL		60 mL		70 mL		80 mL		90 mL		100 mL		110 mL		125 mL		150 mL		≥250 mL		50 mL(三)		50 ~ 250 mL (三)		250 mL (三)		750 mL (三)
				(二)	(四)	(二)	(四)	(二)	(四)	(二)	(四)	(二)	(四)	(二)	(四)	(二)	(四)	(二)	(四)	(二)	(四)	(二)	(四)	(二)	(四)	(二)	(四)	(二)	(四)	(四)
63	江苏新陵摩托车制造有限公司	64 241	44 245	0	17 545	0	0	0	0	0	0	0	0	0	635	0	0	0	19 317	0	4 230	0	2 518	0	0	0	0	0	0	0
64	浙江雷克机械工业有限公司	33 362	43 715	0	12 718	0	0	0	0	0	0	0	0	0	834	0	0	0	21 742	0	8 421	0	0	0	0	0	0	0	0	0
65	无锡金霸王摩托车制造有限责任公司	45 100	41 746	10 236	0	0	0	0	0	0	0	0	0	0	9 255	0	0	0	12 410	0	9 810	0	35	0	0	0	0	0	0	0
66	山东华日摩托车股份有限公司	56 289	40 614	1 360	0	0	0	0	0	0	0	0	1 010	0	1 351	0	0	0	3 369	0	1 265	0	0	0	0	960	31 299	0	0	0
67	广州峰光摩托车有限公司	21 299	38 346	0	305	0	0	0	0	0	0	0	0	0	3 261	0	2 090	0	30 301	0	2 389	0	0	0	0	0	0	0	0	0
68	江苏创新摩托车制造有限公司	43 243	36 279	0	15 510	0	0	0	0	0	0	0	0	0	2 434	0	0	0	15 003	0	3 332	0	0	0	0	0	0	0	0	0
69	浙江凌田摩托车有限公司	11 361	35 312	0	6 518	0	0	0	0	0	0	0	0	0	174	0	64	0	17 052	0	11 474	0	30	0	0	0	0	0	0	0
70	浙江幸福摩托机械有限公司	27 333	34 798	0	2 088	0	0	0	0	0	0	0	0	0	4 408	0	0	0	26 861	0	488	0	953	0	0	0	0	0	0	0
71	汕头市东威摩托车有限公司	21 168	34 750	0	0	0	0	0	0	0	0	0	0	0	2 685	0	0	0	32 065	0	0	0	0	0	0	0	0	0	0	0
72	广东省清远市清新联统实业有限公司	42 573	34 446	0	22 271	0	0	0	0	0	0	0	112	0	6 953	0	0	0	5 110	0	0	0	0	0	0	0	0	0	0	0
73	佛山市南海区大沥陆豪摩托车有限公司	36 000	34 000	0	0	0	0	0	0	0	0	0	0	0	0	0	0	0	34 000	0	0	0	0	0	0	0	0	0	0	0
74	西藏新珠峰摩托车有限公司	—	33 106	0	0	0	0	0	0	0	0	0	0	0	5 156	0	9 025	0	9 743	0	9 182	0	0	0	0	0	0	0	0	0
75	惠州玛骐摩托车有限公司	30 044	32 002	0	5	0	0	0	0	0	0	0	0	0	6 893	0	0	0	25 095	0	0	0	9	0	0	0	0	0	0	0
76	珠海珠江车业有限公司	12 242	29 544	0	0	0	0	0	0	0	0	0	0	0	3 511	0	0	0	26 033	0	0	0	0	0	0	0	0	0	0	0
77	浙江凌云摩托车有限公司	11 778	29 237	0	0	0	0	0	0	0	0	0	0	0	16 513	0	12 691	0	3	0	30	0	0	0	0	0	0	0	0	0
78	浙江三友集团摩托车有限公司	25 020	28 693	0	1 268	0	0	0	0	0	0	0	0	0	143	0	0	0	22 288	0	4 994	0	0	0	0	0	0	0	0	0
79	浙江华田工业有限公司	11 802	28 555	0	105	0	0	0	0	0	0	0	0	0	0	0	0	0	24 302	0	4 148	0	0	0	0	0	0	0	0	0
80	泰兴市三迪摩托车有限公司	31 184	28 280	0	0	0	0	0	0	0	0	0	0	0	0	0	0	0	10 430	0	0	0	0	0	0	0	10 570	0	0	7 280
81	江苏金捷摩托制造有限公司	26 159	28 098	4 692	0	0	0	0	0	0	0	0	0	0	2 592	0	725	0	13 991	0	6 098	0	0	0	0	0	0	0	0	0
82	增城市英豪摩托车实业有限公司	5 103	26 530	0	0	0	0	0	0	0	0	0	0	0	244	0	1 849	0	19 495	0	4 942	0	0	0	0	0	0	0	0	0
83	春风控股集团有限公司	28 463	25 177	0	0	0	0	0	0	0	0	0	0	0	0	0	0	0	5 000	0	10 980	0	9 197	0	0	0	0	0	0	0
84	沈阳天利摩托车制造有限公司	0	24 589	0	0	0	0	0	0	0	0	0	0	0	6 250	0	0	0	18 339	0	0	0	0	0	0	0	0	0	0	0
85	宁波摩托车厂	41 571	23 454	160	0	0	0	0	0	0	0	120	0	0	11 496	0	0	0	11 402	0	0	0	276	0	0	0	0	0	0	0
86	上海美田摩托车有限公司	20 493	22 441	584	5 599	0	0	0	0	0	0	0	0	0	126	0	0	0	11 596	0	2 745	0	0	0	197	0	1 594	0	0	0
87	深圳益通机动车工业有限责任公司	13 071	20 678	0	0	0	0	0	0	0	0	0	0	0	0	0	0	0	20 678	0	0	0	0	0	0	0	0	0	0	0
88	烟台开发区虎跃摩托车有限公司	27 501	20 295	0	0	0	0	0	0	0	0	0	0	0	0	0	0	0	12 480	0	0	0	0	0	0	7 815	0	0	0	0
89	无锡市金洪摩托车有限责任公司	20 872	19 336	0	0	0	0	0	0	0	0	0	0	0	1 003	0	0	0	16 633	0	1 682	18	0	0	0	0	0	0	0	0
90	吉利集团浙江摩托车有限公司	12 217	19 027	9 158	0	0	0	0	0	0	0	0	0	754	0	0	0	0	5 046	0	4 021	0	48	0	0	0	0	0	0	0
91	浙江黄岩三叶集团有限公司	17 193	18 690	0	0	0	0	0	0	0	0	0	0	0	0	0	0	0	18 690	0	0	0	0	0	0	0	0	0	0	0
92	江苏大红成莱宝驰机车制造有限公司	43 260	17 787	0	202	0	0	0	0	0	0	0	0	0	0	0	2 075	0	11 607	0	3 657	0	246	0	0	0	0	0	0	0
93	台州市椒江之威摩托车制造有限公司	15 199	17 492	0	0	0	0	0	0	0	0	0	0	0	0	0	0	0	13 896	0	3 596	0	0	0	0	0	0	0	0	0
94	宁波东方凌云车辆制造有限公司	31 075	15 643	0	1 152	0	0	0	0	0	0	0	0	0	126	0	0	0	10 992	0	1 776	0	73	0	0	0	0	0	1 524	0

续表 3

序号	企业名称	2005年	2006年	50 mL		60 mL		70 mL		80 mL		90 mL		100 mL		110 mL		125 mL		150 mL		≥250 mL		50 mL(三)		50 ~ 250 mL (三)		250 mL (三)		750 mL (三)
				(二)	(四)	(二)	(四)	(二)	(四)	(二)	(四)	(二)	(四)	(二)	(四)	(二)	(四)	(二)	(四)	(二)	(四)	(二)	(四)	(二)	(四)	(二)	(四)	(二)	(四)	(四)
95	立峰集团有限公司	13 744	14 872	0	910	0	0	0	0	0	0	0	0	0	318	0	0	0	1 767	0	4 978	0	6 899	0	0	0	0	0	0	0
96	上海幸福摩托车总厂	11 463	13 304	0	33	0	0	0	0	0	0	0	0	0	0	0	635	0	12 566	0	70	0	0	0	0	0	0	0	0	0
97	镇江跃进机械厂有限公司	14 268	12 336	0	0	0	0	0	0	0	0	0	0	0	0	0	0	0	534	0	0	0	0	0	17	0	11 785	0	0	0
98	东莞市东阳摩托车有限公司	14 800	10 552	0	0	0	0	0	0	0	0	0	0	0	3 645	0	0	0	6 907	0	0	0	0	0	0	0	0	0	0	0
99	无锡富通摩托车有限公司	49 122	10 357	0	3 517	0	0	0	0	0	0	0	0	0	590	0	157	0	4 306	0	1 165	0	622	0	0	0	0	0	0	0
100	佛山市佛斯弟摩托车制造有限公司	—	7 537	0	0	0	0	0	0	0	0	0	0	0	0	0	0	0	7 537	0	0	0	0	0	0	0	0	0	0	0
101	常熟市轻型摩托车厂	13 569	7 214	0	2 395	0	0	0	0	0	0	0	0	0	764	0	0	0	2 718	0	1 337	0	0	0	0	0	0	0	0	0
102	江门市华日集团有限公司	23 103	6 528	0	168	0	0	0	0	0	0	0	0	0	183	0	68	0	5 738	0	371	0	0	0	0	0	0	0	0	0
103	广州市白云区智泰摩托车有限公司	14 245	6 236	0	0	0	0	0	0	0	0	0	0	0	311	0	321	0	3 801	0	1 007	0	796	0	0	0	0	0	0	0
104	中山国驰摩托车实业有限公司	6 379	5 903	0	0	0	0	0	0	0	0	0	0	0	354	0	476	0	4 307	0	766	0	0	0	0	0	0	0	0	0
105	重庆精通工业集团有限公司	32 346	5 801	0	550	0	0	0	0	0	0	0	1 924	0	700	0	606	0	1 430	0	536	0	0	0	0	0	55	0	0	0
106	泰州春兰摩托车厂	17 924	5 695	12	619	0	0	0	0	0	0	0	0	12	857	0	1 680	0	2 471	0	0	0	44	0	0	0	0	0	0	0
107	浙江日雅摩托车有限公司	8 681	5 424	0	6	0	0	0	0	0	0	0	0	0	0	0	1	0	4 598	0	355	0	0	0	464	0	0	0	0	0
108	常州福莱特摩托车有限公司	11 189	4 651	0	1 391	0	0	0	0	0	0	0	0	0	292	0	273	0	1 496	0	216	0	0	0	0	0	983	0	0	0
109	东莞市东毅摩托车有限公司	5 820	3 391	0	0	0	0	0	0	0	0	0	0	0	373	0	40	0	2 133	0	845	0	0	0	0	0	0	0	0	0
110	天津钟阳迅达摩托车有限公司	2 172	0	0	0	0	0	0	0	0	0	0	0	0	0	0	0	0	0	0	0	0	0	0	0	0	0	0	0	0
111	任丘白洋淀摩托车有限责任公司	2 328	0	0	0	0	0	0	0	0	0	0	0	0	0	0	0	0	0	0	0	0	0	0	0	0	0	0	0	0
112	无锡雅西摩托车厂	1 860	0	0	0	0	0	0	0	0	0	0	0	0	0	0	0	0	0	0	0	0	0	0	0	0	0	0	0	0
113	宁波新鑫龙腾摩托车有限公司	19 229	0	0	0	0	0	0	0	0	0	0	0	0	0	0	0	0	0	0	0	0	0	0	0	0	0	0	0	0
114	江西洪都航空工业集团有限责任公司	954	0	0	0	0	0	0	0	0	0	0	0	0	0	0	0	0	0	0	0	0	0	0	0	0	0	0	0	0
115	江西赣江机械厂	711	0	0	0	0	0	0	0	0	0	0	0	0	0	0	0	0	0	0	0	0	0	0	0	0	0	0	0	0
116	济南南海大福摩托车有限公司	12 200	0	0	0	0	0	0	0	0	0	0	0	0	0	0	0	0	0	0	0	0	0	0	0	0	0	0	0	0
117	洛阳普天黄河摩托车厂	1 251	0	0	0	0	0	0	0	0	0	0	0	0	0	0	0	0	0	0	0	0	0	0	0	0	0	0	0	0
118	潜江嘉通摩托车制造有限责任公司	1 274	0	0	0	0	0	0	0	0	0	0	0	0	0	0	0	0	0	0	0	0	0	0	0	0	0	0	0	0
119	山南金鹰摩托车有限公司	23 182	0	0	0	0	0	0	0	0	0	0	0	0	0	0	0	0	0	0	0	0	0	0	0	0	0	0	0	0
120	国营长江动力机械厂	10	0	0	0	0	0	0	0	0	0	0	0	0	0	0	0	0	0	0	0	0	0	0	0	0	0	0	0	0
121	佛山市佛斯弟摩托车企业集团有限公司	23 326	0	0	0	0	0	0	0	0	0	0	0	0	0	0	0	0	0	0	0	0	0	0	0	0	0	0	0	0
122	江门市云豹摩托车有限公司	6 600	0	0	0	0	0	0	0	0	0	0	0	0	0	0	0	0	0	0	0	0	0	0	0	0	0	0	0	0
123	江门气派摩托车有限公司	80 056	0	0	0	0	0	0	0	0	0	0	0	0	0	0	0	0	0	0	0	0	0	0	0	0	0	0	0	0
124	广西玉林锋钿摩托车有限公司	194	0	0	0	0	0	0	0	0	0	0	0	0	0	0	0	0	0	0	0	0	0	0	0	0	0	0	0	0
125	建设工业(集团)有限责任公司	1 270 543	0	0	0	0	0	0	0	0	0	0	0	0	0	0	0	0	0	0	0	0	0	0	0	0	0	0	0	0
126	西藏珠峰工业股份有限公司	7 589	0	0	0	0	0	0	0	0	0	0	0	0	0	0	0	0	0	0	0	0	0	0	0	0	0	0	0	0

表 4　2006 年摩托车发动机产量分排量统计

排量,mL	冲程	2006 年,台		2005 年,台		增长率,%	
总计		22 038 824		19 120 819		15.26	
50	二	260 280	1 347 752	285 639	1 063 692	－8.88	26.71
	四	1 087 472		778 053		39.77	
60	二	2 367	2 373	2 311	2 570	2.42	－7.67
	四	6		259		－97.68	
70	二	150	192 104	0	218 067		－11.91
	四	191 954		218 067		－11.97	
80	二	64 772	74 085	28 390	63 788	128.15	16.14
	四	9 313		35 398		－73.69	
90	二	29 862	345 418	25 898	299 552	15.31	15.31
	四	315 556		273 654		15.31	
100	二	946 652	3 762 108	791 601	3 869 776	19.59	－2.78
	四	2 815 456		3 078 175		－8.53	
110	二	0	3 331 667	522	2 649 556	－100.00	25.74
	四	3 331 667		2 649 034		25.77	
125	二	28 907	9 997 176	7 869	9 019 212	267.35	10.84
	四	9 968 269		9 011 343		10.62	
150	二	15 591	2 329 561	0	1 637 668		42.25
	四	2 313 970		1 637 668		41.30	
250	二	0	614 773	0	276 592		122.27
	四	614 773		276 592		122.27	
≥750	二	7 920	41 807	5 437	20 346	45.67	105.48
	四	33 887		14 909		127.29	

表 5　2006 年摩托车发动机销量分排量统计

排量,mL	冲程	2006 年,台		2005 年,台		增长率,%	
总计		22 053 920		19 124 052		15.32	
50	二	260 269	1 331 576	286 277	1 072 194	－9.08	24.19
	四	1 071 307		785 917		36.31	
60	二	1 852	1 857	2 881	3 153	－35.72	－41.10
	四	5		272		－98.16	
70	二	150	192 957	0	218 156		－11.55
	四	192 807		218 156		－11.62	
80	二	61 405	71 365	29 252	64 986	109.92	9.82
	四	9 960		35 734		－72.13	
90	二	29 984	346 608	26 076	304 969	14.99	13.65
	四	316 624		278 893		13.53	
100	二	950 450	3 798 274	825 646	3 902 369	15.12	－2.67
	四	2 847 824		3 076 723		－7.44	
110	二	0	3 328 296	322	2 625 762	－100.00	26.76
	四	3 328 296		2 625 440		26.77	
125	二	28 906	10 005 648	7 669	9 021 995	276.92	10.90
	四	9 976 742		9 014 326		10.68	
150	二	15 385	2 331 545	0	1 620 138		43.91
	四	2 316 160		1 620 138		42.96	
250	二	0	605 167	0	269 224		124.78
	四	605 167		269 224		124.78	
≥750	二	7 650	40 627	5 746	21 106	33.14	92.49
	四	32 977		15 360		114.69	

表6　2006年排名前15家企业二轮车生产集中度

序号	企业名称	产量,辆	占总产量比,%
1	江门市大长江集团有限公司	2 325 876	11.32
2	重庆隆鑫工业(集团)有限公司(含劲隆)	1 459 708	7.10
3	中国嘉陵工业股份有限公司(集团)	1 368 599	6.67
4	重庆建设摩托车股份有限公司	1 367 750	6.66
5	力帆实业(集团)有限公司(含新感觉)	1 332 038	6.48
6	钱江集团有限公司	1 236 977	6.02
7	洛阳北方企业集团有限公司(含洛北易)	1 010 311	4.92
8	宗申产业集团有限公司	875 980	4.26
9	中国轻骑集团有限公司	863 445	4.20
10	金城集团有限公司	846 156	4.12
11	新大洲本田摩托有限公司	800 515	3.90
12	广州摩托集团公司(含五羊—本田)	720 371	3.51
13	增城市海利摩托车有限公司	427 317	2.08
14	广州天马集团天马摩托车有限公司	420 565	2.05
15	广州市大阳摩托车有限公司	416 315	2.02
以上合计		15 471 923	75.31
其它		5 072 919	24.69
全行业统计		20 544 842	100.00

表7　2006年排名前15家企业二轮车市场占有率

序号	企业名称	销量,辆	占总销量比,%
1	江门市大长江集团有限公司	2 303 621	11.30
2	重庆隆鑫工业(集团)有限公司(含劲隆)	1 454 649	7.14
3	中国嘉陵工业股份有限公司(集团)	1 372 941	6.74
4	重庆建设摩托车股份有限公司	1 366 747	6.71
5	力帆实业(集团)有限公司(含新感觉)	1 331 369	6.53
6	钱江集团有限公司	1 235 264	6.06
7	洛阳北方企业集团有限公司(含洛北易)	1 020 509	5.01
8	宗申产业集团有限公司	875 873	4.30
9	中国轻骑集团有限公司	868 344	4.26
10	金城集团有限公司	827 838	4.06
11	新大洲本田摩托有限公司	756 926	3.71
12	广州摩托集团公司(含五羊—本田)	712 773	3.50
13	增城市海利摩托车有限公司	423 757	2.08
14	广州天马集团天马摩托车有限公司	419 884	2.06
15	广州市大阳摩托车有限公司	412 755	2.03
以上合计		15 383 250	75.49
其它		4 993 699	24.51
全行业统计		20 376 949	100.00

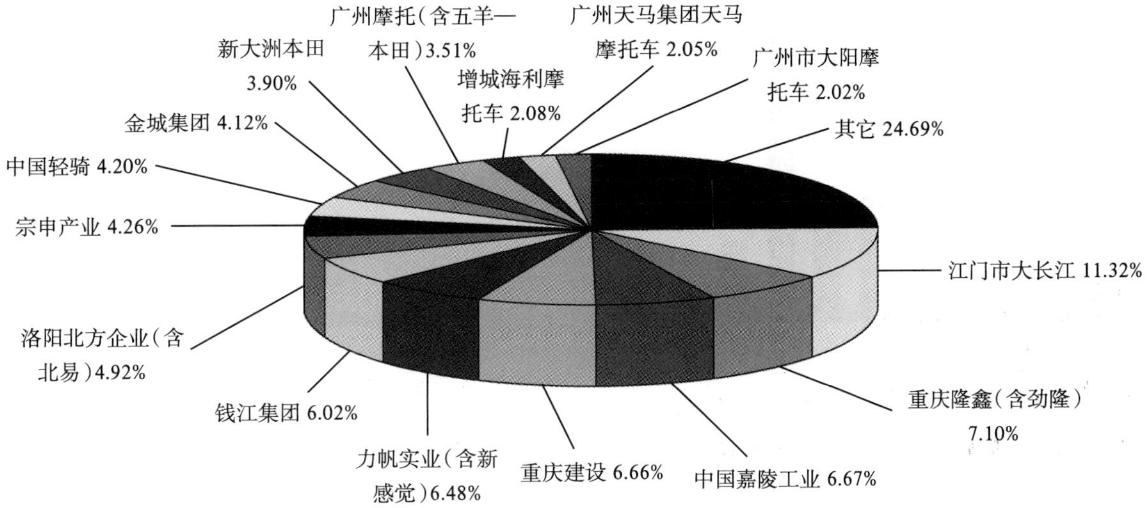

图 1　2006 年排名前 15 家企业二轮车生产集中度

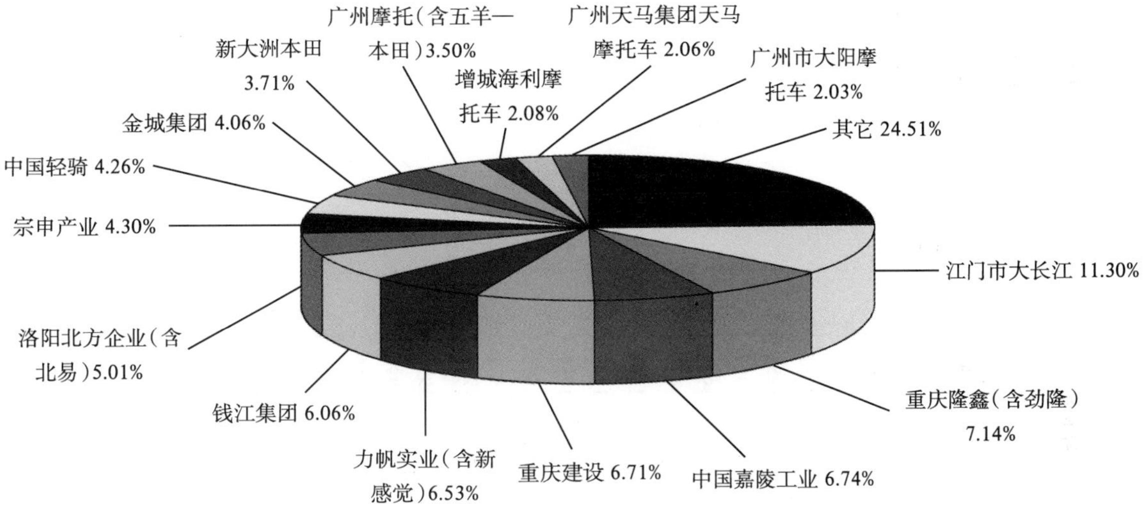

图 2　2006 年排名前 15 家企业二轮车市场占有率

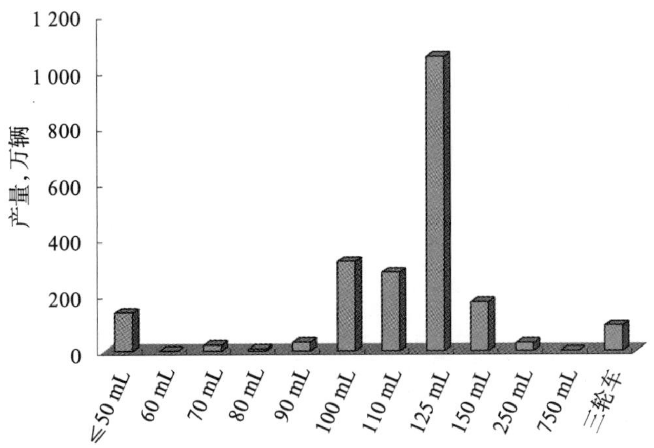

图 3　2006 年摩托车生产分排量构成

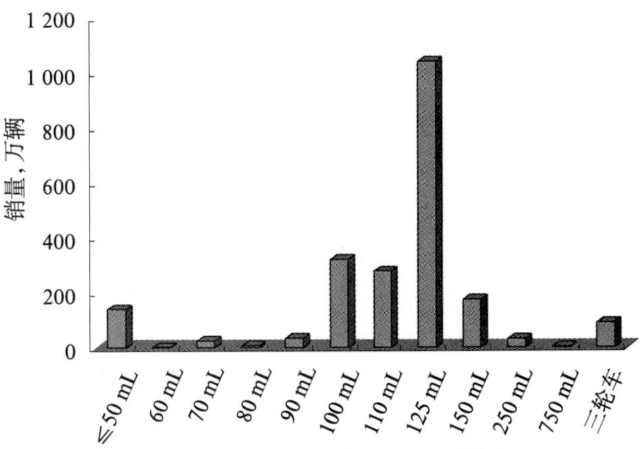

图 4　2006 年摩托车销售分排量构成

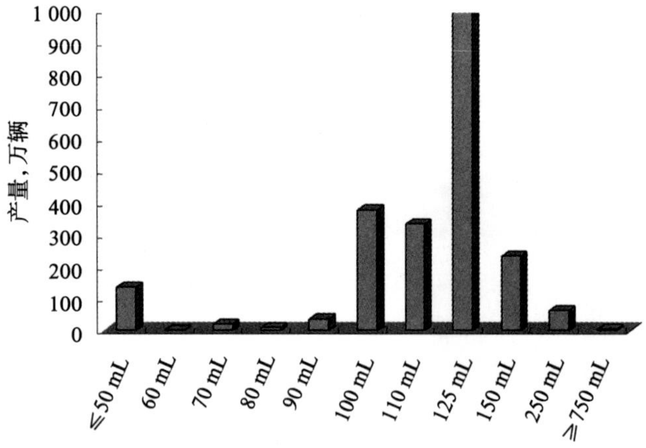

图 5　2006 年摩托车发动机生产分排量构成

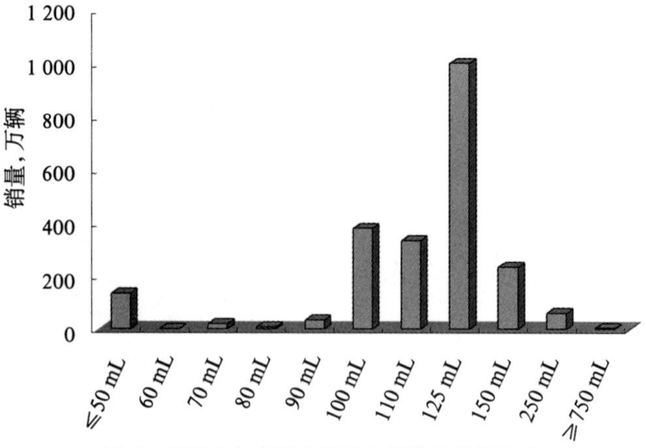

图 6　2006 年摩托车发动机销售分排量构成

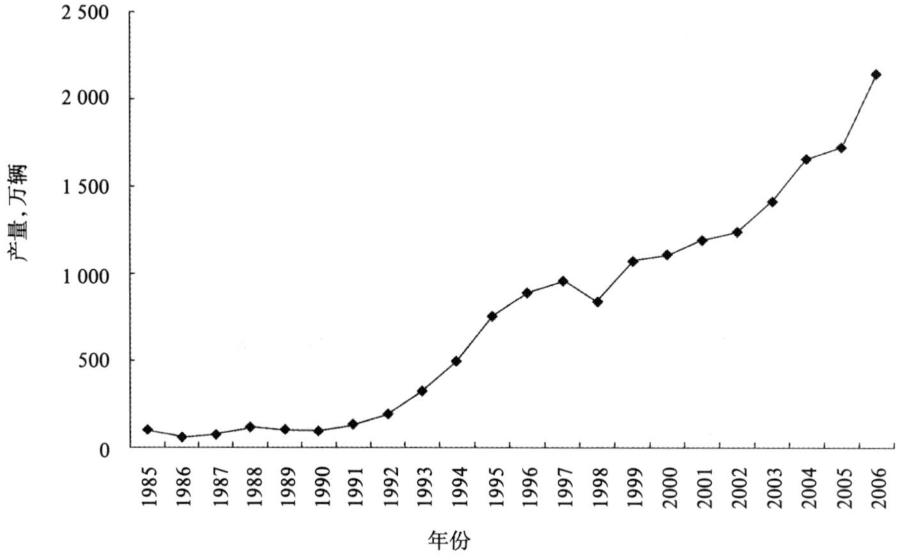

图 7　1985—2006 年摩托车产量曲线图

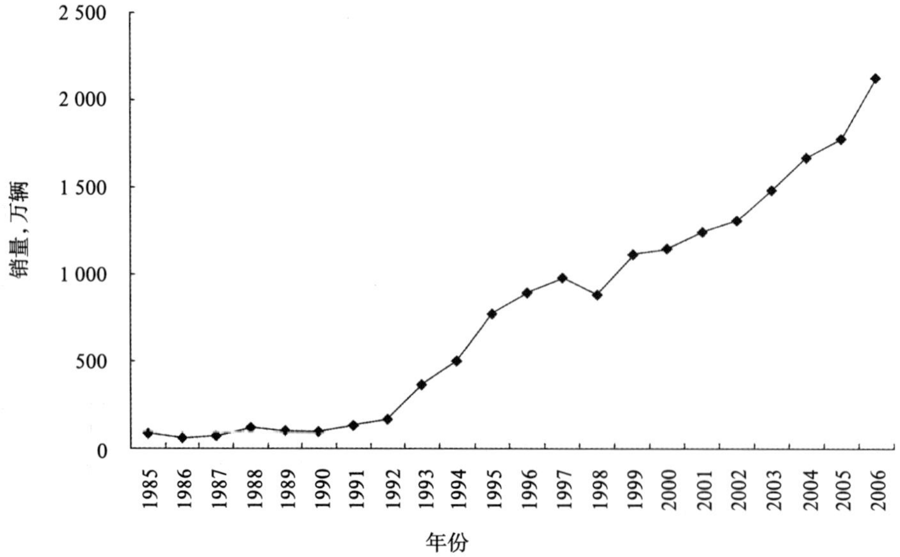

图 8　1985—2006 年摩托车销量曲线图

《2007中国摩托车工业年鉴》

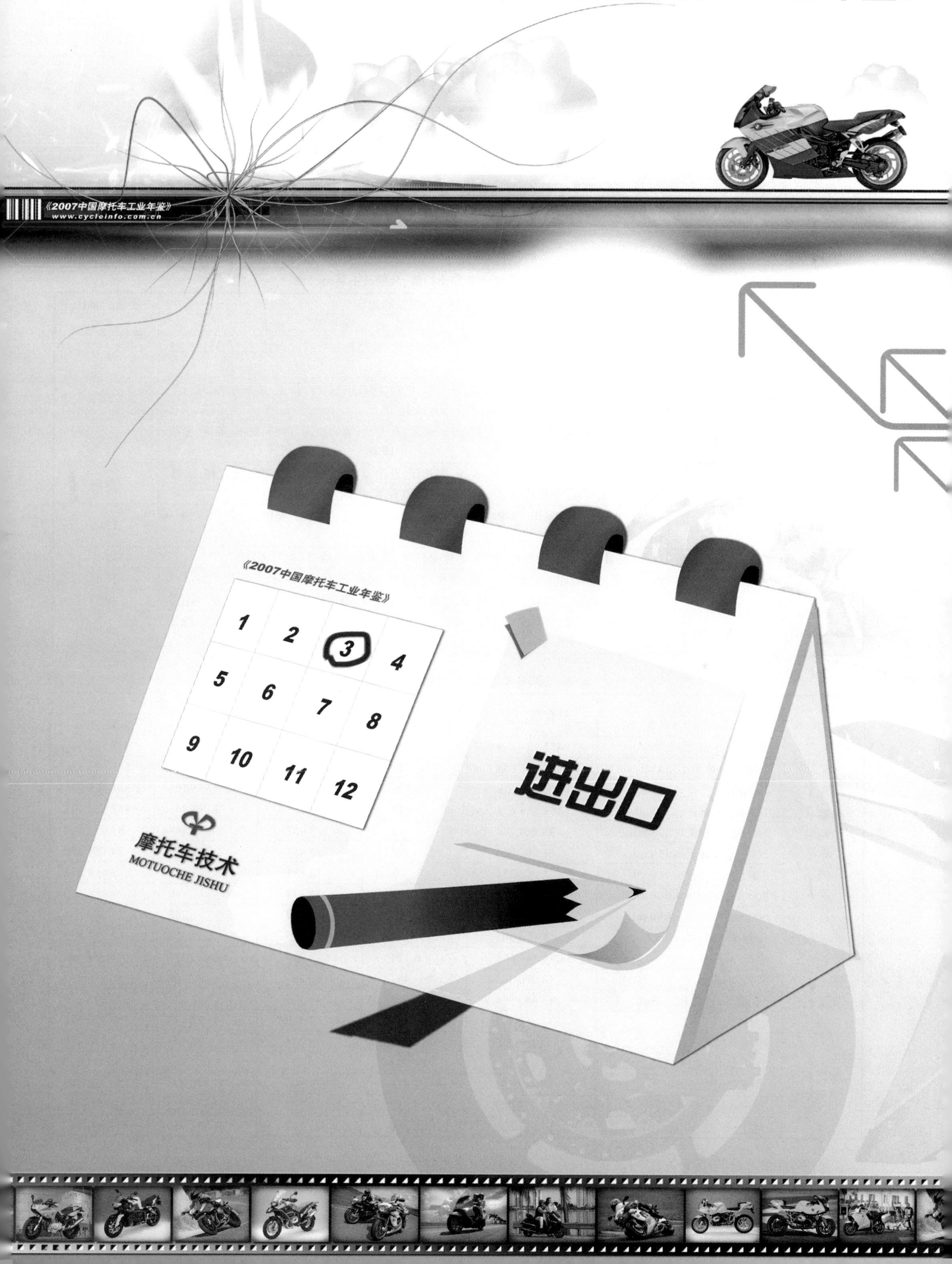

进出口

一、摩托车进出口量

表 1　1997—2006 年摩托车出口量、金额及主要出口地

年份	出口量,辆	金额,万美元	主要出口国家和地区	占年总产量比,%
1997	91 938	6 184.0	香港特别行政区、阿根廷、伊朗、德国、孟加拉国、美国、南非、荷兰、秘鲁	0.92
1998	109 428	6 447.9	阿根廷、意大利、美国、伊朗、乌拉圭、尼日利亚、香港特别行政区、孟加拉国、哥伦比亚、秘鲁、斯里兰卡、荷兰、希腊	1.24
1999	254 106	12 633.8	越南、阿根廷、印度尼西亚、美国、意大利、伊朗、阿拉伯联合酋长国、孟加拉国、乌拉圭、科特迪瓦、秘鲁、土耳其、哥伦比亚、英国、日本	2.25
2000	1 943 638	73 951.1	越南、印度尼西亚、尼日利亚、阿根廷、美国、意大利、孟加拉国、伊朗、日本、英国、希腊、墨西哥、乌拉圭、阿拉伯联合酋长国、巴拉圭、柬埔寨	16.85
2001	2 542 019	71 655.2	越南、尼日利亚、印度尼西亚、美国、阿根廷、菲律宾、墨西哥、孟加拉国、意大利、缅甸、老挝、德国、英国、乌拉圭、韩国、阿拉伯联合酋长国、伊朗、日本	20.64
2002	1 561 326	54 602.0	尼日利亚、美国、越南、菲律宾、缅甸、日本、印度尼西亚、墨西哥、英国、西班牙、老挝、伊朗、阿拉伯联合酋长国、德国、黎巴嫩	12.08
2003	3 021 689	106 189.0	美国、尼日利亚、缅甸、日本、伊朗、印度尼西亚、菲律宾、墨西哥、英国、多哥	20.53
2004	3 895 025	143 191.3	尼日利亚、日本、印度尼西亚、美国、菲律宾、缅甸、墨西哥、伊朗、多哥、土耳其	22.66
2005	7 226 627	224 844.2	尼日利亚、美国、土耳其、日本、德国、印度尼西亚、墨西哥、西班牙、阿根廷、英国、菲律宾	40.67
2006	8 577 151	304 376.7	尼日利亚、土耳其、美国、阿根廷、德国、印度尼西亚、哥伦比亚、意大利、委内瑞拉、法国、日本	39.99

表 2　2006 年摩托车分排量进出口量及金额

产品类型		总金额,美元	进口		出口	
			数量,辆(台)	金额,美元	数量,辆(台)	金额,美元
摩托车整车	排量≤50 mL	477 934 459	1 918	405 219	1 895 114	477 529 240
	50 mL ＜排量≤100 mL	571 417 608	17	17 172	1 848 677	571 400 436
	100 mL ＜排量≤125 mL	1 355 377 919	306	508 881	3 575 196	1 354 869 038
	125 mL ＜排量≤150 mL	484 269 658	549	1 281 555	1 016 345	482 988 103
	150 mL ＜排量≤200 mL	91 661 747	5	8 057	176 144	91 653 690
	200 mL ＜排量≤250 mL	61 387 643	92	296 451	62 837	61 091 192
	250 mL ＜排量≤400 mL	3 682 239	3	12 884	2 570	3 669 355
	400 mL ＜排量≤500 mL	138 574	27	138 574	0	0
	500 mL ＜排量≤800 mL	975 216	70	470 745	263	504 471
	排量＞ 800 mL	1 604 605	137	1 542 766	5	61 839
	合计	3 048 449 668	3 124	4 682 304	8 577 151	3 043 767 364
发动机	排量≤50 mL	16 020 243	447	60 361	89 702	15 959 882
	50 mL ＜排量≤250 mL	215 642 554	2 944	1 644 108	1 932 733	213 998 446
	合计	231 662 797	3 391	1 704 469	2 022 435	229 958 328
摩托车零部件	摩托车鞍座	2 135 372	1 089	9 134	385 409	2 126 238
	摩托车用新的充气橡胶轮胎	31 094 264	65 504	676 937	8 062 965	30 417 327
	摩托车用滚子链	40 412 052	81 634	1 468 306	27 970 076	38 943 746
	其它摩托车零件、附件	627 757 243	1 920 832	17 312 732	205 439 100	610 444 511
	合计	701 398 931	2 069 059	19 467 109	241 857 550	681 931 822

注:本章数据来源于国家海关总署。

表 3　2006 年分国别(地区)、排量摩托车出口量及金额

序号	国家（地区）	数量 辆	金额 美元	排量,mL ≤50 数量 辆	≤50 金额 美元	50 ~ 100 数量 辆	50 ~ 100 金额 美元	100 ~ 125 数量 辆	100 ~ 125 金额 美元	125 ~ 150 数量 辆	125 ~ 150 金额 美元	150 ~ 200 数量 辆	150 ~ 200 金额 美元	200 ~ 250 数量 辆	200 ~ 250 金额 美元	250 ~ 400 数量 辆	250 ~ 400 金额 美元	400 ~ 500 数量 辆	400 ~ 500 金额 美元	500 ~ 800 数量 辆	500 ~ 800 金额 美元	> 800 数量 辆	> 800 金额 美元
	合计	8 577 151	3 043 767 364	1 895 114	477 529 240	1 848 677	571 400 436	3 575 196	1 354 869 038	1 016 345	482 988 103	176 144	91 653 690	62 837	61 091 192	2 570	3 669 355	0	0	263	504 471	5	61 839
1	尼日利亚	1 224 459	388 043 615	1 264	280 092	813 500	244 459 147	368 105	124 394 467	39 125	16 474 787	824	630 222	1 641	1 804 900	0	0	0	0	0	0	0	0
2	土耳其	640 564	291 254 235	11 785	4 466 750	116 656	40 444 764	229 225	102 072 213	262 229	128 620 599	11 142	7 245 239	9 526	8 401 670	1	3 000	0	0	0	0	0	0
3	美国	520 824	185 240 180	145 442	38 978 156	59 287	14 777 388	163 177	52 503 410	88 168	40 009 805	46 662	19 875 324	16 908	17 404 090	1 144	1 620 660	0	0	36	71 347	0	0
4	阿根廷	423 319	143 522 658	5 387	1 364 196	87 065	30 301 669	298 835	96 789 675	25 630	11 669 592	5 649	2 861 348	753	536 178	0	0	0	0	0	0	0	0
5	印度尼西亚	276 471	111 740 858	4 824	572 072	155 651	44 368 453	108 786	62 884 953	5 315	2 884 852	1 886	1 026 862	9	3 666	0	0	0	0	0	0	0	0
6	德国	412 492	100 364 361	350 494	76 180 292	828	279 954	57 158	21 342 239	2 381	1 359 341	1 032	585 630	571	564 997	1	1 470	0	0	27	50 438	0	0
7	哥伦比亚	263 737	92 502 536	2 896	441 289	108 627	32 538 062	137 434	51 444 561	10 180	5 121 463	4 219	2 639 118	381	318 043	0	0	0	0	0	0	0	0
8	委内瑞拉	201 772	88 642 232	4 103	757 784	11 138	3 395 681	32 865	14 849 810	145 239	64 261 821	6 877	3 641 265	1 098	1 050 181	447	675 550	0	0	5	10 140	0	0
9	日本	173 893	87 015 023	158 658	74 593 210	10 747	9 606 887	3 112	1 659 408	1 231	1 002 805	57	49 528	86	99 985	2	3 200	0	0	0	0	0	0
10	埃及	163 865	82 984 336	993	284 051	6 035	1 800 538	15 991	6 143 901	136 997	72 538 787	3 519	1 997 315	329	218 954	1	790	0	0	0	0	0	0
11	墨西哥	158 715	69 941 440	10 546	2 886 934	23 706	8 459 782	69 767	29 783 208	41 611	18 739 616	6 266	4 017 172	6 725	5 964 488	94	90 240	0	0	0	0	0	0
12	巴西	127 685	63 804 669	10 829	3 273 859	14 234	3 522 336	91 463	4 9076 932	8 478	4 412 324	392	219 187	2 289	3 300 031	0	0	0	0	0	0	0	0
13	意大利	221 828	61 055 475	187 072	41 494 705	10 952	8 033 290	19 987	8 346 005	1 924	1 169 816	384	223 270	998	1 053 139	510	732 750	0	0	1	2 500	0	0
14	法国	197 219	60 732 536	107 749	25 355 098	995	295 776	82 834	32 371 592	3 849	1 644 025	1 257	652 792	455	298 053	80	115 200	0	0	0	0	0	0
15	多哥	158 217	59 594 402	1 533	324 854	20 332	6 079 327	135 236	52 733 047	1 026	413 074	90	44 100	0	0	0	0	0	0	0	0	0	0
16	菲律宾	132 863	48 382 841	3 686	818 109	23 982	7 160 069	84 428	31 027 534	17 484	7 376 840	3 280	1 994 967	2	1 877	0	0	0	0	1	3 445	0	0
17	缅甸	161 740	46 967 512	0	0	29 528	7 233 008	131 849	39 567 855	357	163 384	6	3 265	0	0	0	0	0	0	0	0	0	0
18	越南	95 659	46 288 126	1	380	18 960	8 275 708	76 551	37 946 027	147	66 011	0	0	0	0	0	0	0	0	0	0	0	0
19	西班牙	127 157	45 310 150	54 427	10 679 775	145	58 565	67 596	29 727 404	549	335 777	566	367 924	3 795	4 007 278	40	62 400	0	0	39	71 027	0	0
20	巴拉圭	130 287	42 699 916	688	91 276	26 899	6 844 926	68 455	22 351 368	31 057	11 814 421	3 174	1 585 990	14	11 935	0	0	0	0	0	0	0	0
21	危地马拉	87 374	40 988 669	361	105 465	11 555	3 821 204	57 773	28 001 863	10 213	4 583 986	7 222	4 237 768	241	220 954	0	0	0	0	9	17 429	0	0
22	秘鲁	97 867	39 182 006	347	103 402	9 999	3 413 818	68 453	26 814 315	13 112	5 712 233	5 708	2 944 361	248	193 877	0	0	0	0	0	0	0	0
23	厄瓜多尔	83 287	32 424 138	1 602	201 314	14 662	4 472 921	29 297	10 190 615	14 956	6 374 577	22 463	10 934 605	307	250 106	0	0	0	0	0	0	0	0
24	伊朗	123 465	31 802 283	1 628	240 285	3 958	1 015 092	103 175	23 043 235	11 448	5 959 918	3 251	1 537 565	5	6 188	0	0	0	0	0	0	0	0
25	澳大利亚	115 367	31 751 522	52 952	7 325 943	4 193	1 088 603	46 943	17 048 214	4 222	1 974 217	4 656	2 598 840	2 399	1 710 334	0	0	0	0	2	5 371	0	0
26	多米尼加共和国	94 223	31 001 988	1 937	684 967	37 026	10 998 820	53 494	18 541 368	1 554	659 105	212	117 728	0	0	0	0	0	0	0	0	0	0
27	马里	86 341	29 399 613	0	0	14 068	4 286 980	72 161	25 055 183	112	57 450	0	0	0	0	0	0	0	0	0	0	0	0
28	乌克兰	86 033	28 449 958	71 639	21 944 956	1 773	587 832	6 239	2 646 290	5 649	2 717 957	450	268 120	283	284 803	0	0	0	0	0	0	0	0
29	英国	89 113	25 758 481	44 481	7 026 586	999	236 264	40 143	16 241 935	926	504 970	1 976	1 149 272	573	573 628	0	0	0	0	15	25 826	0	0
30	乌拉圭	82 782	25 286 142	4 803	1 097 324	10 689	2 315 821	64 943	20 697 487	925	417 386	1 405	740 433	17	17 691	0	0	0	0	0	0	0	0
31	希腊	56 949	23 748 067	26 544	9 354 118	2 827	1 029 166	22 107	9 972 655	4 888	2 796 727	241	195 374	252	271 507	90	128 520	0	0	0	0	0	0
32	阿拉伯联合酋长国	61 332	22 563 456	5 447	760 225	2 076	689 523	36 598	13 345 049	16 938	7 614 583	258	135 153	15	18 923	0	0	0	0	0	0	0	0
33	智利	53 150	22 368 602	2 440	443 529	4 816	1 363 988	31 647	13 272 966	11 087	5 010 579	2 154	1 300 718	1 006	976 822	0	0	0	0	0	0	0	0
34	老挝	81 543	21 407 859	220	79 640	11 800	2 644 100	69 503	18 674 719	20	9 400	0	0	0	0	0	0	0	0	0	0	0	0
35	比利时	96 251	21 128 150	77 762	13 188 727	239	81 109	17 639	7 426 211	207	144 303	285	160 620	119	127 180	0	0	0	0	0	0	0	0
36	安哥拉	61 872	20 891 629	23 620	6 774 713	14 204	4 389 715	19 813	7 786 012	4 103	1 865 240	127	68 574	5	7 375	0	0	0	0	0	0	0	0
37	韩国	42 133	20 814 313	11 467	2 836 383	4 529	3 039 391	25 833	14 612 050	83	56 312	18	11 229	112	121 158	91	137 790	0	0	0	0	0	0
38	喀麦隆	58 150	20 726 216	4	960	11 299	3 148 694	39 385	14 369 031	7 423	3 175 041	30	24 120	9	8 370	0	0	0	0	0	0	0	0
39	孟加拉国	59 211	19 944 676	6 117	1 638 764	42 267	13 921 051	10 775	4 347 599	52	37 262	0	0	0	0	0	0	0	0	0	0	0	0
40	俄罗斯联邦	58 142	19 334 700	51 377	15 832 614	223	87 533	2 766	1 188 605	2 258	1 133 246	1 371	897 959	146	192 415	0	0	0	0	1	2 328	0	0
41	瑞典	60 441	18 035 689	32 131	8 605 247	234	65 350	24 594	7 685 928	2 478	849 954	643	383 874	353	433 576	8	11 760	0	0	0	0	0	0
42	荷兰	96 550	17 019 020	75 811	10 883 024	54	19 710	20 050	5 709 645	273	135 737	247	145 255	106	109 374	0	0	0	0	9	16 275	0	0
43	南非	39 990	16 605 120	8 961	1 033 854	1 434	451 471	21 532	9 927 527	2 626	1 281 597	3 676	2 447 932	1 744	1 449 632	0	0	0	0	17	13 107	0	0
44	刚果	34 876	15 783 676	2	670	610	189 427	32 784	14 986 239	1 327	541 327	153	66 013	0	0	0	0	0	0	0	0	0	0
45	叙利亚	49 858	15 646 764	382	47 090	520	162 000	42 855	13 449 346	6 099	1 987 213	1	500	1	615	0	0	0	0	0	0	0	0
46	波兰	37 972	15 568 010	35 185	13 948 027	14	4 455	930	410 012	1 442	805 229	7	3 980	384	379 807	10	16 500	0	0	0	0	0	0
47	芬兰	48 476	15 393 930	34 960	10 086 770	283	87 737	11 441	4 075 007	716	319 006	752	493 718	324	331 692	0	0	0	0	0	0	0	0

续表 3

序号	国家（地区）	数量 辆	金额 美元	排量,mL ≤50 数量 辆	≤50 金额 美元	50 ~ 100 数量 辆	50 ~ 100 金额 美元	100 ~ 125 数量 辆	100 ~ 125 金额 美元	125 ~ 150 数量 辆	125 ~ 150 金额 美元	150 ~ 200 数量 辆	150 ~ 200 金额 美元	200 ~ 250 数量 辆	200 ~ 250 金额 美元	250 ~ 400 数量 辆	250 ~ 400 金额 美元	400 ~ 500 数量 辆	400 ~ 500 金额 美元	500 ~ 800 数量 辆	500 ~ 800 金额 美元	> 800 数量 辆	> 800 金额 美元
48	沙特阿拉伯	35 232	13 111 058	606	184 108	11 301	3 410 865	22 481	9 019 545	776	419 680	14	12 460	54	64 400	0	0	0	0	0	0	0	0
49	几内亚	38 917	12 264 977	1 345	397 655	4 327	1 347 817	31 538	9 780 216	1 657	719 243	0	0	50	20 046	0	0	0	0	0	0	0	0
50	哥斯达黎加	26 283	12 212 099	783	188 042	3 483	1 074 208	16 145	7 739 780	3 498	1 720 818	1 987	1 156 366	383	328 885	4	4 000	0	0	0	0	0	0
51	巴拿马	24 021	12 055 515	814	153 294	3 655	1 550 518	14 938	7 535 873	3 172	1 900 997	1 212	696 461	230	218 372	0	0	0	0	0	0	0	0
52	加拿大	71 337	11 925 994	48 748	4 761 623	5 227	1 653 753	8 712	2 548 550	1 861	849 849	6 636	1 970 068	125	92 606	0	0	0	0	28	49 545	0	0
53	斯里兰卡	38 428	11 658 664	13 092	2 705 458	16 444	4 268 078	6 936	2 891 189	1 083	823 879	372	352 580	501	617 480	0	0	0	0	0	0	0	0
54	伊拉克	21 080	9 715 878	693	142 159	1 519	514 318	7 526	2 873 750	11 220	6 097 281	78	55 800	44	32 570	0	0	0	0	0	0	0	0
55	泰国	29 580	8 638 598	1 084	273 286	4 492	1 017 715	20 118	5 206 548	2 930	1 502 623	612	340 819	344	297 607	0	0	0	0	0	0	0	0
56	摩洛哥	25 348	8 474 680	14 357	4 351 878	3 109	1 051 377	7 623	2 903 066	189	107 727	32	25 537	37	33 625	1	1 470	0	0	0	0	0	0
57	黎巴嫩	29 636	8 408 626	1 527	472 593	0	0	27 472	7 631 690	609	287 613	14	7 980	14	8 750	0	0	0	0	0	0	0	0
58	丹麦	25 208	7 868 714	18 214	4 309 848	167	60 721	3 662	1 102 501	780	443 333	462	250 913	1 890	1 656 853	33	44 545	0	0	0	0	0	0
59	匈牙利	15 926	6 835 879	13 086	5 205 026	608	182 315	1 636	953 119	181	102 439	65	39 671	350	353 309	0	0	0	0	0	0	0	0
60	马来西亚	16 034	5 901 467	1 437	187 174	588	211 330	13 926	5 465 033	82	37 130	1	800	0	0	0	0	0	0	0	0	0	0
61	阿富汗	12 136	5 516 711	0	0	125	38 500	10 172	4 703 669	1 839	774 542	0	0	0	0	0	0	0	0	0	0	0	0
62	布基纳法索	15 722	5 354 474	468	82 553	2 446	725 956	12 682	4 483 852	80	30 133	46	31 980	0	0	0	0	0	0	0	0	0	0
63	莫桑比克	21 835	5 327 302	19 379	4 568 725	1 648	380 442	737	332 315	55	35134	15	9 936	1	750	0	0	0	0	0	0	0	0
64	利比亚	8 803	5 273 472	273	121 455	510	217 075	3 022	2 096 626	4 600	2 599 972	392	233 544	6	4 800	0	0	0	0	0	0	0	0
65	香港	5 815	5 193 604	150	30 820	273	84 038	2 461	1 796 782	2 139	2 617 650	0	0	757	512 475	0	0	0	0	30	90 000	5	61 839
66	巴基斯坦	15 633	4 792 671	176	18 608	7 815	1 255 942	5 191	2 191 066	2 120	1 033 250	315	282 134	14	11 571	0	0	0	0	2	100	0	0
67	苏丹	11 854	4 622 829	164	105 642	2 672	808 868	8 775	3 460 644	17	12 520	20	24 833	206	210 322	0	0	0	0	0	0	0	0
68	尼加拉瓜	10 425	4 594 342	248	62 648	1 563	468 545	5 703	2 520 097	1 307	621 971	1 566	895 901	38	25 180	0	0	0	0	0	0	0	0
69	新西兰	20 135	4 380 598	15 038	2 062 158	240	80 199	3 283	1 051 586	346	157 443	573	343 327	650	673 705	2	2 630	0	0	3	9 550	0	0
70	克罗地亚	10 142	4 370 940	8 821	3 360 712	15	3 375	542	309 862	228	147 565	241	221 980	295	327 446	0	0	0	0	0	0	0	0
71	坦桑尼亚	10 579	4 325 786	0	0	303	98 261	9 136	3 710 316	1 068	467 236	68	44 781	4	5 192	0	0	0	0	0	0	0	0
72	捷克	10 213	4 254 296	7 685	2 631 254	23	9 580	1 269	698 376	672	351 844	277	206 837	282	349 175	5	7 230	0	0	0	0	0	0
73	肯尼亚	11 448	4 099 302	168	33 188	2 380	652 401	7 940	2 833 192	731	379 871	205	160 263	24	40 387	0	0	0	0	0	0	0	0
74	加纳	11 865	3 774 825	44	7 332	3 451	1 009 521	8 078	2 627 151	272	115 561	18	13 680	2	1 580	0	0	0	0	0	0	0	0
75	贝宁	10 513	3 685 685	310	55 460	2 641	821 467	7 507	2 775 996	42	16 117	1	702	12	15 943	0	0	0	0	0	0	0	0
76	多米尼克	9 952	3 682 496	44	15 112	1 081	327 171	8 570	3 220 307	226	104 395	30	14 400	1	1 111	0	0	0	0	0	0	0	0
77	洪都拉斯	7 589	3 625 306	70	11 960	167	51 998	3 131	1 392 643	1 834	848 660	2 338	1 264 336	49	55 709	0	0	0	0	0	0	0	0
78	约旦	7 486	3 451 608	489	109 810	191	121 732	3 548	1 475 075	3 223	1 708 849	11	7 656	24	28 486	0	0	0	0	0	0	0	0
79	玻利维亚	8 295	3 373 088	0	0	2 382	879 745	4 609	1 773 106	1 012	551 758	270	147 427	22	21 052	0	0	0	0	0	0	0	0
80	葡萄牙	9 580	3 197 629	6 460	1 421 261	5	2 250	2 826	1 535 335	31	16 782	96	62 962	162	159 039	0	0	0	0	0	0	0	0
81	斯洛文尼亚	9 173	2 847 234	7 767	2 057 781	8	2 840	1 060	578 092	256	132 685	28	17 749	54	58 087	0	0	0	0	0	0	0	0
82	奥地利	10 537	2 815 858	7 746	1 714 453	11	4 762	2 761	1 088 410	15	4 775	0	0	3	3 108	0	0	0	0	1	350	0	0
83	吉布提	7 570	2 806 473	40	10 800	1 126	363 384	3 402	1 254 019	2 717	962 155	206	135 685	79	80 430	0	0	0	0	0	0	0	0
84	萨尔瓦多	6 442	2 783 893	128	11 075	1 251	369 697	1 896	854 928	2 001	873 274	1 090	615 759	76	59 160	0	0	0	0	0	0	0	0
85	阿尔及利亚	10 710	2 749 338	6 396	1 222 368	1 595	376 096	2 368	934 276	233	134 139	90	56 549	28	25 910	0	0	0	0	0	0	0	0
86	乌干达	8 530	2 704 377	0	0	5 632	1 588 904	2 735	1 036 129	136	65 898	27	13 446	0	0	0	0	0	0	0	0	0	0
87	挪威	9 622	2 679 440	7 792	1 953 880	28	9 343	1 433	495 102	94	34 040	225	123 815	22	25 810	1	1 450	0	0	27	36 000	0	0
88	海地	7 532	2 501 913	59	15 265	1 692	451 342	5 588	1 901 124	126	70 736	65	61 530	2	1 916	0	0	0	0	0	0	0	0
89	苏里南	7 257	2 189 364	6 364	1 902 802	706	202 166	132	54 875	0	0	33	17 361	22	12 160	0	0	0	0	0	0	0	0
90	柬埔寨	5 498	2 078 987	0	0	186	42 362	5 183	1 952 150	129	84 475	0	0	0	0	0	0	0	0	0	0	0	0
91	罗马尼亚	4 722	2 029 662	2 810	1 002 618	98	24 402	806	355 997	596	341 882	375	256 136	36	47 027	1	1 600	0	0	0	0	0	0
92	也门共和国	5 597	1 947 708	0	0	50	13 250	5169	1 783 309	378	151 149	0	0	0	0	0	0	0	0	0	0	0	0
93	波多黎各	3 528	1 922 208	15	3 600	0	0	702	145 155	1 861	883 621	30	23 310	920	866 522	0	0	0	0	0	0	0	0
94	毛里求斯	4 600	1 907 416	1 667	475 696	494	166 575	2 325	1 190 826	92	52 919	22	21 400	0	0	0	0	0	0	0	0	0	0
95	马达加斯加	5 036	1 746 080	1 279	323 229	115	38 388	2 690	958 702	819	356 093	133	69 668	0	0	0	0	0	0	0	0	0	0

续表 3

序号	国家（地区）	数量	金额	排量,mL																			
				≤50		50 ~ 100		100 ~ 125		125 ~ 150		150 ~ 200		200 ~ 250		250 ~ 400		400 ~ 500		500 ~ 800		> 800	
		辆	美元	数量 辆	金额 美元	数量 辆	金额 美元	数量 辆	金额 美元	数量 辆	金额 美元	数量 辆	金额 美元	数量 辆	金额 美元	数量 辆	金额 美元	数量 辆	金额 美元	数量 辆	金额 美元	数量 辆	金额 美元
96	澳门	2 625	1 724 589	434	254 008	48	31 050	2 119	1 413 393	13	6 845	0	0	6	9 000	0	0	0	0	5	10 293	0	0
97	爱沙尼亚	4 187	1 465 553	3 157	1 055 213	21	6 235	933	355 745	31	15 870	36	23 040	9	9 450	0	0	0	0	0	0	0	0
98	圭亚那	3 526	1 425 363	84	5 900	557	175 154	2 263	904 087	591	316 564	0	0	31	23 658	0	0	0	0	0	0	0	0
99	突尼斯	3 868	1 423 506	3 067	1 035 743	140	34 200	561	279 326	82	52 282	0	0	18	21 955	0	0	0	0	0	0	0	0
100	瑞士	8 537	1 393 546	7 561	957 750	37	9 065	897	402 997	29	13 360	8	4 324	5	6 050	0	0	0	0	0	0	0	0
101	拉脱维亚	3 020	1 284 835	2 196	791 286	23	7 245	683	392 527	27	16 425	69	55 950	22	21 402	0	0	0	0	0	0	0	0
102	塞尔维亚和黑山	3 042	1 276 580	2 408	950 023	0	0	277	138 651	341	176 236	9	5 510	7	6 160	0	0	0	0	0	0	0	0
103	立陶宛	3 745	1 256 308	3 343	1 064 586	10	3 860	258	119 146	130	63 301	0	0	4	5 415	0	0	0	0	0	0	0	0
104	纳米比亚	3 585	1 252 138	1 553	418 862	224	68 800	1 628	662 726	152	81 910	24	16 320	4	3 520	0	0	0	0	0	0	0	0
105	前南斯拉夫马其顿	2 572	1 243 183	1 526	651 633	0	0	243	114 123	773	444 127	0	0	30	33 300	0	0	0	0	0	0	0	0
106	牙买加	2 903	1 238 542	33	8 830	342	148 043	1 285	515 059	1 185	528 411	47	25 000	11	13 199	0	0	0	0	0	0	0	0
107	法属波利尼西亚	2 899	1 033 885	1 936	568 389	264	130 958	652	295 376	28	18 391	5	2 125	14	18 646	0	0	0	0	0	0	0	0
108	蒙古	2 608	1 003 895	0	0	0	0	632	214 368	1 954	776 798	22	12 729	0	0	0	0	0	0	0	0	0	0
109	塞浦路斯	1 905	980 125	886	395 369	86	37 751	658	321 780	163	88 308	8	4 746	100	117 667	0	0	0	0	4	14 504	0	0
110	古巴	2 223	909 448	578	238 860	0	0	1 645	670 588	0	0	0	0	0	0	0	0	0	0	0	0	0	0
111	冈比亚	1 578	821 044	0	0	64	32 670	1 281	385 864	12	4 710	0	0	221	397 800	0	0	0	0	0	0	0	0
112	塞内加尔	1 720	803 034	170	63 317	65	25 903	875	359 373	587	329 417	10	9 824	13	15 200	0	0	0	0	0	0	0	0
113	新加坡	1 764	802 438	653	92 263	2	1 432	1 095	697 692	14	11 051	0	0	0	0	0	0	0	0	0	0	0	0
114	爱尔兰	3 533	714 181	2 386	289 027	3	645	1 006	355 847	62	26 887	69	37 375	7	4 400	0	0	0	0	0	0	0	0
115	保加利亚	2 329	675 474	1 845	468 237	36	11 880	291	110 923	132	62 764	3	1 890	22	19 780	0	0	0	0	0	0	0	0
116	埃塞俄比亚	1 105	622 677	70	12 925	78	24 630	335	135 580	130	96 790	480	340 092	12	12 660	0	0	0	0	0	0	0	0
117	科威特	2 493	586 540	1 046	134 820	663	137 097	562	188 658	73	37 115	149	88 850	0	0	0	0	0	0	0	0	0	0
118	斯洛伐克	1 302	564 494	964	380 682	13	2 337	182	84 365	100	53 818	5	2 292	34	34 400	4	6 600	0	0	0	0	0	0
119	科特迪瓦共和国	1 283	460 949	484	140 484	111	31 175	637	261 185	47	23 405	0	0	4	4 700	0	0	0	0	0	0	0	0
120	波斯尼亚—黑塞哥维那	1 334	391 939	819	206 417	4	1 556	91	30 527	419	152 502	0	0	1	937	0	0	0	0	0	0	0	0
121	赞比亚	635	389 337	46	9 056	0	0	415	235 547	104	77 724	55	31 603	15	35 407	0	0	0	0	0	0	0	0
122	伯利兹	859	365 413	0	0	307	105 114	429	186 451	58	28 403	50	29 788	15	15 657	0	0	0	0	0	0	0	0
123	印度	1 355	364 942	546	39 402	388	121 259	312	140 820	107	61 826	2	1 635	0	0	0	0	0	0	0	0	0	0
124	以色列	825	359 587	532	164 877	1	395	183	107 850	63	31 485	20	16 480	26	38 500	0	0	0	0	0	0	0	0
125	百慕大群岛	541	345 929	92	36 605	39	22 359	222	123 857	188	163 108	0	0	0	0	0	0	0	0	0	0	0	0
126	阿尔巴尼亚	962	342 796	410	140 129	375	132 662	151	56 045	26	13 960	0	0	0	0	0	0	0	0	0	0	0	0
127	冰岛	714	330 998	292	117 418	24	6 240	337	170 630	26	9 620	20	11 500	15	15 590	0	0	0	0	0	0	0	0
128	尼泊尔	700	298 055	0	0	386	163 436	284	118 834	30	15 785	0	0	0	0	0	0	0	0	0	0	0	0
129	台湾省	965	291 674	911	256 830	4	1 880	34	20 866	11	7 062	0	0	5	5 036	0	0	0	0	0	0	0	0
130	塞拉利昂	747	274 786	0	0	0	0	734	267 766	13	7 020	0	0	0	0	0	0	0	0	0	0	0	0
131	布隆迪	467	258 689	0	0	0	0	369	184 457	72	47 972	0	0	26	26 260	0	0	0	0	0	0	0	0
132	卢旺达	804	248 279	210	50 700	50	15 000	502	155 289	2	938	40	26 352	0	0	0	0	0	0	0	0	0	0
133	津巴布韦	483	236 335	0	0	36	10 800	432	209 813	10	6 240	0	0	4	4 586	0	0	0	0	1	4 896	0	0
134	瓜德罗普岛	524	216 976	434	168 235	0	0	89	47 747	0	0	1	994	0	0	0	0	0	0	0	0	0	0
135	巴哈马	396	195 987	40	14 665	146	84 544	124	56 967	76	34 711	10	5 100	0	0	0	0	0	0	0	0	0	0
136	马耳他	430	178 361	155	22 020	0	0	235	128 125	24	12 831	5	3 405	11	11 980	0	0	0	0	0	0	0	0
137	圣多美和普林西比	446	177 220	0	0	198	58 770	246	115 762	0	0	0	0	2	2 688	0	0	0	0	0	0	0	0
138	利比里亚	319	164 685	0	0	15	5 754	265	133 656	39	25 275	0	0	0	0	0	0	0	0	0	0	0	0
139	朝鲜	478	160 028	105	7 625	221	85 882	135	57 115	17	9 406	0	0	0	0	0	0	0	0	0	0	0	0
140	马尔代夫	363	156 065	0	0	0	0	297	115 301	49	25 114	0	0	17	15 650	0	0	0	0	0	0	0	0
141	巴巴多斯	257	144 220	36	12 268	0	0	122	64 474	58	34 320	40	32 282	1	876	0	0	0	0	0	0	0	0
142	库克群岛	307	138 325	0	0	27	9 936	230	100 821	28	9 880	0	0	22	17 688	0	0	0	0	0	0	0	0
143	民主刚果	276	121 355	0	0	50	17 800	182	78 555	44	25 000	0	0	0	0	0	0	0	0	0	0	0	0

续表 3

序号	国家（地区）	数量 辆	金额 美元	排量,mL ≤50 数量 辆	≤50 金额 美元	50～100 数量 辆	50～100 金额 美元	100～125 数量 辆	100～125 金额 美元	125～150 数量 辆	125～150 金额 美元	150～200 数量 辆	150～200 金额 美元	200～250 数量 辆	200～250 金额 美元	250～400 数量 辆	250～400 金额 美元	400～500 数量 辆	400～500 金额 美元	500～800 数量 辆	500～800 金额 美元	＞800 数量 辆	＞800 金额 美元
144	白俄罗斯	312	114 538	310	113 465	0	0	0	0	2	1 073	0	0	0	0	0	0	0	0	0	0	0	0
145	阿鲁巴岛	234	104 937	38	6 035	0	0	10	4 490	176	86 232	4	1 760	6	6 420	0	0	0	0	0	0	0	0
146	留尼汪	369	100 535	355	93 485	0	0	14	7 050	0	0	0	0	0	0	0	0	0	0	0	0	0	0
147	阿塞拜疆	258	95 305	180	57 975	0	0	0	0	74	34 410	2	1 240	2	1 680	0	0	0	0	0	0	0	0
148	荷属安地列斯群岛	179	91 916	23	8 965	0	0	0	0	150	77 516	0	0	6	5 435	0	0	0	0	0	0	0	0
149	马拉维	148	89 999	0	0	0	0	148	89 999	0	0	0	0	0	0	0	0	0	0	0	0	0	0
150	佛得角	201	88 962	20	3 800	8	864	114	54 220	51	25 398	0	0	8	4 680	0	0	0	0	0	0	0	0
151	巴林	173	84 326	4	1 100	34	14 121	135	69 105	0	0	0	0	0	0	0	0	0	0	0	0	0	0
152	赤道几内亚	270	79 904	0	0	0	0	270	79 904	0	0	0	0	0	0	0	0	0	0	0	0	0	0
153	乌兹别克斯坦	125	61 730	0	0	40	16 380	40	20 600	45	24 750	0	0	0	0	0	0	0	0	0	0	0	0
154	几内亚(比绍)	180	56 700	0	0	0	0	180	56 700	0	0	0	0	0	0	0	0	0	0	0	0	0	0
155	特立尼达和多巴哥	179	56 221	160	46 291	2	630	15	8 300	2	1 000	0	0	0	0	0	0	0	0	0	0	0	0
156	乍得	98	55 890	0	0	0	0	98	55 890	0	0	0	0	0	0	0	0	0	0	0	0	0	0
157	巴布亚新几内亚	87	50 913	0	0	3	1 068	51	27 345	1	900	32	21 600	0	0	0	0	0	0	0	0	0	0
158	卡塔尔	77	49 643	0	0	0	0	50	30 485	1	679	1	475	25	18 004	0	0	0	0	0	0	0	0
159	法属圭亚那	108	44 630	0	0	0	0	94	39 800	14	4 830	0	0	0	0	0	0	0	0	0	0	0	0
160	阿曼	89	43 964	0	0	0	0	88	43 414	0	0	0	0	1	550	0	0	0	0	0	0	0	0
161	哈萨克斯坦	122	41 213	87	18 857	0	0	29	17 910	0	0	6	4 446	0	0	0	0	0	0	0	0	0	0
162	毛里塔尼亚	104	37 712	0	0	58	16 830	46	20 882	0	0	0	0	0	0	0	0	0	0	0	0	0	0
163	图瓦卢	74	37 403	0	0	0	0	70	32 803	0	0	4	4 600	0	0	0	0	0	0	0	0	0	0
164	文莱	76	37 008	5	1 800	0	0	50	17 890	12	9 294	0	0	9	8 024	0	0	0	0	0	0	0	0
165	瓦努阿图	68	34 848	1	464	0	0	21	8 619	42	23 140	2	1 067	2	1 558	0	0	0	0	0	0	0	0
166	尼日尔	104	34 320	104	34 320	0	0	0	0	0	0	0	0	0	0	0	0	0	0	0	0	0	0
167	马约特岛	82	31 160	82	31 160	0	0	0	0	0	0	0	0	0	0	0	0	0	0	0	0	0	0
168	格鲁吉亚	61	30 775	3	1 292	1	295	28	10 892	17	9 886	12	8 410	0	0	0	0		0	0	0	0	0
169	摩纳哥	103	30 282	103	30 282	0	0	0	0	0	0	0	0	0	0	0	0		0	0	0	0	0
170	东帝汶	76	24 344	0	0	0	0	76	24 344	0	0	0	0	0	0	0	0		0	0	0	0	0
171	格林纳达	44	22 935	0	0	0	0	0	0	44	22 935	0	0	0	0	0	0		0	0	0	0	0
172	帕劳共和国	44	22 380	0	0	0	0	0	0	44	22 380	0	0	0	0	0	0		0	0	0	0	0
173	中非	52	21 908	0	0	0	0	52	21 908	0	0	0	0	0	0	0	0		0	0	0	0	0
174	社会群岛	92	19 529	0	0	0	0	92	19 529	0	0	0	0	0	0	0	0		0	0	0	0	0
175	卢森堡	73	18 796	40	5 867	0	0	26	8 805	1	464	6	3 660	0	0	0	0		0	0	0	0	0
176	开曼群岛	25	17 700	0	0	0	0	25	17 700	0	0	0	0	0	0	0	0		0	0	0	0	0
177	新喀里多尼亚	133	15 157	129	13 825	0	0	4	1 332	0	0	0	0	0	0	0	0		0	0	0	0	0
178	斐济	31	15 057	1	300	0	0	24	11 757	0	0	6	3 000	0	0	0	0		0	0	0	0	0
179	吉尔吉斯斯坦	29	12 810	5	1 900	7	2 630	14	6 580	3	1 700	0	0	0	0	0	0		0	0	0	0	0
180	圣其茨-尼维斯	37	12 765	1	315	0	0	0	0	36	12 450	0	0	0	0	0	0		0	0	0	0	0
181	基里巴斯	28	12 000	0	0	0	0	28	12 000	0	0	0	0	0	0	0	0		0	0	0	0	0
182	瓦利斯和浮图纳	24	11 640	0	0	0	0	0	0	24	11 640	0	0	0	0	0	0		0	0	0	0	0
183	圣卢西亚	28	11 129	0	0	0	0	5	1 465	21	8 088	0	0	2	1 576	0	0		0	0	0	0	0
184	密克罗尼西亚联邦	32	10 560	32	10 560	0	0	0	0	0	0	0	0	0	0	0	0		0	0	0	0	0
185	圣文森特和格林纳丁斯	21	10 425	0	0	0	0	0	0	18	8 970	3	1 455	0	0	0	0		0	0	0	0	0
186	摩尔多瓦	24	8 760	24	8 760	0	0	0	0	0	0	0	0	0	0	0	0		0	0	0	0	0
187	科摩罗	8	3 640	0	0	0	0	8	3 640	0	0	0	0	0	0	0	0		0	0	0	0	0
188	所罗门群岛	5	3 404	0	0	5	3 404	0	0	0	0	0	0	0	0	0	0		0	0	0	0	0
189	安提瓜和巴布达	6	2 080	6	2 080	0	0	0	0	0	0	0	0	0	0	0	0		0	0	0	0	0
190	英属维尔京群岛	1	361	0	0	0	0	1	361	0	0	0	0	0	0	0	0		0	0	0	0	0
191	巴勒斯坦	0	0	0	0	0	0	0	0	0	0	0	0	0	0	0	0		0	0	0	0	0

表4　2006年分国别(地区)、排量摩托车进口量及金额

序号	国家（地区）	数量 辆	金额 美元	排量,mL ≤50 数量 辆	≤50 金额 美元	50 ~ 100 数量 辆	50 ~ 100 金额 美元	100 ~ 125 数量 辆	100 ~ 125 金额 美元	125 ~ 150 数量 辆	125 ~ 150 金额 美元	150 ~ 200 数量 辆	150 ~ 200 金额 美元	200 ~ 250 数量 辆	200 ~ 250 金额 美元	250 ~ 400 数量 辆	250 ~ 400 金额 美元	400 ~ 500 数量 辆	400 ~ 500 金额 美元	500 ~ 800 数量 辆	500 ~ 800 金额 美元	> 800 数量 辆	> 800 金额 美元
	合计	3 124	4 682 304	1 918	405 219	17	17 172	306	508 881	549	1 281 555	5	8 057	92	296 451	3	12 884	27	138 574	70	470 745	137	1 542 766
1	意大利	574	1 381 488	13	24 267	0	0	11	28 722	533	1 261 933	1	1 500	11	36 674	0	0	0	0	0	0	5	28 392
2	日本	149	746 372	5	4 721	1	5 679	18	66 828	1	381	0	0	52	189 921	3	12 884	24	127 804	6	48 980	39	289 174
3	美国	58	647 537	1	1 961	0	0	1	1 500	1	200	0	0	1	2 126	0	0	1	6 570	0	0	53	635 180
4	德国	50	647 208	3	1 920	0	0	1	1 262	0	0	0	0	0	0	0	0	0	0	6	54 006	40	590 020
5	台湾省	186	362 184	7	25 932	3	1 680	156	299 427	2	1 960	0	0	16	28 985	0	0	2	4 200	0	0	0	0
6	西班牙	64	350 176	4	4 647	0	0	10	16 079	0	0	0	0	0	0	0	0	0	0	50	329 450	0	0
7	中华人民共和国	1 922	338 438	1 869	323 225	0	0	49	12 186	0	0	2	2 527	2	500	0	0	0	0	0	0	0	0
8	韩国	17	45 232	2	1 018	1	503	6	5 402	0	0	0	0	0	0	0	0	0	0	8	38 309	0	0
9	巴西	10	31 580	0	0	0	0	4	9 038	0	0	0	0	6	22 542	0	0	0	0	0	0	0	0
10	越南	21	27 691	0	0	3	2 450	16	20 961	2	4 280	0	0	0	0	0	0	0	0	0	0	0	0
11	法国	12	21 717	8	10 896	0	0	2	4 276	0	0	0	0	2	6 545	0	0	0	0	0	0	0	0
12	泰国	17	21 670	0	0	0	0	16	20 179	1	1 491	0	0	0	0	0	0	0	0	0	0	0	0
13	印度尼西亚	12	17 944	0	0	3	3 146	5	7 166	4	7 632	0	0	0	0	0	0	0	0	0	0	0	0
14	印度	9	11 171	0	0	4	3 075	3	5 996	1	950	1	1 150	0	0	0	0	0	0	0	0	0	0
15	比利时	2	8 657	1	1 505	0	0	0	0	0	0	0	0	1	7 152	0	0	0	0	0	0	0	0
16	希腊	3	5 483	2	2 603	0	0	0	0	0	0	1	2 880	0	0	0	0	0	0	0	0	0	0
17	菲律宾	4	4 513	0	0	0	0	1	802	2	1 705	0	0	1	2 006	0	0	0	0	0	0	0	0
18	奥地利	2	3 186	1	1 108	0	0	1	2 078	0	0	0	0	0	0	0	0	0	0	0	0	0	0
19	马来西亚	2	3 110	0	0	0	0	2	3 110	0	0	0	0	0	0	0	0	0	0	0	0	0	0
20	巴拉圭	1	1 735	0	0	0	0	1	1 735	0	0	0	0	0	0	0	0	0	0	0	0	0	0
21	柬埔寨	1	1 218	0	0	0	0	1	1 218	0	0	0	0	0	0	0	0	0	0	0	0	0	0
22	斯里兰卡	2	1 023	0	0	0	0	0	0	2	1 023	0	0	0	0	0	0	0	0	0	0	0	0
23	尼日利亚	3	953	0	0	2	639	1	314	0	0	0	0	0	0	0	0	0	0	0	0	0	0
24	荷兰	1	900	1	900	0	0	0	0	0	0	0	0	0	0	0	0	0	0	0	0	0	0
25	墨西哥	1	602	0	0	0	0	1	602	0	0	0	0	0	0	0	0	0	0	0	0	0	0
26	摩洛哥	1	516	1	516	0	0	0	0	0	0	0	0	0	0	0	0	0	0	0	0	0	0

表 5　2006 年分洲别、排量摩托车出口量及金额

辆;美元

序号	洲名	合计		排量,mL																			
				≤50		50 ~ 100		100 ~ 125		125 ~ 150		150 ~ 200		200 ~ 250		250 ~ 400		400 ~ 500		500 ~ 800		> 800	
		数量	金额	数量	金额	数量	金额	数量	金额	数量	金额	数量	金额	数量	金额	数量	金额	数量	金额	数量	金额	数量	金额
合计		8 577 717	3 929 844 122	1 895 260	477 598 245	1 848 677	571 400 436	3 575 578	1 355 011 563	1 016 383	483 004 443	176 144	91 653 690	62 837	61 091 192	2 570	3 669 355	0	0	263	504 471	5	61 839
1	亚洲	2 137 735	1 388 952 050	228 683	91 545 775	465 538	150 151 489	1 059 628	413 227 624	350 524	172 440 858	21 524	13 193 898	11 697	10 439 852	94	143 990	0	0	42	118 342	5	61 839
2	拉丁美洲	1 927 072	875 450 340	55 897	14 327 581	377 750	117 337 903	1 071 947	411 469 545	331 508	147 517 763	74 517	40 228 923	14 894	14 497 194	545	769 790	0	0	14	27 569	0	0
3	非洲	2 050 452	799 752 644	88 428	22 349 027	915 028	274 795 027	825 377	299 789 525	206 792	103 206 102	10 303	6 544 471	4 504	4 457 672	2	2 260	0	0	18	18 003	0	0
4	欧洲	1 730 430	589 402 719	1 257 881	295 617 839	21 076	11 348 349	395 117	156 739 670	32 607	16 598 967	11 224	6 866 447	11 622	11 777 847	783	1 130 025	0	0	120	204 744	0	0
5	北美洲	592 702	236 269 458	194 282	43 776 384	64 553	16 453 500	172 111	55 175 817	90 217	41 022 762	53 298	21 845 392	17 033	17 496 696	1 144	1 620 660	0	0	64	120 892	0	0
6	大洋洲	139 326	40 016 911	70 089	9 981 639	4 732	1 314 168	51 398	18 609 382	4 735	2 217 991	5 278	2 974 559	3 087	2 421 931	2	2 630	0	0	5	14 921	0	0

表 6　2006 年分洲别、排量摩托车进口量及金额

辆;美元

序号	洲名	合计		排量,mL																			
				≤50		50 ~ 100		100 ~ 125		125 ~ 150		150 ~ 200		200 ~ 250		250 ~ 400		400 ~ 500		500 ~ 800		> 800	
		数量	金额	数量	金额	数量	金额	数量	金额	数量	金额	数量	金额	数量	金额	数量	金额	数量	金额	数量	金额	数量	金额
合计		3 124	4 682 304	1 918	405 219	17	17 172	306	508 881	549	1 281 555	5	8 057	92	296 451	3	12 884	27	138 574	70	470 745	137	1 542 766
1	欧洲	708	2 418 815	33	47 846	0	0	25	52 417	533	1 261 933	2	4 380	14	50 371	0	0	0	0	56	383 456	45	618 412
2	亚洲	2 342	1 580 566	1 883	354 896	15	16 533	273	443 275	15	19 422	3	3 677	71	221 412	3	12 884	26	132 004	14	87 289	39	289 174
3	北美洲	58	647 537	1	1 961	0	0	1	1 500	1	200	0	0	1	2 126	0	0	1	6 570	0	0	53	635 180
4	拉丁美洲	12	33 917	0	0	0	0	6	11 375	0	0	0	0	6	22 542	0	0	0	0	0	0	0	0
5	非洲	4	1 469	1	516	2	639	1	314	0	0	0	0	0	0	0	0	0	0	0	0	0	0
6	大洋洲	0	0	0	0	0	0	0	0	0	0	0	0	0	0	0	0	0	0	0	0	0	0

表7 2006年分国别(地区)装有辅助动力的脚踏车、边车出口量及金额

序号	国家(地区)	出口		
		数量,辆	金额,美元	平均单价,美元/辆
合计		55 168	3 512 640	63.67
1	美国	9 981	889 068	89.08
2	比利时	8 454	319 443	37.79
3	加拿大	6 450	252 435	39.14
4	英国	7 943	246 019	30.97
5	韩国	1 144	194 126	169.69
6	泰国	1 018	158 277	155.48
7	伊朗	2 820	153 620	54.48
8	意大利	3 715	143 309	38.58
9	西班牙	1 144	129 543	113.24
10	智利	1 216	121 594	100.00
11	法国	729	117 814	161.61
12	日本	1 537	108 609	70.66
13	德国	390	98 546	252.68
14	匈牙利	482	88 435	183.48
15	俄罗斯联邦	2 408	83 085	34.50
16	澳大利亚	880	61 981	70.43
17	荷兰	120	40 433	336.94
18	委内瑞拉	1 720	39 560	23.00
19	台湾省	472	34 898	73.94
20	瑞典	346	32 782	94.75
21	阿拉伯联合酋长国	564	25 526	45.26
22	吉布提	197	19 013	96.51
23	利比亚	192	17 472	91.00
24	新西兰	157	16 820	107.13
25	朝鲜	76	15 260	200.79
26	印度尼西亚	60	13 500	225.00
27	立陶宛	209	12 646	60.51
28	瑞士	64	11 076	173.06
29	卡塔尔	111	10 715	96.53
30	塞尔维亚和黑山	95	9 540	100.42
31	菲律宾	32	7 828	244.63
32	埃及	5	6 880	1 376.00
33	香港	221	5 746	26.00
34	芬兰	33	3 810	115.45
35	罗马尼亚	33	3 398	102.97
36	奥地利	35	3 350	95.71
37	克罗地亚	50	3 150	63.00
38	塞浦路斯	2	2 750	1 375.00
39	越南	4	1 616	404.00
40	洪都拉斯	10	1 610	161.00
41	以色列	4	1 460	365.00
42	伊拉克	15	1 313	87.53
43	南非	10	1 280	128.00
44	丹麦	8	880	110.00
45	印度	2	727	363.50
46	特立尼达和多巴哥	3	615	205.00
47	危地马拉	4	572	143.00
48	捷克	3	510	170.00

表 8　2006 年分国别(地区)电动摩托车及电动助力车出口量及金额

序号	国家(地区)	出口		
		数量,辆	金额,美元	平均单价,美元/辆
合计		1 639 856	148 253 700	90.41
1	美国	939 927	67 878 642	72.22
2	日本	82 671	12 449 105	150.59
3	加拿大	58 886	6 687 864	113.57
4	意大利	50 688	6 576 032	129.74
5	印度	43 078	6 112 981	141.90
6	英国	69 807	5 500 286	78.79
7	荷兰	17 228	5 223 019	303.17
8	德国	34 419	3 919 572	113.88
9	澳大利亚	37 685	3 660 728	97.14
10	泰国	15 026	3 194 189	212.58
11	法国	42 151	3 126 159	74.17
12	比利时	41 167	2 981 190	72.42
13	匈牙利	14 393	2 432 383	169.00
14	西班牙	11 413	1 620 177	141.96
15	韩国	10 513	1 558 373	148.23
16	印度尼西亚	6 828	1 368 090	200.36
17	墨西哥	15 460	1 171 975	75.81
18	老挝	2 160	917 900	424.95
19	古巴	3 397	887 912	261.38
20	土耳其	3 245	720 932	222.17
21	越南	6 330	679 327	107.32
22	智利	7 574	591 974	78.16
23	阿拉伯联合酋长国	19 967	544 660	27.28
24	巴西	8 563	493 057	57.58
25	瑞士	3 052	484 805	158.85
26	丹麦	3 243	410 648	126.63
27	瑞典	8 794	406 389	46.21
28	俄罗斯联邦	2 875	383 482	133.39
29	波兰	4 103	337 766	82.32
30	埃及	5 578	307 062	55.05
31	柬埔寨	1 660	302 513	182.24
32	斯洛文尼亚	3 119	276 875	88.77
33	哥伦比亚	5 644	273 868	48.52
34	台湾省	3 827	269 349	70.38
35	新西兰	2 253	268 415	119.14
36	伊朗	3 273	255 158	77.96
37	奥地利	1 055	248 242	235.30
38	克罗地亚	3 262	235 035	72.05
39	爱沙尼亚	3 663	220 260	60.13
40	毛里求斯	905	198 660	219.51
41	菲律宾	2 337	188 450	80.64
42	希腊	2 376	182 981	77.01
43	委内瑞拉	4 215	179 613	42.61
44	挪威	727	177 533	244.20
45	南非	3 338	166 925	50.01
46	冰岛	4 839	158 245	32.70
47	葡萄牙	871	138 184	158.65
48	阿根廷	3 828	120 909	31.59
49	哥斯达黎加	590	113 960	193.15
50	新加坡	542	104 348	192.52
51	香港	865	99 065	114.53
52	巴基斯坦	520	98 302	189.04
53	缅甸	484	89 733	185.40
54	以色列	2 560	79 838	31.19
55	叙利亚	699	71 985	102.98
56	塞浦路斯	188	70 834	376.78
57	沙特阿拉伯	758	66 223	87.37
58	厄瓜多尔	940	65 733	69.93
59	立陶宛	1 702	64 351	37.81

续表 8

序号	国家(地区)	出口		
		数量,辆	金额,美元	平均单价,美元/辆
60	布基纳法索	303	63 864	210.77
61	黎巴嫩	1 048	63 230	60.33
62	爱尔兰	545	50 040	91.82
63	巴拉圭	886	47 582	53.70
64	乌克兰	226	46 355	205.11
65	斯洛伐克	327	42 607	130.30
66	科威特	717	40 345	56.27
67	斯里兰卡	187	39 281	210.06
68	突尼斯	175	36 855	210.60
69	马来西亚	155	31 704	204.54
70	约旦	148	31 630	213.72
71	罗马尼亚	409	28 463	69.59
72	保加利亚	252	27 006	107.17
73	捷克	191	26 264	137.51
74	乌拉圭	142	25 400	178.87
75	尼加拉瓜	80	24 000	300.00
76	拉脱维亚	1 024	23 004	22.46
77	马尔代夫	60	22 446	374.10
78	尼日利亚	119	21 053	176.92
79	多米尼克	191	15 580	81.57
80	伊拉克	165	15 207	92.16
81	芬兰	249	12 691	50.97
82	孟加拉国	59	12 090	204.92
83	巴拿马	200	10 392	51.96
84	利比里亚	30	8 250	275.00
85	朝鲜	45	7 771	172.69
86	洪都拉斯	220	7 205	32.75
87	埃塞俄比亚	40	7 120	178.00
88	多米尼加共和国	70	6 900	98.57
89	危地马拉	75	4 554	60.72
90	莫桑比克	8	3 770	471.25
91	马绍尔群岛共和国	20	3 700	185.00
92	塞内加尔	16	3 620	226.25
93	摩洛哥	57	3 321	58.26
94	牙买加	20	3 200	160.00
95	马达加斯加	9	2 880	320.00
96	马耳他	5	2 710	542.00
97	赞比亚	8	2 400	300.00
98	塞拉利昂	8	2 262	282.75
99	刚果	5	1 667	333.40
100	前南斯拉夫马其顿	5	1 402	280.40
101	萨尔瓦多	14	1 310	93.57
102	苏丹	7	1 127	161.00
103	阿塞拜疆	10	1 100	110.00
104	尼泊尔	13	986	75.85
105	卢森堡	6	980	163.33
106	阿尔巴尼亚	5	800	160.00
107	法属波利尼西亚	6	708	118.00
108	坦桑尼亚	3	559	186.33
109	格林纳达	1	540	540.00
110	斐济	2	500	250.00
111	肯尼亚	2	480	240.00
112	新喀里多尼亚	11	475	43.18
113	加纳	2	390	195.00
114	民主刚果	2	341	170.50
115	秘鲁	4	286	71.50
116	巴林	2	273	136.50
117	津巴布韦	2	220	110.00
118	特立尼达和多巴哥	2	220	110.00
119	利比亚	1	218	218.00
120	塞尔维亚和黑山	1	100	100.00

二、部分企业摩托车出口量

表 1　2006 年部分摩托车生产企业摩托车出口量及金额

序号	企业名称	出口			
		2006 年出口量，辆	2005 年出口量，辆	增长率，%	2006 年出口创汇，万美元
合计		6 403 516	4 537 979	41.11	251 958.48
1	重庆隆鑫工业(集团)有限公司	749 287	386 001	94.12	28 330.44
2	金城集团有限公司	549 278	515 031	6.65	17 822.00
3	力帆实业(集团)有限公司	547 026	524 015	4.39	20 717.98
4	江门市大长江集团有限公司	450 044	297 769	51.14	21 136.00
5	宗申产业集团有限公司	444 628	189 555	134.56	13 972.00
6	中国嘉陵工业股份有限公司(集团)	273 973	283 251	− 3.28	7 529.00
7	中国轻骑集团有限公司	273 777	194 084	41.06	11 357.36
8	重庆建设摩托车股份有限公司	247 274	0		10 945.00
9	新大洲本田摩托有限公司	240 006	175 688	36.61	12 778.11
10	*重庆劲隆摩托车制造有限公司	221 239	148 987	48.50	10 250.86
11	重庆银翔摩托车(集团)有限公司	187 868	69 431	170.58	6 335.52
12	广州市大阳摩托车有限公司	179 680	50 111	258.56	8 152.47
13	钱江集团有限公司	164 297	136 096	20.72	7 612.94
14	广州天马集团天马摩托车有限公司	147 188	142 826	3.05	5 230.81
15	重庆鑫源摩托车制造有限公司	143 649	85 851	67.32	4 780.48
16	常州光阳摩托车有限公司	103 720	68 228	52.02	4 871.70
17	广州番禺豪剑摩托车工业有限公司	102 080	93 278	9.44	4 410.00
18	增城市海利摩托车有限公司	101 213	49 114	106.08	4 552.00
19	广州番禺华南摩托企业集团有限公司	95 333	78 508	21.43	4 205.00
20	长春长铃集团有限公司	94 832	63 741	48.78	3 241.94
21	南方摩托股份有限公司	87 007	114 187	− 23.80	2 825.99
22	洛阳北方易初摩托车有限公司	76 971	62 318	23.51	2 283.50
23	浙江台州市王野动力有限公司	73 419	46 162	59.05	2 984.31
24	本州车业集团有限公司	70 240	0		2 923.20
25	鹤山国机南联摩托车工业有限公司	68 426	20 513	233.57	3 274.81
26	广州摩托集团公司	67 219	68 220	− 1.47	3 975.40
27	*五羊—本田摩托(广州)有限公司	67 219	68 220	− 1.47	3 975.40
28	*重庆新感觉摩托车有限公司	55 644	21 914	153.92	2 405.49
29	洛阳北方企业集团有限公司	54 046	32 965	63.95	1 628.78
30	常州市东方龙摩托车有限公司	51 774	2 604	1 888.25	1 451.63
31	众星集团有限公司	50 107	6 557	664.18	2 736.96
32	广东银河摩托车实业有限公司	48 235	38 442	25.47	1 812.00
33	江苏赤兔马有限公司	42 350	26 771	58.19	1 371.25
34	江苏健龙新田摩托车制造有限公司	42 085	36 778	14.43	1 846.56
35	江门中裕摩托集团有限公司	39 622	122 560	− 67.67	1 247.00
36	重庆航天巴山摩托车制造有限公司	35 903	11 874	202.37	1 140.39
37	台州市凯通摩托车制造有限公司	33 930	6 312	437.55	1 315.27
38	慈溪金轮机车制造有限公司	32 720	31 462	4.00	1 507.74

续表 1

序号	企业名称	出口			
		2006 年出口量，辆	2005 年出口量，辆	增长率，%	2006 年出口创汇，万美元
39	上海杰士达摩托车有限公司	31 355	29 376	6.74	1 394.38
40	江苏新陵摩托车制造有限公司	31 103	13 841	124.72	1 607.00
41	福建省晋江市三力机车有限公司	29 148	21 177	37.64	1 276.66
42	浙江凌云摩托车有限公司	28 911	10 468	176.18	1 753.50
43	增城市奔马实业有限公司	28 513	127	22 351.18	1 354.16
44	广东大冶摩托车技术有限公司	27 779	0		1 123.00
45	重庆银钢科技(集团)有限公司	26 738	43 562	- 38.62	993
46	浙江嘉爵摩托车制造有限公司	24 432	6 975	250.28	1 035.13
47	广州天恒机车工业有限公司	23 743	9 589	147.61	820.1
48	广东省清远市清新联统实业有限公司	22 825	37 999	- 39.93	895
49	重庆光宇摩托车制造有限公司	22 658	0		688.67
50	浙江凌田摩托车有限公司	15 969	0		627.56
51	江苏宝雕机动车有限公司	15 710	7 615	106.3	529.38
52	浙江雷克机械工业有限公司	13 844	14 832	- 6.66	446.22
53	厦门厦杏摩托有限公司	13 595	7 147	90.22	714.31
54	吉利集团浙江摩托车有限公司	9 444	8 813	7.16	350.35
55	江苏林海动力机械集团公司	8 988	9 208	- 2.39	917
56	春风控股集团有限公司	8 500	9 504	- 10.56	880.58
57	立峰集团有限公司	7 244	4 303	68.35	633.37
58	康超集团广州摩托车制造有限公司	6 128	485	1 163.51	223.05
59	无锡富通摩托车有限公司	5 654	14 220	- 60.24	213.22
60	上海幸福摩托车总厂	5 426	2 445	121.92	121.5
61	浙江三友集团摩托车有限公司	4 553	882	416.21	192.25
62	上海美田摩托车有限公司	4 414	4 320	2.18	157.58
63	常熟市轻型摩托车厂	4 092	3 129	30.78	165.54
64	浙江黄岩三叶集团有限公司	3 375	306	1 002.94	114
65	增城市东阳摩托车实业有限公司	3 075	484	535.33	121.5
66	东莞市东阳摩托车有限公司	1 656	0		70.42
67	浙江日雅摩托车有限公司	1 623	0		67
68	重庆市双庆机电有限公司	1 185	3 243	- 63.46	41.06
69	江门市华日集团有限公司	1 158	11 056	- 89.53	60.8
70	台州市椒江之威摩托车制造有限公司	837	0		37.15
71	重庆精通工业集团有限公司	450	7 248	- 93.79	19
72	东莞市东毅摩托车有限公司	129	0		7.1
73	泰州春兰摩托车厂	55	178	- 69.1	2.4
74	国营长江动力机械厂	0	3	- 100	0
75	佛山市佛斯弟摩托车企业集团有限公司	0	4 033	- 100	0
76	惠州玛琪摩托车有限公司	0	6 227	- 100	0
77	深圳益通机动车工业有限公司	0	68	- 100	0
78	建设工业(集团)有限责任公司	0	203 702	- 100	0
79	重庆望江摩托车制造有限公司	0	11 007	- 100	0
80	重庆望江铃木发动机有限公司	0	104	- 100	0

注 本表数据来源于中国汽车工业协会。

三、摩托车进口关税

中国已于2001年12月11日正式加入了世界贸易组织(WTO),必然要采取相应的措施,以适应世界贸易组织自由化的发展,同时也要适应WTO的关税减让原则和公平竞争原则,消除非关税壁垒原则等。根据中国加入WTO所达成的协议,中国从2002年1月1日起执行货物贸易的相关承诺,在货物贸易领域,摩托车产品的主要关税税率减让如表1所示。

表 1　摩托车整车及关键部件进口关税税率逐年减让表

%

税则号		产品类型	加入时税率	2002 年	2003 年	2004 年	2005 年	2006 年
整车	87111000	排量≤50 mL 汽油型摩托车	52.25	48.75	45.00	45.00	45.00	45.00
	87112000	50 mL ＜排量≤250 mL 汽油型摩托车	52.25	48.75	45.00	45.00	45.00	45.00
	87113010	250 mL ＜排量≤400 mL 汽油型摩托车	53.80	51.00	48.00	45.00	45.00	45.00
	87113020	400 mL ＜排量≤500 mL 汽油型摩托车	53.80	51.00	48.00	45.00	45.00	45.00
	87114000	500 mL ＜排量≤800 mL 汽油型摩托车	51.70	50.00	45.00	43.30	40.00	40.00
	87115000	排量＞ 800 mL 汽油型摩托车	41.70	40.00	36.70	33.30	30.00	30.00
	87119000	其它(装有其它发动机的摩托车及边车)	52.25	48.75	45.00	45.00	45.00	45.00
发动机	84073100	排量≤50 mL 往复活塞式发动机	19.00	16.00	13.00	10.00	10.00	10.00
	84073200	50 mL ＜排量≤250 mL 往复活塞式发动机	19.00	16.00	13.00	10.00	10.00	10.00
	84773300	250 mL ＜排量≤1 000 mL 往复活塞式发动机	31.00	28.80	25.00	21.30	17.50	13.80/10.00（7 月 1 日）
	84073410	1 000 mL ＜排量≤3 000 mL 往复活塞式发动机	31.00	25.80	20.50	15.30	10.00	10.00
零部件	40114000	摩托车用新的橡胶轮胎	18.50	16.80	15.00	15.00	15.00	15.00
	70091000	车辆后视镜	17.20	14.80	12.40	10.00	10.00	10.00
	83012000	机动车用锁	14.00	12.00	10.00	10.00	10.00	10.00
	83023000	机动车辆用贱金属附件及架座	14.00	12.00	10.00	10.00	10.00	10.00
	84099191	电控燃油喷射装置	14.00	11.00	8.00	5.00	5.00	5.00
	84099199	其它(点燃式活塞内燃发动机零件)	10.40	8.60	6.80	5.00	5.00	5.00
	85122010	机动车辆用照明或视觉信号装置	16.00	14.00	12.00	10.00	10.00	10.00
	85392130	机动车辆用的卤坞灯	10.00	10.00	10.00	10.00	10.00	10.00
	85392930	机动车辆用其它白炽灯泡	7.30	5.00	5.00	5.00	5.00	5.00
	85443020	机动车辆用点火布线组及其它布线组	16.00	14.00	12.00	10.00	10.00	10.00
	87141100	摩托车用鞍座	30.00	30.00	30.00	30.00	30.00	30.00
	87141900	其它(摩托车用其它零件)	30.00	30.00	30.00	30.00	30.00	30.00

注

1　未特殊说明,所有削减均自当年的 1 月 1 日起执行;

2　250 mL ＜排量≤1 000 mL 往复活塞式发动机(税则号 84773300)自 2006 年 7 月 1 日税率降为 10.00%。

四、2006 年摩托车产品出口分析

王法林 （中国机电产品进出口商会）

据国家海关统计，2006年中国摩托车出口857.94万辆（注：不含发动机及海关编码为87119000的电动滑板车，以下同），比上年同期增长18.75%；出口金额达30.44亿美元，同比增长35.48%，再创摩托车出口的历史最好水平。同时出口平均单价也从上年的311美元增长到354.8美元，增长14.08%。

1　2006 年摩托车整车出口情况

1.1　摩托车分排量出口情况

2006年，摩托车出口仍以100 mL < 排量≤125 mL的中小排量车型为主，其出口量为357.5万辆（占出口总量的41.67%），同比增长37.3%；出口金额为13.55亿美元（占出口总额的44.51%），同比增长35.82%。50 mL < 排量≤100 mL摩托出口量为184.85万辆（占摩托车出口总量的21.54%），同比增长26.34%；出口金额为5.71亿美元，同比增长26.67%。125 mL < 排量≤150 mL摩托车出口量为101.63万辆（占摩托车出口总量的11.84%），同比增长160.46%；出口金额为4.83亿美元，同比增长144.11%。另外，大排量摩托车的出口量增长迅速，说明出口摩托车的档次有所提高，也是出口平均单价上升的主要原因之一。其它排量摩托车的出口情况见表1所示。

表 1　2006 年摩托车分排量出口情况

商品代码	排量，mL	2005 年数量，辆	2006 年数量，辆	增长率，%	2005 年金额，美元	2006 年金额，美元	增长率，%
87111000	排量≤50	2 621 948	1 897 740	－ 27.62	513 816 734	477 889 195	－ 6.99
87112010	50 < 排量≤100	1 463 154	1 848 535	26.34	451 036 141	571 348 266	26.67
87112020	100 < 排量≤125	2 604 035	3 575 347	37.30	997 554 374	1 354 911 838	35.82
87112030	125 < 排量≤150	390 199	1 016 304	160.46	197 842 967	482 963 786	144.11
87112040	150 < 排量≤200	109 141	175 834	61.11	52 121 653	91 487 197	75.53
87112050	200 < 排量≤250	34 359	62 765	82.67	31 932 916	61 030 712	91.12
87113010	250 < 排量≤400	1 362	2 570	88.69	1 948 136	3 669 355	88.35
87114000	500 < 排量≤800	254	263	3.54	450 749	504 471	11.92
87115000	排量 > 800	2	5	150.00	3 219	61 839	1 821.06
	合计	7 224 454	8 579 363	18.75	2 246 706 889	3 043 866 659	35.48

1.2　摩托车分国别（地区）出口情况

2006年中国摩托车共出口到190个国家（地区），比上年增加了4个。上半年，土耳其为第一大出口市场，达到58.65万辆，下半年由于采取特保措施，出口比上半年下降90%。尼日利亚市场仍保持全年第一大出口市场地位，出口数量为122.48万辆，出口金额为3.88亿美元。

按出口金额排序，出口额在1 000万美元以上的共53个国家（地区），出口金额在3 000万美元以上的国家（地区）共26个（见表2）。

表 2　2006 年摩托车出口金额在 3 000 万美元以上的国家（地区）

国别	2005 年出口量，辆	2006 年出口量，辆	增长率，%	2005 年出口额，美元	2006 年出口额，美元	增长率，%
尼日利亚	1 078 084	1 224 879	13.62	333 305 270	388 205 315	16.47
土耳其	315 762	640 914	102.97	156 906 393	291 379 185	85.70
美国	582 380	520 514	－ 10.62	186 615 381	185 074 664	－ 0.83
阿根廷	171 259	422 750	146.85	57 667 273	143 306 268	148.51
印度尼西亚	221 593	276 471	24.77	76 902 487	111 740 858	45.30
德国	452 015	412 779	－ 8.68	94 442 331	100 428 093	6.34
哥伦比亚	115 016	263 737	129.30	39 534 788	92 501 512	133.97
委内瑞拉	31 869	201 772	533.13	15 103 103	88 642 232	486.91
日本	184 340	173 981	－ 5.62	95 465 256	87 020 042	－ 8.85
埃及	34 801	163 865	370.86	14 857 686	82 984 336	458.53
墨西哥	144 614	158 715	9.75	62 292 039	69 941 440	12.28
巴西	67 775	127 785	88.54	34 782 773	63 825 769	83.50
意大利	181 551	222 503	22.56	32 274 890	61 112 784	89.35

注：因数据来源不同，本文的数据与前面“摩托车进出口”的统计数据稍有不同，请参考使用。

续表 2

国别	2005 年出口量，辆	2006 年出口量，辆	增长率，%	2005 年出口额，美元	2006 年出口额，美元	增长率，%
法国	147 553	197 039	33.54	35 656 787	60 687 376	70.20
多哥	134 985	158 217	17.21	51 910 228	59 594 402	14.80
菲律宾	138 231	132 863	- 3.88	53 714 632	48 372 147	- 9.95
缅甸	75 542	161 740	114.11	22 149 226	46 964 677	112.04
越南	68 000	95 659	40.68	31 518 401	46 288 126	46.86
西班牙	506 623	127 437	- 74.85	61 744 796	45 333 950	- 26.58
巴拉圭	81 579	130 287	59.71	26 978 288	42 699 916	58.28
危地马拉	52 155	87 374	67.53	23 944 415	40 988 382	71.18
秘鲁	57 648	97 867	69.77	22 077 720	39 182 006	77.47
厄瓜多尔	49 567	83 287	68.03	21 092 739	32 424 138	53.72
伊朗	111 455	123 465	10.78	29 205 281	31 802 283	8.89
澳大利亚	79 375	115 416	45.41	24 115 248	31 756 638	31.69
多米尼加	53 918	94 223	74.75	18 655 031	31 001 988	66.19

1.3 摩托车出口经营企业情况

2006年，摩托车出口企业有700家，比2005年同期的854家下降了154家。主要原因是：自2006年3月1日开始，国家以出口资质的形式对出口经营企业进行了有效调控。从出口数量看，出口10万辆以上的企业有20家，比2005年增加了5家，但出口量不足100辆的企业仍有214家。

出口金额在3 000万美元以上的企业共26家（见表3），其出口总额为18.12亿美元，占到全国出口总额的近60%。

表 3　2006 年摩托车出口金额超过 3 000 万美元的企业情况

企业代码	企业名称	2005 年出口量，辆	2006 年出口量，辆	增长率 %	2005 年出口额，美元	2006 年出口额，美元	增长率 %
4407930333	江门市大长江集团有限公司	293 727	457 252	55.67	127 812 778	204 143 748	59.72
3201910160	金城集团进出口有限公司	490 115	505 717	3.18	156 296 398	160 856 088	2.92
5006960006	重庆力帆实业（集团）进出口有限公司	277 734	393 562	41.70	101 060 207	146 384 480	44.85
5007960135	隆鑫集团进出口有限公司	223 841	381 841	70.59	71 716 258	128 471 762	79.14
5007360492	重庆宗申集团进出口有限公司	105 418	239 210	126.92	38 102 711	92 233 164	142.06
3120930437	新大洲本田摩托有限公司上海分公司	153 110	163 960	7.09	80 796 689	90 576 423	12.10
3311911027	温岭市钱江进出口有限公司	138 386	166 328	20.19	58 747 977	76 450 047	30.13
4401918007	广州市大阳摩托车有限公司	25 803	123 085	377.02	13 121 338	71 655 074	446.10
5012960233	重庆银翔摩托车（集团）有限公司	83 005	209 660	152.59	23 921 817	69 481 973	190.45
5007960258	重庆劲隆科技集团进出口有限公司	181 571	243 351	34.03	47 624 600	67 590 608	41.92
4407930340	江门市中港宝田摩托车实业有限公司	54 013	227 805	321.76	15 692 485	65 560 979	317.79
3701911247	济南轻骑摩托车股份有限公司	122 255	152 161	24.46	47 691 874	58 011 417	21.64
4423960031	广州市番禺华南摩托企业集团有限公司	33 179	120 824	264.16	18 466 552	55 715 838	201.71
5006910075	嘉陵集团对外贸易发展有限公司	104 161	154 804	48.62	35 951 896	51 941 884	44.48
3111945043	雅马哈发动机商贸（上海）有限公司	36 912	69 652	88.70	26 693 731	51 283 263	92.12
3204930587	常州光阳摩托车有限公司	66 859	91 541	36.92	33 899 292	47 653 638	40.57
5007910291	重庆北方建设进出口贸易有限责任公司	84 345	129 603	53.66	33 054 897	46 601 115	40.98
4401961019	增城市海利摩托车有限公司	46 007	100 149	117.68	19 672 152	46 272 400	135.22
5007960162	重庆鑫源摩托车制造有限公司	68 493	130 859	91.05	25 955 877	40 770 584	57.08
3311961403	台州永源经贸有限公司	53 583	82 896	54.71	25 899 788	38 729 202	49.53
4401967029	广州天马集团天马摩托车有限公司	131 908	120 943	- 8.31	43 926 710	37 626 825	- 14.34
5009950113	重庆日出三环机电进出口有限公司	46 744	118 673	153.88	12 905 464	34 389 237	166.47
4407966007	鹤山国机南联摩托车工业有限公司	19 335	68 631	254.96	9 298 236	32 860 948	253.41
3323961314	本州车业集团有限公司	22 030	75 441	242.45	10 182 577	32 787 810	222.00
4406930451	宗申・比亚乔佛山摩托车企业有限公司	6 664	45 982	590.01	4 303 130	32 787 424	661.94

2 摩托车发动机、电动车、全地形车（ATV）出口概况

2.1 摩托车发动机分排量出口情况

中国出口的摩托车发动机共涵盖了3个海关编码，即84073100、84073200和84073300。全年出口量为202.94万台，增长了3.42%，出口金额为2.34亿美元，增长了2.44%。其中大排量发动机出口增长速度

较快（见表4）。摩托车发动机出口市场主要在亚洲的伊朗、越南、巴基斯坦、中国台湾省、巴西、日本、印尼为主的7大主要市场，出口金额均超过1 000万美元。

表4　2006年摩托车发动机分排量出口情况

商品代码	排量，mL	2005年出口量，台	2006年出口量，台	增长率 %	2005年出口额，美元	2006年出口额，美元	增长率 %
84073100	排量≤50	105 529	89 702	－15.00	14 653 007	15 959 082	8.91
84073200	50＜排量≤250	1 855 664	1 932 733	4.15	212 951 926	213 998 446	0.49
84073300	250＜排量≤1 000	1 125	6 934	516.36	758 145	3 986 992	425.89
合计		1 962 318	2 029 369	3.42	228 363 078	233 944 520	2.44

2.2　电动车及其它摩托车

电动车及其它摩托车含 2 个海关代码，其中87119010代码为电动及电动助力车，按海关大类归为摩托车类；87119090代码为装有其它发动机的摩托车。这两类车型全年共出口169.58万辆，出口金额为1.52亿美元，平均单价在60～90美元左右。

2.3　全地形车（ATV）

全地形车海关代码为87031011，是新设的海关码，由于生产企业都是摩托车企业，一并纳入摩托车出口新政策的管理范围，目前国家有关方面正在研究制订专门的准入标准和技术标准。

2006年，全国共出口各类全地形车122.31万辆，出口金额为5.24亿美元，平均单价为428美元。出口国家和地区有150个，以发达国家市场为主，其中出口到美国的有55万辆。按出口金额统计，出口前8位的市场分别是：美国（出口金额为2.28亿美元）、法国（2 940万美元）、南非（2 483万美元）、加拿大（2 262万美元）、德国（2 161万美元）、澳大利亚（1 898万美元）、意大利（1 799万美元）、西班牙（1 560万美元）。前8位市场的出口量合计91.48万辆，占全部出口总量的74.79%；出口金额合计为3.79亿美元，占全部出口总额的72.33%。

3　值得关注的问题

a）从全年的摩托车行业出口规模情况来看（摩托车整车857.94万辆、摩托车发动机202.94万台、电动及助力摩托车等169.58万辆、全地形车122.31万辆），中国摩托车行业的出口前景依然看好。但是由于全国摩托车整车产能较高，已超过2 000万辆，以及许多城市禁摩，造成国内销售疲软，因此，摩托车企业将目光和精力投向了国外市场，而未开发的国外市场已经很少，所以在国外同一市场上，中国同行的竞争将难以避免，如何合作并实现共赢是面临的战术课题。

b）由于约40%的摩托车整车、90%以上的全地形车销往境外市场，摩托车行业已经成为一个主要依赖境外市场的行业。在许多市场上中国产品已占到80%以上的份额，容易成为“众矢之的”，因此需要密切关注当地进口政策的变化，例如土耳其和阿根廷。

c）从世界贸易角度看，中国早已成为摩托车生产和出口大国，但还不是强国。汇率的变动、出口退税的调整预期等因素对企业利润影响很大，主要是因为具有自主知识产权和自有品牌的产品和技术比例还太小。如何加大技术开发，避免产品的同质化，把握世界市场的主动权，从而实现企业和行业的可持续发展，是面临的战略性课题。

《2007中国摩托车工业年鉴》
www.cycleinfo.com.cn
《2007中国摩托车工业年鉴》
1 2 3 4 5 6 7 8 9 10 11 12
摩托车技术
MOTUOCHE JISHU
企业动态

企业动态

一、2006年部分摩托车企业(集团)发展概况

(一)、中国兵器装备集团公司

1　2006年发展概况

中国兵器装备集团公司(以下简称"兵装集团")是经国务院批准组建的特大型企业集团，是国家授权投资机构。2006年是"十一五"开局之年，也是兵装集团全面实现"622"战略第一步的目标之年。兵装集团以科学发展为根本，倡导"敢为人先，争创一流，拒绝借口，立即行动"的理念，加大自主创新意识，最终实现了经济持续快速增长，规模与效益同步发展，主要经济指标创历史最高水平，各项工作均有稳步提高。

1.1　主要经济指标及产销量

2006年，兵装集团实现全年主营业务收入1 010亿元，同比增长35.4%；利润总额25.3亿元，同比增长81.5%。其中主业之一——摩托车产量为487.3万辆，同比增长9.3%；销量为487.9万辆，同比增长9.9%，市场占有率达到了22.9%，较上年提高了2.4个百分点。实现了连续6年增长，市场影响力进一步提高。

1.2　着力调整结构，综合经济实力跃上新台阶

兵装集团不断推进产业结构调整，集团实力得到增强。在摩托车主业方面，各个生产企业整合优化了产品结构，重点推进基干型新产品的研发和试制，淘汰部分同质化车型，形成了各自差异化的产品优势。兵装集团立足建设世界最大最强的摩托车集团，产业不断优化升级，摩托车年产能超过了500万辆。2006年，兵装集团成功重组了济南轻骑摩托车股份有限公司和济南轻骑铃木摩托车有限公司。此次重组不仅完善了兵装集团摩托车产业的生产布局，巩固提高了摩托车产业的市场竞争力，也成为济南市地方国有产权与中央国有产权整合的成功范例，符合双方的发展战略，同时拉开了中国摩托车资源"十一五"时期整合的序幕。

1.3　着力打造国际一流公司，改革开放跃上新台阶

a) 改革脱困工作取得重大成果。关闭破产基本结束，债转股工作全面完成，较大程度地卸除了历史包袱，提高了资产质量，促进了结构调整和机制转换。

b) 降低了财务费用，支持了重点产业发展。汽车实现了专业化管理，"龙腾工程"顺利推进，成立了财务公司，"虎跃"工程运转良好。

c) "引进来，走出去"战略成果显著。摩托车产业与日本雅马哈、铃木、瑞典海兰德等公司的合作不断深化，并与法国标致公司建立了合资公司，加大了自主品牌的出口比例，所属企业扩大了在海外投资建厂的力度。2006年，摩托车出口92.8万辆，同比增长20.4%。

1.4　着力建设创新型集团，自主创新能力跃上新台阶

兵装集团把增强自主创新能力作为提高核心竞争力的首要任务，先后作出"科技兴司"、建设科技创新先导型企业、创新型集团等一系列重大决策；加强与35所高校合作，推进产学研结合；完善创新投入机制，将科技投入和创新能力建设纳入绩效考核体系；确立并实施了20个重大项目，推动技术进步；实施领军人才开发、教育培训和环境机制优化3大工程，拓宽人才晋升通道。2006年，新产品贡献率超过60%，其中嘉陵的600 mL和SP2系列、建设的"五芯"战略车型、济南轻骑的"GS王"和运动休闲产品等提高了兵装集团摩托车产业的竞争优势。

1.5　着力完善公司体制，集团管控水平跃上新台阶

a) 建立健全的监控体系，企业法人治理结构初步形成。全面委派总会计师，部分委派专职出资人

代表，形成了董事会、监事会、总会计师、审计专员、纪检监察分工协作的有效管控体系。

b）战略管理体系基本形成，综合计划调控作用逐渐显现。

c）完善管控手段，企业管理取得实效。实施资金集中管理，提前完成首批试点。规范对外投资，清理子公司294家。

d）加强成本管理，大力推进成本工程。可控成本同比下降3.5%，减少支出15亿元。深入开展节能降耗工作，综合能耗同比降低5.6%。

2 主要下属整车企业名单

中国嘉陵工业股份有限公司(集团)
建设工业(集团)有限责任公司
洛阳北方企业集团有限公司
重庆望江工业有限公司
济南轻骑摩托车股份有限公司
济南轻骑铃木摩托车有限公司

3 2007年发展规划

3.1 指导思想

2007年是兵装集团实施“622”战略第二步目标的开局之年。根据“十一五”规划和“622”战略的总体要求，兵装集团2007年工作的指导思想是：深入贯彻落实党的十六届六中全会和中央经济工作会议精神，以科学发展观统领工作全局，紧紧围绕“能力提升，整体跨越”的思想，认真落实“四个必须”，大力推进自主创新，坚持改革开放，强化管理，促进产业优化升级，提高核心竞争力，推动经济快速健康发展，以优异的成绩迎接党的十七大胜利召开。

3.2 主要经营指标

2007年的主要经营指标是实现主营业务收入超过1 100亿元。其中工业企业销售收入超过820亿元，工业增加值142亿元，利润总额16亿元，主业之一摩托车实现销售485万辆。

（王国强）

(二)、中国嘉陵工业股份有限公司(集团)

1 2006年发展概况

2006年，嘉陵集团着力构建产品技术平台，深入推进“价值回归、品牌提升”工程，改善管理，为嘉陵未来发展奠定了良好的基础。全年销售摩托车137.57万辆，其中出口摩托车27.4万辆，外销发动机22.7万台。

1.1 致力技术创新，新产品平台初步形成

2006年，嘉陵重点推进了大排量和重点基干型新产品的研发、试制和试验。目前国内第一款具有自主知识产权的大排量摩托车——JH600已实现市场销售，同时贴近市场，对产品进行了系列化维护开发和精细化改造升级。继2005年对30款车150个生产管理号的车型进行SP爆燃技术系列品质提升后，2006年又着手对车型进行SP2项目整改推进，进一步提升了产品性能和附加值。目前，嘉陵新产品平台已初步形成，产品陈列更加清晰、简化，产品差异化更加突出，新推出的007和002发动机系列产品、“独狼”和“铃木王”系列等升级换代产品，品质性能优良，得到了市场的认可。目前嘉陵高端高性能、低端高可靠性2条作战线基本形成，并在产品开发模式上实现了由传统开发方式向“以产品平台开发及其系列产品提升”、联合开发与自主开发相结合的开发模式转变。

同时，随着2006年12月1日嘉陵承接的某军用摩托车装备项目顺利通过评审，“中国嘉陵”也正式成为军民结合型企业，迈出了以民促军、以军促民的民转军新型发展步伐。

1.2 着力品质提升，持续改善无止境

2006年，嘉陵继续深入推进“价值回归、品牌提升”工程。

一方面坚持质量无小事、品质“高压线”，把质量工作作为“一把手”工程来抓。质量工作由总经理亲自主管，集团坚持每周召开质量例会，并由总裁靖波和总经理李华光亲自主持。同时，在内部大规模地开展面向基层、面向现场“找用户”活动，把“让用户满意”的宗旨和质量承诺、服务意识贯穿于生产经营的全过程之中，层层筑闸，把好质量关。

另一方面，从清理技术规格、细化质量标准入手，

全面修订、完善了现有的质量体系文件50余个。建立了包括设计开发、过程控制、质量成本、规范服务等在内的全过程质量管理制度及对应的指标体系，并发布了新版《质量管理标准》。前移品质管理职能，突出过程受控，并在产品开发阶段就推行产品质量先期策划，加强新品评价把关，严肃流程制度和工艺纪律。

此外，全力推进产品实物质量改善工作。启动了碰划伤、外观质量等专项整改工作，大力开展以“反习惯性陋习”为重点的质量整顿活动，并着力在产品一致性上下功夫，同时通过规范配套企业管理，新修订了《供应商评价管理办法》，建立供应商企业晋升机制等。提升配套件质量，为打造精品摩托车提供了有力保障。通过对现有产品建立SP技术（赛车爆燃技术）制造标准、打造SP发动机平台，全面提升了产品整体商品性和综合质量性能，通过匹配SP发动机（133 mL排量）和优化整车关键部件，全面提升了产品在动力、舒适、省油等方面的综合性能，使摩托车实物质量得到了持续改善和提升，得到了商家和用户的认同，市场信心得到提升，产品价值也得到积极改善。

1.3 强化市场营销，摩托车出口实现较快增长

2006年，嘉陵进一步强化品牌推广以及新产品推广力度和策划力度，通过实施终端试骑、重视体验营销的推广方式。2006年“独狼”、“雷霸”、“超悍”、“铁悍”、“天火”等新产品已逐步形成新的市场和经济增长点。同时，大力推进专卖、专营体系的培育，在政策上向专卖、专营倾斜；进一步扩大终端网络和乡镇网络的深度覆盖，强化细节管理，将重心下移终端，大力提升网络质量。在细分市场方面，根据区域市场具体情况来“量身定制”营销策略。坚持服务营销理念，不断丰富“蓝色风车”服务品牌内涵，并以此为载体积极开展针对用户和经销商双重承诺的新价值服务活动。以规范的服务形象、规范的服务标准、务实高效的运营模式实现快速服务、差异化服务、信息化服务，提高用户满意度，并以服务拉动销售。

同时，嘉陵大力实施“走出去”战略，拓宽销售渠道，调整市场结构及产品结构，拓展出口品种，促进了出口规模，强化了自主品牌产品出口比重。同时，加大对新兴市场和重点市场的投入，通过巴基斯坦技术出口项目的前期准备工作和巴西建厂项目的启动，加大了资本、产品、技术的投入。

1.4 推进“管理改善”，促进基础管理提升

2006年，嘉陵以“找用户”活动为载体，大力推进“管理改善”工作，逐步优化业务流程，提高流程效率，改善了基础管理。通过完善指标体系，突出考核重点，考核评价模式逐步向“指标考核+工作评价”的综合考评转变。同时，进一步强化了费用管理和控制，深入开展动态推移成本，严格坚持比价招标采购，严格控制可控费用。此外，推进信息化建设，提升管理效能。通过推进面向企业外部的SCM、DRP系统建设，改造升级ERP系统，提升和优化了公司的供应链管理体系、营销资源体系和经营管理体系，大大提高了企业对市场的快速反应能力。

凭借良好的品牌形象，嘉陵2006年再次上榜“中国500最具价值品牌”，品牌价值攀升至63.82亿元。

2 主要下属企业名单

上海嘉陵车业发展有限公司
广东嘉陵车业发展有限公司
成都嘉陵华西光学公司
嘉陵华光光电科技发展有限公司
嘉陵益民公司
成都奥晶公司
重庆海源摩托车零部件机电有限公司
重庆卡马机电有限责任公司
重庆科瑞公司
重庆九方铸造有限责任公司等

3 2007年发展规划及目标

a）2007年生产经营工作的总体思路为：以“一三五”发展战略为指南，以“622”战略第2步目标为牵引，以深化改革、提升发展能力和发展平台为主线，以提高经济运行质量和经济效益为核心，坚持走“价值回归、品牌提升”和“军民结合”的道路，统筹经济运行和发展质量、效益、速度和结构，推进“四大任务”，抓好九项重点工作。在保持产品销量和销售收入适度增长的前提下，追求效益最大化，突出“有效益、有效率”的增长，以实现嘉陵更好更快的发展。

b）集团生产经营主要指标为：集团摩托车产销128万辆以上，发动机外销23万台以上；本部125 mL以上排量车型销量占销售总量的65%以上，嘉陵自主品牌出口比重50%以上。争取实现全年销售额58亿元以上，集团工业增加值8.5亿元以上。

（汪桂花）

（三）、重庆建设摩托车股份有限公司

1　2006年发展概况

2006年，重庆建设摩托车股份有限公司全面落实科学发展观，高举“一三九”大旗，在前3年发展的基础上，革故鼎新，继往开来，成功的在生产经营领域取得了较大成果。

1.1　主要经济指标及产销量

2006年建设摩托的生产能力继续提升，位居同行业前列。摩托车产销量分别达到137.31万辆和137.19万辆，出口量24.73万辆；创汇10 945万美元，工业总产值496 876万元，工业销售产值494 270万元，工业增加值99 687万元，主营业务收入399 700万元，利润总额4 338万元。

1.2　“五芯”战略，打造新产品

继2005年建设摩托成功推出“弯梁芯”系列产品之后，2006年又成功推出了“骑式芯”、“太子芯”和“ATV芯”3大系列产品。2007年将推出“踏板芯”，届时，建设摩托将完成“五芯”战略的全面布局。

1.3　国内外市场前景广阔

2006年建设摩托的国内网点数量达到5 274个，覆盖1 881个县市；国外市场发展到67个国家和地区，海外建生产线国家达到5个。

1.4　合理的管理方法

建设摩托不断吸收国内外先进的管理思想，导入了企划管理、项目管理、六西格玛管理、精益生产管理、全面预算管理等管理方法，建立了绩效评价分析制度，各项财务指标明显优化。

1.5　搭建专业化人才队伍

2006年，建设摩托拥有一支由150余名技术研发、生产制造、经营管理业务骨干组成的精英团队。近几年招收的数百名大学生经过公司的锻炼与培养，初步形成了一支知识领先、结构合理、业务过硬、精干高效的人才队伍，为公司持续发展搭建起了专业化的人才平台。

2　主要下属企业名单

重庆建设雅马哈摩托车有限公司

株洲建设雅马哈摩托车有限公司

重庆平山泰凯化油器有限公司

重庆北方建设进出口有限责任公司

重庆建设销售有限责任公司

重庆建设车用空调器有限责任公司

上海建设摩托车有限责任公司

3　2007年发展规划及目标

2007年，建设摩托将继续实施2007战役“一三九”。

3.1　实现一组目标

主营业务销售收入49.23亿元，产销摩托车135万辆；抓好改革、迁建、当期生产经营3件大事；实现9大转型提升。

3.2　做好三件大事

a）做足做够ATV产品、发动机、摩托车零部件，做足做够“重庆”、“建设”2大品牌，做足做够国际国内2大市场。

b）抓好上市公司的融资工作。2007年上市公司将实施融资工作，进一步为上市公司提供后续发展的资金支持。

c）做好合资合作工作。强化摩托车与雅马哈的战略合作，加强对株洲建设雅马哈和重庆建设雅马哈2个合资公司的管理。

3.3　九大转型提升

a）以“五芯”战略为突破口，实现产品战略转型提升。2007年建设摩托将完成整车项目17个，发动机项目6个，使“五芯”战略深入推进。

b）以自主创新为动力，实现科研技术转型提升。建设摩托继续推进以博士后项目为依托的研究模式，加强对外合作与交流，形成技术研究和技术应用的产学研机制。

c）以迁建为契机，实现制造技术转型提升。通过迁建，建设摩托全力推进精益生产，实现摩托车品

质保证能力和生产管理能力的全面提升。

d）以顾客满意为根本，实现质量工作转型提升。以零缺陷入厂和零缺陷出厂为目标，推进质量策划前移和技术、质量管理前移，借鉴和学习雅马哈工程变更管理方法，重点强化供方质量管理。

e）以客户需求为牵引，实现市场营销转型提升。一是抓好“五芯”战略的推广工作。二是抓好网络建设，巩固扩大强势网络，继续攻打弱势县。三是抓好直销。四是加强销售管理，继续推进经销商分类属性管理，建立进销存系统和终端出货系统。

f）以信息化建设为平台，实现管理手段转型提升。加大JPS生产管理项目的推进力度，完成生产计划系统、数据管理系统、物流管理系统、条码管理系统、寄存存货管理系统的上线实施，为订单生产体系提供技术支撑，实现订单信息的快捷传递，提高生产计划的指导性和准确性。

g）以全面预算管理为主线，实现财务管理转型提升。通过强化经济运行监控，构建事前全面预算、事中运营监控、事后决算与审计一体的运行监控体系，从而实现财务管理由结果控制向过程控制转型提升。

h）以改革为契机，实现体制机制转型提升。深化人事、用工、薪酬3项制度改革，建立起基于岗位胜任力和绩效考评的人力资源管理新机制。

i）以企业和谐为根本，实现企业文化转型提升。从企业实践中总结提炼出为广大职工所认同的企业精神、理念、宗旨、价值观和行为准则，形成较为完善的企业精神文化、制度文化、行为文化体系，培育体现建设特色的企业文化，逐步实现从产品竞争向文化竞争的转型提升。（尹厚清）

（四）、力帆实业（集团）有限公司

1 2006年发展概况

力帆实业（集团）有限公司是中国最大的民营企业之一，成立于1992年。历经15年的艰苦奋斗，已发展成为以科研开发、发动机、摩托车和汽车生产、销售（包括出口）为主业，同时集足球产业和金融证券于一体的大型民营企业。

1.1 主要经济指标及产销量

力帆集团具备年产250万台发动机、150万辆摩托车和10万辆汽车的生产能力，连续6年进入重庆市工业企业50强，在重庆市民营企业50强排名中名列榜首。2006年，力帆集团实现销售收入103.95亿元；发动机产销量254万台，摩托车产销量133万辆，在全国同行中排名第5；出口创汇3.29亿美元，专利拥有量3 807项，各项指标均居全国同行领先水平。

1.2 获奖及领导视察情况

2006年1月，国家公布的“中国100最具价值驰名商标”排行榜上“力帆LIFAN”商标价值高达21.333亿元，排名第78位，在汽车行业排名第6；力帆国家级技术中心在全国汽车行业排名第7；2006年3月，力帆实业（集团）有限公司被重庆市消费者权益保护委员会评为“2005年度售后服务先进单位”；2006年4月12日，IBM商业价值研究院和复旦大学管理学院发表白皮书，力帆作为重庆和摩托车行业唯一荣居60家中国可以实现国际化的企业；2006年8月，国家发改委和商务部在京召开汽车及零部件出口基地授牌大会，力帆入围整车和零部件出口基地企业名单；2006年9月，国家统计局发布“第6届中国大企业集团暨首届企业集团竞争力500强”，力帆集团排名第36位，同时位列汽车摩托车行业和重庆企业集团排名之首；同月，“2006中国企业500强发布暨高层论坛活动”在河南郑州举行，力帆集团位列重庆民营企业和民营摩企榜首；2006年11月，由中华工商业联合会主持编辑的2006年民营经济蓝皮书指出：“十五”期间，力帆实业（集团）有限公司以3 007件专利申请，位列全国民企专利申请量第一名；2006年11月30日，由商务部主管，企业发起的中国摩托车商会在京召开成立大会，重庆力帆控股有限公司董事长尹明善当选为商会首任会长。

在取得各项成绩的同时，力帆的成长也受到了国内外各级领导的关注。2006年2月，在重庆全国政协委员进行全国“两会”前最后一次集体视察，来到力帆调研企业的自主创新能力；3月，团中央书记处第一书记周强、国家知识产权局局长田力普、国家发改委规划司司长杨伟民分别到访力帆视察工作，并对力帆的事业给予了高度的评价；4月，全国政协副主席李贵鲜莅临力帆轿车生产基地视察，并鼓励力帆要稳健发展；同月，国家标准化管理委员会李忠海主任到访力帆并高度赞扬了力帆在标准化建设上取得的成绩；同月，丹麦驻重庆领事馆邵嘉儒领事到访力帆并称赞道，力帆的发展是一个奇迹；5月，全国政协副主席张思卿率全国政协常委到访力帆集团视察调研；6月，国家发改委工业司司长刘铁男一行到访力帆并勉励力帆继续创新；同月，越南新安省主席阮文强访问力帆；10月，越南共产党中央政治委员、公安部部长黎鸿英访问力帆对力帆产品赞不绝口。

1.3 自主创新成绩显著

2006年力帆集团在稳健发展中进一步壮大。力帆独立开发的90(100)电启动，立式100(110)型发动机作为全国首创，在中国摩托车工业史上具有里程碑式的意义；力帆在国内首先开发出V型双缸250发动机；首家开发出具有自主知识产权的摩托车电喷技术、水冷技术和多气门技术。力帆每年以3～6个发动机产品和更多的摩托车新产品投入市场，其发动机品种之多居全国之首。4月，国产摩托车科技含量最高的大排量摩托“NUKE力帆600GP”亮相第4届中国(重庆)国际摩托车博览会。截至2006年12月，力帆集团已获国内外专利3 807项，其中力帆汽车获得专利313项，居汽车行业第一。

2006年1月19日力帆首款轿车全球同步上市，首批出口轿车将发运沙特阿拉伯、多米尼加、阿尔巴尼亚、越南、阿联酋等国家。2006年12月，力帆凭借“力帆520”这款具有完全自主知识产权的轿车，实现了9 108辆的产销量。

1.4 诚信经营 回报社会

力帆集团有3件宝：创新、出口、信誉好。自2000年力帆集团成立重庆民营企业中第一家进出口公司以来，出口创汇业绩突出。2006年出口创汇达3.29亿美元，居国内同行之首。力帆的产品远销东南亚、西亚、欧洲、非洲、南美等100多个国家和地区。

虽然销售成绩突出，但力帆始终秉承诚信经营，“宁可他人负力帆，不可力帆负他人”是力帆的经营信条。力帆倾力为广大消费者奉献高品质的产品和优良的服务，树立了良好口碑，连年获得重庆市“重合同守信用企业”称号。在取得飞速发展的同时，力帆不忘回报国家、回报社会。从1992年到2006年，力帆向社会累计捐赠5 415万余元，力帆光彩学校数量累计达73所，并计划到2010年在全国建成100所。

2 主要下属企业名单

力帆实业(集团)有限公司
重庆力帆控股有限公司
重庆力帆实业(集团)进出口有限公司
重庆力帆实业(集团)销售有限公司
重庆力帆实业(集团)机车有限公司
重庆力帆摩托车产销有限公司
重庆力帆科技有限公司
重庆力帆乘用车有限公司
重庆力帆汽车销售有限公司
重庆力帆摩托车制造有限公司

3 2007年发展规划及目标

2007年，力帆将把更多的精力放在市场上。要争取实现年均创收增长20%，摩托车及发动机销售，尤其是出口销售要稳步增长。

(彭 蓓)

(五)、浙江钱江摩托股份有限公司

1 2006年发展概况

2006年，中国摩托车品牌竞争进入残酷的洗牌阶段。但就在市场相对困难的情况下，钱江摩托依然取得了国内、国外市场的双丰收，并在技术、产品研发方面取得了新的突破，充分显示了钱江摩托强大的竞争力，尤其是收购了意大利的百年摩企Benelii公司后，Benelii公司已经成为钱江技术开发和拓展欧美市场的前沿基地和对外窗口，积累与扩大了钱江品牌在市场竞争中的技术优势和产品优势，并逐步形成了与国内摩托车品牌的产品差异和技术差异。企业的“十一五”发展目标规划及实施国际化战略已初步形成，一批年富力强、富有创造性且对事业有执著追求的管理干部已培养成熟，新的管理班子的形成，标志着钱江跨入了一个高速发展的新阶段。

1.1 2006 年主要经济指标及产销量

2006年，公司共生产摩托车103.10万辆，销售99.77万辆，实现销售收入34.14亿元，利税4.37亿元，出口创汇8 205万美元。出口增长较快，成功地实现了出口产品向欧美等国家的转移，产品档次由中低档向中高档转变。

1.2 2006 年大事及获奖情况

钱江核心竞争力的培育：继2005年10月份收购Benelii公司后，钱江抓住调整战略决策这个机会，通过欧洲技术支持，再结合钱江以前对摩托车的研究成果，使聚集原始发动机开发、整车开发及摩托车相关产品都更加成熟，拉开了与国内其它企业的差距，具备了跨入世界级摩托车行列的前提条件。

钱江007电喷车上市：推出技术与外观完美结合的新概念007系列摩托车，运用"电脑芯片"控制燃油供应，以达到最佳燃烧状态的电子燃油喷射系统，特点是省油、环保和提高加速性能，钱江007电喷车的推出领跑了国内摩托行业电喷领域，具有划时代意义。

2006年8月1日的舟山会议：作为一个继往开来、承上启下的会议，在总结钱江20年来成就的同时，更把理性的目光投向企业发展战略的调整和远景的规划，为企业的可持续发展指明了方向。

2006年，钱江成功参加了世界最顶级的2个两轮车展览会：2006年9月份，由公司董事长亲自率团参加了德国科隆国际摩托车及滑板车展览会，并于11月参加了第64届意大利米兰国际摩托车展览会。2次展会上，钱江的Benelii、Keeway、Generic等多款新车亮相，引得外商一致称赞。

在2006年中国企业500强发布会暨加快培育具有国际竞争力的大企业高层论坛上，钱江以机制指数75.66、能力指数65.21、综合指数68.35，进入2006年度中国大企业集团竞争力500强，在2006年中国制造业500强中排行第139位。

在"2006年度中国最具价值著名诚信品牌500强"排行榜中，美可达凭借其先进的技术、严格的管理以及规范的流程，以质量担保为原则，再次榜上有名，成为浙江省16家获奖企业之一，同时也是摩托车制造业唯一一家上榜企业。

在由中国工业经济联合会、中国工业报社主办的"2006年中国工业行业排头兵企业"评选活动中，钱江被确定为"2006中国摩托车行业排头兵企业"。

2006年8月27日，在第4届中国市场用户满意品牌高峰论坛年会上，"钱江摩托"再次被广大消费者推选为中国市场用户满意品牌(YMP)"摩托车市场用户满意第一品牌"。

2 主要下属企业名单

浙江美可达摩托车有限公司

浙江益荣汽油机零部件有限公司

浙江益中摩托车电器有限公司

浙江益鹏发动机配件有限公司

3 2007 年发展规划及目标

3.1 主要经济指标

a) 产销量：整车产销确保120万辆，力争130万辆，其中内销确保95万辆，力争100万辆；外销25万辆，力争30万辆。

b) 销售收入(120万辆)：40亿元，其中出口创汇12 500万美元，资金回笼率100%。

c) 利税总额：56 800万元，其中消费税10 800万元，增值税15 300万元，城建费及教育附加费2 700万元，税前利润28 000万元。

3.2 质量和成本

以2006年底各型号单元成本为基数，确保成本降低8 000万元(含税)，争取实现1亿元；质量目标要以整车外观、舒适性为突破口，2年内达到本田水平。

3.3 新产品开发目标

利用Benelii作为股份公司设计、开发、研究的前沿技术窗口，自主创新，开发形成钱江特有的消费文化和引领时尚潮流的产品。

3.4 市场建设

国内市场战略目标：将第3代耐磨做成低成本、各方面性能相对稳定的产品，与市场营销相结合，让消费者享有最佳服务。以电喷作为突破口，配合555服务，稳定及扩大市场份额。

国外市场建设目标：用3大国外品牌来抢占全球销售市场，形成国外销售通路，实现外销25万辆，力争30万辆摩托车。

3.5 人力资源

培植新的管理团队和管理核心，营造一代企业精英，培养一大批在企业经营管理、工程技术方面具有高素质的人才，为人才成长建立长效管理机制。

3.6 综合管理

a）产品认证和知识产权保护工作。

b）安环工作：顺利通过安环14000/18000的认证复审工作。

c）企业文化工作：倡导“以人为本，发展和谐企业”的理念，通过企业文化建设来带动企业各项工作的提升。

d）加强安全保卫工作：加强技术资料的安全保密以及消防安全监督工作，落实防范措施，强化企业内部治安管理，严厉打击各类损害企业利益的违法犯罪活动。

e）党建工作和工会工作：围绕公司年度工作目标，做好党委和工会的换届选举工作，并成立新一届职工代表大会，建立各职能监督小组。（辜 义）

（六）、洛阳北方易初摩托车有限公司

1 2006年发展概况

2006年，中国摩托车行业继续受到原材料价格上涨、燃油价格上涨、城市禁摩、电动车进入城镇等诸多因素影响，摩托车市场竞争进入综合实力较量阶段，行业整合速度和力度加大。北易公司内抓管理，外抓市场，使大阳摩托销售取得了不俗成绩。伴随着2006年第一季度销售政策的率先出台，大阳摩托年初实现销售开门红，创下月销售历史新高；之后，“大阳弯梁三剑”闪亮出鞘，全国新品推广活动推波助澜，大阳摩托在各地的销售高潮不断。随之实施的大阳踏板摩托战略调整、大阳精品工程和形象宣传，再度提升了大阳摩托的品牌价值。“大阳夏秋季送礼风暴”针对油价上涨问题有的放矢开展购车送油活动，也使大阳摩托的销售业绩再添硕果。2006年北易公司销售大阳摩托车76万余辆，销售收入19.9亿元，出口创汇2 129万美元。

1.1 产品研发创新化

a）弯梁车多样化、差异化。公司产品开发从产品款式多样化、性能差异化入手，继“大阳弯梁三剑”之后，2006年推出了运动型新款弯梁车等新产品，扩大了弯梁车的优势。

b）踏板车升级换代。公司2006年从踏板车外观、结构及发动机方面进行了全面升级换代，开发出2款不同风格的125 mL新型踏板车和1款50 mL踏板车。同时，还完成1款下悬挂发动机车型设计。

c）公司2006年开发的3款全新发动机，为2007年新产品的推出提供了动力资源。产品开发与国内外市场需求相结合，与市场推广相结合，提高了产品开发的成功率。“大阳至尊三行”新品由2006年12月开始向全国市场推广。

1.2 整合制造资源取得成功

2006年以来公司重点进行了企业自有制造资源的合理调整和利用。

a）顺利完成踏板车本部生产的战略转移，有效调整了配套体系，形成月产2万辆的生产能力，踏板车产销能力进入行业前列。

b）对工厂进行部分技术改造，提升了公司的竞争力。完成了压铸生产线改造，形成了月产8万套以上发动机铝合金毛坯件的生产能力，改变了关键部件质量和技术不可控的局面。新建冲压制造厂房，形成了年产100万套以上自制冲压件的能力，能满足今后若干年的发展需要，同时物流更加合理化。

1.3 降本增效工作取得新成果

a）有效控制了配套成本的提升。其中踏板车和弯梁车全年成本平均涨幅均低于同行业平均水平，通过内部控制和合理挖潜减少了成本损耗，提高了生产效率，全年单台制造费用均控制在预算标准内。

b）节约降耗工作成效明显。较2005年同期实际单台电耗降低19.38%；单台水耗节约37.74%；单台煤耗降低33.82%；生产设备完好率大于99.5%；特种设备和设备精度达标率100%。

1.4 大阳精品工程取得实效，品牌价值提升

公司开展了以“超越自我，大阳摩托”为主题的大阳精品工程，明确了大阳各种车型和三轮车子公司的工作目标，围绕产品精细化下功夫。2006年公司共收到合理化建议436项，其中产品改进210项，管理改进226项。到年底质量损失率下降到0.48%；产品一次下线合格率提高。2家三轮车子公司通过国家生产准入，大阳三轮车进入行业前3强。

“大阳”品牌上榜“中国500最具价值品牌”，品牌

价值22.12亿元，同比增值1亿元；并荣获“河南省出口名牌”、“中国机械工业500强企业”、“河南省优秀创新企业”、“河南省社会突出贡献企业”等多项荣誉。

2 2007年发展规划

2.1 2007年经营总体思路

稳定国内两轮车销量，适度提高三轮车、出口车销量，迅速提升电动车销量；巩固精品质量，强化产品研发，牢固服务立业，全面提升品牌，实现企业可持续发展。

2.2 2007年经营目标

实现大阳摩托销售80万辆，出口创汇3 200万美元；进一步降低成本，加强质量控制，全面开创2007年度生产经营新局面。

（王学峰　李飞舟）

（七）、济南轻骑摩托车股份有限公司

1 2006年发展概况

2006年济南轻骑建厂50周年，是济南轻骑历史上具有里程碑意义的一年。全体轻骑人认真贯彻“精品主义、四精工程、创新性技研战略、四个突破”的经营方针，实现了全年的生产经营目标：产销55万辆，同比增长10%，其中国内销售29万辆，使得济南轻骑在行业本土品牌的地位排名上升了4位，为济南轻骑在2007年乃至未来几年新战略目标的实现打下了坚实基础。

1.1 狠抓质量，新产品研发成效显著

2006年济南轻骑继续坚持“精品主义，产品制造市场”的制造理念，全面推行了TS16949质量体系的学习和创立。此外，在国际市场高端客户的严格要求和积极推动下，济南轻骑6A/10H/10V等产品达到了国内同类产品的领先水平，发动机加工水平也达到了国际质量水准。新产品上市的节奏和质量较以往也有了很大提高。2006年，济南轻骑共上市新产品12款，其中“藏獒”、“福帅”和“锋将”等产品和以“山猫”为代表的休闲运动车系列已经成为市场的标志性产品，充分展示了济南轻骑科技创新的最新成果。

1.2 国内外市场齐头并进

与2005年相比，济南轻骑2006年在国内市场上的品牌建设和市场地位呈现出逆势增长的态势。2006年4季度销售量较前3个季度平均增长30%以上。9月8日济南轻骑成功启动了“GS王秋季风暴”行动，打响了国内市场攻坚战。以“锋将”、“福帅”等新品为支柱，以“藏獒”、“牧羊犬”、“山猫”运动系列为形象提升产品，全新的产品组合激发了市场潜力，全面改善了济南轻骑在国内市场的形象和地位。2006年12月28日，中国兵装集团公司成功重组济南轻骑，这次重组将使济南轻骑的发展重新迈入新的良性循环，也为济南轻骑提供了一个更具现实意义的摩托车和摩托车关联产业的升级发展平台，赢得新的历史发展机遇。

国际市场上，济南轻骑多年来坚持以培育开发欧美市场为导向的产品开发策略和国际化的市场策略再结硕果。全年出口创汇超过1.1亿美元，同比增长61%，其中摩托车整车出口26万辆，比上年增长45%。2006年10月28日，济南轻骑与法国标致摩托举行了合资签字仪式，共同组建济南轻骑标致摩托车有限公司，成为济南轻骑全球化战略发展的新标志。12月18日，济南轻骑标致摩托车公司新工厂在济南市高新区成功奠基。合资公司总投资额2.55亿元，首期（2008—2012年）设计年产能30万台，双方投资比例各占50%，预计2007年底投产。合资公司的建立，将对济南轻骑技术、管理、市场和理念产生巨大的影响和推动，为轻骑的腾飞插上了更加有力的翅膀。

1.3 品牌建设文化活动精彩纷呈

2006年，济南轻骑赛车俱乐部获得“16金7银11铜”的不俗战绩，荣获年度全国越野摩托车锦标赛年度总冠军；7月，济南轻骑和济南市体育局联合主办了“济南轻骑杯”第2届CBO业余篮球争霸赛，并问鼎该项赛事冠军；8月，4名山东大学的美籍外教组团驾乘轻骑藏獒，征服了神秘而古老的青藏高原，创造了摩托车界的神话；7—10月，济南轻骑主办了以“体验和谐文化，传递友谊深情”为宗旨的新亚欧大穿越活动。这些活动的成功举办不但向业界展示了济南轻骑坚韧顽强的精神和丰富多彩的文化内涵，更向客户展示了它雄厚的实力、高度的社会责任感和国际

视野，是中国自主品牌走向世界的积极尝试。

2 主要下属企业名单

济南轻骑第一装配有限公司
济南轻骑第二装配有限公司
济南轻骑发动机有限公司
济南轻骑销售有限公司
济南轻骑铸造有限公司
济南慧成铸造有限公司
济南宙庆设计有限公司
济南轻骑亿星电动车有限公司
江门轻骑华南摩托车有限公司
济南轻骑标致摩托车有限公司

3 2007 年工作目标和规划

2007年是济南轻骑加入兵装集团、按照兵装集团“622”战略和对摩托车产业整合部署运营的起步之年，是济南轻骑第2个50年的开局之年，也是济南轻骑根据内外经营形势进行战略调整的关键之年，各项任务光荣、艰巨而且更具有挑战性。为此，济南轻骑提出了2007年的生产经营方针和战略目标：发动6448战略行动、实施3+6升级工程、突破10项经营目标。

其中6448战略指的是济南轻骑未来3年发展战略计划的4项内容。

3+6升级工程指2007年以技术创新、效率升级和质量提升为重点的3项重点升级工程和以国内外市场提升、精益生产、产品结构调整和质量提升等6个方面为主的6项基本升级工程。

2007年，济南轻骑将继续坚持以培育自主创新为主的核心竞争力；坚持四精工程，不断优化济南轻骑内在的优秀品质；坚持以“敬业、创新和奉献”为中心的团队精神，励精图治，努力实现产业报国、强企富民；坚持“精品主义，产品制造市场”的制造理念，精益生产，不断提升公司运营效率和经营效益；坚持国际化的发展战略，把济南轻骑建设成为具有国际竞争力的摩托车企业。

（石斗山）

（八）、金城集团

1 2006 年发展概况

2006年，金城集团克服原材料价格不断上涨、人民币升值、出口退税下降、经营成本不断加大等多种困难，内抓管理，外拓市场，完成了各项科研生产经营任务，基本实现了年初确定的各项目标。

1.1 主要经济指标

2006年全年实现销售收入36.49亿元，同比增长1.1%；实现利润1.42亿元，同比增长66.4%；实现利税2.56亿元，同比增长33%。

1.2 不同领域共创辉煌

a）航空产业方面：中国一航金城南京机电液压工程研究中心全面完成各项军品指令性任务，完成多项重点型号产品的研制计划和预研任务。并在完成各项生产科研任务的同时，圆满完成了金城集团航空产业从湖北襄樊、南京江浦、中山东路厂区向南京市江宁经济开发区的搬迁工作，实现了金城航空产业的战略性转移。

b）车辆产业方面：全年销售摩托车825 007辆，其中出口摩托车542 533辆，同比增长6.6%，继续保持中国摩托车行业出口首位；全年实现出口创汇1.89亿美元，同比增长3.9%；全年销售电动车24 853辆。

c）液压工程产业方面：全年销售高压叶片泵83 438台，同比增长6.9%，其中出口51 919台；销售绞盘1 163台，同比增长9%；销售汽车转向泵918 350台，同比增长 94.8%；销售收入达 2.88 亿元，同比增长86.5%。

d）第三产业方面：金城集团金龙蟠家苑完成投资回报，实现销售收入1.3亿元，利润4 000余万元；位于中山东路518号厂区的金城航空科技园被南京市列入重点发展的10个科技产业园之一，并正式授牌；位于南京城东干道地段的金城科技大厦5层裙楼封顶。

1.3 科研成果及获奖情况

金城集团与意大利比亚乔/阿普利亚（PIAGGIO/APRILIA）公司进行联合研发的557整车及与之配套的204发动机项目进展顺利。继2006年首台125 mL发动机通过300 h耐久性试验之后，180 mL发动机也完成了300 h耐久性试验，并进行了多批整车和发动机的试制工作，目前已开始批量生产。

另外，多项军品重点型号工程通过有关方面的评审及设计鉴定，多项军民配套产品研制任务取得进展；液压工程方面，先后完成T6D、T6E高压叶片泵和SQP1泵的开发和研制，完成了SQP2系列泵的研制和V20P、2025VS等叶片泵改型，完成了A10V045柱塞泵的设计，完成了YJ030Q内置式绞盘、YJ070Q车用绞盘、YB-2.5泵的鉴定试验；摩托车完成了新品JC110-18等5个基本型品种的开发和转型生产，完成JC125改进型等30余项内外销车型改进工作。全年新品贡献率约达20%左右。

2006年，金城车业系统共申请专利104件，其中发明专利1件，实用新型专利17件，外观设计专利86件。

2006年底，金城AX100型摩托车通过国家质检总局的出口免验审查，金城集团获得“出口免验企业”铜牌，成为中国航空工业系统第1家、摩托车行业第2家获得出口免验商品资质的企业。

2006年，由世界品牌试验室和世界经理人周刊联合发布的《2006年中国500最具价值品牌》排行榜，金城品牌价值由2005年的28.69亿元升至29.55亿元，排名由230位升至217位。

2　主要下属企业名单

中国一航金城南京机电液压工程研究中心
南京金城机械有限公司
金城集团进出口有限公司
金城集团摩托车销售有限公司
南京金城摩托车有限公司
南京金城精密机械有限公司
南京金城精益铸造有限公司
南京金城三国机械电子有限公司
南京京滨化油器有限公司
南京金城塑胶有限公司
采埃孚金城(南京)转向泵有限公司
金城电动科技发展有限公司
南京金龙蟠房地产开发股份有限公司
南京中央金城仓储超市有限责任公司
金城集团西华门饭店有限公司
金城哥伦比亚公司
金城西非公司
金城乌干达公司

3　2007 年发展规划

3.1　2007 年主要经济指标

2007年要实现的主要经济指标：1）全面完成军品指令性任务；2）实现销售收入42.5亿元、利润1.5亿元；3）摩托车销量95万辆，其中内销35万辆，出口60万辆，创汇2.2亿美元；4）销售电动车10万辆；5）销售叶片泵9.5万台；6）第三产业销售收入4亿元。

3.2　2007 年 2 项战略性任务

a）向轻型航空动力这一新产业领域进军，启动小型航空发动机生产基地立项、规划、建设工作，争取用2～3年时间完成一期工程，初步建成轻型动力装置生产装配试验基地。

b）按照上市公司规范要求对金城集团进行股份制改造，建立新的现代企业制度，力争使金城集团具备上市条件，并在2008年上半年拥有上市公司。

（周以平）

（九）、新大洲本田摩托有限公司

1　2006 年发展概况

新大洲本田摩托有限公司成立于2001年，由新大洲控股股份有限公司、日本本田技研工业株式会社出资组建，合资公司注册资金1.3亿美元，中日双方股权比例各占50%。公司总部设在上海，下设海南、上海、天津3大生产基地，拥有近6 000名员工。全国各地设立了30家省代理和办事处，拥有6 000多家销售网点和4 200多家服务网点。2006年新年伊始，以若勇昌孝为总经理的新一届经营班子提出了“传承创新”的经营口号，并以此作为新大洲本田2006年各领域的行动指南。

1.1　出口创汇再创新高，海外市场稳步发展

截至2006年12月，新大洲本田公司全年累计出口整车24.1万辆，出口创汇达1.35亿美元，较2005年分别增长27.1%和17.03%，再创出口业绩历史新高。

2006年新大洲本田在保持原有Today系列产品出口日本市场的同时，全面出击海外市场："ELITE125"("e-彩"出口版)正式批量出口墨西哥；2006年4月，新大洲本田公司第1款取得欧洲WVTA认证的整车——GFCN("Today"欧洲版)，通过了量产评价，在公司的上海工厂正式装柜出口荷兰；2006年5月24日，首批出口阿根廷的"锐箭Storm"整车在新大洲本田上海工厂顺利下线；2006年8月18日，首批出口土耳其的"CBF150战鹰"在上海工厂包装车间下线，该款车是Honda在中国投放并成功出口的第一款150 mL摩托车；2006年11月19日，以CKD（全套整车散件）形式出口到哥伦比亚Fanalca公司并在当地组装的"e-Storm"整车上市发布会在当地召开，哥伦比亚各销售区域经理40余人以及当地经销商近110人参加了此次发布会。

1.2 新品上市 品质卓越

新大洲本田公司秉承本田公司的基本理念和经营宗旨，坚持"以顾客需求为关注焦点，以顾客满意为工作目标，建立并持续改进质量管理体系，实现3种喜悦"的方针，先后推出了"万里行"、"威武"、"威猛"、"REN50"、"新概念"、"e-彩"、"锐箭Storm"、"战鹰"等30余款新品摩托车。其产品在油耗经济性、尾气排放(所有产品率先通过国II认证)、动力性能等方面均处于行业领先地位。截至2006年末，新大洲本田产销量已突破400万辆，产品已出口到日本、澳大利亚、墨西哥等五大洲40多个国家和地区。

1.3 获奖情况

2006年新大洲本田所获得的荣誉称号：

新大洲本田海南工厂"智慧之光"小组勇夺"2006年NHC中国区大会"金奖；

新大洲本田获天津市"先进技术企业"称号；

新大洲本田荣获"2006年度中国工业行业排头兵企业"称号；

新大洲品牌荣获"2006世界市场中国（摩托车）十大年度品牌"称号；

新大洲本田获"05～06年度海南省工业行业龙头企业"称号；

新大洲本田荣获"上海市外商投资企业工会工作十强单位"；

新大洲本田荣获上海市"四五"法制宣传教育先进集体称号。

1.4 企业文化活动丰富

为增进员工子女对父母工作的了解，加深员工和企业间的感情，新大洲本田公司将每年8月的第1个星期一（2006年为8月7日）定为"亲家庭日"，开展员工子女了解公司、了解父母工作情况的活动。2006年6月20日，新大洲本田公司社会开放日活动率先在上海正式启动。

以"激情成就梦想，爱心温暖家园"为主题的第5届企业文化艺术节通过"文明，让家园更美好"、"爱心，让家园更温馨"2大主题活动顺利展开。

以"挑战一升、环保一生"为口号的"2006年Honda中国节能竞技大赛"于11月11日在上海龙华机场举行。这是Honda首次在国内举办这一赛事，来自国内著名大学、特邀媒体、Honda相关公司以及日本、泰国的特邀代表队等将近20个团队参加了比赛。最终新大洲本田参赛车队包揽了"市售车级别"和"一般级别"2个级别比赛的冠亚季军，而来自天津工厂的超导小组不仅轻松获得"一般级别"组比赛的冠军，同时将本次大赛惟一的最佳外观设计奖也收入囊中。

在2005年的基础上，2006年新大洲本田公司继续加强对NHC活动的推动。仅2006年上半年，NHC课题数就达到了445个，员工参与率68%。

1.5 外商访问，促进合作

2006年3月20—23日，哥伦比亚Fanalca公司副总经理Arturo Mantilla、生产厂长Jorge Lozada、日本本田公司二轮南美课长堀越崇以及香港本田(HMC)总经理助理宫野一洋等一行4人到访新大洲本田。公司总经理若勇昌孝、副总经理王玉英会见了来访的客人，并就双方今后在出口产品方面的深入合作和发展达成共识。

2006年8月9—11日，土耳其本田（HTR）澤井社长、香港本田(HMC)大西社长到访新大洲本田，公司总经理若勇昌孝会见了来访客人。

2 2007年发展规划

新大洲本田公司一直秉承本田哲学，为中国和全世界的用户提供品质卓越、安全可靠、节能环保的绿色摩托车。2007年，新大洲本田仍然会把依法经营、按章纳税、谋求最大盈利、回报社会作为目标，用实际行动赢得顾客良好的口碑。（任泉涌）

二、2006 年摩托车行业合资合作情况

1　印度与中国合作生产 XOOM 品牌摩托

2006年2月，印度Xenitis集团下属的全球汽车私营公司与中国广州摩托车公司签订合作协议。按照协议，全球汽车私营公司从中国广州摩托车公司进口摩托车半散件，并在印度西孟邦Hoogly设厂进行整车组装。该厂于2006年4月启动，6月正式投产，生产能力为每月35 000辆摩托车，并在随后6个月内逐渐增至每月60 000辆，产品使用XOOM作为品牌。按照发动机型号不同，产品分为100 mL、125 mL及150 mL等3种，主要销往印度西孟邦、比哈尔邦、贾甘德邦以及奥里萨邦。

2　大长江集团与杜阮华侨中学联合办学

2006年3月6日，大长江集团有限公司与江门市蓬江区杜阮华侨中学举行了摩托车制造与维修培训实习基地的挂牌仪式。杜阮华侨中学以创建全方位、多层次、现代化、开放式的大职教体系为目标与大长江联合办学。企业为学校提供技术设备，学校加强学生专业技能训练，为企业提供人才。大长江集团有限公司免费赠送10辆摩托车给学校作为教学实习设备，并且派出专家技术员来授课，以保证学校的教学质量。该校于2006年9月正式开办汽车（摩托车）制造与维修专业。

3　新陵摩托与江南大学签订合作协议

2006年3月28日，江苏新陵摩托车制造有限公司与江南大学签订了创新合作协议。双方在科技、外贸、管理等方面进行全面合作，江南大学作为新陵摩托科技创新平台，新陵则成为江大的实践基地。新陵摩托通过与高校及科研机构的合作，加快培育和引进创新型科技人才，依靠科技创新，力争全年销售实现翻番，达到国内销售2亿元、外贸出口2 000万美元。

4　宗申开设西部首家哈雷摩托车专卖店

2006年3月，宗申产业与哈雷摩托车公司签订合作协议，由宗申在重庆开设西部第一家哈雷摩托车专卖店，销售哈雷800 mL以上原装进口大排量摩托车，专卖店2006年内开业。宗申已开始在重庆市区黄金地段觅址，预计投资300万元。与隆鑫建宝马摩托车专卖店不同的是，宗申除了销售哈雷旗下几种排量在800～1 300 mL的大排量摩托车外，该专卖店还销售哈雷文化用品，以及与摩托车相关的皮具、头盔、刀具、打火机等。据悉，宗申首期将引进一款名为“小肥仔”排量为1 300 mL的大排量摩托车，价格超过20万元，而其它排量摩托价格也都在15万元以上。

5　粤豪摩托携手沃尔玛向海外发展

2006年7月5日，世界上最大的零售商企业沃尔玛与粤豪摩托签订了合作协议。据了解，粤豪摩托为广州天恒机车工业有限公司的主打品牌之一，生产系列两轮、三轮摩托车及发动机共100多个品种的产品，年产整车达20万辆。2006年以来粤豪摩托一直依托央视，进行高密度的广告宣传，海内外很多客商纷纷来公司进行参观考察，这次合作更为粤豪摩托在海外市场的开发奠定了坚实的基础。

6　宗申动力和 MTD 共同出资 3 亿元收购宗申通用股份

2006年9月，重庆宗申动力机械宣布，携手美国MTD公司，以3亿元收购其母公司宗申摩托车集团全资附属公司重庆宗申通用动力机械公司股权。宗申动力将定向增发1.1亿股，发行价为每股5.03元，所募集的资金将用于收购宗申通用动力75%的股权，并收购另外2个附属股权。美国MTD公司将收购由香港一控股公司持有的宗申通用动力剩下的25%股权。

7　轻骑纳入兵装集团摩托车版图

2006年9月，轻骑控股权易主中国兵器装备集团公司。轻骑公司董事会同意控股股东济南市国资委将其所持公司38 748.8万股国家股，无偿转让给兵装集团。收购完成后，兵装集团持有公司38 748.8万股股份，占总股份的39.87%，成为公司第一大股东。济南市国资委与兵装集团已签署了《股份划转协议》。兵装集团承诺，根据集团的整体发展规划，支持ST轻骑做大做强，并有效规避同业竞争，提升增长速度和质量，增强公司抗御市场风险的综合能力，最终提高盈利水平。

8　标致—雪铁龙牵手济南轻骑生产豪华摩托车

2006年10月4日，欧洲第2大汽车制造商法国标

致—雪铁龙集团旗下的标致摩托车公司宣布，该公司与中国轻骑集团在济南合资建厂，生产包括新款Speedfight和Vivacity车型在内的标致摩托车。

9　双虎车业联姻国内几大摩托车公司

2006年10月，来自北汽福田集团诸城摩托车分公司的考察团，完成了对河北双虎车业的考察，与该公司正式签订了制动总成与制动片的长期供应合同。这是双虎集团继与重庆隆鑫、力帆、宗申等大型摩托车生产公司合作以来的又一重要合作。

10　嘉陵在巴西投资建厂

2006年10月20日，中国嘉陵工业股份有限公司宣布，与巴西TRAXX公司、自然人周瑜合资在巴西成立亚马逊TRAXX摩托车有限公司。合资公司注册资金为370万美元，全部为现金出资，中国嘉陵出资300万美元，占81%；巴西TRAXX公司占18%；自然人周瑜占1%。新成立的亚马逊TRAXX摩托车有限公司主要从事摩托车及其零部件的生产、销售。

11　隆鑫造宝马发动机落户九龙坡

2006年11月15日，重庆隆鑫集团与德国宝马公司的合作迈出重大步伐，由隆鑫集团斥资52亿元建造的世界级热动力基地正式与九龙坡九龙工业园区签约入驻。

据悉，该热动力基地将于2007年6月18日前完成平基工作，随后将进行为期5年的建设，到2013年建成投产后，将实现130亿元的年产值。隆鑫集团称，宝马将提供全套发动机生产技术，同时给其使用BMW商标的授权。

12　嘉陵投资 1.2 亿元在蓉造汽车零件

2006年12月，成都郫县人民政府与中国嘉陵集团签约，嘉陵集团投资1.2亿元在成都现代工业港内新建占地面积120亩的光学电子精密机械生产项目。据悉，该项目将新建光电和汽车零部件生产线9条，最终形成100万套光电和汽车零部件的生产能力。

三、2006 年目录内企业更名、变址、商标变更等情况

2006年目录内企业进行更名、变址、商标更改的仍很多，究其原因主要有3个方面：一是在激烈的市场竞争下，企业采取兼并重组的方式提升竞争力；二是随着“生产准入制度”的进一步推进，一些自身不具备“生产准入”资格的企业正面临淘汰出局的危险，为了生存，这些企业往往“投靠”到一些有实力的企业或集团门下，成为其子公司；三是一些大企业集团为了做大、做强，又衍生出了一些子公司或增加产品类型。表1为2006年企业更名、变址、商标更改的情况，从中可对一些企业的来龙去脉有所了解。

表1　2006年目录内企业更名、变址、商标变更等情况

《目录》序号	原企业名称	现企业名称	原注册和生产地址	现注册和生产地址	原商标	现商标
1	山东福田重工股份有限公司				北京 BJ	五星 FT
1	山东福田重工股份有限公司	福田雷沃国际重工股份有限公司				
4	广州市白云区智泰摩托车有限公司				保马王 BMW	本联 BL
					白云 BY	红棉 HM
8	江苏大红成莱宝驰机车制造有限公司，增加子公司——江苏大红成莱宝驰机车制造有限公司惠州雅马王分公司			广东省惠州市惠阳区良井镇围龙管理区	三叶雅马王 SYM	三叶雅马王 YMW
10	宁波摩托车厂	江门市联统华龙摩托车有限公司	浙江省慈溪市宗汉宗汉大道 148 号	广东省江门市蓬江区棠下镇富棠南路 15 号厂区		
19	江苏爱俊达摩托车有限公司				哈雷爱俊达 HL	哈力爱俊达 HL
21	长春长铃集团有限公司		吉林省长春市经济技术开发区临河街 230 号（生产地址）	吉林省长春市经济技术开发区东南湖大路 555 号（生产地址）		
21	长春长铃集团有限公司，增加分公司——长春长铃集团有限公司重庆分公司			重庆市璧山县璧城工业园区内		
23	上海幸福摩托车总厂	上海幸福摩托车有限公司				
117（原）30	湖南劲隆光阳摩托车有限公司	湖南光阳摩托车有限公司（常州光阳摩托车有限公司子公司）	湖南省长沙星沙开发区	湖南省长沙经济技术开发区向阳路 1 号		
37	众星集团有限公司	江苏众星摩托有限公司				
46（原）41	深圳市钱江车业有限公司	深圳市林芝山阳车业有限公司（江苏林芝山阳集团有限公司子公司）				
68	浙江雷克机械工业有限公司				宝雅 BY	风火轮 FHL
68	湛江光速摩托车有限公司				山鹰 SY	卡西亚 KXY
68	佛山市南海区轻骑摩托车有限公司				光环 GH	帝豪 DH
68	佛山市南海区轻骑摩托车有限公司				雷达 LD	大龙 DL
68	轻骑集团摩托车有限公司				雷达 LD	大龙 DL
					凯撒 KS	神鹰 SY
73	广东台阳摩托车实业有限公司	广东广本机电有限公司			爱林 AL	远大 YD
73	广州林叶机电科技有限公司				林叶 LY	富威 FW
73	广东广本机电有限公司				庆福 FQ	台阳 TY
81	广州峰光摩托车有限公司	广州峰光实业有限公司	广东省增城市新塘镇广虎路甘涌开发区	广东省增城市新塘镇永和叶岭村彭屋山		

续表1

《目录》序号	原企业名称	现企业名称	原注册和生产地址	现注册和生产地址	原商标	现商标
88	南方摩托股份有限公司	南方宇航科技股份有限公司				
91	五羊—本田摩托(广州)有限公司		广州市海珠区新港西路 82 号	广州市增城市新塘镇永和新新六路 1 号		
92	佛山市佛斯弟摩托车企业集团有限公司	佛山市佛斯弟摩托车制造有限公司				
118(原)92	台州市中能摩托车有限公司(佛山市佛斯弟摩托车制造有限公司子公司)					
95	重庆航天巴山摩托车制造有限公司		重庆市九龙坡区石桥铺石新路 83 号(注册地址)	重庆市巴南区鱼洞鱼轻路 33 号(注册地址)		
99	珠海珠江车业有限公司	江门市珠江动力有限公司	广东省珠海市九洲大道兰埔工业区 E 区	广东省珠海市金湾区红旗工业管理区内红灯桥侧(珠海大道西)		
104	广州天马集团天马摩托车有限公司				精通天马 TM(销售到 2007 年 6 月 30 日为止)	天马 TM
110	株洲建设雅马哈摩托车有限公司		湖南省株洲市芦淞区董家塅(生产地址)	湖南省株洲市董家塅荒冲(生产地址)		
	重庆建设摩托车股份有限公司	重庆建设摩托车股份有限公司				
	重庆建设—雅马哈摩托车有限公司	重庆建设—雅马哈摩托车有限公司				
	株洲建设雅马哈摩托车有限公司	株洲建设雅马哈摩托车有限公司				
	上海建设摩托车有限责任公司	上海建设摩托车有限责任公司				
	深圳建设摩托车有限公司	深圳建设摩托车有限公司				
	江苏国威摩托车有限公司	江苏国威摩托车有限公司				
	佛山市南海区中摩科技有限公司〈建设工业(集团)有限责任公司〉	佛山市南海区中摩科技有限公司(重庆建设摩托车股份有限公司)				
113	重庆力帆实业(集团)有限公司	力帆实业(集团)有限公司				
	重庆力帆实业(集团)有限公司(销售到 2007 年 12 月 31 日)	力帆实业(集团)有限公司				
	任丘市力帆摩托车有限公司		任丘市麻家务杨各庄工业区("气派 QP"牌的生产地址)	任丘市吕公堡镇金桥工业区("气派 QP"牌的生产地址)		
117	重庆隆鑫汽油机科技有限公司	重庆隆鑫工业(集团)有限公司				
	重庆市劲隆摩托车制造有限公司不再生产三轮车,原"劲隆"牌三轮车转入重庆隆鑫摩托车有限公司生产	重庆隆鑫摩托车有限公司				
118	比亚乔·佛山摩托车企业有限公司	宗申·比亚乔佛山摩托车企业有限公司				
119	重庆劲扬摩托车工业有限公司				凯锐光阳 KR	龙的传人 LD
120	浙江凌田摩托车有限公司				峨眉山 EMS	航龙 HL
	常州福莱特摩托车有限公司				峨眉山 EMS	航龙 HL
51(原)120	浙江华田工业有限公司	台州市凌田华田摩托车有限公司(浙江凌田摩托车有限公司子公司)				

续表1

《目录》序号	原企业名称	现企业名称	原注册和生产地址	现注册和生产地址	原商标	现商标
127	广东银河摩托车实业有限公司	广东银河摩托车集团有限公司				
130	隆鑫集团浙江华鹰摩托车有限公司	浙江珠峰摩托车有限公司(西藏新珠峰摩托车有限公司子公司)				
117(原)130	洛阳隆鑫华鹰三轮摩托车有限公司	洛阳珠峰华鹰三轮摩托车有限公司(西藏新珠峰摩托车有限公司子公司)				
138	重庆精通工业集团有限公司				宗庆 ZQ	嘉渝 JY
	重庆精通工业集团有限公司	重庆精通力阳摩托车制造有限责任公司				
139	重庆银钢科技(集团)有限公司,增加子公司——重庆银钢科技(集团)有限公司偃师分公司			河南省偃师市城关镇商都东路 103 号		
	重庆银钢科技(集团)有限公司,增加子公司——重庆银钢科技(集团)有限公司任丘分公司			河北省任丘市吕公堡工业区		
143	慈溪宗申摩托车有限公司	慈溪康鑫摩托车有限公司				
25(原)144	高邮金城摩托车有限公司	浙江三叶富新机车有限公司(浙江黄岩三叶集团有限公司子公司)	江苏高邮市通湖路 142 号(注册地址);江苏高邮市文游南路 1 号(生产地址)	浙江省武义经济开发区百花山工业区		
117(原)145	广州劲隆摩托车制造有限公司	广州嘉锋摩托车制造有限公司(浙江嘉爵摩托车制造有限公司子公司)				
25(原)145	江苏行星机动车有限责任公司	浙江嘉爵阿波罗车业制造有限公司(浙江嘉爵摩托车制造有限公司子公司)	江苏无锡市洛社镇(注册地址);江苏无锡市惠山区洛社镇(生产地址)	浙江省武义县白洋工业区(牛背金)(注册地址);浙江省武义县白洋工业区(牛背金)(生产地址)		
117(原)147	重庆恒胜集团有限公司					

市场概况

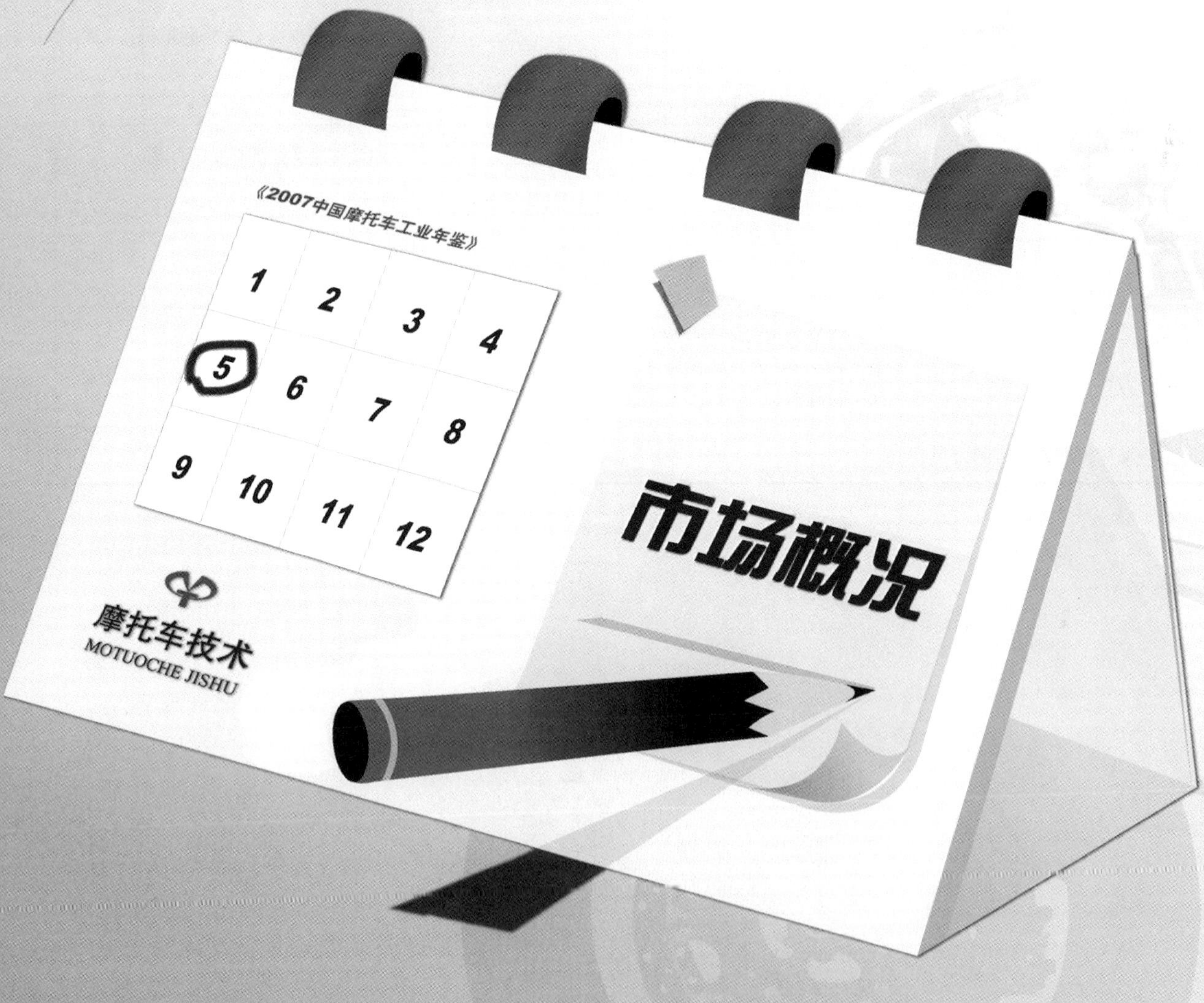

市场概况

一、2006 年部分企业市场经营概况

1　国内市场营销举措

1.1　飞鹰摩托专卖店落户上海滩

2006年初，上海飞鹰摩托销售展示中心正式在上海落户，命名为“飞鹰郎霸店”。上海展示中心作为飞鹰摩托第1家“飞鹰郎霸店”，集摩托车用品销售、车友俱乐部、售后维修服务等功能于一身。作为中国摩托车最具个性、最高端的摩托车销售中心，上海飞鹰展示中心的开业，宣告了中国摩托车终端渠道新时代的到来。据悉，“飞鹰郎霸店”主要在大城市开设，随着上海展示中心的落成，武汉、长沙等城市的展示中心也将陆续建立。这些大都市的国际氛围，符合飞鹰摩托倡导的“非常品质・非常国际”的品牌定位。

1.2　光宇摩托促销资助贫困学生

2006年初，重庆市光宇摩托车制造有限公司首次打出“支农”牌，成立“豪诺摩托支农助学基金会”。凡是购买该企业“豪诺”摩托车的用户，都有机会推荐一位需帮助的农村特困生，由光宇公司负责提供1年学费。

1.3　速卡迪开展培训强化售后服务

2006年初，速卡迪售后服务公司在上年“五星服务”基础上进行了新层次的革新及培训，培训的重点放在服务意识和服务态度上。培训除安排技能培训、服务态度培训之外，还根据服务人员的基本素质和业务水平，从中选拔优秀人才进行更高层次的培训，他们通过考试后要派遣到世界各地的速卡迪服务中心服务。

1.4　速卡迪启动“1+N”品牌工程

2006年初，速卡迪启动“1+N”品牌工程，“1”是指选择央视作为速卡迪品牌战略合作伙伴，投入巨资打造《速卡迪贺岁片》在《春节联欢晚会》A套黄金时间播出；“N”是指几项大型品牌活动，以提高自身品牌形象。该工程给消费者留下了深刻的印象，提升了社会影响。

1.5　建设开展文艺宣传促销活动

2006年3月2日，建设集团启动文艺宣传促销活动，并到达促销活动的第1站——云南德宏州潞西市。促销活动内容包括老用户回访活动，向老用户发放机油和小纪念品，免费检测摩托车性能。此外，建设集团文工团还在当地进行文艺演出，丰富了当地人们的精神文化生活。文艺宣传促销活动取得了很好的效果，提升了建设知名度，建设摩托车销量也节节攀升。

1.6　建设展开“关怀之旅”服务活动

2006年3月15日，建设摩托在全国开展了以实践“建设服务，关怀一路”建设摩托服务理念为主题的“3・15建设摩托‘关怀之旅’”特别行动，使建设摩托服务理念体现在售前、售中和售后全过程。

1.7　广州天马集团开展心连心活动

2006年4月8日，广州天马集团基于“全新天马、全新品质、全新服务”的理念，与文化部社会文化指导中心联合主办“共建和谐新农村，天马摩托送电影”心连心活动。此次活动旨在丰富人们的业余生活，并让人们更好的了解天马、信赖天马，让“全新天马、全新服务”的理念得到进一步的贯彻和落实。此次活动是对“全新天马、全新品质”的最好诠释。

1.8　北易大阳摩托车连环抽奖促销

2006年5月1日，北易开展大阳摩托幸运连环大

抽奖活动。该抽奖活动持续到2006年12月31日，历时8个月。凡在活动期间购买“大阳弯梁三剑”的用户，均可获得“真情奖”——价值288元的8件套大礼包一个，并可参加幸运连环大抽奖活动，每人均有3次抽奖机会，即购车当月可参加月度抽奖一次；购车当季可参加季度抽奖一次；年底再参加年度幸运大抽奖一次。其中，每月抽取月度奖5名，各奖价值1 888元的大阳电动车一辆；每季抽取季度大奖10名，各奖现金3 888元；年末抽取年度大奖10名，各奖价值4 980元的浪漫休闲出国旅游一次。

1.9 隆鑫集团强化营销队伍培训

2006年6月，隆鑫工业集团国内营销部召开“霸道推广战略研讨暨二期培训会”，培训会目的在于支撑“霸道”2期推广，实现成功市场与平淡市场之间的经验分享，指导经销商在统一思想指导下利用霸道产品运作市场并提升营销队伍的战斗能力，最终取得3级营销网络和消费者认同。

1.10 速卡迪世界杯期间让利促销

2006年6月，速卡迪举办大型促销活动，回馈消费者，即“贺2006世界杯，速卡迪摩托让利大行动”。活动内容是在为期1个月的世界杯期间，消费者只要购买速卡迪摩托车就可以获得速卡迪足球及精美高档礼品，并有机会中大奖。大奖礼品有摩托车、电视机、空调等，奖品丰厚。

1.11 宗申集团冠名摩托艇世锦赛

2006年6月22日，宗申集团以400万元获得F2摩托艇世界锦标赛暨中美滑水明星表演赛的冠名权，宗申此举是推动宗申产品国际化的重要举措。

1.12 恒胜摩托联手央视促进销售

从2006年7月1日起，恒胜集团与中央电视台联手，在CCTV-3、CCTV-7和CCTV-6的多个栏目进行恒胜品牌宣传，其目的在于“推品牌、树形象、促销售”，为企业创造经济效益和社会效益。

1.13 鑫源推出“3金一卡通”服务

2006年7月28日，鑫源推出等离子2代摩托车。与此同时，鑫源针对等离子2代摩托车推出了“3金服务”。“3金服务”具体内容为，凡购买鑫源等离子2代摩托车的消费者均可获得“3金服务”金卡一张，凭此卡可以享受超值服务，即整车28个关键零部件、发动机三包周期延长至3年或5万km；发动机、整车3年或5万km享受22项免费保养服务；为用户提供10万元的产品质量责任保险。

1.14 鑫源冠名“打望重庆网络摄影大赛”

2006年8月，人民网重庆视窗与重庆市摄影家协会共同主办“打望重庆网络摄影大赛”，鑫源公司出资30万元赞助并冠名。此次活动受到了社会各界的广泛关注和赞誉，产生了深远的社会影响。

1.15 建设摩托巨资强化企业形象

从2006年12月5日起，建设摩托投入3 000万元在央视投放电视广告。通过强大的媒体宣传攻势，巩固了“中国摩托看弯梁，弯梁摩托看建设”的局面，使建设摩托的认知度和品牌形象得到了极大提升，从而为“建设摩托三分天下有其一”奠定了基础。

1.16 天马集团赞助长征专题节目

2006年，广州天马集团独家赞助了广东电视台《长征路上广东人》大型采访活动。天马摩托的一线销售服务人员及特约经销商和广东电视台报道组一起，沿当年红军长征的路线，深入江西、广东、湖南、广西、贵州、四川、甘肃等省区进行采访拍摄，并在革命老区做了大量的社会公益活动，举行献爱心捐赠活动，以实际行动回馈社会，提高了社会影响力。

1.17 宗申首开摩托文化用品店

2006年12月24日，宗申第1家文化用品店在重庆市沙坪坝开业，这是国内摩托车企业第1家文化用品店。宗申负责人表示，重庆主城区要开10家店，下一个店会选址南坪或者江北，3年之内将在全国发展1 000家摩托车文化用品店，一线大城市全部直营，二三线城市采取加盟的方式。

2 海外市场拓展情况

2.1 北易摩托车批量出口土耳其

2006年初，洛阳北方易初摩托车有限公司生产的1 108辆摩托车，经洛阳出入境检验检疫局检验合格出口土耳其。这是北易公司摩托车首次批量出口土耳其，总价值达45万美元。土耳其于上年开始执行欧盟标准，对摩托车实行市场准入制度，北易摩托车能顺利出口，充分证明了其产品品质。

2.2 钱江在意大利组建“钱江欧洲”

2006年初，经意大利商业手工业和农业协会企业注册办公室批准，钱江欧洲有限责任公司成功组建，并取得登记号为VIW/1854/2006/CPS0152的登记证。该公司名称为QIANJIANG EUROPE S. R. L.，注册资金11.8万欧元，其中钱江持有99%的股份。钱江欧洲有限责任公司的成功组建，使钱江拥有了拓展欧美市场的前沿基地和对外窗口，有利于钱江的技术开发和进步。

2.3 本菱摩托车登陆俄罗斯市场

2006年初，上海本菱摩托车制造有限公司在俄罗斯开设代表处及子公司“HONLINGRU”，正式进军俄罗斯摩托车市场。俄罗斯摩托车市场近年呈现上升的局面，为我国摩托车企业创造了难得的机遇，本菱公司借此时机强势登陆俄罗斯市场。

2.4 鑫源成为国际摩联2006特许生产企业

2006年2月，摩托车运动最高组织——国际摩联公布了2006年的特许摩托车生产企业名单，鑫源摩托位列其中，成为我国唯一一家入选企业。鑫源入选“国际摩联特许摩托车生产企业”代表着鑫源摩托在摩托车运动、摩托车制造和销售等方面已缩短了与世界知名品牌的差距。

2.5 宗申发动机在越设立子公司

2006年2月18日，重庆宗申发动机制造有限公司在越南设立的全资子公司——宗申越南发动机制造有限公司发动机制造厂正式落成并投产。该项目总投资220万美元，年生产能力30万台。

2.6 力帆在尼日利亚寻商机

2006年3月，力帆携同其在尼日利亚最大的经销商BHOJSONS举办了以“到德国观看‘世界杯’的机票或者等值的现金”为主题的抽奖活动。活动采取抽奖的方式，规定凡是在活动期间购买任意一款力帆摩托车的消费者都可参加抽奖，奖品为到德国柏林的机票，以及收音机、风扇、带收音机的应急灯、电视等。力帆借助此次促销活动共销售摩托车6 000余辆，减轻了库存压力，并在尼日利亚树立了品牌形象。

2.7 新大洲本田摩托挺进墨西哥

2006年4月，海南新大洲本田摩托车公司共计1 178辆，价值50万美元的摩托车顺利出口墨西哥市场，为新大洲本田开拓东南亚市场奠定了良好的基础。

2.8 隆鑫摩托通过欧标认证

2006年4月5日，隆鑫集团的2款摩托车LX200-2和LX110-9经过荷兰交通部和德国莱茵公司为摩托车开展的欧标认证检测，检测结果表明隆鑫摩托车生产一致性及采购一致性满足标准要求，无不合格项，一次性通过欧标认证。此次欧标认证的通过，有利于隆鑫进一步扩大出口市场，提升海外影响力。

2.9 新大洲GFCN批量出口荷兰

2006年4月，新大洲本田公司第1款取得欧洲WVTA认证的整车——GFCN（Today欧洲版）通过了量产评价，批量出口荷兰。

2.10 宗申摩托车进入以色列市场

2006年5月，重庆宗申在以色列的特拉维夫摩托车展厅开放，宗申摩托车在以色列上市销售，成为中国第1家进入以色列市场的摩托车生产商。据悉，宗申摩托车在以色列的市场价格比日本和韩国车低20%。

2.11 建设儿童摩托车获批出口日本

2006年5月12日，建设雅马哈生产的儿童越野摩托车获准进入日本市场，成为重庆摩企首款进入日本市场的摩托车整车。日本作为全世界摩托车制造水平最高的国家，对进口的摩托车质量要求极高，建设雅马哈儿童摩托车刷新了日本市场没有重庆摩托车的历史。

2.12 粤豪摩托联姻国际巨头沃尔玛

2006年7月5日，世界上最大的零售商企业——沃尔玛到广东粤豪公司参观考察，双方签订合作协议。与沃尔玛的合作不仅拓宽了粤豪的国际市场，同时也证明了粤豪摩托的实力，更为粤豪摩托开拓海外市场奠定了坚实的基础。

2.13 山东先锋摩托车首次出口非洲

2006年7月，位于山东日照的先锋摩托车有限公司价值65 548美元的52辆摩托车出口埃及，这是先锋公司拥有自主品牌的摩托车首次出口非洲。

2.14 新大洲E-storm上市哥伦比亚

2006年11月19日，E-storm在哥伦比亚上市，该车以CKD形式出口到哥伦比亚Fanalca公司，并在当地组装，受到当地销售商和消费者的高度评价。

2.15 康鑫神马公司在土耳其投产

2006年底，由中国康鑫集团在土耳其独资设立的神马摩托车工贸有限公司在土耳其的伊斯坦布尔举行了首次经销商会议，向来自土耳其各地的80多家经销商和当地新闻媒体介绍了该公司系列新产品和2007年生产计划。神马摩托车工贸有限公司是中国在土耳其投资成立的首家机电产品生产型企业，该公司产品已全部获得CE论证，产品主要销往土耳其及周边市场。

2.16 宗申发动机批量出口日本

2006年底，重庆宗申发动机制造有限公司生产的第1批350台DT115摩托车发动机批量出口日本，宗申随后每月向日本企业提供600～800台DT115发动机。这是国产摩托车发动机品牌首次批量出口日本。该发动机是重庆宗申发动机制造有限公司与日本摩托车行业著名企业DAYTONA公司合作开发而成，宗申公司在重庆装配后，全部返销到日本，由DAYTONA公司在日本组装成整车在欧洲、日本等发达国家销售。

二、2006 年摩配市场建设

1　重庆垫江县建立汽车摩托车交易中心

2006年3月24日，重庆市垫江县汽车摩托车交易中心开业，该交易中心占地面积23 500 m^2，已入住商家近30户，年营业额可达1亿元。

2　昆明官渡古镇建成大型摩托配件市场

2006年6月15日，昆明官渡古镇投资6 000多万元、占地4.7万m^2的金世纪摩托车配件批发市场1期工程竣工并开始营业。斥巨资兴建的金世纪摩托车配件批发市场，是西南最大的摩托车配件物流中心。一期工程可以容纳600多家商户，开业前夕入驻营业的商户已经达到300家以上。据悉，二期工程预计投资1亿元，占地8.7万m^2，完工后将形成占地13.3万m^2、拥有2 000多家商铺的摩托车配件批发市场。

3　兰州建成大型专业化摩托车汇展中心

2006年6月18日，兰州国际摩托车汇展中心建成。该汇展中心总投资5 390万元，建筑面积4.6万m^2，共有3个交易厅，可容纳120家摩托车商户、158家电动车商户、200家摩托车和电动车配件商户，是西北5省区唯一一家专业化、多元化、个性化的大型摩托车、电动车及其配件汇展中心。

4　外商独资汽摩零部件研发中心落户四川

2006年9月，四川省首家外商独资汽车摩托车零部件研发中心——日本山田制作所在成都经济技术开发区投资的山田车用部品研究开发（成都）有限公司顺利建成。该研发中心总投资600万美元，主要从事汽车、摩托车零部件研发。该研发中心对四川省摩托车整车及零部件产业集群发展、完善产业配套有积极的促进作用。

5　江苏省建成首个摩托车出口基地

2006年10月9日，经江苏省外经贸厅、省财政厅批准，江苏省首个摩托车出口基地在锡山区正式揭牌。该出口基地的建立，有利于摩托车生产企业在进出口银行贷款、机电产品技改贴息、机电产品研发补贴、高新技术产品贴息、出国推销摊位补贴和基地建设专项资金等方面，最大限度地获得政府的扶持。

6　西部最大的摩托车配件市场落户内蒙古

2006年11月24日，内蒙古自治区呼和浩特市玉泉区政府与广东华美国际投资集团签署协议，由华美集团投资5.7亿元人民币在玉泉区小黑河镇建立摩托车配件专业市场。市场占地20万m^2。该市场建成后，将辐射到蒙古、俄罗斯、欧洲等地。

三、2006 年城市禁限摩概况

1　广东阳江市区限制摩托车入户

2006年1月1日，根据《关于对市区摩托车总量控制的通告》（阳府告[2003]1号），广东省阳江市对市区所有类型的摩托车停止办理入户和外地转入手续，只对在申请报废或被盗的情况下才给予相应的入户指标。

2　南昌市调整摩托车禁行范围

2006年4月，为有效控制城市交通总量，缓解城市交通压力，南昌市有关部门征求市民意见，并举行听证会，调整了摩托车禁行范围。调整内容为生米大桥建成通车后，摩托车将限时禁行。

3　天津市城区内全天候禁行摩托车

2006年7月1日，根据天津市公安局2005年发布的通告，天津市中环线以内道路禁止津A牌照摩托车通行，外环线以内道路禁止津C牌照、外埠牌照摩托车及轻便摩托车通行。据悉，从2008年5月1日起，天津市将禁止津A牌照摩托车和轻便摩托车在外环线以内道路通行。

4　包头市区对摩托车限量、限行

从2006年7月1日起，包头市开始限制摩托车上路。限制内容为：1）限制城区摩托车的保有量。包头市公安局交警支队发布的关于对摩托车加强道路交通安全管理的通告明确规定，凡在包头市城区内居住并且持有包头市公安机关交通管理部门核发的机动车行驶证号牌和机动车驾驶证的摩托车车主，办理了《城区通行管理卡》以后方可在城区内允许摩托车通行的道路上通行；凡无《城区通行管理卡》的摩托车不准在城区道路上通行，挂着外地牌照的摩托车必须办理转籍手续。2）限制摩托车的行驶道路。每日7：00—21：00时，包头市钢铁大街的呼得木林大街至白云路段、少先路的阿尔丁大街至民族东路段、乌兰道的市府东路至白云路段、阿尔丁广场东道等10多条道路禁止摩托车通行。违反以上规定者将被处以警告并罚款150元。

5　福建福州市部分路段禁行摩托车

2006年7月12日，为了解决摩托车事故突出的问题，福州市部分路段开始禁止摩托车通行。福州市区禁摩路段包括绝大部分高架桥、部分立交桥、南二环部分主车道。高架桥方面：禁摩路段包括二环路全线的高架桥（除鹤林、福州总院高架桥外）、六一路国货路高架桥、六一路闽江大桥北端连接高架桥。立交桥方面；尤溪洲大桥南端立交桥禁止摩托车通行，过往摩托车从大桥南端立交桥下辅道通行；五里亭立交桥、六一环岛立交桥、洋头口立交桥禁止摩托车通行，摩托车从桥下通行。南二环方面，尤溪洲大桥南端至则徐大道路口的主车道禁止摩托车通行，摩托车一律从辅道通行。

6　深圳特区为全面禁摩立法

2006年7月，深圳市公安局完成《深圳经济特区道路交通管理处罚条例》的修改意见稿，其目的在于通过立法，将禁摩范围进一步扩大到宝安龙岗2区，从而实现全市范围内禁摩。

7　广东东莞全市禁行异地摩托车

从2006年9月1日起，广东东莞市32个镇、区全面禁止异地摩托车（非粤S）通行。从2008年9月1日起，东莞市中心区和镇中心区将全面禁止本地摩托车（粤S）行驶，禁行范围将逐渐向东莞市其它区域推进。

为鼓励东莞市民提前报废或回收摩托车，东莞财政部门制订了提前回收本地摩托车的相关补偿政策，以促使本地摩托车保有量大幅降低。

8　佛山市多个路段禁行摩托车

2006年9月21日，佛山市公安局公布《佛山市一环及禅桂新近期道路交通管理规划》（征求意见稿），根据该规划，大福路改造竣工通车后，同济东路以南路段将禁止摩托车进入行驶，横穿以上路段的路口将设置摩托车直行通道。季华路改造完成后，佛山大道至朝安路之间的路段也将禁止摩托车进入行驶，沿以上路段的各路口会设置摩托车直行通道穿越季华路。新城一路全路段禁止摩托车行驶。另外，华阳路暂设摩托车专行道路，远期将禁止摩托车通行，魁奇路远期也将禁止摩托车通行。

9　重庆主城城市道路取缔摩托车营运

2006年10月1日，《重庆市道路运输管理条例》正式实施。该条例规定，10月起，重庆主城城市道路上，禁止三轮车、摩托车、人力车营运。主城以外区县可根据自身情况决定是否允许三轮车和人力车营运，但禁止摩托车营运。该条例同时规定，对于使用报废车辆或改装车辆从事营运的企业或个人，责令其停业整顿，报废车辆交有关部门统一销毁，处以1万～10万元罚款，情节严重者，吊销经营许可证。

《2007中国摩托车工业年鉴》
www.cycleinfo.com.cn

产品荟萃

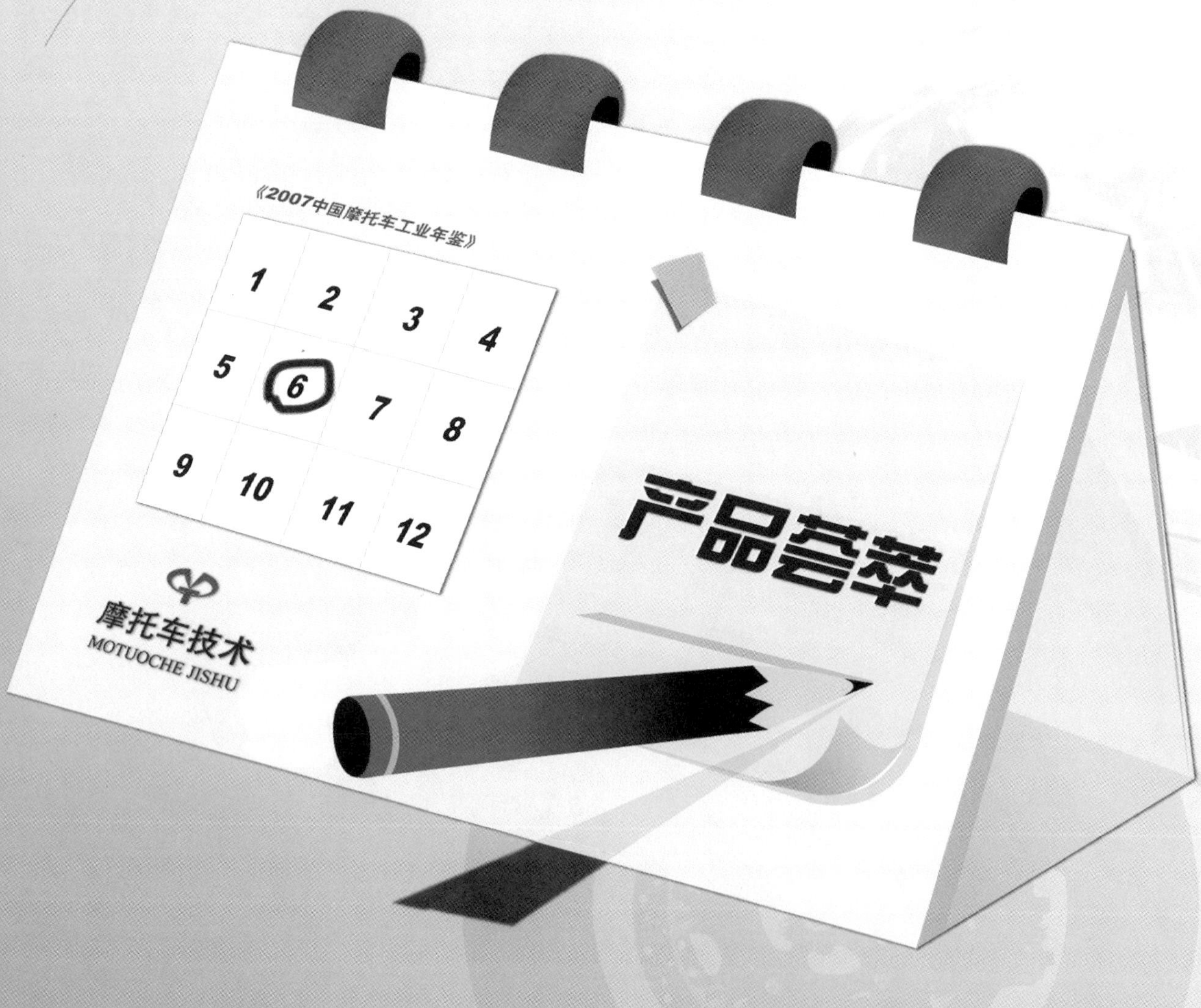

产品荟萃

一、2006年摩托车新产品集锦

2006年，尽管面临着重重困境，但摩托车企业并没有因此沉轮，而是愈挫愈勇，不断推出新产品投放市场，成为摩托车市场一道道靓丽的风景。

盘点2006，有众多新产品曾经进入我们的视野，在此，我们共收录了具有典型代表性的新产品85辆，其中骑式车54辆，弯梁车15辆，踏板车16辆。总体而言，本年度的新产品不论从产品性能，还是整车外观都有较大改进。下表为本年度摩托车行业部分企业推出的主要车型（包括改进型产品），在某种意义上，这些车型也代表了我国摩托车产品的发展趋势。

类别	中国嘉陵工业股份有限公司(集团)				
	JH125-F(415) "独狼"	JH125-35B(318C)"天火"	JH125-19D(421C)"超悍"	JH125-19E(425E)"铁悍Ⅱ"	JH125-F(415C)"雷霸"
车型照片					
长、宽、高,mm	2 000、750、1 700	2 080、740、1 140	1 945、750、1 110	1 945、750、1 110	2 000、750、1 700
整车干质量,kg					105
轴距,mm	1 285	1 380	1 269	1 269	1 285
最小离地间隙,mm					
发动机型式	双缸、风冷、四冲程				
排量,mL	133.0	133.0	133.0	133.0	133.0
缸径、行程,mm					
标定功率(转速) kW(r/min)	8.1(8 500)	8.4(8 500)	7.5(8 500)	7.5(8 500)	8.1(8 500)
最大功率(转速) kW(r/min)	8.8(7 500)				8.8(7 500)
最大转矩(转速) Nm(r/min)	10.3(6500)	9.8(6 500)	10.3(6 500)	10.3(6 500)	10.3(6 500)
压缩比					
起动方式	电起动/脚踏反冲起动	电起动/脚踏反冲起动	电起动/脚踏反冲起动	电起动/脚踏反冲起动	电起动/脚踏反冲起动
点火方式					
制动方式			前盘后鼓	前盘后鼓	
经济车速 100 km 体积油耗,L	1.6				1.6
最高车速,km/h	95	95	95	95	95
油箱容量,L	11.0	15.0			11.0
车型特点	采用全面轻量化设计的发动机气门有阻尼弹簧及运动件,装配嘉陵独有 133 系列 SP 700 发动机,大大减少了工作时产生的冲击和振动,使发动机运转平稳、噪声低;创新异形双圆顶燃烧室、卡马高级薄膜化油器和晶体管智能点火器与全面改良的动力装置精确配合,动力强劲				

类别	中国嘉陵工业股份有限公司(集团)			宗申产业集团有限公司	重庆建设摩托车有限公司
	JH125-D(410N)“雷霆”	JH150-D 416E)“极速山鹰”	JL 110-17(280)“银刺”	ZS250GS	JS110-J X6
车型照片					
长、宽、高,mm	2 000、750、1 700	2 000、750、1 035	1 910、700、1 075	2 015、765、1 095	1 930、680、1 100
整车干质量,kg	105			166	99
轴距,mm	1 285	1 285	1 240	1 385	
最小离地间隙,mm			130	130	
发动机型式	单缸、风冷、四冲程		单缸、风冷、四冲程	单缸、风冷、四冲程	单缸、风冷、四冲程
排量,mL	133.0	133.0	124.5	230.0	
缸径、行程,mm				72.5、55.7	49.0、54.0
标定功率(转速)kW(r/min)	7.5(8 500)	3.1(8 500)			4.95(7 500)
最大功率(转速)kW(r/min)			4.8(6 500)	13.0(7 500)	6.2(8 500)
最大转矩(转速)Nm(r/min)	10.3(6 500)	10.3(6 500)	7.7(5 000)	16.7(7 000)	7.07(6 000)
压缩比			9.0:1	9.5:1	9.0:1
起动方式	电起动/脚踏反冲起动	电起动/脚踏反冲起动		电起动	电起动/脚踏反冲起动
点火方式			CDI	CDI	CDI
制动方式	鼓式		前盘后鼓	盘式	
经济车速100 km体积油耗,L			2.0		1.4
最高车速,km/h	95	95	83	120	80
油箱容量,L				20.0	
车型特点	制造工艺考究,不论是焊缝、接缝还是电镀、烤漆都充分体现出品质的优良	仪表盘采用新型反光材料,提高了光源折射率,减少了光线对眼睛的刺激;U型手把,手握宽度符合人机工程学原理,操作省力,骑乘舒适	制造工艺考究,品质优良;配有高灵敏度的防盗器、精钢加固加强型防盗锁以及防盗开关	整车外观造型流畅,力量感十足,尽显跑车风范;车辆覆盖件采用光固化处理,车架采用喷粉处理,耐蚀性强;防盗点火器增强了车辆的防盗性能	整车造型全新设计,大气硬朗,外观层次分明,新颖独特;超低音消声器,噪声小,排放低,防烫保护罩提高了安全系数;新式铝合金后搁脚,充分体现质感与力度

类别	重庆建设摩托车有限公司				
	JS125-6B“骏将”	JS125-4D“骏骥”	JS125-28“青狮”	JS125-4X(F2)“快意”	JS125-F“喜劲”
车型照片					
长、宽、高,mm	1 980、745、1 050	2 030、770、1 145	2 050、740、1 180	2 060、740、1 020	1 900、680、1 100
整车干质量,kg				115	
轴距,mm	1 290	1 310	1 300	1 300	1 190
最小离地间隙,mm	160				
发动机型式	单缸、风冷、四冲程	单缸、风冷、四冲程	单缸、风冷、四冲程	单缸、风冷、四冲程	单缸、风冷、四冲程
排量,mL	123.0	123.0	123.0	123.0	123.7
缸径、行程,mm	54.0、54.0	54.0、54.0	54.0、54.0	54.0、54.0	
标定功率(转速) kW(r/min)	6.1	6.1	6.1		6
最大功率(转速) kW(r/min)	7.1(7 000)	7.1(7 000)	7.1(7 000)	7.1(7 000)	
最大转矩(转速) Nm(r/min)	8.0(5 000)	8.0(5 000)	8.0(5 000)	8.0(5 000)	
压缩比	10.0: 1				
起动方式	电起动/脚踏反冲起动	电起动/脚踏反冲起动	电起动/脚踏反冲起动	电起动/脚踏反冲起动	电起动/脚踏反冲起动
点火方式	CDI	CDI	CDI	CDI	
制动方式	前盘后鼓	前盘(鼓)后鼓	前盘(鼓)后鼓		前盘(鼓)后鼓
经济车速 100 km 体积油耗,L	1.6	1.6	1.6	1.6	1.4
最高车速,km/h	90	90	90	90	85
油箱容量,L	13.0	14.0	14.0	14.5	
车型特点	整车造型舒展,富有动感,气质高贵;大口径“晶钻”式车头灯,造型美观时尚,视角宽阔;高品质排气消声器与发动机相匹配,美观环保,大型防溅罩、安全实用	拥有独立自主知识产权的外观造型配以全新的贴花设计,新颖独特;加长、加宽平直型座垫,采用先进的冷发泡成形工艺,回弹性好,不易变形,乘骑舒适	分体式大货架可自由转换,负载能力强;晶莹璀璨的新型蝴蝶款前大灯、新型尾灯及后转向灯,亮度高,射程远,夜间骑乘安全性高;高强度合金材质轮毂,美观耐用	整车运动感十足,全新设计的双向换挡踏板,安全实用;减震器采用独特的新型耐压抗疲劳材料,使用寿命长;基于人机工程学原理设计的座垫,冷发泡工艺制作,舒适耐用	车身造型时尚灵动,富有个性;导流装饰侧盖提高了骑乘稳定性;璀璨的水晶组合式尾灯气质不凡,精致典雅;合金材质轮毂强度极高,使用寿命长

类别	重庆隆鑫工业(集团)有限公司				
	LX110-9“e 代天圣”	LX125-D“狮王”	LX125-A“竣杰”	LX125-30“骑士”	LX125-32“霸道太子”
车型照片					
长、宽、高,mm	1 900、660、1 075	2 045、735、1 075	2 045、735、1 075	1 980、700、1 160	1 910、845、1 110
整车干质量,kg	95				
轴距,mm	1 260	1 290	1 290	1 260	1 300
最小离地间隙,mm					
发动机型式		单缸、风冷、四冲程			
排量,mL	107.0	124.0	124.0	124.0	124.0
缸径、行程,mm	52.4、49.5				
标定功率(转速) kW(r/min)		7.0(8 500)	7.2(8 500)	7.0(8 500)	7.0(8 500)
最大功率(转速) kW(r/min)	5.5(8 000)	8.5(9 500)	8.5(9 500)	8.5(9 500)	8.5(9 500)
最大转矩(转速) Nm(r/min)	6.5(5 750)	8.6(8 000)	8.6(8 000)	8.6(8 000)	8.6(8 000)
压缩比	9.1:1				
起动方式	电起动/脚踏反冲起动	电起动/脚踏反冲起动	电起动/脚踏反冲起动	电起动/脚踏反冲起动	电起动/脚踏反冲起动
点火方式	CDI	CDI	CDI	CDI	CDI
制动方式	前盘后鼓	鼓式	前盘(鼓)后鼓	前盘(鼓)后鼓	前盘后鼓
经济车速 100 km 体积油耗,L	2.1				
最高车速,km/h	80	90	90	85	85
油箱容量,L	3.5				
车型特点	外形优雅、流畅,富有动感和力度;心形前大灯、挡风板、导流罩以及尾灯造型独特,极具特色	采用最新的“霸道款”发动机,具有“耐磨、轻便、实惠”的特点;高级防滑轮胎,抓地性强,耐磨性高,能适应各种恶劣路况,使骑乘安全可靠;大货架负重能力强,设计合理,提供了充足的载物空间	采用 EIT 渗层维护技术,零部件表面坚韧,可自动调节、平衡,改善运动金属表面的工况,强化润滑效果,自动修复磨损,延长发动机使用寿命	配置隆鑫“减震王”镁合金发动机以及技术先进的平衡轴,可有效减缓振动,提高骑乘舒适性	外形朴实厚重,体现了美式巡航太子车的本色:水滴形油箱小巧饱满,造型别致;坐垫向后渐进升高,骑乘舒适

类别	重庆劲隆摩托车制造有限公司				
	JL110-4“奥韵之星”	JL125-10B“劲爵”	JL125-32“劲取”	JL150-7“劲道”	JL125“劲锐”
车型照片					
长、宽、高,mm	1 935、685、1 180	2 100、820、1 120	2 000、820、1 100	2 045、785、1 100	2 045、785、1 100
整车干质量,kg	105	125		128	123
轴距,mm	1 230	1 355	1 300	1 270	1 270
最小离地间隙,mm					
发动机型式	单缸、风冷、四冲程	单缸、风冷、四冲程	单缸、风冷、四冲程	单缸、风冷、四冲程	单缸、风冷、四冲程
排量,mL	107.0	124.0	124.0	149.0	124.0
缸径、行程,mm	52.4、49.5	56.5、49.5	56.5、49.5	62.0、49.5	56.5、49.5
标定功率(转速) kW(r/min)	4.7(8 000)	6.6(8 500)	6.6(8 500)	8.5(8 500)	6.6(8 500)
最大功率(转速) kW(r/min)					
最大转矩(转速) Nm(r/min)	6.5(6 500)	8.0(7 500)	8.0(7 500)	10.0(6 500)	8.0(7 500)
压缩比					
起动方式	电起动/脚踏反冲起动	电起动/脚踏反冲起动	电起动/脚踏反冲起动	电起动/脚踏反冲起动	
点火方式	CDI	CDI	CDI	CDI	CDI
制动方式	鼓式	前盘后鼓	前盘后鼓	鼓式	鼓式
经济车速 100 km 体积油耗,L	1.9				
最高车速,km/h	80	85	85	100	85
油箱容量,L					
车型特点	全新外观造型,款式新颖,新款覆盖件豪华靓丽	外观造型全新设计,款式新颖;知名品牌配件,保证了整车性能	整车结构紧凑,布局合理,造型流畅,风格简约	整车人性化设计,操作简便,骑乘舒适;主电缆采用军工阻燃材料,可防止烧车事故发生	采用知名品牌配件,整车性能优良;离合器质量小,操作安全省力;离合线、前刹车线、油门线、风门线采用织丝管材料,使用寿命长

类别	重庆银翔摩托车(集团)有限公司				
	HS125-2K“赛威”	HS125-2X“太极火”	HS250-2“太极虎”	HS125-J“智贤”	HS125-3C“东剑”
车型照片					
长、宽、高,mm	1 495、815、1 110	2 100、710、1 180	2 080、760、1 120	1 980、685、1 080	1 985、730、1 130
整车干质量,kg		125	170		
轴距,mm	1 280	1 292	1 455	1 250	1 210
最小离地间隙,mm	175	195	180	120	155
发动机型式	单缸、风/油冷、四冲程	单缸、风冷、四冲程	双缸、风/油冷、四冲程	单缸、风冷、四冲程	单缸、风冷、四冲程
排量,mL	124.0	124.5	249.0		124.0
缸径、行程,mm	57.0、48.8	57.0、48.8	57.0、48.8	52.4、55.5	57.0、48.8
标定功率(转速)kW(r/min)				4.8(7 000)	8.0(8 600)
最大功率(转速)kW(r/min)	9.0(9 500)	9.0(8 500)	20.0(10 000)		10.06(8 600)
最大转矩(转速)Nm(r/min)		10.5(7 500)	22.0(7 500)	7.5(5 000)	9.0(7 500)
压缩比	9.2:1	9.2:1	10.2:1	9.0:1	9.9:1
起动方式	电起动	电起动/脚踏反冲起动	电起动	电起动/脚踏反冲起动	电起动/脚踏反冲起动
点火方式	CDI	CDI	CDI		CDI
制动方式	前盘后鼓	前盘后鼓	盘式	前盘后鼓	前盘后鼓
经济车速 100 km 体积油耗,L	1.8	1.8	3	1.3	1.7
最高车速,km/h	98	100		90	90
油箱容量,L	10.3	13.7	17.0		14
车型特点	整车造型时尚新潮,实用性强;流线型动感油箱,光泽度高,防腐蚀性能好;古典风格的双圆仪表设计,各种信息一目了然	采用双摇篮车架,刚性强,能满足高速时的安全性和制动要求;后悬挂系统采用国际先进的 3 级减振技术,使振动降至最低	外观仿生设计,车身线条流畅,运动感强;保护型油箱符合人机工程学原理,安全实用;前大灯运用特殊反光面聚光设计,亮度大幅增强	明亮双大灯和卡通前脸使整车造型独特新颖;采用新材料和新技术的坐垫抗拉、抗皱,舒适耐用;与车身合为一体的后大灯简洁大气	整车外观设计新颖流畅,外形刚劲雄厚;油箱超大容量,超强巡航能力;仪表布局合理,清晰明了

类别	重庆鑫源摩托车制造有限公司				重庆望江摩托车制造有限公司
	XY125-14A“战神”	XY125-A“战将”	XY125-16	XY110AI“战英”	WJ110“望铃豹”
车型照片					
长、宽、高,mm	1 990、725、1 120	2 040、760、1 100	2 055、730、1 070	1 835、715、1 100	1 860、690、1 070
整车干质量,kg			132		107
轴距,mm	1 285	1 325	1 355	1 240	1 230
最小离地间隙,mm			160		
发动机型式	单缸、风冷、四冲程	单缸、风冷、四冲程	双缸、风冷、四冲程	单缸、风冷、四冲程	单缸、风冷、四冲程
排量,mL	124.0	124.0	124.6	110.0	105.0
缸径、行程,mm	56.5、49.5	56.5、49.5	44.0、41.0	53.5、48.9	52.4、49.5
标定功率(转速) kW(r/min)					5.5(7 000)
最大功率(转速) kW(r/min)	8.2(9 000)	8.5(9 500)	9.3(10 500)	5.8(8 500)	
最大转矩(转速) Nm(r/min)	8.5(7 500)	7.6(7 500)	9.2(9 000)	7.5(6 500)	8.5(5 500)
压缩比			9.4:1		
起动方式	电起动/脚踏反冲起动	电起动/脚踏反冲起动	电起动/脚踏反冲起动	电起动/脚踏反冲起动	电起动/脚踏反冲起动
点火方式		CDI	CDI	CDI	CDI
制动方式	前盘后鼓	鼓式	前盘后鼓	鼓式	鼓式
经济车速 100 km 体积油耗,L			2.1		
最高车速,km/h	90	80	95	75	80
油箱容量,L			14.0		
车型特点	整车外形高贵典雅、简洁流畅;车架经抛丸处理后进行喷塑和罩光处理,提高了车架的强度、承载能力、安全性能和耐用性;前大灯采用钢化玻璃灯片,在提高刚度和强度的同时保证了良好的透光性和折射率	外观朴实无华,做工精致,色泽饱和,富有质感;车架经过强化处理,并调整了结构,整车负荷分布合理,承载力强;油箱、侧盖和尾板等外观塑料件严丝合缝,品质优良			外观线条流畅,简洁大方,采用德国恒温烤漆,色彩搭配时尚、和谐,经久耐用;新款豪华水晶大灯晶莹透亮,射程远,亮度高,与车头搭配相得益彰,美观实用;坚实的加强型豪华车架,坚固耐用

类别	重庆望江摩托车制造有限公司		力帆实业(集团)有限公司		
	WJ250-GS“极客”	WJ250GY“雪雕”	LF125-19“街霸”	LF110-11H“炫影”	LF125-24A“蓝暴”
车型照片					
长、宽、高,mm	2 230、850、1 170	2 150、820、1 165	2 025、735、1 110	1 956、660、1 100	2 065、730、1 140
整车干质量,kg	150			89	
轴距,mm	1 480	1 440	1 265	1 280	1 365
最小离地间隙,mm	190			135	
发动机型式	单缸、风冷、四冲程	单缸、风冷、四冲程	单缸、风冷、四冲程	单缸、风冷、四冲程	单缸、风冷、四冲程
排量,mL		249.0	124.5	106.7	124.5
缸径、行程,mm	72.0、61.2	72.0、61.2		52.4、55.5	
标定功率(转速) kW(r/min)			7.9(9 000)	4.5(7 500)	
最大功率(转速) kW(r/min)	13.0(7 500)	19.5(8 000)		5.2(7 500)	
最大转矩(转速) Nm(r/min)	16.8(7 000)	16.8(7 000)	8.0(7 500)	7.0(5 000)	
压缩比	8.9:1	8.9:1		9.0:1	
起动方式	电起动		电起动	电起动/脚踏反冲起动	
点火方式		CDI		CDI	
制动方式	盘式		前盘后鼓	前盘后鼓	前盘后鼓
经济车速 100 km 体积油耗,L	2.3			1.6	
最高车速,km/h	115	120	90	75	85
油箱容量,L	10.3			3.5	15.0
车型特点	以蝙蝠的形状为主要创意点,视觉冲击力极强,车身前包围犹如展开双翼的巨蝠,将骑手包覆其中,仿佛蝙蝠侠横空出世;采用国内罕见的倒置式前减震器,中置式后减震器以及一次铸造成型的中空轮毂	车架经过全新优化,坚固耐用;轮毂采用优质合金,质量小,制动力大;前大灯造型张扬,时尚美观,成为整车造型的点睛之笔	车形刚劲威猛,硬朗流畅;油箱体积超大,造型别致,凹凸有致,配备内压式油箱锁,集防盗性和封闭性于一身;新型阶梯式挡泥板设计更具时尚风范,使整车外观个性十足	整车造型动感奔放,色彩鲜亮;前搁脚架为加固防滑型,胶套紧固在支架上,减少了振动的干扰,骑乘舒适安全;点火开关为磁性防盗锁,须专用的菱形钥匙开启,安全防盗性能高	整车色彩以蓝色为基调,飘逸秀丽,与名字相得益彰;油箱酷似旋转着的飞机螺旋桨,富有动感,经过耐腐蚀处理,使用寿命长;前挡泥板配有一个装饰板,新颖别致,美观实用

类别	力帆实业(集团)有限公司	济南轻骑摩托车股份有限公司			
	LF150-13“牧羊人”	QM50QT-6S“贝贝哥”	QM50QT-6V“贝贝狗”	QM110-3f“锋将”	QM110GY“牧羊犬”
车型照片					
长、宽、高,mm	2 030、740、1 060	1 690、655、1 070	1 770、670、1 098	1 960、685、1 100	1 670、705、995
整车干质量,kg	103	82	93	100	85
轴距,mm	1 281			1 260	
最小离地间隙,mm	160			150	
发动机型式	单缸、风冷、四冲程	单缸、风冷、四冲程	单缸、风冷、四冲程	单缸、风冷、四冲程	单缸、水冷、四冲程
排量,mL	144.7			106.7	106.7
缸径、行程,mm	61.0、49.5			52.4、49.5	
标定功率(转速)kW(r/min)	8.0(9 000)				4.5(8 000)
最大功率(转速)kW(r/min)	9.5(9 500)	2.0(6 500)	2.0(6 500)	5.5(8 500)	
最大转矩(转速)Nm(r/min)	10.0(7 500)			6.8(6 000)	
压缩比	9.2:1				
起动方式	电起动/脚踏反冲起动	电起动/脚踏反冲起动	电起动/脚踏反冲起动	电起动/脚踏反冲起动	电起动/脚踏反冲起动
点火方式	CDI	CDI	CDI		CDI
制动方式	前盘后鼓		前盘后鼓	前盘后鼓	前盘后鼓
经济车速 100 km 体积油耗,L		2	2	1.6	2.1
最高车速,km/h		48	48	80	80
油箱容量,L		6.3	5.5	4.0	7.3
车型简介	采用街车特有的全金属豪华圆大灯以及深色双圆形跑车仪表,简洁时尚;油箱上部略微突起,下部平缓顺滑,与中部覆盖件吻合,再配以色彩亮丽纯正的贴花,个性鲜明,平口油箱锁为跑车特有的内压盖结构,美观实用	采用分离式手把开关,便于独立拆卸维护;开放式前置物箱及超大空间头盔箱,纳物能力强,实用便利;多重反射内置式猫眼前大灯,提高了视野清晰度,保证了夜间骑乘安全;一体成形的多广角亮丽尾灯设计,闪亮精致	外观造型独特,糅合了复古风格,后座下边挡板弧线和前脸相互呼应,前卫时尚	整车结构紧凑,起伏有致,车头锐利,车身饱满,车尾流畅,色泽饱满,烤漆精致;采用高强度材料车架,刚性强、质量小、操纵性好、负载能力强;高强度轻型铝合金星形前后轮,配以性能卓越的前后减震器,骑乘平稳可靠,堪称弯梁车的典范	具有代表性的精巧可爱的休闲型产品,车型彪悍奔放,动感十足,车身色泽饱满,烤漆精良;高强度材料车架质量小、刚性强;钢丝管碟刹软管,坚韧耐用,使用寿命长

类别	济南轻骑摩托车股份有限公司			广州市番禺华南摩托企业集团有限公司	
	QM200GY“藏獒”	QM125-2A“福帅”	QM125T-10E“山猫”	飞鹰 FY125-3“鹰客”	飞鹰 X-ROAD“街霸”
车型照片					
长、宽、高,mm	2 115、830、1 140	2 C10、785、1 185	1 920、760、1 160	2 020、740、1 145	2 005、820、1 085
整车干质量,kg	123		150	111	128.5
轴距,mm		1 280		1 265	
最小离地间隙,mm	250			150	
发动机型式	单缸、风冷、四冲程	单缸、风冷、四冲程	单缸、风冷、四冲程	双缸、风冷、四冲程	单缸、风冷、四冲程
排量,mL	199.1	124.5	124.6	124.0	146.7
缸径、行程,mm	66.0、58.2				62.0、48.6
标定功率(转速) kW(r/min)			5.8(7 000)	7.2(8 000)	
最大功率(转速) kW(r/min)	11.5(8 000)	8.3(9 500)			9.8(9 000)
最大转矩(转速) Nm(r/min)	14.5(7 000)			9.35(7 000)	10.0(7 000)
压缩比	9.4:1				11:1
起动方式	电起动/脚踏反冲起动	电起动/脚踏反冲起动	电起动/脚踏反冲起动	电起动/脚踏反冲起动	电起动
点火方式	CDI	CDI	CDI	CDI	CDI
制动方式	前盘后鼓	前盘后鼓	前盘后鼓	前盘后鼓	
经济车速 100 km 体积油耗,L	2.3	1.8	2.5	2.1	
最高车速,km/h	100	95	80	80	
油箱容量,L	10.6		6.0	12.0	11.0
车型特点	该车无论是发动机性能还是整车造型,都堪称国产越野车的典范;高起的车身,超长行程的悬挂系统和大直径轮毂配以越野专用轮胎使整车外观卓而不群、豪迈不羁;装配越野车专用的超级GS王发动机,大功率、大转矩、低油耗,适合山地、公路等各种路况	整车外形强悍,阳刚之美中透着优雅;前大灯大方气派,超大水晶反射灯晶莹剔透,彰显华贵;赛车级仪表盘可同时显示速度、转速、油量和挡位,行车状况一目了然;装配有济南轻骑独有的 GS 王发动机,集"省油、强劲、安全、舒适、称心"于一体	整车造型夸张独特,外形酷似山猫;水晶反射前大灯晶莹剔透,美观实用	外形美观大方、简洁流畅;跑车级气囊减震器,耐冲击,骑乘舒适平稳;高性能加宽、加厚耐磨轮胎,抓地性强,适用于不同路况;前大灯全新设计,照明范围广;三位一体赛车级仪表,高感度透光指针、黑色底板与仪表盖搭配完美	采用高拉力钢管车架,强化了整车的刚性、稳定性和韧性;高性能放射状真空轮胎,抓地能力强,能适应各种复杂路面;加强型方向把,坚固耐用;加强型整体滚针轴承转向柱,耐冲击,寿命长;多重反射晶钻前大灯,穿透力强,保障了夜间骑乘安全

类别	新大洲本田摩托车有限公司				
	CBF150“战鹰”	SDH125-46A“金锐箭”	SDH125T-22A“E 影”	SDH125-7C	SDH100-41C“福乐威武”
车型照片					
长、宽、高,mm	2 080、754、1 130	2 060、765、1 120	1 792、687、1 136	1 910、740、1 020	1 870、715、1 050
整车干质量,kg	129				
轴距,mm	1 337	1 280	1 211	1 200	1 210
最小离地间隙,mm		140			
发动机型式	单缸、风冷、四冲程	单缸、风冷、四冲程	单缸、风冷、四冲程	单缸、风冷、四冲程	单缸、风冷、四冲程
排量,mL	149.2	124.1	124.6	124.1	97.1
缸径、行程,mm					
标定功率(转速) kW(r/min)					
最大功率(转速) kW(r/min)	8.8(7 000)	7.3(8 000)	5.8(7 800)	7.3(8 000)	4.9(7 500)
最大转矩(转速) Nm(r/min)	11.5(5 500)	9.4(6 000)			
压缩比		9.0:1			
起动方式	电起动	电起动/脚踏反冲起动	电起动/脚踏反冲起动	电起动/脚踏反冲起动	电起动/脚踏反冲起动
点火方式		CDI			
制动方式	前盘后鼓	前盘后鼓	前盘(鼓)后鼓	鼓式	前盘(鼓)后鼓
经济车速 100 km 体积油耗,L	1.5	1.6	2.1	1.6	1.6
最高车速,km/h	97	90	80	85	75
油箱容量,L	13.0	14.0			
车型简介	外形强调动感,以传统街车的构架和造型为基础,进行运动化的配置;导流罩符合空气动力学原理,线条流畅,与整车的流线型设计融为一体;赛车级中央可调式减振,使车型简洁美观,吸振效果好;高级铝合金分离式车把,外形时尚,手感舒适	整车设计动感时尚,气派大方;左把手上增加风门开关,使操作便捷、安全;圆弧设计的鞍座,配合优越的减振性能,骑乘舒适;仪表盘集速度、里程、转速、油位和挡位为一体,清晰易读,经典时尚;水晶前大灯造型独特,亮度高,体现了强烈的时代感	整车线条流畅,尾部设计纤巧,车身与中国人身高比例相适应,操作安全省力;鞍座平整宽大,骑乘舒适;消声器装饰罩采用 PC 防烫材料制作,安全耐用	车体大小适中,骑乘者双脚着地性强,与中国人的体形特征相适应	采用高性能的悬挂系统和筒式减震器,适应性强,骑乘安全舒适;不使用任何石棉制品,低排放,低污染,符合环保要求

类别	广东大福摩托车有限公司				
	SJ125-7“刀影 6 代”	SJ125T“公主四代”	SJ110-3“超威”	DF100T-B“小公主”	DF125-2(GS 王)“金色年华”
车型照片					
长、宽、高,mm	2 000、750、1 170	1 840、690、1 110	1 940、695、1 085	1 780、665、1 110	2 000、750、1 140
整车干质量,kg	125		107		125
轴距,mm	1 275	1 225	1 250	1 285	1285
最小离地间隙,mm			135		134
发动机型式	单缸、风冷、四冲程	单缸、风冷、四冲程	单缸、风冷、四冲程	单缸、风冷、四冲程	单缸、风冷、四冲程
排量,mL	124.0	124.6	105.0	101.8	124
缸径、行程,mm	56.5、49.5		52.0、49.5	49.0、54.0	56.5、49.5
标定功率(转速)kW(r/min)	6.8(8 000)	5.0(7 000)	4.5(8 500)		6.8(8 000)
最大功率(转速)kW(r/min)	7.6(9 000)	5.4(7 500)	5.5(8 500)	5.8(7 500)	7.6(9 000)
最大转矩(转速)Nm(r/min)	8.5(7 500)	7.8(4 500)	7.0(6 000)		8.5(7 500)
压缩比	9.0:1		8.8:1	10.5:1	9.0:1
起动方式	电起动/脚踏反冲起动	电起动/脚踏反冲起动	电起动/脚踏反冲起动	电起动/脚踏反冲起动	电起动/脚踏反冲起动
点火方式			CDI	CDI	
制动方式	前盘后鼓	前盘后鼓	鼓式	前盘后鼓	前盘后鼓
经济车速 100 km 体积油耗,L	2.1	2.8	2.1	2.8	2.1
最高车速,km/h		80	80	80	85
油箱容量,L	17.5		6.5	6.5	17.5
车型特点	采用流线型的车头造型,使整车更具时尚气息;全新造型的油箱,富有动感;性能卓越的后减震器,使乘骑稳定、舒适	车身外观豪华、典雅,极具动感;尾灯风格前卫,新颖时尚;带装饰盖的新款仪表,清晰明了	车身线条流畅,覆盖件圆润光滑,符合空气动力学原理,可降低风阻;超大储物箱,纳物能力强,美观实用	采用高级耐腐蚀材料的大容量油箱,性能卓越,可防止静电干扰;全反射前大灯视野开阔,提高了夜间骑乘安全性;超大容量置物箱,使用方便	采用全水晶制双大灯,亮度强,造型别致,使整车豪华气派;新款造型的油箱,使全车富有动感和时尚气息;新型航空仪表,美观大方,各种状况一目了然

类别	五羊—本田摩托(广州)有限公司				
	SCR-110“佳御”	WH100T-F“优悦 100 +”	WH125-B“锋翼”	WH125T-3“佳颖”	WH125-5“领御”
车型照片					
长、宽、高,mm	1 835、670、1 125	1 835、670、1 125	2 040、765、1 092	1 820、680、1 105	2 080、830、1 130
整车干质量,kg	108	108	108		137
轴距,mm	1 265	1 265		1 235	1 365
最小离地间隙,mm	80	80		80	140
发动机型式	单缸、水冷、四冲程	单缸、水冷、四冲程	单缸、风冷、四冲程	单缸、风冷、四冲程	单缸、风冷、四冲程
排量,mL	108.0	102.1	124.1	124.6	124.0
缸径、行程,mm					56.5、49.5
标定功率(转速) kW(r/min)	6.10(7 500)				
最大功率(转速) kW(r/min)	6.78(7 500)	5.05(7 500)	6.90(8 000)		
最大转矩(转速) Nm(r/min)	9.10(6 000)	6.80(5 000)			
压缩比	11.0:1				9.0:1
起动方式	电起动				电起动/脚踏反冲起动
点火方式	CDI	CDI			
制动方式	前盘后鼓	前盘后鼓	前盘(鼓)后鼓	前盘后鼓	前盘后鼓
经济车速 100 km 体积油耗,L	2.1		1.6	2.1	1.5
最高车速,km/h	80	88	90	85	
油箱容量,L	6.5	6.5	13.2	6.0	12.1
车型特点	整车造型动感时尚,符合空气动力学原理,细节精致;油箱设置在踏板处,降低了车体重心,新颖别致;带滑盖的钥匙开关强化了防盗性能	采用国内首创的前后轮联动制动系统,增强了安全性,能有效防止侧滑摆尾现象,并提高了摩托车的平稳性,集经济性、舒适性和安全性于一身;与众不同的前罩板设计前卫,新颖时尚	采用本田经典的高强度车架,整体刚性强、韧性好,低速控制灵活,高速过弯平稳;高品质赛车化的前后减震器,回弹力强;鞍座前部弧形上翘,紧贴油箱,车手双腿在骑乘时可自然夹紧车体,提高了可操控性	车体尺寸恰到好处,线条流畅,色彩美轮美奂;直筒式减振系统和加长的脚踏板使骑乘舒适平稳;采用国际一线无石棉材料,绿色环保	采用长轴距设计,不仅保留了平直路面的骑乘舒适性,也增强了在凹凸路面的骑乘稳定性;前后座分区的大型坐垫,支撑力强,不变形,有利于稳定骑乘者的坐姿

类别	五羊—本田摩托(广州)有限公司	鹤山国机南联摩托车工业有限公司		广州市川井车业有限公司	广州天马集团天马摩托车有限公司
	WH125-6“锋影 FLUSH”	SK125-7“大赢家”	SK125T-3“街头霸王”	HK125-3C“亮剑”	TM125-26“翼虎”
车型照片					
长、宽、高,mm	1 000、730、1 120	1 945、710、1 120	1 890、696、1 145	2 010、730、1 090	2 120、745、1 220
整车干质量,kg			108		119
轴距,mm	1 245	1 270	1 281	1 300	1 290
最小离地间隙,mm			100		
发动机型式	单缸、风冷、四冲程	单缸、风冷、四冲程	单缸、风冷、四冲程	单缸、风冷、四冲程	单缸、风冷、四冲程
排量,mL	124.8	124.0	124.9	124.0	124.0
缸径、行程,mm		56.5、49.5			56.5、49.5
标定功率(转速) kW(r/min)	5.9(7 000)	7.0(8 000)		6.5(7 500)	7.0(8 000)
最大功率(转速) kW(r/min)	6.6(7 500)	7.8(8 500)			8.5(8 500)
最大转矩(转速) Nm(r/min)	9.7(4 000)	8.8(7 500)			
压缩比	9.0:1	9.0:1			
起动方式	电起动/脚踏反冲起动	电起动/脚踏反冲起动	电起动/脚踏反冲起动	电起动/脚踏反冲起动	电起动/脚踏反冲起动
点火方式	CDI		CDI		CDI
制动方式	鼓式	前盘后鼓	前盘后鼓	前盘后鼓	前盘后鼓(盘)
经济车速 100 km 体积油耗,L	1.3			2.1	1.5
最高车速,km/h	85	90	80	80	85
油箱容量,L	3.7			6.5	15.0
车型特点	该车曲柄机构和滚柱摇臂偏置,减少了摩擦,降低了油耗;发动机各处的密封垫片、离合器及制动蹄块摩擦材料全部采用无石棉制品,安全环保	造型豪华,配合精美贴花,外观醒目;油箱超大,储油多,省去经常加油的繁琐;水晶前大灯与转向灯完美结合,光彩熠熠	外形集骑式跑车与踏板车的优点于一身,车头的独特造型加上多重反射式双大灯,霸气十足;铝合金轮辋耀眼大方,配上宽扁跑车胎,平稳舒适,造型帅气	采用航空合金材料,质量小,强度高,耐腐蚀性强;新款加宽真空轮胎,重心低,抓地力强;全铝合金轮辋,坚固耐用,外形美观大方	整车外观全新设计,工艺精细,线条流畅;车架采用高强度材料,承载能力大大提高;镀铬流线型豪华消声器,配消声隔热防护罩,内筒体采用耐高温漆,使用寿命长

类别	广州三雅摩托车有限公司	江门大长江集团有限公司	江门市豪天摩托车有限公司	广东惠州玛琪摩托车有限公司	江苏建龙新田摩托车制造有限公司
	SY125-19“锐士”	豪爵 HJ100T-7“喜之星”	HT125-4F“天钻”	MCT125T-7“锋速”	XT125-C“战斧六代”
车型照片					
长、宽、高,mm	1 986、760、1 044	1 830、628、1 066	2 035、725、1 060	1 086、670、1 075	2 060、720、1 090
整车干质量,kg		106		113	
轴距,mm	1 246	1 229	1 285	1 235	1 300
最小离地间隙,mm	150	100	150		
发动机型式	单缸、风冷、四冲程	单缸、风冷、四冲程	单缸、风冷、四冲程	单缸、风冷、四冲程	单缸、风冷、四冲程
排量,mL		102.0	124.1	124.6	124.0
缸径、行程,mm	56.5、49.5	50.0、51.8	56.5、49.5	52.4、57.8	
标定功率(转速) kW(r/min)			7.2(8 000)	5.27(7 000)	
最大功率(转速) kW(r/min)	8.0(8 000)	5.2(7 500)	8.0(8 500)		
最大转矩(转速) Nm(r/min)			8.5((7 500)	7.9(4 000)	
压缩比	9.2:1	10.0:1	9.0:1	9.2:1	
起动方式	电起动/脚踏反冲起动	电起动/脚踏反冲起动	电起动/脚踏反冲起动	电起动/脚踏反冲起动	电起动/脚踏反冲起动
点火方式	CDI	CDI	CDI		
制动方式	前盘后鼓	前盘后鼓		前盘后鼓	前盘后鼓
经济车速 100 km 体积油耗,L		1.9	2.1		
最高车速,km/h	90	80		85	80
油箱容量,L		6.5	16.0		
车型特点	采用流线型导流罩,外观动感时尚,减少了风阻,运动性能出众;坐垫、手把、前脚踏符合黄金分割比例;轿车级烤漆、饱满的超大油箱以及水晶灯罩使整车靓丽俊逸	外观简约流畅,新颖时尚;宽距水晶转向灯晶莹剔透,光彩夺目;原装不锈钢护杠,美观耐用	整体压铸的铝合金尾架使整车风格简约,彰显大气;尾灯采用国际流行的炮筒设计,醒目、实用	采用光阳发动机,动力强,油耗低;坐垫符合人体工学原理,舒适耐用	

类别	江苏众星摩托集团有限公司		江苏新世纪机车科技有限公司		金城集团有限公司
	ZX150-18“飞豹”	XSJ125-8A“追月”	SJ110-E“天灵”	XSJ125-6B“神州号Ⅱ”	ZX125-7“众星王六代”
车型照片					
长、宽、高,mm	2 015、735、1 125	1 880、665、1 135	1 095、650、1 050	2 025、730、1 090	1 955、710、1 050
整车干质量,kg		111	96	120	
轴距,mm	1 300	1 255	1 200	1 310	1 285
最小离地间隙,mm	160	115			160
发动机型式	单缸、风冷、四冲程	单缸、风冷、四冲程	单缸、风冷、四冲程	单缸、风冷、四冲程	单缸、风冷、四冲程
排量,mL	147.9		109.7		124.5
缸径、行程,mm				56.5、49.5	
标定功率(转速)kW(r/min)				6.6(8 500)	
最大功率(转速)kW(r/min)			5.74(7 500)		
最大转矩(转速)Nm(r/min)			8.2(6 000)	8.0(7 500)	
压缩比			9.6:1		
起动方式	电起动/脚踏反冲起动	电起动/脚踏反冲起动	电起动/脚踏反冲起动	电起动/脚踏反冲起动	电起动/脚踏反冲起动
点火方式		CDI	CDI		
制动方式	前盘后鼓	前盘后鼓		前盘后鼓	前盘后鼓
经济车速 100 km 体积油耗,L			1.6		
最高车速,km/h	85	85		90	
油箱容量,L			4.5		
车型特点	整车外观设计新颖,外形刚劲雄厚;人性化设计,操作简便,骑乘舒适	整车造型流畅大气;采用表面光固化烤漆工艺,色泽靓丽;加装保险杠、后尾箱,国内首创 ABS 防抱死系统,挡风板等装置,骑乘舒适;电子钥匙与遥控防盗报警装置合二为一的新概念电子锁,安全高效	采用高强度材料的车架,刚性好,质量小,承载能力强;豪华水晶多反射镜技术前大灯,采用直流供电系统,亮度不受发动机转速变化的影响,超过国际标准	整车设计刚劲明朗,线条清晰;鞍座采用一体成型工艺,与整车风格协调一致,舒适耐用;全新设计的水晶多层反射式前大灯,超高亮度,确保了夜间骑乘安全	整车线条简洁,造型朴实;前大灯全新设计,照明射程远,亮度高,可保证夜间骑乘安全

类别	洛阳北方易初摩托车有限公司				福建三力机车有限公司
	DY125-52“君胜”	DY125T-4A“天势”	DY125T-18“纵行”	DY48QT-2	SL125-4“霸主”
车型照片					
长、宽、高，mm	1 900、720、1 080	1 860、670、1 075	1 790、680、1 070	1 690、660、1 070	2 050、780、1 090
整车干质量，kg	94	110	115	94	
轴距，mm	1 230	1 235	1 195	1 190	1 280
最小离地间隙，mm	130		113		
发动机型式	单缸、风冷、四冲程	单缸、风冷、四冲程	单缸、风冷、四冲程	单缸、风冷、四冲程	单缸、风冷、四冲程
排量，mL		124.6	124.6		124.5
缸径、行程，mm					
标定功率(转速) kW(r/min)					8.4
最大功率(转速) kW(r/min)		6.0(7 500)	6.0(7 500)		11.5(5 000)
最大转矩(转速) Nm(r/min)		7.1(6 000)	7.1(6 000)		
压缩比		9.2:1	9.2:1		
起动方式	电起动/脚踏反冲起动	电起动/脚踏反冲起动	电起动/脚踏反冲起动	电起动/脚踏反冲起动	电起动/脚踏反冲起动
点火方式	CDI	CDI		CDI	
制动方式	前盘后鼓	前盘后鼓	前盘后鼓		
经济车速 100 km 体积油耗，L		2.7	2.7	1.6	
最高车速，km/h		75	75	50	
油箱容量，L	3.5	6.5		5.3	
车型特点	“至尊三行”系列之一；造型新颖，风格典雅，俊朗逸美，运动感强；做工考究，细节精致，是弯梁车中的翘楚	外形时尚前卫，个性张扬；前大灯高贵典雅，性能稳定，经久耐用；整车具有良好的通过性	整车线条流畅，雍容大气；新款发动机动力强，振动小，噪声低；新工艺座垫舒畅透气	整车线条优美圆润，色泽饱满，高贵典雅；车轮幅板设计趋于扁平化，质量小，美观大方	

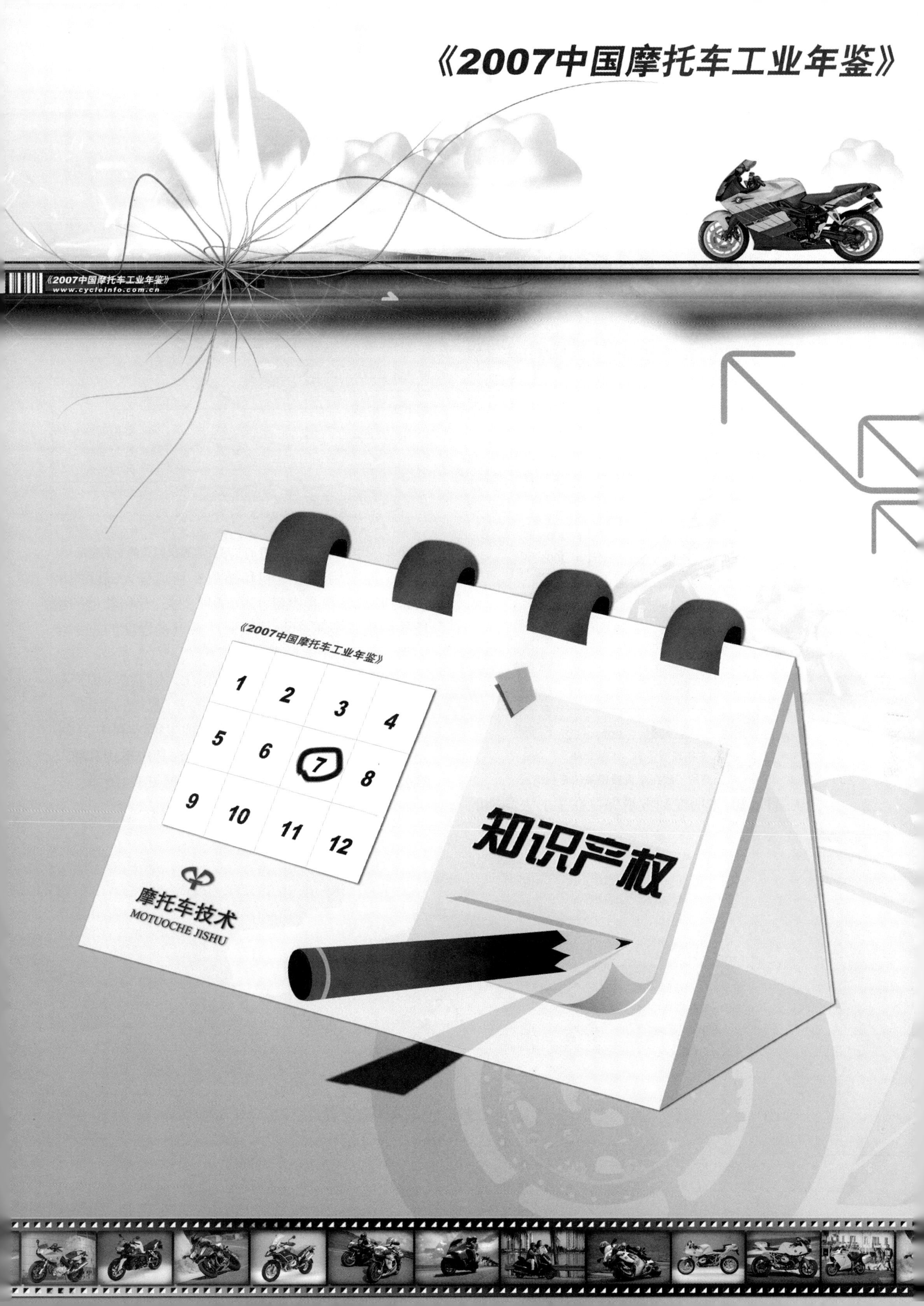

《2007中国摩托车工业年鉴》
《2007中国摩托车工业年鉴》
www.cycleinfo.com.cn
《2007中国摩托车工业年鉴》
1 2 3 4
5 6 7 8
9 10 11 12
摩托车技术
MOTUOCHE JISHU
知识产权

知识产权

一、2006 年国家知识产权局公开的与摩托车直接相关的专利

2006年，国家知识产权局公开的与摩托车直接相关的专利共计1 090项，与上年相比增长12.84%，其中发明专利182项，与上年同期持平；实用新型专利852项，同比增长15.14%；外观专利56项，同比增长27.27%，具体情况详见表1、表2、表3所示。2006年公布的与摩托车直接相关的专利情况及全年按月份分布情况分别见图1、图2所示。

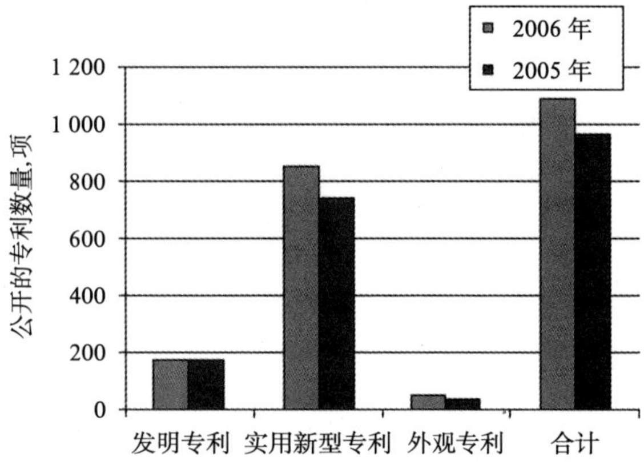

图 1　2006 年公开的与摩托车直接相关的专利情况

从图1可知，发明专利数量保持在了上去同期的水平，而实用新型专利和外观专利则有大幅度的增长，专利总量更是突破了1 000项大关，专利数量的增长显示出了我国企业对知识产权重视程度的进一步加强。

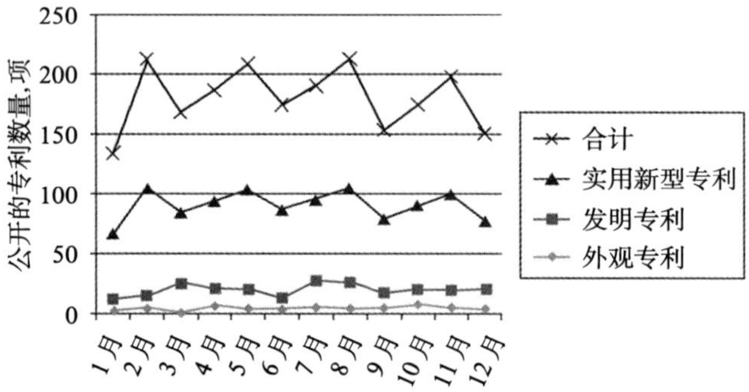

图 2　2006 年按月份公开的与摩托车直接相关的专利情况

但是，与摩托车强国日本相比，我们在知识产权的投入与保护意识上尚有较大的差距，特别是在上述已公布的“含金量”最高的182项发明专利中，日本公司就占据了64项，占总量的35.2%，其中本田和雅马哈公司分别为46项和15项，详细情况见表1所示。

表 1　2006 年公开的与摩托车直接相关的发明专利

序号	专利名称	申请人	申请号	公开号	申请日	公开日	主分类号
1	两轮摩托车用充气轮胎	住友橡胶工业株式会社	CN200510081188.8	CN1715083	2005.06.22	2006.01.04	B60C9/24(2006.01)I
2	摩托车的空气滤清器	光阳工业股份有限公司	CN200410062028.4	CN1715090	2004.06.28	2006.01.04	B60K13/02(2006.01)I
3	摩托车油箱盖锁装置	光阳工业股份有限公司	CN200510080504.X	CN1715127	2004.07.01	2006.01.04	B62J35/00(2006.01)I
4	摩托车	雅马哈发动机株式会社	CN200510080504.X	CN1715129	2005.06.30	2006.01.04	B62K11/00(2006.01)I
5	摩托车	雅马哈发动机株式会社	CN200510080197.5	CN1715130	2005.06.30	2006.01.04	B62K11/04(2006.01)I
6	摩托车	雅马哈发动机株式会社		CN1718495	2005.07.07	2006.01.11	B62K11/04(2006.01)I
7	具夹持安全结构的升降装置	廖金德	CN200410063019.7	CN1718974	2004.07.05	2006.01.11	E04H6/18(2006.01)I
8	摩托车	雅马哈发动机株式会社	CN200510082482.0	CN1721263	2005.07.05	2006.01.18	B62K11/00(2006.01)I
9	摩托车	铃木汽车株式会社	CN200510084673.0	CN1721264	2005.07.14	2006.01.18	B62K11/04(2006.01)I
10	两轮摩托车的前部灯装置	本田技研工业株式会社	CN200510066094.3	CN1727246	2005.04.20	2006.02.01	B62J6/00(2006.01)I
11	一种摩托车倒置式前减震装置	重庆渝安创新科技(集团)有限公司	CN200510057187.X	CN1727249	2005.07.25	2006.02.01	B62K25/08(2006.01)I
12	多行凸轮致动的离心式离合器	德鲁塞尔-威尔夫利设计有限责任公司	CN200380106900.4	CN1729364	2003.12.12	2006.02.01	F16D43/12(2006.01)I
13	摩托车的风孔装置	光阳工业股份有限公司	CN200410056282.3	CN1730344	2004.08.06	2006.02.08	B62J17/00(2006.01)I
14	摩托车的置物箱装置	光阳工业股份有限公司	CN200410056536.1	CN1733544	2004.08.10	2006.02.15	B62J9/00(2006.01)I
15	摩托车可控滑行节能缓冲体	刘　杰	CN200410059127.7	CN1733549	2004.08.10	2006.02.15	B62M23/00(2006.01)I
16	V 型带式无级变速器	雅马哈发动机株式会社	CN200510087164.3	CN1734126	2005.07.27	2006.02.15	F16H9/12(2006.01)I
17	喷射引擎摩托车的油箱	光阳工业股份有限公司	CN200410057786.7	CN1736788	2004.08.19	2006.02.22	B62J35/00(2006.01)I
18	车辆	雅马哈发动机株式会社	CN200510080620.1	CN1736791	2005.07.04	2006.02.22	B62K11/00(2006.01)I
19	摩托车的车身框架	雅马哈发动机株式会社	CN200480002318.8	CN1738741	2004.01.15	2006.02.22	B62K11/04(2006.01)I
20	两轮摩托车用可调节活动辅助车轮	刘栋玲	CN200510003168.9	CN1740024	2005.08.17	2006.03.01	B62H1/12(2006.01)I
21	一种摩托车的配置构造	光阳工业股份有限公司	CN200410057901.0	CN1740037	2004.08.26	2006.03.01	B62K11/00(2006.01)I
22	摩托车的防甩头装置	光阳工业股份有限公司	CN10057897.8	CN1740042	2004.08.26	2006.03.01	B62K21/08(2006.01)I
23	车辆	雅马哈发动机株式会社	CN0510093304.8	CN1740550	2005.08.23	2006.03.01	F02M69/00(2006.01)I
24	车辆	雅马哈发动机株式会社	CN200510093305.2	CN1740551	2005.08.23	2006.03.01	F02M69/00(2006.01)I
25	驱动装置	迈克尔・罗伊登・普齐	CN03825931.1	CN1741934	2003.09.23	2006.03.01	B62K3/00(2006.01)I
26	两轮摩托车的车体罩盖构造	本田技研工业株式会社	CN200510076722.6	CN1743217	2005.06.10	2006.03.08	B62J23/00(2006.01)I
27	车辆	雅马哈发动机株式会社	CN200510099485.5	CN1743219	2005.09.05	2006.03.08	B62K11/00(2006.01)I
28	可调式摩托车座垫	光阳工业股份有限公司	CN200410078482.9	CN1746067	2004.09.09	2006.03.15	B62J1/12(2006.01)I
29	摩托车的置物箱	光阳工业股份有限公司	CN200410077170.6	CN1746068	2004.09.10	2006.03.15	B62J9/00(2006.01)I
30	两轮摩托车用全封闭自动车篷及可调辅助轮	刘栋玲	CN200510003167.4	CN1746069	2005.08.17	2006.03.15	B62J17/08(2006.01)I
31	一种摩托车座垫锁	重庆力帆实业(集团)有限公司	CN200510057170.4	CN1746456	2005.07.15	2006.03.15	E05C1/00(2006.01)I
32	第一制动元件与轴结合且构成轴的一部分的用于有级式摩托车变速箱的轴制动器	沃尔沃拉斯特瓦格纳公司	CN200480003513.2	CN1747863	2004.01.26	2006.03.15	B60T1/06(2006.01)I
33	两轮摩托车	雅马哈发动机株式会社	CN200480004037.6	CN1747869	2004.02.17	2006.03.15	B62M7/02(2006.01)I
34	摩托车前面板与遮膝罩的结合装置	光阳工业股份有限公司	CN200410078623.7	CN1749089	2004.09.14	2006.03.22	B62J17/00(2006.01)I
35	车辆	雅马哈发动机株式会社	CN200510099965.1	CN1749094	2005.09.12	2006.03.22	B62K11/00(2006.01)I
36	摩托车	雅马哈发动机株式会社	CN200510103157.8	CN1749096	2005.09.16	2006.03.22	B62K11/00(2006.01)I
37	摩托车	雅马哈发动机株式会社	CN200510103406.3	CN1749097	2005.09.15	2006.03.22	B62K11/00(2006.01)I
38	摩托车空气滤清器前导气装置	本田技研工业株式会社	CN200480004254.5	CN1749551	2004.02.12	2006.03.22	F02M35/16(2006.01)I
39	摩托车的头灯组合构造	雅马哈发动机株式会社	CN200410077981.6	CN1751949	2004.09.22	2006.03.29	B62J6/02(2006.01)I
40	摩托车防护装置	王俊浩	CN200510104272.7	CN1751951	2005.10.09	2006.03.29	B62J17/06(2006.01)I
41	鞍乘型车辆	雅马哈发动机株式会社	CN200510107528.X	CN1751956	2005.09.26	2006.03.29	B62K11/00(2006.01)I
42	摩托车感应式启动装置改良	光阳工业股份有限公司	CN200410075277.7	CN1752435	2004.09.24	2006.03.29	F02N17/00(2006.01)I
43	二轮摩托车的车提手	本田技研工业株式会社	CN200480005302.2	CN1753810	2004.03.26	2006.03.29	B62J1/28(2006.01)I
44	摩托车的排气管遮蔽装置	雅马哈发动机株式会社	CN200410083480.9	CN1754748	2004.09.30	2006.04.05	B62J23/00(2006.01)I
45	二轮摩托车的车把罩装置	本田技研工业株式会社	CN200510085535.4	CN1754749	2005.07.25	2006.04.05	B62J23/00(2006.01)I
46	二轮摩托车	本田技研工业株式会社	CN200510085149.5	CN1754754	2005.07.21	2006.04.05	B62K11/00(2006.01)I
47	摩托车	雅马哈发动机株式会社	CN200510105862.1	CN1754758	2005.09.29	2006.04.05	B62K11/00(2006.01)I

注：2006 年公开的与摩托车直接相关的专利中，个别专利名称中有错别字，为便于读者在国家有关网站上检索，本书未作处理。

续表 1

序号	专利名称	申请人	申请号	公开号	申请日	公开日	主分类号
48	摩托车	本田技研工业株式会社	CN200510092366.7	CN1754769	2005.08.29	2006.04.05	B62M7/02(2006.01)I
49	摩托车	本田技研工业株式会社	CN200510105640.X	CN1754770	2005.09.28	2006.04.05	B62M7/02(2006.01)I
50	跨乘式车辆的蓄电池电解液排放结构	雅马哈发动机株式会社	CN200480005580.8	CN1756689	2004.03.02	2006.04.05	B62J9/00(2006.01)I
51	跨乘式车辆	雅马哈发动机株式会社	CN200480006011.5	CN1756690	2004.03.05	2006.04.05	B62J23/00(2006.01)I
52	摩托车	雅马哈发动机株式会社	CN200480005647.8	CN1756691	2004.03.05	2006.04.05	B62J39/00(2006.01)I
53	摩托车	雅马哈发动机株式会社	CN200480006074.0	CN1756693	2004.03.05	2006.04.05	B62J39/00(2006.01)I
54	跨乘式车辆	雅马哈发动机株式会社	CN200480006086.3	CN1756695	2004.03.05	2006.04.05	B62L3/02(2006.01)I
55	整体活塞杆的生产方法	褚兰荣	CN200410064991.6	CN1760573	2004.10.15	2006.04.19	F16J7/00(2006.01)I
56	摩托车用车架以及具有该车架的摩托车	雅马哈发动机株式会社	CN200510109422.3	CN1762756	2005.10.18	2006.04.26	B62K11/02(2006.01)I
57	安全背心	鲁伊兹·阿尔伯托·昆哈	CN03826291.6	CN1764395	2003.03.20	2006.04.26	A41D13/00(2006.01)I
58	摩托车的前置物箱	光阳工业股份有限公司	CN200410089982.2	CN1765681	2004.10.28	2006.05.03	B62J9/00(2006.01)I
59	摩托车的后脚踏板	雅马哈发动机株式会社	CN200410090528.9	CN1765683	2004.10.29	2006.05.03	B62J25/00(2006.01)I
60	二轮摩托车的后视装置	雅马哈发动机株式会社	CN200510124950.6	CN1765684	2005.10.08	2006.05.03	B62J39/00(2006.01)I
61	摩托车	雅马哈发动机株式会社	CN200510114794.5	CN1765687	2005.10.27	2006.05.03	B62K11/00(2006.01)I
62	摩托车用晶闸管桥式整流调节器	潘日清	CN200410090248.8	CN1767366	2004.10.28	2006.05.03	H02P9/48(2006.01)I
63	二轮摩托车的照明灯的照射区域控制方法和二轮摩托车用照明灯	雅马哈发动机株式会社	CN200510128337.1	CN1769127	2005.10.08	2006.05.10	B62J6/00(2006.01)I
64	摩托车控制装置	光阳工业股份有限公司	CN200410088399.X	CN1769129	2004.11.04	2006.05.10	B62K23/00(2006.01)I
65	燃料喷射装置中的进气控制装置	株式会社京浜	CN200510116676.8	CN1769661	2005.10.26	2006.05.10	F02M1/08(2006.01)I
66	摩托车 LED 灯具的防水装置	光阳工业股份有限公司	CN200410084898.1	CN1769766	2004.11.01	2006.05.10	F21S8/10(2006.01)I
67	车辆	雅马哈发动机株式会社	CN200510099969.X	CN1772555	2005.09.12	2006.05.17	B62K11/00(2006.01)I
68	摩托车中的摇臂结构	本田技研工业株式会社	CN200510115224.8	CN1772558	2005.11.11	2006.05.17	B62K25/20(2006.01)I
69	摩托车座垫	光阳工业股份有限公司	CN200410096210.1	CN1778619	2004.11.25	2006.05.31	B62J1/12(2006.01)I
70	摩托车的防尘隔热装置	光阳工业股份有限公司	CN200410095248.7	CN1778621	2004.11.22	2006.05.31	B62J23/00(2006.01)I
71	摩托车	光阳工业股份有限公司	CN200410096211.6	CN1778624	2004.11.25	2006.05.31	B62K11/00(2006.01)I
72	摩托车	雅马哈发动机株式会社	CN200510125610.5	CN1778626	2005.11.24	2006.05.31	B62K11/00(2006.01)I
73	一种螺栓式摩托车可拆卸排气管	邢修民	CN200410065600.2	CN1779215	2004.11.25	2006.05.31	F01N7/18(2006.01)I
74	小型发动机节气门模块	联合汽车电子有限公司	CN200510030071.7	CN1786446	2005.09.28	2006.06.14	F02D41/02(2006.01)I
75	自行车和摩托车车轮的轮辐	阿尔皮纳·拉吉公开有限公司	CN200480013118.2	CN1787923	2004.05.10	2006.06.14	B60B1/04(2006.01)I
76	摩托车移动伞	代振民	CN200410104220.5	CN1789066	2004.12.17	2006.06.21	B62J17/00(2006.01)I
77	摩托车动力单元和摩托车	雅马哈发动机株式会社	CN200510134322.6	CN1789067	2005.12.14	2006.06.21	B62J23/00(2006.01)I
78	可进行编程和读数的数字点火器及其在线编程系统	重庆三信电子有限公司	CN200410081534.8	CN1789697	2004.12.17	2006.06.21	F02P5/15(2006.01)I
79	一种用于摩托车排放控制的匹配试验方法	中国嘉陵工业股份有限公司(集团)	CN200510057462.8	CN1789949	2005.12.23	2006.06.21	G01M15/00(2006.01)I
80	摩托车	雅马哈发动机株式会社	CN200480013611.4	CN1791530	2004.06.28	2006.06.21	B62H5/16(2006.01)I
81	摩托车的制动装置	本田技研工业株式会社	CN200510023042.8	CN1792689	2005.12.20	2006.06.28	B60T8/74(2006.01)I
82	一种摩托车发动机的起动机构	重庆隆鑫工业(集团)有限公司	CN200610054001.X	CN1793641	2006.01.04	2006.06.28	F02N15/02(2006.01)I
83	一种三轮车液压刹车装置	颜玉俊	CN200610038366.3	CN1807162	2006.02.20	2006.07.26	B60T11/10(2006.01)I
84	摩托车排气消音管热能利用装置	陈友华	CN200610023703.1	CN1807174	2006.01.27	2006.07.26	B62J33/00(2006.01)I
85	摩托车的油箱盖组合和具备此组合的摩托车	雅马哈发动机株式会社	CN200510006204.7	CN1807175	2005.01.21	2006.07.26	B62J35/00(2006.01)I
86	四冲程四次点火摩托车磁电机	张成瑞	CN200610012333.1	CN1807875	2006.01.17	2006.07.26	F02P1/08(2006.01)I
87	电动摩托车的线束结构	本田技研工业株式会社	CN200510136278.2	CN1796184	2005.12.26	2006.07.05	B60R16/02(2006.01)I
88	摩托车高精度自适应传动传感装置	西南师范大学	CN200410081597.3	CN1796221	2004.12.24	2006.07.05	B62J39/00(2006.01)I
89	摩托车自适应传动传感装置	西南师范大学	CN200410081598.8	CN1796222	2004.12.24	2006.07.05	B62J39/00(2006.01)I
90	摩托车的模块化水箱	光阳工业股份有限公司	CN200410081767.8	CN1796223	2004.12.30	2006.07.05	B62J39/00(2006.01)I
91	单燃料 LPG 摩托车电控发动机	天津内燃机研究所;重庆隆鑫工业(集团)有限公司	CN200410093972.6	CN1796752	2004.12.20	2006.07.05	F02D43/00(2006.01)I

续表 1

序号	专利名称	申请人	申请号	公开号	申请日	公开日	主分类号
92	两轮摩托车的储备箱配置结构	本田技研工业株式会社	CN200510127265.9	CN1796764	2005.12.06	2006.07.05	F02M35/024(2006.01)I
93	跨骑式车辆的变速控制装置、控制方法及跨骑式车辆	雅马哈发动机株式会社	CN200510130140.1	CN1796814	2005.12.12	2006.07.05	F16D48/00(2006.01)I
94	摩托车	雅马哈发动机株式会社	CN200480015123.7	CN1798679	2004.06.30	2006.07.05	B62J1/28(2006.01)I
95	电动摩托车自适应传动传感装置	西南师范大学	CN200410081661.8	CN1799922	2004.12.31	2006.07.12	B62J39/00(2006.01)I
96	一种摩托车车架	重庆隆鑫工业(集团)有限公司	CN200610054006.2	CN1799924	2006.01.06	2006.07.12	B62K11/02(2006.01)I
97	摩托车油压刹车装置	光阳工业股份有限公司	CN200510003717.2	CN1799930	2005.01.06	2006.07.12	B62L3/00(2006.01)I
98	摩托车发动机热膨胀自动循环水冷却机构	王树民	CN200510018078.7	CN1800599	2005.09.30	2006.07.12	F01P3/20(2006.01)I
99	摩托车电喷节气门控制单元总成	四川红光汽车机电有限公司	CN200610020104.4	CN1800616	2006.01.04	2006.07.12	F02D41/04(2006.01)I
100	用于摩托车的前和后充气轮胎对及改善装备有上述轮胎对的摩托车在潮湿和干路面上性能的方法	倍耐力轮胎公司	CN03826705.5	CN1802268	2003.07.04	2006.07.12	B60C11/03(2006.01)I
101	摩托车的后座垫	光阳工业股份有限公司	CN200510004605.9	CN1803519	2005.01.14	2006.07.19	B62J1/14(2006.01)I
102	化油器	光阳工业股份有限公司	CN200510004607.8	CN1804387	2005.01.14	2006.07.19	F02M3/09(2006.01)I
103	一种水平式摩托车后减震器	重庆渝安创新科技(集团)有限公司	CN200610054052.2	CN1804424	2006.01.25	2006.07.19	F16F9/10(2006.01)I
104	摩托车的传动箱的冷却风导入装置	光阳工业股份有限公司	CN200510003778.9	CN1804435	2005.01.11	2006.07.19	F16H57/04(2006.01)I
105	一种摩托车转动效果控制器	重庆力帆实业(集团)有限公司	CN200510057413.4	CN1804573	2005.12.01	2006.07.19	G01M17/007(2006.01)I
106	一种摩托车自补轮胎	鲁　勇	CN200610031237.1	CN1810526	2006.02.20	2006.08.02	B60C5/22(2006.01)I
107	摩托车方向灯的检测控制器	光阳工业股份有限公司	CN200510006831.0	CN1810566	2005.01.28	2006.08.02	B62J6/04(2006.01)I
108	摩托车方向灯的检测控制器	光阳工业股份有限公司	CN200510006832.5	CN1810567	2005.01.28	2006.08.02	B62J6/04(2006.01)I
109	一种摩托车消声器	重庆隆鑫工业(集团)有限公司	CN200610058111.3	CN1811139	2006.03.02	2006.08.02	F01N1/08(2006.01)I
110	带减震弹簧的摩托车离合器	重庆隆鑫工业(集团)有限公司	CN200610058329.9	CN1811212	2006.03.01	2006.08.02	F16D13/58(2006.01)I
111	跨乘式车辆	雅马哈发动机株式会社	CN200610001973.2	CN1814495	2006.01.23	2006.08.09	B62K11/00(2006.01)I
112	摩托车	雅马哈发动机株式会社	CN200610006260.5	CN1814496	2006.01.25	2006.08.09	B62K11/00(2006.01)I
113	一种摩托车减震器	天津市锋麒减震器有限公司	CN200510013178.0	CN1814497	2005.02.02	2006.08.09	B62K25/04(2006.01)I
114	摩托车引擎的悬吊装置	光阳工业股份有限公司	CN200510006483.7	CN1814500	2005.02.03	2006.08.09	B62M7/06(2006.01)I
115	一种碰撞能减速的摩托车头盔预应力与安全装置及制法	彭建涛	CN200610020195.1	CN1817258	2006.01.20	2006.08.16	A42B1/06(2006.01)I
116	一种稀土基摩托车尾气净化催化剂的制备方法	天津化工研究设计院	CN200510122595.9	CN1817449	2005.12.23	2006.08.16	B01J23/63(2006.01)I
117	一次性冷挤压成形加工摩托车方向轴锥形立管工艺	钱宗富	CN200610054141.7	CN1817554	2006.03.16	2006.08.16	B23P13/00(2006.01)I
118	用于摩托车的行李箱	本田技研工业株式会社	CN200610003251.0	CN1817723	2006.02.06	2006.08.16	B62J9/00(2006.01)I
119	一种全封闭自动自平衡两轮摩托车	李　东	CN200610046043.9	CN1817725	2006.03.15	2006.08.16	B62K11/00(2006.01)I
120	摩托车倒档机构	重庆隆鑫工业(集团)有限公司	CN200610003161.1	CN1817731	2006.02.20	2006.08.16	B62M9/02(2006.01)I
121	摩托车油门的控制装置及其智能控制方法	韩群山	CN200610017414.0	CN1818363	2006.02.15	2006.08.16	F02D11/10(2006.01)I
122	单缸摩托车发动机组合式曲柄连杆机构动平衡检测方法	力帆实业(集团)有限公司	CN200610054132.8	CN1818593	2006.03.13	2006.08.16	G01M1/16(2006.01)I
123	摩托车	雅马哈发动机株式会社	CN200510098241.5	CN1821001	2005.09.01	2006.08.23	B62J6/00(2006.01)I
124	摩托车脚踏装置	重庆隆鑫工业(集团)有限公司	CN200610065920.7	CN1821004	2006.03.27	2006.08.23	B62J25/00(2006.01)I

续表 1

序号	专利名称	申请人	申请号	公开号	申请日	公开日	主分类号
125	一种高速直流电动机配套摩托车变速箱的方法	蔡杰美	CN200610059306.X	CN1821010	2006.03.02	2006.08.23	B62M11/02(2006.01)I
126	旋转式阻尼器	KAYABA 工业株式会社;本田技研工业株式会社	CN200610004466.4	CN1821609	2006.02.05	2006.08.23	F16F9/14(2006.01)I
127	节油无级变速器	李光华	CN200610070901.3	CN1824971	2006.03.21	2006.08.30	F16H9/12(2006.01)I
128	用于摩托车的前防护板和摩托车	雅马哈发动机株式会社	CN200480021523.9	CN1829627	2004.08.04	2006.09.06	B62J15/00(2006.01)I
129	摩托车安全式油门转把	湛伟洪	CN200510033382.9	CN1830720	2005.03.07	2006.09.13	B62K11/14(2006.01)I
130	摩托车的排气装置	雅马哈发动机株式会社	CN200610058526.0	CN1831305	2006.03.10	2006.09.13	F01N1/08(2006.01)I
131	摩擦片式离合器	刘珍利	CN200610020738.X	CN1831356	2006.04.19	2006.09.13	F16D13/58(2006.01)I
132	行星齿轮无级变速装置	姚保民	CN200510121084.5	CN1831373	2005.12.21	2006.09.13	F16H3/44(2006.01)I
133	具有滚轮/摇臂的气门传动机构,四冲程发动机和其上装有四冲程发动机的摩托车	雅马哈发动机株式会社	CN200480022792.7	CN1833096	2004.07.23	2006.09.13	F01L1/18(2006.01)I
134	用于混合动力车的驱动单元、混合动力车和摩托车	雅马哈发动机株式会社	CN200610056970.9	CN1833899	2006.03.07	2006.09.20	B60K6/02(2006.01)I
135	一种摩托车减震器的防护装置	施跃进	CN200610039245.0	CN1833944	2006.04.03	2006.09.20	B62J23/00(2006.01)I
136	摩托车后置式强制分离单级自动离合器	重庆通盛机械工业有限公司	CN200610054225.0	CN1834493	2006.04.18	2006.09.20	F16D43/18(2006.01)I
137	摩托车传动箱的冷却风导入装置	光阳工业股份有限公司	CN200510055822.0	CN1834497	2005.03.16	2006.09.20	F16H57/04(2006.01)I
138	电暖手套在摩托车上的安装和控制电路	徐丽岗;李荣新	CN200610035057.0	CN1836959	2006.04.13	2006.09.27	B62J33/00(2006.01)I
139	鞍乘式车辆	雅马哈发动机株式会社	CN200480023863.5	CN1839067	2004.08.03	2006.09.27	B62K11/04(2006.01)I
140	摩托车脚踏板踏皮	南京金城机械有限公司	CN200610040317.3	CN1843830	2006.05.15	2006.10.11	B62J25/00(2006.01)I
141	一种铝合金减震筒生产工艺	陈月丹	CN200610050636.2	CN1844424	2006.05.09	2006.10.11	C22C1/02(2006.01)I
142	一种在室内模拟机动车道路行驶阻力的方法	上海翰博数码科技实业有限公司	CN200510024994.1	CN1844878	2005.04.08	2006.10.11	G01M17/007(2006.01)I
143	小排量排放道路模拟机	上海翰博数码科技实业有限公司	CN200510024995.6	CN1844879	2005.04.08	2006.10.11	G01M17/007(2006.01)I
144	摩托车发动机外部控制档位显示装置	重庆隆鑫工业(集团)有限公司	CN200610083027.7	CN1850539	2006.05.29	2006.10.25	B62J39/00(2006.01)I
145	摩托车主脚架控制装置	光阳工业股份有限公司	CN200510065244.9	CN1847074	2005.04.15	2006.10.18	B62H1/00(2006.01)I
146	摩托车的自动驻车装置	光阳工业股份有限公司	CN200510065250.4	CN1847075	2005.04.15	2006.10.18	B62H1/00(2006.01)I
147	摩托车座垫锁控制导线调整装置	光阳工业股份有限公司	CN200510064133.6	CN1847076	2005.04.11	2006.10.18	B62H5/00(2006.01)I
148	摩托车的燃料箱	西麦斯特-希创摩托车公司	CN200610066635.7	CN1847078	2006.04.13	2006.10.18	B62J35/00(2006.01)I
149	带有燃料电池的摩托车以及燃料电池的堆叠结构	本田技研工业株式会社	CN200610074053.3	CN1847080	2006.04.04	2006.10.18	B62K11/00(2006.01)I
150	摩托车自动模拟无人驾驶系统	中国兵器装备集团摩托车检测技术研究所	CN200610041658.2	CN1847818	2006.01.12	2006.10.18	G01M17/007(2006.01)I
151	具有润滑油冷却装置的车载内燃机	本田技研工业株式会社	CN200480025926.0	CN1849440	2004.09.24	2006.10.18	F01M5/00(2006.01)I
152	摩托车保护装置	王锦辉	CN200610051674.X	CN1857958	2006.05.29	2006.11.08	B62J27/00(2006.01)I
153	摩托车起动装置的控制器	光阳工业股份有限公司	CN200510069680.3	CN1858432	2005.05.08	2006.11.08	F02N11/08(2006.01)I
154	用于摩托车的可移动尾架	布义尔摩托车公司	CN200610074611.6	CN1854009	2006.04.20	2006.11.01	B62J1/28(2006.01)I
155	气囊装置、带气囊装置的摩托车	高田株式会社	CN200610079483.4	CN1861463	2006.05.09	2006.11.15	B62J27/00(2006.01)I
156	气囊装置、带气囊装置的摩托车	高田株式会社	CN200610079484.9	CN1861464	2006.05.09	2006.11.15	B62J27/00(2006.01)I
157	跨乘式车辆	雅马哈发动机株式会社	CN200610057021.2	CN1861469	2006.03.13	2006.11.15	B62K11/00(2006.01)I
158	跨乘式车辆	雅马哈发动机株式会社	CN200610066389.5	CN1861470	2006.04.05	2006.11.15	B62K11/00(2006.01)I
159	一种摩托车自动加浓阀用蜡介质及其制备方法	中国石油化工股份有限公司;中国石油化工股份有限公司抚顺石油化工研究院	CN200510046426.1	CN1861761	2005.05.12	2006.11.15	C10G73/00(2006.01)I
160	摩托车用发动机装置	雅马哈发动机株式会社	CN200610080160.7	CN1862005	2006.05.09	2006.11.15	F02N11/00(2006.01)I

续表1

序号	专利名称	申请人	申请号	公开号	申请日	公开日	主分类号
161	带灯防雨式后视镜的摩托车	李晓亮	CN200510031549.8	CN1865073	2005.05.16	2006.11.22	B62J29/00(2006.01)I
162	一种适用于电子控制的分控式化油器	西南师范大学	CN200510057063.1	CN1865685	2005.05.16	2006.11.22	F02M7/12(2006.01)I
163	摩托车光电—霍尔式自适应传动传感装置	西南师范大学	CN200510057083.9	CN1868798	2005.05.23	2006.11.29	B62J39/00(2006.01)I
164	摩托车传动终端扭矩传递传感机构	西南师范大学	CN200510057084.3	CN1868799	2005.05.23	2006.11.29	B62J39/00(2006.01)I
165	摩托车前轮系减震结构及其安装方法	重庆宗申技术开发研究有限公司	CN200510071074.5	CN1868802	2005.05.24	2006.11.29	B62K25/08(2006.01)I
166	一种摩托车排放控制方法	中国嘉陵工业股份有限公司(集团)	CN200610054378.5	CN1873209	2006.06.21	2006.12.06	F02M7/00(2006.01)I
167	一种包容式摩托车钢蹄块焊件的焊接方法	王伯禹	CN200610054419.0	CN1876309	2006.07.06	2006.12.13	B23K33/00(2006.01)I
168	踏板摩托车	重庆宗申技术开发研究有限公司	CN200610054380.2	CN1876474	2006.06.22	2006.12.13	B62K11/00(2006.01)I
169	摩托车点火电路	力帆实业(集团)有限公司	CN200610054381.7	CN1877113	2006.06.23	2006.12.13	F02P5/145(2006.01)I
170	摩托车点火装置	力帆实业(集团)有限公司	CN200610054382.1	CN1877114	2006.06.23	2006.12.13	F02P5/145(2006.01)I
171	摩托车轮胎自动减压防爆安全气嘴	梁 伟	CN200610021260.2	CN1877176	2006.06.27	2006.12.13	F16K15/20(2006.01)I
172	摩托车轮胎自动减压防爆安全气嘴	梁 伟	CN200610021264.0	CN1877179	2006.06.27	2006.12.13	F16K15/20(2006.01)I
173	燃料电池车中的进气结构以及安装有燃料电池的摩托车	本田技研工业株式会社	CN200610091602.8	CN1877893	2006.06.06	2006.12.13	H01M8/04(2006.01)I
174	一种摩托车油门手把防盗锁	邢修民	CN200510040575.7	CN1880147	2005.06.17	2006.12.20	B62H5/00(2006.01)I
175	一种摩托车后转向灯	江门市大长江集团有限公司	CN200610082381.8	CN1880149	2006.05.19	2006.12.20	B62J6/04(2006.01)I
176	一种踏板式摩托车挂钩机构	江门市大长江集团有限公司	CN200610082379.0	CN1880150	2006.05.19	2006.12.20	B62J11/00(2006.01)I
177	一种摩托车护杠固定机构	江门市大长江集团有限公司	CN200610082144.1	CN1880151	2006.05.19	2006.12.20	B62J27/00(2006.01)I
178	一种摩托车后视镜	江门市大长江集团有限公司	CN200610082383.7	CN1880152	2006.05.19	2006.12.20	B62J29/00(2006.01)I
179	一种弯梁式摩托车的车架及其配件之间的固定安装结构	江门市大长江集团有限公司	CN200610082380.3	CN1880155	2006.05.19	2006.12.20	B62K11/02(2006.01)I
180	跨骑式两轮摩托车	重庆宗申技术开发研究有限公司	CN200610054424.1	CN1883998	2006.07.07	2006.12.27	B62K11/00(2006.01)I
181	摩托车发动机的提升式配气机构	重庆建设摩托车股份有限公司	CN200510057133.3	CN1884797	2005.06.22	2006.12.27	F01L1/047(2006.01)I
182	摩托车发动机的汽缸	重庆建设摩托车股份有限公司	CN200510057134.8	CN1884812	2005.06.22	2006.12.27	F02F1/00(2006.01)I

表 2　2006 年公开的与摩托车直接相关的实用新型专利

序号	专利名称	申请人	申请号	公开号	申请日	公开日	主分类号
1	防追尾制动灯超前示警装置	重庆宗申技术开发研究有限公司	CN200420105432.0	CN2749731	2004.12.03	2006.01.04	B60Q1/44(2006.01)I
2	移动式后靠背	重庆力帆实业(集团)有限公司	CN200420061993.5	CN2749752	2004.11.02	2006.01.04	B62J1/28(2006.01)I
3	骑式摩托车后轮护座挡板	欧阳政东	CN200420069365.1	CN2749756	2004.12.02	2006.01.04	B62J23/00(2006.01)I
4	摩托车后脚踏板可同时开启装置	光阳工业股份有限公司	CN200420077135.X	CN2749757	2004.08.10	2006.01.04	B62J25/00(2006.01)I
5	一种摩托车脚蹬	重庆宗申技术开发研究有限公司	CN200420105045.7	CN2749758	2004.11.08	2006.01.04	B62J25/00(2006.01)I
6	摩托车减振搁脚总成	陈　莉	CN200420105364.8	CN2749759	2004.11.24	2004.11.24	B62J25/00(2006.01)I
7	一种摩托车脚蹬	重庆科瑞实业有限责任公司	CN200420105555.4	CN2749760	2004.12.11	2006.01.04	B62J25/00(2006.01)I
8	带挡帘的摩托车保险杠	重庆宗申技术开发研究有限公司	CN200420105040.4	CN2749761	2004.11.08	2006.01.04	B62J27/00(2006.01)I
9	摩托车油、气燃烧转换装置	吴　刚	CN200420105600.6	CN274976	2004.12.16	2006.01.04	B62J37/00(2006.01)I
10	新型摩托车	杨　勇	CN200420057833.3	CN2749769	2004.12.15	2006.01.04	B62K11/00(2006.01)I
11	摩托车发动机减振悬挂件	王庆毅	CN200420105033.4	CN2749777	2004.11.06	2006.01.04	B62M7/00(2006.01)I
12	一种摩托车滑行小链轮	申红波	CN200420116579.X	CN2749778	2004.11.24	2006.01.04	B62M9/00(2006.01)I
13	摩托车发动机凸轮轴芯	重庆力帆实业(集团)有限公司	CN200420061753.5	CN2750046	2004.10.20	2006.01.04	F01M9/10(2006.01)I
14	摩托车油汽分离器	王庆毅	CN200420105032.X	CN2750049	2004.11.06	2006.01.04	F01M11/08(2006.01)I
15	排气消声器半月环组件	重庆宗申技术开发研究有限公司	CN200420105047.6	CN2750052	2004.11.08	2006.01.04	F01N7/00(2006.01)I
16	摩托车水冷发动机缸体	重庆宗申技术开发研究有限公司	CN200420105369.0	CN2750059	2004.11.28	2006.01.04	F02F1/10(2006.01)I
17	一种加强启动的摩托车化油器	乐清市华阳化油器有限公司	CN200420051383.7	CN275006	2004.05.30	2006.01.04	F02M1/16(2006.01)I
18	一种摩托车空气滤清器的滤芯	冯凯善	CN200420095743.3	CN2750063	2004.11.24	2006.01.04	F02M35/024(2006.01)I
19	摩托车发动机起动机构	重庆力帆实业(集团)有限公司	CN200420034199.1	CN2750064	2004.06.24	2006.01.04	F02N3/04(2006.01)I
20	单挡自动波发动机起动及传动装置	重庆力帆实业(集团)有限公司	CN200420105535.7	CN2750065	2004.12.10	2006.01.04	F02N3/04(2006.01)I
21	摩托车单挡自动波发动机启动轴组合装置	重庆力帆实业(集团)有限公司	CN200420105537.6	CN2750066	2004.12.10	2006.01.04	F02N3/04(2006.01)I
22	塑料铆钉	重庆宗申技术开发研究有限公司	CN200420105223.6	CN2750102	2004.11.17	2006.01.04	F16B19/04(2006.01)I
23	一种限位螺栓	重庆力帆实业(集团)有限公司	CN200420061914.0	CN2750104	2004.10.29	2006.01.04	F16B35/04(2006.01)I
24	摩托车制动器软轴连接套	重庆市江北区前程技术开发有限公司	CN200420105415.7	CN2750109	2004.12.01	2006.01.04	F16C1/26(2006.01)I
25	楔块式超越离合器	谭海云	CN200420060994.8	CN2750114	2004.08.25	2006.01.04	F16D41/06(2006.01)I
26	可调双弹簧液力式摩托车后减震器	翁中飞	CN200420092364.9	CN2750116	2004.09.13	2006.01.04	F16F13/00(2006.01)I
27	可远距离调节摩托车前照灯	重庆宗申技术开发研究有限公司	CN200420105039.1	CN2750182	2004.11.08	2006.01.04	F21V14/04(2006.01)I
28	电喷控制单元检测装置	重庆力帆实业(集团)有限公司	CN200420105110.6	CN2750310	2004.11.11	2006.01.04	G01M17/007(2006.01)I
29	摩托车充电装置	重庆力帆实业(集团)有限公司	CN200420105297.X	CN2750489	2004.11.22	2006.01.04	H01M10/44(2006.01)I
30	摩托车用永磁式发电机转子	重庆力帆实业(集团)有限公司	CN200420061071.4	CN2750554	2004.09.01	2006.01.04	H02K1/27(2006.01)I
31	摩托车专用电热手套	张　军	CN200420097006.7	CN2750683	2004.10.10	2006.01.11	A41D19/015(2006.01)I
32	摩托车侧撑闭锁装置	甘永忠	CN200420057129.8	CN2750965	2004.11.18	2006.01.11	B62H1/08(2006.01)I
33	摩托车防盗锁	黎奕文	CN200420103409.8	CN2751123	2004.12.24	2006.01.11	E05B71/00(2006.01)I
34	摩托车发动机曲轴轴承定位装置	重庆隆鑫工业(集团)有限公司	CN200420115855.0	CN2751173	2004.11.30	2006.01.11	F16C9/02(2006.01)I
35	摩托车可控超越节能滑行器	黄世莲	CN200420061593.4	CN2751176	2004.09.30	2006.01.11	F16D41/24(2006.01)I
36	轿式三轮摩托车	张　牧	CN200420073719.X	CN2752136	2004.07.12	2006.01.18	B62D61/06(2006.01)I
37	两轮摩托车稳定支撑轮装置	冯浪平	CN200420069103.5	CN2752137	2004.11.05	2006.01.18	B62H1/12(2006.01)I
38	摩托车转向灯掉载提示蜂鸣闪光器	赵金明	CN200420069244.7	CN2752138	2004.11.24	2006.01.18	B62J3/00(2006.01)I
39	摩托车链条护板装置	南京金城机械有限公司	CN200420109377.2	CN2752140	2004.12.03	2006.01.18	B62J13/00(2006.01)I
40	摩托车保暖装置	李跃宗	CN200420117208.3	CN2752143	2004.12.21	2006.01.18	B62J33/00(2006.01)I
41	一种摩托车发动机的减振装置	钱江集团有限公司	CN200420110788.3	CN2752148	2004.11.29	2006.01.18	B62K11/02(2006.01)I
42	摩托车电热手把	于东春	CN200420013024.2	CN2752157	2004.12.24	2006.01.18	B62K21/26(2006.01)I
43	摩托车电动轮	周国君	CN200420115905.5	CN2752162	2004.11.26	2006.01.18	B62M7/12(2006.01)I
44	摩托车的倒挡差速器	重庆东本机械制造有限责任公司	CN200420105098.9	CN2752164	2004.11.11	2006.01.18	B62M11/00(2006.01)I

续表 2

序号	专利名称	申请人	申请号	公开号	申请日	公开日	主分类号
45	一种摩托车发动机变速器	吕清波	CN200420105443.9	CN2752165	2004.12.04	2006.01.18	B62M11/06(2006.01)I
46	摩托车消声器	姜堰市吉利消声器厂	CN200420080376.X	CN2752449	2004.10.20	2006.01.18	F01N7/18(2006.01)I
47	卧式摩托车发动机缸头机油冷却机构	李保卫	CN200420075323.9	CN2752450	2004.12.06	2006.01.18	F01P3/02(2006.01)I
48	摩托车水冷发动机	陈光爱	CN200420062332.4	CN2752455	2004.06.29	2006.01.18	F01P5/12(2006.01)I
49	带防盗锁装置的摩托车发动机	赵明贵	CN200420105486.7	CN2752460	2004.12.05	2006.01.18	F02D9/02(2006.01)I
50	摩托车汽油发动机曲轴箱窜气处理装置	重庆恒胜汽油机制造有限公司	CN200420058699.9	CN2752465	2004.12.16	2006.01.18	F02M25/06(2006.01 CN200420058699.9)I
51	一种摩擦离合器	张　坤	CN200420122319.3	CN2752535	2004.12.16	2006.01.18	F16D13/42(2006.01)I
52	调速器转动手柄	吕全生	CN200420075424.6	CN2753658	2004.12.16	2006.01.25	B62K23/04(2006.01)I
53	摩托车后叉中轴套新结构	尚琴贵	CN200420105166.1	CN2753659	2004.11.16	2006.01.25	B62K25/04(2006.01)I
54	具有倒挡机构的摩托车发动机的传动机构	王华正	CN200420108628.5	CN2753663	2004.11.10	2006.01.25	B62M11/00(2006.01)I
55	摩托车用高能点火系统	中国嘉陵工业股份有限公司(集团)	CN200420060290.0	CN2753891	2004.07.15	2006.01.25	F02P1/08(2006.01)I
56	摩托车前照灯延时控制电路	重庆宗申技术开发研究有限公司	CN200420105043.8	CN2754979	2004.11.08	2006.02.01	B62J6/02(2006.01)I
57	摩托车中货架	重庆力帆实业(集团)有限公司	CN200420105434.X	CN2754980	2004.12.03	2006.02.01	B62J7/02(2006.01)I
58	摩托车弹性保险杠	重庆力帆实业(集团)有限公司	CN200420105526.8	CN2754983	2004.12.08	2006.02.01	B62J27/00(2006.01)I
59	摩托车弹性及防撞保险杠	重庆力帆实业(集团)有限公司	CN200420105527.2	CN2754984	2004.12.08	2006.02.01	B62J27/00(2006.01)I
60	摩托车链条张紧器	杨　超	CN200420060935.0	CN2754997	2004.08.27	2006.02.01	B62M9/16(2006.01)I
61	摩托车自动换挡操作装置	蒋富强	CN200420105065.4	CN2754998	2004.11.08	2006.02.01	B62M25/08(2006.01)I
62	摩托车发动机用气门间隙自动调整器	周曼桦	CN200420105536.1	CN2755290	2004.12.10	2006.02.01	F01L1/24(2006.01)I
63	旋转式气门装置	重庆宗申技术开发研究有限公司	CN200420105370.3	CN275529	2004.11.28	2006.02.01	F01L7/02(2006.01)I
64	摩托车发动机张紧器	重庆宗申技术开发研究有限公司	CN200420105658.0	CN2755295	2004.12.18	2006.02.01	F02B67/06(2006.01)I
65	摩托车节油器	尚玉志	CN200420099185.8	CN2755299	2004.12.21	2006.02.01	F02M27/04(2006.01)I
66	摩托车双领蹄式制动器	重庆宗申技术开发研究有限公司	CN200420105244.8	CN2755348	2004.11.21	2006.02.01	F16D51/22(2006.01)I
67	一种摩托车后脚蹬支架检测装置	重庆宗申技术开发研究有限公司	CN200420105332.8	CN2755558	2004.11.27	2006.02.01	G01B3/00(2006.01)I
68	摩托车平叉校正检具	重庆宗申技术开发研究有限公司	CN200420061715.X	CN2755560	2004.10.16	2006.02.01	G01B5/00(2006.01)I
69	摩托车配气凸轮检测装置	重庆宗申技术开发研究有限公司	CN200420060570.1	CN2755561	2004.07.31	2006.02.01	G01B5/004(2006.01)I
70	发动机变速鼓检测装置	重庆宗申技术开发研究有限公司	CN200420060414.5	CN2755596	2004.07.22	2006.02.01	G01M15/00(2006.01)I
71	摩托车后制动臂检测装置	重庆宗申技术开发研究有限公司	CN200420061685.2	CN2755597	2004.10.12	2006.02.01	G01M17/007(2006.01)I
72	一种弯梁式摩托车中货架	重庆科瑞实业有限责任公司	CN200420105557.3	CN2756534	2004.12.11	2006.02.08	B62J7/02(2006.01)I
73	一种有锁具和安装卡具的摩托车工具箱	赵自强	CN200420018270.7	CN2756535	2004.05.27	2006.02.08	B62J9/00(2006.01)I
74	多用摩托车靠背式大后备箱	徐培林	CN200420057294.3	CN2756536	2004.11.21	2006.02.08	B62J9/00(2006.01)I
75	摩托车防盗碟锁悬挂支架	邱建民	CN200420003647.1	CN2756538	2004.01.31	2006.02.08	B62J11/00(2006.01)I
76	摩托车挡泥板的卷缩装置	莫汝根	CN200420045940.4	CN2756539	2004.05.17	2006.02.08	B62J15/00(2006.01)I
77	踏板摩托车防腿冷装置	李　祥	CN200420109496.8	CN2756540	2004.12.07	2006.02.08	B62J17/00(2006.01)I
78	摩托车发动机带倒挡的传动机构	江苏新世纪机车科技有限公司	CN200420062519.4	CN2756550	2004.07.06	2006.02.08	B62M11/00(2006.01)I
79	带自动安全装置的摩托车修理架	杭州盈江机械制造有限公司	CN200420114613.X	CN2756612	2004.12.16	2006.02.08	B66F7/00(2006.01)I
80	可拆换催化转化器的摩托车消声器	重庆隆鑫工业(集团)有限公司	CN200420058532.2	CN2756837	2004.12.09	2006.02.08	F01N7/18(2006.01)I
81	摩托车发动机低噪音气缸头	吴子广	CN200420090309.6	CN2756847	2004.09.18	2006.02.08	F02F1/24(2006.01)I
82	摩托车发动机补气装置	蒋富强	CN200420105865.6	CN2756848	2004.12.31	2006.02.08	F02M7/24(2006.01)I
83	摩托车发动机补气器	蒋富强	CN200420105866.0	CN2756849	2004.12.31	2006.02.08	F02M7/24(2006.01)I
84	摩托车数字点火器	建设工业(集团)有限责任公司	CN200420105190.5	CN2756855	2004.11.19	2006.02.08	F02P5/15(2006.01)I

续表 2

序号	专利名称	申请人	申请号	公开号	申请日	公开日	主分类号
85	立式摩托车发动机换挡离合联动机构	重庆隆鑫工业(集团)有限公司	CN200420120030.8	CN2756906	2004.12.20	2006.02.08	F16H59/02(2006.01)I
86	用于摩托车离合器综合性能试验台中的测试装置	刘学耕	CN200420042180.1	CN2757111	2004.07.13	2006.02.08	G01M15/00(2006.01)I
87	摩托车防盗装置	陈万兴	CN200520000800.	CN2758160	2005.01.17	2006.02.15	B62H5/00(2006.01)I
88	用于弯梁式摩托车的中货架	重庆科瑞实业有限责任公司	CN200420105554.X	CN2758164	2004.12.11	2006.02.15	B62J7/02(2006.01)I
89	摩托车的挂勾锁固装置	光阳工业股份有限公司	CN200420077195.1	CN2758165	2004.09.01	2006.02.15	B62J11/00(2006.01)I
90	摩托车防撞安全装置	陈利强	CN200420113722.X	CN2758167	2004.12.23	2006.02.15	B62J27/00(2006.01)I
91	电热式摩托车手套	高玉霞	CN200420088838.2	CN2758168	2004.08.24	2006.02.15	B62J33/00(2006.01)I
92	液化石油气摩托车储气瓶安装结构	重庆隆鑫工业(集团)有限公司	CN200420120056.2	CN2758169	2004.12.22	2006.02.15	B62J35/00(2006.01)I
93	混合电源电动摩托车	张荣耀	CN200420103233.6	CN2758174	2004.12.20	2006.02.15	B62K11/00(2006.01)I
94	摩托车车架装置	光阳工业股份有限公司	CN200420077196.6	CN2758176	2004.09.01	2006.02.15	B62K11/02(2006.01)I
95	尾部防断裂摩托车车架	刘　芳	CN200420103366.3	CN2758177	2004.12.22	2006.02.15	B62K11/02(2006.01)I
96	摩托车防振车架	刘　芳	CN200420103367.8	CN2758178	2004.12.22	2006.02.15	B62K11/02(2006.01)I
97	三轮摩托车后置式倒挡二级变速后桥装置	何安财	CN200420105540.8	CN2758186	2004.12.10	2006.02.15	B62M11/04(2006.01)I
98	摩托车排气消声器	傅光才	CN200420105115.9	CN2758497	2004.11.12	2006.02.15	F01N3/04(2006.01)I
99	摩托车发动机气缸头	重庆市志成机械厂	CN200420105873.0	CN2758503	2004.12.31	2006.02.15	F02F1/24(2006.01)I
100	一种摩托车发动机离合器	中国嘉陵工业股份有限公司(集团)	CN200520032833.2	CN2758554	2005.01.12	2006.02.15	F16D13/58(2006.01)I
101	摩托车发动机活塞挡圈装配器	重庆宗申技术开发研究有限公司	CN200420105097.4	CN2759702	2004.11.09	2006.02.22	B25B27/12(2006.01)I
102	摩托车后轮轴及其限位组合装置		CN200420105722.5	CN2759813	2004.12.20	2006.02.22	B60B30/10(2006.01)I
103	摩托车驻车锁止装置	重庆宗申技术开发研究有限公司	CN200420058836.9	CN2759889	2004.12.29	2006.02.22	B62H1/00(2006.01)I
104	摩托车主脚架的致动器	东洋建苍电机股份有限公司	CN200420104692.6	CN2759890	2004.12.24	2006.02.22	B62H1/00(2006.01)I
105	一种摩托车座垫	重庆宗申技术开发研究有限公司	CN200420105247.1	CN2759891	2004.11.21	2006.02.22	B62J1/12(2006.01)I
106	摩托车可调式后靠背	重庆宗申技术开发研究有限公司	CN200420105446.2	CN2759892	2004.12.04	2006.02.22	B62J1/28(2006.01)I
107	摩托车开关锁语音提示电路	重庆宗申技术开发研究有限公司	CN200420105672.0	CN2759893	2004.12.19	2006.02.22	B62J3/00(2006.01)I
108	摩托车开关锁转弯语音提示电路	重庆宗申技术开发研究有限公司	CN200420105673.5	CN2759894	2004.12.19	2006.02.22	B62J3/00(2006.01)I
109	摩托车开关锁夜间行车语音提示电路	重庆宗申技术开发研究有限公司	CN200420105674.X	CN2759895	2004.12.19	2006.02.22	B62J3/00(2006.01)I
110	摩托车开关锁电源电压语音提示电路	重庆宗申技术开发研究有限公司	CN200420105675.4	CN2759896	2004.12.19	2006.02.22	B62J3/00(2006.01)I
111	一种摩托车综合语音提示电路	重庆宗申技术开发研究有限公司	CN200420105682.4	CN2759897	2004.12.19	2006.02.22	B62J3/00(2006.01)I
112	摩托车多功能语音提示电路	重庆宗申技术开发研究有限公司	CN200420105683.9	CN2759898	2004.12.19	2006.02.22	B62J3/00(2006.01)I
113	一种摩托车多功能语音提示电路	重庆宗申技术开发研究有限公司	CN200420105684.3	CN2759899	2004.12.19	2006.02.22	B62J3/00(2006.01)I
114	摩托车开关锁标准行车语音提示电路	重庆宗申技术开发研究有限公司	CN200420105686.2	CN2759900	2004.12.19	2006.02.22	B62J3/00(2006.01)I
115	摩托车语音提示电路	重庆宗申技术开发研究有限公司	CN200420105687.7	CN2759901	2004.12.19	2006.02.22	B62J3/00(2006.01)I
116	一种摩托车语音提示电路	重庆宗申技术开发研究有限公司	CN200420105688.1	CN2759902	2004.12.19	2006.02.22	B62J3/00(2006.01)I
117	摩托车综合语音提示电路	重庆宗申技术开发研究有限公司	CN200420105689.6	CN2759903	2004.12.19	2006.02.22	B62J3/00(2006.01)I
118	摩托车大货架	张惠英	CN200420105786.5	CN2759906	2004.12.24	2006.02.22	B62J7/04(2006.01)I
119	一种可收折的摩托车后货箱	重庆宗申技术开发研究有限公司	CN200420105637.9	CN2759907	2004.12.15	2006.02.22	B62J9/00(2006.01)I
120	摩托车后轮侧护板	重庆力帆实业(集团)有限公司	CN200420105787.X	CN2759909	2004.12.24	2006.02.22	B62J15/04(2006.01)I
121	一种摩托车脚蹬	重庆宗申技术开发研究有限公司	CN200420105636.4	CN2759910	2004.12.15	2006.02.22	B62J25/00(2006.01)I
122	电动摩托车自适应传动传感装置	西南师范大学	CN200420105871.1	CN2759911	2004.12.31	2006.02.22	B62J39/00(2006.01)I
123	摩托车减震车架	重庆力帆实业(集团)有限公司	CN200420105724.4	CN2759915	2004.12.20	2006.02.22	B62K11/02(2006.01)I
124	一种摩托车平叉	重庆宗申技术开发研究有限公司	CN200420105452.8	CN2759920	2004.12.04	2006.02.22	B62K25/04(2006.01)I

续表 2

序号	专利名称	申请人	申请号	公开号	申请日	公开日	主分类号
125	摩托车轮毂	重庆宗申技术开发研究有限公司	CN200420105676.9	CN2759921	2004.12.19	2006.02.22	B62L1/00(2006.01)I
126	摩托车制动臂	重庆宗申技术开发研究有限公司	CN200420105680.5	CN2759924	2004.12.19	2006.02.22	B62L3/04(2006.01)I
127	摩托车变速链轮组	重庆宗申技术开发研究有限公司	CN200420105561.X	CN2759929	2004.12.09	2006.02.22	B62M9/12(2006.01)I
128	摩托车可调式变挡踏板机构	重庆宗申技术开发研究有限公司	CN200420105447.7	CN2759934	2004.12.04	2006.02.22	B62M25/06(2006.01)I
129	一种摩托车排气消声器	重庆宗申技术开发研究有限公司	CN200420105757.9	CN2760240	2004.12.22	2006.02.22	F01N7/18(2006.01)I
130	摩托车排气消声器	重庆宗申技术开发研究有限公司	CN200420105758.3	CN2760241	2004.12.22	2006.02.22	F01N7/18(2006.01)I
131	可拆卸式排气消声器	重庆宗申技术开发研究有限公司	CN200420105759.8	CN2760242	2004.12.22	2006.02.22	F01N7/18(2006.01)I
132	排气消声器	重庆宗申技术开发研究有限公司	CN200420105760.0	CN2760243	2004.12.22	2006.02.22	F01N7/18(2006.01)I
133	一种可拆卸式排气消声器	重庆宗申技术开发研究有限公司	CN200420105761.5	CN2760244	2004.12.22	2006.02.22	F01N7/18(2006.01)I
134	摩托车可拆卸式排气消声器	重庆宗申技术开发研究有限公司	CN200420105762.X	CN2760245	2004.12.22	2006.02.22	F01N7/18(2006.01)I
135	排气管带触媒的摩托车活动法兰分体消声器	重庆宗申技术开发研究有限公司	CN200420105763.4	CN2760246	2004.12.22	2006.02.22	F01N7/18(2006.01)I
136	排气管带触媒的摩托车分体消声器	重庆宗申技术开发研究有限公司	CN200420105764.9	CN2760247	2004.12.22	2006.02.22	F01N7/18(2006.01)I
137	排气管带触媒的摩托车固定法兰分体消声器	重庆宗申技术开发研究有限公司	CN200420105765.3	CN2760248	2004.12.22	2006.02.22	F01N7/18(2006.01)I
138	带触媒的摩托车活动法兰分体消声器	重庆宗申技术开发研究有限公司	CN200420105766.8	CN2760249	2004.12.22	2006.02.22	F01N7/18(2006.01)I
139	带触媒的摩托车分体消声器	重庆宗申技术开发研究有限公司	CN200420105767.2	CN2760250	2004.12.22	2006.02.22	F01N7/18(2006.01)I
140	摩托车发动机环保增压系统	重庆宗申技术开发研究有限公司	CN200420120514.2	CN2760256	2004.12.23	2006.02.22	F02D21/08(2006.01)I
141	一种摩托车发动机右曲轴箱盖	中国嘉陵工业股份有限公司(集团)	CN200520032832.8	CN2760261	2005.01.12	2006.02.22	F02F7/00(2006.01)I
142	高能高效率摩托车直流点火装置	白承基	CN200420003106.9	CN2760275	2004.02.11	2006.02.22	F02P3/04(2006.01)I
143	一种摩托车变速踏板检测装置	重庆宗申技术开发研究有限公司	CN200420105445.8	CN2760500	2004.12.04	2006.02.22	G01B3/00(2006.01)I
144	摩托车主支架检测装置	重庆宗申技术开发研究有限公司	CN200420105448.1	CN2760503	2004.12.04	2006.02.22	G01B5/02(2006.01)I
145	摩托车后靠背支架的检具	重庆宗申技术开发研究有限公司	CN200420105431.6	CN2760506	2004.12.03	2006.02.22	G01B5/14(2006.01)I
146	防盗报警器主机直插式防水接线结构	陈清富	CN200420093730.2	CN2760803	2004.10.09	2006.02.22	H01R13/52(2006.01)I
147	摩托车的取暖装置	赵飞鹏	CN200520029719.4	CN2761503	2005.01.06	2006.03.01	B62J33/00(2006.01)I
148	电动摩托车单车双磁电机发电装置	许忠礼	CN200420069007.0	CN2761507	2004.10.21	2006.03.01	B62K11/00(2006.01)I
149	一种油箱前置、大置物箱的弯梁摩托车	洛阳北方企业集团有限公司	CN200520029851.5	CN2761508	2005.01.24	2006.03.01	B62K11/00(2006.01)I
150	两轮摩托车水平减震器摇臂式后悬挂机构	洛阳北方企业集团有限公司	CN200420075426.5	CN2761512	2004.12.17	2006.03.01	B62K25/12(2006.01)I
151	摩托车全自动智能换档系统	蒋富强	CN200520032742.9	CN2761517	2005.01.05	2006.03.01	B62M25/08(2006.01)I
152	摩托车防盗锁	胡长兴;石庆华;时洪波	CN200520001249.0	CN2761772	2005.01.21	2006.03.01	E05B17/14(2006.01)I
153	摩托车发动机缸头启动减压装置	重庆宗申技术开发研究有限公司	CN200520016123.0	CN2761852	2005.04.14	2006.03.01	F01L13/08(2006.01)I
154	一种摩托车排气消声器	重庆宗申技术开发研究有限公司	CN200520001149.8	CN2761854	2005.01.19	2006.03.01	F01N3/06(2006.01)I
155	可拆换催化转化器的摩托车消声器	重庆隆鑫工业(集团)有限公司	CN200520000588.7	CN2761855	2005.01.13	2006.03.01	F01N7/18(2006.01)I
156	一体化磁电机超越离合器	傅传明	CN200520032824.3	CN2761908	2005.01.11	2006.03.01	F16D41/06(2006.01)I
157	摩托车安全驾驶智能控制系统	李　威	CN200420109052.4	CN2763116	2004.11.19	2006.03.08	B60K28/00(2006.01)I
158	摩托车导流罩	重庆迪佳科技有限公司	CN200520033141.X	CN2763159	2005.02.01	2006.03.08	B62J17/00(2006.01)I
159	摩托车综合性能提升组合装置	陈永生	CN200420120192.1	CN2763163	2004.12.27	2006.03.08	B62K11/00(2006.01)I
160	后移式车把	张爱东	CN200520029864.2	CN2763166	2005.01.24	2006.03.08	B62K21/16(2006.01)I
161	摩托车盘式制动器	姚燕刚	CN200420091148.2	CN2763167	2004.10.15	2006.03.08	B62L1/02(2006.01)I
162	摩托车发动机气门导杆油封	重庆宗申技术开发研究有限公司	CN200520032943.9	CN2763528	2005.01.21	2006.03.08	F01L3/08(2006.01)I
163	摩托车发动机水冷散热装置	张爱东	CN200520029941.4	CN2763533	2005.02.01	2006.03.08	F01P3/02(2006.01)I

续表 2

序号	专利名称	申请人	申请号	公开号	申请日	公开日	主分类号
164	一种摩托车发动机	颜　捷	CN200520032835.1	CN2763538	2005.01.13	2006.03.08	F02B61/06(2006.01)I
165	摩托车发动机缸头	张爱东	CN200520030050.0	CN2763545	2005.02.21	2006.03.08	F02F1/36(2006.01)I
166	摩托发动机预热水袋	吴守国	CN200520020069.7	CN2763563	2005.01.14	2006.03.08	F02N17/02(2006.01)I
167	踏板式摩托车改进型自动变速传动系统	刘建平	CN200320104558.1	CN2763629	2003.11.01	2006.03.08	F16D41/24(2006.01)I
168	一种摩托车专用防寒衣服	商柏云	CN200420013453.X	CN2764184	2004.12.22	2006.03.15	A41D13/00(2006.01)I
169	摩托车用保暖服	杜瑞来	CN200520050139.3	CN2764185	2005.01.17	2006.03.15	A41D13/005(2006.01)I
170	气垫头盔	宋山富	CN200520080516.8	CN2764189	2005.02.21	2006.03.15	A42B3/00(2006.01)I
171	电动摩托车钢圈与电机外壳总成	朱吕国	CN200520100280.X	CN2764650	2005.01.25	2006.03.15	B60K7/00(2006.01)I
172	摩托车转向灯座防滑支杆	苏柏兴;霍敬荷	CN200520054295.7	CN2764699	2005.02.01	2006.03.15	B62J6/00(2006.01)I
173	摩托车油箱保护罩	陈志军	CN200420069067.2	CN2764701	2004.10.26	2006.03.15	B62J23/00(2006.01)I
174	用于摩托车轮轮毂的保护器	朱宝军;芦元则	CN200420058440.4	CN2764710	2004.12.13	2006.03.15	B62M9/00(2006.01)I
175	电动摩托车动力传动装置	赖　勇	CN200420061917.4	CN2764711	2004.11.04	2006.03.15	B62M9/02(2006.01)I
176	电动摩托车动力传动装置	赖　勇	CN200420105315.4	CN2764712	2004.11.30	2006.03.15	B62M9/08(2006.01)I
177	选应摩托车防盗锁	李绍兴;莫　宾	CN200520054878.X	CN2764878	2005.02.07	2006.03.15	E05B47/06(2006.01)I
178	摩托车发动机测温机油尺	熊海涛	CN200420105662.7	CN2764944	2004.12.18	2006.03.15	F01M11/12(2006.01)I
179	一种双输出轴集成化发动机	张海波	CN200520081415.2	CN2764948	2005.01.28	2006.03.15	F02B61/06(2006.01)I
180	CG 摩托车发动机离合器省力操纵机构	刘贤安;刘哲锋	CN200420086906.1	CN2764998	2004.07.24	2006.03.15	F16D23/12(2006.01)I
181	摩托车车速传感器	重庆先锋电子有限公司	CN200520032765.X	CN2765190	2005.01.06	2006.03.15	G01P3/487(2006.01)I
182	摩托车电动防盗锁	廖祥能	CN200520032925.0	CN2765842	2005.01.19	2006.03.22	B62H5/00(2006.01)I
183	电动车摩托车座垫防护篷	杜建军	CN200520100652.9	CN2765845	2005.02.23	2006.03.22	B62J19/00(2006.01)I
184	摩托车卧式发动机气缸头二次空气导入孔结构	洛阳北方易初摩托车有限公司	CN200420075174.6	CN2766046	2004.11.22	2006.03.22	F02F1/42(2006.01)I
185	摩托车发动机左曲轴箱体	洛阳北方易初摩托车有限公司	CN200420075175.0	CN2766048	2004.11.22	2006.03.22	F02F7/00(2006.01)I
186	摩托车碟刹油管管夹	重庆宗申技术开发研究有限公司	CN200420105222.1	CN2767287	2004.11.17	2006.03.29	B62J39/00(2006.01)I
187	抗震车架	重庆宗申技术开发研究有限公司	CN200420058680.4	CN2767292	2004.12.10	2006.03.29	B62K11/02(2006.01)I
188	整体式摩托车平叉	重庆渝安创新科技(集团)有限公司	CN200520033140.5	CN2767298	2005.02.01	2006.03.29	B62K25/04(2006.01)I
189	摩托车发动机悬挂安装装置	重庆宗申技术开发研究有限公司	CN200420105046.1	CN2767305	2004.11.08	2006.03.29	B62M7/00(2006.01)I
190	摩托车发动机单内置倒挡装置	喻世和	CN200520033170.6	CN2767309	2005.02.02	2006.03.29	B62M11/00(2006.01)I
191	回转杠杆式换向操纵机构	重庆川渝精工机械配件开发有限公司	CN200420105785.0	CN2767313	2004.12.24	2006.03.29	B62M25/02(2006.01)I
192	可重复使用的包装箱框架结构	重庆宗申技术开发研究有限公司	CN200520002419.7	CN2767341	2005.01.14	2006.03.29	B65D6/18(2006.01)I
193	可重复使用的包装箱框架结构	重庆宗申技术开发研究有限公司	CN200520002420.X	CN2767342	2005.01.14	2006.03.29	B65D6/18(2006.01)I
194	用于摩托车包装箱的支撑架	重庆宗申技术开发研究有限公司	CN200520033000.8	CN2767377	2005.01.25	2006.03.29	B65D85/68(2006.01)I
195	摩托车成车包装箱的可折叠端板	重庆宗申技术开发研究有限公司	CN200520033001.2	CN2767378	2005.01.25	2006.03.29	B65D85/68(2006.01)I
196	便于搬运、叠放的摩托车包装箱	重庆宗申技术开发研究有限公司	CN200520033005.0	CN2767379	2005.01.25	2006.03.29	B65D85/68(2006.01)I
197	摩托车成车包装箱的可折叠侧板	重庆宗申技术开发研究有限公司	CN200520033006.5	CN2767380	2005.01.25	2006.03.29	B65D85/68(2006.01)I
198	摩托车尾箱锁	谢景汉	CN200420102319.7	CN2767591	2004.12.03	2006.03.29	E05B65/52(2006.01)I
199	卧式发动机缸体上的水泵传动机构	刘玉鹏	CN200420075382.6	CN2767673	2004.12.14	2006.03.29	F01P5/12(2006.01)I
200	发动机用冷凝器	重庆东本实业有限责任公司	CN200520033175.9	CN2767674	2005.02.02	2006.03.29	F01P11/08(2006.01)I

续表 2

序号	专利名称	申请人	申请号	公开号	申请日	公开日	主分类号
201	一种摩托车发动机燃烧室	吕清波	CN200520033025.8	CN2767677	2005.01.26	2006.03.29	F02B23/00(2006.01)I
202	摩托车发动	重庆宗申技术开发研究有限公司	CN200420105681.X	CN2767683	2004.12.19	2006.03.29	F02F7/00(2006.01)I
203	一种摩托车化油器与气缸头之间的进气管	江门天钇金属工业有限公司	CN200520054308.0	CN2767686	2005.01.25	2006.03.29	F02M29/06(2006.01)I
204	三轮摩托车后桥差速器	重庆川渝精工机械配件开发有限公司	CN200420105860.3	CN2767762	2004.12.31	2006.03.29	F16H48/06(2006.01)I
205	防寒保暖衣裤	谭晶晶	CN200520007987.6	CN2770401	2005.04.02	2006.04.12	A41D13/00(2006.01)I
206	交通工具制动能量回收装置	张志□	CN200520068965.0	CN2771020	2005.01.30	2006.04.12	B60L7/10(2006.01)I
207	客货两用正三轮摩托车	重庆力帆实业(集团)有限公司	CN200520032809.9	CN2771069	2005.01.10	2006.04.12	B62D33/00(2006.01)I
208	正三轮摩托车客货两用车厢	重庆力帆实业(集团)有限公司	CN200520032810.1	CN2771070	2005.01.10	2006.04.12	B62D33/00(2006.01)I
209	摩托车稳定器	张兆中	CN200520055664.4	CN2771071	2005.03.08	2006.04.12	B62H1/12(2006.01)I
210	一种箱包	姜根华	CN200420114936.9	CN2771078	2004.12.28	2006.04.12	B62J9/00(2006.01)I
211	摩托车分体式前挡泥板	重庆力帆实业(集团)有限公司	CN200420105863.7	CN2771080	2004.12.31	2006.04.12	B62J15/04(2006.01)I
212	摩托车护手罩	朱洋仁	CN200520095188.9	CN2771081	2005.01.29	2006.04.12	B62J17/00(2006.01)I
213	锯齿型线夹	重庆力帆实业(集团)有限公司	CN200420105864.1	CN2771082	2004.12.31	2006.04.12	B62J39/00(2006.01)I
214	两轮三轮可变摩托车	刘月升	CN200420056540.3	CN2771084	2004.12.09	2006.04.12	B62K11/00(2006.01)I
215	摩托车车架	重庆隆鑫工业(集团)有限公司	CN200520000655.5	CN2771085	2005.02.03	2006.04.12	B62K11/02(2006.01)I
216	摩托车方向把管安装卡座	重庆宗申技术开发研究有限公司	CN200420105245.2	CN2771090	2004.11.21	2006.04.12	B62K21/12(2006.01)I
217	摩托车地撑式电子密码锁	覃杰森	CN200420086950.2	CN2771429	2004.07.26	2006.04.12	E05B71/00(2006.01)I
218	低耗油低温易启动摩托车化油器	建福鼎京科化油器有限公司	CN200520095240.0	CN2771494	2005.02.06	2006.04.12	F02M7/12(2006.01)I
219	一种燃气摩托车发动机气体混合器装置	洛阳北方企业集团有限公司	CN200520029852.X	CN2771497	2005.01.24	2006.04.12	F02M21/04(2006.01)I
220	摩托车刹车线及加油线之改良结构	林锦煌	CN200520002270.2	CN2771555	2005.02.18	2006.04.12	F16C1/10(2006.01)I
221	一种摩托车发动机离合器	江门联和发动机有限公司	CN200520053527.7	CN2771561	2005.01.05	2006.04.12	F16D23/14(2006.01)I
222	摩托车发动机离合器主动齿轮	翁光敏	CN200520033526.6	CN2771572	2005.03.17	2006.04.12	F16H55/17(2006.01)I
223	一种摩托车发动机平衡轴从动齿	翁光敏	CN200520033528.5	CN2771573	2005.03.17	2006.04.12	F16H55/17(2006.01)I
224	摩托车节能型高精度稳压整流器	杨松涛	CN200520081107.X	CN2772117	2005.03.11	2006.04.12	H02P9/48(2006.01)I
225	摩托车雨衣	孔祥青	CN200420067348.4	CN2768501	2004.06.04	2006.04.05	A41D3/04(2006.01)I
226	摩托车防水鞋套	黄　丹	CN200420089849.2	CN2768512	2004.08.22	2006.04.05	A43B3/16(2006.01)I
227	油封拆卸器	袁荣丙	CN200420107565.1	CN2768985	2004.10.26	2006.04.05	B25B27/02(2006.01)I
228	三轮摩托车减振装置	江苏宗申三轮摩托车制造有限公司	CN200520069043.1	CN2769106	2005.02.09	2006.04.05	B60G25/00(2006.01)I
229	摩托车液压盘式制动器主泵	重庆宗申技术开发研究有限公司	CN200420105042.3	CN2769133	2004.11.08	2006.04.05	B60T11/16(2006.01)I
230	摩托车链条护卡	重庆宗申技术开发研究有限公司	CN200420105041.9	CN2769152	2004.11.08	2006.04.05	B62J23/00(2006.01)I
231	单梁下弯式摩托车	重庆隆鑫工业(集团)有限公司	CN200520005112.2	CN2769157	2005.02.21	2006.04.05	B62K11/00(2006.01)I
232	一种摩托车车架	重庆宗申技术开发研究有限公司	CN200420105243.3	CN2769159	2004.11.21	2006.04.05	B62K11/02(2006.01)I
233	摩托车可调式摇架	重庆宗申技术开发研究有限公司	CN200420061782.1	CN2769165	2004.10.21	2006.04.05	B62K25/04(2006.01)I
234	三轮摩托车后桥加力变速箱	文昌南;梁道明	CN200420105769.1	N2769170	2004.12.24	2006.04.05	B62M11/14(2006.01)I
235	摩托车液压传动系统	葛致俊	CN200420040952.8	CN2769171	2004.06.02	2006.04.05	B62M19/00(2006.01)I
236	摩托车档位自动化装置	夏成杰	CN200420067777.1	CN2769173	2004.06.27	2006.04.05	B62M25/08(2006.01)I
237	摩托车发动机汽缸头组件	中国嘉陵工业股份有限公司(集团)	CN200520033084.5	CN2769538	2005.01.26	2006.04.05	F02F1/42(2006.01)I
238	一种对摩托车发动机活塞进行机油喷射冷却的结构	中国嘉陵工业股份有限公司(集团)	CN200520032834.7	CN2769539	2005.01.13	2006.04.05	F02F3/16(2006.01)I

续表 2

序号	专利名称	申请人	申请号	公开号	申请日	公开日	主分类号
239	摩托车加油系统疲劳试验装置	重庆宗申技术开发研究有限公司	CN200420105449.6	CN2769878	2004.12.04	2006.04.05	G01M17/007(2006.01)I
240	摩托车后轮牙盘锁住圈	车英俊	CN200520028323.8	CN2772855	2005.03.03	2006.04.19	B60B27/04(2006.01)I
241	三轮摩托车箱的底板装置	代　杰	CN200520032928.4	CN2772932	2005.01.20	2006.04.19	B62D33/02(2006.01)I
242	摩托车侧支撑装置	重庆隆鑫工业(集团)有限公司	CN200520001387.9	CN2772935	2005.01.24	2006.04.19	B62H1/02(2006.01)I
243	摩托车尾箱锁之结构	谢嘉雄;陈就华	CN200520055265.8	CN2772936	2005.03.07	2006.04.19	B62H5/00(2006.01)I
244	摩托车脚蹬	重庆宗申技术开发研究有限公司	CN200420105371.8	CN2772942	2004.11.28	2006.04.19	B62J25/00(2006.01)I
245	摩托车隔振主搁脚	重庆隆鑫工业(集团)有限公司	CN200520001388.3	CN2772943	2005.01.24	2006.04.19	B62J25/00(2006.01)I
246	摩托车脚蹬安装装置	重庆宗申技术开发研究有限公司	CN200520005155.0	CN277294	2005.02.28	2006.04.19	B62J25/00(2006.01)I
247	摩托车内置倒挡发动机安全保护装置	喻世和	CN200520033171.0	CN2772945	2005.02.02	2006.04.19	B62J27/00(2006.01)I
248	用于摩托车包装箱托盘上的后轮轴固定装置	重庆宗申技术开发研究有限公司	CN200520033002.7	CN2773006	2005.01.25	2006.04.19	B65D85/68(2006.01)I
249	摩托车成车包装箱底座	重庆宗申技术开发研究有限公司	CN200520033003.1	CN2773007	2005.01.25	2006.04.19	B65D85/68(2006.01)I
250	摩托车成车包装箱的连接卡扣	重庆宗申技术开发研究有限公司	CN200520033004.6	CN2773008	2005.01.25	2006.04.19	B65D85/68(2006.01)I
251	摩托车成车包装箱	重庆宗申技术开发研究有限公司	CN200520033007.X	CN2773009	2005.01.25	2006.04.19	B65D85/68(2006.01)I
252	顶置式齿轮传动配气摩托车发动机	卢世蓉	CN200520033755.8	CN2773316	2005.03.30	2006.04.19	F01L1/12(2006.01)I
253	摩托车机油磁化滤清冷却装置	陈文慧	CN200520023447.7	CN2773317	2005.01.28	2006.04.19	F01M5/00(2006.01)I
254	一种摩托车气缸头	吕云明	CN200520033813.7	CN2773326	2005.04.05	2006.04.19	F02F1/42(2006.01)I
255	怠速阻尼器	洛阳北方易初摩托车有限公司	CN200520030079.9	CN2773394	2005.02.28	2006.04.19	F16D23/12(2006.01)I
256	摩托车双级自动离合器	重庆通盛机械工业有限公司	CN200520033560.3	CN2773400	2005.03.18	2006.04.19	F16D43/00(2006.01)I
257	摩托车初级离合器	重庆通盛机械工业有限公司	CN200520033559.0	CN2773401	2005.03.18	2006.04.19	F16D43/18(2006.01)I
258	改进的摩托车多功能靠背架	赵代高	CN200520033529.X	CN2774897	2005.03.16	2006.04.26	B62J1/28(2006.01)I
259	摩托车转向灯安装机构	重庆力帆实业(集团)有限公司	CN200420105862.2	CN2774898	2004.12.31	2006.04.26	B62J6/00(2006.01)I
260	摩托车重载后货架	重庆力帆实业(集团)有限公司	CN200520033255.4	CN2774899	2005.02.06	2006.04.26	B62J7/04(2006.01)I
261	摩托车防溅挡风副板	重庆力帆实业(集团)有限公司	CN200520033458.3	CN2774902	2005.03.09	2006.04.26	B62J17/02(2006.01)I
262	摩托车方向把护管总成	重庆力帆实业(集团)有限公司	CN200520033473.8	CN2774903	2005.03.11	2006.04.26	B62J27/00(2006.01)I
263	一种摩托车链条自动润油器	李祥展	CN200420113987.X	CN2774904	2004.11.05	2006.04.26	B62J31/00(2006.01)I
264	摩托车自适应传动传感装置	西南师范大学	CN200420105784.6	CN2774905	2004.12.24	2006.04.26	B62J39/00(2006.01)I
265	摩托车消声器支撑结构	重庆隆鑫工业(集团)有限公司	CN200520009014.6	CN2774906	2005.03.24	2006.04.26	B62J39/00(2006.01)I
266	挂钩型线夹	重庆力帆实业(集团)有限公司	CN200520032755.6	CN2774907	2005.01.06	2006.04.26	B62J39/00(2006.01)I
267	电动摩托车和电动助力车的前后轮驱动结构	孙光瑜	CN200520089052.7	CN2774912	2005.01.20	2006.04.26	B62K11/00(2006.01)I
268	组合式摩托车车架	重庆隆鑫工业(集团)有限公司	CN200520005752.3	CN2774913	2005.03.07	2006.04.26	B62K11/02(2006.01)I
269	摩托车车架的发动机悬挂结构	重庆隆鑫工业(集团)有限公司	CN200520005751.9	CN2774914	2005.03.07	2006.04.26	B62K11/04(2006.01)I
270	摩托车链条涨紧器	张文强	CN200520030224.3	CN2774925	2005.03.21	2006.04.26	B62M9/16(2006.01)I
271	摩托车外置式倒挡器	胡可怀	CN200420105631.1	CN2774926	2004.12.16	2006.04.26	B62M11/00(2006.01)I
272	三轮摩托车直驱动、增力、倒挡后桥装置	陈开银;陈树林	CN200520050155.2	CN2774927	2005.01.21	2006.04.26	B62M11/04(2006.01)I
273	摩托车发动机配气正时齿轮组件	孙国峰	CN200420041972.7	CN2775307	2004.05.27	2006.04.26	F01L1/34(2006.01)I
274	摩托车发动机二次补气装置	余华荣	CN200520053866.5	CN2775315	2005.01.20	2006.04.26	F01N3/32(2006.01)I
275	用于摩托车发动机曲轴连杆组件中的复合衬套	南京金城机械有限公司	CN200520069292.0	CN2775376	2005.02.25	2006.04.26	F16C9/02(2006.01)I
276	新型开关	武永军	CN200420087286.3	CN2775808	2004.08.17	2006.04.26	H01C10/50(2006.01)I
277	三轮摩托车消防平台	西安新亮点实业有限公司	CN200420086099.3	CN2776458	2004.10.26	2006.05.03	A62C27/00(2006.01)I

续表 2

序号	专利名称	申请人	申请号	公开号	申请日	公开日	主分类号
278	陶瓷触媒载体	刘　兵	CN200520050430.0	CN2776532	2005.03.08	2006.05.03	B01J32/00(2006.01)I
279	摩托车整车装配小车	重庆宗申技术开发研究有限公司	CN200520032948.1	CN2776801	2005.01.21	2006.05.03	B62D65/18(2006.01)I
280	一种摩托车远程可视双向防盗器	朱　华	CN200520041029.0	CN2776803	2005.04.21	2006.05.03	B62H5/00(2006.01)I
281	摩托车把手的挡风雨护罩	杨泽中	CN200520032837.0	CN2776811	2005.01.13	2006.05.03	B62J17/00(2006.01)I
282	摩托车链条润油器	凌升发	CN200520095560.6	CN2776813	2005.03.18	2006.05.03	B62J31/00(2006.01)I
283	双动力驱动三轮摩托车	赵振乾	CN200520081236.9	CN2776817	2005.03.14	2006.05.03	B62K11/00(2006.01)I
284	新型沙滩摩托车	谢一鸣	CN200520095416.2	CN2776818	2005.03.03	2006.05.03	B62K11/00(2006.01)I
285	摩托车前减震装置	重庆宗申技术开发研究有限公司	CN200520032946.2	CN2776831	2005.01.21	2006.05.03	B62K25/04(2006.01)I
286	摩托车感载式液压刹车装置	李雷朋	CN200520081766.3	CN2776833	2005.04.04	2006.05.03	B62L3/04(2006.01)I
287	摩托车前驱动结构	李立娜	CN200520023574.7	CN2776834	2005.03.05	2006.05.03	B62M7/12(2006.01)I
288	电动摩托车轮毂电机	蔡国法	CN200420080334.6	CN2776836	2004.10.14	2006.05.03	B62M11/16(2006.01)I
289	气动举升平台	宁波庆源机械有限公司	CN200420091387.8	CN2776950	2004.09.13	2006.05.03	B66F7/08(2006.01)I
290	摩托车二次空气喷射阀	闵振水	CN200520033800.X	CN2777208	2005.04.04	2006.05.03	F01N3/30(2006.01)I
291	一种多模电控单元以及应用多模电控单元的摩托车	浙江飞亚电子有限公司	CN200520100804.5	CN2777216	2005.03.07	2006.05.03	F02D43/00(2006.01)I
292	双缸顶置整体式摩托车发动机汽缸头	重庆宗申技术开发研究有限公司	CN200520007740.4	CN2777220	2005.03.18	2006.05.03	F02F1/42(2006.01)I
293	摩托车双缸发动机汽缸头	吴至一	CN200520009158.1	CN2777221	2005.04.15	2006.05.03	F02F1/42(2006.01)I
294	一种双缸水冷顶置分体式摩托车发动机汽缸头	重庆宗申技术开发研究有限公司	CN200520033627.3	CN2777224	2005.03.22	2006.05.03	F02F1/42(2006.01)I
295	单缸水冷顶置分体式摩托车发动机气缸头	重庆宗申技术开发研究有限公司	CN200520033630.5	CN2777225	2005.03.22	2006.05.03	F02F1/42(2006.01)I
296	跨骑式摩托车用的发动机减振机构	佛山市南海区中摩科技有限公司	CN200520056434.X	CN2777281	2005.03.30	2006.05.03	F16F15/22(2006.01)I
297	摩托车灯具	光阳工业股份有限公司	CN200420014183.4	CN2777357	2004.11.01	2006.05.03	F21S8/10(2006.01)I
298	摩托车车架立管可调夹具	中国嘉陵工业股份有限公司(集团)	CN200520033369.9	CN2778479	2005.03.01	2006.05.10	B25B11/00(2006.01)I
299	摩托车驻车支架的锁定控制装置	重庆宗申技术开发研究有限公司	CN200520033762.8	CN2778644	2005.03.30	2006.05.10	B62H5/00(2006.01)I
300	摩托车带灯的后货架	重庆宗申技术开发研究有限公司	CN200520033763.2	CN2778648	2005.03.30	2006.05.10	B62J7/04(2006.01)I
301	摩托车多功能后货架	重庆宗申技术开发研究有限公司	CN200520033765.1	CN2778649	2005.03.30	2006.05.10	B62J7/04(2006.01)I
302	弯梁式摩托车的边盖支撑架	光阳工业股份有限公司	CN200520003078.5	CN2778652	2005.03.02	2006.05.10	B62J23/00(2006.01)I
303	摩托车油箱罩垫	林立夫	CN200520040437.4	CN2778653	2005.03.25	2006.05.10	B62J23/00(2006.01)I
304	多功能摩托车护架	陈仕荣	CN200520058056.9	CN2778654	2005.05.04	2006.05.10	B62J27/00(2006.01)I
305	一种六轮摩托车平衡悬架	中国嘉陵工业股份有限公司(集团)	CN200520033236.1	CN2778662	2005.02.04	2006.05.10	B62K25/04(2006.01)I
306	摩托车刹车装置	叶忻泉;邱亦夫	CN200520039542.6	CN2778664	2005.02.02	2006.05.10	B62L3/08(2006.01)I
307	全自动摩托车电动倒车装置	殷功来	CN200520069327.0	CN2778671	2005.02.25	2006.05.10	B62M13/00(2006.01)I
308	摩托车发动机环保节能器	陈厚靖	CN200520001878.3	CN2779079	2005.02.02	2006.05.10	F02D9/12(2006.01)I
309	单缸顶置整体式摩托车水冷发动机汽缸头	重庆宗申技术开发研究有限公司	CN200520033615.0	CN2779082	2005.03.22	2006.05.10	F02F1/42(2006.01)I
310	直流、交流双系统启动无级自动进角点火器	杨子江	CN200520081771.4	CN2779094	2005.04.05	2006.05.10	F02P1/08(2006.01)I
311	一种磁电机数码防盗点火器	袁大奎;曾　阳	CN200420060343.9	CN2779095	2004.07.20	2006.05.10	F02P11/04(2006.01)I
312	摩托车的正时齿轮	何富林	CN200520033552.9	CN2779163	2005.03.18	2006.05.10	F16H55/17(2006.01)I
313	摩托车的正时链轮	何富林	CN200520033554.8	CN2779165	2005.03.18	2006.05.10	F16H55/30(2006.01)I
314	摩托车轮挂钟	黎广平	CN200520056327.7	CN2779454	2005.03.30	2006.05.10	G04B47/00(2006.01)I
315	摩托车防护头盔	英石峰;曹华卿	CN200520011270.9	CN2779906	2005.03.31	2006.05.17	A42B3/06(2006.01)I

续表 2

序号	专利名称	申请人	申请号	公开号	申请日	公开日	主分类号
316	摩托车脚踏板、手把供暖装置	陈国全	CN200520057644.0	CN2780591	2005.04.29	2006.05.17	B62J33/00(2006.01)I
317	组合式摩托车尾罩	重庆隆鑫工业(集团)有限公司	CN200520008769.4	CN2780592	2005.03.22	2006.05.17	B62J39/00(2006.01)I
318	摩托车滑轮式前后联合制动机构	中国嘉陵工业股份有限公司(集团)	CN200520033739.9	CN2780604	2005.03.30	2006.05.17	B62L3/08(2006.01)I
319	T型轴向正逆动力输出的调向结构	陈永清;陈志杰	CN200420112541.5	CN2780609	2004.11.15	2006.05.17	B62M11/00(2006.01)I
320	摩托车彩瓷发动机	余小玲	CN200420057226.7	CN2781012	2004.11.16	2006.05.17	F02B77/00(2006.01)I
321	一种摩托车发动机气缸头右盖	中国嘉陵工业股份有限公司(集团)	CN200520032831.3	CN2781015	2005.01.12	2006.05.17	F02F1/40(2006.01)I
322	等截面气道的摩托车发动机气缸头	浙江钱江摩托股份有限公司	CN200520101965.6	CN2781016	2005.04.30	2006.05.17	F02F1/42(2006.01)I
323	一种摩托车发动机的气缸头	浙江钱江摩托股份有限公司	CN200520101967.5	CN2781017	2005.04.30	2006.05.17	F02F1/42(2006.01)I
324	一种摩托车机油泵	曹科定	CN200520039212.7	CN2781034	2005.01.20	2006.05.17	F04C2/10(2006.01)I
325	摩托车发动机湿式强制分离离合器	重庆通盛机械工业有限公司	CN200520009242.3	CN2781068	2005.05.02	2006.05.17	F16D13/52(2006.01)I
326	改进的摩托车离合器中心套组合	伍怀秋	CN200520033728.0	CN2781069	2005.03.30	2006.05.17	F16D13/52(2006.01)I
327	新型摩托车发动机离合器	江门天钇金属工业有限公司	CN200520055719.1	CN2781070	2005.03.18	2006.05.17	F16D13/52(2006.01)I
328	摩擦离合器滑槽结构	张　坤	CN200520033405.1	CN2781071	2005.03.07	2006.05.17	F16D13/58(2006.01)I
329	具有辅助分离结构的离合器总成	重庆大渡口区利德工业制造有限公司	CN200420105660.8	CN2781072	2004.12.18	2006.05.17	F16D13/60(2006.01)I
330	摩托车单级自动离合器	伍怀秋	CN200520033474.2	CN2781076	2005.03.11	2006.05.17	F16D43/18(2006.01)I
331	摩托车前大灯	李天华	CN200520033519.6	CN2781179	2005.03.15	2006.05.17	F21S8/10(2006.01)I
332	摩托车标牌手动式整形工装	重庆力帆实业(集团)有限公司	CN200520033457.9	CN2782370	2005.03.09	2006.05.24	B30B1/04(2006.01)I
333	摩托车防滑轮胎	张景华	CN200520090298.6	CN2782445	2005.04.11	2006.05.24	B60C27/06(2006.01)I
334	摩托车用加热座垫	重庆力帆实业(集团)有限公司	CN200520009109.8	CN2782515	2005.04.06	2006.05.24	B62J1/12(2006.01)I
335	摩托车蓬架	邓先勇	CN200520033582.X	CN2782519	2005.03.21	2006.05.24	B62J17/00(2006.01)I
336	车载护膝	刘建彬	CN200520081620.9	CN2782520	2005.03.20	2006.05.24	B62J17/06(2006.01)I
337	摩托车供暖装置	黄群生	CN200520001622.2	CN2782522	2005.01.26	2006.05.24	B62J33/00(2006.01)I
338	轿式油气两用摩托车	杨兆明	CN200420105356.3	CN2782525	2004.11.29	2006.05.24	B62K11/00(2006.01)I
339	具有环保及省油的摩托车启闭装置	卓素贞	CN200520032812.0	CN2782537	2005.01.10	2006.05.24	B62K23/02(2006.01)I
340	摩托车包装装置	重庆宗申技术开发研究有限公司	CN200520009107.9	CN2782606	2005.04.06	2006.05.24	B65D85/68(2006.01)I
341	摩托车气缸头的二次空气补偿结构	浙江钱江摩托股份有限公司	CN200520101966.0	CN2782946	2005.04.30	2006.05.24	F01N3/30(2006.01)I
342	摩托车发动机散热器	重庆建设摩托车股份有限公司	CN200520009205.2	CN2782947	2005.04.26	2006.05.24	F01P1/02(2006.01)I
343	单缸下置式摩托车发动机汽缸头	重庆宗申技术开发研究有限公司	CN200520010815.4	CN2782951	2005.03.17	2006.05.24	F02F1/24(2006.01)I
344	卧式发动机气缸盖	重庆建设摩托车股份有限公司	CN200520033264.3	CN2782952	2005.02.17	2006.05.24	F02F1/28(2006.01)I
345	双缸顶置分体式摩托车发动机汽缸头	重庆宗申技术开发研究有限公司	CN200520007733.4	CN2782954	2005.03.18	2006.05.24	F02F1/42(2006.01)I
346	一种双缸下置式摩托车发动机汽缸头	重庆宗申技术开发研究有限公司	CN200520007738.7	CN2782959	2005.03.18	2006.05.24	F02F1/42(2006.01)I
347	双缸下置式摩托车发动机汽缸头	重庆宗申技术开发研究有限公司	CN200520007739.1	CN2782960	2005.03.18	2006.05.24	F02F1/42(2006.01)I
348	一种单缸下置式摩托车发动机汽缸头	重庆宗申技术开发研究有限公司	CN200520010816.9	CN2782961	2005.03.17	2006.05.24	F02F1/42(2006.01)I
349	单缸水冷顶置分体式双排气道摩托车发动机气缸头	重庆宗申技术开发研究有限公司	CN200520033631.X	CN2782963	2005.03.22	2006.05.24	F02F1/42(2006.01)I
350	具有调控结构的车辆滑行节能控制器	重庆嘉鹏摩托车制造有限公司	CN200520033740.1	CN2783029	2005.03.29	2006.05.24	F16D41/04(2006.01)I

续表 2

序号	专利名称	申请人	申请号	公开号	申请日	公开日	主分类号
351	摩托车方向把锁紧防盗装置的测试工装	重庆力帆实业(集团)有限公司	CN200520033637.7	CN2783293	2005.03.23	2006.05.24	G01L5/00(2006.01)I
352	鞋套的摩托车雨裤	陆　军	CN200520100911.8	CN2783784	2005.03.11	2006.05.31	A41D3/06(2006.01)I
353	摩托车可伸缩挡风玻璃	张霄波	CN200520101647.X	CN2784286	2005.04.18	2006.05.31	B62J17/04(2006.01)I
354	一种摩托车无级变速轮	张世栋	CN200520082393.1	CN2784304	2005.04.14	2006.05.31	9/08(2006.01)I
355	一种摩托车二次进气导入装置安装结构	重庆隆鑫工业(集团)有限公司	CN200520017295.X	CN2784592	2005.04.27	2006.05.31	F01N7/18(2006.01)I
356	中小排量摩托车发动机可变配气正时机构的自动控制装置	重庆大学	CN200520009295.5	CN2784596	2005.05.17	2006.05.31	F02D13/02(2006.01)I
357	化油器空燃比控制装置	南京金城机械有限公司	CN200520071174.3	CN2784599	2005.04.27	2006.05.31	F02M7/127(2006.01)I
358	摩托车固定喷管节能化油器	楼新龙	CN200520101482.6	CN2784600	2005.04.08	2006.05.31	F02M7/133(2006.01)I
359	摩托车离合器动力盘组件	重庆通盛机械工业有限公司	CN200520033561.8	CN2784659	2005.03.18	2006.05.31	F16D13/58(2006.01)I
360	摩托车电磁控制滑行缓冲体节油器	刘　杰	CN200520122613.9	CN2784662	2005.09.17	2006.05.31	F16D41/12(2006.01)I
361	摩托车轮辋	肖华荣	CN200420105339.X	CN2785892	2004.11.26	2006.06.07	B60B3/00(2006.01)I
362	三轮摩托车吊机盒减振装置	江苏宗申三轮摩托车制造有限公司	CN200520070886.3	CN2785902	2005.04.15	2006.06.07	B60K5/12(2006.01)I
363	新型摩托车安全靠背	詹建兵	CN200420061874.X	CN2785946	2004.11.01	2006.06.07	B62J1/28(2006.01)I
364	实用电热手套	刘振停	CN200520004487.7	CN2785951	2005.02.25	2006.06.07	B62J33/00(2006.01)I
365	油电混合摩托车	彭伏明	CN200420068754.2	CN2785956	2004.09.21	2006.06.07	B62K11/00(2006.01)I
366	摩托型动力车操纵手柄	张朝华	CN200520070895.2	CN2785963	2005.04.14	2006.06.07	B62K23/04(2006.01)I
367	摩托车防盗锁	邓石发	CN200520015655.2	CN2786260	2005.04.11	2006.06.07	E05B71/00(2006.01)I
368	摩托车离合器的凸轮盘挺杆体	陈炳林	CN200520009175.5	CN2786361	2005.04.20	2006.06.07	F16D23/12(2006.01)I
369	摩托车离合器	重庆通盛机械工业有限公司	CN200420105338.5	CN2786362	2004.11.26	2006.06.07	F16D43/14(2006.01)I
370	摩托车起动电机的传动齿轮副	付孜隽	CN200520033612.7	CN2786367	2005.03.22	2006.06.07	F16H1/06(2006.01)I
371	一种液力变矩器	广州市番禺华南摩托企业集团有限公司	CN200520056050.8	CN2786370	2005.03.24	2006.06.07	F16H41/04(2006.01)I
372	摩托车档位显示开关	湖南华峰电子集团有限公司	CN200520050821.2	CN2786765	2005.05.17	2006.06.07	H01H19/10(2006.01)I
373	摩托车平叉焊接用随行夹紧板	重庆宗申技术开发研究有限公司	CN200520009119.1	CN2787368	2005.04.06	2006.06.14	B23Q3/06(2006.01)I
374	四轮摩托车	韩克水	CN200420150578.7	CN2787495	2004.10.18	2006.06.14	B60K17/28(2006.01)I
375	带防抱死装置的摩托车前轮液压制动器	石　飚	CN200520095479.8	CN2787518	2005.03.10	2006.06.14	B60T8/00(2006.01)I
376	双座位摩托车跨斗	曾志诚	CN200520011500.1	CN2787559	2005.04.05	2006.06.14	B62K27/00(2006.01)I
377	一种摩托车后刹车杆	刘荣康	CN200520095979.1	CN2787560	2005.04.14	2006.06.14	B62L3/04(2006.01)I
378	摩托车电脑控制自动脚动两用换档装置	贡晓鹏	CN200420054039.3	CN2787564	2004.12.22	2006.06.14	B62M25/08(2006.01)I
379	装运摩托车用的纸栈板架	陈威达	CN200520055048.9	CN2787584	2005.02.28	2006.06.14	B65D19/34(2006.01)I
380	装运摩托车用的纸栈板架	陈威达	CN200520055049.3	CN2787585	2005.02.28	2006.06.14	B65D19/34(2006.01)I
381	气缸剪式摩托车修理台	傅勇刚	CN200520101282.0	CN2787635	2005.03.30	2006.06.14	B66F7/06(2006.01)I
382	单缸顶置整体式摩托车发动机汽缸头	重庆宗申技术开发研究有限公司	CN200520010812.0	CN2787845	2005.03.17	2006.06.14	F02F1/42(2006.01)I
383	单缸顶置分体式摩托车发动机汽缸头	重庆宗申技术开发研究有限公司	CN200520010813.5	CN2787846	2005.03.17	2006.06.14	F02F1/42(2006.01)I
384	一种双缸顶置整体式摩托车发动机汽缸头	重庆宗申技术开发研究有限公司	CN200520010814.X	CN2787847	2005.03.17	2006.06.14	F02F1/42(2006.01)I
385	单缸顶置整体式双排气道摩托车水冷发动机汽缸头	重庆宗申技术开发研究有限公司	CN200520033618.4	CN2787849	2005.03.22	2006.06.14	F02F1/42(2006.01)I
386	单缸下置式摩托车水冷发动机汽缸头	重庆宗申技术开发研究有限公司	CN200520033619.9	CN2787850	2005.03.22	2006.06.14	F02F1/42(2006.01)I

续表 2

序号	专利名称	申请人	申请号	公开号	申请日	公开日	主分类号
387	单缸下置式双排气道摩托车水冷发动机汽缸头	重庆宗申技术开发研究有限公司	CN200520033623.5	CN2787851	2005.03.22	2006.06.14	F02F1/42(2006.01)I
388	双缸水冷顶置分体式摩托车发动机汽缸头	重庆宗申技术开发研究有限公司	CN200520033628.8	CN2787853	2005.03.22	2006.06.14	F02F1/42(2006.01)I
389	一种摩托车节能小飞	杜　宏	CN200420086997.9	CN2787915	2004.08.08	2006.06.14	F16D41/30(2006.01)I
390	气囊式平衡减震器	重庆宗申技术开发研究有限公司	CN200520009293.6	CN2787919	2005.05.16	2006.06.14	F16F9/06(2006.01)I
391	摩托车分体链轮	王国辉	CN200420056279.7	CN2787935	2004.12.28	2006.06.14	F16H55/30(2006.01)I
392	一种脚套式双人摩托雨衣	金　伟	CN200520050952.0	CN2788583	2005.05.31	2006.06.21	A41D3/04(2006.01)I
393	安装在四轮摩托车上的收折担架	重庆建设摩托车股份有限公司	CN200520033720.4	CN2788781	2005.03.28	2006.06.21	A61G1/06(2006.01)I
394	摩托车铝轮校正机	高维忠	CN200520028461.6	CN2788923	2005.04.04	2006.06.21	B21D1/06(2006.01)I
395	摩托车标牌加工工装	重庆力帆实业(集团)有限公司	CN200520033456.4	CN2788929	2005.03.09	2006.06.21	B21D37/10(2006.01)I
396	三轮摩托车轴传动后桥总成	王文岭	CN200420011084.0	CN2789067	2004.06.18	2006.06.21	B60K17/16(2006.01)I
397	多功能摩托车后座架	金　波	CN200520089800.1	CN2789109	2005.03.22	2006.06.21	B62J1/28(2006.01)I
398	摩托车风挡挡杆装置	陈利强	CN200420113723.4	CN2789110	2004.12.23	2006.06.21	B62J27/00(2006.01)I
399	摩托车倒地保护报警器	王福东	CN200520082415.4	CN2789111	2005.04.16	2006.06.21	B62J27/00(2006.01)I
400	摩托车蓄电池防盗侧盖	徐家乐	CN200520057387.0	CN2789112	2005.04.17	2006.06.21	B62J39/00(2006.01)I
401	低座式摩托车	孙丽浩	CN200520023726.3	CN2789116	2005.03.29	2006.06.21	B62K11/00(2006.01)I
402	一种摩托车车架	重庆渝安创新科技(集团)有限公司	CN200520033180.X	CN2789118	2005.02.02	2006.06.21	B62K11/02(2006.01)I
403	两用燃料发动机后置式三轮摩托车车架	重庆市客车总厂	CN200520009281.3	CN2789125	2005.05.13	2006.06.21	B62M7/00(2006.01)I
404	一种纸制摩托车包装箱框架	江门市伯士特实业有限公司	CN200520056688.1	CN2789176	2005.04.02	2006.06.21	B65D85/68(2006.01)I
405	新型摩托车密码防盗锁	姜书国	CN200520108050.8	CN2789380	2005.05.19	2006.06.21	E05B71/00(2006.01)I
406	一种摩托车发动机凸轮顶杆式配气机构下摇臂	刘国杰	CN200520056777.6	CN2789418	2005.04.11	2006.06.21	F01L1/18(2006.01)I
407	摩托车发动机平衡轴润滑结构	江门天钇金属工业有限公司	CN200520056622.2	CN2789421	2005.04.08	2006.06.21	F01M9/06(2006.01)I
408	摩托车发动机尾气净化装置	江门天钇金属工业有限公司	CN200520057124.X	CN2789423	2005.04.18	2006.06.21	F01N3/30(2006.01)I
409	摩托车发动机尾气净化装置	江门天钇金属工业有限公司	CN200520057125.4	CN2789424	2005.04.18	2006.06.21	F01N3/30(2006.01)I
410	一种摩托车隔热消声器	毛书成	CN200520082843.7	CN2789427	2005.05.09	2006.06.21	F01N7/14(2006.01)I
411	摩托车储备水箱用盖子	重庆力帆实业(集团)有限公司	CN200520009255.0	CN2789429	2005.05.10	2006.06.21	F01P11/00(2006.01)I
412	一种摩托车发动机	重庆建设摩托车股份有限公司	CN200520033547.8	CN2789431	2005.03.18	2006.06.21	F02B23/00(2006.01)I
413	一种单缸水冷顶置分体式摩托车发动机气缸头	重庆宗申技术开发研究有限公司	CN200520033634.3	CN2789442	2005.03.22	2006.06.21	F02F1/42(2006.01)I
414	摩托车发动机曲轴箱	重庆建设摩托车股份有限公司	CN200520033548.2	CN2789444	2005.03.18	2006.06.21	F02F7/00(2006.01)I
415	摩托车发动机起动装置	江门天钇金属工业有限公司	CN200520057787.1	CN2789449	2005.04.30	2006.06.21	F02N3/04(2006.01)I
416	新型摩托车离合器操纵机构	江门天钇金属工业有限公司	CN200520055720.4	CN2789502	2005.03.18	2006.06.21	F16D23/14(2006.01)I
417	液压盘式制动器	陈晓东	CN200520071709.7	CN2789504	2005.05.11	2006.06.21	F16D65/20(2006.01)I
418	灯泡插座反光杯连体型摩托车灯	苏柏兴;霍敬荷	CN200520057293.3	CN2789580	2005.04.25	2006.06.21	F21S8/10(2006.01)I
419	摩托车活动式靠背	冯世威	CN200520025472.9	CN2790879	2005.03.24	2006.06.28	B62J1/28(2006.01)I
420	摩托车的置物箱	光阳工业股份有限公司	CN200520002681.1	CN2790881	2005.01.28	2006.06.28	B62J9/00(2006.01)I
421	摩托车驾驶仓	陈天孝	CN200520009314.4	CN2790884	2005.05.20	2006.06.28	B62J17/08(2006.01)I
422	小型摩托车	铃木株式会社	CN200420077188.1	CN2790890	2004.08.30	2006.06.28	B62K11/00(2006.01)I
423	摩托车后避震角度调整器	周桂予	CN200520011739.9	CN2790898	2005.04.12	2006.06.28	B62K25/04(2006.01)I
424	摩托车前后联合制动机构	中国嘉陵工业股份有限公司(集团)	CN200520033738.4	CN2790900	2005.03.30	2006.06.28	B62L3/08(2006.01)I
425	摩托车的顺倒档装置	胡可怀	CN200520009342.6	CN2790901	2005.05.25	2006.06.28	B62M11/00(2006.01)I

续表 2

序号	专利名称	申请人	申请号	公开号	申请日	公开日	主分类号
426	轻质框架式摩托车包装箱	张晓玲	CN200520009308.9	CN2790960	2005.05.19	2006.06.28	B65D85/68(2006.01)I
427	摩托车发动机配气凸轮的润滑结构	李咸星	CN200520041338.8	CN2791267	2005.05.08	2006.06.28	F01M9/10(2006.01)I
428	摩托车用四冲程油冷发动机	胡光宇	CN200520009187.8	CN2791269	2005.04.25	2006.06.28	F01P3/02(2006.01)I
429	摩托车机油冷却器	光阳工业股份有限公司	CN200420116681.X	CN2791273	2004.12.30	2006.06.28	F01P11/08(2006.01)I
430	一种电动控制化油器	西南师范大学	CN200520009298.9	CN2791284	2005.05.16	2006.06.28	F02M7/12(2006.01)I
431	一种摩托车发动机起动过桥齿轮轴	中国嘉陵工业股份有限公司(集团)	CN200520033261.X	CN2791290	2005.02.17	2006.06.28	F02N3/04(2006.01)I
432	摩托车移动触发器点火装置	万怀全	CN200520078719.3	CN2791293	2005.05.08	2006.06.28	F02P7/00(2006.01)I
433	摩托车发动机与汽油机泵的连接装置	姚代书	CN200520009277.7	CN2791309	2005.05.13	2006.06.28	F04D13/02(2006.01)I
434	C100、T110 型摩托车发动机增强型右曲柄	刘冬宪	CN200520009223.0	CN2791336	2005.04.29	2006.06.28	F16C3/08(2006.01)I
435	摩托车护腿	陈云玲	CN200520053710.7	CN2798638	2005.01.18	2006.07.26	A41D13/05(2006.01)I
436	摩托车、助动车防盗油门锁车把装置	施永海	CN200520039414.1	CN2799359	2005.02.01	2006.07.26	B62H5/00(2006.01)I
437	一种摩托车挡泥板	陈增智	CN200520081689.1	CN2799364	2005.03.24	2006.07.26	B62J15/04(2006.01)I
438	摩托车倒档器	王乐圣	CN200520009264.X	CN2799390	2005.05.10	2006.07.26	B62M11/00(2006.01)I
439	双排发动机二次补气结构	重庆隆鑫工业(集团)有限公司	CN200520011248.4	CN2799868	2005.03.30	2006.07.26	F01N3/34(2006.01)I
440	一种摩托车消声器	简顺好	CN200520058858.X	CN2799869	2005.05.31	2006.07.26	F01N7/18(2006.01)I
441	液化石油气电喷摩托车发动机气缸头结构	重庆隆鑫工业(集团)有限公司	CN200520001386.4	CN2799871	2005.01.24	2006.07.26	F02F1/24(2006.01)I
442	一种 100 型自动离合摩托车的离合器	重庆万坤摩托车配件有限公司	CN200520009453.7	CN2799970	2005.06.08	2006.07.26	F16D43/04(2006.01)I
443	一种 100 型电启动摩托车的离合器	重庆万坤摩托车配件有限公司	CN200520009454.1	CN2799971	2005.06.08	2006.07.26	F16D43/06(2006.01)I
444	摩托车电启动离合器	重庆通盛机械工业有限公司	CN200520009446.7	CN2799972	2005.06.08	2006.07.26	F16D43/08(2006.01)I
445	用于轻便摩托车/助力车的滑行节油器	韦　凯	CN200520069389.1	CN2792849	2005.03.02	2006.07.05	B60K17/26(2006.01)I
446	二轮车助推备轮	张春津	CN200420057501.5	CN2792909	2004.11.14	2006.07.05	B62H1/00(2006.01)I
447	摩托车、电动自行车或类似的二轮车停车支架	高　航	CN200520033645.1	CN2792910	2005.03.28	2006.07.05	B62H1/02(2006.01)I
448	一种摩托车前照灯系统安装结构	重庆隆鑫工业(集团)有限公司	CN200520016888.4	CN2792914	2005.04.18	2006.07.05	B62J6/02(2006.01)I
449	摩托车后侧挡泥板	高富强	CN200520034497.5	CN2792916	2005.06.15	2006.07.05	B62J15/04(2006.01)I
450	摩托车中央处理电子控制单元的配置装置	光阳工业股份有限公司	CN200520012093.6	CN2792917	2005.04.05	2006.07.05	B62J39/00(2006.01)I
451	一种摩托车前装饰罩连接结构	重庆隆鑫工业(集团)有限公司	CN200520016889.9	CN2792918	2005.04.18	2006.07.05	B62J39/00(2006.01)I
452	摩托车车架斜撑管的连接结构	重庆隆鑫工业(集团)有限公司	CN200520016886.5	CN2792928	2005.04.18	2006.07.05	B62K19/20(2006.01)I
453	一种摩托车边斗连接组件	张艺迈	CN200520024096.1	CN2792932	2005.05.18	2006.07.05	B62K27/12(2006.01)I
454	无油杯对称式摩托车液压制动泵	陈光华	CN200520008224.3	CN2792935	2005.03.13	2006.07.05	B62L3/02(2006.01)I
455	两轮摩托车的电动倒车装置	重庆建设摩托车股份有限公司	CN200520009320.X	CN2792937	2005.05.23	2006.07.05	B62M11/00(2006.01)I
456	三轮摩托车倒顺机构	岳修贵;武开金	CN200520030676.1	CN2792938	2005.05.12	2006.07.05	B62M11/00(2006.01)I
457	环保型单缸双排摩托车发动机气缸头	广州天马集团天马摩托车有限公司	CN200520057772.5	CN2793339	2005.04.30	2006.07.05	F01N3/30(2006.01)I
458	摩托车排气消声器	重庆建设摩托车股份有限公司	CN200520009366.1	CN2793340	2005.05.30	2006.07.05	F01N7/18(2006.01)I
459	加强型消声器	重庆隆鑫工业(集团)有限公司	CN200520011766.6	CN2793341	2005.04.12	2006.07.05	F01N7/18(2006.01)I
460	多功能节能汽油发动机	杨成元	CN200520032778.7	CN2793349	2005.01.08	2006.07.05	F02F1/22(2006.01)I

续表 2

序号	专利名称	申请人	申请号	公开号	申请日	公开日	主分类号
461	摩托车多点式电子触发器点火装置	万怀全	CN200520078720.6	CN2793359	2005.05.08	2006.07.05	F02P7/00(2006.01)I
462	摩托车振动实验用传感器连接座	重庆建设摩托车股份有限公司	CN200520009365.7	CN2793714	2005.05.30	2006.07.05	G01M7/02(2006.01)I
463	摩托车、电动自行车双脚车撑架的改良结构	傅理平	CN200520101209.3	CN2794988	2005.03.28	2006.07.12	B62H1/02(2006.01)I
464	带有自动断电装置的摩托车、电动自行车斜支撑脚	傅理平	CN200520101210.6	CN2794989	2005.03.28	2006.07.12	B62H1/02(2006.01)I
465	带平衡机构的摩托车	罗庆顶	CN200520032926.5	CN2794990	2005.01.18	2006.07.12	B62H1/10(2006.01)I
466	安装于齿轮箱的摩托车密码锁	吴惠祥	CN200520096606.6	CN2794992	2005.05.29	2006.07.12	B62H5/00(2006.01)I
467	摩托车用箱包	姜根华	CN200420114937.3	CN2794996	2004.12.28	2006.07.12	B62J9/00(2006.01)I
468	简易车辆防护罩	蒋祖康	CN200520102308.3	CN2795000	2005.05.20	2006.07.12	B62J19/00(2006.01)I
469	摩托车后搁脚装置	重庆力帆实业(集团)有限公司	CN200520009260.1	CN2795001	2005.05.10	2006.07.12	B62J25/00(2006.01)I
470	摩托车安全保护装置	陈东宁	CN200420005051.5	CN2795002	2004.02.21	2006.07.12	B62J27/00(2006.01)I
471	摩托车车架	厦门厦杏摩托有限公司	CN200520057352.7	CN2795010	2005.04.14	2006.07.12	B62K11/02(2006.01)I
472	带护管的摩托车方向把	重庆力帆实业(集团)有限公司	CN200520009101.1	CN2795015	2005.04.06	2006.07.12	B62K21/12(2006.01)I
473	摩托车的左握把旋转操纵控制机构	伍本银	CN200520009341.1	CN2795017	2005.05.25	2006.07.12	B62K23/02(2006.01)I
474	摩托车后减震摇臂	重庆力帆实业(集团)有限公司	CN200520009257.X	CN2795019	2005.05.10	2006.07.12	B62K25/04(2006.01)I
475	摩托车前轮双碟刹制动机构	洛阳北方易初摩托车有限公司	CN200520030939.9	CN2795020	2005.06.10	2006.07.12	B62L1/00(2006.01)I
476	温度可测式机油尺	张国强	CN200520019856.X	CN2795451	2005.05.01	2006.07.12	F01M11/10(2006.01)I
477	水冷摩托车用储备水箱	重庆力帆实业(集团)有限公司	CN200520009256.5	CN2795454	2005.05.10	2006.07.12	F01P11/00(2006.01)I
478	摩托车空气滤清器的入气口装置	厦门厦杏摩托有限公司	CN200520058464.4	CN2795464	2005.05.13	2006.07.12	F02M35/08(2006.01)I
479	摩托车气压平衡管	重庆力帆实业(集团)有限公司	CN200520009258.4	CN2795465	2005.05.10	2006.07.12	F02M35/104(2006.01)I
480	一种摩托车防盗报警点火器	蔡智明	CN200420009403.4	CN2795474	2004.09.30	2006.07.12	F02P11/04(2006.01)I
481	熄火控制器	蔡忠宝	CN200420103141.8	CN2795475	2004.12.29	2006.07.12	F02P11/04(2006.01)I
482	带外装饰环灯罩的摩托车转向灯	苏柏兴;霍敬荷	CN200520059876.X	CN2795643	2005.06.17	2006.07.12	F21V3/00(2006.01)I
483	摩托车侧支架开关限位块	重庆力帆实业(集团)有限公司	CN200520009262.0	CN2796051	2005.05.10	2006.07.12	H01H3/16(2006.01)I
484	摩托车定位防盗锁	龙志强	CN200520023878.3	CN2797166	2005.04.20	2006.07.19	B62H3/00(2006.01)I
485	摩托车坐垫	黄柏松	CN200520025996.8	CN2797168	2005.05.24	2006.07.19	B62J1/20(2006.01)I
486	摩托车分体式方向把	万　迅	CN200520009211.8	CN2797182	2005.04.28	2006.07.19	B62K21/12(2006.01)I
487	摩托车链条张紧装置	重庆宗申技术开发研究有限公司	CN200520009393.9	CN2797191	2005.06.01	2006.07.19	B62M9/16(2006.01)I
488	三轮摩托车的倒档副变速箱	罗　松	CN200520034107.4	CN2797192	2005.04.30	2006.07.19	B62M11/00(2006.01)I
489	摩托车二级变速装置	胡　勇	CN200520006167.5	CN2797194	2005.06.09	2006.07.19	B62M11/06(2006.01)I
490	正三轮摩托车轴传动后桥变速器	陈辉明	CN200520009405.8	CN2797196	2005.06.02	2006.07.19	B62M11/10(2006.01)I
491	可折叠的摩托车包装箱	重庆宗申技术开发研究有限公司	CN200520009201.4	CN2797255	2005.04.25	2006.07.19	B65D85/68(2006.01)I
492	可折叠的摩托车包装箱	重庆宗申技术开发研究有限公司	CN200520009202.9	CN2797256	2005.04.25	2006.07.19	B65D85/68(2006.01)I
493	可折叠的摩托车包装箱	重庆宗申技术开发研究有限公司	CN200520009203.3	CN2797257	2005.04.25	2006.07.19	B65D85/68(2006.01)I
494	一种踏板摩托车加油器	许自淙	CN200520041105.8	CN2797336	2005.04.20	2006.07.19	B67D5/04(2006.01)I
495	循环式摩托车停车塔	林平升	CN200520018506.1	CN2797519	2005.05.12	2006.07.19	E04H6/18(2006.01)I
496	摩托车发动机凸轮轴总成	翁光敏	CN200520009458.X	CN2797642	2005.06.09	2006.07.19	F01L1/047(2006.01)I
497	摩托车发动机补偿供油汽缸	翁光敏	CN200520009511.6	CN2797656	2005.06.20	2006.07.19	F02F1/00(2006.01)I
498	电动分控式化油器	西南师范大学	CN200520009297.4	CN2797660	2005.05.16	2006.07.19	F02M7/12(2006.01)I
499	摩托车用降噪防水空气滤清器	何承中	CN200520009296.X	CN2797666	2005.05.16	2006.07.19	F02M35/14(2006.01)I
500	摩托车发动机防盗连接装置	蒋富强	CN200520009410.9	CN2797727	2005.06.03	2006.07.19	F16B41/00(2006.01)I

续表 2

序号	专利名称	申请人	申请号	公开号	申请日	公开日	主分类号
501	摩托车前脚踏板检测装置	重庆宗申技术开发研究有限公司	CN200520009369.5	CN2798036	2005.05.31	2006.07.19	G01B5/02(2006.01)I
502	电热护膝	李恩林	CN200520107843.8	CN2800841	2005.06.01	2006.08.02	A41D13/06(2006.01)I
503	摩托车轮胎破漏补救装置	武汉化工学院	CN200520096626.3	CN2801520	2005.06.03	2006.08.02	B60B11/10(2006.01)I
504	三轮摩托车直驱动两速后桥装置	秦 瑜;陈开银	CN200520009318.2	CN2801540	2005.05.23	2006.08.02	B60K17/06(2006.01)I
505	摩托车前灯支架	重庆隆鑫工业(集团)有限公司	CN200520009013.1	CN2801602	2005.03.24	2006.08.02	B62J6/02(2006.01)I
506	具有座垫功能的摩托车尾箱	重庆隆鑫工业(集团)有限公司	CN200520110442.8	CN2801604	2005.06.23	2006.08.02	B62J9/00(2006.01)I
507	摩托车挡风装置	冯 日	CN200520009301.7	CN2801605	2005.05.18	2006.08.02	B62J17/04(2006.01)I
508	一种摩托车挡风板	苏伟华	CN200520084722.6	CN2801606	2005.06.28	2006.08.02	B62J17/04(2006.01)I
509	摩托车侧盖	重庆力帆实业(集团)有限公司	CN200520009409.6	CN2801607	2005.06.03	2006.08.02	B62J23/00(2006.01)I
510	开窗式摩托车导风罩	朱英声	CN200520102289.4	CN2801608	2005.05.17	2006.08.02	B62J23/00(2006.01)I
511	利用酒蒸汽加热的摩托车保健御寒装置	薛昌略	CN200520097052.1	CN2801609	2005.06.30	2006.08.02	B62J33/00(2006.01)I
512	分体式摩托车油箱	重庆隆鑫工业(集团)有限公司	CN200520110441.3	CN2801610	2005.06.23	2006.08.02	B62J35/00(2006.01)I
513	摩托车转向减震器	重庆渝安创新科技(集团)有限公司	CN200520009566.7	CN2801621	2005.07.01	2006.08.02	K21/08(2006.01)I
514	一种可调刚度悬挂结构	栾正德	CN200420074345.3	CN2801624	2004.06.30	2006.08.02	B62K25/04(2006.01)I
515	一种摩托车排气筒防护罩	陈金怀	CN200520024345.7	CN2801625	2005.06.24	2006.08.02	B62K27/10(2006.01)I
516	四轮摩托车倒档操纵机构	重庆力帆实业(集团)有限公司	CN200520009375	CN2801626	2005.05.31	2006.08.02	B62M25/04(2006.01)I
517	摩托车发动机配气凸轮的轴套	李咸星	CN200520102883.3	CN2802094	2005.06.13	2006.08.02	F01M9/10(2006.01)I
518	摩托车发动机汽缸头	重庆力帆实业(集团)有限公司	CN200520009484.2	CN2802103	2005.06.16	2006.08.02	F02F1/42(2006.01)I
519	摩托车发动机怠速调节装置	重庆力帆实业(集团)有限公司	CN200520009412.8	CN2802105	2005.06.03	2006.08.02	F02M3/08(2006.01)I
520	摩托车电喷供油系统的油温控制装置	浙江钱江摩托股份有限公司	CN200520072957.3	CN2802108	2005.06.22	2006.08.02	F02M31/20(2006.01)I
521	摩托车发动机用磁电机转子	翁光敏	CN200520009510.1	CN2802110	2005.06.20	2006.08.02	F02P1/02(2006.01)I
522	摩托车离合器的耐磨中心套组合	伍怀秋	CN200520033729.5	CN2802180	2005.03.30	2006.08.02	F16D13/52(2006.01)I
523	多用途报警器开关装置	张华卓	CN200520058488.X	CN2802606	2005.05.24	2006.08.02	G08B21/00(2006.01)I
524	摩托车用风冷式磁电机转子	重庆吉力芸峰实业(集团)有限公司	CN200520009312.5	CN2802819	2005.05.19	2006.08.02	H02K1/32(2006.01)I
525	摩托车的电动式中柱支撑装置	陈靖东	CN200520005988.7	CN2803868	2005.03.18	2006.08.09	B62H1/00(2006.01)I
526	摩托车防盗装置	朱锦华	CN200520051347.5	CN2803871	2005.07.07	2006.08.09	B62H5/00(2006.01)I
527	摩托车前轮液压刹车片防护罩	黄政民	CN200520051216.7	CN2803879	2005.06.24	2006.08.09	B62J23/00(2006.01)I
528	摩托车发动机用开关定位套	何富林	CN200520009266.9	CN2803880	2005.05.11	2006.08.09	B62J39/00(2006.01)I
529	一种摩托车后轮刹车踏杆	陈 佳	CN200520050310	CN2803912	2005.02.17	2006.08.09	B62L3/04(2006.01)I
530	一种摩托车的制动系统	伍本银	CN200520009588.3	CN2803913	2005.07.08	2006.08.09	B62L3/08(2006.01)I
531	轻便型断开式驱动桥	刘亚飞	CN200520030672.3	CN2803914	2005.05.13	2006.08.09	B62M9/00(2006.01)I
532	摩托车换档自动回油装置	蒋富强	CN200520009413.2	CN2804401	2005.06.03	2006.08.09	F02D11/02(2006.01)I
533	转向锁止防盗试验装置	南京金城机械有限公司	CN200520073638.4	CN2804839	2005.07.15	2006.08.09	G01M19/00(2006.01)I
534	电动摩托车电源	殷国亮	CN200520070472	CN2805105	2005.04.04	2006.08.09	H01M10/42(2006.01)I
535	摩托车座垫锁	重庆力帆实业(集团)有限公司	CN200520009630.1	CN2806273	2005.07.18	2006.08.16	B62J1/12(2006.01)I
536	警用摩托车后货架	重庆力帆实业(集团)有限公司	CN200520009536.6	CN2806275	2005.06.24	2006.08.16	B62J7/04(2006.01)I
537	摩托车前货架	重庆力帆实业(集团)有限公司	CN200520009376.5	CN2806276	2005.06.01	2006.08.16	B62J7/06(2006.01)I
538	摩托车排气消声器防护罩	重庆力帆实业(集团)有限公司	CN200520009522.4	CN2806278	2005.06.23	2006.08.16	B62J23/00(2006.01)I
539	摩托车前照灯护罩	重庆力帆实业(集团)有限公司	CN200520009577.5	CN2806279	2005.07.05	2006.08.16	B62J23/00(2006.01)I
540	摩托车踏板载物架	建设工业(集团)有限责任公司	CN200520009476.8	CN2806280	2005.06.14	2006.08.16	B62J25/00(2006.01)I
541	两轮摩托车的倒车装置	重庆建设摩托车股份有限公司	CN200520009321.4	CN2806296	2005.05.23	2006.08.16	B62M11/00(2006.01)I

续表 2

序号	专利名称	申请人	申请号	公开号	申请日	公开日	主分类号
542	摩托车发动机的提升式配气机构	重庆建设摩托车股份有限公司	CN200520009518.8	CN2806773	2005.06.22	2006.08.16	F01L1/047(2006.01)I
543	摩托车无机油自动熄火装置	李劲飞	CN200520030903	CN2806777	2005.06.06	2006.08.16	F01M11/12(2006.01)I
544	摩托车排气消音管热能利用装置	陈友华	CN200520041598.5	CN2806784	2005.05.17	2006.08.16	F01N5/02(2006.01)I
545	电喷摩托车节气门阀	重庆力帆实业(集团)有限公司	CN200520009449	CN2806791	2005.06.08	2006.08.16	F02D9/10(2006.01)I
546	摩托车油门、刹车智能电起动控制器	陈小波	CN200520009648.1	CN2806793	2005.07.20	2006.08.16	F02D11/10(2006.01)I
547	摩托车发动机的汽缸	重庆建设摩托车股份有限公司	CN200520009517.3	CN2806795	2005.06.22	2006.08.16	F02F1/00(2006.01)I
548	摩托车用空气滤清器	重庆力帆实业(集团)有限公司	CN200520009523.9	CN2806802	2005.06.23	2006.08.16	F02M35/024(2006.01)I
549	一种普通润滑型摩托车用控制拉索	夏永超	CN200520115301.5	CN2806860	2005.07.22	2006.08.16	F16C1/00(2006.01)I
550	一种润滑型摩托车用控制拉索	夏永超	CN200520109221.9	CN2806861	2005.05.30	2006.08.16	F16C1/10(2006.01)I
551	一种摩托车发动机排档机构	刘国杰	CN200520060428.1	CN2806895	2005.06.28	2006.08.16	F16H63/32(2006.01)I
552	近程远程双灯组合式摩托车前大灯	苏柏兴;霍敬荷	CN200520053215.6	CN2806978	2005.01.05	2006.08.16	F21S8/10(2006.01)I
553	全天候摩托车头盔	黄　华	CN200520058777.X	CN2807838	2005.05.26	2006.08.23	A42B3/20(2006.01)I
554	发动机连杆拆卸装置	重庆宗申技术开发研究有限公司	CN200520009391.X	CN2808454	2005.06.01	2006.08.23	B25B27/06(2006.01)I
555	车轮无抱死安全刹车装置	张少华	CN200520082779.2	CN2808675	2005.04.26	2006.08.23	B60T17/08(2006.01)I
556	一种踏板摩托车前照灯和仪表总成	重庆宗申技术开发研究有限公司	CN200520009677.8	CN2808698	2005.07.26	2006.08.23	B62J6/02(2006.01)I
557	摩托车	铃木汽车株式会社	CN200520112806.6	CN2808706	2005.07.14	2006.08.23	B62K11/00(2006.01)I
558	具有可变换位置的摩托车、电动车后轮减震装置	朱留宝	CN200520070279.7	CN2808715	2005.03.29	2006.08.23	B62K25/04(2006.01)I
559	摩托车倒置式前减震装置	重庆渝安创新科技(集团)有限公司	CN200520009672.5	CN2808716	2005.07.25	2006.08.23	B62K25/08(2006.01)I
560	摩托车倒置式前减震器	重庆渝安创新科技(集团)有限公司	CN200520009673.X	CN2808717	2005.07.25	2006.08.23	B62K25/08(2006.01)I
561	一种改进结构的摩托车发动机正时凸轮轴	翁光敏	CN200520009749.9	CN2809224	2005.08.05	2006.08.23	F01L1/047(2006.01)I
562	摩托车发动机上摇臂推杆组合	重庆宗申技术开发研究有限公司	CN200520009662.1	CN2809225	2005.07.24	2006.08.23	F01L1/12(2006.01)I
563	摩托车凸轮轴系统配用的顶筒	何富林	CN200520033553.3	CN2809226	2005.03.18	2006.08.23	F01L1/14(2006.01)I
564	摩托车发动机轴承式气门摇臂	重庆望江铃木发动机有限公司	CN200520009684.8	CN2809227	2005.07.27	2006.08.23	F01L1/18(2006.01)I
565	摩托车排气管热能利用装置	陈友华	CN200520041599.X	CN2809236	2005.05.17	2006.08.23	F01N5/02(2006.01)I
566	一种摩托车换档自动回油装置	蒋富强	CN200520009775.1	CN2809240	2005.08.12	2006.08.23	F02D11/02(2006.01)I
567	带转向侧组合灯罩的摩托车转向灯	苏柏兴;霍敬荷	CN200520059918.X	CN2809420	2005.06.20	2006.08.23	F21V3/00(2006.01)I
568	摩托车油箱检测装置	重庆宗申技术开发研究有限公司	CN200520009370.8	CN2809587	2005.05.31	2006.08.23	G01B5/00(2006.01)I
569	摩托车坐垫锁具耐久性能检测装置		CN200520009654.7	CN2809620	2005.07.22	2006.08.23	G01M13/00(2006.01)I
570	摩托车坐垫耐磨性能检测装置	重庆宗申技术开发研究有限公司	CN200520009656.6	CN2809628	2005.07.22	2006.08.23	G01N3/56(2006.01)I
571	摩托车的后轮轴安装定位结构	重庆隆鑫工业(集团)有限公司	CN200520009730.4	CN2811037	2005.08.04	2006.08.30	B60B35/18(2006.01)I
572	摩托车座垫储物箱	谭洪武	CN200520051024.6	CN2811121	2005.06.07	2006.08.30	B62J9/00(2006.01)I
573	摩托车链条防脱落装置	巫连军	CN200520034987.5	CN2811123	2005.08.01	2006.08.30	B62J13/00(2006.01)I

续表 2

序号	专利名称	申请人	申请号	公开号	申请日	公开日	主分类号
574	摩托车保险杠	重庆劲隆科技(集团)有限公司	CN200520009383.5	CN2811127	2005.06.01	2006.08.30	B62J27/00(2006.01)I
575	摩托车余热暖手器	吴小强	CN200420113797.8	CN2811128	2004.12.27	2006.08.30	B62J33/00(2006.01)I
576	一种摩托车防震车架	吕清波	CN200520103176.6	CN2811135	2005.08.01	2006.08.30	B62K11/04(2006.01)I
577	一种盘式制动器连接支架和使用这种支架的连接结构	重庆隆鑫工业(集团)有限公司	CN200520009693.7	CN2811143	2005.07.28	2006.08.30	B62L1/00(2006.01)I
578	摩托车的后制动器摇臂	重庆振华制动器有限公司	CN200520009835.X	CN2811145	2005.08.23	2006.08.30	B62L3/08(2006.01)I
579	一种摩托车变档装置	浙江钱江摩托股份有限公司	CN200520072933.8	CN2811154	2005.06.21	2006.08.30	B62M25/06(2006.01)I
580	摩托车发动机机油滤清器壳体	重庆隆鑫工业(集团)有限公司	CN200520009640.5	CN2811574	2005.07.19	2006.08.30	F01M11/03(2006.01)I
581	摩托车用低噪声空气滤清器	何承中	CN200520009346.4	CN2811583	2005.05.25	2006.08.30	F02M35/14(2006.01)I
582	女装摩托车小孩备用座垫	梁光政	CN200520097288.5	CN2813422	2005.07.20	2006.09.06	B62J1/28(2006.01)I
583	摩托车挡泥板	邹建辉	CN200520058666.9	CN2813424	2005.05.23	2006.09.06	B62J15/04(2006.01)I
584	两轮摩托车车篷	周启洪	CN200520200133.X	CN2813425	2005.03.07	2006.09.06	B62J17/00(2006.01)I
585	设有平衡装置的新型车	刘其文	CN200520070152.5	CN2813436	2005.03.24	2006.09.06	B62K17/00(2006.01)I
586	摩托车链轮	刘绍全	CN200520051642.0	CN2813440	2005.08.08	2006.09.06	B62M9/00(2006.01)I
587	摩托车的倒车停车动力辅助结构	雍景杰	CN200520025581.0	CN2813443	2005.04.13	2006.09.06	B62M23/00(2006.01)I
588	摩托车感应卡电子防盗锁	王学永	CN200520014119.0	CN2813807	2005.08.17	2006.09.06	E05B49/00(2006.01)I
589	改进式摩托车直流点火器	庄景阳	CN200520056370.3	CN2813910	2005.03.23	2006.09.06	F02P3/04(2006.01)I
590	一种弹推滑杆式超越离合器装置	梁羽翔	CN200520078462.1	CN2813992	2005.03.16	2006.09.06	F16D41/06(2006.01)I
591	一种带倒档的差速箱	济南微涛科技有限责任公司	CN200520085730.2	CN2814027	2005.07.22	2006.09.06	F16H48/24(2006.01)I
592	摩托车稳压增流充电器	许通车	CN200520096318.0	CN2814767	2005.05.10	2006.09.06	H02J7/14(2006.01)I
593	轮胎防扎两用装置	国生光	CN200520104998.6	CN2815783	2005.08.08	2006.09.13	B60R19/54(2006.01)I
594	摩托车液压脚架	郑杰文	CN200520009594.9	CN2815825	2005.07.08	2006.09.13	B62H1/00(2006.01)I
595	一种摩托车(电动车)自动支架	王达敬	CN200520031652.8	CN2815826	2005.08.23	2006.09.13	B62H3/00(2006.01)I
596	水冷式摩托车散热器面罩	重庆力帆实业(集团)有限公司	CN200520009626.5	CN2815840	2005.07.18	2006.09.13	B62J23/00(2006.01)I
597	摩托车防撞前搁脚踏板总成	重庆力帆实业(集团)有限公司	CN200520009580.7	CN2815841	2005.07.06	2006.09.13	B62J25/00(2006.01)I
598	摩托车二次进气控制阀安装支架	重庆力帆实业(集团)有限公司	CN200520009485.7	CN2815842	2005.06.16	2006.09.13	B62J39/00(2006.01)I
599	多功能三轮车车厢	江 坤	CN200520086638.8	CN2815846	2005.08.26	2006.09.13	B62K7/00(2006.01)I
600	摩托车转向装置	重庆力帆实业(集团)有限公司	CN200520009634.X	CN2815852	2005.07.18	2006.09.13	B62K21/12(2006.01)I
601	摩托车离合制动手控操纵器	张应康	CN200520009887.7	CN2815853	2005.09.02	2006.09.13	B62K23/02(2006.01)I
602	摩托车后减震装置	刘 芳	CN200520062370.4	CN2815854	2005.08.04	2006.09.13	B62K25/04(2006.01)I
603	一种摩托车后制动器	刘建平	CN200520008393.7	CN2815855	2005.03.21	2006.09.13	B62L1/02(2006.01)I
604	摩托车液压同步刹车装置	黄文年	CN200520083069.1	CN2815857	2005.05.12	2006.09.13	B62L3/08(2006.01)I
605	摩托车发动机吊架	刘 芳	CN200520060337.8	CN2815860	2005.06.28	2006.09.13	B62M7/02(2006.01)I
606	一种摩托车发动机变速操纵机构	中国嘉陵工业股份有限公司(集团)	CN200520009199.0	CN2815867	2005.04.25	2006.09.13	B62M25/02(2006.01)I
607	一种用于摩托车的电控倒档器	重庆川渝精工机械配件开发有限公司	CN200520009548.9	CN2815868	2005.06.27	2006.09.13	B62M25/08(2006.01)I
608	摩托车尾气净化用二次进气装置	桂林利凯特催化剂有限责任公司	CN200520034647.2	CN2816378	2005.06.24	2006.09.13	F01N3/30(2006.01)I
609	摩托车排气管热能利用装置	陈友华	CN200520041597.0	CN2816379	2005.05.17	2006.09.13	F01N5/02(2006.01)I
610	电喷摩托车水温检测装置的盖体	重庆力帆实业(集团)有限公司	CN200520009426.X	CN2816380	2005.06.06	2006.09.13	F01P11/16(2006.01)I
611	摩托车发动机离合器板	中国嘉陵工业股份有限公司(集团)	CN200520009870.1	CN2816469	2005.08.30	2006.09.13	F16D13/60(2006.01)I

续表 2

序号	专利名称	申请人	申请号	公开号	申请日	公开日	主分类号
612	摩托车发动机离合器主动齿轮组件	中国嘉陵工业股份有限公司(集团)	CN200520009869.9	CN2816473	2005.08.30	2006.09.13	F16D23/14(2006.01)I
613	逆向拉式减震器	张玉昌	CN200520027095.2	CN2816481	2005.08.23	2006.09.13	F16F7/00(2006.01)I
614	可调式无级变速传动装置	孙文胜	CN200520084503.8	CN2816495	2005.06.24	2006.09.13	F16H13/10(2006.01)I
615	摩托车转向锁止防盗检测工装	重庆力帆实业(集团)有限公司	CN200520009576.0	CN2816777	2005.07.05	2006.09.13	G01L3/00(2006.01)I
616	摩托车发动机起动杆弹簧疲劳试验装置	重庆力帆实业(集团)有限公司	CN200520009496.5	CN2816782	2005.06.20	2006.09.13	G01M13/00(2006.01)I
617	一种摩托车启动电机	翁光敏	CN200520009840.0	CN2817190	2005.08.23	2006.09.13	H02K5/16(2006.01)I
618	车架总成焊接生产线	重庆宗申技术开发研究有限公司	CN200520122052.2	CN2818054	2005.09.27	2006.09.20	B23K37/00(2006.01)I
619	摩托车轮胎充气装置	司兴建	CN200520085683.1	CN2818252	2005.07.31	2006.09.20	B60S5/04(2006.01)I
620	一种摩托车专用伞	黄常伟;李廷明	CN200520009701.8	CN2818290	2005.07.29	2006.09.20	B62J17/00(2006.01)I
621	摩托车用折叠式晴雨棚	于荆洲	CN200520115375.9	CN2818291	2005.07.30	2006.09.20	B62J17/00(2006.01)I
622	四轮摩托车	刘再国	CN200520009919.3	CN2818299	2005.09.09	2006.09.20	B62K11/00(2006.01)I
623	新型机动三轮摩托车	于守臣	CN200520086007.6	CN2818302	2005.08.04	2006.09.20	B62K11/00(2006.01)I
624	摩托车前轮系减震结构	重庆宗申技术开发研究有限公司	CN200520018822.9	CN2818316	2005.05.24	2006.09.20	B62K25/08(2006.01)I
625	可重复使用的摩托车包装箱	重庆宗申技术开发研究有限公司	CN200520009617.6	CN2818381	2005.07.13	2006.09.20	B65D85/68(2006.01)I
626	防撬U形摩托车锁	傅令福	CN200520059582.7	CN2818709	2005.06.08	2006.09.20	E05B71/00(2006.01)I
627	摩托车润滑油压指示器	周志民	CN200520105421.7	CN2818800	2005.08.11	2006.09.20	F01M1/20(2006.01)I
628	消音管热能利用装置	陈友华	CN200520075629.9	CN2818813	2005.09.12	2006.09.20	F01N5/02(2006.01)I
629	摩托车离合器单面摩擦盘	重庆通盛机械工业有限公司	CN200520009993.5	CN2818901	2005.09.23	2006.09.20	F16D13/60(2006.01)I
630	一种摩托车用自动离合器	宋战修	CN200520119080.9	CN2818902	2005.09.16	2006.09.20	F16D41/32(2006.01)I
631	摩托车、自行车雨伞	李全解	CN200520063599.X	CN2819890	2005.08.23	2006.09.27	A45B23/00(2006.01)I
632	摩托车滑行板	李思华	CN200420102660.2	CN2820646	2006.02.10	2006.09.27	B62B3/10(2006.01)I
633	摩托车控制导线的防盗装置	光阳工业股份有限公司	CN200520109142.8	CN2820665	2005.06.27	2006.09.27	B62H5/00(2006.01)I
634	摩托车传动链自动润滑装置	詹建兵	CN200520017432.X	CN2820673	2005.04.14	2006.09.27	B62J31/00(2006.01)I
635	摩托车链传动副润滑装置	文　兴	CN200520034800.1	CN2820674	2005.07.08	2006.09.27	B62J31/00(2006.01)I
636	一种摩托车车架	欧阳志尧	CN200520062008.7	CN2820685	2005.07.29	2006.09.27	B62K11/02(2006.01)I
637	摩托车发动机三级自动挡变速装置	重庆东本工业有限责任公司	CN200520009535.1	CN2820697	2005.06.24	2006.09.27	B62M11/04(2006.01)I
638	三轮摩托车冷却装置	杨　放	CN200520009665.5	CN2821177	2005.07.22	2006.09.27	F01P11/00(2006.01)I
639	适于摩托车和通用汽油机发动机的低污染排放环保气缸头	重庆擎天铝业有限公司	CN200520009600.0	CN2821183	2005.07.09	2006.09.27	F02F1/42(2006.01)I
640	摩托车数码限速点火器	揭阳市明珠机车配件有限公司	CN200520064681.4	CN2821190	2005.09.14	2006.09.27	F02P5/15(2006.01)I
641	摩托车发动机两级自动变速装置	重庆东本工业有限责任公司	CN200520009534.7	CN2821281	2005.06.24	2006.09.27	F16H3/10(2006.01)I
642	一种改进型摩托车点火锁	陈祥杰	CN200520112514.2	CN2821840	2005.06.30	2006.09.27	H01H27/00(2006.01)I
643	摩托车防盗电门锁及其钥匙	谢新创	CN200520097823.7	CN2821841	2005.08.25	2006.09.27	H01H27/06(2006.01)I
644	摩托车的横向稳定装置	朱顺林	CN200420009589.3	CN2823096	2004.10.06	2006.10.04	B62K11/00(2006.01)I
645	三座两轮摩托车	齐青格力	CN200520106764.5	CN2823098	2005.08.23	2006.10.04	B62K11/00(2006.01)I
646	摩托车	李家松	CN200520127943.7	CN2823099	2005.09.28	2006.10.04	B62K11/00(2006.01)I
647	摩托车两用加油手柄	王　刚	CN200520118393.2	CN2823102	2005.09.12	2006.10.04	B62K23/04(2006.01)I
648	用于摩托车刹车系统的液压歧管装置	光阳工业股份有限公司	CN200520113036.7	CN2823103	2005.07.19	2006.10.04	B62L3/00(2006.01)I
649	摩托车前轮锁定装置	朱东马	CN200520104064.2	CN2823476	2005.08.18	2006.10.04	E05B71/00(2006.01)I
650	摩托车二次燃烧阀	蒋有成	CN200520060730.7	CN2823567	2005.06.30	2006.10.04	F01N3/30(2006.01)I
651	一种可拆卸触媒摩托车排气消声器装置	洛阳北方企业集团有限公司	CN200520031371.2	CN2823569	2005.07.28	2006.10.04	F01N7/18(2006.01)I

续表 2

序号	专利名称	申请人	申请号	公开号	申请日	公开日	主分类号
652	燃气摩托车/助动车燃气混合装置中的燃气进气控制阀	海箭冠车业有限公司;许德顺	CN200420037075.9	CN2823579	2004.07.01	2006.10.04	F02M21/04(2006.01)I
653	一种凸轮轴链轮	何富林	CN200520009935.2	CN2823690	2005.09.12	2006.10.04	F16H55/30(2006.01)I
654	带行车指示灯的摩托车转向灯	周永忠	CN200520063759.0	CN2823796	2005.08.31	2006.10.04	F21S8/10(2006.01)I
655	一种轮毂带装饰盖的摩托车车轮	王　飞	CN200520033012.0	CN2825327	2005.01.28	2006.10.11	B60B7/02(2006.01)I
656	一种摩托车电子自动锁	王胜帝	CN200520097055.5	CN2825412	2005.06.28	2006.10.11	B62H5/00(2006.01)I
657	摩托车金属车箱	彭旭明	CN200520067995.X	CN2825421	2005.11.29	2006.10.11	B62J9/00(2006.01)I
658	避风雨二轮摩托车	涂小龙	CN200520007503.8	CN2825423	2005.02.25	2006.10.11	B62J17/00(2006.01)I
659	多功能摩托车风雨罩	王体发	CN200520052005.5	CN2825424	2005.09.23	2006.10.11	B62J17/00(2006.01)I
660	二轮摩托车车棚	任波涛	CN200520122594.X	CN2825425	2005.10.17	2006.10.11	B62J17/08(2006.01)I
661	摩托车油箱锁转盖	徐成艾	CN200520103570.X	CN2825427	2005.08.10	2006.10.11	2J35/00(2006.01)I
662	一种摩托车液压同步刹车装置	黄文年	CN200520086676.3	CN2825443	2005.08.26	2006.10.11	B62L3/08(2006.01)I
663	摩托车倒档器	周家济	CN200520010109.X	CN2825450	2005.10.17	2006.10.11	B62M11/00(2006.01)I
664	正三轮摩托车节油器	王立民	CN200520118346.8	CN2825452	2005.09.08	2006.10.11	B62M23/00(2006.01)I
665	尾箱锁排	阮云华	CN200520077927.1	CN2825873	2005.11.14	2006.10.11	E05B65/12(2006.01)I
666	U 型摩托车数码锁	尹乐奎	CN200520051911.3	CN2825875	2005.09.08	2006.10.11	E05B71/02(2006.01)I
667	摩托车发动机降噪配气机构	江门天钇金属工业有限公司	CN200520064490.8	CN2825962	2005.09.15	2006.10.11	F01L1/18(2006.01)I
668	摩托车配气凸轮轴	李云合	CN200520021389.4	CN2825966	2005.08.05	2006.10.11	F01M9/10(2006.01)I
669	用于摩托车水冷发动机的车架散热器	马　明	CN200520115335.4	CN2825971	2005.07.25	2006.10.11	F01P11/00(2006.01)I
670	一种风水冷式气缸头	吕云明	CN200520010001.0	CN2825980	2005.09.23	2006.10.11	F02F1/26(2006.01)I
671	摩托车缸头盖	吕归碧	CN200520014781.6	CN2825981	2005.09.06	2006.10.11	F02F1/42(2006.01)I
672	摩托车发动机燃油供给机构	江门天钇金属工业有限公司	CN200520055718.7	CN2825987	2005.03.18	2006.10.11	F02M29/00(2006.01)I
673	摩托车的油箱装置	光阳工业股份有限公司	CN200520019725.1	CN2825991	2005.05.24	2006.10.11	F02M37/04(2006.01)I
674	摩托车用单向超越离合器	江门天钇金属工业有限公司	CN200520064489.5	CN2826064	2005.09.15	2006.10.11	F16D41/06(2006.01)I
675	摩托车的液压盘式刹车装置	左瑞芦;谢重钢	CN200520010080.5	CN2826071	2005.10.09	2006.10.11	F16D65/20(2006.01)I
676	摩托车油箱安装支点检测工具	重庆建设摩托车股份有限公司	CN200520009943.7	CN2826360	2005.09.13	2006.10.11	G01B5/00(2006.01)I
677	新型摩托车雨衣	李君付	CN200520061552.X	CN2827028	2005.07.19	2006.10.18	A41D3/04(2006.01)I
678	摩托车篷	谢新创	CN200520098039.8	CN2827838	2005.09.09	2006.10.18	B62J17/00(2006.01)I
679	摩托车光电差动式自适应传动传感机构	西南师范大学	CN200520009327.1	CN2827839	2005.05.23	2006.10.18	B62J39/00(2006.01)I
680	摩托车霍尔差动式自适应传动传感装置	西南师范大学	CN200520009329.0	CN2827840	2005.05.23	2006.10.18	B62J39/00(2006.01)I
681	摩托车光电电涡流式自适应传动传感机构	西南师范大学	CN200520009330.3	CN2827841	2005.05.23	2006.10.18	B62J39/00(2006.01)I
682	加强型三轮摩托车后桥加力变速箱	文昌南;梁道明	CN200520009689.0	CN2827867	2005.07.28	2006.10.18	B62M11/14(2006.01)I
683	四行程摩托车机油保护装置	于世波	CN200520020978.0	CN2828333	2005.06.08	2006.10.18	F01M11/10(2006.01)I
684	摩托车排气消音管热能利用装置	陈友华	CN200520040642.0	CN2828335	2005.04.05	2006.10.18	F01N5/02(2006.01)I
685	摩托车环保节油器	房　飞;陈绪生;陶明剑	CN200520084391.6	CN2828348	2005.06.21	2006.10.18	F02M27/04(2006.01)I
686	摩托车发动机油标尺拆装工装	力帆实业(集团)有限公司	CN200520009923.X	CN2829983	2005.09.09	2006.10.25	B25B11/02(2006.01)I
687	摩托车大支架防盗锁止装置	胡世同	CN200520087193.5	CN2830215	2005.09.15	2006.10.25	B62H5/00(2006.01)I
688	摩托车前大灯灯光高度调节装置	力帆实业(集团)有限公司	CN200520010043.4	CN2830218	2005.09.30	2006.10.25	B62J6/02(2006.01)I
689	摩托车储物箱的活动连接装置	广东爱得乐集团有限公司	CN200520055937.5	CN2830219	2005.03.24	2006.10.25	B62J9/00(2006.01)I
690	摩托车后挡泥板总成	力帆实业(集团)有限公司	CN200520010096.6	CN2830221	2005.10.11	2006.10.25	B62J15/00(2006.01)I
691	摩托车带音箱挡风板	高兵琼;徐洪全	CN200520035835.7	CN2830223	2005.10.24	2006.10.25	B62J17/04(2006.01)I
692	一种摩托车保险杠	力帆实业(集团)有限公司	CN200520009735.7	CN2830227	2005.08.05	2006.10.25	B62J27/00(2006.01)I
693	摩托车供暖器	张智华	CN200520075767.7	CN2830228	2005.09.22	2006.10.25	B62J33/00(2006.01)I
694	一种摩托车用仪表总成	重庆南山仪表有限公司	CN200520009487.6	CN2830229	2005.06.17	2006.10.25	B62J39/00(2006.01)I
695	摩托车外置式档显组合	力帆实业(集团)有限公司	CN200520010042.X	CN2830230	2005.09.30	2006.10.25	B62J39/00(2006.01)I

续表 2

序号	专利名称	申请人	申请号	公开号	申请日	公开日	主分类号
696	具有二次进气阀的弯梁摩托车	力帆实业(集团)有限公司	CN200520009986.5	CN2830236	2005.09.21	2006.10.25	B62K11/00(2006.01)I
697	电瓶前置式弯梁摩托车	力帆实业(集团)有限公司	CN200520010044.9	CN2830237	2005.09.30	2006.10.25	B62K11/00(2006.01)I
698	电动骑式摩托车	程海泉	CN200520010083.9	CN2830238	2005.10.10	2006.10.25	B62K11/00(2006.01)I
699	摩托车车架	力帆实业(集团)有限公司	CN200520009900.9	CN2830239	2005.09.05	2006.10.25	B62K11/02(2006.01)I
700	一种摩托车的脚踏式刹车装置	谢冬和	CN200520055633.9	CN2830251	2005.03.16	2006.10.25	B62L3/04(2006.01)I
701	发动机带机动、脚蹬动力输出装置	幸　平	CN200520010019.0	CN2830257	2005.09.26	2006.10.25	B62M23/02(2006.01)I
702	发动机带脚蹬动力输出装置	幸　平	CN200520010020.3	CN2830258	2005.09.26	2006.10.25	B62M23/02(2006.01)I
703	摩托车的单手变档操纵机构	重庆东本工业有限责任公司	CN200520009362.3	CN2830259	2005.05.27	2006.10.25	B62M25/04(2006.01)I
704	摩托车换档机构	李庆	CN200520009603.4	CN2830260	2005.07.11	2006.10.25	B62M25/04(2006.01)I
705	带有二次进气阀的弯梁摩托车	力帆实业(集团)有限公司	CN200520010097.0	CN2830658	2005.10.11	2006.10.25	F01N3/30(2006.01)I
706	一种摩托车发动机右盖	江门联和发动机有限公司	CN200520063023.3	CN2830659	2005.08.10	2006.10.25	F01P1/02(2006.01)I
707	摩托车贮备水箱	重庆力帆实业(集团)有限公司	CN200520009581.1	CN2830660	2005.07.06	2006.10.25	F01P11/00(2006.01)I
708	摩托车发动机简易式水冷缸体	吕清波	CN200520009836.4	CN2830663	2005.08.23	2006.10.25	F02F1/10(2006.01)I
709	一种低转速大扭矩摩托车发动机	吕云明	CN200520010131.4	CN2830665	2005.10.18	2006.10.25	F02F1/42(2006.01)I
710	柱塞式化油器	胡济荣	CN200520014243.7	CN2830670	2005.08.23	2006.10.25	F02M7/24(2006.01)I
711	摩托车发动机二次补气装置	台州本菱发动机制造工业有限公司	CN200520103813.X	CN2830671	2005.08.12	2006.10.25	F02M7/24(2006.01)I
712	摩托车电子锁	陈银波	CN200520051726.4	CN2830690	2005.08.23	2006.10.25	F02P11/00(2006.01)I
713	一种摩托车单缸汽油机双火花塞点火汽缸头	刘国杰	CN200520064960.0	CN2830691	2005.09.26	2006.10.25	F02P15/02(2006.01)I
714	LCD 液晶显示摩托车仪表	余姚市华凯电器有限公司	CN200520015058.X	CN2831699	2005.09.22	2006.10.25	H05K7/02(2006.01)I
715	摩托车后尾灯	台州市龙马三阳机车配件有限公司	CN200520014987.9	CN2832633	2005.09.19	2006.11.01	B62J6/04(2006.01)I
716	多用载货装置和表层结构组织	毛立荣	CN200520009868.4	CN2832634	2005.08.30	2006.11.01	B62J7/02(2006.01)I
717	摩托车后挡泥板	光阳工业股份有限公司	CN200520107204.1	CN2832640	2005.08.31	2006.11.01	B62J15/04(2006.01)I
718	摩托车后脚踏杆	光阳工业股份有限公司	CN200520112858.3	CN2832642	2005.08.03	2006.11.01	B62J25/00(2006.01)I
719	一种摩托车发动机机油体外循环散热采暖机构	王树民	CN200520032447.3	CN2833121	2005.10.28	2006.11.01	F01M5/00(2006.01)I
720	一种摩托车发动机气缸体	江门联和发动机有限公司	CN200520062565.9	CN2833142	2005.08.03	2006.11.01	F02F1/06(2006.01)I
721	配置于摩托车的多功能电源插座	孙运国	CN200520010016.7	CN2833684	2005.09.24	2006.11.01	G05F1/56(2006.01)I
722	耐用火花塞	农鸿健	CN200520098438.4	CN2833968	2005.10.18	2006.11.01	H01T13/20(2006.01)I
723	一种两轮摩托车风雨披	游成坤	CN200520097847.2	CN2834218	2005.08.29	2006.11.08	A41D3/04(2006.01)I
724	摩托车驻车架	重庆建设摩托车股份有限公司	CN200520009978.0	CN2835038	2005.09.19	2006.11.08	B62H1/02(2006.01)I
725	电动摩托车、电动车大撑锁定机构	任　聪	CN200520116331.8	CN2835041	2005.11.08	2006.11.08	B62H5/00(2006.01)I
726	摩托车后尾箱安装固定装置	洛阳北方易初摩托车有限公司	CN200520032472.1	CN2835047	2005.10.31	2006.11.08	B62J9/00(2006.01)I
727	摩托车的便于拆卸收放的遮雨棚	重庆建设摩托车股份有限公司	CN200520009212.2	CN2835049	2005.04.28	2006.11.08	B62J17/00(2006.01)I
728	摩托车车棚	晁成田	CN200520077007.X	CN2835050	2005.10.27	2006.11.08	B62J17/08(2006.01)I
729	四轮摩托车脚踏遮挡装置	重庆建设摩托车股份有限公司	CN200520010142.2	CN2835051	2005.10.19	2006.11.08	B62J23/00(2006.01)I
730	摩托车暖气装置	孙明霞	CN200520088287.4	CN2835053	2005.10.24	2006.11.08	B62J33/00(2006.01)I
731	摩托车用油箱锁	浙江正东机车部件有限公司	CN200520076651.5	CN2835054	2005.10.20	2006.11.08	B62J35/00(2006.01)I
732	摩托车用复合减振吊架	天津市环科机动车尾气催化净化技术有限公司	CN200520027894.X	CN2835058	2005.10.25	2006.11.08	B62K11/02(2006.01)I
733	四轮摩托车的平衡控制装置	重庆建设摩托车股份有限公司	CN200520009516.9	CN2835069	2005.06.22	2006.11.08	B62K25/04(2006.01)I
734	一种带有驻车机构的刹车	江苏林海动力机械集团公司	CN200520074181.9	CN2835070	2005.08.04	2006.11.08	B62L3/02(2006.01)I

续表 2

序号	专利名称	申请人	申请号	公开号	申请日	公开日	主分类号
735	摩托车后制动踏板装置	重庆建设摩托车股份有限公司	CN200520010023.7	CN2835071	2005.09.27	2006.11.08	B62L3/04(2006.01)I
736	新型踏板摩托车V型皮带无级变速器	付宪生	CN200520070390.6	CN2835073	2005.03.30	2006.11.08	B62M9/00(2006.01)I
737	摩托车用发动机整体凸轮轴轴承座	洛阳北方易初摩托车有限公司	CN200520032532.X	CN2835568	2005.11.04	2006.11.08	F01L1/047(2006.01)I
738	摩托车用发动机机油压力报警器	洛阳北方易初摩托车有限公司	CN200520032471.7	CN2835575	2005.10.31	2006.11.08	F01M1/20(2006.01)I
739	发动机润滑油路密封机构	重庆建设摩托车股份有限公司	CN200520010098.5	CN2835577	2005.10.11	2006.11.08	F01M11/00(2006.01)I
740	摩托车用发动机油底壳	洛阳北方易初摩托车有限公司	CN200520032473.6	CN2835578	2005.10.31	2006.11.08	F01M11/00(2006.01)I
741	防治摩托车尾气污染的集成动量交换器	张裕光	CN200520061443.8	CN2835583	2005.07.18	2006.11.08	F01N3/30(2006.01)I
742	摩托车电起动保护装置和带电起动保护装置的摩托车	张　鹏	CN200520031224.5	CN2835626	2005.07.13	2006.11.08	F02N11/08(2006.01)I
743	摩托车节油器	陈德宝	CN200520106664.2	CN2835696	2005.08.30	2006.11.08	F16D41/06(2006.01)I
744	摩托车安全雨衣	欧志成	CN200520052301.5	CN2836496	2005.10.28	2006.11.15	A41D3/04(2006.01)I
745	新型摩托车固定碟刹锁	谢新创	CN200520098382.2	CN2837172	2005.10.13	2006.11.15	B62H5/18(2006.01)I
746	摩托车后车体盖的固定装置	光阳工业股份有限公司	CN200520113095.4	CN2837176	2005.08.04	2006.11.15	B62J39/00(2006.01)I
747	长轴距两用燃料发动机后置式三轮摩托车底盘	重庆市客车总厂	CN200520010292.3	CN2837180	2005.11.11	2006.11.15	B62K11/00(2006.01)I
748	一种摩托车双级自动离合器	重庆通盛机械工业有限公司	CN200520009675.9	CN2837197	2005.07.26	2006.11.15	B62M23/00(2006.01)I
749	一种罩式包装箱的罩箱装置	重庆宗申技术开发研究有限公司	CN200520010028.X	CN2837204	2005.09.28	2006.11.15	B65B5/04(2006.01)I
750	一种摩托车发动机凸轮配气机构	江门天钇金属工业有限公司	CN200520066457.9	CN2837518	2005.10.31	2006.11.15	F01L1/04(2006.01)I
751	摩托车发动机燃烧室机构	江门天钇金属工业有限公司	CN200520056031.5	CN2837528	2005.03.25	2006.11.15	F02B23/00(2006.01)I
752	摩托车发动机活塞连杆机构	江门天钇金属工业有限公司	CN200520055717.2	CN2837530	2005.03.18	2006.11.15	F02B75/32(2006.01)I
753	一种摩托车发动机气缸盖	江门联和发动机有限公司	CN200520062567.8	CN2837533	2005.08.03	2006.11.15	F02F1/28(2006.01)I
754	踏板式摩托车化油器的放油装置	陈献祥	CN200520061073.8	CN2837537	2005.07.13	2006.11.15	F02M19/00(2006.01)I
755	摩托车高效节能点火器	刘炳义	CN200520033576.4	CN2837541	2005.03.23	2006.11.15	F02P1/08(2006.01)I
756	带变档锁的摩托车侧支架结构	重庆隆鑫工业(集团)有限公司	CN200520114344.1	CN2839070	2005.07.22	2006.11.22	B62H1/02(2006.01)I
757	一种摩托车防盗系统	李榕炘	CN200520018887.3	CN2839074	2005.05.25	2006.11.22	B62H5/00(2006.01)I
758	摩托车前照灯护罩	罗　渝	CN200520010291.9	CN2839077	2005.11.11	2006.11.22	B62J6/02(2006.01)I
759	摩托车防护装置	王俊浩	CN200520087905.3	CN2839080	2005.10.09	2006.11.22	B62J17/06(2006.01)I
760	摩托车后座搁脚架	万　迅	CN200520010221.3	CN2839081	2005.10.31	2006.11.22	B62J25/00(2006.01)I
761	摩托车防盗油装置	邓奥翔	CN200520098494.8	CN2839082	2005.10.26	2006.11.22	B62J37/00(2006.01)I
762	一种用于三轮或四轮摩托车的倒档器	重庆川渝精工机械配件开发有限公司	CN200520010244.4	CN2839100	2005.11.03	2006.11.22	B62M11/00(2006.01)I
763	摩托车轴传动前传动箱	重庆川渝精工机械配件开发有限公司	CN200520010242.5	CN2839101	2005.11.03	2006.11.22	B62M11/02(2006.01)I
764	并列双缸摩托车发动机轴传动前传动箱	重庆川渝精工机械配件开发有限公司	CN200520010243.X	CN2839102	2005.11.03	2006.11.22	B62M11/02(2006.01)I
765	一种单缸四冲程直推式汽油发动机	蒙付勇	CN200420105082.8	CN2839566	2004.11.09	2006.11.22	F01L1/18(2006.01)I
766	摩托车配气凸轮轴	李云合	CN200520021526.4	CN2839567	2005.08.29	2006.11.22	F01M9/06(2006.01)I
767	摩托车油门智能电起动控制器	陈小波	CN200520009647.7	CN2839579	2005.07.20	2006.11.22	F02D11/10(2006.01)I
768	一种摩托车起动轴部件安装结构	重庆隆鑫工业(集团)有限公司	CN200520119009.0	CN2839613	2005.09.14	2006.11.22	F02N15/00(2006.01)I
769	157FMI型摩托车发动机的充电点火装置	福建省晋江市三力机车有限公司	CN200520070913.7	CN2839616	2005.04.15	2006.11.22	F02P1/08(2006.01)I
770	摩托车恒压式电压调压器	重庆先锋渝洲电器有限公司	CN200520009779.X	CN2840514	2005.08.13	2006.11.22	H02P9/48(2006.01)I
771	综合式摩托车修配装置	郑道雄;郑道龙	CN200520065042.X	CN2841227	2005.09.27	2006.11.29	B23P23/02(2006.01)I

续表 2

序号	专利名称	申请人	申请号	公开号	申请日	公开日	主分类号
772	加强型摩托车轮辋	王文禄；许建中	CN200520045153.4	CN2841379	2005.09.21	2006.11.29	B60B21/10(2006.01)I
773	滑移式摩托车自动定位夹持装置	廖金德	CN200520064432.5	CN2841471	2005.09.09	2006.11.29	B62H3/02(2006.01)I
774	摩托车座垫前后位置调节机构	重庆宗申技术开发研究有限公司	CN200520010115.5	CN2841474	2005.10.14	2006.11.29	B62J1/12(2006.01)I
775	摩托车尾灯及后围板组合	力帆实业(集团)有限公司	CN200520010110.2	CN2841475	2005.10.17	2006.11.29	B62J6/04(2006.01)I
776	一种可拆卸式摩托车踏板侧货架	力帆实业(集团)有限公司	CN200520010121.0	CN2841476	2005.10.17	2006.11.29	B62J7/02(2006.01)I
777	一种新型摩托车后备箱	江　东	CN200520117718.5	CN2841477	2005.09.09	2006.11.29	B62J9/00(2006.01)I
778	可兼作侧翻货架辅助支撑的摩托车后保险杠	重庆力帆实业(集团)有限公司	CN200520010120.6	CN2841478	2005.10.17	2006.11.29	B62J27/00(2006.01)I
779	摩托车喷射引擎燃油箱的油管装置	光阳工业股份有限公司	CN200520109547.1	CN2841479	2005.07.06	2006.11.29	B62J37/00(2006.01)I
780	摩托车发动机后悬架	重庆宗申技术开发研究有限公司	CN200520010114.0	CN2841491	2005.10.14	2006.11.29	B62K25/04(2006.01)I
781	摩托车档位操纵杆	荣　刚	CN200520125044.3	CN2841497	2005.11.28	2006.11.29	B62M25/06(2006.01)I
782	摩托车手动控制换挡装置	蒋富强	CN200520010100.9	CN2841498	2005.10.11	2006.11.29	B62M25/08(2006.01)I
783	摩托车智能换挡系统	蒋富强	CN200520010102.8	CN2841499	2005.10.11	2006.11.29	B62M25/08(2006.01)I
784	用于摩托车的内衬包装箱	朱奇峰	CN200520010313.1	CN2841569	2005.11.15	2006.11.29	B65D85/68(2006.01)I
785	一种摩托车发动机右盖	林崇传	CN200520065810.1	CN2841976	2005.10.12	2006.11.29	F01M11/03(2006.01)I
786	摩托车发动机的活塞	厦门厦杏摩托有限公司	CN200520064333.7	CN2841984	2005.09.05	2006.11.29	F02F3/00(2006.01)I
787	带增压功能的摩托车空气滤清器	重庆宗申技术开发研究有限公司	CN200520009801.0	CN2841992	2005.08.18	2006.11.29	F02M35/024(2006.01)I
788	水冷摩托车发动机水泵叶轮	力帆实业(集团)有限公司	CN200520010041.5	CN2842021	2005.09.30	2006.11.29	F04D29/24(2006.01)I
789	一种应用于摩托车离合器上的压力板	林崇传	CN200520065857.8	CN2842067	2005.10.13	2006.11.29	F16D13/70(2006.01)I
790	一种摩托车离合器上的压力板	林崇传	CN200520065859.7	CN2842068	2005.10.13	2006.11.29	F16D13/70(2006.01)I
791	一种摩托车离合器上的新型压力板	林崇传	CN200520065861.4	CN2842069	2005.10.13	2006.11.29	F16D13/70(2006.01)I
792	一种摩托车离合器座	林崇传	CN200520065858.2	CN2842070	2005.10.13	2006.11.29	F16D13/74(2006.01)I
793	一种滑行器	卢朝阳	CN200520124833.5	CN2842072	2005.11.22	2006.11.29	F16D41/00(2006.01)I
794	无级变速控速器	徐培林	CN200520075781.7	CN2842089	2005.09.26	2006.11.29	F16H9/14(2006.01)I
795	摩托车传动箱冷却风导风装置	光阳工业股份有限公司	CN200520106598.9	CN2842098	2005.08.30	2006.11.29	F16H57/04(2006.01)I
796	摩托车检验用反照镜	重庆力帆实业(集团)有限公司	CN200520010365.9	CN2842462	2005.11.22	2006.11.29	G02B7/198(2006.01)I
797	二轮车用撑脚	周　荣	CN200520036344.4	CN2843963	2005.11.26	2006.12.06	B62H1/00(2006.01)I
798	摩托车防盗器	周芳红	CN200520051386.5	CN2843967	2005.07.11	2006.12.06	B62H5/00(2006.01)I
799	一种摩托车转向灯装置	朱　婷	CN200520019567.X	CN2843969	2005.05.06	2006.12.06	B62J6/00(2006.01)I
800	摩托车的置物箱装置	光阳工业股份有限公司	CN200520105374.6	CN2843971	2005.09.20	2006.12.06	B62J9/00(2006.01)I
801	踏板摩托车晴雨篷	曹型华	CN200520035660.X	CN2843973	2005.09.28	2006.12.06	B62J17/00(2006.01)I
802	摩托车挡风装置	韩德兴	CN200520025074.7	CN2843975	2005.10.15	2006.12.06	B62J17/02(2006.01)I
803	一种防折摩托车后视镜	黄华富；朱满华	CN200520133213.8	CN2843977	2005.11.18	2006.12.06	B62J29/00(2006.01)I
804	双燃料弯梁式两轮摩托车	重庆市客车总厂	CN200620110656.X	CN2843986	2006.05.24	2006.12.06	B62K11/00(2006.01)I
805	一种摩托车车架结构	重庆隆鑫工业(集团)有限公司	CN200520142045.9	CN2843987	2005.11.28	2006.12.06	B62K11/02(2006.01)I
806	一种摩托车车架结构	重庆隆鑫工业(集团)有限公司	CN200520142046.3	CN2843988	2005.11.28	2006.12.06	B62K11/02(2006.01)I
807	一种摩托车的链条调节结构	重庆隆鑫工业(集团)有限公司	CN200520009705.6	CN2843995	2005.07.30	2006.12.06	B62M9/16(2006.01)I
808	一种摩托车防盗锁	姚德敬	CN200520139761.1	CN2844353	2005.12.06	2006.12.06	E05B71/00(2006.01)I
809	摩托车废气二次回收阀	于文凯	CN200520063222.4	CN2844466	2005.08.15	2006.12.06	F02M25/07(2006.01)I
810	摩托车离合器的球形滚轮挺杆体	重庆层发工贸有限公司	CN200620110316.7	CN2844560	2006.04.11	2006.12.06	F16D23/12(2006.01)I
811	摩托车单轴承式单向逆止节油链轮	孙九苓	CN200520127572.2	CN2844564	2005.11.10	2006.12.06	F16D41/18(2006.01)I
812	摩托车自动充气器	左振东	CN200520052434.2	CN2844596	2005.11.14	2006.12.06	F16K15/20(2006.01)I

续表 2

序号	专利名称	申请人	申请号	公开号	申请日	公开日	主分类号
813	摩托车的后桥驱动装置	林　彬	CN200520051275.4	CN2846203	2005.07.01	2006.12.13	B60K17/28(2006.01)I
814	易拆卸便清洗式摩托车机油窗	武凤雷	CN200520145177.7	CN2846273	2005.12.21	2006.12.13	B62J39/00(2006.01)I
815	三轮、四轮摩托车传动装置	于守臣	CN200520086008.0	CN2846283	2005.08.04	2006.12.13	B62M11/04(2006.01)I
816	摩托车金属包装框架	重庆市生源实业公司	CN200520010426.1	CN2846335	2005.11.30	2006.12.13	B65D85/68(2006.01)I
817	喷射引擎摩托车的二次空气装置	光阳工业股份有限公司	CN200520129339.8	CN2846761	2005.10.27	2006.12.13	F01N3/30(2006.01)I
818	改进型摩托车用 CG125 发动机	济南轻骑发动机有限公司	CN200520086087.5	CN2846768	2005.08.12	2006.12.13	F02B75/32(2006.01)I
819	发动机防盗进气管	蒋富强	CN200520010327.3	CN2846771	2005.11.17	2006.12.13	F02D9/02(2006.01)I
820	带装饰圈灯罩的摩托车转向灯	苏柏兴;霍敬荷	CN200520060936.X	CN2847016	2005.07.11	2006.12.13	F21S8/10(2006.01)I
821	摩托车车架头部焊接检具	重庆宗申技术开发研究有限公司	CN200520010529.8	CN2848446	2005.12.15	2006.12.20	B23K37/00(2006.01)I
822	一种摩托车车架总成满焊夹具	重庆宗申技术开发研究有限公司	CN200520010618.2	CN2848450	2005.12.23	2006.12.20	B23K37/053(2006.01)I
823	一种摩托车车架头部满焊夹具	重庆宗申技术开发研究有限公司	CN200520010621.4	CN2848451	2005.12.23	2006.12.20	B23K37/053(2006.01)I
824	摩托车减震座组合焊接夹具	重庆宗申技术开发研究有限公司	CN200520010627.1	CN2848452	2005.12.23	2006.12.20	B23K37/053(2006.01)I
825	一种摩托车车架下边管加强管钻孔用夹具	重庆宗申技术开发研究有限公司	CN200520010620.X	CN2848458	2005.12.23	2006.12.20	B23Q3/06(2006.01)I
826	固定式摩托车顶棚	龚　平	CN200520058276.1	CN2848683	2005.05.11	2006.12.20	B62J17/00(2006.01)I
827	摩托车载护膝	孟北京	CN200520125330.X	CN2848684	2005.11.28	2006.12.20	B62J17/00(2006.01)I
828	摩托车木质包装框架	重庆市生源实业公司	CN200520010425.7	CN2848761	2005.11.30	2006.12.20	B65D85/68(2006.01)I
829	摩托车包装构架	重庆市生源实业公司	CN200520010427.6	CN2848762	2005.11.30	2006.12.20	B65D85/68(2006.01)I
830	一种直接装在发动机上的二次空气阀	黄文学	CN200520067086.6	CN2849178	2005.11.15	2006.12.20	F01N3/30(2006.01)I
831	顶置式汽油机的高压缩比燃烧室	兰州敖凯动力科技有限公司	CN200520079782.9	CN2849182	2005.11.25	2006.12.20	F02B23/08(2006.01)I
832	摩托车发动机右曲轴箱盖	丁吉全	CN200520009865.0	CN2849191	2005.08.29	2006.12.20	F02F7/00(2006.01)I
833	二次补气空气滤清器	重庆宗申技术开发研究有限公司	CN200520010301.9	CN2849195	2005.11.14	2006.12.20	F02M35/024(2006.01)I
834	一种手动离合摩托车离合器的压盘结构	重庆万坤摩托车配件有限公司	CN200520010490.X	CN2849308	2005.12.08	2006.12.20	F16D13/74(2006.01)I
835	一种手动离合摩托车离合器的中心套	重庆万坤摩托车配件有限公司	CN200520010491.4	CN2849309	2005.12.08	2006.12.20	F16D13/74(2006.01)I
836	摩托车多用拉手	陈东宁	CN200520136434	CN2851064	2005.11.14	2006.12.27	B62J1/28(2006.01)I
837	摩托车灯座电线勾付装置	光阳工业股份有限公司	CN200520129076	CN2851065	2005.11.08	2006.12.27	B62J6/00(2006.01)I
838	男装摩托车前轮挡泥板	廖满生	CN200520044805.2	CN2851071	2005.09.05	2006.12.27	B62J15/04(2006.01)I
839	摩托车排气筒防烫器	高李昆	CN200520119974.8	CN2851072	2005.12.02	2006.12.27	B62J23/00(2006.01)I
840	摩托车电热护具	赵晓阳	CN200520077483.1	CN2851073	2005.11.16	2006.12.27	B62J33/00(2006.01)I
841	便于安装二次进气阀的摩托车车架	力帆实业(集团)有限公司	CN200520010018.6	CN2851081	2005.09.26	2006.12.27	B62K11/02(2006.01)I
842	摩托车修理用剪式升降台	李　良	CN200520115913.4	CN2851232	2005.10.31	2006.12.27	B66F7/06(2006.01)I
843	摩托车 LPG 燃料电控喷射装置	北京工业大学	CN200520128064.6	CN2851602	2005.10.14	2006.12.27	F02D41/26(2006.01)I
844	一种摩托车气缸头	吕云明;严崇灵	CN200520010314.6	CN2851606	2005.11.15	2006.12.27	F02F1/24(2006.01)I
845	一种摩托车发动机散热采暖机构	王树民	CN200520032446.9	CN2851608	2005.10.28	2006.12.27	F02G5/00(2006.01)I
846	摩托车化油器	郭知团	CN200420150462.3	CN2851609	2004.09.07	2006.12.27	F02M1/00(2006.01)I
847	踏板摩托车滤清器	柳志威	CN200520135446.1	CN2851621	2005.12.26	2006.12.27	F02M35/024(2006.01)I
848	摩托车发动机进气管	重庆力帆实业(集团)有限公司	CN200520010269.4	CN2851623	2005.11.08	2006.12.27	F02M35/104(2006.01)I
849	摩托车数字点火器	陈小波	CN200520010403	CN2851627	2005.11.28	2006.12.27	F02P5/15(2006.01)I
850	摩托车电子防盗点火器	重庆云晶电子科技有限公司	CN200520010489.7	CN2851628	2005.12.09	2006.12.27	F02P11/04(2006.01)I
851	一种可安装在摩托车发动机上的发电机	邓南聪	CN200520120494.3	CN2851708	2005.12.16	2006.12.27	F16D3/16(2006.01)I
852	摩托车前车体盖中的灯具组合装置	光阳工业股份有限公司	CN200520105368	CN2851848	2005.09.20	2006.12.27	F21V17/04(2006.01)I

表 3　2006 年公开的与摩托车直接相关的外观专利

序号	专利名称	申请人	申请号	公开号	申请日	公开日	主分类号
1	电动摩托车后左侧盖(都市情人)	周正华	CN200530104627.3	CN3498062	2005.03.22	2006.01.11	12-11
2	电动摩托车头罩(都市情人)	周正华	CN200530104628.8	CN3498063	2005.03.22	2006.01.11	12-11
3	摩托车侧盖贴花(二)	洛阳北方易初摩托车有限公司	CN200530100114.5	CN3499834	2005.04.04	2006.01.18	19-08
4	摩托车贴花(JC110-9)	南京金城机械有限公司	CN200530083965.3	CN3506761	2005.05.26	2006.02.15	19-09
5	摩托车前左右挡风板(金大阳 I)	应百亮	CN200530010384.7	CN3508404	2005.06.01	2006.02.22	12-11
6	摩托车后左右护罩(金大阳 I)	应百亮	CN200530010385.1	CN3508405	2005.06.01	2006.02.22	12-11
7	摩托车左右边盖(金大阳 I)	应百亮	CN200530010386.6	CN3508406	2005.06.01	2006.02.22	12-11
8	车辆发动机	阿普里亚有限公司	CN03302789.7	CN3508692	2003.02.09	2006.02.22	15-01
9	摩托车侧板贴花(三)	洛阳北方易初摩托车有限公司	CN200530100115.X	CN3513843	2005.04.04	2006.03.22	19-08
10	摩托车左右挡风板(追风)	孙盛青	CN200530010620.5	CN3518796	2005.06.28	2006.04.12	12-11
11	摩托车左尾罩(五)	重庆劲隆科技(集团)有限公司	CN200530010595.0	CN3516722	2005.06.23	2006.04.05	12-11
12	摩托车左右车体(追风)	孙盛青	CN200530010619.2	CN3516723	2005.06.28	2006.04.05	12-11
13	摩托车左右下护罩(追风)	孙盛青	CN200530010622.4	CN3516725	2005.06.28	2006.04.05	12-11
14	摩托车(52)	重庆劲隆科技(集团)有限公司	CN200530010739.2	CN3516730	2005.07.20	2006.04.05	12-11
15	摩托车发动机左边装饰盖(SL110-7)	湛伟洪	CN200530064209.6	CN3516972	2005.07.22	2006.04.05	15-01
16	左曲轴箱盖及尾盖(卧机系列)	吕清波	CN200530011055.4	CN3520660	2005.08.18	2006.04.19	12-11
17	摩托车贴花(JC125-17)	金城集团有限公司	CN200430101675.2	CN3524997	2004.11.02	2006.05.03	19-08
18	摩托车贴花(JC110-9 分色状态)	南京金城机械有限公司	CN200530085375.4	CN3525032	2005.06.24	2006.05.03	19-08
19	摩托车贴花(JC125-26)	南京金城机械有限公司	CN200530086587.4	CN3525036	2005.07.15	2006.05.03	19-08
20	摩托车电池盒	重庆劲隆科技(集团)有限公司	CN200530010738.8	CN3530433	2005.07.20	2006.05.24	13-02
21	摩托车贴花(JC125-17 金凤雷 A 款)	南京金城机械有限公司	CN200530083963.4	CN3534555	2005.05.26	2006.06.07	19-08
22	摩托车贴花(JC125-10 坚强款)	南京金城机械有限公司	CN200530086962.5	CN3534558	2005.07.27	2006.06.07	19-08
23	摩托车贴花(JC125-E)	南京金城机械有限公司	CN200530087692.X	CN3534560	2005.08.10	2006.06.07	19-08
24	摩托车贴花(JC125-E)	南京金城机械有限公司	CN200530087693.4	CN3534561	2005.08.10	2006.06.07	19-08
25	摩托车侧盖(七)	重庆劲隆科技(集团)有限公司	CN200530011355.2	CN3543287	2005.09.20	2006.07.12	12-11
26	摩托车围脖(二)	重庆劲隆科技(集团)有限公司	CN200530011464.4	CN3543288	2005.09.30	2006.07.12	12-11
27	摩托车(54)	重庆劲隆科技(集团)有限公司	CN200530011620.7	CN3543290	2005.10.28	2006.07.12	12-11
28	摩托车贴花(JC100-6)	南京金城机械有限公司	CN200530087690.0	CN3543695	2005.08.10	2006.07.12	19-08
29	尾灯	雅马哈发动机株式会社	CN200530118157.6	CN3544138	2005.08.10	2006.07.12	26-06
30	摩托车车体盖贴花	洛阳北方易初摩托车有限公司	CN200530100117.9	CN3545635	2005.04.04	2006.07.19	19-08
31	摩托车车体(三)	重庆劲隆科技(集团)有限公司	CN200530011356.7	CN3550714	2005.09.20	2006.08.09	12-11
32	摩托车侧盖装饰件	重庆劲隆科技(集团)有限公司	CN200530011463.X	CN3550715	2005.09.30	2006.08.09	12-11
33	前护盖	雅马哈发动机株式会社	CN200530118154.2	CN3556581	2005.08.10	2006.08.30	12-11
34	牌照托架	雅马哈发动机株式会社	CN200530118155.7	CN3556582	2005.08.10	2006.08.30	12-11
35	摩托车挡风板(二)	重庆劲隆科技(集团)有限公司	CN200530011558.1	CN3560357	2005.10.24	2006.09.13	12-11
36	摩托车前头罩	上海拓鑫汽车设计开发有限公司	CN200530140597.1	CN3560376	2005.11.21	2006.09.13	12-11
37	两轮动力车助推器(1)	潘秋富	CN200530126283.6	CN3564413	2005.11.17	2006.09.27	12-99
38	摩托车侧盖贴花(三)	洛阳北方易初摩托车有限公司	CN200530138109.3	CN3564878	2005.11.11	2006.09.27	19-08
39	摩托车前转向灯(四)	洛阳北方易初摩托车有限公司	CN200530138157.2	CN3565353	2005.11.21	2006.09.27	26-06
40	盒(换档装置控制)	蒋富强	CN200530143683.8	CN3566592	2005.11.29	2006.10.04	12-11
41	电机转轴	蒋富强	CN200530143686.1	CN3566594	2005.11.29	2006.10.04	12-11
42	换档块	蒋富强	CN200530143687.6	CN3566595	2005.11.29	2006.10.04	12-11
43	摩托车变速用拉锁挂耳	蒋富强	CN200530143688.0	CN3566596	2005.11.29	2006.10.04	12-11
44	摩托车挡风板	陈仕荣	CN200530158604.0	CN3570916	2005.12.23	2006.10.18	12-11
45	摩托车挡风板	洛阳北方易初摩托车有限公司	CN200530138156.8	CN3573026	2005.11.21	2006.10.25	12-11
46	摩托车车体盖	洛阳北方易初摩托车有限公司	CN200530138316.9	CN3573032	2005.12.22	2006.10.25	12-11
47	摩托车侧盖贴花(四)	洛阳北方易初摩托车有限公司	CN200530138343.6	CN3573594	2005.12.29	2006.10.25	19-08
48	覆盖件(ATV 前车体)	重庆万虎机电有限责任公司	CN200630010867.1	CN3579775	2006.01.12	2006.11.15	12-11
49	摩托车车体盖贴花(四)	洛阳北方易初摩托车有限公司	CN200530138340.2	CN3582462	2005.12.29	2006.11.22	19-08
50	摩托车车体盖贴花(三)	洛阳北方易初摩托车有限公司	CN200530138341.7	CN3582463	2005.12.29	2006.11.22	19-08
51	前转向灯(四)	洛阳北方易初摩托车有限公司	CN200530138339.X	CN3582919	2005.12.29	2006.11.22	26-06
52	后轮毂(长庆 504)	龚凌宣	CN200630011003.1	CN3584192	2006.02.06	2006.11.29	12-16
53	摩托车尾罩(八)	重庆劲隆科技(集团)有限公司	CN200530011560.9	CN3586202	2005.10.24	2006.12.06	12-11
54	前轮毂(长庆 504)	龚凌宣	CN200630011002.7	CN3586331	2006.02.06	2006.12.06	12-16
55	移动架(摩托车)	傅勇刚	CN200630104332	CN3586343	2006.02.16	2006.12.06	12-99
56	离合拨块	蒋富强	CN200530143684.2	CN3592903	2005.11.29	2006.12.27	12-11

二、有关知识产权的最新规定

商务部、国家工商总局、国家版权局、国家知识产权局2006年第1号令《展会知识产权保护办法》

发布单位：商务部

发布文号：商务部、国家工商总局、国家版权局、国家知识产权局2006年第1号令

发布日期：2006年1月10日

生效日期：2006年3月1日

原文：

《展会知识产权保护办法》已经商务部、国家工商总局、国家版权局、国家知识产权局审议通过，现予公布，自二00六年三月一日起施行。

部长：薄熙来

局长：王众孚

局长：龙新民

局长：田力普

二○○六年一月十日

《展会知识产权保护办法》

第一章　总则

第一条　为加强展会期间知识产权保护，维护会展业秩序，推动会展业的健康发展，根据《中华人民共和国对外贸易法》、《中华人民共和国专利法》、《中华人民共和国商标法》和《中华人民共和国著作权法》及相关行政法规等制定本办法。

第二条　本办法适用于在中华人民共和国境内举办的各类经济技术贸易展览会、展销会、博览会、交易会、展示会等活动中有关专利、商标、版权的保护。

第三条　展会管理部门应加强对展会期间知识产权保护的协调、监督、检查，维护展会的正常交易秩序。

第四条　展会主办方应当依法维护知识产权权利人的合法权益。展会主办方在招商招展时，应加强对参展方有关知识产权的保护和对参展项目（包括展品、展板及相关宣传资料等）的知识产权状况的审查。在展会期间，展会主办方应当积极配合知识产权行政管理部门的知识产权保护工作。

展会主办方可通过与参展方签订参展期间知识产权保护条款或合同的形式，加强展会知识产权保护工作。

第五条　参展方应当合法参展，不得侵犯他人知识产权，并应对知识产权行政管理部门或司法部门的调查予以配合。

第二章　投诉处理

第六条　展会时间在三天以上（含三天），展会管理部门认为有必要的，展会主办方应在展会期间设立知识产权投诉机构。设立投诉机构的，展会举办地知识产权行政管理部门应当派员进驻，并依法对侵权案件进行处理。

未设立投诉机构的，展会举办地知识产权行政管理部门应当加强对展会知识产权保护的指导、监督和有关案件的处理，展会主办方应当将展会举办地的相关知识产权行政管理部门的联系人、联系方式等在展会场馆的显著位置予以公示。

第七条　展会知识产权投诉机构应由展会主办方、展会管理部门、专利、商标、版权等知识产权行政管理部门的人员组成，其职责包括：

（一）接受知识产权权利人的投诉，暂停涉嫌侵犯知识产权的展品在展会期间展出；

（二）将有关投诉材料移交相关知识产权行政管理部门；

（三）协调和督促投诉的处理；

（四）对展会知识产权保护信息进行统计和分析；

（五）其他相关事项。

第八条　知识产权权利人可以向展会知识产权投诉机构投诉也可直接向知识产权行政管理部门投诉。权利人向投诉机构投诉的，应当提交以下材料：

（一）合法有效的知识产权权属证明：涉及专利的，应当提交专利证书、专利公告文本、专利权人的身份证明、专利法律状态证明；涉及商标的，应当提交商标注册证明文件，并由投诉人签章确认，商标权利人身份证明；涉及著作权的，应当提交著作权权利证明、著作权人身份证明；

（二）涉嫌侵权当事人的基本信息；

（三）涉嫌侵权的理由和证据；

（四）委托代理人投诉的，应提交授权委托书。

第九条　不符合本办法第八条规定的，展会知识产权投诉机构应当及时通知投诉人或者请求人补充有关材料。未予补充的，不予接受。

第十条　投诉人提交虚假投诉材料或其他因投诉不实给被投诉人带来损失的，应当承担相应法律责任。

第十一条　展会知识产权投诉机构在收到符合本办法第八条规定的投诉材料后，应于24小时内将其移交有关知识产权行政管理部门。

第十二条　地方知识产权行政管理部门受理投诉或者处理请求的，应当通知展会主办方，并及时通知被投诉人或者被请求人。

第十三条　在处理侵犯知识产权的投诉或者请求程序中，地方知识产权行政管理部门可以根据展会的展期指定被投诉人或者被请求人的答辩期限。

第十四条　被投诉人或者被请求人提交答辩书后，除非有必要作进一步调查，地方知识产权行政管理部门应当及时作出决定并送交双方当事人。

被投诉人或者被请求人逾期未提交答辩书的，不影响地方知识产权行政管理部门作出决定。

第十五条　展会结束后，相关知识产权行政管理部门应当及时将有关处理结果通告展会主办方。展会主办方应当做好展会知识产权保护的统计分析工作，并将有关情况及时报展会管理部门。

第三章　展会期间专利保护

第十六条　展会投诉机构需要地方知识产权局协助的，地方知识产权局应当积极配合，参与展会知识产权保护工作。地方知识产权局在展会期间的工作可以包括：

（一）接受展会投诉机构移交的关于涉嫌侵犯专利权的投诉，依照专利法律法规的有关规定进行处理；

（二）受理展出项目涉嫌侵犯专利权的专利侵权纠纷处理请求，依照专利法第五十七条的规定进行处理；

（三）受理展出项目涉嫌假冒他人专利和冒充专利的举报，或者依职权查处展出项目中假冒他人专利和冒充专利的行为，依据专利法第五十八条和第五十九条的规定进行处罚。

第十七条　有下列情形之一的，地方知识产权局对侵犯专利权的投诉或者处理请求不予受理：

（一）投诉人或者请求人已经向人民法院提起专利侵权诉讼的；

（二）专利权正处于无效宣告请求程序之中的；

（三）专利权存在权属纠纷，正处于人民法院的审理程序或者管理专利工作的部门的调解程序之中的；

（四）专利权已经终止，专利权人正在办理权利恢复的。

第十八条　地方知识产权局在通知被投诉人或者被请求人时，可以即行调查取证，查阅、复制与案件有关的文件，询问当事人，采用拍照、摄像等方式进行现场勘验，也可以抽样取证。

地方知识产权局收集证据应当制作笔录，由承办人员、被调查取证的当事人签名盖章。被调查取证的当事人拒绝签名盖章的，应当在笔录上注明原因；有其他人在现场的，也可同时由其他人签名。

第四章　展会期间商标保护

第十九条　展会投诉机构需要地方工商行政管理部门协助的，地方工商行政管理部门应当积极配合，参与展会知识产权保护工作。地方工商行政管理部门在展会期间的工作可以包括：

（一）接受展会投诉机构移交的关于涉嫌侵犯商标权的投诉，依照商标法律法规的有关规定进行处理；

（二）受理符合商标法第五十二条规定的侵犯商标专用权的投诉；

（三）依职权查处商标违法案件。

第二十条　有下列情形之一的，地方工商行政管理部门对侵犯商标专用权的投诉或者处理请求不予受理：

（一）投诉人或者请求人已经向人民法院提起商标侵权诉讼的；

（二）商标权已经无效或者被撤销的。

第二十一条　地方工商行政管理部门决定受理后，可以根据商标法律法规等相关规定进行调查和处理。

第五章　展会期间著作权保护

第二十二条　展会投诉机构需要地方著作权行

政管理部门协助的，地方著作权行政管理部门应当积极配合，参与展会知识产权保护工作。地方著作权行政管理部门在展会期间的工作可以包括：

（一）接受展会投诉机构移交的关于涉嫌侵犯著作权的投诉，依照著作权法律法规的有关规定进行处理；

（二）受理符合著作权法第四十七条规定的侵犯著作权的投诉，根据著作权法的有关规定进行处罚。

第二十三条　地方著作权行政管理部门在受理投诉或请求后，可以采取以下手段收集证据：

（一）查阅、复制与涉嫌侵权行为有关的文件档案、帐簿和其他书面材料；

（二）对涉嫌侵权复制品进行抽样取证；

（三）对涉嫌侵权复制品进行登记保存。

第六章　法律责任

第二十四条　对涉嫌侵犯知识产权的投诉，地方知识产权行政管理部门认定侵权成立的，应会同会展管理部门依法对参展方进行处理。

第二十五条　对涉嫌侵犯发明或者实用新型专利权的处理请求，地方知识产权局认定侵权成立的，应当依据专利法第十一条第一款关于禁止许诺销售行为的规定以及专利法第五十七条关于责令侵权人立即停止侵权行为的规定作出处理决定，责令被请求人从展会上撤出侵权展品，销毁介绍侵权展品的宣传材料，更换介绍侵权项目的展板。

对涉嫌侵犯外观设计专利权的处理请求，被请求人在展会上销售其展品，地方知识产权局认定侵权成立的，应当依据专利法第十一条第二款关于禁止销售行为的规定以及第五十七条关于责令侵权人立即停止侵权行为的规定作出处理决定，责令被请求人从展会上撤出侵权展品。

第二十六条　在展会期间假冒他人专利或以非专利产品冒充专利产品，以非专利方法冒充专利方法的，地方知识产权局应当依据专利法第五十八条和第五十九条规定进行处罚。

第二十七条　对有关商标案件的处理请求，地方工商行政管理部门认定侵权成立的，应当根据《商标法》、《商标法实施条例》等相关规定进行处罚。

第二十八条　对侵犯著作权及相关权利的处理请求，地方著作权行政管理部门认定侵权成立的，应当根据著作权法第四十七条的规定进行处罚，没收、销毁侵权展品及介绍侵权展品的宣传材料，更换介绍展出项目的展板。

第二十九条　经调查，被投诉或者被请求的展出项目已经由人民法院或者知识产权行政管理部门作出判定侵权成立的判决或者决定并发生法律效力的，地方知识产权行政管理部门可以直接作出第二十六条、第二十七条、第二十八条和第二十九条所述的处理决定。

第三十条　请求人除请求制止被请求人的侵权展出行为之外，还请求制止同一被请求人的其他侵犯知识产权行为的，地方知识产权行政管理部门对发生在其管辖地域之内的涉嫌侵权行为，可以依照相关知识产权法律法规以及规章的规定进行处理。

第三十一条　参展方侵权成立的，展会管理部门可依法对有关参展方予以公告；参展方连续两次以上侵权行为成立的，展会主办方应禁止有关参展方参加下一届展会。

第三十二条　主办方对展会知识产权保护不力的，展会管理部门应对主办方给予警告，并视情节依法对其再次举办相关展会的申请不予批准。

第七章　附则

第三十三条　展会结束时案件尚未处理完毕的，案件的有关事实和证据可经展会主办方确认，由展会举办地知识产权行政管理部门在15个工作日内移交有管辖权的知识产权行政管理部门依法处理。

第三十四条　本办法中的知识产权行政管理部门是指专利、商标和版权行政管理部门；本办法中的展会管理部门是指展会的审批或者登记部门。

第三十五条　本办法自2006年3月1日起实施。

三、2006年摩托车行业主要知识产权事件回顾

2006年，中国专利申请总量突破300万件，全年国家知识产权局公开的与摩托车直接相关的专利数量也保持了较大增长。专利申请总量实现跨越式增长，表明中国专利制度在激励发明创造、推动技术创新等方面正发挥着日益突出的作用，体现了中国知识产权事业的飞速发展和国家整体经济水平的迅速提高。下面就2006年中发生的一些有代表性的摩托车行业知识产权事件做一简单回顾。

1 嘉陵摩托车外观专利赢本田

"你们的摩托和我们的摩托看起来很像，而我们的摩托在中国申请有专利，你们的外观设计专利应该无效。"2004年2月25日，本田技研工业株式会社向中国国家知识产权局专利复审委员会提出宣告嘉陵摩托车专利无效的请求。嘉陵方面立即找到专利代理专家打这场官司。2006年初，国家知识产权局专利复审委员会作出无效宣告请求审查决定书，维持嘉陵摩托车外观设计专利权有效的裁决。

本田方面不服裁决，随后向北京市第一中级人民法院对中华人民共和国国家知识产权局专利复审委员会提起诉讼。法院审理认为，嘉陵与本田整体视觉印象不相同且不相近似，维持国家知识产权局专利复审委员会作出的无效宣告请求审查决定。本田方面不服一审判决，向北京市高级人民法院提起上诉，北京市高级人民法院仍然维持了原判。

2 本田起诉无锡开普侵犯知识产权

2006年9月20日，美国国际贸易委员会（ITC）宣布，正式对"本田摩托诉无锡开普侵犯知识产权"一案立案。ITC表示，已于2006年9月19日收到本田摩托车公司的来信，要求委员会就无锡开普动力有限公司的发动机、其中的部件以及含有相同发动机的产品发起337条款调查。

3 重庆恒胜集团组合型图形商标获准注册

重庆恒胜集团有限公司（前身重庆恒胜摩托车工业有限公司）自1998年9月29日成立以来，"Hs"图形商标就一直作为企业形象和产品的标志使用，设计组合型图形商标取"恒胜"汉语拼音（HENGSHENG）的首字母"H"和"S"变形组合而成。它代表着重庆恒胜集团有限公司"持之以恒，胜之有道"的企业理念。2002年11月，恒胜"Hs"组合型图形商标被重庆市工商局认定为重庆著名商标。2003年3月，重庆恒胜集团有限公司接到国家商标局的《异议答辩通知书》，其中，日本本田公司对重庆恒胜集团使用"Hs"组合型图形商标提出了相似性异议，欲阻止重庆恒胜集团的"Hs"组合型图形商标注册。重庆恒胜集团有限公司积极应对据理力争，并委托西南商标事务所处理相关事宜。

2006年11月15日，重庆恒胜集团有限公司收到国家工商行政总局商标局裁定书，重庆恒胜集团的"Hs"组合型图形商标获准注册。国家工商行政总局国家商标局裁决书称：重庆恒胜集团有限公司的"Hs"组合型图形商标与日本本田公司的"H"图形商标在组合形式、创意以及商标整体外观上差别较大，未构成近似商标。"Hs"组合型图形商标的注册和使用，不会造成消费者的混淆和误认，日本本田公司称重庆恒胜集团有限公司抄袭模仿其高知名度商标，缺乏证据，不予支持。

《2007中国摩托车工业年鉴》
www.cycleinfo.com.cn
《2007中国摩托车工业年鉴》
1 2 3 4
5 6 7 8
9 10 11 12
摩托车技术
MOTUOCHE JISHU
技术发展

技术发展

一、摩托车技术信息集锦

1　国内技术集锦

1.1　“彩纹魔液”表面处理新技术

2007年1月，北京邦尼威尔科技有限公司研制的“彩纹魔液”新型表面处理技术，根据流体力学原理，只需将待处理的各种材料（新、旧均可）浸入“彩纹魔液”，即可迅速在基材表面形成纹理自然清晰、逼真的图案。高档木纹、大理石纹、玉石纹、水滴纹、琥珀纹、豹皮纹、蓝天白云、迷彩纹等随心所欲。

该技术改变了电镀、喷涂、转印、覆膜等表面处理方法，使待处理工件一浸即成；附着力强，色泽光亮、不退色、耐酸碱、抗腐蚀，满足环保要求；可适用于金属、塑料、电子、玻璃、木材、复合材料、陶瓷、水泥、玻璃钢、树脂工艺品、石材、日用精品等表面装饰；投资可大可小，成本低，仅是传统工艺的1/10（1～3元/m^2）。

1.2　银翔稀金发动机

2006年4月，银翔集团推出了动力强劲、高耐磨稀金发动机，并涵盖太子、骑式、弯梁等多个车型。银翔稀金发动机运用国际航海动力科技，保证发动机动力输出强劲、平稳，大幅度提高了发动机的使用寿命，满足国Ⅱ排放要求，并提出稀金系列发动机2年100 000 km保修承诺，同时，发动机10 000 km内烧机油及开中箱修理包换新机，轮胎10 000 km内出现质量问题包换新胎。

1.3　新款自动挡摩托车

2006年4月，国内首辆自动挡摩托车在中国国际高新科技成果交易会亮相。该摩托车的特别之处在于，其发电机处安装了一个“智能换挡系统”，在骑乘过程中只需控制油门就能自动变挡。普通摩托车改装只需要0.5 h，200元左右，即可装上该系统。目前，该项目已申报了25项国家专利，目前正在研究将该技术“嫁接”在经济型轿车上，如果成功，消费者花费约800元，就能让经济型的手动轿车拥有自动变挡功能。

1.4　轻骑纳米镀陶电喷 GY6 发动机

2006年1月，轻骑与西门子公司合作开发出应用最新发动机管理系统技术的电喷型GY6发动机。该发动机管理系统将电脑、油门体、节气门位置传感器，进气压力、进气温度传感器集成为1个空气模块，只有缸头温度传感器和氧传感器2只传感器，结构简单；高品质燃气控制器和无级变速（CVT）传动系统，确保了速度变化过程中燃油供给过渡平稳；结构独特的DEKA7斜喷短小型燃油喷射器，能线性化改变参数范围及雾化的燃油控制；由节气门位置/进气管压力计算发动机负荷，并通过空燃比闭环精确计算喷油量，获得最佳的空气燃油比，确保发动机性能稳定发挥；通过控制负荷突变时的喷油和点火角，实现良好排放和舒适驾驶；实现怠速控制、起动控制、滑行断油和超速断油、零部件和催化器保护、自诊断等功能。

该发动机采用燃气航钛纳米镀陶新工艺活塞和气缸，使活塞和气缸之间间隙更加合理，有效降低了运动阻力和机械损失，测试证明动力提升了10%，同时也延长了发动机的工作寿命，达到欧洲600 h耐久试验标准。经测试，该发动机无论是在－15℃的低温环境、还是在40℃的高温环境，或海拔2 500 m高原环境中都能轻松起动，排放可达国Ⅲ标准，动力性能指标和燃油经济性指标均得到大幅度提升。

1.5　赤兔马 LPG 燃气摩托车

2006年1月，江苏赤兔马公司开发出适合城市骑乘的全新概念环保型LPG燃料摩托车系列。该车是以CTM125T-2为原型车进行改进的，利用座垫下的有效空间放置专用液化气钢瓶，为保证液化气钢瓶安全可靠，配备的钢瓶及充、放气阀的开启关闭有效使用寿命均符合国家有关压力容器标准，设计使用压力为1.4 MPa（破坏性实验，钢瓶爆破应力达9.5 MPa），安全系数为3；配气控制系统采用国际成熟的的专利产品，完全满足发动机在各种状态下的工作状况；加速器（油门）采用针式燃气释放和空气进行匹配控制。

该车经测试，燃气发动机的噪声比普通燃油发动机低约10 dB；由于排放的是水蒸气、THC化合物和残余CO，工况法测试THC为0.475 g/km，CO为0.98 g/km，远低于燃油发动机国家排放标准。液化气钢瓶1次可加液化气3.5 kg，在经济车速（40 km/h）下可行驶110～140 km，从经济性比，燃气比燃油实际消耗要节省20%左右的费用。经路试，动力性能与燃油车动力性相当，不仅可以加机动车用液化气，也可加普通液化石油气，并保证在－5～40℃温度下能正常起动，起动时间≤15 s。

为解决全国各地加气站分布不均匀等情况，江苏赤兔马公司研制的LPG燃气摩托车系列全部配备了燃气加气宝，使用燃气加气宝给车用液化器瓶加气特别方便，只需一头接在普通家用液化气钢瓶上、另一头接在车用的钢瓶上，就能自动完成加气。

1.6 磁浮态系列产品

2006年4月，曼仙蒂公司（国内专业生产磁浮态系列添加剂和润滑油企业）推出利用磁浮态技术生产的磁浮态系列添加剂和润滑油产品，据说该产品的抗磨性能可与美国同类添加剂相比美。

磁浮态系列产品遇金属后立刻与金属产生电化学反应，在金属表面形成正电离子，因同性相斥原理使活塞在缸套内近乎悬空运转，可最大限度地减少磨损和摩擦阻力；由于能对金属表面进行平整封闭处理，使金属表层分子排列高度一致，产生共振效应，故能使表层金属硬度和韧度提高1倍以上。将磁浮态抗磨剂加入润滑油后，抗磨性能可增加2倍以上，无任何副作用，如长期使用加入磁浮态抗磨剂的润滑油，可延长发动机寿命2倍以上。同时，由于该技术使用了磁性电子技术，不占据空间，不会象其它金属镀膜抗磨剂那样产生胶质积碳和粘稠物而堵塞油路。

目前，磁浮态抗磨剂已通过国家石油产品质量监督检验中心的检验，并投放市场。使用磁浮态抗磨技术可广泛用于汽车和摩托车润滑油的生产，还可用于机械润滑领域，实现润滑油行业技术升级。

1.7 CM125-2四气门新型发动机

2006年3月，长铃集团推出一款具有自主知识产权、国内技术领先的新款CM125-2四气门V4发动机。该机采用独特的CSB凹型球面燃烧室，使燃烧更加充分彻底，与同排量机型相比，可降低废气污染物40%；二进二排四气门技术，流体力学理论构建的进排气通道，提高了进排气效率；配气机构为静音顶置凸轮轴驱动，摇臂间隙自动补偿，更适合高转速传动；精密高速无声链渐切式啮合传动，与顶杆机相比减少了中间传动环节，使振动和传动效率得到进一步改善，同滚子链传动相比，可降低噪声5～6 dB（A），使工作更平稳；润滑系统采用长铃专利双油道强制压力润滑方式，润滑更充分，提高了机件使用寿命；整机采用等离子金陶材料，使机件耐磨性得到提高。使用该机后，不采用任何手段就可满足国Ⅱ排放标准，可降低油耗15%～20%。

1.8 新型环保节能滤清器

2006年12月，由北京联飞翔科技有限公司生产的“神州世纪”环保节能型滤清器通过了国家部级科学技术成果鉴定，申报了4项专利并投放市场。

该产品将原燃油滤清器和空气滤清器的结构进行了改进，将一种高效远红外功能陶瓷材料结合到滤芯中。当空气和燃油通过滤清器时，不仅实现普通滤清器过滤空气和燃油杂质的功能，还可通过滤芯的远红外和活化功能，显著改善燃烧质量、提高燃烧率，达到降低燃料损耗的目的，同时对尾气中污染物排放量具有一定的抑制作用。由于该产品还采用了优质木浆纸材料，其使用寿命、耐湿、抗击能力等指标均优于普通滤清器，真正实现了节能新技术与传统滤清器的完美结合。

这种产品的节能环保性能已经分别通过了交通部道路运输行业能源利用监测中心、中国环境科学研究院等权威部门的检测，节油率、自由加速烟度和加速时间对比系数等均达到了JT/T 306—1997《汽车节能产品使用技术条件》规定的要求。目前该技术已应用到各种柴油型机动车、发电机组、工程机械等设备设施，而适合汽油发动机车辆的产品目前正在进行最终的产品定型和测试，预计2007年下半年推出。

1.9 智能数码防盗点火器

2006年9月，由重庆飞鸿公司开发出的新型摩托车电子防盗点火器(简称摩托车ADI系统)，集国外高档汽车智能防盗技术和发动机数字控制点火等功能于一体，防盗性能独特、节省燃油、低温起动性能好。

摩托车ADI系统，与市场上现有电子防盗器及多数摩托车模拟电子点火器不同，它克服了通过剪线、跳线就可起动摩托车的缺点，即使接通摩托车电源，也无法起动摩托车；用智能钥匙开启摩托车，智能钥匙密码唯一性，世界上绝无第2把重复钥匙；采用无源电磁感应，彻底杜绝了遥控防盗报警易受环境影响发生误报等现象。

在点火性能方面，摩托车ADI系统比现有摩托车电子点火器的点火时间、点火角度更加提前准确，点火能量足，并可在一定范围内，根据不同发动机的点火曲线进行更改和调整，使摩托车在各种路况下都能达到完全燃烧；经安装ADI系统前后对比，节油率达10%以上；普通摩托车正常起动转速为400 r/min以上，冬天气温较低时，发动机需长时间预热才能起动，装有ADI系统的摩托车起动转速仅需280 r/min，超高能量型ADI系统仅需180 r/min，低温起动性能好，－20℃也能正常起动。

1.10 新型免内胎防漏剂

2007年1月，柳州方园免内胎防漏剂厂推出了一种将普通摩托车(钢线)轮胎改装成真空胎的“内胎终结者(免内胎防漏剂)”产品，该产品深深影响了沿用已久的轮胎使用方式，打破了摩托车普通外轮胎一定要内胎充气才能使用的现实。再保留原有外胎及钢圈外形不变的情况下，让各种摩托车(电动车)完全淘汰内胎后，一样可以充气行驶，达到真空胎的效果，并做到钉刺不漏、无需补胎，如遇轮胎穿孔，可自动修补6 mm内的轮胎穿孔，无腐蚀、无毒、无异味，适合各种恶劣的路况和气候。据说使用该产品后，轮胎的各项使用参数均明显提高、使用寿命延长。

1.11 节能自发电电动车

2007年1月，一款由高新技术企业浙江001集团研制的“能边骑边充电的节能自发电型电动车”被研发成功。这种新型电动车不仅在自发电控制器核心技术上拥有自主知识产权，还在其它设计上使用了19项专利技术。

目前，这款新型电动车所配置的节能自发电控制器已通过了鉴定，该控制器能对电动车在行驶过程中产生的能量进行回收，实现了边骑边充电的目的。同时还配套开发出电动自行车悬浮电子开关、直线往复发电机、内置式控制器轮毂电机等8项发明技术、19项实用新型技术、12项外观设计技术，并全部申报了国家专利。

1.12 新型 DCDI 数字点火装置

2006年6月，一款平均耗油量比国家标准低25%、排放HC下降69%、CO下降71%的节能、环保型摩托车在湖北面世。这款新车的神奇节能环保效果源自于使用了一项专利技术——DCDI 摩托车发动机数字点火装置，该装置是由华中理工大学能源与动力工程学院高世伦教授发明的，并已获得了国家专利，经200 h发动机台架试验和10 000 km路试，各项性能指标全部达到了设计要求。

DCDI点火装置全称“数字式计算机控制电容放电式点火装置”，它是继“有触点机械点火”，“无触点电子点火CDI”之后的第3代发动机点火装置。该装置通过油门挡板传感器，把发动机的转速和负荷信息输入到小型CPU计算机控制中心，经计算机数字处理后，确定1个最佳点火提前角信号，通过发动机点火线圈传感器，控制点火提前角随发动机转速和负荷的变化而变化。经检测，DCDI点火装置不仅节能、排放达标，而且还提高了摩托车的起动性能，在－20 ℃温度环境下也能正常起动。

装置了DCDI的金鹰125摩托车，100 km耗油仅为1.5 L（国标2.1 L），相比节能近30%；CO 排放为0.45%，(国标为1.5%)，相比下降了3倍多；HC为350×10^{-6}(国标为$1\ 200\times10^{-6}$)，相比下降低近4倍；而且摩托车加速性能和输出功率还有所增加，目前该车已销往伊朗、叙利亚、尼泊尔等国。

2 国外技术集锦

2.1 配有燃料电池的摩托车

2006年3月，雅马哈发动机公司在推出的FC06电动摩托车上,成功配备了直接甲醇型燃料电池,燃料电池输出功率约为500 W。此外,还配有车后方摄像头及导航系统及300 W交流电。

2.2 可用手脚控制的履带式摩托车

2006年5月,德国工业美术设计师季曼·舒尔茨和奥利韦·克勒尔设计出一种不同寻常的交通工具,取名为Baal摩托车。该车依靠与地面紧密接触的柔性橡胶履带驱动,根据结构特性可安装任何一款发动机,不仅用手、还可以用脚来控制驾驶。由于该车能在很小的自重条件下快速加速,因此可首选做为比赛用车,也许不久的将来,这种履带式摩托车就能参加巴黎—达卡汽车拉力赛的摩托车组比赛。

2.3 自动避障式电动摩托车

2007年1月,日本通信综合研究所新研制出非常适合老人骑乘的、可自动避开障碍物的电动低座小型摩托车。该车是在普通电动摩托车上安装了多个可监视前方3~5 m处情况的传感器,当摩托车前方出现阻碍行驶的石块、电线杆或自行车等物体时,驾驶系统就由手动变为自动,使摩托车避开障碍继续前行,最高时速为6 km,并装有卫星定位装置和无线电报知器,可使骑乘者随时掌握道路、交叉路口的车辆和行人等情况,当遇紧急情况时,自控装置可使摩托车自动停下来。

2.4 宝马 Carver One 单座小车

2007年2月,德国宝马公司新研制的三轮小车Carver One,单座,最高时速可达185 km,平均油耗约为6 L/100 km,车身能够在1 s内完成从左向右的摆动,在弯路或交通拥堵的场合骑乘非常灵活。该车独特的造型,灵活的操作对那些追求个性的消费者无疑是个很大的诱惑。

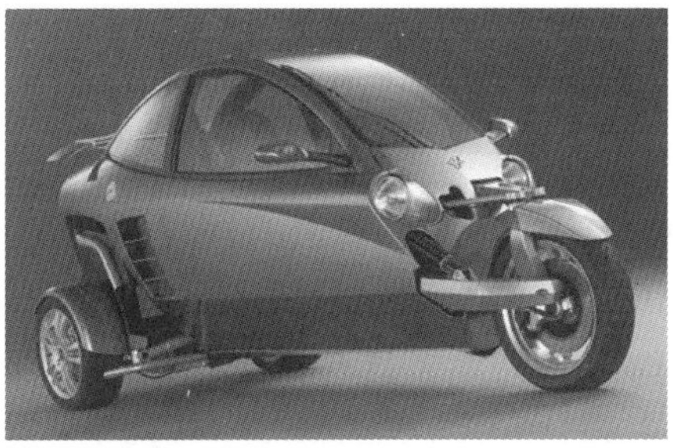

2.5 宝马新概念 Clever 三轮车

2006年4月,宝马推出了双人座Clever三轮小车,该车承载13.16 kW宝马摩托车发动机,以天然气为燃料,每加仑可行驶157 km。Clever车在转弯时,设计座舱能像摩托车一样倾斜转弯,实现了操纵稳定性。

2.6 摩托车与汽车“混血儿”——Naro

2006年8月,为了缓解交通拥挤和车位紧张的烦恼,英国将摩托车和汽车结合在一起,针对上班族开发出一款外形超酷的新型2座4轮小车Naro(每个轮子上都有自行车式的挡泥板)。该车具有摩托车的动力和小汽车的舒适性,车身宽只1 m,车质量和占地面积仅为传统轿车的1/3,耗油量不足普通轿车的一半,骑乘者和乘客可一前一后坐在车内,驾驶起来像自行车,可在拥堵的车流中任意穿行,并能停放在非常狭小的空间内,甚至可将它斜靠在街角,由于小巧灵活,该车还可作为单人出租或城市快递车辆。目前,这款与众不同车辆的研制工作正在进行,预计3年内将在英国公路上见到这款车。

2.7 碳纤维摩托车

2006年8月,美国联合汽车公司采用轻质碳纤维替换掉了摩托车上的几乎每个金属部件,研制出质量仅为170 kg的“B91幽灵”轻质摩托车。该车油箱移到了发动机的下面,隐藏在1个碳纤维制作的容器内,有效降低了车身质心;中空碳纤维车梁是双向的,可从转向颈横跨到后边的减震器,并兼作油料容器;各连接点均直接浇铸在车梁上，省掉固定螺钉；车前部，使用碳纤维叶片再连接到装有弹簧的控制杆，取代了传统很重的减震器；加速计和车轮转动传感器，可显示往返次数、距离、功率、转矩及目标转数；头盔上安装的7 g 重Shok-Spotr传感器，可对加速情况及头盔承受质量进行感应和监控；头盔中全天候耳机和麦克风被固定在一个隔音的合成壳内，可自动控制声音大小，使接听电话非常方便；袋鼠皮制做的靴子抗磨性比牛皮强，质量只有牛皮的1/3，铸造的尼龙脚后跟、胫骨板、碳纤维衬里等能有效地抵挡冲击；GPS系统为抗反光触摸屏，即使戴着手套也能产生感应。

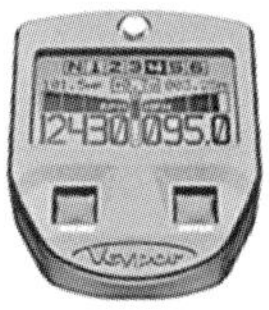

2.8 摩托车涂装新技术

2006年4月，日本雅马哈公司针对摩托车等开发出目前涂装难以实现的表面加工技术“Film On Graphics”。该技术可在外壳上增加采用立体显示标识及图形的“3D”设计，及夜间也很容易识别的“蓄光”设计。该项涂装技术，采用真空加压成型技术，将薄膜覆盖密着在对象物上，特殊薄膜由表层、中间层、印刷层及粘着层依次构成，具有外装部件必需的耐候性及曲面对象物所需要的成型特性，使曲面对象物实现了高精度彻底密着，生产工序中产生的挥发性有机化合物量也只有约原溶剂类涂装的1/5。

通过使用该项技术，可使多品种小批量的生产及定制变得更为轻松，还可轻松满足循环再利用的要求。雅马哈公司在2006年5月上市的2款电动踏板摩托车“EC-02”上就采用了该技术。

2.9 超静音电磁发动机

2006年4月，日本电动摩托车制造商Axle推出了一款新型电动摩托车EV-X7，该车使用的是电磁混合发动机。由电磁铁和永久磁铁组成的混合磁性发动机能够为摩托车提供强劲动力，1次充电6 h可行驶180 km，最高速达150 km/h，最高功率2.13 kW，最大转矩164 Nm，最高效率80%，几乎没有任何噪声；另一大优点是因没有排气管，不会产生任何废气污染环境。今后将继续对这种电磁混合发动机进行研究，以用于汽车上。

2.10 克鲁斯铝焊接新技术

2007年1月，随着新款宝马BMW K1200S摩托车的推出，其底盘和强劲的123 kW发动机所表现出来的优异性能吸引了越来越多的注意力，特别是独一无二的双扶臂前轮转向架底盘和铝制框架，是由焊接机器人在12 min内以最高质量标准焊接完成的。

宝马公司专门为它的铝件生产工厂新引进了一个现代化的机器人焊接生产线，焊接1个新型运动型摩托车铝制主框架（由各种铝制件构成，其中包括压铸件，挤压件和锻件）只需要12 min，该铝制框架不仅非常坚固，而且很轻，质量只有12 kg。

2.11 新型动力车轮

2006年6月，由美国科罗拉多州丹佛市一家公司研制开发出一种自行车专用动力车轮，能让自行车轻松拥有摩托车的速度。

这种动力车轮的外形尺寸与普通26 in自行车车轮相仿，总质量约7 kg，在轮辐间安装有1台设计精巧的微型发动机及与之配套的变速系统。在发动机的驱动下，变速系统可带动车轮转动，为自行车提供前行辅助动力，使其转眼成为最高时速可达32 km的摩托车。如果骑乘者在骑行中摔倒，车轮内的发动机会立即停止工作以确保安全。另外，也可在骑行中随时通过手动或电动的方式将运行中的发动机关闭。

由于配备了独特的静音装置，这种车轮在行驶中产生的噪声 < 65 dB；车轮内置发动机使用的燃料

为汽油与石油的混合物，在保持最高时速32 km的情况下每加仑燃料可行驶约380 km，放出的废气也完全符合相关的环保标准。用这种动力车轮来改装自行车十分方便，只要替换掉自行车原来前轮，并在车把和车架上分别安装相配套的油门控制装置和水壶状燃料罐，15 min就可装完。与常见的一些自行车动力装置不同的是，安装这种动力车轮完全不会破坏车辆原有的造型和结构，而且相当简洁美观。

2.12 3大新技术装备雅马哈踏板车

2006年3月，雅马哈公司推出集DiASil气缸、CF铝压铸车架及并用真空活塞的FI等3大新技术于一体的大型踏板车——GrandMajestyYP250。

DiASil气缸：是一种无需电镀处理的铝合金铸造气缸，与采用铸铁缸套的铝制气缸相比，冷却性提高了60%，质量减轻了30%；CF铝压铸车架：不仅车架管壁很薄，而且采用了制造铝制部件的真空压铸技术，这在250 mL级别车中为首次使用，车架部分的部件数量减少到原款的一半以下，铝制材料使用率在全部款式中占30%（原款为20%）；真空活塞FI：通过使用依靠负压差工作的自由活塞，可控制低速状态下的吸入空气量，从而确保了容积效率和响应性能。

2.13 宝马摩托车配备最新平衡机构

2006年4月，宝马推出排量为798 mL的F800S、F800ST两款摩托车，这两款车最大的与众不同之处是，首次在量产摩托车上为并列双缸发动机配备了减震装置，通过使重锤进行圆弧运动，削除了一阶振动。该款发动机为四冲程、4气门机，最高功率（转速）为62.5 kW（8 000 r/min），最大转矩（转速）为86 Nm（5 800 r/min），干质量为182 kg。

四冲程并列双缸发动机要想采取等间隔爆燃，就必须以360° 为间隔对2个气缸进行爆燃。由于是四冲程机，2个气缸的活塞销都处在同一位置，活塞和连杆这类大质量配件在做往复运动时，双缸要保持一致，因此会产生一阶振动。一般情况下，为了与其质量保持均衡，就要在曲柄轴上装上平衡重锤并让它转动，通过转动使往复运动保持均衡，但会留下垂直方向以外的振动成分。

最新平衡机构就是使平衡重锤上下运动，在曲柄轴上方，2个活塞的活塞销中间，再设计第3个活塞销，形成类似4轴3缸发动机那样的曲柄轴，但3缸发动机的活塞销位于3个间隔为120° 的位置，而该机构中与活塞相连的2个活塞销位于同一个相位，中间的活塞销则位于与另2个活塞销间隔180° 的另一侧，重锤安装在从中间活塞销伸向下方的连杆上，另一个重锤则沿着与之基本垂直的方向安装在另一个长连杆上，它的另一端则跨过变速箱固定在较远的位置。这样一来，活塞或连杆向下运动时重锤就向上运动，从而消除了一阶振动。尽管重锤做的是上下运动，但并不是纯粹的直线运动，而是圆弧运动，因此这个差值成分就会作为激振力保留下来。

装有减振装置的并列双缸发动机。右下为重锤，左侧可看到长连杆的固定端

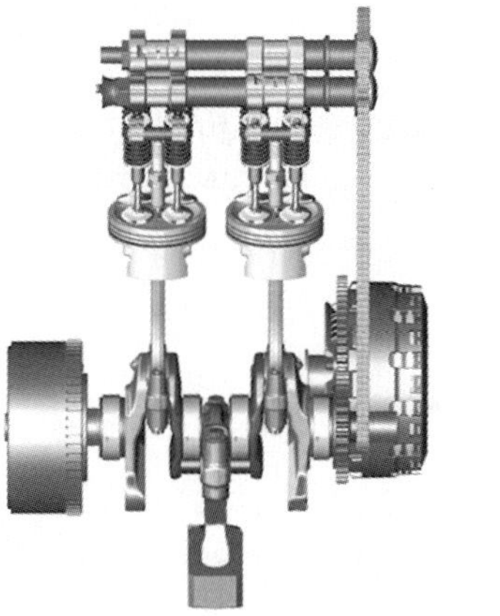

发动机侧面图。重锤通过连杆吊在曲柄轴中间

另外，该机构还可减轻二阶振动。由于其配置像是以准竖直方向配置水平对置发动机，因此相向的活塞和重锤的运动就会沿着消除二阶振动的方向起作用。

2.14 琥珀光学纳米陶瓷隔热膜

2006年4月，德国科学家研发的采用纳米技术制造的新一代隔热膜——琥珀光学纳米陶瓷隔热膜正式登陆中国市场。

琥珀光学陶瓷薄膜由导电性物质氮氧化物组成，具有独特的分子结构。德国科学家利用纳米陶瓷技术，在“威固”金属膜技术基础上，采用先进的磁控溅射工艺，将精微的纳米状陶瓷物质以精微的分子成分真空溅射到高透明的光感薄膜上，并在此基础上通过选择光谱滤光，使琥珀陶瓷薄膜能阻隔更多的热量，并保证更优异的清晰度。

琥珀光学纳米陶瓷隔热膜不含有金属和染料成分，不影响GPS接收，具有不氧化、不退色的优点；高效隔离紫外线，阻隔率超过99%；无刺眼金属及眩光，不会造成光污染，不影响路人或其它司机；优越的清晰度可缓解驾驶疲劳感，增加驾驶舒适度；由于使用的是纳米陶瓷技术，寿命长达10年，是金属膜的2倍；超低内反光，可大量减低镜面效应，增加行车安全。

2.15 雅马哈新型安全气囊摩托车

2006年5月，一款配备了雅马哈公司专利开发的专用“支承板”和专用“多腔安全气囊”的ASV-3摩托车正式亮相。该车是以“雅马哈ASV-2”车为基础，通过各种分析软件进行了改进，通过安全气囊接近骑乘者、利用支撑板承接安全气囊所受到的力，确保遇到交通事故发生冲撞时，能兼顾腰部保护及缓冲功能。

在研发该安全气囊系统时，不仅考虑到正面冲撞，还考虑到遭遇斜向冲撞时也可发挥保护效果，同时还要降低骑乘者因冲撞飞出后产生的2次伤害。通过对运动机构、有限要素、发生冲撞时骑乘者受伤害程度等分析，及有限要素法冲撞分析软件，对安全气囊的打开动作等进行分析，改进了安全气囊技术，并通过冲撞实验对这些效果进行了验证。

除此之外，该车还配备了在转弯时，可根据车身倾斜状况能自动调整并倾斜灯光来改变照射方向的摩托车夜间照明系统，及在车身后部配有2个摄像头，以消除驾驶员视野死角的摩托车后方视野辅助系统等装备，以确保安全行驶。

多腔安全气囊

支承板

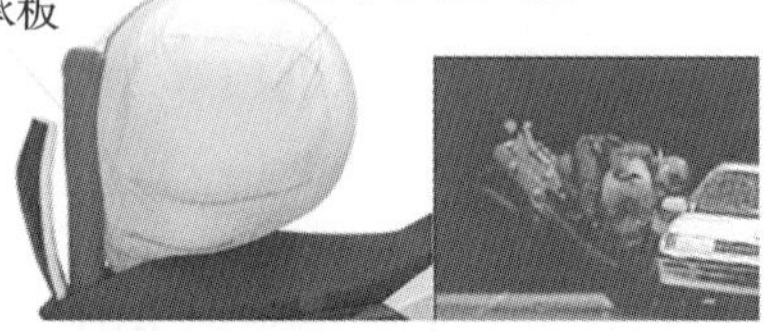

车身后部的 2 个摄像头

二、摩托车零部件行业发展概况

（一）、2006年摩托车发动机行业概况及展望

夏淑敏　（天津大学　天津内燃机研究所）

2006年，中国国民经济保持高增长、低通涨的良好发展态势。摩托车工业在全国工业较快增长的大格局下，摩托车产销、出口及企业经济效益等主要指标均保持较快增长。

1　摩托车发动机产销量保持平稳发展

2006年，国家出台实施了新的摩托车消费税政策和规范摩托车产品出口政策，使摩托车企业的竞争更加公平，摩托车出口不断走向良性发展，国内摩托车产、销分别达到2 144.35万辆和2 126.67万辆，同比增长20.83%和19.96%，产、销及增长速度均达到近年来最好水平，受整车的带动，摩托车发动机产销量也均有所提高，如表1所示。

表 1　2006 年摩托车发动机产销情况汇总

排量，mL	冲程	发动机产量，台	上年同期，台	同比增长，%	发动机销量，台	上年同期，台	同比增长，%
总计		22 038 824	19 120 819	15.26	22 053 920	19 124 052	15.32
50	二	260 280	285 639	-8.88	260 269	286 277	-9.08
	四	1 087 472	778 053	39.77	1 071 307	785 917	36.31
60	二	2 367	2 311	2.42	1 852	2 881	-35.72
	四	6	259	-97.68	5	272	-98.16
70	二	150	0	0.00	150	0	0.00
	四	191 954	218 067	-11.97	192 807	218 156	-11.62
80	二	64 772	28 390	128.15	61 405	29 252	109.92
	四	9 313	35 398	-73.69	9 960	35 734	-72.13
90	二	29 862	25 898	15.31	29 984	26 076	14.99
	四	315 556	273 654	15.31	316 624	278 893	13.53
100	二	946 652	791 601	19.59	950 450	825 646	15.12
	四	2 815 456	3 078 175	-8.53	2 847 824	3 076 723	-7.44
110	二	0	522	-100.00	0	322	-100.00
	四	3 331 667	2 649 034	25.77	3 328 296	2 625 440	26.77
125	二	28 907	7 869	267.35	28 906	7669	276.92
	四	9 968 269	9 011 343	10.62	9 976 742	9 014 326	10.68
150	二	15 591	0	0.00	15 385	0	0.00
	四	2 313 970	1 637 668	41.30	2 316 160	1 620 138	42.96
250	二	0	0	0.00	0	0	0.00
	四	614 773	276 592	122.27	605 167	269 224	124.78
≥750	二	7 920	5 437	45.67	7 650	5 746	33.14
	四	33 887	14 909	127.29	32 977	15 360	114.69

从摩托车生产企业看，主流骨干企业通过学习和消化先进技术，加强了技术装备的投入和品质提升，部分企业的摩托车生产技术和产品质量已接近或达到世界平均水平，但在整体技术、质量水平上，特别是品牌、中大排量上，摩托车行业还存在较大差距。

2　摩托车发动机技术发展动向

随着汽车工业的不断发展，有许多汽车上的成熟技术已在摩托车上得到了应用，摩托车发动机制造业应紧跟汽车工业的发展动向，结合自身特点和具体要求，移植汽车发动机上的先进技术为我所用。

2.1　摩托车噪声及振动控制研究

随着中国加入WTO后，自由贸易程度的加强及噪声法规日渐与国际接轨，减小摩托车产品噪声问题应引起摩托车生产企业的高度重视。

摩托车舒适性一直是人们追求的目标，随着消

费者对摩托车产品舒适度、质量等要求的进一步提高，作为整车振源之一的发动机振动方面的研究和应用也越来越得到重视，在摩托车发动机上加装平衡装置，优化燃烧系统，提高传动精度等措施得到了更多应用。

2.2 摩托车发动机节能技术研究

汽油机输出功率的大小、燃烧是否完全主要由可以燃烧的充量质量、燃油质量、点火时刻决定，摩托车节能技术的主要解决方案如下：

a）新型燃烧室及燃烧技术：历来在发动机研究方面，燃烧室及气道的研究更多的是在柴油机上，因为柴油机是压燃的，要求燃油和空气混合更加充分，而汽油机的燃烧是点燃，摩托车发动机在燃烧室和气道上做的工作不多，随着发动机强化程度的提高，汽油机较以前更多的考虑燃烧问题。所以目前使用的紧凑燃烧室形状（如挤流燃烧室已有产品问世）及合理的缸内气体流动，可以提高燃烧速度，减少循环波动，实现高压缩比、稀燃和速燃，从而提高发动机的经济性。

b）多缸、多气门发动机技术：如今国外摩托车发动机采用多缸、多气门技术已很普遍，由于应用了这些技术，摩托车发动机才能满足大功率、高转速、运转平稳的要求。由于相对增大了进、排气门流通面积，发动机不但功率大，油耗低，而且排放污染小。

c）可变进气技术：通过改变进气系统的特征参数来获得发动机全工况范围内的最大充气量，特别有利于发动机低速范围内转矩的提高，从而使发动机具有良好的动力性和经济性。

d）可变凸轮与可变气门定时技术：发动机满负荷转矩特性与配气相位有关，高速时，为了达到最高充气量以增大动力输出，要求进气门尽量推迟关闭；低速时，充气效率足够高，要求进气门早点关闭。随着发动机运行参数的变化，应该能够自动调节进气门定时和升程，以满足发动机在低速、高速等各个工况下的不同性能要求。

e）代用燃料摩托车：摩托车采用液化石油气(LPG)和天然气(CNG)为燃料，除解决国家不同能源合理配置外，更重要的是降低排气污染。为此，在LPG和CNG摩托车发动机上应用电控喷射技术，实现精确控制混合气空燃比，使动力输出和排放得到优化。目前，代用燃料摩托车正在开发。

f）电动摩托车：电动摩托车基本是零排放摩托车，动力电池的研究是电动摩托车技术攻关重点，全密封铅酸电池是目前过渡产品，镍氢电池、锂离子电池、燃料电池能量密度大，充放电循环寿命长，国内外摩托车也都有采用，但因价格昂贵，一般由政府给予补贴，鼓励使用。在动力电池技术尚未取得突破性进展之前，采用混合动力摩托车是较为可取的方法，但混合动力摩托车自重大，是致命的缺陷。

2.3 电喷与排气催化技术组合是满足更严格排放法规的必由之路

电子喷射技术，能根据不同工况精确提供理想空燃比及最佳点火提前角，确保发动机获得最佳经济性、动力性和排放指标。应用电子喷射技术取代传统化油器的电控发动机，逐步在摩托车发动机上得到积极推广。电喷技术可以优化燃烧过程，达到机内净化，但不可避免地造成NO_x排放量增加，必须采用三元氧化还原型催化器进行机外净化，因此电喷和三元复合型催化器组合是摩托车实现超低排放的重要措施。缸内直喷技术目前已在二冲程发动机上采用，并取得极佳的排放和节能效果，二冲程直喷与氧化型催化器匹配很可能成为今后摩托车动力装置的首选，电控汽油喷射技术是实现汽油机高效燃烧和清洁排放最简捷的措施之一。

目前，国外大排量摩托车均已采用电喷系统，而且向中小排量摩托车扩展的趋势明显加快，125 mL甚至50 mL 电喷摩托车已有商品面市。国内的部分企业已开发出电喷摩托车发动机，其排放完全符合国Ⅱ排放标准。实践证明，电喷发动机是降低油耗和排放、净化环境的绿色产品，在国外得到了广泛应用。

2.4 新材料的应用

国外为了适应不断严格的环境保护、安全、节能等法规的要求、采用了许多新技术、新工艺、新材料。如气缸内壁采用NCC镀层陶瓷技术；大量使用镁铝合金等。除常见的铝合金外，镁合金、钛合金等轻质材料在发动机上的应用也逐渐增加，这些材料的应用大大减轻了发动机质量，而它们在发动机运动件上的应用不仅降低了零件的运动惯量，还大幅度地降低了冲击。

新工艺也在摩托车发动机上更多的使用，如轧锻连杆工艺，不仅定位严格，而且性能优越。

2.5 水冷发动机

市场发展需要高品质摩托车，这高品质就是指高性能、高可靠性、低排放、低噪声和低油耗。显而易见，风冷方式难以解决高性能带来的热负荷问题，也不可能随着性能的提高再增加单位散热面积。发动机活塞运动噪声，燃烧噪声，气门落座噪声的增加均不是风冷方式所能解决的，而冷却液隔层确能将其吸收、隔绝。四气门、多缸机技术的广泛应用和发展，使风冷技术的采用困难重重，甚至有些机型根本无法用风冷进行合理冷却，但是水冷方式能很简单地解决这些问题。

随着环保对摩托车排放的严格要求，发动机的降排放技术越来越受到重视，而燃用稀混合气以达到降低排放、降低油耗始终是这一领域的追求目标。由于风冷机热负荷高，往往不能燃用稀混合气，燃用稀混合气的必备条件是以提高压缩比来增加燃烧速度，并且压缩比的提高不带来热负荷的增加，这一点恰是水冷机所具备的优点。经过对不同排量水冷机的相关试验验证，摩托车四冲程水冷发动机在燃用稀混合气方面，可达到在保持动力性前提下获得满意的排放指标和节油效果。

摩托车发动机采用风冷还是水冷取决于不同档次的需求及产品技术的发展趋势。目前，风冷机因结构简单、成本低被普遍用于各种小排量摩托车上，随着产品技术贸易与国际的接轨，水冷摩托车将会有很大的发展。

3 摩托车发动机行业今后发展方向

3.1 强化发动机品质，提高产品可靠性

欧、美、日等国家因技术领先，摩托车发动机早已实施200 h以上全负荷强化试验，平均无故障间隔时间超过1 000 h。而在中国20世纪80年代才将可靠性工程应用到内燃机行业，且只有100 h强化试验(其中包含20 h的低负荷磨合运转)，实际满负荷试验只有80 h。今后因尽快采取切实有效的措施加以改进，并落实到摩托车产品试验中去，向国外先进水平靠拢。

3.2 填补摩托车赛车技术的空白

摩托车不仅包括代步工具的座式和骑式车，也包括赛车、卡丁车等。在赛车技术方面，中国刚刚起步，今后有一定的发展空间。赛车是摩托车运动发展的必然选择，随着中国摩托车运动(如嘉陵杯摩托车越野赛、宗申车队和各项赛事等)的普及和提高，公路型赛车、越野型赛车技术将会快速发展而与国际接轨，研制赛车和参加世界级赛车是提高企业知名度、形成名牌的一条健康发展之路。

3.3 打造自主摩托车品牌

国际上著名的摩托车公司都拥有依靠自身技术打造的知名品牌，也都有应对标准法规不断加严的前瞻性技术储备，随着摩托车技术的发展，摩托车已成为集机械、电子、冶金、化工等诸多领域技术于一体的高新技术产品。

总体来看，2006年中国摩托车工业得到了较好的发展，摩托车产销、出口和企业经济效益等指标都实现了较快增长，摩托车生产企业的经营状况明显改善。2007年，随着国Ⅲ排放标准的实施，摩托车生产企业又将面临新的挑战。预计2007年中国摩托车产销仍将保持一定的增长。

(二)、2006年摩托车车轮行业概况及展望

尤炳良 (中国汽车工业协会摩托车分会车轮委员会)

2006年，摩托车车轮企业的综合竞争力有很大提高，在企业管理、技术水平、生产能力、产品质量和营销水平等方面均已进入国内先进水平，摩托车车轮生产集中度继续提高，车轮出口年年创新高，中国摩托车车轮生产(尤其是铝合金车轮)在国际市场已有较高知名度；摩托车车轮行业工作也取得了一定成绩，推动着车轮行业健康发展，2006年4月在重庆召开的理事会上，通过了“关于表彰摩托车分会车轮委员会”的决定，这是摩托车车轮行业的一件大喜事。

1 摩托车车轮行业总体状况

1.1 摩托车车轮行业已具有较强总体实力

a) 经济实力：摩托车车轮委员会成立10余年来，

车轮生产得到了飞速发展，并形成了一批实力较强的优势车轮企业，在国际舞台上已展现出大将风范。

摩托车车轮行业在2006年上半年进行了一次全面的企业情况调查，初步查明，摩托车车轮行业现有固定资产32亿元，建筑面积75万m²，员工总数1.5万人，年产值达到44亿元，全行业人均产值平均为29.3万元/年·人，全行业利润为2亿元。

摩托车车轮行业的良性发展也为国家的发展与税收做出了贡献。2005年为国家上交税金达1.5亿元，人均上交税金1.0万元，在全国各行业中，摩托车车轮行业上交的税金属先进水平。

b）生产实力：2006年车轮产量达4 600万件，其中铝合金车轮约达3 300万件；摩托车车轮生产高度集中的局面已基本形成，已形成年销500～1 000万件的车轮企业3家，并在国际市场中已有较高知名度。现生产的摩托车车轮已出口到世界各地的摩托车市场，铝合金车轮出口量超过1 000万件以上，摩托车车轮产品已经与国际上各主要摩托车生产商进行OEM配套。

在机械行业中，摩托车车轮生产是一个不起眼的专业性配套行业，属于具有一定技术水平的劳动密集型产业，但全行业人均产值及税率方面确取得了较好成绩，车轮产品已具有自主知识产权，车轮生产技术对外依存度基本为零，车轮生产关健设备基本上也由国内供应，车轮生产已初步实现现代化大工业生产方式，开始从生产大国进入生产强国，并具有较强的总体实力。

1.2 骨干企业的市场占有率占据主导地位

摩托车车轮行业基本上进入了良性发展轨道，骨干企业的市场占有率牢固占据主导地位，车轮企业产量已达到高度集中(按经济学家观点，行业集中度高的标志是企业市场占有率达到25%以上)，浙江万丰摩轮有限公司已达到市场占有率要求，重庆坤泰轮毂制造有限公司、浙江今飞机械集团有限公司等企业的产量基本达到市场占有率要求。近几年车轮企业的发展趋势表明，摩托车车轮企业的市场应变能力很强，可以满足各种型号的热销车轮，促使市场占有率相对稳定，骨干企业的市场占有率呈逐年上升趋势。

1.3 摩托车车轮新产品已全面开花

a）铝合金车轮产量打破了辐条式车轮的霸主地位，已占据摩托车车轮市场的龙头地位，新品开发力度强大，开发速度、品种、数量与整车产品达到了同步，满足了整车产品的开发需要。

b）过去由于辐条式车轮开发力量薄弱，霸主地位逐步被铝合金车轮代替。现在，辐条式车轮的新品研制工作取得了显著成效、成果累累：1）改变了以往光杆辐条一统天下的格局，变径辐条、扭曲辐条、不锈钢辐条、镀铬辐条、各种喷涂类彩色辐条等应有尽有。2）原车轮辐条数量一直固定在36根，很难适应摩托车发展的需要，如今已形成28根、32根、40根、52根、60根、80根等多种规格车轮，满足了摩托车比赛、越野、娱乐、旅游等多种用途需要。3）随着铝合金阳极氧化工艺及镀铬技术投入批量生产，满足了不同用户对车轮色彩的需求，其生产的各种新颖辐条式车轮在欧洲宝马系列、美国哈雷系列等摩托车上得到广泛应用，表明中国生产的辐条式车轮已进入高档车轮系列。4）传统的辐条式车轮无法安装无内胎轮胎，严重影响辐条式车轮的发展。近年来通过不断研制创新，已成功解决了这一难题，并已投入批量生产并出口到欧美等发达国家。

c）镁合金车轮目前仅用于赛车及高档汽车、摩托车，尚不能普及，原因是镁合金车轮制造技术复杂，还没有公认的适合镁合金车轮批量生产的成套设备；镁合金在熔炼、铸造过程中必须使用保护性气体，涉及的环保问题及大批量生产中的安全问题未见明显突破；制造成本较高，未达到合适的性价比。如今镁合金车轮的研制工作有了很大突破，威海万丰镁业科技发展有限公司在镁合金科研和车轮生产方面是行业的开路先锋，他们研制成功的高档镁合金摩托车车轮，经南昌摩托车质量监督检验所质量检验，性能优良，现已成功出口欧美并批量生产，取得了较好的经济效益。

因镁合金车轮比铝合金车轮更具有诱人的潜在优势，它比铝合金车轮还要轻1/3，耐高温性能强，抗震性能高，更能适应高低不平的路面；切削性能好，能在极高速度下进行切削，消耗功率仅是铝合金的一半；镁车轮受冲击摩擦时不会产生火花，非常适合车轮的使用条件等，因此是未来的发展方向，应加大力度投入镁合金车轮的开发。

d）锻造铝合金车轮需要投入巨大的资金，购买大型锻压设备，只有大型企业才有这样的财力。戴卡轮毂制造有限公司利用生产汽车车轮的剩余能力，研制出高档摩托车用锻造铝合金车轮，并通过了南昌摩托车质量监督检验所的检测试验；浙江万丰奥特控股集团也已立项购买锻造铝合金车轮的大型设备。

1.4 企业的技术力量是薄弱环节

车轮生产技术的快速发展，使摩托车车轮生产的竞争环境发生了巨大变化，竞争重点由扩大产量、低价格、低水平竞争，转变为品质、品牌、服务与技术力量的竞争，摩托车车轮企业应清楚地认识到车轮竞争环境已经发生巨大变化。通过2006年的企业情况调查、车轮标准编制等，企业技术力量是主要的薄弱环节。

a）从全行业统计数字看，生产工人占84.57%、管理人员占 9%、技术人员占 6.43%（其中工程师占2.78%），相比技术人员偏少，技术力量薄弱，说明目前车轮企业还是停留在纯生产型企业阶段，距离开发型企业还有较长距离。从各企业来看，技术人员比例在15%以上的企业约2家，大部分企业技术人员比例在6%以下，有的在2.5%以下；而发达国家的汽车行业，研发型人才占30%以上、高技能人才占技工队伍的40%以上。希望评上“零部件优势企业”的车轮企业，技术人员比例应增加到10%以上，逐步成为开发型企业。

b）在研发费用的投入上，全行业研发费用占销售收入的比例为2.7%，只有个别企业的研发费用为5%左右，少数企业的研发费用在0.2%以下，明显只是一个加工型企业，而国外大型企业的研发费用一般不低于销售收入的5%，因此应加大研发费用的投入。

c）知识产权是保护企业权益不受侵犯的重要武器，一个企业的主要产品和工艺技术如没有专利技术保护，只能成为没有产权的加工场所，企业的生存会受到威胁。2006年，国家知识产权局发布中国汽车行业专利申请与授权情况调查报告指出，10年来，中国共受理国内外企业汽车专利3万余件，国内、国外企业各占总量的50%，可以看出中国汽车行业的自主知识产权很少，而摩托车车轮行业仅1/3的企业拥有专利技术，专利数量平均在10条以下。重庆捷力轮毂有限公司的专利数量达182条，他们的产权保护意识值得全行业企业学习。

2 2006 年主要工作

2.1 参加“中国摩托车行业零部件优势企业”评选活动

为做好“中国摩托车行业零部件优势企业”的推荐工作，2005年12月摩托车车轮委员会在金华召开二届三次执委会议，通过认真讨论，一致通过了车轮行业的推荐方案与工作程序。

车轮行业的推荐条件是：车轮年产量200万件以上、出口20万件以上；摩托车车轮产值1.5亿元以上；企业上交税金400万元以上；有市级以上名牌产品（获中国名牌产品的企业自然进入）；建立了企业级及以上技术中心（获国家级技术中心的企业自然进入）；与一类整车企业配套和车轮出口总量在50%以上；主要检测设备配套齐全、有效；通过ISO 9000质量管理体系认证，并在有效期内。

按照程序规定，2006年2月初，由秘书组编制的“车轮企业情况调查表”发给全体成员单位，在2月份完成了车轮企业的调查工作。根据评选条件，评出了车轮行业候选企业名单，经车轮委员会各位委员投票、排序后，正式上报摩托车分会进行评选。

2006年8月底，在广东江门召开的摩托车分会三届三次理事长办公会议上，审议通过了“中国摩托车行业零部件优势企业”名单，浙江万丰摩轮有限公司、佛山市南海中南铝车轮制造有限公司、浙江今飞机械集团有限公司、重庆坤泰轮毂制造有限公司、江苏中联铝业有限公司、江苏圆通汽车零部件有限责任公司、亚新科双泰（四川）零部件有限公司7家公司正式成为第1批“中国摩托车行业零部件优势企业”。

此次评选活动意在激励企业的产品要有自主知识产权，要有自主产品的核心技术；要积极参加车轮行业各项标准的制定工作；企业不但要建立、健全研发机构，还要投入足够的研发费用；要有自主品牌，并在市场中享有相当的知名度；必须建立较完善的管理体系和质量保证体系，具有较强的盈利能力和良好的整体财务状况；要逐步形成优秀的企业文化，要为国家作贡献。

2.2 出版《摩托车车轮专辑》

摩托车车轮行业已具有较强的总体实力，优势车轮企业在国际舞台上具有较高的知名度，为中国进入车轮强国创造了较好条件。为继续提高车轮企业的知名度，扩大摩托车车轮行业在国际上的影响力，摩托车车轮委员会与《摩托车技术》杂志社共同出版了一期《摩托车车轮专辑》。

《摩托车车轮专辑》的出版，得到了优势企业的大力支持，是本次专辑出版的主力军，他们根据自己的设计、生产和管理经验撰写了许多文章，在理论、技术上起到了积极的引导作用。另外也反映出部分企业的技术力量还很薄弱，尤其缺乏技术领军人物，一些企业引进了许多先进技术和生产设备，但缺乏系统性的人才培养，忽略了技术积累和经验总结，不能将生产经验、技术革新成果快速提升，生产出更多的财富。专辑的出版为满足企业迫切需要学术交流和信息交流创造了条件，也是提高企业知名度的重要工作。

2.3 车轮标准制、修订工作进展顺利

标准作为一种服务于社会与经济发展的工具，在促进经济社会全面、协调、可持续发展方面的作用日益突出。经国家发改委审查批准，共有4项摩托车车轮制、修订标准列入国家计划，分别为"摩托车和轻便摩托车轻合金车轮通用技术条件和试验方法"标准(GB/T)、"摩托车和轻便摩托车车轮轮毂安装尺寸系列"标准(GB/T)、"摩托车轮辋辐条组合式车轮技术条件和试验方法"标准(QC/T)、"摩托车车轮轮辋技术条件和试验方法"标准(QC/T)。

为充分发动全体车轮企业踊跃投入车轮标准的制订工作，车轮委员会秘书处发出了"关于参加车轮标准编写调查表"，全行业2/3以上的车轮企业积极报名，踊跃参加。浙江今飞机械集团有限公司承担3项标准的主要制订工作，浙江万丰摩轮有限公司承担2项标准的主要制订工作，南海中南铝车轮制造有限公司、无锡中联铝业有限公司、江苏圆通汽车零部件制造有限责任公司、亚新科双泰(四川)零部件制造有限公司承担1项标准的主要制订工作；在制订过程中，既不能全面照搬国外标准，又不能失去标准的先进性，还要依据国内外整车企业的质量及标准先进性要求，结合本企业十多年的生产经验，最后圆满完成了第1稿的制订任务。在今后的标准讨论与审查过程中，希望车轮企业都能积极参与，这样才能使制订的车轮标准真正起到主导产业、开辟市场的作用。

车轮企业同时十分重视建立自己的企业标准，亚新科双泰(四川)零部件有限公司是一个比较规范的企业，建立的企业标准已达168项，已成为车轮行业的佼佼者。

2.4 坚持出版行业的宣传刊物"简讯"

"简讯"是摩托车车轮行业的宣传刊物，每季出版1期，已坚持十余年，起到了较好的服务、宣传与交流作用。"简讯"主要服务对象是车轮企业，主要宣传群体是摩托车整车企业，其中部分刊登的文章还经常被其它刊物转载；经常会接到电话，询问具体的细节内容；一些整车企业的技术人员，出差到南昌摩检所时，希望带一些"简讯"回去，从中可看出这本刊物的效果。

3 提升企业创新能力、争创车轮名牌产品

3.1 提升企业创新能力，成为自主创新的主体

企业只有在技术、生产、管理、市场等方面不断创新，才能生存和发展，没有创新的企业会无情地被市场淘汰。创新不是发明创造的专利而是一种实现过程，企业应该瞄准市场，通过不断创新生产出最符合市场需要的产品。

企业产品只有形成自己的特色和技术壁垒，才能形成自己的竞争优势，一定要建立自己的技术中心，有自己的产品研发机构。优势企业的技术中心应争取成为国家级企业技术中心或成为省、市级企业技术中心的重点单位。企业必须提升创新能力，成为自主创新的主体。

3.2 车轮名牌产品要站在主导市场地位

由于摩托车车轮产品技术差异不大，车轮产品的质量已开始进入同质化阶段，达到规模经济产量的企业，在质量方面将处于同一平台上，今后的焦点必定走向比品牌的竞争，没有品牌就等于失去竞争力。

品牌是一个企业的产品在公众尤其是消费者心目中的形象和定位，"名牌称号"代表这个产品的品牌在该领域的知名度和顾客满意度，说明该产品品质过硬、具有较强的市场竞争力，也代表该企业的经济实力及在行业中的地位和价值。

品牌是一点一滴积累起来的，需要用细致的服务打造品牌。车轮企业在培育著名品牌过程中，应同时争创名牌产品，积极参加省市级名牌产品的评选活动，有条件的企业应积极争创"中国名牌产品"称号。

3.3 建立完整的摩托车车轮技术标准体系

摩托车车轮标准要坚持以开发产品标准为中心，以检验标准为主线，逐步完善工艺技术标准、技术规范和工具模具等各项标准。企业要建立自己的标准体系，建立以技术标准为主，包括管理标准和工作标准在内的企业标准体系。

标准是一个行业的制高点，谁拥有了标准，谁就拥有了行业的话语权。目前，全球竞争已从质量竞争上升到技术标准的竞争，标准竞争的重要性，将对国家的产业竞争力产生影响。汽车行业的标准策略

已经开始从盲目转化国外标准，向推出符合国情的标准转变，摩托车车轮行业一定要充分认识到标准制定的重大转变，创建具有自主知识产权的摩托车车轮技术标准体系。

（三）、2006年摩托车制动器行业概况及展望

陈三昧 （中国汽车工业协会摩托车分会制动器行业组）

1 制动器行业发展概况

2006年，面对原材料价格上涨、利润下降的困难，制动器各生产企业积极引进资金和先进技术，不断吸收优秀人才，改进生产设备，优化企业管理，摩托车制动器行业仍然保持良好的发展势头，行业规模进一步发展壮大，产品结构逐渐确定，在摩托车整车销量持续上涨的带动下，摩托车制动器产销量再次取得佳绩，全年共生产制动器4 500多万套，同比增长18.4%，其中，鼓式制动器3 000多万套，盘式制动器1 500多万套，全国制动器行业总产值由2005年的15亿元增加到2006年的20亿元。

全行业中龙头企业表现活跃，企业规模效益显现。各大企业不断增加产量并积极抢占市场份额，形成规模效应，赚取较高的利润，为今后企业的进一步发展打下了坚实的基础。鼓式制动器生产企业中，2006年产量超过300万套的有4家；盘式制动器生产企业中，年产量超过50万套的有8家，其中玉环凯凌集团和湖北航特液压制动有限公司年产量超过150万套，两家企业年销售额都超过1.5亿元，前10家盘式制动器企业产量合计占全部式制动器总产量的60%。制动器行业涌现出一大批优秀品牌，得到整车企业和消费者的认可。

与此同时，全国制动器行业分化愈加严重。由于产业结构调整，竞争进一步加剧，一批中小型企业无力应对原材料价格上涨、产品价格降低、利润下降的局面，大部分被迫停产或转行；还有的企业对形势认识不足，不重视产品质量与企业品牌，一味盲目跟风，与各大企业在价格上进行竞争，而没有自己的新产品、新技术，已处于亏损边缘；还有的企业管理混乱，权责不明晰，在很大程度上妨碍了生产效率的提高，损害了企业利益。

2 制动器行业技术水平和质量现状

2.1 新行业标准促进了生产技术进步和检测水平的提高

经过修改的QC/T 654《摩托车和轻便摩托车制动器台架试验方法》和QC/T 655《摩托车和轻便摩托车制动器技术条件》2项行业标准于2006年1月1日开始实施。新的行业标准对制动器技术条件及检测方法都有了明确规定，促使各制动器生产企业进一步加强产品质量管理，更新生产设备或对其进行改造，改进生产工艺，引进新检测设备来对产品进行检验，推动了制动器行业整体生产技术的进步。

2.2 市场凸现“品牌化”、“细节化”

随着摩托车市场逐渐有序化，制动器已逐渐脱离了单纯依靠价格竞争的时代，广大消费者和各整车企业对制动器的要求已从当初的重视性价比转为对制动器全方位的细致化要求，如美观性，舒适性等，制动器的品牌优势逐渐显现出来。值得欣喜的是，一部分制动器行业的有识之士已着手于此，在走过为降低成本对制动器性能机构进行简化设计而牺牲部分功能后，又重新考虑为满足性能而在细节上做得更加完美，简而言之，制动器市场的粗线条发展时代已一去不复返了。

3 制动器行业发展中存在的问题

3.1 提高自主开发能力，满足市场需求

国内具备自主开发能力的制动器企业还很少，各企业只有加快提高自主开发能力，密切与整车企业合作，开发具有自主知识产权的新型制动器，尽快打破仿制局面，同时对自主开发的产品申请专利保护，才能避免中国进入WTO后所带来的知识产权纠纷，满足摩托车行业发展的需求。目前，已有部分企业已着手或正准备着手自主开发产品，开发重点是外观设计，要想做到这一点，模具的设计非常重要，模具的加工必须向网络化、数字化方向发展，制动器生产企业必须与大专院校或科研所联合，采用先进

的手段，形成集计算机辅助设计、计算机分析、计算机工艺设计、计算机辅助制造及产品开发过程管理为一体的并行设计开发平台，加快产品开发和提高服务质量。

3.2 提高管理水平，降低企业成本

随着原材料价格上涨、利润的下降及竞争的加剧，制动器企业只有减少生产成本才能获得更多的利润，而减少成本最好的办法就是提高企业的管理水平。对公司进行信息化管理，使资源得到合理利用，最大限度地降低企业成本，现制动器行业大多数企业都已通过了ISO 9001质量体系认证，企业的管理水平有了一定提高，产量位于前几位的制动器企业都相应成立了信息化中心，实施ERP企业资源计划系统，推行TQC质量管理，完成了企业管理资源的系统集成，但是还不够，还要进行加强，提高管理水平。2007年还将有一批企业通过ISO/TS 16949：2002质量体系认证，使企业的管理更上一个新台阶，不但可以提高公司的管理水平，降低企业成本，还可以打开欧美日市场，对拓展海外市场也具有重大意义。

3.3 企业亟待重视高级人才的培养

质量是企业的生命，产品质量不能达标的企业是无法在竞争激烈的市场中立足的。为了保证产品质量而引进的大量先进生产设备、检测设备需要具备相应技术水平的员工来操纵，科学的管理制度、先进的生产制度需要具备优秀管理知识的员工来实行。制动器行业或多或少的存在企业员工流动性大的问题，很多生产企业缺少优秀的高级技术人员、管理人员，而新引进的员工需要花大量时间和成本进行培养，在相当大的程度上影响了企业的快速发展。

4 制动器行业发展预测

4.1 制动器产品的结构比例变化

从制动器发展趋势来看，鼓式制动器产量将会不断跌落，液压盘式制动器产量会持续增长，盘式制动器将取代部分鼓式制动器。统计资料表明日本、美国、德国、意大利等发达国家盘式制动器的产量均占制动器总产量的80% ~ 85%，而中国鼓式制动器在制动器产品中仍占有较大比例，盘式制动器仅占制动器总产量的1/3。虽这几年盘式制动器发展迅猛，但近期内，盘式制动器产量不会超过鼓式制动器，最多与鼓式制动器平分秋色，主要原因是国产摩托车主要为中、低档车型，而且车速较慢，使用鼓式制动器便可达到制动目的；另外由于城市禁、限摩，使摩托车销量主要向广大农村和国外倾斜，而中国农村道路等基础设施尚未完善，路况往往以含水沙石为主，摩托车盘式制动器会因大量沙石泥浆刮伤制动盘而造成制动失效，而密闭性较好的鼓式制动器在此方面表现则较好。

因此，尽管盘式制动器与鼓式制动器相比有很大优势，但现阶段广大消费者和整车企业并无大量使用盘式制动器的要求，从长远来看，盘式制动器产量最终会随着车辆要求和道路路况的改变，取得优势地位的。

4.2 积极开拓国际市场

在国内摩托车市场逐渐趋于饱和的状况下，在保住现有国内市场份额的同时，只有开拓国际市场才是企业明智的选择。制动器企业也渐渐认识到这一点并开始加强国外市场的开拓，近年来制动器的出口形势也相当不错，许多企业的产品已出口到美国、日本、欧洲及东南亚等国。1998年制动器出口量才不到10万套，而且大多为主机厂配套出口，到2003年出口量就达到350万套，大部分为企业直接向外国公司出口，2004年出口量为400万套，2005年出口量为500万套，2006年的出口量为600万套。可以预期，随着中国摩托车的大量出口，各制动器生产企业将会越来越多地参与到国际竞争中。

（四）、2006年摩托车减震器行业概况及展望

刘爱红 （江苏明星减震器有限公司）

2006年，摩托车减震器行业随同整车呈现良好发展趋势，减震器生产企业地域集中带来的资源优势给发展带来的便利和机会更加凸现，行业分化之势已明朗，产量高度集中局面已形成，民营企业在管

理模式上不断创新，在工装设备上投入资金，在人才培养和使用上机制灵活，在研发和技术水平提高方面与国际技术接轨，以研发能力，试验测试、规模生产、规格标准、质量价格、服务便捷等优势占居行业前5位，一些有实力的减震器企业获得国家质检总局“国家免检产品”称号，减震器技术获得的“专利”创新也有突破，这些都预示着该行业正在由原来的追求产量向加强技术转型，行业发展已开始步入高、新、尖技术研究，重视人力资源整合，重视技术投入，尊重知识产权，已开始进入比较理智、清晰、规范、良性的长效发展阶段。

1　技术水平和质量现状

2006年，减震器行业产量更加集中化，市场份额主要集中在前5～8家企业，这些企业除了建立长期稳定的整车主机厂关系外，并不急于产量和规模的发展，而是用更多的资金进行技术改造，在提高产品质量和装备水平上下工夫，在提高管理水平和研究开发上练内功。

1.1　重视减震器研究开发和设计技术

技术创新和技术进步是企业生存的基本特征，随着整车市场技术水平的提高和进步，占据主要市场份额的减震器企业已将发展思路调整到减震器基础研究和创新开发上，整车企业要求与其合作的减震器企业不仅是产品的提供者，更希望是解决问题的方案者。基于这种思路，减震器企业和整车企业的关系发生了一些微妙变化，在研究和开发阶段，减震器企业和整车企业互借优势，实现资源整合和利用，出现了减震器企业和整车企业共同研发，技术、专利、知识产权等共享的喜人局面。由于整车企业观念上的转变，将更专业的问题交与有实力的减震器企业解决，利用他们的专业、测试技术及生产工艺优势，不仅节省了新品开发成本，还缩短了开发周期。减震器企业除积极加强国际、国内同行技术交流外，还将发展重心放在稳定市场、提升质量上，不仅在设计软件领域开展对减震器的研究和探讨，还积极参与整车的开发设计，其阻力可调、充气式（浮动活塞、气囊、油气混合）、弹簧液压可调、磁流变阻力等一些新型减震器相继问世，并开始应用在新品车上；在结构上的创新如阻力阀系改良，倒置式减震器的应用开发等，为进入休闲运动型摩托车减震器领域积累了经验。

1.2　工装水平普遍提高，促使产品质量稳定

减震器行业在经历了来自成本、原材料、配套体系、质量、技术、市场分化整合等一系列变化后，完成了规模集中化和生产规模的扩容，迎来了第2次工艺革命。对传统工艺方式进行改造，向生产自动化迈进，不再用普通装备或自行改造的简单装备单纯仿制，分散工序加工，工艺基准多次重复使用，产品精度分散性大，受人为因素和装备精度影响成品合格率提升困难，生产成本居高不下等，而是根据减震器部件的特点，吸取国际、国内先进可借鉴工艺技术，通过与装备生产企业及院校研究所合作，开发专用半自动、自动化装备，采用自动换刀多工位多工序集中加工，减少了工艺基准多次重复使用误差，用先进的装备稳定产品质量，达到规模生产、降低生产成本的目的。新一轮的市场竞争将从拥有新技术和先进的装备开始，向国际技术和制造水平靠近。

1.3　重视“性价比”、质量和成本并重

质量与成本是矛盾的，但把“性价比”做的完美、协调、合理就可以实现统一。减震器行业在经历了原材料一路攀升带来的生产成本升高，生存艰难的巨大痛苦煎熬后，行业从没有象2006年这样，将产品“性价比”提高到与企业存亡有关的高度，凭借与国内合资整车企业、国内品牌整车企业及国际整车企业的合作环境，感知和触摸先进的质量管理模式，吸收并应用到减震器生产过程中，利用PDCA、QCC等各类现代化的质量管理手段，将质量问题控制在萌发之前，并通过提案不断改进，以实现质量与成本最优化。

2　技术标准的制修订将推动行业技术进步

2006 年，减震器行业标准制修订工作已完成，2007年上半年颁布实施。为迎接新标准的颁布实施，整车及减震器企业合作整理技术资源，实现了技术文件的统一和规范，这是2006年的又一重大变化。人们从来没有象今天这样重视主、配双方技术文件的规范化、标准化、统一化、协调化，更没有象今天这样清醒地认识到减震器设计技术需要主、配双方共同协作完成；将减震器行业的发展历程和国际品牌企业先进技术标准相互融合，浓缩为一份与国际技术水平接轨的技术标准，为中国品牌进入国际市场创造对接平台，使技术弱势和没有生产规模的企业退出市场，从而实现真正意义上的市场整合。

新版标准变化主要有：1）通过对总成的检查，

考核其设计、制造水平和工艺能力，在质量裁定时具有科学依据，对净化、规范市场，控制不合理退赔意义重大。2）与国际标准方法相同，性能允许偏差加严，标志着减震器设计技术和规模生产真正进入高技术水平时代，规模集中化生产将从检测质量控制转变为工艺能力质量控制。3）疲劳性和总成耐久性试验是减震器的2项重要试验，新版标准进一步细分和明确，模拟道路耐久试验作为新品设计试验阶段模拟实际安装和路况写入了新版标准；垂直加振和道路模拟2种耐久试验其考核目的有所侧重，各自需求不同。4）摩托车减震器因其特殊性，在连接车体和车轮的同时，因承载质量不同，对个别零件的疲劳强度考核给予了规定，这是新版标准的重要突破。5）提出试验方法，但技术数据不确定，需要当事者双方商定。

3　国外减震器研究发展状况

在经济发达的欧洲，人们的消费观念与国内不同，摩托车作为休闲时尚的运动工具，对减震器要求操纵舒适性、多样化和个性化，因此，减震器生产企业围绕着这些需求变化着减震器的外型设计和性能改善。世界比较著名的减震器公司如意大利的PALOLI，FOX公司，日本的SHOWA、KYB公司以不同风格、不同材质、不同形式的创新精神，用新材料、新工艺、新结构、新技术形成各自特色，功能侧重也各有千秋，如欧洲风格追求粗犷，亚洲风格追求细腻等，但都重视操纵舒适性与轻巧化。

减震器研究主要是以舒适性、体形轻巧化、新材料应用等为中心进行的，在阀系结构上重视活塞0.1 m/s以下的极低速域，并追求此时的适当阻力值及复原（伸长）行程和压缩行程切换时阻力的响应性；轻巧化底筒材料使用镁合金、钛合金、CFRP（碳纤维强化塑胶），前叉管大径薄壁；设置了减震弹簧预压调整、复原侧与压缩侧的阻力调整等功能，以便在短时间内对减震器性能进行匹配调整；在金属弹簧基础上并用空气弹簧，不仅解决了阻尼器的“空程性”，还使弹簧刚度曲线变得丰富。新型单臂前减震器、转向装置与悬架装置（减震器）分离的连接型减震器等将是减震器未来的发展趋势。

减震器控制技术在国外已研究多年，减震器的特性值（弹簧刚度与阻力）是为了使减震器在一定程度上能适用几种行驶条件而选定的。根据车的型式，行驶条件的重要点也不同，设计会很有个性；在尽可能大的范围内，使其产生合适正确的特性是减震器控制的基本点，最简单的控制是根据减震器特性，特别是根据速度以外的常量来改变阻力，扩大其适应能力（范围）。如根据减震器位移及频率来改变阻尼器的阻力称为“多功能型阻尼器”；根据行驶条件及路面条件重新决定减震器的特性，并从这些特性中选出最合适的进行切换来提高减震器的适应能力，称为“自适应控制型减震器”；更进一步的是采用强制振荡器（促动器）来代替减振弹簧与阻尼器，根据行驶状态实时控制减震器的静负荷特性被称为“主动型减震器、半主动型减震器”，研发重点是在高速下运动的可调型阻尼器与控制法则的协调性。

4　行业展望

4.1　加强减震器基础技术研究

减震器行业在追赶国际技术的同时，必须清醒地认识到与国外同行存在的技术差距，减小这个差距，最重要的是加强减震器基础技术研究，从根本上夯实企业的基础技术。将建立减震器研究机构提到企业发展议程，通过国际同行间的合作交流与国内外品牌整车企业的合作，感知先进技术，并将这些技术通过减震器研究应用于新品车或改良车上；将采集路谱振动频率数据和试车路况评价相结合，建立减震器舒适性评价系统；减震器企业要优先于整车企业研究减震器基础技术，同时将研究延伸到整车设计当中，为整车企业提供可信赖的技术服务并建立长期的合作关系，这是国外成功企业所走过的路，也是目前具有技术优势的减震器企业需解决的问题。没有哪个零部件象减震器这样很多试验必须在自然环境下由主、供双方完成，极其复杂的自然环境和骑乘者不同爱好对产品的变数是多少，都需要在基础研究中解决，在自然环境下共同试验评价完成。

4.2　工艺水平面临巨大挑战

环境与安全是人类生存的基本条件，减震器相当多的零件为电镀产品，而电镀产品又面临着工艺变革的考验。国际环保组织和发达国家及地区已提出六价铬更换为三价铬的具体实施时限，但行业内还没有将这一要求提到工艺议事日程，而欧洲和日本市场实施时间是2007年7月或年底，如果减震器行业今年内不能完成电镀部件六价铬更换为三价铬的工艺试验，至少2008年出口就会受到限制，加上新工艺变更带来的产品质量稳定和高额成本如何解决，又将困惑着企业生存。新版标准的颁布实施是工艺变革的催化剂，传统的生产手段会因为产品稳定性差难以被顾客接受而受到挑战，迫使减震器企业在生存和变革之间做出选择。

4.3 加强行业协作和协调的重要性

行业自律和行业协调是业内人士即期待又头痛的事情，期待着行业协会能实在地帮助减震器企业解决和反映，能在行业协会的统一领导下共同研究市场，并受到相关利益保护。目前，由于行业协会还没有担负起有效组织减震器企业进行技术交流、国际间技术贸易交往和提升行业参与国际竞争能力的责任，不具备协助、协调减震器企业与整车企业诸多供求矛盾等问题的能力，如行业技术规范、提供整车企业应有的技术服务等，由于知识产权和专利意识薄弱，主、供双方应用法律条款约束机制不建全，整车企业以品质管理和控制为由，收集各减震器企业工艺技巧和技术机密，又以整理、整顿、提高品质、规范技术文件和统一验收标准为由提供给第三方，不仅使提供方工艺技巧和技术机密在不正当竞争中流失，而且有的整车企业由于没有规范的技术标准，不遵守合同条款，拿A供方的矛戳B供方的盾，无限度提高质量需求而不顾及成本提升给减震器企业带来的生存压力，这是行业的悲哀也是行业协会功能的缺失。

随着市场的整合及我国工业管理体制的改革，“政府—行业协会—企业”新格局已经形成，在国际经济环境中，行业协会在争取更好的政府政策及开拓国际市场中将扮演着重要的角色，特别是应对国际贸易中反倾销投诉及遏制国外企业在中国的倾销行为等方面，行业协会有着政府不能替代的重要作用。呼吁各企业重视行业协会作用，积极参加行业协会工作，共同维护行业繁荣和推动行业进步是建立一个良性的、竞争有序的、规范市场环境所必须具备的条件。优势企业应起带头作用，承担起推动、提升行业进步的义务与责任，品牌产品的内涵意义深远也同样包含着拥有品牌产品的企业为行业进步所做出的贡献。让行业协会在市场经济这个舞台上发挥应有的作用，是业内人士久盼的期待。

（五）、2006年摩托车电器行业概况及展望

陶俊卫[1] 刘惠来[2] 任立环[1] （1 天津大学 天津摩托车技术中心 2 天津市天波科达科技有限公司）

目前，中国摩托车电器行业组现有行业成员单位70家，主要产品是摩托车用磁电机、电子点火器、点火线圈、电压调节器、起动电机、起动继电器、蜂鸣器、电喇叭和闪光器等电器系列产品。2006年全国产销量约2 800万件套，行业生产总值约50亿元。

1 2006年市场分析

目前，摩托车电器产品主要以国产产品为主，进口产品微乎其微，产品除满足国内市场需求外，还销往海外，其中以欧洲、日本、中东、南美和东南亚地区居多。此外，还有部分企业在国外摩托车比较集中的国家和地区开办了独资和合资公司，在国外就地组装和生产摩托车电器产品。

近年，行业制造能力不断增强，年产百万台（套）的厂家越来越多，产量最高的已经超过300万台（套）。通过不断的技术进步和技术创新，电器行业基本结束了过去依赖日本和中国台湾省等国家和地区进口的时代，取而代之的是不断返销到以上国家和地区，这是机电制造业的骄傲，也是民族的自豪。

2006年，四轮ATV车和非道路摩托车增长迅速，市场主要分布在海外，以欧美地区居多，特别是大排量四轮摩托车将成为今后新的摩托车增长点，与之配套的摩托车电器产品也随之迅速增加，同时也促进了摩托车电器行业的技术进步。

2 贯标及质量情况

近几年来，电器行业的产品标准基本完成了升级换代工作，目前大多数产品执行行业标准，部分企业（主要是合资企业）在执行行业标准的基础上，参考部分国外先进标准。因此，行业的产品质量和制造水平也有了明显提高。

目前，企业产品生产基本上采用自动化设备，如磁电机线圈的绕制大多采用自动绕线机；磁电机转子用数控机床加工；高压线圈用真空灌封设备绝缘

处理；整机用自动平衡机进行平衡检查等。产品的检测手段也有很大进步，指示仪表基本由原来的模拟式或指针式仪表升级为数字显示仪表，相当的企业采用了先进的智能化检测设备。行业在提高产品外观品质和确保产品出厂性能指标的同时，更加注重产品可靠性试验和产品环境实验，许多企业兴建了产品技术中心，完善了计算机辅助设计和产品试验室，摩托车企业装备了摩托车电器型式室，配备了磁电机高温耐久检测设备和电子点火器、点火线圈老化检测设备，使摩托车电器产品逐步接近国外同行的质量水平，部分产品已达到并超过国际先进水平。

3　今后的发展趋势

作为世界摩托车电器生产第一大国，随着国民经济的不断增长，预计今后两年摩托车电器行业还会有所发展，行业的产量将会稳中有升，预计2007年将超过2006年，产量约3 000万台套，2008年产量将继续增加。据市场分析，今后几年市场的绝大部分分额将会集中到少数几家具有一定规模的企业，而其它众多技术落后、规模较小的企业将会占据较少市场分额。

目前，中国电器产品在生产能力和性价比方面均居世界先进水平，面对第三世界的广阔市场，电器产品的出口量还将继续增大。因此，今后摩托车电器行业将会成为摩托车零部件中发展与成长最快的行业，随着摩托车的电器化发展，行业在许多方面还将不断有新的卖点。

3.1　电喷技术的应用不断拓展

目前，电喷技术在汽车上已广泛应用，在摩托车行业也已初步实现产业化。随着大城市对化油器产品的限制，迫使众多摩托车企业特别是一些大型骨干企业和科研机构，纷纷加大力度、投入资金对电喷进行研究，如天津摩托车技术中心经过几年的攻关，已研制成功了 FAI 摩托车电喷系统，经在五羊WY125、豪爵125等高档车上试用，已取得较好效果，开创了中小排量四冲程车应用电喷技术的先河，相信电喷技术的普及已为期不远。

3.2　电子控制技术在摩托车上的普及

随着中国摩托车标准与欧洲法规的接轨，对摩托车强制性指标的要求也愈来愈高，其中一些指标的实现必须由电子控制才能达到，主要表现为以下几个方面：

a）随着摩托车节能和环保标准的加严，对电喷技术的需求愈加迫切，由于价格因素的限制，在电喷技术普及之前，今后几年电控化油器技术有可能在摩托车上推广和普及，类似这样的控制系统将在摩托车上得到应用。

b）数字点火系统已开始在摩托车上应用，今后数字点火系统的优势将更加明显，随着电子技术的成熟，数字化将引发摩托车点火系统的一场变革。

c）电子防盗系统已开始在摩托车上应用，今后随着技术的成熟和价格的下调，必将在摩托车上获得普及。

d）无刷电机无论在电动车还是在摩托车的起动系统已开始应用，由于无刷技术的性能和可靠性均高于有刷电机，未来几年该项技术将是摩托车电器行业的重点项目，给行业带来新的契机。

总之，随着摩托车工业的发展，随着电子技术的高速进步，面对国内外日益广阔的市场，2007年摩托车电器行业面临很大的机遇和挑战。全行业携起手来，积极投身于技术创新，勇于接受挑战，把中国摩托车电器行业做大做强。

（六）、2006年摩托车灯具行业概况及展望

李　钢　〈国家摩托车质量监督检验中心(天津)〉

1　2006 年摩托车灯具行业概况

2006年摩托车灯具行业较上一年有了一个很大飞跃，首先是总产量有较大幅度的提高，仅提供到主机市场的灯具就达到 2 100 余万套，较去年增长近21%；其次是随着灯具产品强制性认证制度的实施，整个行业在产量大幅度提高的同时，产品质量也得到了整体提升，工厂的产品质量保证能力也得到了

增强，认证对行业的规范作用已初步显现；另外，出口到欧洲与北美市场的企业与产品种类也有所增加，进行E-mark认证与DOT认证的企业与产品逐渐增多，这将增加中国在高端市场上的产品份额，既有利于企业提高自身产品质量，又有利于增加中国产品的国际竞争力。

2　2006年摩托车灯具行业认证情况

2005年12月1日实施的摩托车灯具产品强制认证，是第1次全行业范围内的强制性统一管理，以前对摩托车灯具企业的产品质量保证要求与检查主要由企业所在省、市技术监督部门和所配套的主机厂来完成，这样很难保证在不同的地区有相同的评价标准。强制性认证的推出给出了灯具行业全国统一准则，该准则既是保证广大消费者利益的一个有力武器，又是促进企业不断自我提高的助推剂，目前已通过强制认证的摩托车灯具企业及产品认证情况如表1所示。

表1　通过强制认证的摩托车灯具企业及产品认证情况

项目	企业数量	认证单元数量
江苏地区	70	795
浙江地区	34	632
重庆地区	29	456
广东地区	19	273
其它地区	6	17
合计	158	2 173

由表中可以看出，摩托车灯具企业的地域集中程度很高，主要集中在江苏、浙江、重庆、广东这4个地区，这4个地区的企业数占全部认证企业的95%以上；从另一方面也看到，摩托车灯具企业的规模还普遍偏小，每个企业平均13张证书，约60% 以上的企业证书不足5张，这与国际上车辆零部件企业集团化，规模化的趋势是不符的。随着国家法规要求的日益严格与竞争的不断加剧，这种地域分布，特别是企业分布会越来越集中，优势企业的规模将不断扩大，预计企业的总数也将大幅减少。

3　2006年摩托车灯具的标准修订情况

2006年，有GB 11564《机动车回复反射器》、GB 17510《摩托车光信号装置配光性能》2项重要标准进行了修订工作，这2项标准在技术要求上与更新版本的欧洲法规相对应，实施后对产品质量的提升会更有益处。

目前，现行使用的GB 11564《机动车回复反射器》和GB 17510《摩托车光信号装置配光性能》2项标准版本都是1998年开始实施的，距现在已有8年的时间，因这2个国标都是参照欧洲ECE法规制定的，而ECE法规在这8年间又有了几次修订，因此国标相应内容的更新也越来越迫切，鉴于此情况，国家发展和改革委员会提出了修订这2项标准的计划。经过一年多的修订工作，目前这2项标准已形成送审稿，并经全国汽标委灯具及灯光分技术委员会讨论后通过。下面将新标准与相应ECE法规及老版标准的区别进行介绍。

3.1　GB 11564《机动车回复反射器》

与《ECE R. 3关于回复反射器认证的统一规定》法规为非等效，主要差异有：

a）ECE 法规中包括各类机动车辆用回复反射器，国标中为摩托车、汽车和挂车使用的各类回复反射器。

b）增加了规范性引用文件，主要有GB 4785《汽车及挂车外部照明和信号装置的安装规定》和GB/T 3978《标准照明体及照明观测条件》。

c）删除了ECE R. 3中有关管理方面部分章节和附录。

其它主要技术要求如：一般规定、特殊规定、试验方法与ECE R. 3一致。

本标准与GB 11564—1998相比主要变化有：

a）增加了GB 4785《汽车及挂车外部照明和信号装置的安装规定》。

b）修改了定义中回复反射器发光面、回复反射器角、反射器照度（E）、ⅠB或ⅢB类回复反射器的有关条款。

c）修改了技术要求中的有关条款，主要有：1）在进行反射器光度试验时，新标准增加了对于具有多个或一系列基准轴线的回复反射器要求；2）增加了ⅠB和ⅢB类回复反射器技术要求。

d）针对ⅠB和ⅢB类回复反射器增加了环境实验方法。

e）增加了ⅠB类和ⅢB类回复反射器定义及试验方法。

3.2　GB 17510《摩托车光信号装置配光性能》

与《ECE R 50关于摩托车、轻便摩托车前位灯，后位灯，制动灯，转向信号灯和牌照灯认证的统一规定》法规为非等效，主要差异有：

a）删除了管理条款。

b）删除了“制造厂一致性检验的最低要求”附件。

c）牌照板尺寸和测量点根据国情进行了相应更改，但一般技术要求、照度、光色、测试屏幕等与ECE R 50法规一致。

本标准与GB 17510—1998相比主要变化有：

a）增加了依据标准，如ECE R37关于机动车及其挂车灯具认证用灯丝灯泡认证的统一规定。

b）更改了不同型式的判定原则：灯丝灯泡或滤光片颜色不同情况除外，以下主要方面有差异的装置视为装置的不同型式：1）商标名称或商标；2）光学系统的特性；3）装置的类别。

c）更改了前位灯的颜色要求，如前位灯的颜色只能为白色。

d）更改了制动灯和与前照灯混合前位灯的最大限值：新标准为100 cd，老版标准中为60 cd。

e）对转向灯进行了重新分类，并给出了相应限值。

f）为与牌照板的公安部标准GA 36—1992《中华人民共和国机动车号牌》保持一致，删除了原有1类和2类牌照板的尺寸规格。

g）增加了对多个安装位置灯具的检测要求。

h）增加了闪烁工作灯具的检测要求。

i）对装用几个光源装置进行测量时，提出了试验与数据修正要求。

j）增加了非灯丝灯泡信号灯的检测要求。

新版标准中规定：对于所有不是装用灯丝灯泡的装置，点亮后1 min和30 min应当分别进行发光强度的测量，测量值应符合最大值和最小值要求；对于转向灯，应在闪烁状态进行测量（1.5 Hz，工作系数50%）；每个测量点在点亮后1 min的发光强度可由点亮30 min后的发光强度计算得到，换算系数为HV点在点亮后1 min和30 min的发光强度的比值；老版标准则无此要求。

这次标准的修订进一步加强了与国际接轨，既利于中国相应产品的检验内容、检验方法与国际同步，又利于灯具和回复反射器生产企业质量水平的进步与提高。

（七）、2006年摩托车催化器行业概况及展望

林漫群 （天津大学内燃机研究所）

邓水平 〈巴斯夫催化剂（桂林）有限公司〉

2006年，摩托车催化器行业在“国家第2阶段（简称国Ⅱ）”排放法规的促进下有所发展，但由于技术和管理方面的原因，导致催化器使用率仍处低位。市场激烈竞争使催化器产品价格下滑，但贵金属价格却大幅攀升，一长一落，使夹在中间的摩托车催化器生产企业面临着非常大的成本压力，加上即将发布的“国家第3阶段（简称国Ⅲ）”排放法规，会极大促进催化净化技术获得更广泛的应用，但机内净化措施的不确定性又直接影响着催化器生产企业的技术开发和生产准备。

1 现状分析

1.1 国Ⅱ阶段技术分析

2006年，催化器总用量较上年略有增加，但相对2 144万辆的整车产量，催化器的使用还处于一个较低的水平。国II标准对催化器的要求并不十分迫切，大部分四冲程骑式车和弯梁车加装SAI排放就可以达标，催化器生产不饱和，催化器生产企业之间竞争加剧。图1为某款四冲程125 mL 骑式车二次空气补气净化效果图。从图中可见，如原机CO排放控制在8 g/km以下、HC控制在1.8 g/km以下的水平，直接使用二次空气补给装置即可达到国Ⅱ排放要求。目前，只有质量控制能力较高的生产企业才能采用上述技术对策，但也不排除个别企业在原机排放未得到有效控制条件下，采取技术“跟风”策略来降低排放净化成本。二次空气补给装置本身是具有一定技术含量的部件，应用此技术的企业不乏仅停留在模仿阶段，相关部门应引起注意，应加大排放实际控制效果的管理力度。图2为国Ⅱ阶段排放控制技术，图中圈注的为主流排放控制技术。

主机厂通过机内净化，有效降低了对催化器的

转化性能要求，这符合“机外净化，机内先行”的排放净化技术路线，有助于降低催化器造价，使排放净化系统趋于优化。实际操作中不排除由于价格竞争而逆向驱动催化器降低成本并以损失活性作为代价的情况发生。这里的平衡点按道理应当以排放达标为底线，实际平衡点的掌控现状则更多地决定于催化器生产者与主机厂双方负责程度和诚信意识与现实利益之间的权衡，显然维持底线不破的制度保证应来源于代表公众利益的国家主管机关的有效监控。

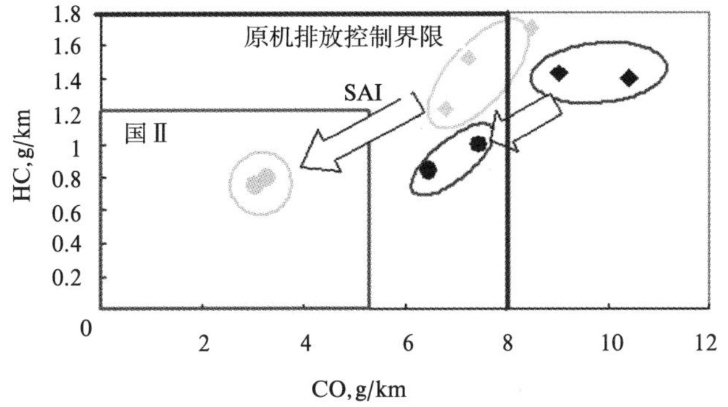

图 1　二次空气补给机构净化能力

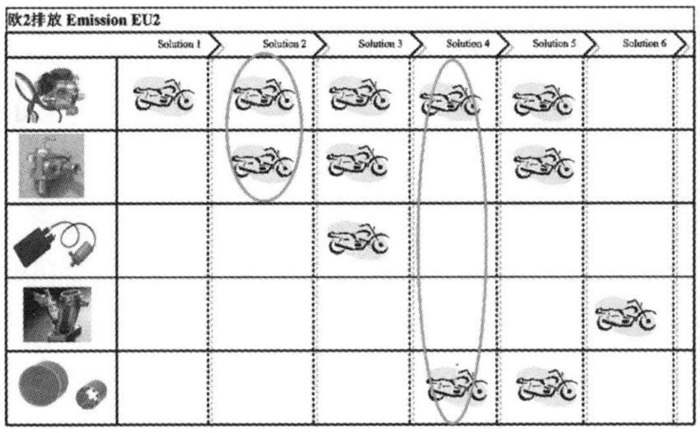

图 2　国Ⅱ摩托车排放控制技术路线

1.2　成本分析

2006年，催化器国内供应商和国外供应商的价格都在下调，平均单价下跌15%以上，而贵金属、有色金属、化学原材料价格成倍上涨，铂、铑、镍价一直处于高位，催化器利润空间严重压缩，图3为最近5年催化器常用贵金属价格走势。在这种情况下，催化器市场存在一些投机取巧的、不负责任的做法，鉴别方法并不复杂，只要从贵金属用量估算成本及与售价做比较即可显现。

1.3　市场分析

当前催化器生产企业的产品销售很大程度上取决于主机厂的出口订单，由于2006年中国摩托车整车出口受压，下半年出口土耳其严重受阻，连带催化器用量明显减少，加之部分出口车型取消催化器，对全年催化器用量影响较大。其中反映了一个有意思的现象，当中国与欧洲均处于所谓“Ⅱ阶段”几乎相同的排放要求之下，催化器的销售为何主要来自出口订单？这一问题耐人寻味。

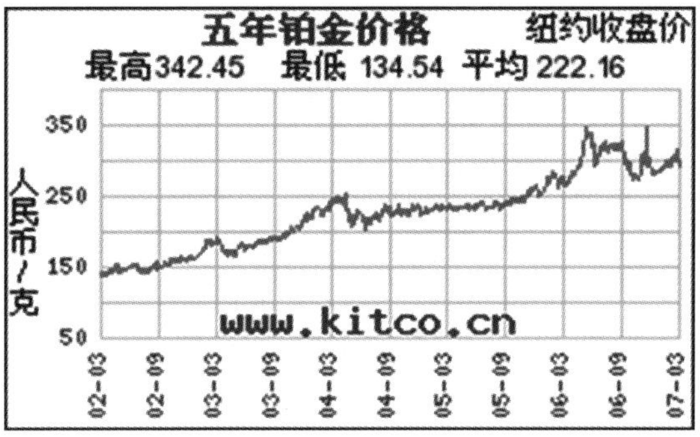

(a) 铂

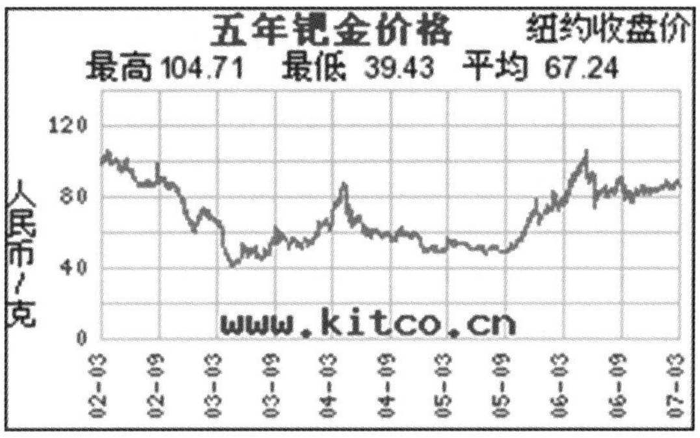

(b) 钯

(c) 铑

图 3　近 5 年贵金属价格走势

在这一年中，如同以往又诞生了一些新的催化器生产企业，但摩托车催化器市场份额仍然比较牢固地掌握在几家具有实力的主流企业手中，市场份额占据80%的格局仍然稳定，说明这些催化器企业有扎实的技术和市场基础，也反映出主流摩托车企业追求的不仅仅是催化器的价格，还有更高层次的内容。

1.4　监管

国家主管机关不断加大管理力度，推出新举措，环保总局2006年9月对10家有代表性的生产企业生产的摩托车进行了市场随机抽查，并将检测结果进行了公示和通报，要求不合格企业进行整改。此举特点在于市场抽样，理论上消除了企业有针对性地和有准备地应对各项检查的可能性，更能反映实际状况，是一种有益的尝试和制度性创新，但也看到，此次影响较大的检查并未涉及法规要求的耐久性，显然应当成为未来政府监管的内容之一。此次受检查的企业在行业中口碑还是不错的，如果主管机关能够将检查范围扩大到全体企业，同时考察排放耐久性，那么此举将是现有管理方法的重要补充。

作为排放净化的关键部件，催化器本身的质量控制和质量评价技术标准的作用是非常重要的。前文所述在催化器产品质量和成本之间权衡问题上，如果行业没有科学和实用的方法，则很难得以实施。2006年3月发布了2个催化器质量控制标准，即QC/T 752—2006《摩托车和轻便摩托车催化转化器通用技术条件》和QC/T 751—2006《摩托车和轻便摩托车催化转化器耐久性试验方法》，并于同年8月正式实施。该标准的颁布实施，为业内提供了一个明晰、公共的催化器评判准则，其中QC/T 752—2006标准围绕催化器的活性、涂层脱落率、结构抗振（热振动）、热变形等方面提出了较全面的评价测试方法；QC/T 751—2006以发动机台架测试为基础，提出严于以往可靠性的试验方法。这2个标准为推荐标准，截至发稿时尚未被列入摩托车零部件质量检验内容，希望国家主管机关和检测机构能够对此引起重视，特别是国Ⅲ在即，应及时将新兴关键环保零部件技术标准和检验纳入视线。

2 展望

2.1 国Ⅲ技术路线分析

总的来说，欧Ⅲ排放技术还处于试验、探索、技术储备阶段，图4为国Ⅲ排放技术路线示意图，其中圈注的为预计的主流控制技术，仅供参考。

2006年，出口型企业为应对欧Ⅲ排放法规而积极准备，采用化油器和电喷两手准备，一般采取策略为：1）排量≤125 mL摩托车，采用化油器优化+SAI+催化器（单级或双级）；2）排量≥125 mL摩托车，采用电喷+催化器（单级或双级）、或化油器＋机前补气（有闭环的）＋催化器。以上方案并非定论，目前还有研究空间。

国内对采用的欧Ⅲ技术绝大多数还停留在初始阶段，对生产一致性、耐久性考核等相关研究尚显不足，应更加重视机内净化措施对达标的影响。欧Ⅲ排放是“机前+机内+机后”整个系统匹配的结果，现已成为共识；对化油器型摩托车，国内欧Ⅲ技术还带有明显的欧Ⅱ技术思想。

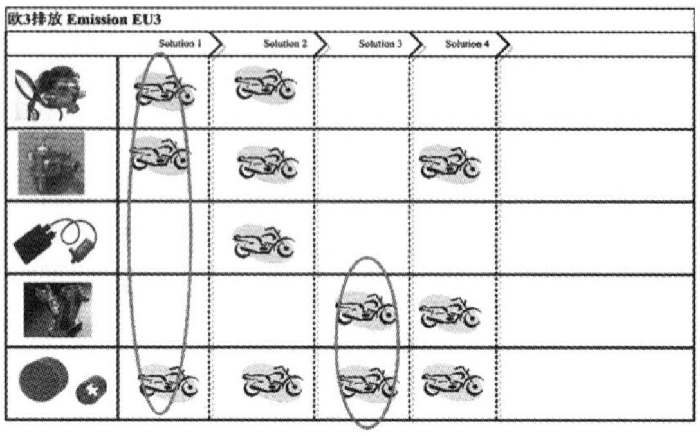

图4　国Ⅲ阶段排放控制技术路线示意图

2.2 国Ⅲ对催化器新要求

如果与国Ⅲ排放限值相比，当前摩托车排放在CO和NO_x两方面需要得到有效控制，而HC排放也并不乐观。目前，摩托车排放技术改进主要停留在机前和机后两部分，而涉及燃烧的重新组织，如加强燃烧过程的扰动等核心内容涉足者甚少。无论是化油器+机前补气还是燃油电喷，均无法回避CO和NO_x排放之间的矛盾，为了迎合消费者的需求，加速有力和省油已成为卖点，空燃比在加速过程中因追求动力性而被加浓，而减速滑行区段则变稀，甚至有的电喷系统采取减速断油策略。作为后处理装置，催化器必须承担氧化和还原两项任务，而且必须在空燃比变化范围很宽的条件下工作，这就对催化器的工作窗口提出了较高要求。而供油系统，即所谓机前净化措施或策略所对应的排放特性将直接影响催化器的开发，机前和机后2个领域在未来应加紧合作步伐。

由于国Ⅲ取消了预热环节，因此对催化器提出了更严格的起燃温度要求，必须在发动机起动后尽快达到起燃温度（即降低催化器T_{50}），图5是某型125 mL四冲程摩托车国Ⅲ第1循环内排气管内不同位置废气温度变化历程曲线。为了应对国Ⅲ新的测试要求，建议行业建立测定催化器起燃温度的手段，开发低起燃温度的产品，关注催化器经耐久后的起燃温度劣化情况。

2.3 国Ⅲ阶段展望

目前，国内厂家关注获得欧Ⅲ认证证书，还少有真正意义上的大批量生产订单，整车尚需市场考验。欧Ⅲ技术趋于成熟仍任重而道远。

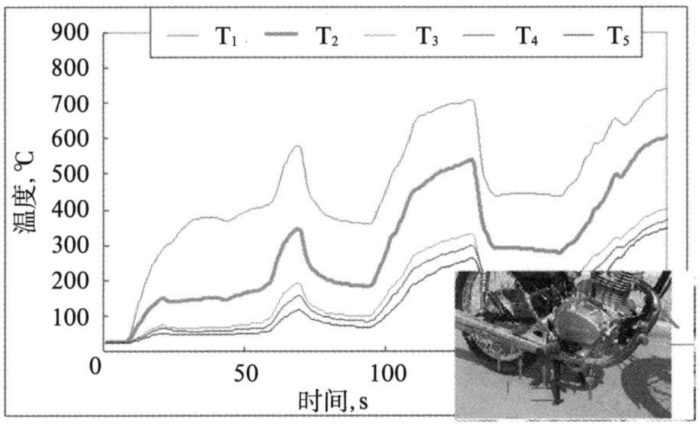

图 5　国Ⅲ起动阶段废气温度

国Ⅲ在2006年几经讨论,对是否有必要执行、能否执行、何时执行等一系列问题引发了政府与企业间的讨论，不同的参与者从不同的视角和利益出发自然会有不同的见解。如果从催化器行业角度分析，国Ⅱ只是引发催化净化技术初步得以应用，而国Ⅲ将会推动催化器成为必备零部件，因此催化器行业应当是热盼国Ⅲ早些到来,随着国Ⅲ的正式发布,一切都将尘埃落定。

摩托车整车企业因规模、效益等方面的差异,对国Ⅲ也各有不同观点。在讨论声中，有实力的企业无不加紧针对现有机型进行技术准备，而且已有一些具有技术实力的企业开始向市场投放小批量满足欧Ⅲ排放的标准车，这是非常值得鼓励的举措。如果尽早实施国Ⅲ，对于这些有实力的企业应当是通过技术法规摆脱低层次竞争对手的好机会，而达成此目的的关键在于国家主管机关的监管是否有效。

国Ⅲ和欧Ⅲ标准的实施将极大地扩大催化器应用市场,催化器企业表现比较活跃,同时欧Ⅲ标准促使催化器企业投入大量人力、财力进行开发设备的更新,进行三效催化器的深度开发,一系列高效、低成本的三效催化器已投入试验和应用。

3　小结

2006年是催化器企业日趋成熟的一年，是企业的生产、质量控制能力及产品配套关系趋于稳定的关键时期,相信随着国家环保法规的推进,这个行业必将破茧而出。与此同时,排放要求加严、技术复杂程度提高以及严格的成本控制要求又成为全行业必须积极面对的重要研究课题,需要主机厂、机前和机后相关领域的通力配合方可顺利实施。

（八）、2006年摩托车工业设计概况及展望

何　颖　姜　岩　李　强　陈永航　王　引　王　楠
〈天津内燃机研究所　广东广天机电工业研究院〉

自中国加入WTO后,随着国内、国外摩托车市场竞争日渐激烈,作为中国摩托车企业、机构、团体或个人,尽管处在不同的实际境况下,都面临着出局或重新洗牌的生死考验。从前景看：国际摩托车市场发展空间相对较大，从近年来摩托车出口量的急剧增长，中国与国外摩托车经销商不同层面的频繁互动往来等，充分说明中国摩托车产品总体上销往国际市场的把握很大，关键是由于中国摩托车产品同面孔、同质化问题严重,大家才开始意识到产品风格及产权等问题。要解决中国摩托车产品同面孔，同质化问题,加强对产品风格及产权等问题的认识,是提高中国摩托车产品竞争力的首要问题。

同面孔、同质化问题在国内企业中相当普遍,多数企业没有自己的关键技术、独有产品型号和稳定的品牌形象,虽然技术革新、生产力提高、产品设计都是解决这些问题的途径，但技术革新和生产力提高决不是一朝一夕能完成的，只有通过产品设计才能改善近年来产品在国际市场恶性竞争的局面。近年来工业设计越来越繁荣，除了大量的人才涌入这个行业外,也越来越多的与国际接轨了,逐渐形成了行业的氛围，在平面和小家电设计方面发展更为蓬勃,全国从事相关设计行业的设计公司数量剧增,中国企业通过产品设计提升产品竞争力的方式是值得尝试的。

放眼世界，工业设计在许多国家都普遍受到关注和重视,如日本,政府到企业都因为推行工业设计而尝到甜头,获得了可观的经济效益,提高了国力水平；而普通大众，亦从激烈的市场竞争中得到实惠，

从丰富的商品及切身的使用中实实在在地感受到工业设计对人们生活态度及生活方式的影响和改变。

由德国官员赫尔曼·目特休斯倡导创建的德意志制造同盟，强调产品的社会属性与艺术性相统一，奠定了工业设计基础，德意志制造同盟影响了丹麦、瑞典等欧洲国家，这些国家也成立了相应的组织，体现出鲜明的地域特色，如斯堪的纳维亚国家设计，即注重产品的实用功能，又强调设计中的人文因素，使设计成为一种富有"人情味"的美学思想，受到了设计界的关注，并在20世纪20年代异军突起，登上了国际设计舞台。意大利悠久的历史文化与现代工业的结合造就了大批设计师（如平宁法里那、多米尼奥姆等），他们与一些著名的企业（如菲亚特、兰西亚、阿尔法、罗米欧等公司）合作，设计出菲亚特508C及Lancia-Ccoupe Aprilia这样经典之作。美国作为一个新兴国家，随着汽车工业的崛起，制造体系得到了发展和完善，为工业设计奠定了基础，二战中，美国收留了大量包豪斯流亡人员，加之经济的迅速发展，使其逐渐成为当时的设计中心。

工业设计存在的条件是看其有没有市场生命力，里面既包含有艺术定位问题，更有功能应用问题，追求隐化在表现里面的应用空间，那么如何评价产品设计质量，大致可从以下几个方面说明，同时产品竞争力也可从这些方面得以体现。

a）便于维护和修理；

b）外观形状，线条、比例、颜色要给人一种赏心悦目的感觉，主要评价产品对客户的感染力，如产品吸引人吗？令人兴奋吗？拥有产品能够给客户带来自豪感吗？

c）产品的用户界面应该安全、直观、便于操作；

d）产品的形式和特征是否适应当前的加工设备和生产成本；

e）产品可视特征能够充分表达设计理念；

f）产品应具有独特性及企业形象的一致性。

1 新技术、新趋势

随着设计行业的发展，工业设计从以往单调的机械化造型转向语义化、人性化造型设计，并力求使造型简洁，设法减少空间，减少材料的浪费和消耗，即绿色设计、后现代设计、语义化设计、虚拟现实技术应用设计……

a）第1趋势：工业设计向消费者满意度转向。过去，工业设计这个词在传统观念中不过是设计产品的外在形态，现在终于认识到工业设计既不是设计师满足自己表现欲望的东西，更不是简单的设计包装，而是能够提升品牌形象，促进销售，提高消费者满意度的高层次东西。

b）第2趋势：工业设计前端与消费者沟通。这种趋势是将设计调研作为产品设计过程中最本质、最重要的设计基础，从用户的需求出发来设计产品，已成为品牌企业设计产品的通例。国内的明基曾在设计一款扫描仪前深入各大企业进行调查，观察扫描仪的使用环境和习惯，最后将扫描仪设计为可平放、可站立，甚至可挂在墙上，最后这款扫描仪获得了德国设计IF大奖，并取得了良好的销售业绩。

c）第3趋势：新材料的运用。其实，工业设计的发展与新材料应用密切相关，设计师经常采用新材料为消费者带来新的观感体验。据说苹果iPod播放器的外壳就是采用GE公司一种新型塑料，这种塑料在2年之内只能提供给苹果公司使用，用新材料塑造出来的竞争门槛，让其它竞争对手短期内无法跨越。

以往工业设计最终目标是针对产品的基本属性，而绿色设计包括产品从创意构思、制造使用、废弃后回收、再生处理各个过程，绿色设计将成为企业参与市场竞争的新式武器。绿色设计是以节约资源和保护环境为宗旨的设计理念和方法，强调保护自然生态，充分利用资源，以人为本、善待环境，将成为未来设计的方向。绿色设计需要设计师的理性、新兴科学和技术融入，它的推广将对社会的可持续发展具有深远的意义。

为了更好地接近产品的市场需求，目前国际上流行一种"故事版情景预言法"概念设计，就是将所要开发的产品置于一定的人、时、地、事和物中进行观察、预测、想象和情景分析，然而，设计表达在信息时代已是多元化的展示形式，计算机辅助工业设计的发展，尤其是虚拟现实技术在产品概念设计中的应用，已使设计师的设计思路和设计表达如虎添翼；可以想象，面对一种虚拟的"故事版情景预言法"设计出的产品，让人更多了一种直观的、亲切的、交互感受，这样开发设计的产品与传统设计相比，大大减少了投放市场的风险，也为企业决策人寻找商机、判断概念产品能否进一步开发生产，提供了更好依据。虚拟现实技术能模拟整个产品开发过程，保证产品开发一次性成功，加快开发进程，甚至使设计者和用户融为一体，设计出满足市场需要的产品。

目前，已将一部分虚拟技术应用在摩托车设计中，在网络协同开发环境下，结合工程专业知识、利用CAD/CAE/CAM技术建立摩托车三维数字化模型，引入并行工程的设计流程，全面模拟产品的设计、分析、装配、制造等过程，在设计阶段就引入分析、装配、制造要求，大大缩短了开发周期和设计成本。

计算机辅助设计

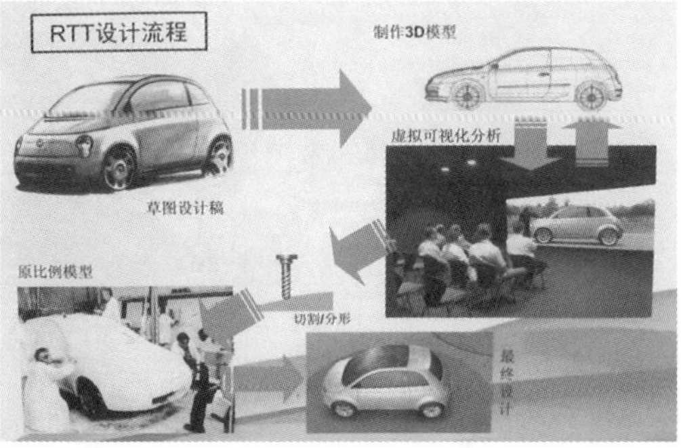

虚拟技术

1.1 虚拟现实系统(VR)

虚拟现实系统又称虚拟现实环境，是指计算机生成的一个实时三维环境。使用者可在这环境中"自由"运动，观察周围的景物，还可通过各种专用的传感交互设备与虚拟物体进行交互操作。产生虚拟现实环境的方法有：

a) 基于模型的方法，这种方法产生虚拟环境的步骤为：1) 用放置在不同地点的多个摄像机将某环境或事物记录下来；2) 利用计算机视频技术抽取出环境或事物的三维模型；3) 从虚拟摄像头视角展示获得模型。具体做法是：获得数据→标度摄像头→分离对象→建立模型→嵌入颜色→交互回放。

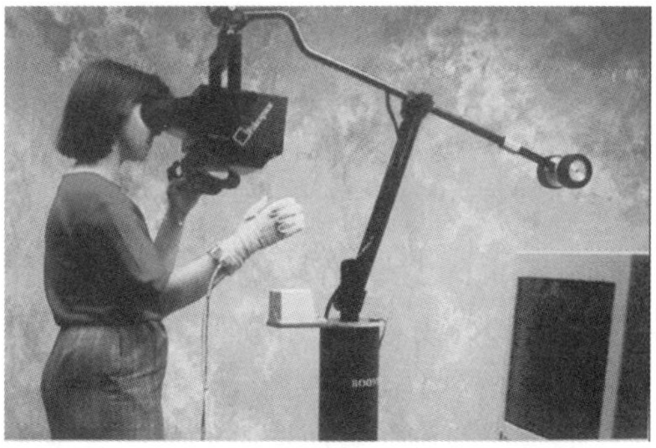

视野分析

仿真模型

b) 基于图像的方法，一般做法是用摄像头连续扫描周围空间，来获取某一区域完整的景物图像，并将该图像通过图像处理技术，按坐标映射到图形工作站的虚拟全景屏上，用户载上头盔显示器就可看到所摄周围景物环境。

1.2 虚拟现实系统的常用设备及要求

虚拟现实系统常用设备有：三维鼠标(鸟标)、数据手套、数据衣、头盔显示器、立体声耳机等。对虚拟现实系统的要求除了具有高性能的计算机系统(包括软、硬件)外，还必须有下列关键技术提供强有力的支持：1) 能以实时的速度生成具有三维全色彩的、有明暗、有阴影、有纹理的、逼真感强的景物图像；2) 头盔显示器能产生高分辨率图像和较大视角；3) 能高精度地实时跟踪用户的头和手；4) 能对用户的动作产生力学反馈。

1.3 虚拟产品(VP)

虚拟产品是虚拟现实技术应用于产品设计的产物，是一个数字化的产品，它具有真实产品所必须具有的特征，通过对产品实时性功能的仿真，设计人员或用户就能够像使用真实产品一样使用虚拟产品。

由于产品的设计过程是数字化的，因此节省了传统方法中需要制造的物理模型(包括概念模型、模拟实验模型、外观模型和生产模型等)的时间和物质。在计算机中由于对设计的产品进行反复设计、分析、干涉检查、模具设计等过程，使设计绘图的工作量比传统的绘图量大大减少。

2　新技术等对摩托车设计发展的影响及应对国际化发展的对策

不断出现的新技术、新能源、新材料对摩托车设计产生了很大影响，解决摩托车使用中的能源、环境、安全等问题、提高整车使用性、研发多功能摩托车，这些一直都是当前设计者所面临的问题，也是摩托车设计的趋势。为解决摩托车使用的能源问题，设计者们开始试图开发使用替代能源及节约能源的摩托车。

结合计算机辅助设计完成的快速样件成型技术，在产品开发中最终要以实物来检验产品设计质量，在没有快速样件成型技术前，只能开模具，投入和风险很大，所以通过快速样件成型技术生产出少量的样件，来完成检验产品设计质量的工作，能节省大量的时间和财力。

英国推出世界第 1 款氢燃料电池摩托车

本田燃料电池摩托车

仔细分析了欧美各国工业设计发展历程，近些年工业设计新技术、新理念的产生，越来越多的设计人员认识到，工业设计乃至摩托车设计技术的提高需要一个契机，就是工业设计要有一个带头和统筹的作用，就是各种科技、材料、工艺达到一定程度和水平之后，中国摩托车设计将有一个飞跃发展。国外的摩托车设计技术已经在潜移默化的影响着我国的设计，巧妙地将新技术、新理念、新材料、新时尚等转化为新产品，将是近几年设计者的主要工作。

本田推出世界第 1 套摩托车安全气囊系统

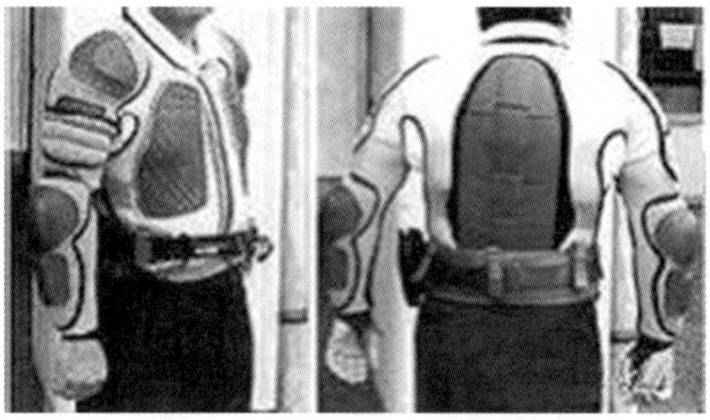

意大利背心式摩托车安全气囊

自主研发的非道路多功能车

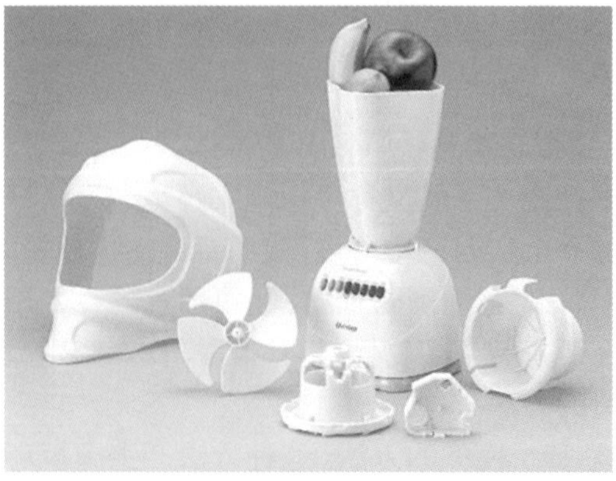

RP 技术

3 新车型介绍

近年来摩托车设计不但会遵循上述的趋势发展，同时在造型风格上也大多具有运动化、机械化、汽车化、多功能化等特色。虽然运动化已流行了好几年，但伴随着人们对休闲、自然、健康生活方式的追求，运动化设计仍将是未来几年许多产品设计的主要风格。

运动化摩托车

机械化摩托车

在摩托车爱好者看来摩托车永远脱不掉金属、动力、机械的感觉，所以重型机械感的摩托车会继续受到大众的喜爱。

汽车化设计是近几年来一个新的设计风格，设计者在考虑摩托车能否达到汽车那样，全天候并且具有汽车那样的豪华感、舒适感，所以汽车化设计的摩托车也是主要的设计风格之一。

当今的设计界非常流行一种叫做跨界设计，就是不同领域的设计师去设计与自己不相关的产品，如时装大师阿玛尼就参与设计了奔驰CLK系列跑车的设计，这种跨界设计引入到某类产品的设计时，就是一种模糊设计，即将不同类产品的元素融合在一起的设计，所以在摩托车设计中，设计者开始尝试去打破传统的骑士车、踏板车、弯梁车等类别，而将这些车型的元素揉在一起，产生出新的车型，而且非常成功。

汽车化设计

4 总结

21世纪的市场竞争不仅是先进科技的竞争，同时也是产品设计的竞争，以知识为基础的产品创新是现代工业设计的核心。随着网络化和信息技术的快步发展，企业之间的竞争愈加残酷，工业设计应从了解市场需求、提高产品质量、降低成本和提供优质服务等开始。

工业设计是提升产品竞争力的有利途径，但是离开了高水平的工程设计配合、到位的资金投入、精致的生产模具制造、严格的质量管理、创造性的销售推广和周到的售后服务，将一事无成。工业设计师的工作绝非使用方式的空想和表面的产品造型美化，应是工业产品制造系统工程的一环。

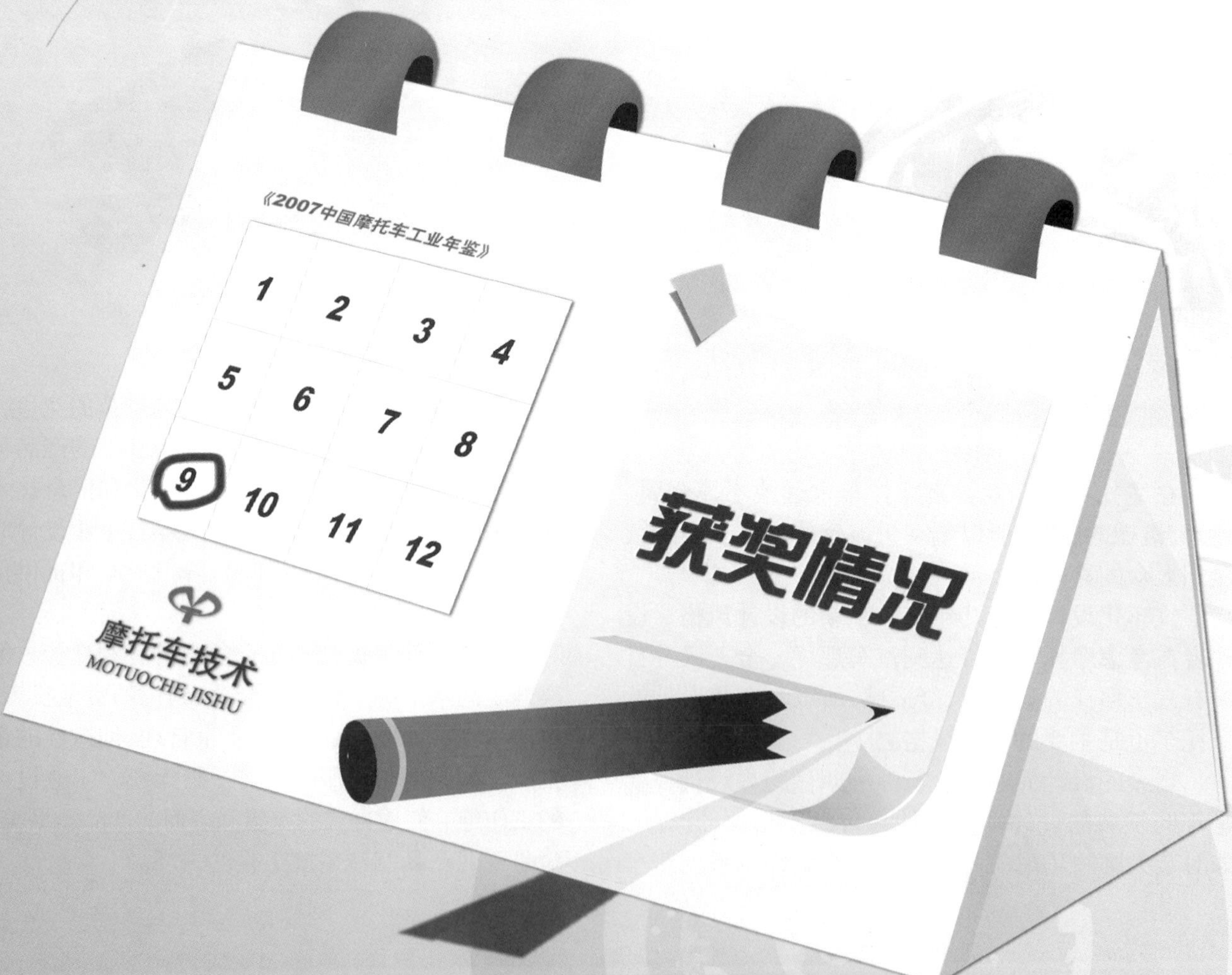
《2007中国摩托车工业年鉴》
1 2 3 4
5 6 7 8
9 10 11 12
摩托车技术
MOTUOCHE JISHU
获奖情况

获奖情况

一、2006 年度摩托车行业主要获奖企业和个人

1　2006 机电商会推荐出口品牌

2006年4月16日，由中国机电产品进出口商会评选的“2006机电商会推荐出口品牌”发布会中，有75家企业入选，其中入选的摩托车企业的名单如表1所示。

表 1　入选“2006 机电商会推荐出口品牌”的摩托车企业名单

序号	企业名称	品牌名称(中/英文)
1	春兰(集团)公司	春兰/CHUNLAN
2	中国嘉陵工业股份有限公司(集团)	嘉陵/JIALING
3	金城集团进出口有限公司	金城/JINCHENG
4	建设工业(集团)有限责任公司	建设/JIANSHE
5	重庆力帆实业(集团)进出口有限公司	力帆/LIFAN
6	重庆宗申集团进出口有限公司	宗申/ZONGSHEN

此次评选由中国机电产品进出口商会在会员企业内组织实施的，本着“公平、公正、公开”，企业自愿申请为原则。在评选标准上，分为资格条件和评审条件；在相关的评选指标设计方面，尽量采取量化指标，通过计算机系统自动打分，增加了评选的公正性和客观性。在评审程序上采用企业自愿申请、计算机系统给分、评审委员会各行业分会审核推荐、评委会最终研究确定推荐名单。

2　中国个人品牌价值百强榜

2006 年 4 月 17 日，由中国品牌研究院发布的“2006中国个人品牌价值百强榜”中，尹明善以个人品牌价值633万元排名第83位。

“2006中国个人品牌价值百强榜”是国内专业机构首次对个人品牌价值进行评估。据介绍，该榜评测对象为中国内地公众名人，评估的个人品牌价值，以媒体版面价值作为主要考核要素，并辅以品牌系数、代言指数、公益指数等专业工具进行数值修正。

“中国个人品牌价值百强榜”评价的是个人品牌这项无形资产，与个人的实际财富不是正比关系，据悉，该榜将每年评测、发布一次。

3　中国 500 最具价值品牌

由诺贝尔经济学奖得主、“欧元之父”蒙代尔担任主席的世界品牌实验室和《世界经理人》周刊主办的世界品牌大会于2006年6月16日在北京人民大会堂隆重召开，大会发布了“中国500最具价值品牌”排行榜。其中入选的摩托车品牌有10个，如表2所示。

表 2　摩托车品牌入选中国 500 最具价值品牌名单

排名	品牌名称	所属企业	价值,亿元
75	豪爵	江门市大长江集团有限公司	68.51
86	嘉陵	中国嘉陵工业股份有限公司(集团)	63.82
105	建设	建设工业(集团)有限公司	55.77
217	金城	金城集团有限公司	29.55
222	力帆	重庆力帆实业(集团)有限公司	27.86
271	大阳	洛阳北方易初摩托车有限公司	22.12
331	隆鑫	隆鑫控股有限公司	16.46
327	钱江	钱江集团有限公司	17.18
404	宗申	宗申产业集团有限公司	11.74
455	新大洲	新大洲控股股份有限公司	8.27

4　中国优秀女企业家

2006年6月18日，在北京人民大会堂召开的中国女企业家协会第四次会员代表大会上，陈爱莲董事长荣膺“中国优秀女企业家”称号。

会议由中国女企业家协会常务副会长兼秘书长史清琪主持，全国人大副委员长、全国妇联主席顾秀莲，中国企业家协会名誉会长袁宝华，中国企业家协会会长陈锦华，女企联会长赵地等出席了会议，会议为陈爱莲等45名“中国优秀女企业家”授奖。

5　全球华人企业500强、2006华人富豪500强

2006年6月28日，由世界杰出华商协会、中国商业联合会、北京国际交流协会共同发起评选的“全球华人企业500强”和“2006华人富豪500强”排行榜发布中，力帆集团和重庆力帆控股有限公司董事长尹明善入选两榜，分列两榜的472位和389位，“华人企业500强”主要以销售收入为参照的同时，综合考虑候选企业在全球范围内的美誉度、盈利能力、发展潜

力等指标，经过独立调查、综合指标多层次比对推选和专家评审而产生。“华人富豪500强”主要按个人资产进行评价。

此次“全球华人企业500强”和“全球华人富豪500强”是首次针对全球范围内华人企业进行的排名，迈出了关注全球华商、服务全球华商的第一步，是第一个涵盖全球华商及华商企业的顶级排行榜。

6 中国民企出口百强

2006年7月16日，国家商务部正式公布“2005年中国民企出口百强”，摩托车行业有2家企业入选，如表3所示。

表3 摩托车企业入选中国民企出口百强名单

排名	企业名称	出口额，万美元
18	重庆力帆实业(集团)进出口有限公司	17 748
52	隆鑫集团进出口有限公司	10 424

7 中国民企500强

2006年7月27日，2005年度全国工商联上规模民营企业调研结果在京揭晓，力帆实业（集团）有限公司以营业收入总额718 512万元位列500强第63位。

根据营业收入总额指标排序，在2005年上规模民营企业中前500家的入围门槛由2004年的9.72亿元提升至13.36亿元，提升幅度为37.45%。营业收入总额超过100亿元的有41家，超过200亿元的有8家。

8 2006年中国工业行业排头兵企业

2006年7月29日，中国工业经济联合会企业工作委员会和中国工业报社举行“中国工业行业排头兵企业”名单发布活动。摩托车行业中，5家摩托车整车制造企业和5家摩托车零部件及配件制造企业入围。此项称号的评选标准是按国家统计局工业统计报表制度，根据国民经济行业分类标准和法人企业统计的原则，以国家统计局等单位的统计数据为基础，参考有关行业协会和业内专家的意见，结合中国工业报社产业数据中心的相关数据，经综合评价予以确定的，入选企业名单如表4所示。

表4 摩托车整车制造企业和摩托车零部件及配件制造企业入选“2006年中国工业行业排头兵企业”名单

序号	摩托车整车制造企业	摩托车零部件及配件制造企业
1	江门市大长江集团有限公司	万丰奥特控股集团有限公司
2	重庆力帆实业(集团)有限公司	重庆宗申发动机制造有限公司
3	新大洲本田摩托有限公司	江门市华铃精密机械有限公司
4	钱江集团有限公司	重庆市渝江压铸有限公司
5	中国轻骑集团有限公司	星月集团有限公司

9 中国顶级企业

2006年8月8日，《福布斯》杂志中文版正式公布100家“中国顶级企业”排行榜，力帆集团排名第94位。2006“中国顶级企业”排行榜调查针对的是2005年销售额超过30亿元，并且主营业务在中国大陆的大型企业，《福布斯》中文版从5个方面对候选企业进行评估，包括总资产回报率、净资产回报率、销售增长率、利润增长率和销售利润率，进行加权计算，从而得出最终排名。

10 中国制造业500强

2006年8月19日，国家统计局首次发布了中国制造业500强名单，此次发布的制造业500强按上年企业主营业务收入大小排序，有5家摩托车企业入列名单中，如表5所示。

表5 摩托车企业入选中国制造业500强名单

排名	企业名称	主营业务收入，万元
180	钱江集团	876 478
233	力帆实业(集团)有限公司	710 975
264	宗申产业集团有限公司	654 549
338	重庆隆鑫工业(集团)有限公司	521 354
496	新大洲本田摩托有限公司	375 509

11 2006中国企业500强

由中国企业联合会、中国企业家协会向社会公布中国企业500强年度排行榜名单，其中摩托车行业共有4家企业入选，见表6所示。

表6 摩托车企业入选中国企业500强名单

排名	企业名称
104	重庆力帆实业(集团)有限公司
270	洛阳北方易初摩托车有限公司
432	重庆宗申摩托车科技集团有限公司
438	济南轻骑摩托车股份有限公司

中国企业联合会和中国企业家协会从2002年开始，比照国际通行方式，每年推出中国企业500强排行榜，此次是第5次评选。另外，此次的最新亮点是首次发布了2005年度中国企业效益200佳、中国企业纳税200佳。

12 亚洲品牌500强

2006年9月18日，由世界品牌实验室、世界经理人杂志和蒙代尔杂志联合举办的“首届亚洲品牌500强”排行榜发布，中国广东省江门市大长江“豪爵”摩托车榜上有名，位列353名。该大会是全球领先的品牌评估机构世界品牌实验室第一次对亚洲品牌进行的评估，“蒙代尔亚洲品牌500强”从2006年开始，以后每年发布1次，今年共有16个国家和地区的品牌入选。

13 中国汽车工业科技进步奖

2006年10月，中国汽车工业科学技术进步奖励基金委员会公布了2006年度“中国汽车工业科技进步奖”获奖名单，2006年度共有44个项目获“中国汽车工业科技进步奖”，其中有一等奖1项、二等奖7项、三等奖36项；并有3人获得“中国汽车工业优秀科技人才奖”；3人获得“中国汽车工业优秀青年科技人才奖”。摩托车行业有1项获得二等奖(摩托车性能与排放测试主控计算机系统开发，主要完成单位：清华大学汽车安全与节能国家重点试验室，主要完成人：卢青春、金振华、聂圣芳、谢康、黄开盛、田颖、张俊智、高大威、阎东林)；有2项获得3等奖(汽车摩托车车轮及轮胎试验台，主要完成单位：重庆汽车研究所，主要完成人：欧家福、黎明、李帆、李玉琴、居浩；发动机热力系统模拟、测试平台及其在产品开发中的应用，主要完成单位：中国嘉陵工业股份有限公司与北京航空航天大学，主要完成人：许健、李云清、李天蕾、李波、刘承科)。

14 2006年度中国大企业集团竞争力500强名单

由国家统计局举行的“第6届中国大企业集团暨首届企业集团竞争力500强”发布会上，向社会发布了关于中国大企业集团的最新统计信息，其中摩托车行业有6家企业集团列入名单中，见表7所示。

表7 摩托车企业入选“第6届中国大企业集团暨首届企业集团竞争力500强”名单

排名	企业集团名称	综合指数	能力指数	机制指数
36	力帆实业(集团)有限公司	77.90	74.00	87.00
99	宗申产业集团有限公司	75.20	71.35	84.19
110	隆鑫控股集团	74.81	69.12	88.09
135	江门市大长江集团有限公司	74.12	77.37	66.56
293	天马控股集团有限公司	70.31	63.09	87.14
387	钱江集团有限公司	68.35	65.21	75.66

中国大企业集团综合实力信息发布是国家统计局调查中心(原国家统计局企业调查总队)借鉴国际先进统计方法，对我国年营业收入和资产总计均在5亿元的2 080家企业集团现状进行跨行业、全方位、多指标调查所取得的最新数据成果，已经连续公布6届。2006年发布的名单中，作为国家转变经济增长质量、着重培育企业可持续增长的一个重要导向，首次依据“能力指数”和“机制指数”等近60个指标中对500强企业的竞争力进行了综合评价。

15 中国优秀民营企业

2006年10月13日，由中国企业家联合会、中国企业家协会评选的第3届中国优秀民营企业和中国优秀民营企业家在杭州举行的“2006中国民营企业发展论坛”上公布了获奖者名单，20家企业和30位企业家榜上有名，其中摩托车行业的隆鑫集团有限公司入围，并荣列第4名。

16 中国驰名商标

2006年10月16日，重庆鑫源摩托车制造有限公司的“鑫源”商标和日本本田技研工业株式会社的注册商标“HONDA”(商标注册号：第314940号；商标权利人：本田技研工业株式会社)被中国国家工商行政管理总局认定为中国驰名商标。驰名商标是指“在中国为相关公众广为知晓并享有较高声誉的商标”(据《驰名商标认定和保护规定》)，针对国内知名商标予以认定。

17 全国质量奖

2006年11月4日，由中国质量协会组织评选的以“创新—持续追求卓越”为主题的2006年全国追求卓越大会上，万丰奥威汽轮股份有限公司荣获2006年全国质量奖。该奖项按照卓越绩效模式标准要求，经过严格评审产生。

18 优秀中国特色社会主义事业建设者

2006年12月20日，由统战部、国家发改委、国家人事部、国家工商总局和全国工商联共同举办的“第二届全国非公有制经济人士优秀中国特色社会主义事业建设者表彰大会”在北京举行，99位民营企业家获得“优秀中国特色社会主义事业建设者”荣誉称号，摩托车行业中宗申产业集团有限公司董事长兼总裁左宗申、隆鑫控股有限公司董事长涂建华获此殊荣。

19 全国企事业知识产权示范创建单位

国家知识产权局确定了70家中国的大专院校、企事业单位为“全国企事业知识产权示范创建单位”，其中包括力帆集团。截止2006年12月31日，力帆集团已在全球40多个国家获得近4 000件专利，在117个国家获得1 000多件注册商标，登记版权1 200多件。

二、获奖人物简介

（按姓氏笔画排列）

1 尹明善 重庆力帆控股有限公司董事长

尹明善，现任重庆力帆控股有限公司董事长，全国政协委员、重庆市政协第二届副主席、中国摩托车商会会长、重庆市工商业联合会（总商会）第二届会长。

2006年，力帆集团实现销售收入 103.95 亿元人民币，出口创汇3.29亿美元，专利拥有量3 807项。

2006年，尹明善荣获“全球华人企业500强”、“2006华人富豪500强”等荣誉称号，荣登“2006中国个人品牌价值百强榜”。

1994—2003年，尹明善曾连续10年被授予重庆市高新区“优秀企业家”称号；1999年被授予“再就业明星”称号，2000年被香港理工大学、全国工商联中华总商会授予“紫荆花杯企业家”荣誉称号；2001年荣获“振兴重庆争光贡献奖”和光彩事业奖章；因在质量管理方面的突出贡献，荣获“2002年全国质量管理杰出贡献奖”；2004年4月，被全国工商联、全国总工会联合授予“全国关爱员工优秀民营企业家”称号；2004年12月，被中共中央统战部等五部委授予“优秀中国特色社会主义事业建设者”称号。2004年，尹明善荣登“2004中国大陆慈善家排行榜”第20位。2005年11月，尹明善荣获由国家民政部和中华慈善总会颁布的“中华慈善奖”。

2 左宗申 宗申产业集团有限公司董事长、总裁

左宗申，现任宗申产业集团有限公司董事长兼总裁，重庆市二届政协常委、全国工商联常委、重庆市工商联副会长、重庆市国际商会副会长。曾先后荣获首届“振兴重庆杰出贡献奖”、“紫荆花杯杰出企业家成就奖”、全国优秀乡镇企业家、民政部“爱心捐助奖”等多种荣誉。

2006年，荣获“优秀中国特色社会主义事业建设者”、“2006全球华商百业领军人物”、“重庆市非公有制经济人士优秀社会主义事业建设者”、“巴南区10大慈善家”、“光彩事业奖章”、“重庆市慈善爱心人士”等荣誉称号。

宗申产业集团先后荣获中国私营企业500强、全国民营科技百强企业等荣誉。曾连续5年入选重庆工业企业50强，并屡次入选国家统计局公布的全国500家大企业集团、中国企业500强、中国机械500强、中国优秀民营企业、国家机械工业管理示范企业。

3 陈爱莲 万丰奥特控股集团有限公司董事长

2006年6月18日，在北京人民大会堂召开的中国女企业家协会第四次会员代表大会上，陈爱莲董事长荣膺“中国优秀女企业家”称号。

此外，陈爱莲董事长还先后获得全国三八红旗手、中国经营大师、全国优秀创业企业家、香港紫荆花杯杰出企业家奖、中国机械工业明星企业家、2004年度风云浙商等称号，并担任中国企业联合会副会长、浙江省党代表等社会职务。

4 涂建华 隆鑫控股有限公司董事长

涂建华，高级经济师，现任隆鑫控股有限公司董事长、第二届重庆市人民代表大会代表、全国青年联合会会员、重庆市摩托车工业协会副理事长。1999年被评为重庆市首届十大杰出青年；2001年荣获中国民营科技新秀奖。曾名列新财富劳斯莱斯500富人榜第151名，中国400富人榜第86名，中国首富排行榜第 89 名。2006年荣获年度“振兴重庆争光贡献奖”、“2006重庆民营经济十大风云人物”、

“十大渝商”和重庆市民营经济“十大风云人物”等奖项。2003年，涂建华董事长将旗下摩托车业务分拆成“隆鑫工业”和“劲隆科技”两个集团，以整合后的专业优势面对来自国外厂商的激烈竞争。现在隆鑫已基本形成以摩托车及相关产品加工制造、房地产开发为支柱产业的投资控股企业格局，资产总额50亿元人民币，员工近10 000名，拥有重庆隆鑫工业集团、重庆隆鑫地产集团等30多家全资、控股子公司。

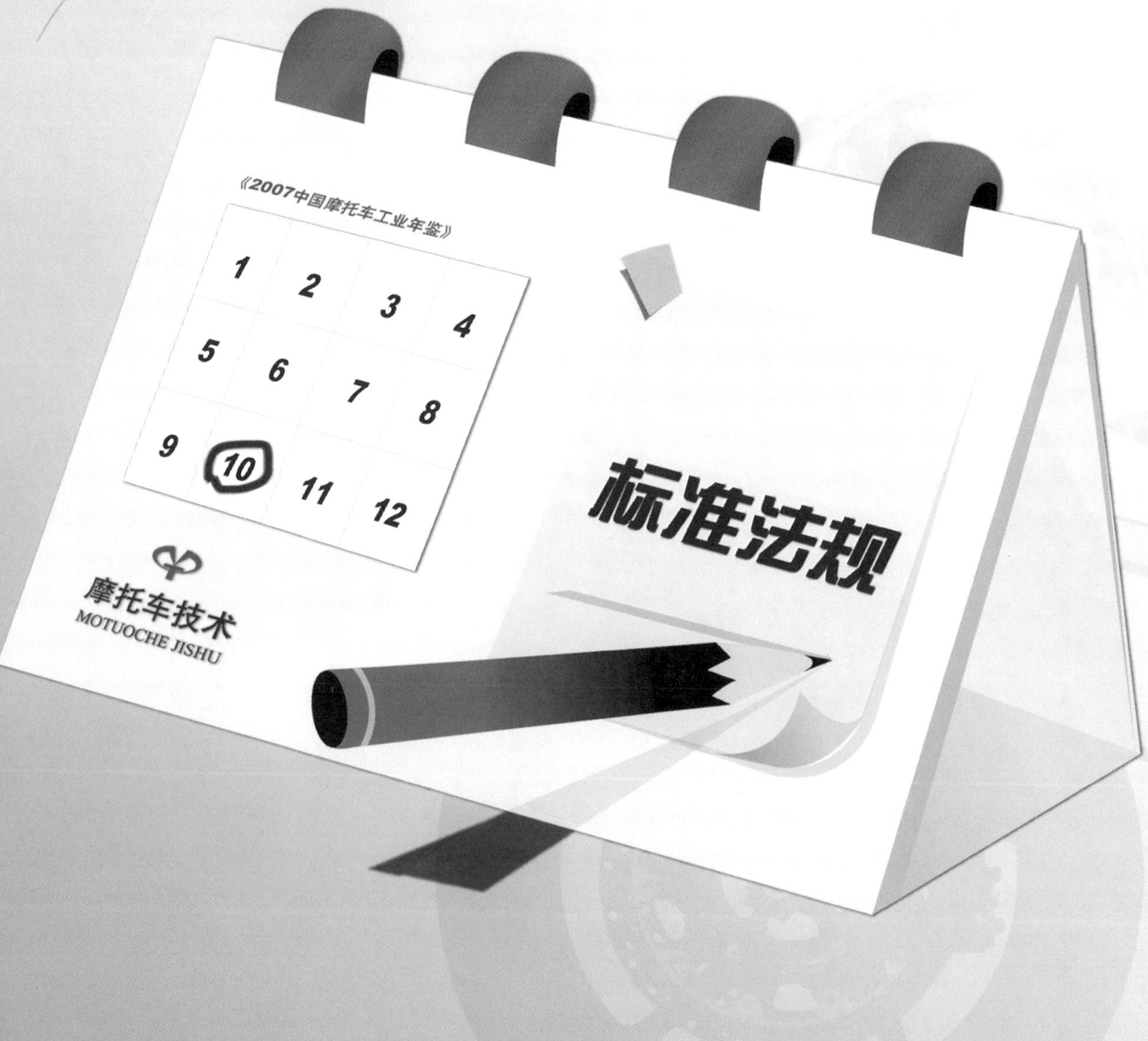
《2007中国摩托车工业年鉴》
1 2 3 4
5 6 7 8
9 10 11 12
摩托车技术
MOTUOCHE JISHU
标准法规

标准法规

一、2006年摩托车行业标准化工作概况

史重九　赵丽娜　黄　岚（上海摩托车研究所）

2006年是实施国民经济和社会发展"十一五"规划的第1年，在国家发改委、汽车标委会直接领导下，全国汽车标委会摩托车分标委深入学习和贯彻实施国家《标准化"十一五"发展规划纲要》和《"十一五"汽车行业标准化发展规划》，在宣传标准化方针政策，制修订、研究和宣贯标准，加强国际合作和参与国际标准化活动，行业服务等方面开展了一系列工作。

1　标准化工作方针政策和任务

实施标准化"十一五"发展规划面临着前所未有的国内外形势：1）经济全球化将技术标准推向国际市场竞争的前沿；2）经济社会发展新阶段对技术标准提出战略需求；3）技术标准发展中还存在诸多问题。在这样的背景下，国家标委会、全国汽车标委会及摩托车分标委逐级提出了今后标准化工作的战略目标和具体任务。

a）"十一五"时期国家标准化工作的基本原则、目标和主要任务[1]；

b）"十一五"时期标准化工作的指导思想和主要目标[2]；

c）2006年汽车（含摩托车）标准化工作主题[3]；

d）2006年摩托车标准化工作主要任务[4]；

e）2007年摩托车标准化工作要点[5]。

2　标准化机构建设及相关业务

a）中国汽车标准化协会汽车分会摩托车专业委员会，下设中西南分会和华东分会。

b）根据全国汽车标委会提议，由全国汽车标委会（SAC）所属电动车辆分技术委员会（AC/SC27）与摩托车分技术委员会（SAC/SC1）共同组建电动摩托车标准制订工作组[6]，工作组工作周期为3～4年。

c）2006年底，国家标准化管理委员会批准筹建135个全国专业标准化技术委员会（含分技术委员会），其中包括四轮全地形车标准化技术委员会，并委托上海市、重庆市、浙江省三个省市的技术监督局共同负责四轮全地形车标委会的筹建工作。

d）中国作为WTO成员，在制定、实施与贸易有关的技术标准之前，必需按TBT规定履行通报，WTO其它成员也有权对通报文件提出批评建议，评议期为60天[7]。2002—2006年，中国正常进行了摩托车标准WTO/TBT通报工作，通报数量统计如表1所示，通报标准均为强制性国家标准。

表1　2002—2006年中国摩托车标准WTO/TBT通报数量统计

	2002年	2003年	2004年	2005年*	2006年
通报标准数量	3	0	2	4	0
注　*2005年还通报了2项摩托车产品强制性认证实施规则。					

e）自2005年8月起，全国汽车标委会在汽标委网站发布归口管理的全部摩托车国家标准和行业标准的征求意见稿。

3　标准制修订工作

3.1　充实、完善汽车（含摩托车）标准体系

中国汽车（含摩托车）标准已经形成强制性、推荐性国家标准及行业标准等体系，初步构成标准体系框架，并摸索出一套健全标准体系的策略、工作机制和方式。

a）充实汽车强制性国家标准体系的主要方式和程序由全国汽车标委会主导、牵头，行业主要企业及研究机构参与，跟踪ECE/EEC（EC）法规的发展动态，将ECE/EEC（EC）法规转化为国家标准，及时制修订强制性国家标准[3]。2006年共批准发布4项摩托车强制性国家标准，充实后的摩托车强制性国家标准体系如表2所示；现有摩托车强制性标准数量统计如表3所示。国内除汽车、摩托车标准体系外，还有其它全国性、部门性的标准体系（如环保、交通等）涉及汽车、摩托车标准。图1、图2分别为汽车（含摩托车）强制性标准和环境标准体系框架[8]，汽车（含摩托车）污染物排放标准和噪声标准既属于图1框架的环

保与节能分体系，又属于图2框架的行业型排放标准分体系。制订摩托车环保标准，涉及摩托车污染贡献量和允许的污染分担率，需要环保部门统一考虑；而环保性能指标又是摩托车多项性能（如动力性能、经济性能）的指标之一，需运用系统方法综合优化控制，是摩托车行业技术研究的重要内容之一[9]。

b）推荐性国家标准的制定主要参考、借鉴、转化ISO/TC22/SC22、SC23及SC21（电力驱动道路车辆分技术委员会）、IEC/TC69（IEC下属道路车辆技术委员会，负责制定自带电源电力驱动道路车辆的国际标准）等标准化组织发布的国际标准，参考DIN、SAE、JIS、JASO等先进国家标准/行业标准，并针对特有技术和产品确定，由汽车标委会和/或有关企业及机构提出，由相关分技术委员会完成。

表2　摩托车强制性国家标准体系

		标准号及名称	实施日期	备注
主动安全标准	照明与光信号装置	GB 5948—1998　摩托车白炽丝光源前照灯配光性能	1999-10-01	
		GB 19152—2003　轻便摩托车前照灯配光性能	2003-11-01	
		GB 17510—1998　摩托车光信号装置配光性能	1999-10-01	有第1号修改单。现正在修订，送审稿已通过审议
		GB 18100—2000　两轮摩托车及轻便摩托车照明和光信号装置的安装规定	2001-01-01	有第1号修改单。现正修订为2项标准：第1部分 两轮摩托车；第2部分 两轮轻便摩托车
		GB 11564—1998　机动车回复反射器*	1999-10-01	正在修订，送审稿已通过审议
		GB 15766.1—2000　道路机动车辆灯丝灯泡　尺寸、光电性能要求*	2001-07-01	
		摩托车照明和光信号装置的安装规定　第3部分：三轮摩托车		正在修订
	制动、转向、轮胎	GB 17355—1998　摩托车和轻便摩托车制动性能指标限值	1999-01-01	部分内容被GB 20073—2006替代
		GB 20073—2006　摩托车和轻便摩托车制动性能要求及试验方法	2006-07-01	替代GB/T 5382.1—1996
		GB/T 518—1997　摩托车轮胎	1998-03-01	目前为推荐性国家标准
被动安全标准	座椅、凸出物等	GB 20074—2006　摩托车和轻便摩托车外部凸出物	2006-07-01	
	车身、碰撞防护	GB 811—1998　摩托车乘员头盔	1999-06-01	
	防火	GB 19482—2004　摩托车和轻便摩托车燃油箱安全要求和试验方法	2004-10-01	
一般安全标准	视野	GB 17352—1998　摩托车和轻便摩托车后视镜及其安装要求	1999-01-01	已上报修订，待批准
	指示与信号装置	GB 15365—1994　摩托车操纵件、指示器及信号装置的图形符号	1995-07-01	正在修订
		GB 15742—2001　机动车用喇叭的性能要求及试验方法*	2001-10-01	有修订计划
	车辆结构与防盗	GB 7258—2004　机动车运行安全技术条件*	2004-10-01	第1号修改单于2006-11-01实施
		GB 16735—2004　道路车辆　车辆识别代号(VIN)*	2004-10-01	
		GB 16737—2004　道路车辆　世界制造厂识别代号(WMI)*	2004-09-01	
		GB 17353—1998　摩托车和轻便摩托车转向锁止防盗装置	1999-01-01	
		GB 20075—2006　摩托车乘员扶手	2006-07-01	
环保与节能标准	污染物排放	GB 14621—2002　摩托车和轻便摩托车排气污染物排放限值及测量方法（怠速法）	2003-01-01	
		GB 14622—2002　摩托车排气污染物排放限值及测量方法（工况法）	2003-01-01	修订标准《摩托车排气污染物排放限值及测量方法（工况法，中国第3阶段）》已批准，待发布
		GB 18176—2002　轻便摩托车排气污染物排放限值及测量方法（工况法）	2003-01-01	修订标准《轻便摩托车排气污染物排放限值及测量方法（工况法，中国第3阶段）》已批准，待发布
		GB 19758—2005　摩托车和轻便摩托车排气烟度排放限值及测量方法	2005-07-01	
		摩托车和轻便摩托车燃油蒸发污染物排放限值及测量方法		已批准，待发布
	噪声	GB 16169—2005　摩托车和轻便摩托车加速行驶噪声限值及测量方法	2005-07-01	已立项修订
		GB 4569—2005　摩托车和轻便摩托车定置噪声限值及测量方法	2005-07-01	已立项修订
	电磁兼容	GB 14023—2006　车辆、船和由内燃机驱动的装置　无线电骚扰特性限值和测量方法*	2007-05-01	代替GB 14023—2000
	燃油经济性	GB/T 15744—1995　摩托车和轻便摩托车燃油消耗量限值		修订的2项强制性标准《摩托车燃油消耗量限值及测量方法》、《轻便摩托车燃油消耗量限值及测量方法》已经报批
		GB/T 16486—1996　摩托车和轻便摩托车燃油消耗试验方法		

注　*为含摩托车内容的汽车强制性标准。

表 3　现有摩托车强制性国家标准项目分布*

类别	主动安全		被动安全			一般安全			环保与节能				总计
	照明与光信号装置	制动、转向、轮胎	座椅、门锁、安全带、凸出物	车身、碰撞与防护	防火	视野	指示与信号装置	车辆结构与防盗	污染物排放	噪声	电磁兼容	燃油经济性	
标准项数	6	2	1	1	1	1	2	5	4	2	1	0	26

注 *标准统计中包括 7 项含摩托车内容的汽车强制性标准；尚未发布的标准未统计入内。

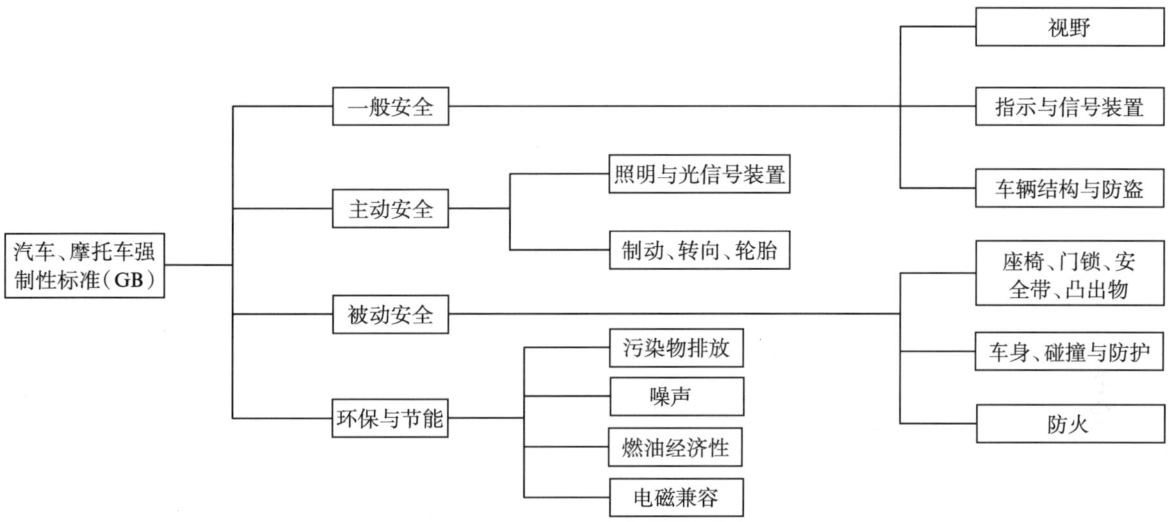

图 1　汽车（含摩托车）强制性标准体系框架

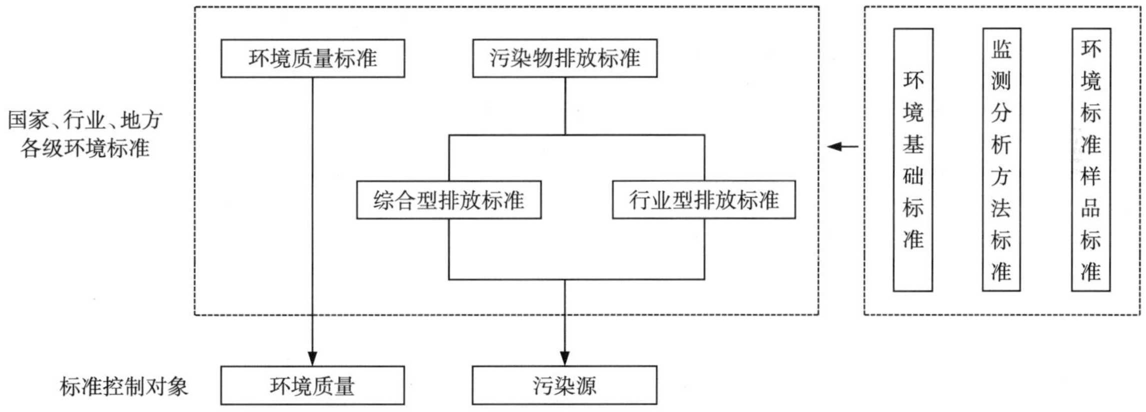

图 2　环境标准体系框架

c）行业标准的制定是根据汽车（含摩托车）产品及总成、零部件的技术发展需要，主要由企业、研究机构提出，由分技术委员会组织标准起草组参照国外相关标准完成[3]。

3.2　标准的发布、制修订、立项和计划上报

2006年（截至2007年3月），批准发布的有关摩托车7项国家标准和7项行业标准如表4所示，已通过审议、上报待批的摩托车标准如表5所示，“十一五”期间汽车行业标准重点工作之一，列入“装备制造业2005—2007年规划”的摩托车标准项目如表6所示，2006年着手制订的电动摩托车标准（已完成征求意见稿）如表7所示，2005年以前立项、正在制修订的标准如表8所示，2006年下达的有关摩托车标准制修订项目如表9、表10、表11所示，申报待批的2007年度标准制修订计划项目如表12所示。

3.3　标准的修改

3 项现行的摩托车强制性国家标准修改单如表13所示。

表 4　2006 年(截至 2007 年 3 月)批准发布的有关摩托车国家标准和行业标准

标准号	标准名称	制定/修订	批准日期	实施日期	被替代标准	采用的国际标准、法规及一致性程度	主要起草单位
GB 14023—2006	车辆、船和由内燃机驱动的装置 无线电骚扰特性限值和测量方法	修订	2006-09-30	2007-05-01	GB 14023—2000	CISPR 12：2005(第 5.1 版),IDT	上海电器科学研究所(集团)有限公司,中国汽车技术研究中心
GB 20073—2006	摩托车和轻便摩托车制动性能要求及试验方法	修订	2006-01-18	2006-07-01	GB/T 5382.1—1996,部分代替 GB 17355—1998	ECE R78.02、ECE R78.04,MOD	国家摩托车质量监督检验中心
GB 20074—2006	摩托车和轻便摩托车外部凸出物	制定	2006-01-18	2006-07-01		97/24/EC C3,MOD	国家摩托车质量监督检验中心
GB 20075—2006	摩托车乘员扶手	制定	2006-01-18	2006-07-01		93/32/EEC,MOD	国家摩托车质量监督检验中心
GB/T 20076—2006	摩托车和轻便摩托车发动机最大转矩和最大净功率测量方法	制定	2006-01-18	2006-07-01		95/1/EC,MOD(2002/41/EC)	天津摩托车技术中心
GB/T 373—2006	摩托车和轻便摩托车尺寸和质量参数的测定方法	修订	2006-12-19	2007-05-01	GB/T 5373—1994	93/93/EEC,NEQ	五羊—本田摩托(广州)有限公司
GB/T 5375—2006	摩托车和轻便摩托车型号编制方法	修订	2006-12-19	2007-05-01	GB/T 5375—1998		上海摩托车研究所
QC/T 751—2006	摩托车和轻便摩托车催化转化器通用技术条件	制定	2006-03-07	2006-08-01			天津内燃机研究所
QC/T 752—2006	摩托车和轻便摩托车催化转化器耐久性试验方法	制定	2006-03-07	2006-08-01			金城集团有限公司
QC/T 753—2006	摩托车和轻便摩托车技术参数表格式	制定	2006-03-07	2006-08-01		JIS D0010：1994,NEQ	五羊—本田摩托(广州)有限公司
QC/T 760—2006	四轮全地形车通用技术条件	制定	2006-07-26	2007-02-01		ANSI/SVLA 1-2001,NEQ(仅部分内容)	上海摩托车研究所
QC/T 62—2007	摩托车和轻便摩托车减震器	修订	2007-03-06	2007-09-01	QC/T 62—1993,QC/T 63—1993	JASO C611—1993,NEQ	江苏明星减震器有限公司,北京理工大学
QC/T 224-2007	摩托车和轻便摩托车发动机通用技术条件	修订	2007-03-06	2007-09-01	QC/T 224-1997	95/01/EC,MOD	重庆力帆实业(集团)有限公司
QC/T 778-2007	摩托车和轻便摩托车电气零部件试验电压	制定	2007-03-06	2007-09-01		JIS D5005—1989,MOD	天津摩托车技术中心
QC/T 779-2007	摩托车和轻便摩托车用火花塞帽技术条件	制定	2007-03-06	2007-09-01			天津摩托车技术中心

表 5　2006 年度通过审议、上报待批准的摩托车标准

标准名称	类别	制定/修订	主要起草单位	备注
摩托车燃油消耗量限值及测量方法	GB	修订	天津摩托车技术中心	已审议
轻便摩托车燃油消耗量限值及测量方法	GB	修订	上海摩托车研究所	已审议
摩托车和轻便摩托车液压制动盘	QC/T	制定	浙江隆中控股集团有限公司	修改后函审通过
摩托车和轻便摩托车通用技术条件	QC/T	修订	南昌摩托车质量监督检验所	修改后函审通过
摩托车和轻便摩托车用液冷散热器技术条件	QC/T	制定	重庆力帆实业(集团)有限公司	修改后函审通过

表 6　“十一五”汽车行业标准重点工作之一列入“装备制造业 2005 ~ 2007 年规划”的摩托车标准项目

项目名称	制定/修订	标准类别	标准化作用	备注(重点领域)
电动摩托车道路试验总则	制定	试验方法	促进技术进步和产业升级	电动摩托车
电动摩托车术语(车辆、电机及控制装置、电池、充电器)		基础		
电动摩托车操纵件、指示器及信号装置的标识方法		基础		
电动摩托车等效车载状况电机功率试验方法		试验方法		
电动摩托车电磁兼容性		性能		

注

*《摩托车重心位置的测量方法》和《轻便摩托车重心位置的测量方法》也为重点项目列入表 6。

** 国家标委会拟将《电动摩托车和电动轻便摩托车安全要求》和《电动摩托车和电动轻便摩托车通用技术条件》2 项标准项目增补为“装备制造业 2005 ~ 2007 年规划”项目,2007 年初将调整、增补计划公示。

表 7　正在制订的电动摩托车标准(已完成征求意见稿)

标准名称	标准类别	主要负责起草单位
电动摩托车和电动轻便摩托车通用技术条件	GB/T	上海摩托车研究所
电动摩托车和电动轻便摩托车安全要求	GB	中国汽车技术研究中心
电动摩托车和电动轻便摩托车整车性能试验方法	GB/T	中国汽车技术研究中心
电动摩托车　能量消耗率和续驶里程试验方法	GB/T	上海摩托车研究所
电动摩托车和电动轻便摩托车定型试验规程	QC/T	上海摩托车研究所
电动摩托车和电动轻便摩托车电动机及控制器技术规范	QC/T	上海摩托车研究所

表 8　正在制修订的标准(已形成初稿/征求意见稿,不含 2006 年批准、下达的项目)

标准项目编号	标准名称	类别	制/修订	主要起草单位	备注
20020762-Q-545	摩托车和轻便摩托车操纵件、指示器及信号装置的图形符号	GB	修订	上海摩托车研究所	为与即将发布的 ISO 标准内容一致,完成日期延后
20051514-T-303	摩托车重心位置的测量方法	GB	制订	隆鑫工业(集团)有限公司	
20051515-T-303	轻便摩托车重心位置的测量方法	GB	制订	上海摩托车研究所	
2004-Q-18	摩托车和轻便摩托车二次空气补给机构耐久性试验方法	QC/T	制订	天津摩托车技术中心	
2004-Q-19	摩托车和轻便摩托车二次空气补给机构技术条件及试验方法	QC/T	制订	天津摩托车技术中心	
2005-Q-42	摩托车和轻便摩托车用起动电机技术条件和试验方法	QC/T	修订	天津摩托车技术中心	
2005-Q-43	摩托车和轻便摩托车用磁电机技术条件和试验方法	QC/T	修订	天津摩托车技术中心	
2005-Q-45	摩托车和轻便摩托车主车架通用技术条件和试验方法	QC/T	制订	中国嘉陵工业股份有限公司	
2006-Q-29	摩托车车轮轮辋技术条件和试验方法	QC/T	制订	南昌摩托车质量监督检验所	
2006-Q-33	摩托车辐条式车轮技术条件和试验方法	QC/T	制订	南昌摩托车质量监督检验所	

表 9　2006 年批准下达的摩托车国家标准制修订计划项目(含国家标准清理整顿项目)

标准名称	标准类别	制/修订	完成年限	主要起草单位	被替代标准编号	备注
摩托车和轻便摩托车可靠性试验方法	GB/T	修订	2006	天津摩托车技术中心,上海摩托车研究所	GB/T 5374—1995	清理结果下达
摩托车和轻便摩托车制动性能试验方法　制动力	GB	修订	2006	上海摩托车研究所	GB/T 5382.2—1996	清理结果下达
摩托车和轻便摩托车耐久性试验方法	GB/T	修订	2006	上海摩托车研究所,天津摩托车技术中心	GB/T 4570—1995	清理结果下达
摩托车和轻便摩托车道路试验方法(含车速里程表指示值校核方法、起动性能试验方法、最低稳定车速试验方法、加速性能试验方法、滑行试验方法、爬坡能力试验方法、驻车性能要求和试验方法、最高车速试验方法、三轮摩托车和三轮轻便摩托车最大侧倾稳定角试验方法)	GB/T	修订	2006	上海摩托车研究所,嘉陵工业股份有限公司五羊本田摩托(广州)有限公司,金城集团有限公司等	GB/T 5378—1994 GB/T 5376—1996 GB/T 5381—1994 GB/T 5383—1994 GB/T 5384—1996 GB/T 5385—1994 GB/T 5386—1994 GB/T 5387—1994 GB/T 15363—1994 GB/T 15364-1994 GB/T 16708-1996	清理结果下达
摩托车和轻便摩托车　尺寸	GB/T	修订	2007	金城集团有限公司 上海摩托车研究所	GB/T 5359.3—1996 GB/T 5359.7—1996	清理结果下达
摩托车和轻便摩托车　质量	GB/T	修订	2007	上海摩托车研究所 金城集团有限公司	GB/T 5359.5—1996 GB/T 5359.6—1996	清理结果下达
摩托车和轻便摩托车　零部件名称	GB/T	修订	2007	上海摩托车研究所 金城集团有限公司	GB/T 5359.4—1994 GB/T 15367—1994	清理结果下达
摩托车操纵稳定性术语 坐标系和运动摩托车操纵稳定性术语 车轮和轮胎摩托车操纵稳定性术语 方向操纵系统摩托车操纵稳定性术语 空气动力特性	GB/T	修订	2007	重庆隆鑫工业(集团)有限公司	GB/T 15028.1 ~.4—1994	清理结果下达

续表 9

标准名称	标准类别	制/修订	完成年限	主要起草单位	被替代标准编号	备注
轻便摩托车燃油消耗量限值及测量方法	GB	修订	2006	上海摩托车研究所	GB/T 15744—1995(部分替代) GB/T 16486—1996(部分替代)	
摩托车操纵装置的型式、位置及基本要求	GB/T	修订	2007	重庆隆鑫工业(集团)有限公司	GB/T 15366—1994	
摩托车和轻便摩托车发动机台架试验方法	GB/T	修订	2007	天津摩托车技术中心	GB/T 5363—1995	
摩托车和轻便摩托车术语 车辆类型	GB/T	修订	2007	上海机动车检测中心	GB/T 5359.1—1996	
摩托车和轻便摩托车术语 车辆性能	GB/T	修订	2007	南京金城机械有限公司	GB/T 5359.2—1996	
摩托车和轻便摩托车轻合金车轮通用技术条件及试验方法	GB/T	修订	2007	南昌摩托车质量监督检验所	QC/T 211—1996 QC/T 212—1996	
摩托车和轻便摩托车轻合金车轮轮毂安装尺寸系列	GB/T	制订	2007	南昌摩托车质量监督检验所		

表 10　2006 年批准下达的摩托车行业标准制修订计划

标准名称	标准类别	制/修订	完成年限	主要起草单位	采用国际标准或国外先进标准	被替代标准
摩托车和轻便摩托车自动离合无级变速器性能台架试验方法	QC/T	制订	2007	武汉理工大学, 上海摩托车研究所		
摩托车辐条式车轮技术条件和试验方法	QC/T	制订	2007	南昌摩托车质量监督检验所		
摩托车和轻便摩托车振动舒适性试验方法	QC/T	制订	2008	天津内燃机研究所	ISO 5349 ISO 10326	
摩托车整车性能台架试验方法	QC/T	修订	2007	金城集团有限公司		QC/T 60—1993
摩托车发动机强化试验方法	QC/T	修订	2006	天津摩托车技术中心		QC/T 61—1993
摩托车和轻便摩托车化油器技术条件和试验方法	QC/T	修订	2006	上海摩托车研究所, 上海三国精密机械有限公司		QC/T 64—1993 QC/T 65—1993
摩托车车轮轮辋技术条件和试验方法	QC/T	修订	2007	南昌摩托车质量监督检验所		QC/T 71—1993
摩托车和轻便摩托车排气消声器技术条件和试验方法	QC/T	修订	2007	天津摩托车技术中心	ISO 8856	QC/T 235—1997
摩托车和轻便摩托车手制动操纵杆静强度试验方法及性能要求	QC/T	修订	2006	建设工业(集团)有限责任公司		QC/T 232—1997
摩托车和轻便摩托车制动片摩擦性能及粘结剪切强度试验方法	QC/T	修订	2006	建设工业(集团)有限责任公司		QC/T 227.1—1997 QC/T 227.2—1997

表 11　2006 年批准下达的分属于其它分标委的摩托车标准制修订计划(含国家标准清理整顿项目)

标准名称	标准类别	制/修订	所属分标委	被替代标准编号	备注
机动车用喇叭的性能要求及试验方法	GB	修订	电器分标委(SC15)	GB 15742—2001	清理结果下达
机动车回复反射器	GB	修订	灯具及灯光分标委(SC21)	GB 11564—1998	清理结果下达
两轮摩托车及轻便摩托车照明和光信号装置的安装规定	GB	修订	灯具及灯光分标委(SC21)	GB 18100—2000	清理结果下达,拟分为 2 项标准:第 1 部分 两轮摩托车;第 2 部分 两轮轻便摩托车
摩托车照明和光信号装置的安装规定　第 3 部分:三轮摩托车	GB	制订	灯具及灯光分标委(SC21)		
摩托车光信号装置配光性能	GB	修订	灯具及灯光分标委(SC21)	GB 17510—1998	清理结果下达
汽车和摩托车发动机铸造铝活塞金相检验	QC/T	修订	活塞、活塞环分标委(SC24)	QC/T 553—1999	
汽车和摩托车用仪表	QC/T	修订	仪表分标委(SC8)	QC/T 727—2004	
汽车和摩托车仪表用场致发光屏	QC/T	制订	仪表分标委(SC8)		
汽车和摩托车仪表用步进电机	QC/T	制订	仪表分标委(SC8)		

3.4　标准的废止

2005年，国家发改委公布废止了361项机械、汽车行业标准，其中有29项摩托车标准如表14所示。国家标委会公布废止了2 513项国家标准，其中有3项摩托车标准如表15所示，所废止的标准已从附录的现行摩托车和轻便摩托车目录表中删除。

4　摩托车重要标准制修订内容介绍

4.1　安全标准

a）2006年批准发布GB 20073—2006、GB 20074—2006、GB 20075—2006 等 3 项摩托车安全标准，

《2006中国摩托车工业年鉴》已简要介绍标准内容[10]，其中GB 20073—2006《摩托车和轻便摩托车制动性能要求及试验方法》中有关制动性能试验主要项目及试验方法的实施要求如表16所示。

表 12 摩托车分标委上报的 2007 年度国家标准、行业标准制修订项目(待批准)

标准名称	标准类别	制/修订	完成年限	主要起草单位	采用的国际标准或国外先进标准	被替代标准
摩托车和轻便摩托车防篡改	GB	制订	2009	国家摩托车质检中心，上海摩托车研究所，天津摩托车技术中心	97/24/EEC	
摩托车和轻便摩托车后视镜及其安装要求	GB	修订	2008	上海摩托车研究所，天津摩托车技术中心	ECE R81 Amend.1	GB 17352—1998
摩托车和轻便摩托车转向轮限位装置及最大转向角测定试验方法	GB/T	制订	2008	上海摩托车研究所，国家摩托车质检中心		
摩托车电子控制燃油喷射系统技术条件	QC/T	制订	2007	国家摩托车质检中心，上海摩托车研究所		

表 13 现行摩托车强制性国家标准修改单统计

标准号	标准名称	修改单号	实施日期
GB 17510—1998	摩托车光信号装置配光性能	第 1 号修改单	2004-05-01
GB 18100—2000	两轮摩托车及轻便摩托车照明和光信号装置的安装规定	第 1 号修改单	2004-06-01
GB 7258—2004	机动车运行安全技术条件	第 1 号修改单	2006-11-01

表 14 国家发改委 2005 第 16 号公告废止的有关摩托车行业标准

标准号	标准名称
QC/T 9—1992	汽车、摩托车用磁感应式转速表
QC/T 10—1992	汽车、摩托车用磁感应式车速里程表
QC/T 11—1992	汽车、摩托车用电流表
QC/T 12—1992	汽车、摩托车用燃油表
QC/T 204—1998	摩托车和轻便摩托车定型试验规程
QC/T 205—1995	摩托车和轻便摩托车质量定期检查规程
QC/T 206—1999	摩托车和轻便摩托车发动机定型试验规程
QC/T 210—1996	摩托车和轻便摩托车发动机质量定期检查规程
QC/T 214—1992	汽车、摩托车用组合仪表
QC/T 594—1999	汽车、摩托车用电子车速里程表
QC/T 595—1999	汽车、摩托车用电子转速表
QC/T 596—1999	汽车、摩托车用电压表
QC/T 29044—1992	汽车摩托车用磁感应式车速里程表质量分等
QC/T 29045—1992	汽车摩托车用燃油表质量分等
QC/T 29046—1992	汽车摩托车用电流表质量分等
QC/T 29116—1993	摩托车和轻便摩托车产品质量检验评定办法
QC/T 29117.1—1993	摩托车和轻便摩托车产品质量检验　整车抽查检验评定方法(2 500 km 行驶试验)
QC/T 29117.11—1993	摩托车和轻便摩托车产品质量检验　发动机清洁度评定方法
QC/T 29117.12—1993	摩托车和轻便摩托车产品质量检验　减震器质量评定方法
QC/T 29117.13—1993	摩托车和轻便摩托车产品质量检验　前照灯质量评定方法
QC/T 29117.14—1993	摩托车和轻便摩托车产品质量检验　仪表质量评定方法*
QC/T 29117.15—1993	摩托车和轻便摩托车产品质量检验　轻合金车轮质量评定方法
QC/T 29117.16—1993	摩托车和轻便摩托车产品质量检验　化油器质量评定方法
QC/T 29117.17—1993	摩托车和轻便摩托车产品质量检验　发动机磁电机质量评定方法**
QC/T 29117.18—1993	摩托车和轻便摩托车产品质量检验　发动机永磁交流发电机质量评定方法***
QC/T 29117.19—1993	摩托车和轻便摩托车产品质量检验　发动机铝活塞质量评定方法
QC/T 29117.20—1993	摩托车和轻便摩托车产品质量检验　发动机活塞环质量评定方法
QC/T 29117.21—1993	摩托车和轻便摩托车产品质量检验　发动机空气滤清器质量评定方法
QC/T 29117.22—1993	摩托车和轻便摩托车产品质量检验　排气消声器质量评定方法

注

* QC/T 29117.14—1993 含 2 项摩托车行业标准：QC/T 29117.14.1—1993《摩托车和轻便摩托车产品质量检验 磁感应式车速里程表质量评定方法》；QC/T 29117.14.2—1993《摩托车和轻便摩托车产品质量检验　磁感应式转速表质量评定方法》。

** QC/T 29117.17—1993 含 2 项摩托车行业标准：QC/T 29117.17.1—1993《摩托车和轻便摩托车产品质量检验 发动机磁电机质量评定方法》；QC/T 29117.17.2—1993《摩托车和轻便摩托车产品质量检验 发动机磁电机可靠性评定方法》。

*** QC/T 29117.18—1993 含 2 项摩托车行业标准：QC/T 29117.18.1—1993《摩托车产品质量检验 发动机永磁交流发电机质量评定方法》；QC/T 29117.18.2—1993《摩托车产品质量检验 发动机永磁交流发电机可靠性评定方法》。

表 15 国家标准化管理委员会 2005 年公布废止的有关摩托车国家标准

标准号	标准名称
GB 4562—1984	轻便摩托车 制动性能试验方法
GB/T 1496—1979	机动车辆噪声测量方法
GB/T 4561—1984	轻便摩托车 起动性能试验方法

表 16 摩托车和轻便摩托车制动性能试验主要项目

试验类别	试验条件	发动机接合情况	载荷情况	操作方式	适用车型	试验方法实施说明
O 型试验（行车试验）	干式	发动机脱开	空载	前轮制动	L1、L2、L3、L4、L5	行业检测，轻便摩托车进行脱开发动机的O型试验时，只作满载试验
				后轮制动		
				联动制动		
			满载	前轮制动		
				后轮制动		
				联动制动		
		发动机接合	空载	前后轮制动	L3、L4、L5	
				联动制动		
	湿式	发动机脱开	空载	前轮制动	L1、L2、L3、L4（封闭式制动器除外）	行业检测，湿制动器脱开发动机的 O 型试验，只作满载试验
				后轮制动		
				联动制动		
			满载	前轮制动		
				后轮制动		
				联动制动		
I 型试验（衰退试验）	基准试验	发动机脱开	满载	前轮制动	L3、L4、L5	
				后轮制动		
				联动制动		
	衰退试验	发动机先接合后脱开		前轮制动		
				后轮制动		
				联动制动		
	剩余性能试验	发动机脱开		前轮制动		
				后轮制动		
				联动制动		
应急制动试验	干式	发动机脱开	空载	应急制动装置	L1、L2、L3、L4、L5（如装有）	
			满载			
驻车制动	18%坡道	车辆静止	满载	驻车制动装置	L2、L5	

注 联动制动控制方法需另设 1 个独立于仅作用于 1 个车轮的应急制动装置控制器。

b）国家标委会2006年8月批准“GB 7258—2004《机动车运行安全技术条件》国家标准第1号修改单”，2006年11月实施。修改内容：1）删除第8. 4. 3条；2）将第8. 4. 7. 3条中的“在检验前照灯远光光束及远光单光束灯照射位置时”改为“在检验前照灯远光照射位置时，对于能单独调整远光光束的前照灯”。

c）摩托车光信号装置和机动车回复反射器等2项标准的修订送审稿2006年11月通过审议，标准修订要点：1）《摩托车光信号装置配光性能》（送审稿）非等效采用ECE R50《关于轻便摩托车、摩托车及类似车辆用前位灯、后位灯、制动灯、转向信号灯和牌照灯认证的统一规定》，主要技术要求（如一般技术要求、照度、光色、测试屏幕）与ECE R50一致，与GB 17510—1998《摩托车光信号装置配光性能》相比，主要变化为：更改了不同型式的判定原则、前位灯的颜色要求、制动灯和与前照灯混合的前位灯照度的最大限值、转向信号灯的分类与照度限值；为与公安部标准GA 36—1992《中华人民共和国机动车号牌》保持一致，删除原有的1类、2类牌照板尺寸规格；增加对多个安装位置灯具的检测要求；增加闪烁工作灯具的检测要求；增加非灯丝灯泡信号灯检测要求。2）《机动车回复反射器》（送审稿）非等效采用ECE R3《关于回复反射器认证的统一规定》，主要技术要求（如一般规定、特殊规定、试验方法等）与ECE R3一致，与GB 11564—1998《机动车回复反射器》相比，主要变化为：修改了引用标准、“定义”部分有关条款、“技术要求”部分有关条款、试验方法；增加了ⅠB级和ⅢB级回复反射器定义及试验方法。

4.2 环保标准

a）修订标准GB 14023—2006《车辆、船和由内燃机驱动的装置 无线电骚扰特性 限值和测量方法》于2006年9月批准，2007年5月实施。国际电工委员会无线电干扰特别委员会(CISPR)下设7个分技术委员会，工作内容之一是制定EMC标准，由CISPR D分技术委员会制定的CISPR 12：2005《车辆、船和由内燃机驱动的装置无线电骚扰特性限值和测量方法》(第5.1版)被GB 14023—2006等同采用。该标准内容较上一版GB 14023—2000内容更加完善。

b)《摩托车排气污染物排放限值及测量方法(工况法，中国第3阶段)》、《轻便摩托车排气污染物排放限值及测量方法(工况法，中国第3阶段)》等2项强制性国家标准已批准，待发布。新排放标准的型式核准要求在2008年7月1日实施，标准(报批稿)主要内容及与引用标准、原版标准的区别如表17所示[11]。

表 17 摩托车、轻便摩托车污染物排放标准(工况法,中国第 3 阶段)主要内容及与引用标准、被替代标准的区别

<table>
<tr><td colspan="2">标准名称</td><td>摩托车排气污染物排放限值及测量方法
(工况法,中国第 3 阶段)(报批稿)</td><td>轻便摩托车排气污染物排放限值及测量方法
(工况法,中国第 3 阶段)(报批稿)</td></tr>
<tr><td rowspan="7">主要内容简述</td><td>采用的国际标准和法规</td><td>修改采用:欧盟(EU)对 97/24/EC 指令《关于两轮和三轮摩托车主要部件和特性》中第 5 章附录 2《关于两轮和三轮摩托车产生的排气污染物测量要求》进行修订的 2002/51/EC 指令《修订 97/24/EC 降低两轮和三轮摩托车产生的排气污染物限值》, 2003/77/EC 指令《修订 97/24/EC 和 2002/24/EC 关于两轮和三轮摩托车排气污染物型式核准要求》中的型式核准试验要求,2002/24/EC 指令《关于两轮和三轮摩托车型式试验的规定》中的生产一致性检查要求,以及欧盟《适应技术进步修订 97/24/EC 指令“关于两轮和三轮摩托车产生的排气污染物测量要求”和 2002/24/EC 指令“关于两轮和三轮摩托车型式试验规定”的指令》草案中耐久性试验要求的有关技术内容</td><td>修改采用:欧盟(EU)97/24/EC 指令《关于两轮和三轮摩托车主要部件和特性》中第 5 章附录 1《关于轻便摩托车产生的排气污染物测量要求》中的型式核准试验要求和 2002/24/EC 指令《关于两轮和三轮摩托车型式试验的规定》中生产一致性检查要求,以及欧盟《适应技术进步修订 97/24/EC 指令“关于两轮和三轮摩托车产生的排气污染物测量要求”和 2002/24/EC 指令“关于两轮和三轮摩托车型式试验规定”的指令》草案中耐久性试验要求的有关技术内容</td></tr>
<tr><td>适用范围</td><td colspan="2">分别规定摩托车和轻便摩托车工况法(第 3 阶段)排气污染物的排放限值及测量方法、曲轴箱污染物排放要求、污染控制装置的耐久性要求。规定了两轮和三轮摩托车、轻便摩托车第 3 阶段型式核准要求、生产一致性检查和判定方法</td></tr>
<tr><td>试验类型</td><td colspan="2">分为Ⅰ型试验(常温下冷起动后排气污染物平均排放量测量,两用燃料车分别使用 2 种燃料进行试验)、Ⅲ型试验(曲轴箱污染物排放试验)、Ⅴ型试验(排放劣化耐久试验,两用燃料车仅使用汽油进行试验)</td></tr>
<tr><td>Ⅰ型试验</td><td>有 2 种试验循环:三轮摩托车和发动机排量小于 150 mL 的两轮摩托车,试验由 6 个连续的市区循环(UDC)构成,1 次试验持续 1 170 s;发动机排量不小于 150 mL 的两轮摩托车,试验由 6 个连续的市区循环(UDC)加一个市郊循环(EUDC)构成,持续时间为 1 570 s</td><td>1 次试验持续 896 s,实验由 8 个连续运行的循环组成,其中前 4 个循环为冷态试验循环,后 4 个循环为热态试验循环</td></tr>
<tr><td>Ⅴ型试验</td><td colspan="2">摩托车试验总里程如表 18。轻便摩托车试验总里程为 10 000 km,试验分别按行驶规范进行,行驶程序由 11 个循环组成,每个循环的最大车速按规定确定,每个循环的行驶里程为 6 km。排气污染物排放量的测量包括从初次试验里程到最少试验里程(即耐久试验总里程的 50%),按规定要求测量,并计算劣化系数。每种排气污染物排放量的最终结果用Ⅰ型试验时的测量结果乘以相应的劣化系数得到</td></tr>
<tr><td>型式核准试验排放限值</td><td colspan="2">如表 19、表 20。摩托车和轻便摩托车污染控制装置耐久性试验的排气污染物应分别达到表 19、表 20 要求</td></tr>
<tr><td>执行日期</td><td>型式核准执行时间为 2008 年 7 月 1 日</td><td></td></tr>
<tr><td colspan="2" rowspan="2">与修改采用的 EC 指令的主要差异</td><td colspan="2">删除型式核准试验中的双怠速排放试验(拟另行编制双怠速法排放标准);增加对使用气体燃料摩托车的排放要求;污染控制装置耐久性试验要求不相同;试验用基准燃料的技术要求不同</td></tr>
<tr><td>改变 EUDC 运行循环中市郊运行循环的最高车速;改变稀释系数计算方法和排气污染物排放量计算公式中的标准条件和密度</td><td>增加了 4 个试验循环;分析和测量过程不同;改变了稀释系数计算方法和排气污染物排放量计算公式中的标准条件和密度及测量结果的计算方法</td></tr>
<tr><td colspan="2">对 GB 14622、GB 18176 的主要改动</td><td colspan="2">加严了工况法排放试验(Ⅰ型试验)的排放限值;改变了工况法排放试验中阻力曲线的设定规则和车辆行驶运行循环;增加了污染控制装置耐久性试验(Ⅴ型试验)的要求和试验方法;对检测设备提出新的要求;改变了稀释系数计算方法和排气污染物排放量计算公式中的标准条件和密度(对于轻便摩托车还包括测量结果的计算方法);明确了生产一致性检查规范;改变了基准燃料的技术要求</td></tr>
</table>

表 18 摩托车类型和试验总里程

摩托车类型	发动机排量,mL	最高车速,km/h	试验总里程,km
Ⅰ	< 150	不限	12 000
Ⅱ	≥150	< 130	18 000
Ⅲ	≥150	≥130	30 000

表 19 轻便摩托车排气污染物排放限值(工况法,中国第 3 阶段,型式核准试验)(报批稿)

类别	排放限值,g/km	
	两轮轻便摩托车	三轮轻便摩托车
CO 排放量	1	3.5
$HC+NO_x$ 排放量	1.2	1.2

表 20 摩托车排气污染物排放限值(工况法,中国第 3 阶段,型式核准试验)(报批稿)

类别		试验循环模型	排放限值**,g/km		
			CO 排放量	HC 排放量	NO_x 排放量
两轮摩托车	V_h < 150 mL	UDC	2.0	0.8	0.15
	V_h≥150 mL	UDC+EUDC	2.0	0.3	0.15
三轮摩托车		UDC	4.0	1.0	0.25

注

* UDC 指 ECE R40 试验循环,包括 6 个市区运行循环的排气污染物测量,采样开始时间 t=0;UDC+EUDC 指 6 个市区运行循环加 1 个市郊高速运行循环(最高车速为 90 km/h)的排气污染物测量,采样开始时间 t=0。

** 包括使用汽油或气体燃料的摩托车。

c) 强制性国家标准《摩托车和轻便摩托车蒸发污染物排放限值及测量方法》也已批准,待发布。该标准非等效采用泰国机动车燃油蒸发污染物排放标准(TIS 2130—2545(2002))、台湾省标准《机动脚踏车蒸发污染测试方法及程序》,并参考了GB 18352.2—2001《轻型汽车污染物排放限值及测量方法(Ⅱ)》的内容,型式核准要求在2008年7月1日实施,标准规定的试验流程如图3所示,燃油蒸发污染物排放限值如表21所示。

表 21 燃油蒸发污染物排放限值

蒸发污染物	限值,g/test	
	轻便摩托车	摩托车
HC	2.0	

4.3 节能标准

2项修订标准《摩托车燃油消耗量限值及测量方法》、《轻便摩托车燃油消耗量限值及测量方法》已经审议并报批。标准(报批稿)主要内容及与引用标准、原版标准的区别如表22所示。

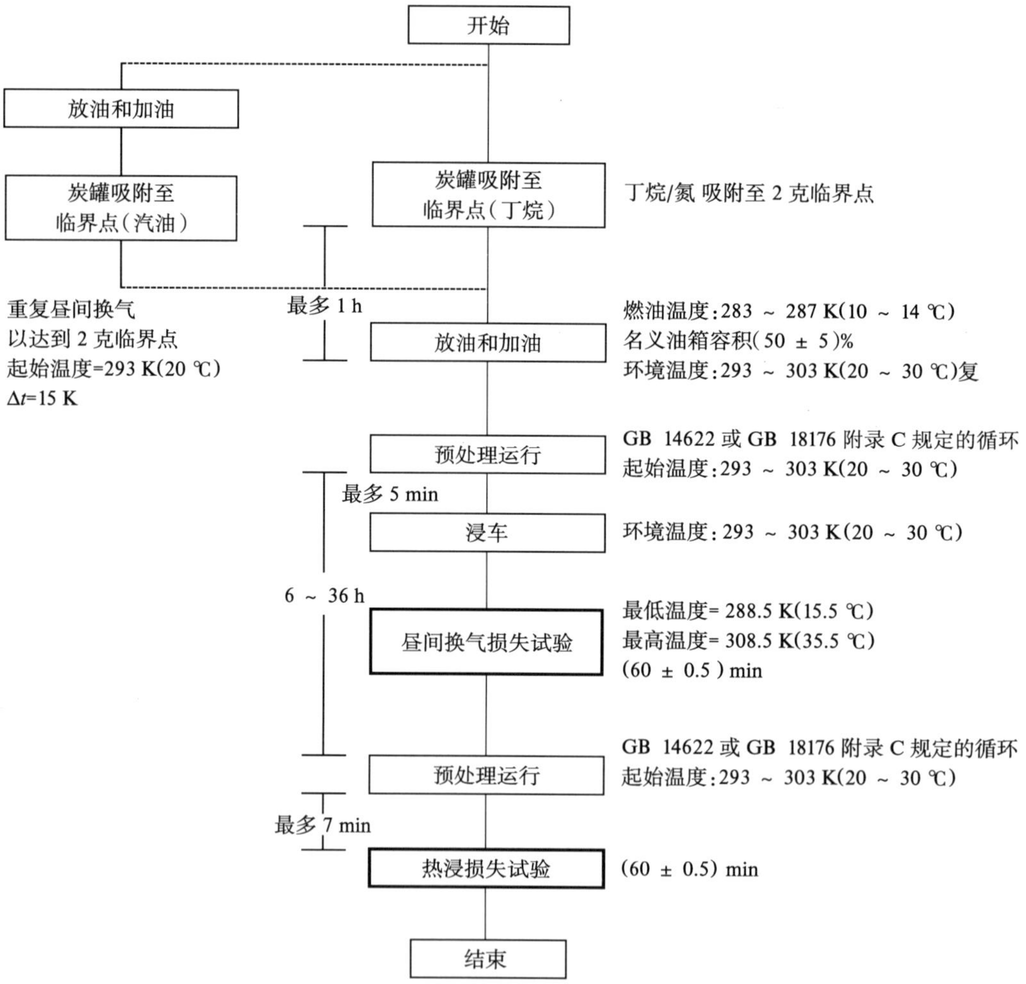

图 3 蒸发污染物排放试验流程

4.4 其它标准

2006年,摩托车标准化工作重点加强对新技术领域标准化工作的探索[12],其中,建立中国电动摩托车标准体系和制订电动摩托车标准是重点内容之一。电动摩托车与传统摩托车相比,在动力源和驱动系统方面有特殊性,有必要建立标准体系和制订系列标准。

表 22 摩托车、轻便摩托车燃油消耗量限值及测量方法标准的主要内容及与引用标准、被替代标准的区别

标准名称		摩托车燃油消耗量限值及测量方法(报批稿)	轻便摩托车燃油消耗量限值及测量方法(报批稿)
主要内容简述	采用的国际标准	修改采用:ISO 7860:1995《道路车辆—摩托车—燃油消耗测量方法》	修改采用:ISO 7859:2000《轻便摩托车—燃油消耗量测量方法》
	试验类型	需进行Ⅰ、Ⅱ型试验。Ⅰ型试验为在底盘测功机上测量按规定工况循环运行的燃油消耗量,每2个连续运行循环的燃油消耗量为1次测量值,取3次的平均值为测量结果。摩托车的运行循环(及试验用燃料)按GB 14622—2002规定;轻便摩托车按GB 18176—2002规定。Ⅱ型试验为在道路或底盘测功机上测量以基准车速等速运行的燃油消耗量,摩托车基准车速如表23所示,轻便摩托车取最高车速的90%和30 km/h,有2个基准车速时取试验较优者,按规定要求测量4次,用线性插入法求得燃油消耗量	
	测量方法	共有流量测量、容积测量、称量测量及碳平衡测量4种方法(各有相应装置),其中前3种称为直接测量法,后种仅用于四种程发动机摩托车,在底盘测功机上测量时,称间接测量法	
	燃油消耗量计算	按公式 $FC=0.6\times FC_{Ⅰ}+0.4\times FC_{Ⅱ}$ (L/100 km) 式中,$FC_{Ⅰ}$、$FC_{Ⅱ}$分别为Ⅰ型、Ⅱ型试验得到的燃油消耗量	
	燃油消耗量限值	见表24	
	执行日期	型式认证自标准发布后6个月起执行;生产一致性检查自标准发布后18个月起执行	
与所采用国际标准的主要差异		将原Ⅰ型试验的运行循环改为直接引用我国摩托车污染物排放测量(工况法)规定循环(摩托车引用GB 14622—2002,轻便摩托车引用GB 18176—2002);增加燃油消耗量计算方法及限值内容;改动原附录A(产品说明书)内容	
对GB/T 15744、GB/T 16486的主要改动		试验类型包括Ⅰ型、Ⅱ型;增加工况法测量内容,改变等速法车速确定方法、试验次数、计算方法;增加根据Ⅰ型、Ⅱ型试验结果加权计算燃油消耗量的方法;摩托车按两轮、三轮类型和不同排量,轻便摩托车只按两轮、三轮类型划分燃油消耗量限值,取消按冲程数、座式和骑式、正三轮和边三轮划分燃油消耗量的规定	

表 23 基准车速(用于摩托车等速油耗测量)

最高车速,km/h	基准车速,km/h
V > 130	120 和 90
100 < V ≤130	90 和 60
70 < V ≤100	60 和 45
V≤70	45

表 24 标准(报批稿)规定的燃油消耗量限值

		轻便摩托车	摩托车						
发动机排量,mL		≤50	> 50 且 < 100	≥100 且 < 150	≥150 且 < 250	≥250 且 < 400	≥400 且 < 650	≥650 且 < 1 000	≥1 000
100 km 燃油消耗量限值,L	两轮	2.3	2.5	2.8	3.2	3.8	5.8	7.0	8.0
	三轮	2.6	3.7	4.2	4.8	5.7	8.7	10.0	

a) 目前标准体系只含纯电动摩托车;凡能直接引用电动汽车标准中已有的基础内容及与传统摩托车要求相同的安全条件的内容,不再另行编写;尽可能使标准项目要求与国际或其它地区要求相协调。

b) 首批为制订急需标准,包括5个方面6项标准见表7:1) 通用技术条件标准;2) 安全要求标准;3) 性能评价标准;4) 定型试验标准;5) 重要部件标准。

5 国外摩托车标准、法规动态

5.1 有关摩托车 ISO 标准制修订动态

2006年ISO/TC22/SC22、SC23发布的摩托车标准和处于不同工作阶段的标准项目见表25,摩托车和轻便摩托车ISO标准目录详见国外摩托车标准、法规表1。

5.2 有关摩托车 ECE 法规、EC 指令的修订动态

摩托车和轻便摩托车ECE法规目录详见国外摩托车标准、法规表3,EC指令目录见表4,其中2006年8月份发布的2006/72/EC指令将WMTC(全球统一的摩托车排放试验循环)作为欧Ⅲ阶段摩托车排气污染物排放测试的可选方案之一,并补充了与WMTC循环对应的两轮摩托车排放限值,这一指令从2007年7月1日起实施[13]。

5.3 全球统一的汽车技术法规(GTR)摩托车项目制定动态

自1998年6月《全球汽车技术法规协定书》出台后,世界车辆法规协调论坛(WP29)即在协定书的框架下开展全球统一汽车技术法规(GTR)制修订工作。在已确定的全球统一汽车技术法规(GTR)制定项目中,摩托车有2项:WMTC摩托车排放试验循环和摩托车制动系统全球技术法规。

a) WMTC摩托车排放试验循环(GTR2,《就气体污染物排放、CO_2排放和油耗方面对装备点燃式或压燃式发动机摩托车测量规程的统一规定》),于2005年6月召开的 WP29第136次会议上获表决通过。此后,WP29/GRPE/WMTC非正式工作组开始第2阶段工作:根据印度等发展中国家的意见修改试验工况、制定限值(WP29/GRPE为WP29下设的污染与能源工

作组)。至2006年底,已就车辆分类、发动机系族、工况循环等内容完成修改草案[14],中国工作组进行了道路试验数据、排放试验数据的采集和分析研究工作,提出了CA中国道路测试循环,并按欧Ⅲ测试循环、WMTC和CA中国道路测试循环分别作了排放对比试验和试验研究,于2006年11月召开了中国WMTC试验数据分析会议。

表25　2006年ISO/TC22/SC22、SC23发布的摩托车标准和正在修订的标准

标准项目	文件性质	所属SC	发布日期	备注
ISO 8644:2006 摩托车—铝合金车轮—试验方法	标准	22	2006-11-1	第2版
ISO 11486:2006 轻便摩托车—在底盘测功机设置行驶阻力的方法	标准	22	2006-09-01	第2版
ISO 11460:2007 两轮摩托车—灯光和光信号装置位置	标准	22	2007-01-09	第2版
ISO/DIS 6460.001 摩托车—气体排放污染物和燃油消耗量的测量方法—第1部分:总体试验要求	国际标准草案	22	2006-04-27	对第1版的修订
ISO/DIS 6460.002 摩托车—气体排放污染物和燃油消耗量的测量方法—第2部分:试验循环和特定试验环境	国际标准草案	22	2006-04-27	对第1版的修订
ISO/DIS 6460.003 摩托车—气体排放污染物和燃油消耗量的测量方法—第3部分:恒定速度下燃油消耗量测量	国际标准草案	22	2006-04-27	对第1版的修订
ISO/DIS 6727 道路车辆—摩托车—操纵件、指示器和信号装置符号	国际标准草案	22	2007-01-12	对第1版的修订
ISO/DIS 9129 摩托车—转动惯量测量方法	国际标准草案	22	2006-11-20	对第1版的修订
ISO/AWI 28981 轻便摩托车—在底盘测功机上设置行驶阻力的方法	已批准的工作项目	23	2006-10-03	
ISO/CD 9043 轻便摩托车—转动惯量测量方法	委员会草案	23	2006-11-02	对第1版的修订
ISO/AWI 4129 轻便摩托车操纵件、指示器及信号装置的符号	已批准的工作项目	23	2006-11-02	

b) 摩托车制动系统全球技术法规(GTR3),于2006年11月召开的WP29第140次会议上获表决通过[15]。

6　标准的宣贯和中外交流活动

a) 2006年9月20—22日,中汽标协汽车分会摩托车专业委员会在青岛市召开2006年工作会议暨标准宣贯会。会议传达了第三届全国汽车标准化技术委员会2006年工作会议及分标委秘书长工作会议精神;介绍了摩托车标准化工作进展情况,提出今后标准化工作要求;组织宣贯了GB 20073—2006《摩托车和轻便摩托车制动性能要求及试验方法》、GB 20074—2006《摩托车和轻便摩托车外部凸出物》、GB 20075—2006《摩托车乘员扶手》、GB/T 20076—2006《摩托车和轻便摩托车发动机最大扭矩和最大净功率测量方法》、QC/T 753—2006《摩托车和轻便摩托车技术参数表格式》、QC/T 760—2006《四轮全地形车通用技术条件》等6项标准。

b) 2006年7月11—15日,中汽标协汽车分会摩托车专业委员会中西南分会在昆明市召开标准化理论学习暨2006年度工作会议。会议组织宣读了“标准化概论”、“国际标准化”等论文,交流了“摩托车共用件战略”、“新全球主义—中国高科技标准战略研究”等课题工作情况及成果,摩托车分标委代表介绍了摩托车标准化工作动态。

c) 2006年9月7日,摩托车ISO国际标准研讨会在天津市举行。会上6位日本专家就摩托车ISO标准作了7个报告,题目分别为:“ISO/TC22当前形势和JSAE的标准化活动”、“ISO/TC22商业计划和策略以及ISO/TC22/SC22活动的最新主题”、“摩托车污染物控制技术”、“ISO/TC22/SC22/WG17的活动”、“摩托车安全性技术发展趋势”、“关于安全性出版物 ISO/TC22/SC22的标准化活动”、“摩托车驾驶的安全性与机动性”。

d) 2006年9月8—9日,摩托车认证法规及相关技术研讨会在天津市举行。来自中、日、美三国及欧洲的11位专家分别对美国摩托车认证法规、欧盟摩托车认证要求、海外摩托车排放法规及我国摩托车产品满足欧Ⅲ法规的应对措施、噪声测量和控制技术等作了专题交流。

e) 2006年11月22—23日,第九届中日摩托车标准法规认证交流会在日本大阪举行。中方议题有:“中国标准化制度和汽车标准化工作”、“摩托车排气污染物排放生产一致性(COP)检查情况”、“中国机动车类产品认证概况”、“中国电动摩托车标准体系制订情况”;日方的议题有:“JAMA 的标准协调活动”、“ECE R41《关于摩托车噪声认证的统一规定》的修订动向”、“日本国内进口摩托车的适用法规制度”、“日本电动摩托车的研讨状况”。

中日摩托车标准法规交流会起始于上世纪90年代后期,每年举行一次,会址在中国和日本轮流选定,日方由日本自动车工业会事务局负责,中方由全国汽车标委会摩托车分标委负责。交流内容包括:1)

有关对国际标准协商、法规制定及认证制度制定等方面问题的认识、理解；2）关于污染物排放、噪声、无线电骚扰特性、能源、制动、灯光方面世界法规的现状、中日法规现状的研究；3）有关摩托车的其它技术。至2006年已累计举行9次会议，会上中日双方除宣读文章外，还进行实测演示和开展讨论，对中国积极采用国际标准和欧洲法规起到促进作用。

参考文献

[1] 国家标准化管理委员会.《标准化"十一五"发展规划纲要》

[2] 全国汽车标准化技术委员会. "十一五"汽车行业标准化发展规划(审议稿). 第三届全国汽车标准化技术委员会2006年工作会议及分标委秘书长工作会议资料.2006.6

[3] 全国汽车标准化技术委员会秘书处. 第三届全国汽车标委会2005～2006年度工作情况. 第三届全国汽车标准化技术委员会2006年工作会议及分标委秘书长工作会议资料. 2006.6

[4] 全国汽车标委会摩托车分标委. 全国汽车标准化技术委员会摩托车分技术委员会2005年度工作总结. 摩托车标准化, 2006(1):23～26

[5] 全国汽车标委会摩托车分标委. 全国汽车标准化技术委员会摩托车分技术委员会2006年度工作总结. 摩托车标准化, 2007(1):22～26

[6] 缪文泉. 建立和健全中国电动摩托车标准体系的研究. 摩托车标准化, 2007(1):6～10

[7] 唐良富, 李思进, 丁萍. 摩托车WTO/TBT全球通报特点及其遭遇贸易壁垒警示录. 中国标准化, 2006(12):74～76

[8] 金筱青. 论我国环境保护标准体系及建议. 中国标准化, 2007(1):52～54

[9] 桥本道夫. 日本环保行政亲历记. 中信出版社. 2007,01

[10] 史重九, 黄岚. 摩托车标准化及法规. 2006中国摩托车工业年鉴. 吉林科学技术出版社, 2006.5

[11] 苏兴安. 摩托车和轻便摩托车排气污染物排放标准(第Ⅲ阶段)报批稿介绍. 摩托车标准化, 2006(2):13～17,20

[12] 吴卫. 新的主题　新的发展. 汽车标准化, 2006(1):1

[13] 贾雨, 王青, 李大维. 欧洲摩托车排放法规与我国正在制定的排放标准的差异分析. 摩托车技术, 2006(10):104～107

[14] 朱毅. WP29/GRPE对GTR2的主要修改内容. 摩托车标准化, 2007(1):18,21

[15] 朱棣, 李家国, 苏梅译, 郭森校. 全球统一技术法规第3号—摩托车制动系统. 汽车标准化, 2007(2):13～19; 2007(3):13～16

二、现行摩托车标准

1 摩托车和轻便摩托车标准体系总框图

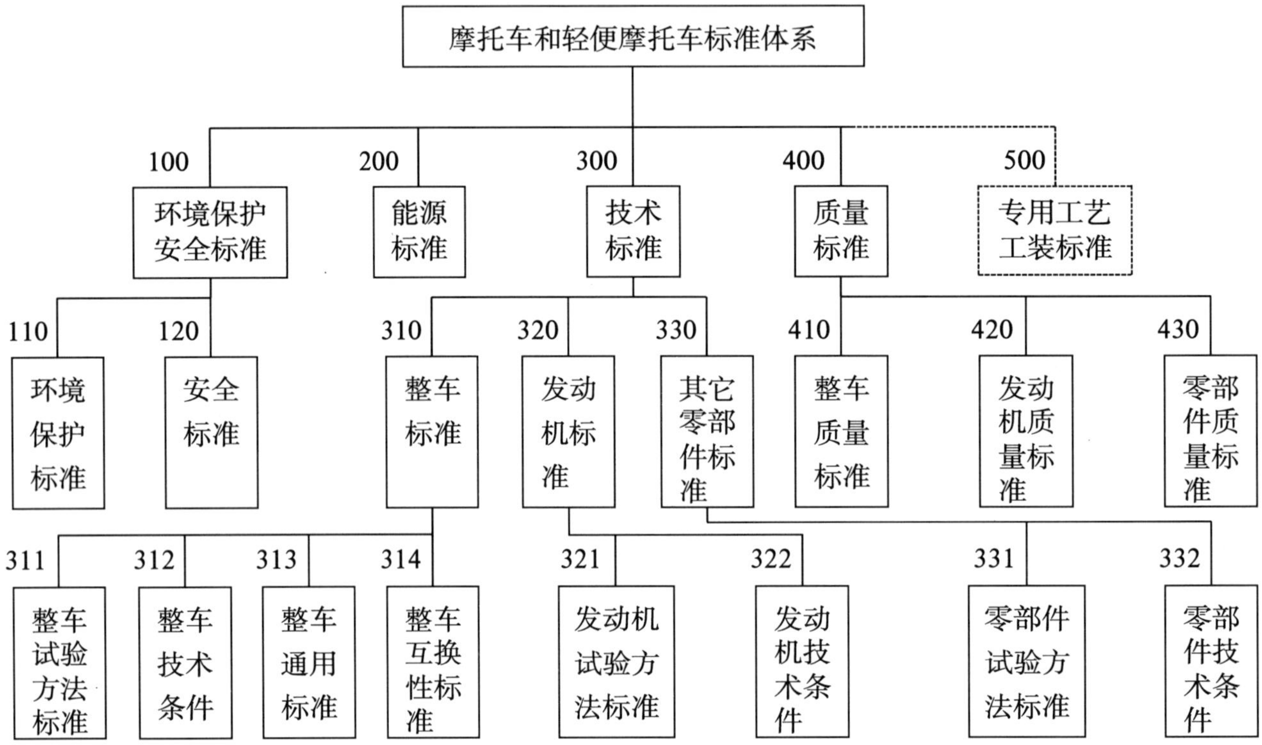

图 1 摩托车和轻便摩托车标准体系总框图

2 我国现行摩托车和轻便摩托车标准目录

表 1 现行摩托车和轻便摩托车标准目录(截至 2007 年 3 月)

归属层次代号	标准代号	标准名称	采用的国际标准、法规及一致性程度*	备注
110	GB 14621—2002	摩托车和轻便摩托车排气污染物排放限值及测量方法(怠速法)		
	GB 14622—2002	摩托车排气污染物排放限值及测量方法(工况法)	97/24/EC C5,MOD	
	GB 18176—2002	轻便摩托车排气污染物排放限值及测量方法(工况法)	97/24/EC C5,MOD	
	GB 19758—2005	摩托车和轻便摩托车排气烟度排放限值及测量方法		
	GB 4569—2005	摩托车和轻便摩托车定置噪声限值及测量方法	ECE R9,MOD ECE R41,MOD ECE R63,MOD 97/24/EC C9,MOD	与所采用的欧洲法规(指令)的一致性程度仅指测量方法部分
	GB 16169—2005	摩托车和轻便摩托车加速行驶噪声限值及测量方法	ECE R9,MOD ECE R41,MOD ECE R63,MOD 97/24/EC C9,MOD	与所采用的欧洲法规(指令)的一致性程度为部分等效
	GB 14023—2006	车辆、船和由内燃机驱动的装置无线电骚扰特性限值和测量方法		代替 GB 14023—2000,2007 年 5 月 1 日实施
	GB/T 18387—2001	电动车辆的电磁场辐射强度的限值和测量方法宽带 9 kHz ~ 30 MHz	SAE J551/5JUN95IDT	
120	GB 811—1998	摩托车乘员头盔		
	GB 7258—2004	机动车运行安全技术条件		有第 1 号修改单
	GB 20073—2006	摩托车和轻便摩托车制动性能要求及试验方法	ECE R78.02,MOD ECE R78.01,(部分参考)	代替 GB/T 5382.1—1996
	GB/T 5382.2—1996	摩托车和轻便摩托车制动性能试验方法 制动力		
	GB 17355—1998	摩托车和轻便摩托车制动性能指标限值		部分内容被 GB 20073—2006 替代
	GB 17352—1998	摩托车和轻便摩托车后视镜及其安装要求	ECE R81,MOD ISO 5740:1982,MOD	
	GB 17353—1998	摩托车和轻便摩托车转向锁止防盗装置	ECE R62,MOD	
	GB/T 15363—1994	摩托车和轻便摩托车驻车性能要求	ISO 9565:1990,NEQ	
	GB/T 15364—1994	摩托车和轻便摩托车驻车性能试验方法	ISO 8706:1990,NEQ	
	GB 15365—1994	摩托车操纵件、指示器及信号装置的图形符号	ISO 6727:1981,IDT ECE R60,NEQ	
	GB 15742—2001	机动车用喇叭的性能要求及试验方法	ECE R28,MOD	
	GB/T 16708—1996	三轮摩托车和三轮轻便摩托车最大侧倾稳定角试验方法		
	GB 5948—1998	摩托车白炽丝光源前照灯配光性能	ECE R57,NEQ ECE R72,NEQ	
	GB 19152—2003	轻便摩托车前照灯配光性能	ECE R56,NEQ ECE R76,NEQ ECE R82,NEQ	
	GB 11564—1998	机动车回复反射器	ECE R3,NEQ	
	GB 17510—1998	摩托车光信号装置配光性能	ECE R50,NEQ	有第 1 号修改单
	GB 18100—2000	两轮摩托车及轻便摩托车照明和光信号装置的安装规定	ECE R53,NEQ ECE R74,NEQ	有第 1 号修改单
	GB 15766.1—2000	道路机动车辆灯丝灯泡 尺寸、光电性能要求	IEC 60809:1995,IDT	
	GB/T 15766.2—2000	道路机动车辆灯丝灯泡 性能要求	IEC 60810:1993,IDT	
	GB/T 15766.3—2000	道路机动车辆灯丝灯泡 辅助用灯泡	IEC 60983:1995,MOD	
	GB 19482—2004	摩托车和轻便摩托车燃油箱安全性能要求和试验方法	97/24/EC C6,MOD	
	GB 20074—2006	摩托车和轻便摩托车外部凸出物	97/24/EC C3,MOD	
	GB 20075—2006	摩托车乘员扶手	93/32/EEC,MOD	
200	GB/T 15744—1995	摩托车和轻便摩托车燃油消耗量限值	ISO 7860:1983,NEQ	
	GB/T 16486—1996	摩托车和轻便摩托车燃油消耗试验方法	JIS D1033:1982,NEQ ISO 7860:1983,NEQ	

续表 1

归属层次代号	标准代号	标 准 名 称	采用的国际标准、法规及一致性程度*	备注
311	GB/T 4570—1995	摩托车和轻便摩托车耐久性试验方法	JIS D1040:1982,NEQ	
	GB/T 5373—2006	摩托车和轻便摩托车尺寸和质量参数的测定方法	93/93/EEC,NEQ	代替 GB/T 5373—1994,2007 年 5 月 1 日实施
	GB/T 5374—1995	摩托车和轻便摩托车可靠性试验方法	JIS D1040:1982,NEQ	
	GB/T 5376—1996	摩托车和轻便摩托车车速里程表指示值校核方法	JIS D1032:1982,NEQ	
	GB/T 5378—1994	摩托车和轻便摩托车道路试验总则	JIS D1031:1987,NEQ	
	GB/T 5381—1994	摩托车和轻便摩托车起动性能试验方法		
	GB/T 5383—1994	摩托车和轻便摩托车最低稳定车速试验方法		
	GB/T 5384—1996	摩托车和轻便摩托车最高车速试验方法	ISO 7116:1981,NEQ ISO 7117:1981,NEQ JIS D1037:1982,NEQ	
	GB/T 5385—1994	摩托车和轻便摩托车加速性能试验方法	JIS D1035:1982,NEQ	
	GB/T 5386—1994	摩托车和轻便摩托车滑行试验方法	JIS D1036:1982,NEQ	
	GB/T 5387—1994	摩托车和轻便摩托车爬坡能力试验方法	JIS D1039:1982, NEQ	
	QC/T 60—1993	摩托车整车性能台架试验方法		
312	QC/T 688—2002	摩托车和轻便摩托车通用技术条件		
	QC/T 760—2006	四轮全地形车通用技术条件	ANSI/SVLA 1-2001,NEQ	2007 年 2 月 1 日实施
313	GB/T 15089—2001	机动车辆及挂车分类	ECE R.E.3,MOD	
	GB 16735—2004	道路车辆 车辆识别代号(VIN)	ISO 4030:1983,IDT	
	GB 16737—2004	道路车辆 世界制造厂识别代号(WMI)	ISO 3780:1983,IDT	
	GB/T 16738—1997	道路车辆 世界零件制造厂识别代号(WPMI)	ISO 4100:1980,IDT	
	GB/T 18410—2001	车辆识别代号条码标签		
	GB/T 18411—2001	道路车辆产品标牌		
	GB/T 5359.1—1996	摩托车和轻便摩托车术语　车辆类型		
	GB/T 5359.2—1996	摩托车和轻便摩托车术语　车辆性能		
	GB/T 5359.3—1996	摩托车和轻便摩托车术语　两轮车尺寸	ISO 6725:1988,NEQ	
	GB/T 5359.7—1996	摩托车和轻便摩托车术语　三轮车尺寸	ISO 9131:1993,IDT	
	GB/T 5359.5—1996	摩托车和轻便摩托车术语　两轮车质量	ISO 6726:1988,NEQ	
	GB/T 5359.6—1996	摩托车和轻便摩托车术语　三轮车质量	ISO 9132:1990,IDT	
	GB/T 5359.4—1994	摩托车和轻便摩托车　两轮车零部件名称		
	GB/T 15367—1994	摩托车和轻便摩托车　三轮车零部件名称		
	GB/T 5375—2006	摩托车和轻便摩托车型号编制方法		代替 GB/T 5375—1998
	GB/T 15028.1—1994	摩托车操纵稳定性术语　坐标系和运动		
	GB/T 15028.2—1994	摩托车操纵稳定性术语　车轮和轮胎		
	GB/T 15028.3—1994	摩托车操纵稳定性术语　方向操纵系统		
	GB/T 15028.4—1994	摩托车操纵稳定性术语 空气动力特性		
	GB/T 15366—1994	摩托车操纵装置的型式、位置及基本要求	ISO 4151:1987,NEQ ISO 9021:1988,NEQ	
	QC/T 753—2006	摩托车和轻便摩托车技术参数表格式	JIS D0010：1994,NEQ	
314	QC/T 701—2004	摩托车和轻便摩托车后减震器安装接头尺寸		
321	GB/T 5363—1995	摩托车和轻便摩托车发动机台架试验方法		
	QC/T 61—1993	摩托车发动机强化试验方法		
	GB/T 20076—2006	摩托车和轻便摩托车发动机 最大扭矩和最大净功率测定方法	95/1/EC,NEQ	
	QC/T 70—1993	摩托车发动机噪声限值及测量方法		
	QC/T 683—2002	摩托车和轻便摩托车发动机清洁度限值及测量方法		
322	QC/T 253—1998	摩托车和轻便摩托车发动机型号编制方法		
	QC/T 224—2007	摩托车和轻便摩托车发动机通用技术条件		代替 QC/T 224—1997
	QC/T 734—2005	摩托车和轻便摩托车发动机密封性能技术要求与试验方法		
331	GB/T 13203—1991	摩托车轮胎强度性能试验方法		
	GB/T 13204—2002	摩托车轮胎高速性能试验方法　转鼓法		
	GB/T 13205—1991	摩托车轮胎耐久性能试验方法　转鼓法		
	QC/T 39—1992	汽车、摩托车发动机活塞环检测方法		

续表 1

归属层次代号	标准代号	标 准 名 称	采用的国际标准、法规及一致性程度*	备注
331	QC/T 63—1993	摩托车减震器试验方法		2007 年 9 月 1 日起被 QC/T 62—2007 替代
	QC/T 65—1993	摩托车化油器试验方法		
	QC/T 67—1993	摩托车喇叭声级测量方法		
	QC/T 211—1996	摩托车和轻便摩托车轻合金车轮试验方法	ISO 8644:1988,NEQ	
	QC/T 225.2—1997	摩托车和轻便摩托车用起动电机试验方法		
	QC/T 227.1—1997	摩托车和轻便摩托车制动片摩擦性能试验方法	JIS D4411:1975,OD	
	QC/T 227.2—1997	摩托车和轻便摩托车制动片粘结剪切强度试验方法	ISO 6312:1981,MOD	
	QC/T 228.10—1997	摩托车和轻便摩托车操纵拉索　试验方法		
	QC/T 232—1997	摩托车和轻便摩托车手制动操纵杆静强度试验方法及性能要求	JASO T 202-77,NEQ	
	QC/T 233—1997	摩托车和轻便摩托车制动踏板静强度试验方法及性能要求	JASO T 201-77,NEQ	
	QC/T 417.2—2001	车用电线束插接器 第 2 部分:试验方法和一般性能要求(摩托车部分)	ISO 8092.2:1996,NEQ	
	QC/T 654—2005	摩托车和轻便摩托车制动器台架试验方法		
	QC/T 702—2004	摩托车和轻便摩托车用催化转化器可靠性试验方法		
	QC/T 752—2006	摩托车和轻便摩托车催化转化器耐久性试验方法		
	QC/T 722—2004	摩托车和轻便摩托车轮辋　轮廓检验方法样板检验		
	QC/T 725—2004	摩托车和轻便摩托车　轮辋标定直径检验方法　球带尺检验方法		
	QC/T 726—2004	摩托车和轻便摩托车　轮辋标定直径检验方法　平带尺检验方法		
	QC/T 778—2007	摩托车和轻便摩托车电气零部件试验电压	JIS 5005:1989,MOD	2007 年 9 月 1 日实施
332	QC/T 212—1996	摩托车和轻便摩托车铝合金整体车轮通用技术条件	JIS T 203-85,NEQ	
	QC/T 723—2004	摩托车和轻便摩托车辐板式车轮技术要求和试验方法		
	GB/T 518—1997	摩托车轮胎		目前暂为推荐性国家标准
	GB/T 13202—1997	摩托车轮辋系列	ISO 4249/3:1990,MOD ISO 5751/3:1988,MOD ISO 6054/2:1990,MOD ISO 5751/3:1994,NEQ ISO 5995/2:1998,NEQ	
	QC/T 71—1993	摩托车轮辋技术条件	JIS D4215-83,NEQ	
	GB/T 14212—2003**	摩托车链条 技术条件和试验方法		
	GB/T 18332.1—2001	电动道路车辆用铅酸蓄电池		
	GB/T 18332.2—2001	电动道路车辆用金属氢化物镍蓄电池	IEC 61436:1998,NEQ	
	GB/T 18860—2002	摩托车变速 V 带		
	GB/Z 18333.1—2001	电动道路车辆用锂离子蓄电池	IEC 61960-2 草案,(21A/224/CD),NEQ	
	GB/Z 18333.2—2001	电动道路车辆用锌空气蓄电池	SJ/T 10170—1991,NEQ SJ/T 10483—1994,NEQ SAE J 1797—97,NEQ	
	QC/T 30—2004	机动车用电喇叭技术条件		
	QC/T 738—2005	轻便摩托车用电喇叭技术条件		
	QC/T 724—2004	摩托车和轻便摩托车直流信号闪光器技术条件	ISO 7398:1990, MOD	
	QC/T 62—2007	摩托车和轻便摩托车减震器	JASO C611:1993,NEQ	2007 年 9 月 1 日实施,替代 QC/T 62—1993
	QC/T 64—1993	摩托车化油器技术条件		
	QC/T 66—1993	摩托车离合器技术条件		
	QC/T 68—1993	摩托车磁电机(有触点)技术条件		
	QC/T 69—1993	摩托车磁电机(无触点)技术条件		
	QC/T 225.1—1997	摩托车和轻便摩托车用起动电机技术条件		
	QC/T 226—1997	摩托车和轻便摩托车制动蹄总成技术条件		
	QC/T 655—2005	摩托车和轻便摩托车制动器技术条件		

续表 1

归属层次代号	标准代号	标准名称	采用的国际标准、法规及一致性程度*	备注
332	QC/T 228.1—1997	摩托车和轻便摩托车操纵拉索技术条件	JIS T 001-76,NEQ	
	QC/T 228.2—1997	摩托车和轻便摩托车操纵拉索　钢丝绳		
	QC/T 228.3—1997	摩托车和轻便摩托车操纵拉索　接头		
	QC/T 228.4—1997	摩托车和轻便摩托车操纵拉索　套管		
	QC/T 228.5—1997	摩托车和轻便摩托车操纵拉索　套管帽		
	QC/T 228.6—1997	摩托车和轻便摩托车操纵拉索　调整螺管		
	QC/T 228.7—1997	摩托车和轻便摩托车操纵拉索　调整螺母		
	QC/T 228.8—1997	摩托车和轻便摩托车操纵拉索　护套		
	QC/T 228.9—1997	摩托车和轻便摩托车操纵拉索　销柱		
	QC/T 229—1997	摩托车和轻便摩托车转子机油泵技术条件		
	QC/T 230—1997	摩托车和轻便摩托车空气滤清器技术条件		
	QC/T 231—1997	摩托车和轻便摩托车反冲起动器技术条件		
	QC/T 234—1997	摩托车和轻便摩托车转向轴承技术条件		
	QC/T 235—1997	摩托车和轻便摩托车排气消声器技术条件		
	QC/T 209—1996	汽车、摩托车用软轴		
	QC/T 213—1996	汽车、摩托车仪表术语		
	QC/T 727—2004	汽车、摩托车用仪表		
	QC/T 215—1996	汽车、摩托车仪表型号编制方法		
	QC/T 552—1999	汽车、摩托车发动机铸造铝活塞技术条件		原编号 JB3931—85
	QC/T 553—1999	汽车、摩托车发动机铸造铝活塞金相标准		原编号 B3932—85
	QC/T 554—1999	汽车、摩托车发动机活塞环技术条件		原编号 B3933—85
	QC/T 555—2000	汽车、摩托车发动机单体铸造活塞环金相标准		原编号 B3934—85
	QC/T 279—1999	汽车、摩托车发动机钢带组合油环技术条件		原编号 ZB/T12001—87
	QC/T 284—1999	汽车、摩托车发动机球墨铸铁活塞环金相标准		原编号 ZB/T12007—89
	QC/T 680—2002	摩托车和轻便摩托车用电压调节器技术条件		
	QC/T 681—2002	摩托车和轻便摩托车用起动继电器技术条件		
	QC/T 682—2002	摩托车和轻便摩托车座垫技术条件		
	QC/T 684—2002	摩托车和轻便摩托车发动机用石棉橡胶垫片技术条件		
	QC/T 685—2002	摩托车和轻便摩托车柱塞式机油泵通用技术条件		
	QC/T 686—2002	摩托车和轻便摩托车发动机组合式曲轴连杆总成技术条件		
	QC/T 687—2002	摩托车和轻便摩托车发动机气缸体技术条件		
	QC/T 700—2004	摩托车和轻便摩托车气缸头通用技术条件		
	QC/T 735—2005	摩托车和轻便摩托车方向把角度和宽度尺寸		
	QC/T 779—2007	摩托车和轻便摩托车用火花塞帽 技术条件		2007 年 9 月 1 日实施
410	QC/T 29115—1993	摩托车和轻便摩托车产品质量检验规程		
	QC/T 29117.2—1993	摩托车和轻便摩托车产品质量检验　整车装配调整质量评定方法		
	QC/T 29117.3—1993	摩托车和轻便摩托车产品质量检验　整车外观质量评定方法		
	QC/T 29117.4—1993	摩托车和轻便摩托车产品质量检验 整车可靠性评定方法(6 000 km 行驶检验)		
	QC/T 29117.5—1993	摩托车和轻便摩托车产品质量检验　整车耐久性评定方法		
420	QC/T 29117.6—1993	摩托车和轻便摩托车产品质量检验　可靠性统计计算方式及故障模式		
	QC/T 29117.7—1993	摩托车和轻便摩托车产品质量检验　发动机质量考核评定方法		
	QC/T 29117.8—1993	摩托车和轻便摩托车产品质量检验　发动机可靠性评定方法		
	QC/T 29117.9—1993	摩托车和轻便摩托车产品质量检验　发动机耐久性评定方法		
	QC/T 29117.10—1993	摩托车和轻便摩托车产品质量检验 发动机装配调整及外观质量评定方法		
500	GB/T 11798.8—2001	机动车安全检测设备鉴定技术条件 第 8 部分:摩托车轮偏检测仪检定技术条件		
	GB/T 18954—2003	摩托车和轻便摩托车底盘测功机的设定 惯性滑行法		

注

*　一致性程度的表示方法:IDT 等同采用;MOD 修改采用;NEQ 非等效采用(“非等效”这种一致性程度不属于采用国际标准);

**　另有机械行业标准“JB/T 10348—2002 摩托车用齿形链条”;

***　2007 年实施的标准,均注明实施日期。

三、国外摩托车标准、法规

1 国际标准化组织(ISO)摩托车标准(表1)

表1 摩托车和轻便摩托车ISO标准目录

标准号	标准名称	备注
ISO 362:1998	声学—加速行驶道路车辆辐射噪声的测量—工程法	2007年初发布ISO/FDIS 362:2007声学——道路车辆加速行驶噪声测量的工程法——第2部分:L类车辆
ISO 3779:1983	道路车辆—车辆识别代号—内容和构成	
ISO 3780:1983	道路车辆—世界制造厂识别编码	
ISO 3833:1977	道路车辆—类型—术语和定义	
ISO 4030:1983	道路车辆—车辆识别号码(VIN)—位置及固定	
ISO 4092:1988 ISO 4092:1988/Cor 1:1991	道路车辆—汽车诊断系统—词汇	
ISO 4100:1980	道路车辆—世界零部件制造厂商识别代号(WPMI)	
ISO 4106:2004	摩托车—发动机试验规程—净功率	
ISO 4129:1990	轻便摩托车—操纵件、指示器及信号装置的标志	
ISO 4151:1987	道路车辆—轻便摩托车—操纵件的型式、位置及功能	
ISO 4164:1978	道路车辆—轻便摩托车—发动机试验规程—净功率	
ISO 4249-1:1985	摩托车轮胎和轮辋(尺寸用代号命名的系列)—第1部分—轮胎	
ISO 4249-2:1990	摩托车轮胎和轮辋(尺寸用代号命名的系列)—第2部分—轮胎负荷能力	
ISO 4249-3:2004	摩托车轮胎和轮辋(尺寸用代号命名的系列)—第3部分—轮辋	
ISO 5130:1982	声学—停驶道路车辆辐射噪声的测量—概测法	
ISO 5751-1:2004 ISO 5751-1:2004/Cor1:2006	摩托车轮胎和轮辋(公制系列)—第1部分—设计导则	
ISO 5751-2:2004	摩托车轮胎和轮辋(公制系列)—第2部分—尺寸和负荷能力	
ISO 5751-3:2004	摩托车轮胎和轮辋(公制系列)□□第3部分—确认的轮辋轮廓范围	
ISO 6054-1:1994	摩托车轮胎和轮辋(尺寸用代号命名的系列)直径代号4～12—第1部分—轮胎	
ISO 6054-2:1990	摩托车轮胎和轮辋(尺寸用代号命名的系列)直径代号4～12—第2部分—轮辋	
ISO 6460:1981	道路车辆—装有控制点火发动机的摩托车的排气污染物测量方法	2006年4月27日发布ISO/PRF 6460.001～003摩托车——气体排放污染物种燃油消耗量的测量方法——第1部分:总体试验要求;第2部分:试验循环和特定试验环境;第3部分:恒定速度下燃油消耗量测量
ISO 6725:1981	道路车辆—两轮轻便摩托车和摩托车的尺寸—术语及定义	
ISO 6726:1988	两轮轻便摩托车和摩托车—质量—词汇	
ISO 6727:1981	道路车辆—摩托车—操纵件、指示器及信号装置的图形标志	2007年1月12日发布
ISO/DIS 6727 ISO 6855:1983	道路车辆—装有控制点火发动机的轻便摩托车的排气污染物测量方法	
ISO 6970:1994	摩托车和轻便摩托车—污染物排放试验—底盘测功机试验台	
ISO 7116:1995	轻便摩托车—最高车速测量方法	
ISO 7117:1995	摩托车—最高车速测量方法	
ISO 7141:2005	道路车辆—轻合金车轮—冲击试验	
ISO 7398:1990	摩托车—直流闪光器	
ISO 7399:1990	摩托车—交流闪光器	
ISO 7400:1990	道路车辆—轻便摩托车—交流闪光器	
ISO 7636:1984	自行车和轻便摩托车车铃—技术规范	

续表 1

标准号	标准名称	备注
ISO 7859:2000	轻便摩托车—燃油消耗测量方法	
ISO 7860:1995	摩托车—燃油消耗测量方法	
ISO 8052:1990	轻便摩托车—直流闪光器	
ISO/TR 8357:1996	道路车辆为车辆识别代码(VIN)系统和世界零部件制造厂商识别代码(WPMI)分配世界制造厂商识别码(WMI)的实施说明	
ISO 8644:2006	摩托车—轻合金车轮—试验方法第2版2006年11月1日发布	
ISO 8645:1988	轻便摩托车—轻合金车轮—试验方法	
ISO 8705:2005	轻便摩托车—重心位置的测量方法	
ISO 8706:1990	两轮轻便摩托车—侧立和直立支架的驻车稳定性	
ISO 8709:1995 ISO 8709:1995//Cor 1:1998	轻便摩托车—制动器和制动装置—试验和测量方法	
ISO 8710:1995	摩托车—制动器和制动装置—试验和测量方法	
ISO 9021:1988	摩托车—操纵件的型式、位置和功能	
ISO 9043:1991	轻便摩托车—惯性矩的测量方法	
ISO/DIS 9043:2006 ISO 9129:1988	摩托车—惯性矩的测量方法	2006年11月20日发布 ISO/DIS 9129
ISO 9130:2005	摩托车—重心测量方法	
ISO 9131:1993	三轮轻便摩托车和摩托车—尺寸—词汇	
ISO 9132:1990	三轮轻便摩托车和摩托车—质量—词汇	
ISO 9565:1990	两轮摩托车—侧立和直立支架的驻车稳定性	
ISO 9645:1990	声学—两轮轻便摩托车行驶噪声的测量—工程法	
ISO 9987:1990	摩托车—会车光束随载荷变化的测量	
ISO 10190:1992	摩托车链条—特性和试验方法	ISO/DIS 10190:2006
ISO 10231:2003	摩托车轮胎—验证轮胎能力的试验方法	
ISO 10355:2004	轻便摩托车—照明和光信号装置的定位	
ISO 10844:1994	声学—测量道路车辆噪声用试验路面的规定	
ISO 11460:2007	两轮摩托车—照明和光信号装置的定位	第2版2007年1月9日发布
ISO 11486:2006	摩托车—用滑行法设定底盘测功机	第2版2006年9月1日发布
ISO 11838:1997	摩托车及摩托车驾驶员动力学—词汇	
ISO 12364:2001	两轮摩托车—防抱制动系统(ABS)—试验和测量方法	
ISO 12366:2001	两轮轻便摩托车—防抱制动系统(ABS)—试验和测量方法	
ISO 13232-1:2005	摩托车—对乘员碰撞保护装置研究评价的试验分析规程—第1部分:定义、符号及通则	
ISO 13232-2:2005	摩托车—对乘员碰撞保护装置研究评价的试验分析规程—第2部分:与事故资料相关的冲击条件定义	
ISO 13232-3:2005	摩托车—对乘员碰撞保护装置研究评价的试验分析规程—第3部分:人体碰撞假人	
ISO 13232-4:2005	摩托车—对乘员碰撞保护装置研究评价的试验分析规程—第4部分:可测变量,仪器及测量规程	
ISO 13232-5:2005	摩托车—对乘员碰撞保护装置研究评价的试验分析规程—第5部分:伤亡指数和利益/成本分析	
ISO 13232-6:2005	摩托车—对乘员碰撞保护装置研究评价的试验分析规程—第6部分:实车碰撞试验规程	
ISO 13232-7:2005	摩托车—对乘员碰撞保护装置研究评价的试验分析规程—第7部分:计算机模拟摩托车碰撞试验的标准操作规程	
ISO 13232-8:2005	摩托车—对乘员碰撞保护装置研究评价的试验分析规程—第8部分:文件和报告	
ISO 13327:1998	摩托车轮胎—滚动阻力的测量方法	
ISO 13328:2000	摩托车轮胎—轮胎滚动圆周的测量—载重新轮胎	
ISO 13331:1995	道路车辆—汽车燃料箱的开口和注油管—蒸发回收系统	
ISO 14722:1998	轻便摩托车及其驾驶员运动学—词汇	
ISO/AWI 28981	轻便摩托车—在底盘测功机上设置行驶阻力的方法	2006年ISO/TC22/ SC23文件
ISO/CD 9043	轻便摩托车—惯性矩测量方法	
ISO/AWI 4129	道路车辆—轻便摩托车—操纵件、指示器及信号装置的符号	
注 Amd 修正;Cor 勘误;AWI 已批准的工作项目;CD 委员会草案;DIS 国际标准草案;FDIS 最终国际标准草案。		

2 美国汽车工程师学会（SAE）摩托车标准（表 2）

表 2 摩托车和轻便摩托车 SAE 标准目录

标准号	标准名称
SAE J47—2005	摩托车潜在最大噪声级
SAE J107—1996	摩托车操纵件和显示器
SAE J108—2000	摩托车—制动系统道路试验规程
SAE J109—2000	摩托车和轻便摩托车行车制动系统性能要求
SAE J131—2003	摩托车转向信号灯
SAE J213—2004	摩托车分类
SAE J268—2004	摩托车后视镜
SAE J331—2000	摩托车噪声级
SAE J392—2003	摩托车和轻便摩托车电气系统设计电压的保持
SAE J551-2—1994	车辆、机动船和由火花点火发动机驱动的装置的无线电骚扰特性的限值和测量方法
SAE J584—2003	摩托车前照灯（A）
SAE J853—1981	车辆识别代号
SAE J1044—1981	世界制造厂识别代号
SAE J1101—2002	摩托车驻车稳定性试验规程
SAE J1167—1998	摩托车停车灯开关（A）
SAE J1168—2002	摩托车侧倾角测量规程（A）
SAE J1241—1999	摩托车燃油箱和润滑油箱
SAE J1248—2002	摩托车驻车稳定性性能要求
SAE J1287—1998	摩托车定置排气噪声测量
SAE J1306—2002	摩托车辅助前照灯
SAE J1451—2000	单车辙车辆动力学和操纵性术语词典（摩托车、轻便摩托车、自行车）
SAE J1577—1991	可更换的摩托车前照灯灯泡
SAE J1578—2003	摩托车侧支撑回撤试验规程
SAE J1579—2003	摩托车侧支撑回撤性能要求
SAE J1846—2003	摩托车侧支撑回撤性能试验用试验地面特性
SAE J2116—2003	二冲程汽油发动机润滑油性能及使用分类

（ISO标准、SAE标准由赵静炜供稿）

3 欧洲经济委员会（ECE）摩托车法规（表 3）

表 3 摩托车和轻便摩托车 ECE 法规目录

			法规号	法规名称	最新版本	2006 年的最新修订情况
安全	主动安全	灯光	ECE R56	关于轻便摩托车及类似车辆前照灯认证的统一规定	Rev.1- Amend.2	
			ECE R57	关于摩托车及类似车辆前照灯认证的统一规定	Rev.1-Amend.2	
			ECE R72	关于发射非对称近光和远光并装有卤素灯（HS1 灯）的摩托车前照灯认证的统一规定	Amend.3	
			ECE R113	关于批准发射对称远光和/或近光和装有白炽灯泡的机动车前照灯的统一规定	Rev.1	2006 年 3 月 WP29 第 138 次会议通过该法规的 00 系列增补件 42006 年 6 月 WP29 第 139 次会议通过该法规的 00 系列增补件 5
			ECE R37	关于用于已经批准的机动车和挂车灯具中的白炽灯认证的统一规定	Rev.4 - Amend.3	
			ECE R76	关于轻便摩托车远、近光前照灯认证的统一规定	Amend.1	
			ECE R82	关于装有白炽卤素灯（HS2 灯）的轻便摩托车前照灯认证的统一规定	Amend.1	
			ECE R50	关于轻便摩托车、摩托车及类似车辆用前位灯、后位灯、制动灯、转向信号灯和牌照灯认证的统一规定	Rev.1-Amend.3	2006 年 6 月 WP29 第 139 次会议通过该法规的 00 系列增补件 10
			ECE R53	关于 L_3 类车辆（摩托车）灯光及光信号装置安装认证的统一规定	Rev.1-Amend.4	2006 年 6 月 WP29 第 139 次会议通过该法规 01 系列修正本的增补件 7

续表 3

			法规号	法规名称	最新版本	2006 年的最新修订情况-
安全	主动安全	灯光	ECE R74	关于轻便摩托车灯光和光信号装置安装认证的统一规定	Rev.1-Amend.3	2006 年 6 月 WP29 第 139 次会议通过该法规 01 系列修正本的增补件 4
			ECE R65	关于机动车辆特别警告灯的认证的统一规定	Rev.1-Amend.1	2006 年 6 月 WP29 第 139 次会议通过该法规的 00 系列增补件 5
		反射器	ECE R3	关于机动车回复反射器认证的统一规定	Rev.3- Amend.1	2006 年 6 月 WP29 第 139 次会议通过该法规 02 系列修正本的增补件 10
		视野	ECE R81	关于后视镜认证及带有或不带边斗的两轮摩托车在手把上安装后视镜认证的统一规定	Amend.2	
		防盗	ECE R62	关于带方向把机动车辆防盗装置认证的统一规定	Amend.2	2006 年 3 月 WP29 第 138 次会议通过该法规的 00 系列增补件 2
		操纵控制件与信号装置	ECE R60	关于两轮摩托车和两轮轻便摩托车驾驶员操作的控制器包括控制器、信号器和指示器标识符认证的统一规定	Amend.3	2006 年 3 月 WP29 第 138 次会议通过该法规的 00 系列增补件 3
			ECE R28	关于就声响信号方面批准声报警装置和机动车辆的统一规定	Amend.3	
		制动	ECE R78	关于摩托车制动认证的统一规定	Rev.1	2006 年 11 月 WP29 第 140 次会议通过该法规 03 系列修正本，使该 ECE 法规与 GTR3（摩托车制动系统全球技术法规）相一致
		轮胎	ECE R75	关于摩托车充气轮胎认证的统一规定	Rev.1-Amend.4	
			ECE R88	关于两轮摩托车用反光轮胎认证的统一规定	Amend.1	2006 年 11 月 WP29 第 140 次会议通过该法规的 00 系列增补件 1
	被动安全	对驾驶员及乘员的防护	ECE R22	关于摩托车和轻便摩托车驾驶员、乘员用头盔和面罩认证的统一规定	Rev.4	
环境保护	排放污染物控制		ECE R40	关于装有强制点火发动机摩托车气体污染物排放认证的统一规定	Amend.2	2006 年 11 月 WP29 第 140 次会议通过该法规 01 系列修正本的增补件 1
			ECE R47	关于装有强制点火发动机轻便摩托车气体污染物排放认证的统一规定	Amend.1	2006 年 11 月 WP29 第 140 次会议通过该法规的 00 系列增补件 10
			ECE R103	关于批准机动车辆的可更换催化转化器的统一规定	Amend.2	
	噪声控制		ECE R9	关于 L_2、L_4 和 L_5 类车辆噪声认证的统一规定	Rev.2-Amend. 2	2006 年 3 月 WP29 第 138 次会议通过该法规 06 系列修正本的增补件 1
			ECE R41	关于摩托车噪声认证的统一规定	Rev.1-Amend.2	2006 年 3 月 WP29 第 138 次会议通过该法规 03 系列修正本的增补件 1
			ECE R63	关于轻便摩托车噪声认证的统一规定	Amend.2	2006 年 3 月 WP29 第 138 次会议通过该法规 01 系列修正本的增补件 1
			ECE R92	关于摩托车、轻便摩托车和三轮车辆非原装可更换排气消声系统认证的统一规定	Amend.3	2006 年 3 月 WP29 第 138 次会议通过该法规的 00 系列增补件 2 的刊物本 1 和该法规 00 系列增补件 3
	无线电骚扰抑制		ECE R10	关于就无线电骚扰抑制方面认证的统一规定	Rev.2- Amend.2	
			ECE R100	关于就结构和功能安全性的特殊要求方面批准蓄电池电动车辆的统一规定	Amend.1	

4 欧洲经济共同体(EC)摩托车指令(表4)

表4 摩托车和轻便摩托车EC(EEC)指令

指令号	名称	备注
92/61/EEC	两轮/三轮摩托车型式认证	修订本:2002/24/EC(该修订本同时撤消92/61/EEC) 2002/24/EC的修订本:2003/77/EC、2005/30/EC
97/24/EC	两轮/三轮摩托车型式认证:部件和特性	先后发布有修订指令2002/51/EC、2003/77/EC、2005/30/EC、2006/27/EC、2006/72/EC
93/30/EEC	两轮/三轮摩托车声响报警装置	
93/92/EEC	两轮/三轮摩托车灯光和光信号装置的安装	修订本:2000/73/EC
93/32/EEC	两轮摩托车乘员扶手	修订本:1999/24/EC
93/34/EEC	两轮/三轮摩托车法定标记	修订本:1999/25/EC、2006/27/EC
93/93/EEC	两轮/三轮摩托车质量和尺寸	修订本:2004/86/EC
93/31/EEC	两轮摩托车的支撑	修订本:2000/72/EC
95/1/EC	两轮/三轮摩托车最大设计车速、转矩及净功率	修订本:2002/41/EC、2006/27/EC
93/94/EEC	两轮/三轮摩托车后牌照安装空间	修订本:1999/26/EC
93/14/EEC	两轮/三轮摩托车制动	修订本:2006/27/EC
93/33/EEC	摩托车防盗装置	修订本:1999/23/EC
93/29/EEC	两轮/三轮摩托车控制件的识别、信号装置和指示器	修订本:2000/74/EC
2000/7/EC	两轮及三轮摩托车的车速表	

(ECE法规、EC指令目录由朱　毅提供)

5 日本工业标准(JIS)中的摩托车标准(表5)

表5 摩托车和轻便摩托车JIS标准目录

标准号	标准名称	备注
JIS D0010:1994	两轮摩托车参数表标准格式	
JIS D0034:1998	两轮摩托车操纵件型式、位置及操作方法	MOD ISO 9021:1988
JIS D0035:1998	两轮摩托车操纵件、指示器及信号装置的识别标志	MOD ISO 6727:1981
JIS D0051:2001	两轮摩托车重心位置测定方法	MOD ISO 8705:1991 ISO 9130:1989
JIS D0052:2001	两轮摩托车惯性矩的测量方法	MOD ISO 9043:1991 ISO 9129:1988
JIS D0109:1990	两轮摩托车术语	MOD ISO 2710:1978 ISO 3833:1977 ISO 6725:1981 ISO 6726:1980
JIS D1000:1998	两轮摩托车发动机净功率试验方法	MOD ISO 4106:1993
JIS D1024:1999	汽车加速时车外噪声测量方法	IDT ISO 362:1998
JIS D1026:1987	汽车定置噪声测量方法	MOD ISO 5130:1982
JIS D1032:1994	两轮摩托车车速表校准方法	
JIS D1033:1999	两轮摩托车燃油消耗量试验方法	MOD ISO 7860:1995
JIS D1034:1999	两轮摩托车制动性能试验方法	MOD ISO 8710:1995
JIS D1035:1994	两轮摩托车加速性能试验方法	
JIS D1036:2003	两轮摩托车和轻便摩托车设定底盘测功机行驶阻力的滑行试验方法	
JIS D1037:1998	两轮摩托车最高车速试验方法	MOD ISO 7117:1995
JIS D1039:1994	两轮摩托车爬坡能力试验方法	
JIS D1040:1994	两轮摩托车道路试验方法	
JIS D1041:1987	两轮摩托车喇叭声级试验方法	
JIS D1043:2001	两轮摩托车防抱制动系统试验方法	MOD ISO/DIS 12364:1998
JIS D1044:2001	两轮摩托车点燃式发动机排气测量方法	MOD ISO 6460:1981
JIS D1046:2006	两轮汽油摩托车—在底盘测功机上给定运转循环下燃油消耗量测量	MOD 7860:1995
JIS D1616:1995	道路车辆　排气系统发出噪声的测量方法	

续表 5

标准号	标准名称	备注
JIS D4203:1998	摩托车轮胎　标识和尺寸	MOD ISO 5751-1：1994 ISO 5751-2：1994 ISO 5751-3：1994
JIS D4215:1995	两轮摩托车用轮辋	MOD ISO/DIS 3911：1990 ISO 4249-3：1990 ISO 6054-2：1990
JIS D4901:1982	车辆识别代号(VIN)	MOD ISO 3779：1977 ISO 3780：1976 ISO 4030：1977
JIS D4902:1996	机器脚踏车用牌照格式	
JIS D5302:2004	两轮摩托车用铅酸电池	
JIS D5815:2001	两轮摩托车转向锁止装置	
JIS D8301:1993	声学—测量道路车辆辐射噪声的试验用路面	ISO 10844：1993(IDT)
JIS K6366:1994	摩托车用充气轮胎	ISO 10231：1997(MOD)
JIS K6367:1995	摩托车轮胎内胎	

6　日本汽车标准(JASO)中的摩托车标准(表 6)

JASO(Japanese Automobile Standards Organization)标准为日本汽车行业标准,由日本汽车工程师学会制定，可作为JIS标准在汽车、摩托车方面的补充,部分标准有可能晋升为JIS标准。

表 6　摩托车和轻便摩托车 JASO 标准目录

标准号	标准名称
JASO T001—1997	摩托车控制电缆
JASO T002—1990	摩托车操纵件和指示器
JASO T003—1991	摩托车安放位置
JASO T004—1989	摩托车尺寸、重量和载荷测量方法
JASO T005—1984	摩托车驾驶员视野
JASO T006—1985	摩托车 H 点确定规程
JASO T007—1987	摩托车最小转弯半径试验规程
JASO T008—1988	摩托车加速时噪声排放的测量
JASO T009—1994	摩托车后视镜视野范围的测量方法
JASO T010—1992	支架在侧部和中部的摩托车的驻车稳定性
JASO T102—1984	摩托车操纵柄宽度和手柄角度
JASO T103—1985	摩托车挡板
JASO T011—2003	摩托车—稳态转弯试验
JASO T201—1977	摩托车制动踏板强度和要求试验规程
JASO T202—1977	摩托车制动杆强度和要求试验规程
JASO T203—1985	摩托车轻合金车轮
JASO T204—2001	摩托车盘式制动器湿衰退性能测功机试验规程
JASO T304—1986	摩托车点火线圈
JASO T802—1988	摩托车座椅的词汇
JASO T902—1995	轻便摩托车和摩托车—二冲程汽油发动机可见烟雾的测量方法
JASO T903—1998	摩托车—四冲程汽油发动机燃油
JASO T904—1998	摩托车—离合器摩擦特性试验
JASO T905—1999	摩托车—塑料燃油箱—试验方法和性能要求
JASO T906—2002	摩托车—燃油箱—空气密闭性试验方法

(JIS标准、JASO标准由赵静炜提供)

《2007中国摩托车工业年鉴》
www.cycleinfo.com.cn

测试技术与设备

一、摩托车测试技术和测试设备发展综述

郑 伟 （天津内燃机研究所）

2006年，中国摩托车产销量再创新高。其主要原因是：国内市场相对平稳和国际市场开拓卓有成效，这也说明摩托车出口已经成为摩托车生产企业进行突破的有效路径。而摩托车测试技术和测试设备的发展总体上呈现比较缓慢的发展态势。一方面，大规模的测试设备投入有限，这主要是由于前两年各企业为满足生产准入的要求而进行了集中投入，摩托车企业已经具备了基本的测试手段。虽然部分企业产销量有所提高，但效益一般，很难有资金进行测试设备的更新和投入。另一方面，相当一部分企业缺乏摩托车整车和发动机的研发、创新能力，对测试技术和测试设备缺乏需求。因此，2006年从行业整体来看，缺乏对测试技术和测试设备发展的内在需求。

在整体需求偏弱的大背景下，并不能简单地判定测试技术和测试设备的发展止步不前，摩托车行业在这一年还是显现出对测试技术和设备的发展趋势：

a）行业中的一些领军企业在不断加大研发投入，相对应地，对测试设备的需求也不断加强。

b）一些新标准的发布实施，特别是“国Ⅲ”排放标准的发布，促使企业为应对这些新标准而增加了对测试设备的投入。

c）摩托车技术中的一些热点，如：电喷技术、NVH、大排量发动机、全地形车等，都需要相关的测试技术和测试设备做支撑，因此，对这些设备的需求明显增多。

摩托车整车、发动机及其相关零部件测试技术的发展离不开这一行业的发展，但是，将测试技术和测试设备的发展寄望于前几年政策的驱动是不现实的，实践证明，这样的市场需求实际上并不牢固，也不利于行业本身的持续发展。在相对平和的2006年，摩托车行业所显现出来的对测试设备的需求，则更为个性化，更加真实。从某种意义上说，更加有利于测试技术的发展和测试设备的提升和完善。

1 2006 年测试技术和测试设备状况

1.1 高端测试设备需求增加

一些行业中的领先企业，由于技术研发的需要，合资合作伙伴的需求，或接受了新的测试思路和理念，把新增加的测试设备定位在高端，其中相当一部分选择了国外测试设备。在这些设备中，以底盘测功机居多，有的企业开发大排量四驱全地形车，在国内选择不到合适的设备，从国外购置了能够用于测试四轮驱动全地形车的底盘测功机。有的企业希望采用全机械惯量模拟的底盘测功机用于整车性能和排放测试，而这种模式的设备国内设备生产厂家无法提供，只能从国外购买。还有一些企业，其增加测试设备的动机已经不是应对政府的检查，而是出于自身的需求，其开发的需要是对设备的精度、功能、稳定性、可靠性等都有非常高的要求，因此在认为国内设备不能满足测试需要时，就会将目光投放国外。2006年，摩托车行业从国外购置的高端设备是历年来最多的，是非常明显的一个特点。

1.2 先进的测试方法引进到国内企业

摩托车技术发展比较先进的国家和企业（主要是日本的企业和早期与日本企业合资合作的一些台湾省企业）在摩托车技术长期发展过程中，形成了比较独特、有效的测试方法和测试规程，如：变工况测试方法，这些方法在双方合作过程中被引入到合作企业，从而提出了对测试设备的新要求。测试设备厂家以此为契机，丰富了设备功能，对测试设备本身也是一个提升和完善。

标准法规不断完善，对测试技术和设备也提供了新的发展机会。随着摩托车相关标准的不断更新，

以前只使用国外认证法规，在2006年转化为国家标准，并发布实施，如：GB 20073—2006(《摩托车和轻便摩托车制动性能要求及试验方法》)等。这些标准的实施都需要相关测试仪器和设备做支撑，因此，伴随新标准法规的出台，测试设备也得到了发展的机会。

1.3 新技术和新装置的发展

对于测试技术和测试设备而言，并非只限于摩托车整车和发动机整机的测试，新技术和新装置的出现，也为新的测试方法、技术和测试设备的发展提供了契机。如：催化剂的评价技术和设备的出现，就是因为排放催化转化技术在摩托车排放后处理上的应用而出现的。

1.4 车载测试设备的发展

一些研发性试验，需要在实际道路测试时采集车辆或发动机的运行状态数据，同时要实时调整控制参数，这就需要能够满足车载测试要求的仪器和设备。这类设备一般是由具有相当研发深度和能力的摩托车企业提出要求，由专业测试设备厂家进行专业化和个性化设计和制造。

以上这些构成了2006年摩托车测试技术和设备的主要特点。可以看到，摩托车行业对测试技术和设备的需求正体现严重的“两极分化”现象：一方面，行业对一般性的、常规的检测设备需求降低，企业也很少在检测设备上花大投入；另一方面，行业中的先进企业对测试方法和测试设备的要求越来越高，甚至不惜重金从国外购买，对测试设备的个性化需求越来越多。行业中对设备的需求也越来越理性，基本上是从自身的需求出发选购设备。这在一定程度上有利于测试技术的提升和测试设备制造商强化自身素质，练好“内功”。特别是一些企业向国外引进设备时，对国内设备厂家也是一种刺激和鞭策，加大了提升自身素质的压力。

2 摩托车测试技术和测试设备发展展望

摩托车测试技术的发展必须顺应摩托车技术的发展，要能够为摩托车技术的提升提供切实的测试手段和改进依据。根据近几年摩托车技术发展的趋势以及相关法律法规的实施，今后一段时期测试技术的发展会体现出一些特点。

2.1 电喷技术的应用

电喷技术代表了摩托车技术发展的方向，尽管一些企业出于成本和服务的考虑，还未能应用电喷技术，但从节能、环保的发展趋势看，电喷技术都是发展的趋势。在电喷技术开发以及标定等环节上，除了电喷系统自身的开发系统，发动机台架试验系统应具备数据共享、实时响应、高动态性等特性，与现在常规的测试系统相比，无疑对设备的技术水平提高了一个等级。

2.2 测试性能的转化

技术领先的摩托车和发动机企业正在从一般性性能测试向专业的、专项的、研究性的测试过渡，向研究型、解析型、诊断型转化，需求越发多样和专业。如：燃烧分析，振动、噪声测试分析，催化转化研究分析等。

2.3 大排量摩托车和全地形车的发展

常规机型出于成本考虑，限制了先进技术的使用，而大排量摩托车和全地形车，由于其利润较为丰厚，定位又比一般排量摩托车高，因此一些先进的技术能够在这些机型上使用。对于测试设备来讲，除了功率范围必须满足其要求以外，需要在测试系统中集成一些综合的测试项目和功能，如：ECU的标定功能，排放催化的测试功能，水冷或油冷的测试控制功能等。

2.4 提高测试设备自动化水平

许多整车、整机以及零部件厂家非常重视可靠性测试，提高测试设备的自动化水平以适应不同类型的耐久性和可靠性试验，是测试设备提高性能的一条必由之路。由于计算机技术和控制技术、测试技术的迅速发展，把这些先进技术整合到一起，形成一个有机整体，同时使设备具有很强的适应能力，具有较强的人性化，会有非常好的市场前景。

摩托车行业的发展给摩托车测试技术的发展提供了很多机会，同时又面临挑战。能否满足行业的需求，提供有效的手段和合适的产品，应用先进的技术提升自己，是从事测试技术研究、测试设备开发的机构和企业所面临的选择。尽管这几年有所发展，但与国际先进企业相比，还是有一定差距。关键是还没有形成先进的发展模式，未能有效整合各种资源。要想缩小与国际先进企业的差距，还需在各个方面、各个层面上付出艰苦的努力。

二、国内部分摩托车测试设备生产企业简介

1　天津市天波科达科技有限公司

公司概况：天津市天波科达科技有限公司（下称“天波科技”）是中国摩托车成套检测设备的专业制造供应商。天波科技是天津摩托车技术中心（暨天津内燃机研究所）兴办的国家级高新技术企业。天波科技成立于2002年8月，有员工80多人，其中专业技术人员约占80%。总部坐落于天津摩托车技术中心院内，公司前身是天津大学天波科技公司，成立于1998年，是在天津内燃机研究所磁电机研究室和天津摩托车质量监督检验所电器检测室的基础上组建的。此前主要专业从事摩托车电器的设计研究、检测技术与检测方法的研究、行业标准的起草与制定、摩托车电器检测与电器检测设备开发等工作。

主要业务范围：从事摩托车检测技术的研究和精品成套检测设备研制及开发。目前已经开发了摩托车整车、发动机、减震器、灯光、离合器、传动系统、电器仪表系统和电喇叭等数十种系列成套摩托车检测设备，成为专业从事摩托车测试技术研究和成套测试设备制造供应商。

天波科技以摩托车行业检测技术为基础，不断向汽车和电动车等车辆检测技术、真空环氧树脂封注技术和教学仪器等领域拓展，现已发展成为具有众多产业在内的综合性企业公司。

主要产品：1）整车台架检测设备：MC系列摩托车底盘测功机、MA系列摩托车安全检测线、MCZ系列摩托车自动驾驶仪、MN系列摩托车加振耐久试验台；2）整车路试设备：MS100型测速·测距装置、MP100型制动喷印器、MST100型手脚控制力测试仪、MS200型车载路试仪、MS300型压带路试仪、MH200型路试油耗仪；3）发动机检测设备：3 kW ~ 160 kW 的QC100系列交流电力测功机、QC200系列高速交流电力测功机、QC300系列通用机交流电力测功机、多种形式的发动机下线检测台；4）摩托车零部件检测设备：QW100型摩托车无级变速传动试验台、QL100型离合器试验台、QZ100型制动器试验台、MD系列灯光试验台、JZ系列减震器试验台、MH系列后视镜测试全套设备、K系列开关及锁具试验台、SZ系列数字显示仪表、MPS-1型排气系统脉冲调节试验台、Q900系列二次补气阀性能试验台、QN-1型消光式烟度计、MFS-1型乘员扶手检验装置；5）摩托车电器仪表检测设备：C系列磁电机试验台、点火能量测试系统、Q系列起动电机试验台、E300型电压调节器试验台、D100型点火线圈耐压测试仪、J100型摩托车电器综合测试仪、A系列点火器试验台、X系列蓄电池性能试验台、F系列摩托车仪表综合测试仪；6）电动车辆检测设备：电动车检测线，电动车电机测功机、电动车电器综合测试仪；7）TDGK系列教学仪器；8）H系列真空环氧树脂灌封机。

科技成果及获奖情况：2006年，“天波科技”提出并起草、制定国家行业技术标准12项。承担了多项省（部）级科技攻关项目、企业委托的技术改造和创新项目。在应用技术研究方面相继取得了20余项科技成果，其中“MC100型摩托车底盘测功机”荣获2005年度省级科技进步二等奖、“磁电机试验台”等电器检测台项目也曾荣获省级科技进步三等奖，另有2项获国家实用新型专利。

学术交流与国际合作：自2002年起“天波科技”的产品开始向海外出口，磁电机试验台出口美国，减震器试验台等设备出口到越南商检局；2005以来，摩托车检测设备开始向土耳其出口。

联系方式：

地址：天津市卫津路92号天津大学内燃机研究所内

邮编：300072

电话：022-27401508

传真：022-27890620

网址：www.chinatianbo.cn

E-mail：tb@chinatianbo.cn

2　天津世纪动力科技发展有限公司

公司概况：天津世纪动力科技发展有限公司（下称“世纪动力”）成立于2003年，坐落在天津市华苑新技术产业园区，是一家致力于研发生产机动车尾气检测和光电式外形测量辅助设备的高新技术企业。经过4年的发展，世纪动力已经成为国内知名的摩托车、轻型汽车、柴油机排气污染物（工况法）测量以及光电视觉仪器的装备制造和系统集成开发的专业制

造供应商。

科技成果及获奖情况：2004年，开发出符合国家标准（GB 14622—2002）和欧II标准的摩托车排气污染物测量（工况法）装置TCP-I，填补了国内空白，获得了国家实用新型专利，打破了设备完全依赖国外进口的被动状况。该产品能够满足摩托车产品型式认证和生产一致性检查试验以及产品出口的测量要求，是摩托车生产企业、检测科研机构和研发部门必备的测试和分析设备，并已开始出口到亚洲国家和地区。

针对摩托车即将（从2008年7月1日起）实施更为严格的“排气污染物排放限值及测量方法”国家标准（GB 14622—2007，GB 18176—2007），世纪动力在2006年对TCP-I进行产品换代，推出满足国III和欧III检测标准的TCP-II产品，使在性能、可靠性、装置结构设计等方面更为先进、合理，达到国外同类产品水平。同时对售出的TCP-I产品进行了全面升级改造，满足国II和即将实施的国III、欧III标准检测的要求。

主要产品：1）TCP-I /TCP-II 摩托车排气污染物测量装置。2）TCP-III 通用小型汽油机排气污染物测量装置，是继TCP-I、TCP-II摩托车排气污染物测量装置后推出的，适用于小型通用汽油机的排气污染物测量装置，于2007年5月正式面市。该装置可以满足2002/88/EC、EPA90以及即将正式发布的国标全部测量要求，目前此类设备主要依赖进口。TCP-III装置的销售价格约为国外同类产品的一半。3）TCP-600轻型汽车排气污染物测量装置，是世纪动力通过与美国CAI公司、Rcal Time公司以及天津大学合作共同研发生产的测量装置，研究和生产轻型汽车底盘测功机（2WD、4WD）、载货汽车及特种车辆底盘测功机。4）CPOS便携式光学扫描仪，可以在短时间内完成对实物外形造型的逆向设计，为摩托车、汽车企业的造型设计、仿形加工提供了现代化的数理建模工具。5）瑞尔泰底盘测功机。

联系方式：

地址：天津华苑新技术产业园鑫茂科技园C1-CD-3

邮编：300384

电话：022-83713992、83715530

传真：022-83713992、83711517

网址：www.cpower.cn

E-mail：richmond131334@eyou.com

3 天津市圣威科技发展有限公司

公司概况：天津市圣威科技发展有限公司（下称“圣威科技”）是专业从事机动车检测仪器研究与生产的高新技术企业。经过10余年的发展，建立并完善了一整套集研发、制造、销售、售后服务于一体的专业体系，并通过了ISO 9001—2000国际质量体系认证。

主要业务范围：圣威科技生产的烟度计系列、尾气分析仪系列、灯光检测仪系列等产品已经应用在公安检测站、环保尾气治理点、汽车制造厂、汽车修理厂、汽车4S专卖店、汽车修理保养所。从2005年开始，圣威科技与国家环保总局和天津内燃机研究所合作，开发研制了SV-QY型全流式不透光烟度计，用于检测摩托车烟度排放，符合国家标准GB 19758—2005（《摩托车和轻便摩托车排气烟度排放限值及测量方法》）。

学术交流与国际合作：1）2006年，圣威科技与美国ANDROS公司合作，开发了集汽车烟度计、尾气分析仪和摩托车烟度计于一身的新型产品，填补了国内空白，使废气、烟度检测向简便型、科技型迈出了坚实的一步。2）开展具有自主知识产权产品的研发工作。其中，ASM简易工况法汽车排放气体分析仪（200620152022.0）、全自动汽车前照灯检测仪（20062015201.6）、皮带张力测试仪（200620152017.X）、便携式工业视频内窥仪（200620152019.9）、非接触型汽油发动机转速表（200620152018.4）多项科技成果通过了国家专利认证。3）与国家环保部门合作，于2005年底，最新推出国内唯一符合2005年7月1日实施的摩托车排放最新国家标准《GB 19758—2005》的SV-QY全流式不透光烟度计。

联系方式：

地址：天津市西青区三星路6号

电话：022-27984086、27984315

传真：022-27984086

网址：www.shengweiscience.com

E-mail：swkj@shengweiscience.com

4 天津科达动力测控技术有限公司

公司概况：天津科达动力测控技术有限公司（下称“科达动力”），长期致力于摩托车、发动机及其关键零部件测试领域专业技术研发、制造和服务。企业最初为天津大学自动化设备厂，1980年第一台直流电力测功机通过鉴定并推向市场；1994年在该厂基础上成立天津大学科达测控技术公司，1996年公司与天津内燃机研究所电子厂的优良资产合并，形成完整的研发、制造和服务体系。

20多年来，科达动力在摩托车和通用汽油机行业不断积聚自己的技术和经验。完成从动力测试设备制造商向动力测试综合解决方案提供者的转变，2004年科达动力测试技术研究开发中心成立，其覆盖的领域将从摩托车和通用汽油机行业延伸拓展到汽车、内燃机、混合动力、电动汽车等领域。

主要产品：

a）发动机台架试验设备：交流/直流电力测功机系统、电涡流测功机；

b）整车检测设备：汽车/摩托车性能排放底盘测功机、耐久性试验底盘测功机；

c）关键零部件检测设备：摩托车离合器、制动器、CVT、电器系统试验台；

d）道路试验设备：车载路试仪、制动性能测试系统（欧标）、路谱数据采集系统；

e）通用汽油机EPA认证相关设备：排放集成系统、排放数据采集处理系统、测功设备、PLT（生产线测试）设备。

联系方式：

地址：天津市南开区卫津路 92 号天津内燃机研究所内

邮编：300072

电话：022-27892166

传真：022-27403662

网址：www.tjkeda.com

E-mail：keda@china.com

5 中国测试技术研究院测量仪器研究所

公司概况：中国测试技术研究院测量仪器研究所（下称“中测量仪”）现有员工110人，拥有客聘技术顾问国家工程院院士，高中级技术人员占员工总数50%以上。中测量仪历经20多年的发展，目前已拥有三维测量、划线、切削、数字成像、激光扫描、极柱坐标测量、肖氏硬度计等众多系列化产品。产品遍及汽车、航空、铁路、船舶、模具、摩托车、冶金、机械制造及科研院所等各行业，并出口东南亚。

主要产品：

a）三坐标：CHXY、CHXY-N系列单臂三维测量划线仪，CLY、CLY-II系列单臂三维测量仪，ALLANCE-I、ALLANCE-II系列单臂三维测量机，LSC六自由度三维测量机；

b）硬度计：HS-19GDIV、HS-19GDV、HSE-4、HSE-BII型肖氏硬度计，肖氏硬度标准计；

c）极柱坐标测量机（螺旋浆螺距测量仪）：LJG-I、LJG-II型极柱坐标测量机；

d）附件：专用配套测头，SHT系列数显式回转工作台，KT多功能可调支撑体，ZCR2.0形位公差测量软件，ZCR2.6轮廓数据采集，ZCR Veport1.0误差处理软件，ZCR CAD测量软件，专用划针组，PC-DMIS PRO，PC-DMIS CAD，PC-DMIS CAD++；

e）其它：激光跟踪仪，三维激光干涉仪。

科技成果及获奖情况：中测量仪依托中国测试技术研究院雄厚的科研实力和测试条件，在圆满完成20多项国家级标准装置的基础上，长期致力于长度测量和硬度测试技术研究，先后成功推出的单臂三维测量划线机、极柱坐标测量机和肖氏硬度计等多种计量测试新产品。曾多次获得国家、省部级科技进步奖、产品创新奖、国家科技成果重点推广计划等荣誉和奖项，并通过ISO 9001—2000质量体系认证。

联系方式：

地址：成都市玉双路10号

邮编：610021

电话：028-84403361

传真：028-84404192

网址：www.nimttef.com

E-mail：service@nimttef.com

6 沈阳新科精密仪器设备有限公司

公司概况：沈阳新科精密仪器设备有限公司（下称“沈阳新科”）是中日合资高新技术型企业，具有高级职称的员工占30%，中级职称的员工占60%。沈阳新科同日本科学工业株式会社保持长期的合作关系。合资公司成立以来，引进日本音速喷嘴技术、自动控制技术及液体流量测试技术等先进技术，将日本的先进测控技术与中国的精密加工能力相结合，为汽车、摩托车、煤气表行业和计量研究部门研制生产了大量的综合检测设备，赢得了用户的广泛赞誉。

主要产品：S7604型化油器综合流量测试台（汽车、摩托车零部件检测设备），主要由空气流量控制、燃油流量测试、系统控制及仪表显示、燃油回收5部分构成；S7601型工业燃气表综合流量测试台（燃气表检测设备，计算机控制），主要由计算机系统、电源及电气控制系统、计测系统、夹紧系统和工作台构成；标准粒子发生装置（激光粒子计数仪校正装置）；差压式检漏仪（产品密封性检测仪器及设备），主要特点是：1）防尘、防水按键使参数设定和系统操作简便。2）除可完成泄漏量、时间等显示外，还可显示泄漏率（差压/时间）及泄露动态的模拟指示。3）自动判定计算机故障、传感器异常等现象，并做出相应的显示、报警等。4）全功能的输入/输出接口，可实现外部设备的远程控制。5）兼备气泡试验功能。

联系方式：

地址：沈阳市皇姑区茶山路1-1号

邮编：110034

电话：024-86524824、86500988

传真：024-86526254

网址：www.xinke.net.cn

E-mail: xinke@mail.sy.ln.cn

7　西安新威尔特机有限公司

公司概况：西安新威尔特机有限公司为中日合资企业，其前身是摩托车检测技术研究所华西技术服务公司，成立于1984年，主要从事摩托车专用检测设备仪器的研制、开发。现有员工50人，科技人员占90%，多年来按照国家、国际标准，集各种类型摩托车道路试验及台架试验之经验，以国家摩托车质量监督检验中心为技术后盾，根据摩托车企业的需求进行摩托车检测设备的研发、制造工作。

主要产品有：

a）整车台试设备：自动变速器完成检查试验机、CZY-Ⅰ型摩托车车载路试仪、MST-1A摩托车整车检测线、YHY-Ⅱ型路试油耗仪、单制动器试验台、离合器离心试验机、链轮链条耐久试验机、轮台半径方向负荷耐久试验机、万向接头耐久试验台、四轮车用测功机、制动器材料试验机。

b）整车路试设备：2轮车完成检查用试验台、LSY-Ⅱ型摩托车压带路试仪、MST-3摩托车整车检测线、ZDZY-Ⅱ型摩托车制动综合测试、控制环境变化的制动测量装置、离合器试验台、两轮车测功机、耐久试验台、手动变速装置完成检查试验机、特殊用途试验设备、制动器强度试验机。

c）摩托车部件试验台：CDI试验机、FST-Y型发动机圆型热磨合试验台、MST-3A摩托车整车检测线、ZP-V型摩托车制动喷印器、离合计湿式试验台机、立式测功机（动力计）、轮毂耐久试验机、倾斜台、手动变速装置性能试验台、完成检查试验机、自动变速器试验台。

d）发动机试验台：CL-Ⅱ型综合测力仪、MRY-Ⅰ型摩托车油耗仪、MST-NJ两轮摩托车耐久性能试验机、测功机（动力计）、离合器（摩擦片）衬片单体组合、链轮链条耐久试验机、轮胎制动器试验台、手动变速器耐久试验台、手动变速装置性能试验台、油压测定装置、自动变速器试验台。

联系方式：

地址：西安市□河经济开发区米秦路6号

邮编：710032

电话：029-86795288-8901、86795288-8903

传真：029-86795292

网址：www.xianwell.com

E-mail：xianwell@vip. 163.com

附录

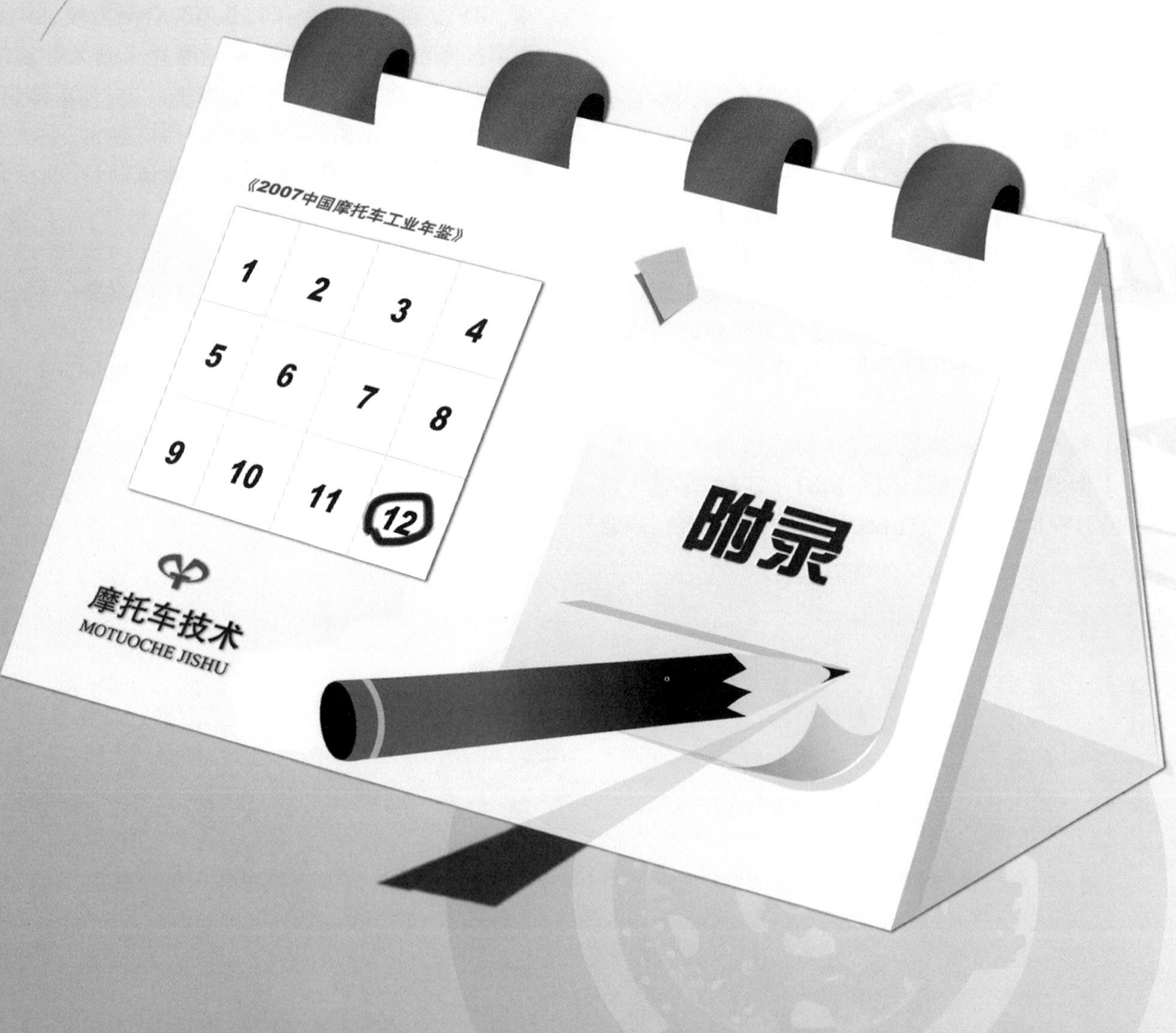

附录

一、2007 年第 1 季度摩托车行业主要指标

表 1　2007 年第 1 季度摩托车生产、销售汇总表

排量，mL	产　量			销　量			产销率，%
	第 1 季度累计，辆	去年同期，辆	增长率，%	第 1 季度累计，辆	去年同期，辆	增长率，%	
总计	4 913 179	3 668 136	33.94	4 679 972	3 651 340	28.17	95.25
二轮车合计	4 729 081	3 556 944	32.95	4 499 647	3 542 044	27.04	95.15
50	303 843	250 658	21.22	307 345	253 182	21.39	101.15
60	46	197	- 76.65	64	508	- 87.40	139.13
70	47 785	35 515	34.55	47 383	34 869	35.89	99.16
80	9 256	3 941	134.86	9 063	4 086	121.81	97.91
90	57 278	81 870	- 30.04	50 996	74 773	- 31.80	89.03
100	709 505	544 551	30.29	641 714	512 626	25.18	90.45
110	662 420	449 763	47.28	605 411	435 251	39.09	91.39
125	2 568 351	1 977 599	29.87	2 477 584	2 017 504	22.80	96.47
150	323 773	186 315	73.78	317 369	183 156	73.28	98.02
250	46 485	26 478	75.56	42 495	26 015	63.35	91.42
750	339	57	494.74	223	74	201.35	65.78
三轮车合计	184 098	111 192	65.57	180 325	109 296	64.99	97.95
50	1 715	4 908	- 65.06	2 426	5 124	- 52.65	141.46
> 50	175 059	101 977	71.67	170 741	99 860	70.98	97.53
250	2 230	85	2 523.53	2 230	98	2 175.51	100.00
750	5 094	4 222	20.65	4 928	4 214	16.94	96.74

表 2　2007 年第 1 季度部分企业摩托车生产、销售情况

序号	企业名称	产量，辆	销量，辆
	全行业合计	4 913 179	4 679 972
1	江门市大长江集团有限公司	529 918	514 722
2	重庆建设摩托车股份有限公司	320 464	303 195
3	中国嘉陵工业股份有限公司（集团）	316 711	318 593
4	重庆力帆实业（集团）有限公司	307 971	309 540
5	钱江集团有限公司	302 761	304 981
6	洛阳北方企业集团有限公司	302 243	272 097
7	重庆隆鑫工业（集团）有限公司	298 380	268 099
8	宗申产业集团有限公司	274 950	226 177
9	金城集团有限公司	229 051	199 707
10	中国轻骑集团有限公司	216 426	211 888
11	*洛阳北方易初摩托车有限公司	203 937	182 336
12	新大洲本田摩托有限公司	182 248	161 921
13	*重庆劲隆科技（集团）有限公司	174 668	169 685
14	增城市海利摩托车有限公司	108 359	99 984
15	广州天马集团天马摩托车有限公司	106 753	106 139
16	广州摩托集团公司	100 388	93 390
17	广州市大阳摩托车有限公司	87 580	84 907
18	*五羊—本田摩托（广州）有限公司	84 214	80 489
19	增城市奔马实业有限公司	60 459	46 851
20	重庆银钢科技（集团）有限公司	52 739	52 051

二、世界部分国家(地区)摩托车行业主要指标

表 1　2003—2005 年世界部分国家(地区)摩托车产量

辆

年份	中国	德国	意大利	荷兰	葡萄牙	西班牙	土耳其	印度	印度尼西亚
2003	14 158 301	97 504	710 000	8 300	200	209 020	37 340	5 624 950	2 814 054
2004	16 609 275	96 791	694 400	8 000	1 356	215 500	47 500	6 526 547	3 897 250
2005	17 236 856	98 297	896 200	8 000	1 875	—	80 000	7 600 801	5 113 487
年份	韩国	巴基斯坦	菲律宾	台湾省	泰国	巴西	哥伦比亚	墨西哥	日本
2003	143 431	148 913	—	1 341 095	1 298 623	954 620	89 199	18 394	1 830 905
2004	141 617	287 000	—	1 603 275	1 453 357	1 057 333	—	22 724	1 739 584
2005	154 418	325 336	287 828	1 449 458	1 478 296	1 213 517	—	24 596	1 791 585

表 2　2003—2005 年世界部分国家(地区)摩托车销量

辆

年份	日本	加拿大	美国	比利时	斯洛伐克	丹麦	法国	德国	希腊	匈牙利
2003	760 121	72 509	1 721 784	42 349	2 645	16 783	342 276	279 318	59 137	10 025
2004	700 021	79 736	1 778 369	38 087	3 007	15 992	349 814	248 367	72 023	14 824
2005	706 513	80 334	1 789 427	37 582	4 077	22 859	350 224	240 186	83 078	17 350
年份	意大利	荷兰	挪威	葡萄牙	西班牙	瑞士	土耳其	英国	印度	印度尼西亚
2003	578 575	16 737	18 859	11 198	182 142	48 273	29 157	155 694	5 629 682	2 823 702
2004	547 963	17 566	20 703	11 562	230 538	47 254	120 391	133 938	6 575 584	3 900 598
2005	548 474	16 815	16 608	11 232	310 913	43 777	185 765	132 803	7 569 573	5 089 425
年份	韩国	墨西哥	巴基斯坦	菲律宾	台湾省	泰国	越南	巴林	以色列	阿联酋
2003	131 848	121 400	202 376	238 925	637 778	907 100	1 997 807	208	11 382	4 127
2004	96 080	115 260	358 018	495 355	659 788	1 327 675	2 070 701	225	8 921	4 422
2005	100 783	240 000	457 002	585 357	790 033	2 109 067	1 651 123	328	7 763	4 987
年份	阿根廷	巴西	哥伦比亚	哥斯达黎加	多米尼亚	萨尔瓦多	危地马拉	洪都拉斯	墨西哥	苏里南
2003	27 386	848 377	84 764	6 540	57 212	9 000	15 000	3 000	121 400	230
2004	49 552	911 717	144 272	7 763	36 674	9 200	28 390	3 200	141 000	230
2005	188 904	1 025 390	222 972	12 530	71 666	10 000	50 393	3 500	240 000	230
年份	委内瑞拉	澳大利亚	新西兰	安哥拉	博茨瓦纳	布基纳法索	佛得角	中非共和国	埃及	埃塞俄比亚
2003	13 000	63 808	17 319	4 373	141	7 296	170	10	436	50
2004	18 000	88 546	22 135	4 373	—	—	—	—	—	—
2005	32 000	101 611	27 340	—	—	—	—	—	—	—
年份	肯尼亚	莱索托	利比亚	马达加斯加	马拉维	马里	毛里求斯	摩洛哥	莫桑比克	尼日尔
2003	829	29	395	415	46	3 877	1 175	2 804	949	40
2004	—	—	—	—	—	—	—	—	—	—
2005	—	—	—	—	—	—	—	—	—	—
年份	塞内加尔	塞拉利昂	斯威士兰	多哥	突尼斯	中国				
2003	1 567	167	51	17 842	37	11 132 359				
2004	—	—	—	—	—	12 356 264				
2005	—	—	—	—	—	12 664 051				

表 3 2003—2005 年世界部分国家(地区)摩托车保有量

辆

年份	比利时	斯洛伐克	丹麦	法国	德国	希腊	荷兰	葡萄牙	西班牙	瑞士
2003	315 422	48 709	187 400	2 448 000	5 240 790	707 815	1 115 000	153 000	3 657 119	567 358
2004	328 517	50 989	160 587	2 462 000	5 410 224	764 471	1 174 830	159 000	3 854 128	583 010
2005	341 861	56 366	171 520	—	5 652 469	767 040	1 190 893	160 420	—	—
年份	印度尼西亚	韩国	墨西哥	菲律宾	台湾省	泰国	越南	巴林	阿根廷	巴巴多斯
2003	19 976 376	1 730 193	510 000	1 552 579	12 366 864	18 210 454	11 419 056	2 198	1 288 116	—
2004	—	1 728 463	600 000	1 846 006	12 793 950	13 206 580	12 859 671	—	1 370 416	—
2005	—	1 726 825	730 000	2 157 324	13 195 265	15 501 035	14 511 653	—	1 460 500	—
年份	百慕达	玻利维亚	巴西	哥伦比亚	哥斯达黎加	萨尔瓦多	危地马拉	洪都拉斯	墨西哥	尼加拉瓜
2003	—	45 000	6 670 135	1 133 952	—	49 270	186 108	—	510 000	—
2004	—	50 000	7 598 118	—	—	—	214 500	—	600 000	21 975
2005	—	—	8 667 551	—	—	—	—	—	730 000	—
年份	巴拿马	秘鲁	苏里南	乌拉圭	委内瑞拉	贝宁	博茨瓦纳	布基纳法索	喀麦隆	中非共和国
2003	9 800	156 000	—	—	1 300 000	—	—	—	—	—
2004	11 345	190 000	—	—	130 000	—	—	—	—	—
2005	—	245 000	—	—	130 000	—	—	—	—	—
年份	乍得	埃及	埃塞俄比亚	肯尼亚	利比亚	毛里求斯	摩洛哥	纳米比亚	卢旺达	塞内加尔
2003	—	—	—	—	—	—	—	—	—	—
2004	—	—	—	—	—	—	—	—	—	—
2005	—	—	—	—	—	—	—	—	—	—
年份	塞拉利昂	斯威士兰	多哥	突尼斯	乌干达	津巴布韦	日本	中国		
2003	—	—	—	—	—	—	13 369 191	59 558 327		
2004	—	—	—	—	—	—	13 261 699	—		
2005	—	—	—	—	—	—	13 175 176	—		

三、国内外摩托车企业及相关网站名录

1 国外摩托车整车企业及综合网站

日本本田摩托车公司
www.hondamotorcycle.com

日本雅马哈发动机株式会社
www.yamaha-motor.com

日本铃木摩托车公司
www.suzukicycles.com

日本川崎公司
www.kawasaki.com

德国宝马摩托车公司
www.bmwmotorcycle.com

德国MBS摩托车公司
www.mbsco.de

德国DKW摩托车公司
www.dkw-geyer.com

德国Munch摩托车公司
www.muench-mammut-2000.com

美国哈雷-戴维森摩托车公司
www.harley-davidson.com；www.h-d.com

美国Boss Hoss摩托车公司
www.bosshoss.com

美国布尔摩托车公司
www.buell.com

美国Ural（乌拉尔）摩托车公司
www.ural.com

美国胜利摩托车公司
victorymotorcycles.polarisindustries.com

美国阿尔切摩托车公司
www.ultracycles.com

美国联盟摩托车公司
www.confederate.com

美国麦哥摩托车公司
www.usmaico.com

美国AIH American Iron Horse摩托车公司
www.americanironhorse.com

美国ATK摩托车公司
www.atkusa.com

美国OZ Bike摩托车公司
www.ozbike.com

美国Wild West摩托车公司
www.wildwestmc.com

美国Big Dog摩托车公司
www.bigdogmotorcycles.com

美国BMC Big Mikes Choppers摩托车公司
www.bmcchoppers.com

美国Surgical Steeds摩托车公司
www.surgicalsteeds.com

美国Rokon摩托车公司
www.rokon.com

美国Armec摩托车公司
www.armec.com

奥地利KTM公司
www.ktm.co.at

意大利比亚乔公司
www.piaggio.com

意大利艾普瑞利亚摩托车公司
www.aprilia.com

意大利杜卡迪摩托车公司
www.ducati.com

意大利比摩塔公司
www.bimota.it

意大利MV AGUSTA摩托车公司
www.mvagusta.it

意大利摩托古兹公司
www.motoguzzi.it

意大利ITALJET
www.italjet.com

意大利贝内里摩托车公司
www.benellimoto.com

意大利HUSQVARNA公司
www.husqvarna.it

意大利奥古斯塔摩托车公司
www.mvagusta.it

意大利伟士伯摩托车公司
www.vespausa.com

意大利吉列那摩托车公司
www.gilera.com

意大利意塔杰特摩托车公司
www.italjet.it

意大利贝塔摩托车公司
www.betamotor.com

意大利麦拉古迪摩托车公司
www.mrp-speed.com

意大利拉维达摩托车公司
www.laverda.com

意大利MBK摩托车公司
www.mbk-europe.com

意大利Ghezzi Brian摩托车公司
www.ghezzi-brian.com

意大利VOR摩托车公司
www.vor.it

法国标致摩托车公司
www.peugeot-motocycles.com

法国舒考摩托车公司
www.sherco-moto.com

法国Midual摩托车公司
www.midual.com

法国沃桑摩托车公司
www.voxan.com/voxan

法国Side Bike摩托车公司
www.side-bike.de

英国凯旋摩托车公司
www.triumph.co.uk

英国诺顿摩托车公司
www.normanwhite.co.uk

英国皇家埃菲尔德摩托车公司
www.royal-enfield.com

英国三枪摩托车公司
www.bsa-regal.co.uk

英国AJS摩托车公司
www.ajsmotorcycles.co.uk

印度百佳吉摩托车公司
www.bajajauto.com

印度Kinetic摩托车公司
www.kineticindia.com

印第安人摩托车公司
www.indianmotorcycle.com

西班牙德比摩托车公司
www.derbi.com

西班牙盖斯摩托车公司
www.gasgasuk.com

西班牙Montesa摩托车公司
www.usmontesa.com

瑞典胡思克瓦那摩托车公司
www.husqvarna.it

瑞典哈萨伯格摩托车公司
www.husaberg.se

瑞典海兰德摩托车公司
www.highland.se

新西兰布里顿摩托车公司
www.britten.co.nz

捷克佳娃摩托车公司
www.jawa.cz

加拿大Big Brute V8摩托车公司
www.v8bikes.com

荷兰Nico BakkerFramegebouw摩托车公司
www.bakker-framebouw.nl

韩国大林公司
www.daelim.co.kr

韩国晓星摩托车公司
motobykz.co.uk

美国摩托车在线杂志
www.motorcycle.com

美国摩托车世界杂志
www.motorworld.com

2 国内摩托车整车企业网站

江门市大长江集团有限公司
www.haojue.com

重庆隆鑫工业(集团)有限公司
www.loncin.com

重庆建设摩托车股份有限责任公司
www.jianshe.com.cn

中国嘉陵工业股份有限公司(集团)
www.jialing.com.cn

力帆实业(集团)有限公司
www.lifan.com.cn

洛阳北方企业集团有限公司
www.lklj.com

洛阳北方易初摩托车有限公司
www.dayangmotorcycle.com

宗申产业集团有限公司
www.zongshenmotor.com

金城集团有限公司
www.jincheng.com

浙江钱江摩托股份有限公司
www.qjmotor.com

新大洲本田摩托有限公司
www.honda-sundiro.com

济南轻骑摩托股份有限公司
www.qingqi.com.cn

广州摩托集团公司
www.gzmotors.com

广州市大阳摩托车有限公司
www.gzdayang.com

广州市白云区智泰摩托车有限公司
www.baiyunmtc.com

重庆鑫源摩托车制造有限公司
www.shineray.com.cn

五羊—本田摩托(广州)有限公司
www.wuyang-honda.com

江苏众星摩托有限公司
www.zxmotor.com

广州天马集团天马摩托车有限公司
www.ktm.cn

惠州玛骐摩托车有限公司
www.mctmotor.com

增城市奔马实业有限公司
www.sanlg-motor.com.cn

增城市海利摩托车有限公司
www.haojin.com.cn

重庆精通工业集团有限公司
www.kingtongroup.com

山东华日摩托车股份有限公司
www.sdhsdtcy.com

江苏健龙新田摩托车制造有限公司
www.kinroad.com

南方摩托股份有限公司
www.nanfangmotor.com.cn

慈溪金轮机车制造有限公司
www.kingringmotor.com

广州市番禺华南摩托企业集团有限公司
www.hnmoto.com

江苏赤兔马有限公司
www.chituma.com

江苏雄风机车有限公司
www.xfmco.com.cn

重庆银钢科技(集团)有限公司
www.cqyingang.com

西藏新珠峰摩托车有限公司
www.newzf-ky.com

上海幸福摩托车总厂
www.xingfumotor.cn

无锡富通摩托车有限公司
www.futongmotor.com

福建省晋江市三力机车有限公司
www.sanli-motor.com

江苏大红成莱宝驰机车制造有限公司
www.chinalbc.com

佛山市佛斯弟摩托车制造有限公司
www.fosti.com.cn

江苏林海动力机械集团公司
www.linhaigroup.com

山东重骑摩托车(集团)厂
www.zhongqi.com

重庆银翔摩托车(集团)有限公司
www.yinxiang.com.cn

厦门厦杏摩托有限公司
www.xsmt.com

江门中裕摩托集团有限公司
www.zymotor.com

江苏金捷摩托制造有限公司
www.jinjiemt.com

本州车业集团有限公司
www.benzhougroup.com

江西洪都航空工业集团有限责任公司
www.hongdu.com.cn

广州三雅摩托车有限公司
www. sanyamotor.com

长春长铃集团有限公司
www.changlin.com.cn

泰州春兰摩托车厂
www.chunlan.com

常州光阳摩托车有限公司
www.kymco.com.cn

吉利集团浙江摩托车有限公司
www.geely.com

春风控股集团有限公司
www.cfmoto.com

泰兴市三迪摩托车有限公司
www.sandicn.com

上海杰士达摩托车有限公司
www.jmstar.com

重庆建设・雅马哈摩托车有限公司
www.jym.com.cn

重庆劲隆摩托车制造有限公司
www.kinlon.com

上海美田摩托车有限公司
www.mei-tian.com

上海嘉陵车业有限公司
www.shjialing.com

镇江跃进机械厂有限公司
www.cnyuejin.com

常州美田兰翔摩托车有限公司
www.lanxiangmotor.com

常州市东方龙摩托车有限公司
www.eastdragon-china.com

无锡市金洪摩托车有限责任公司
www.jinhongmotor.com

江苏创新摩托车制造有限公司
www.creativemotor.com

江苏新世纪机车科技有限公司
www.sinski.com

江苏新豪科技机车有限公司
www.sunhou.com.cn

常熟市轻型摩托车厂
www.chinafude.com

宁波东方凌云车辆制造有限公司
www.pengchengmoto.com

台州市椒江之威摩托车制造有限公司
www.zhiweimoto.com

浙江黄岩三叶集团有限公司
www.china-snow.com

浙江凌云摩托车有限公司
www.lingyunmotor.com

浙江台州市王野动力有限公司
www.wangye.com.cn

浙江嘉爵摩托车制造有限公司
www.jiajue.com

浙江日雅摩托车有限公司
www.chinariya.com

浙江三友集团摩托车有限公司
www.china-sanyou.com

浙江星月车业有限公司
www.xinyue.com

浙江雷克机械工业有限公司
www.leikemt.com

立峰集团有限公司
www.lifenggroup.com

浙江幸福摩托机械有限公司
www.hodban.com

国营长江动力机械厂
www.cjmotor.com

广州峰光摩托车有限公司
www.fkmeo.com

广州番禺豪剑摩托车工业有限公司
www.hjgroup.cn

汕头市东威摩托车有限公司
www.dong-wei.com

比亚乔·佛山摩托车企业有限公司
www.piaggio.com

广东大福摩托车有限公司
www.dafumoto.com

广东银河摩托车实业有限公司
www.yinhemotor.com.cn

江门市迪豪摩托车有限公司
www.dihaomotor.com

鹤山国机南联摩托车工业有限公司
www.nanlianmotor.com

广东省清远市清新联统实业有限公司
www.cpi-motor.com.tw

江苏新世纪远豪机车科技有限公司
www.sinski.com

无锡金霸王摩托车制造有限责任公司
www.jbwmotor.com

江苏新陵摩托车制造有限公司
www.cnxinling.com

江苏林芝山阳集团有限公司
www.lzsy.com

江苏宝雕机动车有限公司
www.baodiaomotor.com

常州福莱特摩托车有限公司
www.flightmotor.com

台州市凯通摩托车制造有限公司
www.kaitongmotor.com

台州市川铃摩托车制造有限公司
www.chuanl.com.cn

烟台开发区虎跃摩托车有限公司
www.huyuemotor.com

济南轻骑铃木摩托车有限公司
www.qssuzuki.com.cn

株洲南方雅马哈摩托车有限公司
www.zzyamaha-motor.com

中山国驰摩托车实业有限公司
www.zsguochi.com

增城市东阳摩托车实业有限公司
www.honyo.cn

南海市中摩科技有限公司
www.nhtdmotor.com

广东大冶摩托车技术有限公司
www.tayomotor.com

江门气派摩托车有限公司
www.qipaimotor.com

广东裕隆摩托车有限公司
www.yihaomotor.com

东莞市东阳摩托车有限公司
www.hkmco.com

重庆双狮摩托车制造有限公司
www.cqssmt.com

重庆航天巴山摩托车制造有限公司
www.bashanmot.com

重庆光宇摩托车制造有限公司
www.kayak-motor.com

广州天恒机车工业有限公司
www.tianhengjiche.cn

重庆大江摩托车有限公司
www.dajiang.com.cn

西藏喜马摩托车有限公司
www.hima-group.com

浙江雅哇纳机车工业有限公司
www.chinayawana.com

重庆嘉鹏摩托车制造有限公司
www.jiapeng.cn

江门镇怡摩托车有限公司
www.giantco.com

广东富兴摩托车实业有限公司
www.hopull.com

中国轻骑集团有限公司
www.chinaqingqi.net

江门市华日集团有限公司
www.huashamotor.com

天津钟阳迅达摩托有限公司
www.zyxdmotor.com

台湾光阳机车
www.kymco.com.tw

台湾三阳工业股份有限公司
www.sym.com.tw

台湾山叶机车工业股份有限公司
vnet.yamaha-motor.com.tw

台湾伟士伯股份有限公司
www.vespa.com.tw

台湾摩特动力工业股份有限公司(比雅久)
www.pgo.com.tw

台湾协隆电机股份有限公司
www.she-lung.com.tw

3 国内摩托车行业相关网站

中国摩托车工业信息网
www.cycleinfo.com.cn

中国摩托车网
www.chinamotorcycle.com

群策网
www.qcql.com

摩托车商情网
www.mosou.com

摩托车行业——hc360慧聪网
www.motor.hc360.com

摩讯网
www.moxun.com

中国摩托车网
www.mtuo.com

国家摩托车质量监督检验中心(天津)
www.cnmtctj.com

摩托e网
www.e-motor.cn

世界摩托车网
www.mt668.net

中国摩配网
www.cnmoto.com

重庆摩配商务网
www.wtmp.com.cn

骑摩托
www. 7mt.cn

大地商情摩配网
www.dadi888.com

国家摩托车质量监督检验中心
www.cnmtc.com.cn

中国摩托车运动协会网
motocycle.sport.org.cn

二手摩托车参考网
www.mot2.com

中国摩托车之窗
www.motorwindow.com

中国摩托车配件大全
www.motuopj.com

中国摩托车商贸网
www.motorcity.com.cn

宝鸡摩托车协会
www.baojimx.com

中国信息网——摩托车频道
www.cis.net.cn/motor

四、世界知名摩托车厂商 2007 年款主要车型

本部分收录了日本本田、川崎、铃木、雅马哈、德国宝马、美国哈雷·戴维森、布尔、HossBoss、胜利、英国凯旋、印度百佳吉、意大利贝内里、中国台湾三阳等13家世界知名摩托车生产商2007年款165种主要车型的图片及技术参数，其中排量≤50 mL有3辆，51～250 mL有24辆，251～600 mL有10辆，＞600 mL有120辆，希望能对读者有所参考。

1 日本本田公司

Gold Wing Premium Audio

Gold_Wing Audio Comfort Navi

ST1300

ST1300 ABS

VTX1800C1

VTX1800R1

VTX1800N1

VTX1800F1

VTX1300C

车型	Gold Wing Premium Audio	Gold_Wing Audio Comfort Navi	ST1300	ST1300 ABS	VTX1800C1	VTX1800R1	VTX1800N1	VTX1800F1	VTX1300C
座高,mm	739	739	789	789	701	696	696	701	697
轴距,mm	1 689	1 689	1 490	1 490	1 717	1 714	1 714	1 714	1 662
整车干质量,kg			295	299	333	340	343	337	291
油箱容积,L	24	24	29	29	18	20	20	18	18
发动机型式	对置 6 缸、液冷、SOHC	对置 6 缸、液冷、SOHC	V 型 4 缸、液冷、DOHC	V 型 4 缸、液冷、DOHC	V 型双缸、液冷、SOHC	V 型双缸、液冷、SOHC	V 型双缸、液冷、SOHC	V 型双缸、液冷、SOHC	V 型双缸、液冷、SOHC
排量,mL	1 832	1 832	1 261	1 261	1 795	1 795	1 795	1 795	1 312
缸径、行程,mm	74.0、71.0		78.0、66.0	78.0、66.0	101.0、112.0	101.0、112.0	101.0、112.0	101.0、112.0	89.5、104.3
压缩比		9.8:1	10.8:1	10.8:1	9.0:1	9.0:1	9.0:1	9.0:1	9.2:1
变速方式	5 挡	5 挡	5 挡	5 挡	5 挡	5 挡	5 挡	5 挡	5 挡
制动型式	盘式	盘式	盘式	盘式	盘式	盘式	盘式	盘式	盘式
轮胎规格(前)	130/70-18	130/70-18	120/70-18	120/70-18	130/70-18	150/80-17	150/80-17	130/70-18	110/90-19
(后)	180/60-16	180/60-16	170/60-17	170/60-17	180/70-16	180/70-16	180/70-16	180/55-18	170/80-15

VTX1300R

VTX1300S

Shaow Sabre

Shaow Sprite

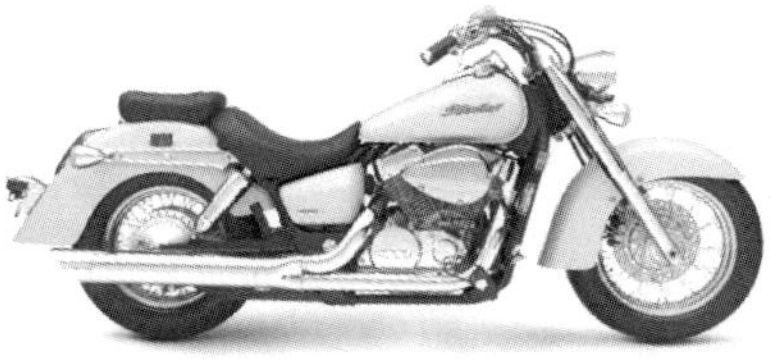

Shaow Aero

Shaow Spirite 750(VT750C2)

Shaow Spirite 750(VT750DC)

Nighthawk

919

车型	VTX1300R	VTX1300S	Shaow Sabre	Shaow Sprite	Shaow Aero	Shaow Spirite 750 (VT750C2)	Shaow Spirite 750 (VT750DC)	Nighthawk	919
座高,mm	695	695	691	728	657	652	675	744	795
轴距,mm	1 669	1 669	1 641	1 651	1 638	1 651	1 645	1 430	1 460
整车干质量,kg	303	300	262	252	235	228	225	129	194
油箱容积,L	18	18	16	15	14	14	13	16	18
发动机型式	V 型双缸、液冷、SOHC	V 型双缸、液冷、SOHC	V 型双缸、液冷、SOHC	V 型双缸、液冷、SOHC	V 型双缸、液冷、SOHC	V 型双缸、液冷、SOHC	V 型双缸、液冷、SOHC	双缸、风冷、SOHC	直列 4 缸、油冷、DOHC
排量,mL	1 312	1 312	1 099	1 099	745	745	745	234	919
缸径、行程,mm	89.5、104.3	89.5、104.3	87.5、91.4	87.5、91.4	79.0、76.0	79.0、76.0	79.0、76.0	53.0、53.0	71.0、58.0
压缩比	9.2:1	9.2:1	8.0:1	8.0:1	9.6:1	9.6:1	9.0:1	9.2:1	10.8:1
变速方式	5 挡	5 挡	5 挡	5 挡	5 挡	5 挡	5 挡	5 挡	6 挡
制动型式	盘式	盘式	盘式	前盘后鼓	前盘后鼓	前盘后鼓	前盘后鼓	鼓式	前鼓后盘
轮胎规格(前)	140/80-17	140/80-17	120/90-18	110/90-19	120/90-17	90/90-21	110/80-19	90/100-18	120/70-17
(后)	170/80-15	170/80-15	170/80-15	170/80-15	160/80-15	160/80-15	160/80-15	120/90-16	180/55-17

2 Kawasaki日本川崎公司

Concours 14(2008)

Z1000

ZZR 600

Ninja 650R

Ninja 500R

Ninja 250R

Vulcan 2000 Classic LT

Vulcan 2000

车型	Concours 14(2008)	Z1000	ZZR 600	Ninja 650R	Ninja 500R	Ninja 250R	Vulcan 2000 Classic LT	Vulcan 2000
长、宽、高,mm								
轴距,mm								
座高,mm								
整车干质量,kg								
油箱容积,L								
发动机型式	直列4缸、液冷、DOHC、四冲程	4缸、DOHC、四冲程	直列4缸、DOHC、四冲程	液冷、DOHC、四冲程	双缸、DOHC、四冲程	双缸、液冷、DOHC、四冲程	V型双缸、液冷、四冲程	V型双缸、四冲程
排量,mL	1 352	953	599	649	498	248	2 053	2 053
缸径、行程,mm	84.0、61.0	77.2、50.9	66.0、43.8	83.0、60.0	74.0、58.0	62.0、41.2	103.0、123.2	103.0、123.2
最大转矩(转速) Nm(r/min)		101(8 200)		67(7 000)		25(10 000)	195(3 000)	195(3 000)
起动方式			电起动		电起动			
压缩比								
制动型式								
轮胎规格(前)								
(后)								

Vulcan 1600 classic

Vulcan 1600 Nomad™

Vulcan 1600 Mean Streak

Vulcan 1500 classic

Vulcan 900 classic

Vulcan 900 Custom

Vulcan 500 LTD

Eliminator 125

车型	Vulcan 1600 classic	Vulcan 1600 Nomad™	Vulcan 1600 Mean Streak	Vulcan 1500 classic	Vulcan 900 classic	Vulcan 900 Custom	Vulcan 500 LTD	Eliminator 125
长、宽、高,mm								
轴距,mm								
座高,mm								
整车干质量,kg								
油箱容积,L								
发动机型式	V型双缸、空/油冷、SOHC、四冲程	V型双缸、空/油冷、SOHC、四冲程	V型双缸、液冷、SOHC、四冲程	V型双缸、液冷、SOHC、四冲程	V型双缸、液冷、SOHC、四冲程	V型双缸、液冷、SOHC、四冲程	双缸、液冷、DOHC、四冲程	单缸、空冷、SOHC、四冲程
排量,mL	1 552	1 552	1 552	1 470	903	903	498	124
缸径、行程,mm	102.0、95.0	102.0、95.0	102.0、95.0	102.0、90.0	88.0、74.2	88.0、74.2	74.0、58.0	55.0、52.4
最大转矩(转速) Nm(r/min)				117(2 800)	62(3 700)	62(3 700)		
起动方式								
压缩比	9.0:1	9.0:1	9.0:1					9.6:1
制动型式								
轮胎规格(前)								
(后)								

KX™ 450F

KX™ 250F

KX™ 250

KX™ 100

KX™ 85

KX™ 65

KLX™ 450R(2008)

车型	KX™ 450F	KX™ 250F	KX™ 250	KX™ 100	KX™ 85	KX™ 65	KLX™ 450R(2008)
长、宽、高,mm							
轴距,mm							
座高,mm							
整车干质量,kg							
油箱容积,L							
发动机型式	单缸、液冷、DOHC、四冲程	单缸、液冷、DOHC、四冲程	单缸、液冷、二冲程	单缸、液冷、二冲程	单缸、液冷、二冲程	单缸、液冷、二冲程	单缸、DOHC、四冲程
排量,mL	449	249	249	99	84	65	449
缸径、行程,mm	96.0、62.1	77.0、53.6	66.4、72.0	52.5、45.8	48.5、45.8	44.5、41.6	96.0、62.1
最大转矩(转速) Nm(r/min)							
起动方式							
压缩比	12.0:1						12.0:1
制动型式							
轮胎规格(前)							
(后)							

LX™ 300R

KLX™ 110

KL R650

KLX™ 250S

Ninja ZX™-14

Ninja ZX™ 10R

Ninja ZX™-6R

车型	LX™ 300R	KLX™ 110	KL R650	KLX™ 250S	Ninja ZX™-14	Ninja ZX™-10R	Ninja ZX™-6R
长、宽、高,mm							
轴距,mm							
座高,mm							
整车干质量,kg							
油箱容积,L							
发动机型式	单缸、DOHC、四冲程	单缸、SOHC、四冲程	单缸、DOHC、四冲程	单缸、液冷、DOHC、四冲程	直列4缸、液冷、DOHC、四冲程	直列4缸、液冷、DOHC、四冲程	直列4缸、液冷、DOHC、四冲程
排量,mL	292	111	651	249	1 352	998	599
缸径、行程,mm	78.0、61.2	53.0、50.6	100.0、83.0	72.0、61.2			
最大转矩(转速) Nm(r/min)					157(7 500)	117(9 500)	
起动方式							
压缩比	11.0:1	9.5:1	9.5:1	11.0:1	12.0:1	12.7:1	13.9:1
制动型式							
轮胎规格(前)							
(后)							

3 SUZUKI 日本铃木公司

Hayabusa 1300

GSX-R1000

GSX-R750

GSX-R600

SV1000S

SV650

SV650S

车型	Hayabusa 1300	GSX-R1000	GSX-R750	GSX-R600	SV1000S	SV650	SV650S
长、宽、高,mm	2 140、740、1 155	2 045、720、1 130	2 040、715、1 125	2 040、715、1 125	2 085、745、1 170	2 080、745、1 085	2 085、730、1 170
轴距,mm	1 485	1 415	1 400	1 400	1 430	1 440	1 430
座高,mm	805	810	810	810	800	800	800
整车干质量,kg	217	172	163	161	186	165	169
油箱容积,L	21.0	18.0	16.5	16.5	17.0	17.0	17.0
发动机型式	4 缸、液冷、DOHC、四冲程	4 缸、液冷、DOHC、四冲程	4 缸、液冷、DOHC、四冲程	4 缸、液冷、DOHC、四冲程	V 型双缸、液冷、DOHC、四冲程	V 型双缸、液冷、DOHC、四冲程	V 型双缸、液冷、DOHC、四冲程
排量,mL	1 299	999	749	599	996	645	645
缸径、行程,mm	81.0、63.0	73.4、59.0	70.0、48.7	67.0、42.5	98.0、66.0	81.0、62.6	81.0、62.6
压缩比	11.0:1	12.5:1	12.5:1	12.5:1	11.6:1	11.5:1	11.5:1
变速方式	6 挡	6 挡	6 挡	6 挡	6 挡	6 挡	6 挡
制动型式	盘式	盘式	盘式	盘式	盘式	盘式	盘式
轮胎规格(前)	120/70-17	120/70-17	120/70-17	120/70-17	120/70-17	120/60-17	120/60-17
(后)	120/70-17	190/50-17	180/55-17	180/55-17	180/55-17	120/60-17	120/60-17

SV650S ABS

SV650 ABS

Boulevard C50C

Boulevard C50 Black

RM-Z250

V-Strom 650 ABS

Boulevard C90 Black

车型	SV650S ABS	SV650 ABS	Boulevard C50C	Boulevard C50 Black	RM-Z250	V-Strom 650 ABS	Boulevard C90 Black
长、宽、高,mm	2 085、730、1 170	2 085、730、1 170	2 510、985、1 397	2 510、970、1 105	2 165、830、1 260	2 290、840、1 390	2 525、1 000、1 030
轴距,mm	1 430	1 430	1 655	1 655	1 465	1 555	1 700
座高,mm	800	800	700	700	955	820	700
整车干质量,kg	169	169		246	92	194	302
油箱容积,L	17.0	17.0	15.5	15.5		22.0	14.0
发动机型式	V 型双缸、液冷、DOHC、四冲程	V 型双缸、液冷、DOHC、四冲程	V 型双缸、液冷、SOHC、四冲程	V 型双缸、液冷、SOHC、四冲程	单缸、液冷、DOHC、四冲程	V 型双缸、液冷、DOHC、四冲程	V 型双缸、风油冷、SOHC、四冲程
排量,mL	645	645	50	50	249	645	90
缸径、行程,mm	81.0、62.6	81.0、62.6	83.0、74.4	83.0、74.4	77.0、53.6	81.0、62.6	96.0、101.0
压缩比	11.5:1	11.5:1	9.4:1	9.4:1	13.4:1	11.5:1	8.5:1
变速方式	6 挡	6 挡	5 挡	5 挡	5 挡	6 挡	5 挡
制动型式	盘式	盘式	前盘后鼓	前盘后鼓	盘式	盘式	盘式
轮胎规格(前)	120/60-17	120/60-17	130/90-16	130/90-16	80/100-21	110/80-19	150/80-16
(后)	120/60-17	160/60-17	170/80-15	170/80-15	100/90-19	150/70-17	180/70-15

Boulevard M50 Limited

Boulevard M109R Limited Edition

Bandit 1250S

Bandit 1250S ABS

GS500F

DR-Z125

Boulevard M109R

车型	Boulevard M50 Limited	Boulevard M109R Limited Edition	Bandit 1250S	Bandit 1250S ABS	GS500F	DR-Z125	Boulevard M109R
长、宽、高,mm	2 370、920、1 125	2 450、875、1 185	2 130、790、1 225	2 130、790、1 225	2 080、800、1 150	1 835、770、1 060	2 450、875、1 185
轴距,mm	1 655	1 710	1 480	1 480	1 405	1 245	1 710
座高,mm	700	705	790	790	790	775	705
整车干质量,kg	247	319	225	229	180	79	319
油箱容积,L	15.5	19.5	19.0	19.0	20.0	6.6	19.5
发动机型式	V型双缸、液冷、SOHC、四冲程	V型双缸、液冷、DOHC、四冲程	4缸、液冷、DOHC、四冲程	4缸、液冷、DOHC、四冲程	4缸、风冷、DOHC、四冲程	单缸、风冷、SOHC、四冲程	V型双缸、液冷、DOHC、四冲程
排量,mL	50	1 783	1 255	1 255	487	124	1 783
缸径、行程,mm	83.0、74.4	112.0、90.5	79.0、64.0	79.0、64.0	74.0、56.6	57.0、48.8	112.0、90.5
压缩比	9.4:1	10.5:1	10.5:1	10.5:1	9.0:1	9.5:1	10.5:1
变速方式	5挡	5挡	6挡	6挡	6挡	5挡	5挡
制动型式	前盘后鼓	盘式	盘式	盘式	盘式	鼓式	盘式
轮胎规格(前)	130/90-16	130/70-18	120/70-17	120/70-17	110/70-17	70/100-17	130/70-18
(后)	130/90-16	240/40-18	180/55-17	180/55-17	130/70-17	90/100-14	240/40-18

4 YAMAHA日本雅马哈公司

virago 250

Royal Star Tour Deluxe

Stratoliner S

Stratoliner Midnight

Stratoliner

Roadliner S

车型	virago 250	Royal Star Tour Deluxe	Stratoliner S	Stratoliner Midnight	Stratoliner	Roadliner S
长、宽、高,mm	2 189、815、1 140	2 504、1 011、1 524	2 581、1 100、1 514	2 581、1 100、1 514	2 581、1 100、1 514	2 581、1 100、1 100
轴距,mm	1 491	1 715	1 715	1 715	1 715	1 715
座高,mm	686	739	734	734	734	734
整车干质量,kg	137	357	343		343	319
油箱容积,L	9	20	17	17	17	17
发动机型式	V 型双缸、风冷、SOHC	V 型 4 缸、液冷、DOHC	V 型双缸、风冷	V 型双缸、风冷	V 型双缸、风冷	V 型双缸、风冷
排量,mL	249	1 294	1 854	1 854	1 854	1 854
缸径、行程,mm	49、66	79、66	100、118	100、118	100、118	100、118
压缩比	10.0:1	10.0:1	9.5:1	9.5:1	9.5:1	9.5:1
变速方式	5 挡	5 挡	5 挡	5 挡	5 挡	5 挡
制动型式	前盘后鼓	盘式	盘式	盘式	盘式	盘式
轮胎规格(前)		150/80-16	130/70-18	130/70-18	130/70-18	130/70-18
(后)	130/90-15	150/90-15	190/60-15	190/60-17	190/60-17	190/60-17

V Star 1300 Tourer

V Star 1100 Silverado

V Star Classic

Midnight Warrior

V-Max

Royal Star Tour Deluxe

车型	V Star 1300 Tourer	V Star 1100 Silverado	V Star Classic	Midnight Warrior	V-Max	Royal Star Tour Deluxe
长、宽、高,mm			2 451、930、1 105	2 385、935、1 120	2 301、795、1 161	2 654、899、1 565
轴距,mm	1 690	1 646	1 626	1 666	1 590	1 704
座高,mm	714	711	711	729	765	749
整车干质量,kg		289	229	278	263	366
油箱容积,L	18	17	16	15	15	23
发动机型式	V 型 4 缸、液冷、OHC、四冲程	V 型双缸、风冷、SOHC	V 型双缸、风冷、SOHC	V 型双缸、风冷、OHC	V 型 4 缸、液冷、DOHC	V 型 4 缸、液冷、DOHC
排量,mL	1 304	1 063	649	1 670	1 198	1 294
缸径、行程,mm	100、83	95、75	81、63	97、113	76、66	79、66
压缩比	9.5:1	8.3:1	9.0:1	8.3:1	10.5:1	10:1
变速方式	5 挡	5 挡	5 挡	5 挡	5 挡	5 挡
制动型式	盘式	盘式	前盘后鼓	盘式	盘式	盘式
轮胎规格(前)	130/90-16	130/90-16	130/90-16	120/70-18	110/90-18	150/80-16
(后)		170/80-15	170/80-15	200/50-17	150/90-15	150/90-15

5 德国宝马公司

HP2 Enduro

R1200R

R1200S

G650 Xcountry

G650 Xmoto

车型	HP2 Enduro	R1200R	R1200S	G650 Xcountry	G650 Xmoto
长、宽,mm	2 349、878	2 143、871	2 151、868	2 184、906	2 153、906
轴距,mm	1 610	1 496	1 485	1 498	1 498
座高,mm	919	800	830	840	899
整车干质量,kg	176	197	189	147	146
油箱容积,L	10	17	17	9	9
发动机型式	双缸、风/油冷、四冲程	双缸、风/油冷、四冲程	双缸、风/油冷、四冲程	单缸、液冷、DOHC、四冲程	单缸、液冷、DOHC、四冲程
排量,mL	1 170	1 170	1 170	652	652
缸径、行程,mm	101.0、73.0	101.0、73.0	101.0、73.0	100.0、83.0	100.0、83.0
压缩比	11.0:1	12.0:1	12.5:1	11.5:1	11.5:1
最大输出功率(转速),kW(r/min)	77(7 000)	80(7 500)	90(8 250)	39(7 000)	39(7 000)
最大转矩(转速)Nm(r/min)	115(5 500)	115(6 000)	114(6 800)	60(5 250)	60(5 250)
制动型式	盘式	盘式	盘式	盘式	盘式
轮胎规格(前)	90/90-21	120/70-17	120/70-17	100/90-19	120/70-17
(后)	140/80-17	180/55-17	180/55-17	130/80-17	160/60-17

F650GS

F800S

K1200R

K1200R Sport

K1200S

车型	F650GS	F800S	K1200R	K1200R Sport	K1200S
长、宽,mm	2 174、909	2 080、861	2 227、855	2 227、855	2 280、904
轴距,mm	1 478	1 465	1 579	1 579	1 569
座高,mm	779	820	820	820	497
整车干质量,kg	175	181	210	214	226
油箱容积,L	15	15	18	18	18
发动机型式	单缸、液冷、DOHC、四冲程	双缸、水冷、DOHC、四冲程	直列 4 缸、液冷、DOHC、四冲程	直列 4 缸、液冷、DOHC、四冲程	直列 4 缸、液冷、DOHC、四冲程
排量,mL	652	798	1 157	1 157	1 157
缸径、行程,mm	100.0、83.0	82.0、75.0	79.0、59.0	79.0、59.0	79.0、59.0
压缩比	11.5:1	12.0:1	13.0:1	13.0:1	13.0:1
最大输出功率(转速),kW(r/min)	37(6 500)	63(8 000)	121(10 250)	121(10 250)	124(10 250)
最大转矩(转速)Nm(r/min)	60(5 000)	87(5 800)	130(8 250)	130(8 250)	132(8 250)
制动型式	盘式	盘式	盘式	盘式	盘式
轮胎规格(前)	100/90-19	120/70-17	120/70-17	120/70-17	120/70-17
(后)	130/80-17	180/55-17	180/55-17	180/55-17	190/50-17

6 美国哈雷·戴维森公司

XL 883 Sportster 883

XL 883C Sportster 883 Custom

XL 883R Sportster 883 Roadster

XL 883L Sportster 883 Low

XL 1200L Sportster 1200 Low

XL 1200L Sportster 1200 Roadster

FXDB Street Bob

车型	XL 883 Sportster 883	XL 883C Sportster 883 Custom	XL 883R Sportster 883 Roadster	XL 883L Sportster 883 Low	XL 1200L Sportster 1200 Low	XL 1200L Sportster 1200 Roadster	FXDB Street Bob
长,mm	2 288.5	2 293.6	2 285.5	2 263.1	2 263.1	2 288.5	2 358.0
座高,mm	693.4	673.1	713.7	641.3	668.0	713.7	655.3
行驶重量,kg	264	268	267	264	264	265	303
油箱容积,L	12.5	17.0	12.5	12.5	17.0	12.5	18.2
发动机型式	V 型双缸	V 型双缸	V 型双缸	V 型双缸	V 型双缸	V 型双缸	
排量,mL	883	883	883	883	1 200	1 200	1 584
最大转矩(转速) Nm(r/min)	74.6(3 500)	74.6(3 500)	74.6(3 500)	74.6(3 500)	107.3(4 000)	107.3(4 000)	124.7(3 000)
变速方式	5 挡	5 挡	5 挡	5 挡	5 挡	5 挡	6 挡
制动型式	盘式	盘式	盘式	盘式	盘式	盘式	盘式
轮胎规格(前)	100/90-19	MH90-21	100/90-19	100/90-19	100/90-19	100/90-19	100/90-19
(后)	150/80-16	150/80-16	150/80-16	150/80-16	150/80-16	150/80-16	160/70-17

FXDL Dyna Low Rider

FXDC Dyna Super Glide Custom

FXDWG Dyna Wide Glide

FLSTC Heritage Softail Classic

FLSTF Fat Boy

FXSTB Night Train

车型	FXDL Dyna Low Rider	FXDC Dyna Super Glide Custom	FXDWG Dyna Wide Glide	FLSTC Heritage Softail Classic	FLSTF Fat Boy	FXSTB Night Train
长，mm	2 364.0	2 359.0	2 477.0	2 400.3	2 395.2	2 413.0
座高，mm	655.3	680.0	698.5	647.7	645.2	640.1
行驶重量，kg	305	307	308	340	323	309
油箱容积，L	18.2	19.3	19.3	18.9	18.9	18.9
发动机型式						
排量，mL	1 584	1 584	1 584	1 584	1 200	1 584
最大转矩(转速) Nm(r/min)	124.7(3 000)	124.7(3 000)	124.7(3 000)	123.0(3 000)	121.8(2 750)	123.0(3 000)
变速方式	6 挡	6 挡	6 挡	6 挡	6 挡	6 挡
制动型式	盘式	盘式	盘式	盘式	盘式	盘式
轮胎规格(前)	100/90-19	100/90-19	100/90-19	MT90-16	140/75-17	MH90-21
(后)	160/70-17	160/70-17	160/70-17	150/80-16	200/55-17	200/55-17

FLSTSC Softail Springer Classic

FXSTC Softail Custom

VRSCAW V-Rod

VRSCR Street Rod

FLHTW Ultra Classic Electra Glide

FLHRS Road King Custom

车型	FLSTSC Softail Springer Classic	FXSTC Softail Custom	VRSCAW V-Rod	VRSCR Street Rod	FLHTW Ultra Classic Electra Glide	FLHRS Road King Custom
长，mm	2 400.4	2 400.3	2 398.0	2 380.0	2 497.0	2 380.0
座高，mm	657.9	671.6	660.4	762.0	693.4	662.9
行驶重量，kg	336	318	304	297	381	344
油箱容积，L	18.9	18.9	18.9	18.9	18.9	18.9
发动机型式	V 型双缸					
排量，mL	1 584	1 584	1 130	1 130	1 800	1 584
最大转矩(转速) Nm(r/min)	119.6(2 750)	123.0(3 000)	100.0(7 000)	109.0(7 000)	156.0(3 000)	125.5(3 500)
变速方式	6 挡	6 挡	5 挡	5 挡	6 挡	6 挡
制动型式	盘式	盘式	盘式	盘式	盘式	盘式
轮胎规格(前)	MT90-16	MH90-21			MT90-16	MT90-16
(后)	150/80-16	200/55-17			MU85-16	MU85-16

7 美国胜利公司

Vegas Jackpot

Hammer S

Hammer

Vegas

Vegas 8-Ball

Kingpin

Kingpin Tour

Ness Signature Series Jackpot

车型	Vegas Jackpot	Hammer S	Hammer	Vegas	Vegas 8-Ball	Kingpin	Kingpin Tour	Ness Signature Series Jackpot
长,mm	2 445	2 355	2 355	2 445	2 445	2 519	2 519	2 445
座高,mm	663.0	669.3	669.3	673.0	673.0	673.0	673.0	663.0
最小离地间隙,mm	135	148	148	148	148	148	148	135
轴距,mm	1 684	1 669	1 669	1 684	1 684	1 666	1 666	1 684
油箱容积,L	17	17	17	17	17	17	17	17
整车干质量,kg	299	298	298	288	288	297	297	299
发动机型式	V 型双缸、风/油冷、四冲程	V 型双缸、风/油冷、四冲程	V 型双缸、风/油冷、四冲程	V 型双缸、风/油冷、四冲程	V 型双缸、风/油冷、四冲程	V 型双缸、风/油冷、四冲程	V 型双缸、风/油冷、四冲程	V 型双缸、风/油冷、四冲程
缸径、行程,mm	101、102	101、102	101、102	101、102	101、102	101、102	101、102	101、102
排量,mL	1 634	1 634	1 634	1 634	1 634	1 634	1 634	1 634
压缩比	9.8:1	9.8:1	9.8:1	9.8:1	9.8:1	9.8:1	9.8:1	9.8:1
变速方式	6 挡	6 挡	6 挡	6 挡	5 挡	6 挡	6 挡	6 挡
制动型式	盘式	盘式	盘式	盘式	盘式	盘式	盘式	盘式
轮胎规格(前)	90/90-21	130/70-18	130/70-18	90/90-21	90/90-21	130/70-18	130/70-18	90/90-21
(后)	250/40-18	250/40-18	250/40-18	180/55-18	180/55-18	180/55-18	180/55-18	250/40-18

8 美国布尔公司

Firebolt XB12R

Firebolt XB9R

Lightning XB12S

Lightning XB12Ss

Lightning XB12STT

Lightning XB9SX

Lightning XB12Scg

Ulysses XB12X

Blast

车型	Firebolt XB12R	Firebolt XB9R	Lightning XB12S	Lightning XB12Ss	Lightning XB12STT	Lightning XB9SX	Lightning XB12Scg	Ulysses XB12X	Blast
长、宽,mm	1 935、715	1 935、715	1 935、755	2 070、755	2 080、820	1 935、820	1 923、755	2 158、892	1 976、743
轴距,mm	1 320	1 320	1 320	1 372	1 372	1 320	1 320	1 374	1 397
座高,mm	775	775	765	775	798	797	726	808	699
整车干质量,kg	179	175	179	179	181	177	179	193	163
油箱容积,L	14.5	14.5	14.5	16.7	16.7	14.5	14.5	16.7	10.6
发动机型式	V 型双缸、风/油冷、四冲程	V 型双缸、风/油冷、四冲程	V 型双缸、风/油冷、四冲程	V 型双缸、风/油冷、四冲程	V 型双缸、风/油冷、四冲程	V 型双缸、风/油冷、四冲程	V 型双缸、风/油冷、四冲程	V 型双缸、风/油冷、四冲程	单缸、空冷、四冲程
排量,mL	1 203	984	1 203	1 203	1 203	944	1 203	1 203	492
缸径、行程,mm	88.9、96.8	88.9、79.4	88.9、96.8	88.9、96.8	88.9、96.8	88.9、79.4	88.9、96.8	88.9、96.8	88.9、79.4
最大转矩(转速) Nm(r/min)	113(6 000)	95(5 500)	113(6 000)	113(6 000)	114(6 000)	95(5 500)	114(6 000)	114(6 000)	41(3 200)
压缩比	10.0:1	10.0:1	10.0:1	10.0:1	10.0:1	10.0:1	10.0:1	10.0:1	9.2:1
变速方式	5 挡	5 挡	5 挡	5 挡	5 挡	5 挡	5 挡	5 挡	5 挡
轮胎规格(前)	120/70-17	120/70-17	120/70-17	120/70-17	120/70-17	120/70-17	120/70-17	120/70-17	100/80-16
(后)	180/55-17	180/55-17	180/55-17	180/55-17	180/55-17	180/55-17	180/55-17	180/55-17	120/80-16

9 美国 BossHoss 公司

BHC-3 ZZ4

BHC-3 ZZ4 SS

BHC-3 502

BHC-9 ZZ4

BHC-9 502

车型	BHC-3 ZZ4	BHC-3 ZZ4 SS	BHC-3 502	BHC-9 ZZ4	BHC-9 502
长,mm	2 692	2 616	2 743	2 921	2 971
轴距,mm	2 032	1 955	2 082	2 070	2 120
座高,mm	711	635	723	736	736
整车干质量,kg	498	498	588	679	770
油箱容积,L	32	32	32	32	32
最大功率,kW	264	264	374	264	374
最大转距,Nm	560	560	785	560	785
发动机型式	液冷	液冷	液冷	液冷	液冷
排量,mL	58	58	110	58	110
压缩比	10.0:1	10.0:1	9.6:1	10.0:1	9.6:1
变速方式	2 挡	2 挡	2 挡	3 挡	3 挡
制动型式	盘式	盘式	盘式	前盘后鼓	前盘后鼓
轮胎规格(前)	130/90-16	130/90-16	130/90-16	130/90-16	130/90-16
(后)	230/60-16	230/60-16	230/60-16	275/60-15	275/60-15

10 TRIUMPH 英国凯旋公司

Bonneville

Bonneville T100

Scrambler

Thruxton

America

Speedmaster

Rocket Ⅲ

车型	Bonneville	Bonneville T100	Scrambler	Thruxton	America	Speedmaster	Rocket Ⅲ
长、宽、高,mm	2 230、840、1 099	2 230、840、1 100	2 213、865、1 202	2 150、695、1 095	2 420、960、1 170	2 420、830、1 160	2 500、970、1 165
轴距,mm	1 500	1 500	1 500	1 490	1 655	1 655	1 695
座高,mm	775	775	825	790	720	720	740
整车干质量,kg	204	204	204	204	225	228	319
油箱容积,L	16	16	16	16	16	16	23
发动机型式	双缸、风冷、DOHC	双缸、风冷、DOHC	双缸、风冷、DOHC	双缸、风冷、DOHC	双缸、风冷、DOHC	双缸、风冷、DOHC	直列 3 缸、液冷、DOHC
排量,mL	865	865	865	865	865	865	2 294
缸径、行程,mm	90、68	90、68	90、68	90、68	90、68	90、68	102、94
最大转矩(转速) Nm(r/min)	71(6 000)	71(6 000)	69(4 500)	72(6 400)	69(4 800)	69(4 800)	200(2 500)
最大功率(转速) kW(r/min)	49(7 200)	49(7 200)	42(7 000)	52(7 200)	41(6 750)	41(6 750)	105(6 000)
压缩比	9.2:1	9.2:1	9.2:1	9.2:1	9.2:1	9.2:1	8.7:1
变速方式	5 挡	5 挡	5 挡	5 挡	5 挡	5 挡	5 挡
制动型式	盘式	盘式	盘式	盘式	盘式	盘式	盘式
轮胎规格(前)	100/90-19	100/90-19	100/90-19	100/90-18	110/90-18	110/90-18	150/80-17
(后)	130/80-17	130/80-17	130/80-17	130/80-17	170/80-15	170/80-15	240/50-16

Rocket Ⅲ Classic

Rocket Ⅲ Classic Tourer

Daytona 675

Speed Triple

Sprint ST

Tiger

车型	Rocket Ⅲ Classic	Rocket Ⅲ Classic Tourer	Daytona 675	Speed Triple	Sprint ST	Tiger
长、宽、高,mm	2 500、970、1 165	2 500、970、1 165	2 010、710、1 109	2 115、780、1 250	2 114、750、1 215	2 110、840、1 320
轴距,mm	1 695	1 695	1 392	1 429	1 457	1 320
座高,mm	740	740	825	815	805	835
整车干质量,kg	319	320	164	188	209	197
油箱容积,L	23	24	17	17	19	19
发动机型式	直列 3 缸、液冷、DOHC	直列 3 缸、液冷、DOHC	直列 3 缸、液冷、DOHC	直列 3 缸、液冷、DOHC	直列 3 缸、液冷、DOHC	直列 3 缸、液冷、DOHC
排量,mL	2 294	2 294		1 050	1 050	1 050
缸径、行程,mm	101.6、94.3	101.6、94.3	74.0、52.3	79.0、71.4	79.0、71.4	79.0、71.4
最大转矩(转速) Nm(r/min)	200(2 500)	200(2 500)	72(11 750)	105(7 550)	91(9 250)	83(9 400)
最大功率(转速) kW(r/min)	105(6 000)	105(6 000)	93(12 500)	98(9 250)	57(7 500)	55(6 250)
压缩比	8.7:1	8.7:1	12.7:1	12.0:1	12.0:1	12.0:1
变速方式	5 挡	5 挡	6 挡	6 挡	6 挡	6 挡
制动型式	盘式	盘式	盘式	盘式	盘式	盘式
轮胎规格(前)	150/80-17	150/80-17	120/70-17	120/70-17	120/70-17	120/70-17
(后)	240/50-16	240/50-16	180/55-17	180/55-17	180/55-17	180/55-17

11 意大利贝内利公司

Tre 1130 K

Tornado Tre 1130

Tornado Tre 900

Tornado Tre 900 RS

Tornado Tre LE

Cafè 1130 Racer

Tornado Naked Tre 1130

Tornado Naked Tre Sport

Titanium

车型	Tre 1130 K	Tornado Tre 1130	Tornado Tre 900	Tornado Tre 900 RS	Tornado Tre LE	Cafè 1130 Racer	Tornado Naked Tre 1130	Tornado Naked Tre Sport	Titanium
长、宽、高,mm									
轴距,mm									
整车干质量,kg	205		198	195	185	199	199	199	193
油箱容积,L									
发动机型式									
排量,mL	1 130	1 130	898	898	898	1 130	1 130	1 130	1 130
缸径、行程,mm	88、62	88、62	88、49	88、49	88、49	88、62	88、62	88、62	88、62
最大功率(转速) kW(r/min)	92(9 000)	120(10 500)	100(11 500)	105(11 500)	105(11 500)	101(9 250)	101(9 250)	101(9 250)	105(9 250)
最大转矩(转速) Nm(r/min)	117(6 750)	124(8 000)	96(8 500)	100(8 500)	100(8 500)	117(6 750)	117(6 750)	117(6 750)	122(6 750)
起动方式									
压缩比			11.0:1	11.0:1	11.0:1	11.5:1	11.5:1	11.5:1	11.5:1
变速方式									
制动型式	盘式	盘式	盘式	盘式	盘式	盘式	盘式	盘式	盘式
轮胎规格(前)	120/70-17	120/70 -17	120/70-17	120/70-17	120/70-17	120/70-17	120/70-17	120/70-17	120/70-17
(后)	180/55-17	190/50-17	120/70-17	190/50-17	180/55-17	190/50-17	190/50-17	190/50-17	190/50-17

12 印度百佳吉公司

CT100

Platina

Avenger DTS-i

Pulsar150 DTS-i

Kristal DTS-i

Discover

车型	CT100	Platina	Avenger DTS-i	Pulsar150 DTS-i	Kristal DTS-i	Discover
长、宽、高,mm	1 945、770、1 065	1 990、770、1 090				2 030、760、1 065
轴距,mm	1 235	1 275	1 475	1 320		1 305
座高,mm						
整车干质量,kg	109	113	154			117
油箱容积,L	10.5	13.0	14.0			10.0
发动机型式	风冷、四冲程	风冷、四冲程	四冲程			风冷、四冲程
排量,mL	99	99	180		95	112
最大功率(转速) kW(r/min)	6.00(7 500)		12.15(8 000)	10.37(8 500)	5.38(7 500)	6.26(7 500)
最大转矩(转速) Nm(r/min)	8.05(4 500)	8.05(4 500)	15.22(6 000)	12.76(6 500)	7.66(5 500)	9.37(4 500)
变速方式	4 挡				4 挡	4 挡
制动型式			前盘后鼓			
轮胎规格(前)						
(后)						

13 SYM 中国台湾三阳公司

野狼传奇

野狼传奇 R

野狼传奇 R2

野狼 125

车型	野狼传奇	野狼传奇 R	野狼传奇 R2	野狼 125
长、宽、高,mm	1 910、755、1 055	1 940、715、1 085	1 940、715、1 085	1 890、774、1 060
轴距,mm	1 210	1 235	1 235	1 220
座高,mm	755	755	755	768
整车干质量,kg	118.5	118.5	118.5	
油箱容积,L	9.3	9.3	9.3	9.3
发动机型式	四冲程	四冲程	四冲程	四冲程
排量,mL				
制动型式	前盘后鼓	前盘后鼓	前盘后鼓	鼓式
轮胎规格(前)				
(后)				